U0949011

清季外交史料 7

王彦威 王亮 辑编

李育民 刘利民
李传斌 伍成泉 点校整理

湖南师范大学出版社

分册目录

清季外交史料卷一百七十二

光绪二十九年五月

吕盛伍三使致外部美使谓加税须先裁厘请裁酌电

阳电想达览。发电后，即致美使函云：前此贵大臣议裁内地常关一事，已将中国碍难照办情形与贵大臣商酌。辩论至再、至三，而贵大臣迄未允许。本大臣不得不将贵大臣所议情节详达外务部，本日又将所奉外务部训条详细切实面商，贵大臣仍执前议，是中国碍难裁去内地常关之实情，恐贵大臣犹有未喻。事关税饷，甚为重大，尚望订期再为会议，俾臻妥协。是为至幸！昨晚得美使复函云：本大臣等自三月十七号将该条拟送交贵大臣以来，曾会议三十余次，业经屡次议及此事。西五月内专议此事者，共有七次。此事商议已甚透澈，无可再议矣！贵国若将行货厘捐尽行裁撤，免致有留难、龃龉、需索情弊，则敝国愿加增进口税，以为酬补此项厘捐。若不尽裁，则所加之税其数虽极小，敝国亦不允许也。贵国欲加增进口税，抑或愿现行之税则及征抽子口半税之法续行不改，均应由贵国自行酌夺。请贵大臣等从速示复，以便转禀敝国政府，可也等语。是美使仍不允我会议，而转欲索我一言回复以为据。若我置之不复，彼必援默许之例。若直捷回复，则势必决裂。拟再与美使磋磨。如崇文门及左、右翼列入销场，照旧不动；他如张家口、古北口、杀虎口等处，均应在沿边不裁之列；其所裁之处另为开单，分别办理，以免混淆。诚以美若停议，则各国更难望就范，且将援征抽子口半税不再重征之约与我争论，将来厘不求免而自免，税且永无加增之期。此海、廷所日夜过虑者也。谨陈愚见，以备裁酌。

五月初十日

外部奏遵议沪宁铁路筹借英款订立合同折　附合同暨附件

总理外务部庆亲王奕劻等奏，为遵旨议复事。

光绪二十九年二月二十八日，准军机处钞交署两广总督张之洞、江苏巡抚恩寿、督办铁路大臣盛宣怀会奏沪宁铁路筹借英款，订立详细合同一折，奉朱批：外务部议奏，单并发等因。钦此。

查原奏内称：光绪二十四年闰三月初四日，承准总理衙门来电，英使述其政府之意，自沪至宁铁路必欲令怡和承办，势难峻拒，饬由总公司相机筹办。臣宣怀遵与怡和兼代汇丰之英国银公司磋议草约二十五条，声明设与地方窒碍，随时更正。仍俟签定正约，会同督抚具奏，电经总理衙门核准。于是年闰三月二十三日先将草约签印，即派员伴护英公司玛礼逊等测勘轨道，估计工费。适英以特战，我以拳乱，彼此迁延，未议正约。上年七月，银公司公举上海领事官璧利南来议详细合同。开议以来，磋磨五六月，易稿六七次，间有争持。未允者，臣宣怀复属璧利南携稿来宁，经臣之洞复加考核，派员与之按款磋商，分别较改增删，幸皆妥商就范。计订详细合同二十五条，以粤汉美款办法为基址。其可保权利之处，实较已定各路为尤多。璧利南电致英京，一切俱已允协。理合缮具清单，恭呈御览。俟奉旨批准，再行签印等语。

臣等将该督等所订合同详加查核，如订借英金三百二十五万镑，虚数九扣，年息五厘，以英公司出售小票先后为起息日期，并订明备付息款取赎小票办法。他如需用材料先尽汉阳铁厂承办；遇调兵、运械、赈饥诸要务，减收车价，尽先载运，以及自购地基，以固根本，遴派总办，以重事权，皆为取益防损之端。核与粤汉铁路合同用意相符，而于禁止洋工程师干预地方事宜及预订将来征收税捐各节，则尤为详密。其余各条，均属可行，应准如所拟办理。如蒙俞允，即由臣部咨行遵照，会同签印，并照会英国驻京使臣，饬令该公司按照合同妥速开办。谨奏。

光绪二十九年五月十四日奉朱批：依议。

谨将遵议沪宁铁路筹借英款详细合同缮单恭呈御览

中国铁路总公司与英国银公司订立筑造宁沪铁路借款末次实约。此合同于光绪二十九年月日，即西历一千九百三［十］年月日，在上海订立。一系中国督办铁路公司大臣盛钦奉谕旨办理下称督办大臣，一系英国怡和洋行及汇丰银行即英国银公司之联同代理人下文称银公司。因于光绪二十四年闰三月二十三日，即西历一千八百九十八年五月十三日，由中国总理衙门咨明督办大臣盛，与英商怡和洋行在沪曾订立草合同。此时怡和洋行亦代汇丰银行行事者，作为英国某公司之联同代理人。又于光绪二十八年十一月十四日钦奉上谕：前因各处开办铁路，关系重大，曾降旨将应办各事分任责成。嗣后铁路用款报销，应由盛宣怀先行造册，咨送铁路经过省分各督抚详细核明，会衔具奏。其应造铁路地段勘定后，着绘图贴说，移送该管督抚，派员查明，如无窒碍，始可开工。盛宣怀如与他国公司议立各项合同条款，亦着先由各督抚核定，始可签押，仍将该合同钞录会奏，以期周密而免疏误。钦此。

又因查前草约有应更改之处，故今特此订允将前草约作废，而以此次实约代之。

第一款　英国银公司允愿代中国铁路总公司出售金镑借款，其数不逾三百二十五万镑金钱，按照下列章程办理，即照总数印发中国国家金镑小票，仿照北洋铁路借款小票，以铁路作为头次抵押，所有借款小票分作两次或多分数次发售，每次所售多少，应由督办大臣与英国银公司饬令总工程司估计，按工程所需而定，以免中国吃亏利息。

借款实价，兹订允按照虚数上定著九折即每百镑虚数实收九十镑。此小票出售之价，如有盈亏，是银公司之事。其利息则按虚数、周年五厘算，每半年给付一次。

借款以五十年为期。由签约之日起，倘有小票按照下列之章程由中国赎回或注销之后，利息即行停止。

每张小票之上须书明面上原价英金一百镑，或合数张为一张，书列别样数目，则由中国出使驻英大臣会商英公司允准。如有小票或下文所言之余利凭票或遭遗失，或遭销毁，可照原票数目补给票纸。惟须照通用格式缮具失毁之实据，交银公司及中国出使驻英大臣查核存案，并由银公司向报失之人取具保单。

第二款　此借款应用以建造铁路及行驶火车所需备置各项之用，并于建造铁路之时用以支付借款之利息。

银公司须按照现在最善、最省之法建筑沪宁全路及行驶火车，而总公司允为备置全路双轨所需之地亩，并觅备建造及行车别项方便之事。工竣之日，如售卖小票所得之项尚有多余，应听候中国国家主意，或用以赎还小票若干，或交总公司转存银行生息备拨。应给小票之利息或添办有益沪宁铁路之事，均由督办大臣与银公司随时商定。

倘中国人民自行筑造枝路，以为干路之辅助者，其兴筑及走车法则应凑合干路，以期行车易于接贯。

银公司人员建造工程及行驶车务一切，均须格外慎重，顺洽华人意见、风俗、民情。

又如华人有可充当铁路要缺者，总管理处须尽先录用。至于垫路土工以及中国人能办之工，可招中国人承造，先由督办大臣或督办大臣委派之人核准，惟须照总工程司所定图样说帖办理，由其监造。至于末次勘量，无论是干路何段，或续路，或枝路，或更改道路之处，其详细路图及估计工价，均须呈由总管理处，转禀督办大臣核准。

第三款　此项借款须得抵押，按照公平律例办理，并须随即立一的实合例之券据，将淞沪已成之铁路作为头次抵押与银公司，并本约所指将来营造铁路所用已购及拟购各地基，与夫物料、车辆、房屋各项产业，及他日造成之铁路该路本身，及该路各项进款，亦一律作为抵押。

此款所载抵保各事，即照英国通例解说，以铁路产业抵押，保借款及保小票，照例立交受托人之据一律办理。

第四款　此约第一款所载借款按工程进境如何，随时分次交纳。现议定，此约签字核准后八个月内，银公司交纳第一次造工应用之款。无论出自售卖或揭押小票之款，或自行筹垫之款，但所应交若干系须照每次交出售押之小票若干之数交缴。

如此约核准后十二个月不兴工筑造干路，则此约作为废纸。此项借款，除存在英国以备购买机料给价及合约付支实用外，总工程司即估量缮据，交此约中后列所言之总管理处，声明为筑办何段干路需款若干，由总管理处核定后则划汇至上海，存汇丰银行或彼此公指之银行，收入总公司铁路工程帐〔账〕内，须随时禀明督办大臣，照时价兑银，未用之先，按期生息。伦敦所存借款未用者，亦一律生息，专为在中国筑办合同内所指之铁路之用，由总管理处核察。在英国陆续用出各帐〔账〕，以及汇交中国工程所用各帐〔账〕，均应按三个月为一次，呈缴总管理处复核，禀明督办大臣核准签字，方能作实，并转咨外务部、户部，统辖铁路矿务总局存案。

第五款　第一款所指之小票，并第十二款所指之余利凭票，日期应与此约日期一律刊发。利息则由卖售小票给交买主之日起算。其初次息票期内所应得利息多寡，当由买主算扣，按日期核给。以是一月之内其卖票之日期较近于初一者，则算初一日起息。较近于十五者，则算十五日起息。譬如一月分作初一、十五两截，其卖票之日近于初一日，如初三者，则由初一日起息，初八、九则上半月无息，近于十五日，如二十者，则由十五起息，二十三、四则全月无息。

凡息票其于卖小票时经已过期，即行注销剪出，交中国出使驻英大臣寄回总公司。

至小票应如何格式，当与督办大臣，或中国出使驻英大臣，与银公司，于签订此约时，同时酌定。但日后或在伦敦京城银市，或别国银市出售起见，须将票式略为更改者，除借款数目、利息、年限及中国国家一切责任不准更动外，其余无关紧要之处可以酌量稍为参改，以适银市之用，应准银公司商请中国出使驻英大臣稍为参改。其如何参改之处，银公司即知会督办大臣，以便转达外务部核准。此项小票及第十二款所指之余利凭票，全用英字刊雕。督办大臣所签字之名及所盖之图记，均摹仿刊雕于上，以省亲自签押之烦。惟中国出使驻英大臣于需用之时随时逐张签押盖印，以示中国国家允准及承认售发此项借款小票并余利凭票。

该小票及余利凭票，每张须编列贯串号数，各共需若干张，届时由银公司刊雕妥当。此小票一俟刊雕，由中国出使驻英大臣签印后，由银公司加签。

此小票由中国出使驻英大臣与银公司会同拣选伦敦之妥当存储公司收存，以便银公司需票之日由中国出使驻英大臣签押随时取用，于工程期内分次出售或抵押筹垫款项，拨作筑造铁路或经督办大臣核准之枝路之用。第二次以及下余各次小票将发售之时，倘督办大臣预先告知银公司，中国人民愿购买小票若干，银公司应照数留与华人小票若干张，照在伦敦发售者一律章程价值售卖。倘有法可设，应设法在中国发售此项小票，给还此项小票利息，均照是日镑价折合。

此借款定作英金三百二十五万镑，以便筑造及办理沪宁干路所需，均照总工程司所测量及估价，经督办大臣核准者而行。第一次铁路工程估计需款若干，即照数在伦敦发售小票。其第二次以及下余各次小票，于未发售之先，银公司须先知照中国驻英出使大臣，俾中国国家遇有款项可以拨交总公司，归入铁路帐〔账〕内，与售卖小票之借款一律支用。如中国国家果有拨款，则三百二十五万镑之数即照拨款若干扣减。

其存储小票之小费，由铁路帐〔账〕内拨给。此外刊雕及卖票等费，均由银公司支给。于提取或交给小票之时，存储公司须即知会中国出使驻英大臣。

第六款　此铁路预备开筑之时，督办大臣即设立管理造路、行车事务处，名之曰沪宁铁路总管理处。其总局即设立上海，其办事人员五名，内中国人员两员，一由督办大臣选派，一由铁路经过省分督抚会同督办大臣选派。除总工程司外，英员两名由银公司选派。以上五人薪水，均由督办大臣与银公司核定，由铁路总帐〔账〕项下支给。至于总管理处办事章程，随后由督办大臣会商银公司代理人订定。如遇中英人员有意见不合，则由督办大臣与银公司之驻华代理人会同和衷商酌办理。铁路中西办事人员及其执事，除总工程司由银公司所选派，督办大臣所核准外，其余人员及其薪水并各下段所载大员之薪水，统由总管理处拟定，禀告督办大臣。至重要职司，应由总管理处之华员预先禀商督办大臣办理。除总管理处各员外，南洋大臣可另派一员，官阶与总管理处之华员相等，其职任系为稽查帐〔账〕目、工程、办事各情形，禀报本省大宪。总管理处应予以一切便宜，以便稽查禀报。所有上海总局案卷，准其随时查阅，惟不可干预总管理处办事之权。其薪水与总管理处华员一律，由铁路总帐〔账〕项下发给。铁路办至何省，必须由督办大臣于该省奏派大员一人，以期省内地方一切事宜能与地方官接洽商办。

地方大宪以及督办大臣之意，总工程司自当时常敬重。总工程司职任，止能管理建造、行车以及办理铁路相干之事。所有铁路上所用洋人，不准不尊敬中国官员，或干预地方上事。倘有滋生事端，或损伤华人，一经督办大臣告知，即行开辞。

如铁路办事华员须有职衔并才干合宜者，可由总管理处之华员禀请督办大臣札派。

办理铁路重要之事，须有才干练达之西人乃可雇用。至工程、车务各事，熟悉合宜之华人亦可派充。无论中西办事人员，或因本领欠佳，或因行为不妥，总管理处可随时开辞，并将开辞之事禀知督办大臣。其总管理处中英人员，或因疾病，或因公外出，准将应办各事托能就近到场之人代理，惟代理华员之人，须由督办大臣核准，代英员之人，须由银公司核准。铁路学堂教授华人工程行车事务，如查明应要办理，即由总管理处举办，禀由督办大臣核定。

铁路进支数目，均归总帐〔账〕房登记簿籍，随时由总管理处阅核。

铁路建造、行驶所用各帐〔账〕，悉用上海规银核算帐〔账〕目，华、英并记，华员、英员一同签字。帐〔账〕房办事人员，中西并用，务必妥实可靠。

第七款　本约第三款载明，此约现定之头次抵押物业，系包连铁路及铁路车辆产业等项，应照例缮具契据，按照该款所拟办理。惟除系头次抵押，并除系中国国家认保外，兹特声明，此铁路实系中国产业。

所需各地，将为沪宁双轨铁路及双轨叉道傍路各地基，与夫车站修理厂、停车厂，均由总工程司前后详细所绘之图，呈请督办大臣核准之后，即由中国铁路总公司于其款项所及全数筹足，抑筹多少购备应用，悉照实价核算，总以不过英金十五万镑为度。

其地基及各地契券务须毫无轇轕，统行写入铁路名下，随买随写。中国铁路总公司所自备之资本购买铁路地基，应由铁路进款提付利息，于缴费、养路费及小票五厘年息付给之后，乃给地价年息六厘核算。买地随时报知。各件及各地契，由督办大臣随时饬总公司转送银公司驻沪之代理人收执，以为头次抵押之据，照此约下文所载掌管铁路及铁路地基之法，一律办理。合约期满时，仍将一切地契交还总公司收回。

凡总公司自筹款项购地，于勘界之外预备日后必需之地，则是总公司自办之事。其价银并不付给利息。铁路总公司于标界内购地，所需地价总数银公司可以借垫，不得逾英金一十五万镑。此款应得年息六厘，由铁路进款支付。又议定，如果银公司须代筹付地价，不论由售卖小票之项，或另行别法筹垫，中国国家允承购备并保护路轨所需各地。凡地契存储银公司充作借款头次抵押者，如经中国铁路总公司字据允准，则其地基无论作何用处，一概不得租批或转售别人。

又议定，所购各项地基，不论由总公司或银公司筹款，务须斩断葛藤，并尽去迁移坟墓及风水各窒碍。按照华例，所应有各项契券案据，切实办妥，由银公司代理人在沪局注册收执，照此约作为小票头次抵押。候小票本利及各项欠款清还后，即缴还中国总公司。为保实头次抵押起见，中国国家俯准，如小票未赎，年息未付，余利凭票尚欠应分未分之利，不得将抵押之地亩、铁路及铁路产业，出售、移交、转让与他人，亦不得稍有损碍头次抵押之权利。

又议定，倘借款本利以及各项欠款清还以前，除银公司缮据明白允准外，中国国家或铁路总公司均不得将前项各产业再行抵押与他人，无论是华人或西人。此合同年限期内，铁路及铁路所有暨铁路所获余利，中国国家不收专税。惟今日所有课税，如地税，或日后中国国家所设各项税项，如印花等税，中国商务一律概行征收者，则铁路及铁路生意亦一律征收。

购地系造路第一先用之款。一经测勘，即须由银公司先行垫款拨付总公司，以为购地之用。此垫款以淞沪铁路及该路各产业作为头次抵押，年息六厘算。一俟头批小票出，则由售款拨还。

因地主或有不愿将其管业之地剖割出售，则铁路总公司或须多买地亩有逾筑路所实需者，铁路总公司尽可照买，以备后用。惟须声明，凡用垫款购地于勘界之外者，概是总公司之事。各地购完后，查明共用过款项若干，则另续出小票。连此款上文所言之英金十五万镑，合计不逾英金二十五万镑，以便付还购地之款。此项小票是仿照第一款所言之小票，其担保及抵押并一切看待之处，均同一律。惟所不同者，乃无论何时，如预先六个月通知，可以照本价赎回，并年息即以六厘算给。凡由此借款用以购标界外之地者，其借款利息须先由中国面份所占之铁路余利项下拨付。如不能，则由铁路进款付给。

铁路总公司之用意，乃欲铁路各地基均仍属中国产业。故此项续出借款，须从速清还。惟此项续出小票虽经扫数赎回，其余勘界内铁路所用之地仍照本合同章程作为抵押，无所更动。

第八款　如照约所订日期不付小票每半年之利息，或期满本款不还，所有铁路以及全路产业抵押于购执小票人授所托之银公司者，统交银公司管业，遵照通例管理，以便实在保护购执小票人之利益。一俟全款及所欠之息并各项欠款清还，则将铁路及全路产业固好合用如常，交还华人管理，照此约各节所载而行。

第九款　建路所用各项材料，银公司每百得五作为酬劳之费。所用各式材料，必须明场购买价值最低而质佳及妥当者，均有厂单及考验凭据送交总公司查核。兹为培养中国工艺起见，湖北铁厂所出之材料，以及中国所出之料物，必须尽先购用，但价值总以合宜为度。

所买材料，除上开酬劳费外，别无扣用。如按贸易行规，其例有回头用或扣用者，悉归造路总帐〔账〕。

第十款　筑造铁路行驶轮车以及与铁路相关各项之事业，中国人、外国人均不得干预，藉词阻挠中国国家设备、保护。现在筑造或已经行车各铁路并铁路产业，中英合办各事，办公中西人等，悉应由经过各省文武官员随时竭力保护，而于匪徒闹事及土人阻挠各端尤属紧要。

总管理处并准随时练养铁路华巡捕一队，其弁目专用华人，藉以保护铁路。铁路巡捕不得干预铁路以外之事。其工费概归铁路发给。如铁路另要国家或各省派兵保护之处，由督办大臣咨请，即派其由火车运兵到场，铁路概不收费，惟兵饷由官发给。

第十一款　与铁路相连，须设有德律风及电线并别样传号令之机，以为沿途铁路及调动行车及办理铁路各事之用，惟此等德律风及电线不得用以侵碍电报局之权利。

又按近法办理铁路所需各种附用之件，如修补厂、制造厂、火轮船、渡船、栈房等类，如查于养全铁路有利益相需，则准由银公司、督办大臣随时商酌设法请办。

第十二款　除支付各项经费并别样费用如下文所开列者外，铁路所得余利以五分之一即每百分抽二十分归银公司所得，即照铁路成本价值总数五分之一之数发给余利凭票。此余利凭票不给年息，以五十年为期，注明票价，每张英金壹百镑，与借款小票同时按次发给，每次多少系按小票发给多少而定，以至总数五分之一为度。兹并言明，如所发售之借款小票有逾于造路所需而须收回注销者，则此项余利凭票亦须如数收回。

五十年期限之内，中国总公司可照凭票面写原价随时取赎。五十年期满，此凭票作废，毋庸给价取赎。惟取赎以前，或年限未满以前，铁路已获照章应分之余利均须分给，乃能注销。

总公司亦可发给并享受此项余利凭票之益，其格式须合用于中国，但不载年限，又无取赎字样。其总公司名分所著多寡，乃按借款小票全数五分之四。其应全数刊发或刊发多少，由督办大臣随时核定。又按站分之多寡所得之余利，总公司可留作公积，用以还借款小票。按此约随时可取赎者，或用以随时随地还轻，或清偿所有中国铁路所负之项。又或此项中国余利凭票可用以抵给总公司购买铁路所必需之地价，盖因有地非给余利凭票不能买进也。

此铁路每年进款，除提付各项经费，及养路、修路并添换机器、车辆与办公一切费用，又除借款小票年息五厘，及中国总公司自办或另借银公司购买地价之年息六厘外，所剩是为余利，当提五分之一给交银公司，听其分派。又订允此项余利凭票可任由总公司酌量从早赎回。若借款小票按照约中定章全行赎回，而余利小票既未赎回，又未满期，则银公司准派一代表人驻扎总公司查阅帐〔账〕目，其薪水由总公司支给。

此代表人之职司与帐〔账〕房无异，藉以保护执掌外国余利凭票人之利权。一俟余利凭票全数赎回，或满期作废，此人即行停歇。

第十三款　银公司即作为执掌小票及余利凭票人之受托人，此后总公司与银公司有借款交涉之事及有关涉借款别事者，银公司即算为执掌小票及余利凭票人之代理人，并有权代彼等行事。

第十四款　筑造及行驶干路、枝路所需各种材料，无论由外洋进口，或由别省运至工次，照北洋铁路章程办法，准免关税、厘金。又此项借款小票息票、余利凭票以及铁路进项，中国概免各项捐税。铁路经过各省所运之货物、搭客等，应缴税厘。督办大臣应商统辖铁路矿务局、户部，妥筹善法，实力保护铁路及藉铁路运货客商免受横征需索诸弊。如中国别条铁路办理厘金更优于此约所指之铁路，则此铁路及藉此铁路运货客商应得一体均沾。

第十五款　造路期内应付常年五厘之利息，及买地款六厘之利息，议定应由借款本银内交付。如有造路期内未用到之借款转存生息之息，以及造成一段行车后所得之款，皆可用以凑付利息。其尚不足之数，总归借本内提付。

铁路全工告竣后，小票利息及地价利息均由铁路进款交付，按半年一付，即系六月一号及十二月一号。

每次摊还借本及利息之数目，并代理人即上海汇丰银行经理清还借款其应得用钱每百镑著一镑之四分之一者即每万镑得二十五镑，一并如数于十四日前在上海用上海规元兑交该银行，足以备购金镑，汇至英京支发。其汇水，当照付银之日当时所定之行价，与汇丰银行算定。此借款本息，中国国家应允按期清还。如有铁路进款或借款不敷还利之时，应由中国总公司设法补还。如总公司无法凑补，应由督办大臣奏明，设法以别项补足还清，以便于每次付利期前至少十四日按照所需之数付给上海汇丰银行查收。

第十六款　铁路经过之处，如汇丰银行未有开设分行，或将来亦无意开设，则自当与就地之中国通商银行妥议银钱往来办法。盖银公司之意，原欲藉中国通商银行以为银钱往来汇兑之便。总之，能与交易之处，即与交易。

第十七款　银公司可将此合同之权利、权柄及办事操纵之权准交其继后之人接办，或代理人代办。惟约内所应肩任之事，仍须一律照办。但银公司乃遵英国律例所设之公司，不能将此合同之利益及此铁路办事之权转与他国及他国之人民，惟中国及英国人民均可接受。总公司亦须照样，不得将其按此合同所有之利权转授他国人民。

兹再议允，除由督办大臣与银公司互缮凭据允准外，沪宁干路及枝路经过界内，他人不得建造争夺生意之铁路，并不准筑造与沪宁铁路同向并行之铁路，致损利益。

第十八款　倘银公司拟出招贴〔帖〕筹办款项，于筹借大款之前猝遇战事，或在中国，或他国政务有极大变动之举，以致外洋银市震动，或铁路因有阻碍，不能开工，系意料难及之事，非银公司所能挽回者，准该公司于筹款开办完工之期略为展限，以昭公道。如果小票已出，借款已经起利，除上列情节准展限外，其工程不能停缓。

此合同奉旨批准后，即应赶紧兴工，如督办大臣愿意，每段工程应尽力赶造。自批准之日起，除以上本款所言意外事不在此例外，全路限五年竣工。倘有逾此期限，若非商允督办大臣，则所有五年内银公司已得五分之一之余利全行扣罚，须俟全路告竣后银公司方能分此项余利。

第十九款　铁路行车应收脚价若干，由车务总管议列清单，交总管理处，按查中国已兴铁路之车脚则例从廉核定。又由总管理处核准后，准与别处接连之路商订彼此过境运价。

倘遇军务，无论外侮、内乱，中国调遣兵丁、转运粮械及军火用物，又中国因赈饥灾异运粮等事，奉有督办大臣命令，此铁路须尽先载运，车价减半。倘与中国有损之事，不得用此铁路运载。其有碍于中国国家者，皆不得用此铁路。

第二十款　于光绪二十四年闰三月二十三日，即西历一千八百九十八年五月十三号所立之草约，有载：铁路公司有权于十二年半之后将小票取赎，每张给价一百零二镑半。若在二十五年后取赎，则照每张一百镑原价取赎。兹订明，若于十二年半之后，由发给小票之日起计，中国总公司秉命中国国家将小票赎回注销，或余利凭票赎回注销，督办大臣即当于赎票期前至少六个月缮函声明拟赎小票若干或余利凭票若干，知会银公司驻沪之代理人。

银公司驻沪之代理人接到知会之函，立即设法办理。届期在伦敦照平常拈阄之法及行所应行之事，抽提小票若干或余利凭票若干，足數拟赎之数。一俟总公司秉命中国国家汇交所订明赎取小票之价、及余利凭票之价、并小票应得之息、与余利凭票应分之余利，即在伦敦及别处银市之最有名望之日报，每处两纸，与中国出使驻英大臣酌定，将赎票告白，按期刊登。四个礼拜之后，所拟赎票之期既届，银公司即将拈阄抽出之小票及余利凭票付价取赎注销，寄交督办大臣，或缴交中国出使驻英大臣，转寄督办大臣。

所有头次借款小票及余利凭票，概须刊明，准照上列办法随时可以取赎，并声明拈阄抽出之小票之息及余利凭票之余利，均于银公司所登告白内订定取赎之日期。俟取赎之日起，一概停止。惟赎票款项须照以上所拟预先交存汇丰，备便如法取赎。

借款小票若于前十二年半之前取赎，则每百加二厘半，是则每票面上所写价一百镑，须交一百零二镑半。自十二年半以后，直至满期，取赎则无庸加值。惟取赎时小票应得未付之息，须照数付清。至余利凭票，在期内随时照原价取赎，满期作废，无须付价，亦无庸取赎。惟所有应分未付之余利，当如数派给，乃能注销。

第二十一款　售卖小票所得之款，筑造铁路尚未用到者，随时生发利息，划入中国铁路总公司之帐〔账〕，务令总公司尽受其益。

又议定，如果银公司于未售小票之前须预先借垫款项，其借款费用，连利息总不得逾长年六厘之数。若有已售未用之票价存放生息所得之息，则用以抵偿此种借垫款息，或由工程项下支给亦可。

又议定，此种借垫之款应以头次售得小票之款归还，以节经费。

第二十二款　五十年期将届满而小票尚未赎完，督办大臣于未到期两年之前可与银公司函商展期，如函商六个月仍无成议，则中国国家自行设法向别处筹款归还借项，俾小票赎清抵押注销。

第二十三款　现有之淞沪铁路接受之价值，一经议定，银已备交总公司之时，该铁路应即行转交归入沪宁铁路管理。淞沪铁路之进项及管理之权，即视同沪宁铁路一律办理。兹议定，淞沪铁路之价值系作上海规银一百万两，此项由借款项下拨交总公司查收。

第二十四款　此约一经签定之后，在刊发告白将借款布告于众之前，督办大臣须奏明请旨允准。此约所奉之上谕随即由外务部钞稿，用公文咨照驻北京英国大臣。

第二十五款　此约缮写中、英文五分，其一分送交总公司，一分送呈外务部，一分送交北京路矿总局，一分送交驻北京英国大臣，一分送存银公司。如有文字可疑之处，以英文为准。

中国沪宁铁路五厘金磅〔镑〕借款小票　附件

中国国家担保五厘借票，每票发出定一百磅〔镑〕，由一号至三万二千五百号，合计借款三百二十五万磅〔镑〕，于　年　月　日①上谕批准，并由外务部照会英国驻北京公使。其借款及利息均由中国国家担保，并以现有之淞沪铁路全路产业，与其入息，及将建之沪宁铁路，作为借款之头次抵押。其周年之五厘利息，由英京汇丰银行，按息票每半年一付，即以西六月一号与十二月一号为付息之期。凡借息于十二年半后至二十

① 本则资料日期空缺，均系原文如此。

五年内取赎，则每百加二厘半。如二十五年后取赎，则无庸加值。所有借票及息票均免纳税。中国沪宁铁路留有余权可再出借票至二十五万磅〔镑〕之数，周息六厘，其担保与抵押悉照现出之借票一样。

一百磅〔镑〕值之借票

执票人准由当任之督办铁路大臣以下称督办收取英金一百磅〔镑〕，并周息五厘。自　月一号起①，至赎票之日止，其利息按半年一付，即以六月一号与十二月一号为期，并定　月一号付给头次利息。

此票如中国国家于十二年半后至二十五年内取赎，则付给一百零二磅〔镑〕半之价。如二十五年后至满期时，则照原价取赎。其取赎之法，由中国国家预先六个月函知英京汇丰银行欲取赎借票多少，然后在银行内拈阄，将票取赎。届期还本，则各息一律停止。因取牍〔赎〕之价经已筹备，是以该票到来收银与否，其银亦早已预备。领息之时，须将所附贴之息票脱缴，及于到期之日或期后将借票缴还，即可领回借本。无论借本、利息，均由英京汇丰银行以英金付给。

中国国家按照年月日上谕声明，担保清还所借之款及其利息，并特着出使驻英大臣盖印于借票之上，以昭信实。此票乃上文所称发出借票之一，并声明有现在之淞沪铁路全路产业与入息及将建之沪宁铁路作为借款初次抵押。此票之发出，悉照　月　日所订之合同而行。订合同人，一为督办铁路大臣盛，奉中国国家之命而订者，一为怡和洋行与汇丰银行，为英国有限公司联同代理人而订者。此票所载不能减少或限制上文所表明之责任。兹附载合同所指付息还本及借款抵押各节，撮刊于此票面上。各借票未清赎时，中国国家不得将抵押之地基、铁路及铁路产业交授或转给别人，及除得英国公司缮据明白允准外，不得将上列各业再行抵押与他人。

此借票之上，刊雕摹板督办大臣所盖之印，与所签之字，及中国出使驻英大臣盖印、签字，以示中国国家允准及承认此项借票。

此借票如未经英国公司或其后人签押票尾，则不能作为发出，而公司并不承认各等责任。中国出使驻英大臣于　年　月　日签押②，英国公司签押，以为认票之据。

借票内附载摘录合同各节

一、此项借款须得抵押，按照公平律例办理，并须随即立一的实合例之券据，将淞沪已成之铁路作为头次抵押与银公司，并本约所指将来营造铁路所用已购及拟购各地基，与夫物料、车辆、房屋各项产业，及他日造成之铁路该路本身，及该路各项进款，

---

① 原文如此。

② 原文如此。

亦一律作为抵押。

二、造路期内应付常年五厘之利息，认定应由借款本银内交付。

三、铁路全工告竣后，小票利息均由铁路进款交付，按半年一付，即系六月一号及十二月一号。

四、如照约所订日期不付小票每半年之利息，或期满本款不还，所有铁路以及全路产业抵押于购执小票人所授托之银公司者，统交银公司管业，遵照通例办理。

五、此借款本息，中国国家应允按期清还。如有铁路进款或借款不敷还利之时，应由中国总公司设法补还。如总公司无法凑补，应由督办大臣奏明，设法以别项补足还清。

六、兹再议允，除由督办大臣与银公司互缮凭据允准外，沪宁干路及枝路经通界，他人不得建造争夺生意之铁路，并不准筑造与沪宁铁路同向并行之铁路，致损利益。

七、银公司即作为执掌小票及余利凭票人之受托人。此后凡总公司与银公司有借款交涉之事及有关涉借款别事者，银公司即算为执掌小票及余利凭票人之代理人，并有权代彼等行事。

息票

中国沪宁铁路五厘金磅〔镑〕借款，共三百二十五万金磅〔镑〕。第　号借票，本银一百磅〔镑〕。

息票第　号。

执票人凭票在英京汇丰银行于　月一号①收取借票半年息银英金二磅〔镑〕十司零内须扣除入息税。此借款由中国国家担保者。

沪宁铁路余利凭票　每票虚数一百磅〔镑〕

第　号　月　日。②

此等余利凭票，共应得中国沪宁铁路进款余利五分之一。其每票应占几何，乃按总数核计。其发出悉遵一千九百零三年　月　日③之沪宁铁路之借款合同所载中国国家批准之命而行者。执此余利凭票之人如注册则票面书明注册人姓名，自领票日起，至五十年止，除此票于期内取赎及注销外，每年应得沪宁铁路进款项下余利五分之一总数，每张按总数核算所得之数均沾。

余利二字解释，乃指铁路所得毛数进款，应除支铁路经费，养路、修路费用，添置

① 原文如此。
② 原文如此。
③ 原文如此。

机器及车辆之费，并一切铁路开销，与沪宁铁路借款合同内所指借款五厘周息，铁路地价六厘周息支付外，若尚有盈余，方称余利。

执票人或该票注册之人于五十年内应得余利，每张照相应之数给领。惟期内中国总公司如照票面上所写之英金一百磅〔镑〕及期内应分未分之余利如数付足，则可随时将票取赎注销。凡票一经阄定取赎之后，即行停支余利。此等凭票若行至五十年期满之时，则作废纸，无庸给价取赎。

此等凭票均经中国国家声明免纳中国各项税捐。又票上刊雕摹板督办大臣所盖之印及所签之字据，并盖中国出使驻英大臣之印及其签字，以示此等凭票系中国国家允准及承认之据。

中国出使驻英大臣于　年　月　日签押盖印。①

沪宁铁路借款合同第十二、十三等款

除支付各项经费并别样费用如下文所开列者外，铁路所得余利，以五分之一归银公司所得，即照铁路成本价值总数五分之一之数发给余利凭票。不给年息，以五十年为期。注明票价，每张英金一百磅〔镑〕。于借款小票同时按次发给，每次多少系按小票发给多少而定，以至总数五分之一为度。兹并言明，如所发售之借款小票有逾造路所需而须收回注销者，则此项余利凭票亦应如数收回。

五十年期限之内，中国总公司随时可照凭票面写原价取赎。五十年期满，此凭票作废，毋庸给价取赎。惟取赎以前，或年限未满以前，铁路已获照章应分之余利均须分给，乃能注销。

此铁路每年进款，除提付各项经费，及养路、修路，并添换机器、车辆与办公一切费用，又除借款小票年息五厘，及中国总公司自备或另借银公司购买地价之年息六厘外，所剩是为余利，当提五分之一给交银公司，听其分派。

又订允，此项余利凭票可任由总公司酌量从早赎回。若借款小票按照约中定章全行赎回，而余利凭票既未赎回，又未满期，则银公司准派一代表人驻扎总公司查阅帐〔账〕目。其薪水由总公司支给。

银公司即作为执掌小票及余利凭票人之受托人，此后凡总公司与银公司有借款交涉之事及有关涉借款别事者，银公司即算为执掌小票及余利凭票人之代理人，并有权代彼等行事。

① 原文如此。

使德荫昌奏遵旨与和外部商设领事汇案复陈折

出使德国大臣荫昌奏，为接据派赴和兰南洋属地各商埠晓谕侨寓华民委员禀报，暨先令向和外部商设领事办理实在情形，汇案详晰复陈事。

窃前任使臣吕海寰于光绪二十七年正月二十日钦奉电传正月十九日谕旨：各处华民出洋谋生者甚多，无不眷怀故土，倾心内向，乃孙文、康、梁诸逆托为保国之说，设立富有票会，煽惑出洋华民，敛资巨万。若不详加开导，破其诡谋，使知该逆等藉词保国，实图谋逆，乘机作乱，诚恐华民受其蛊惑，仍纷纷倾助款项，蔓延日甚，为患实深。著吕海寰、李盛铎、罗丰禄、伍廷芳选派妥员，前往各埠，详察情形，剀切晓谕，务令各华民晓然于该逆等并非真心保国，勿再听其摇惑，轻弃资财，以定人心而弭隐患。钦此。钦遵即行恭录，知照前代理新加坡总领事官·候选道罗忠尧，于巡查南洋各岛之便，道经和属噶罗巴等处，妥为宣传晓谕，并咨由前驻英使臣罗丰禄加札饬遵，当于是年六月初一日先行复奏在案。

迨奴才接任，于光绪二十八年五月二十六日，据罗忠尧禀称：奉文后，适逢驻英使臣派赴澳大利亚洲劝谕华民，乘便顺道前往和属各商埠。自三月初八日行抵望加锡，次第周历噶罗巴、井里汶、吗辰、坤甸、三宝垅、泗水、巨港等处，计越兼旬有余。所至传集华民，宣布皇仁，面加晓谕。各埠商董佥谓：和属官吏向于华民设立会党最为禁令森严，康梁诸逆徒虽极其鬼蜮行踪，万不足煽惑人志，该处商民等绝少与之来往。初未设有保皇会，亦无敛资情事，但平日受彼族虐待殊苦，无门告诉，亟应添设领事，以资保护云云。复经劝慰，再三勉其忠爱之忱，俾永坚内向等因禀报前来。

伏查，和官既严禁华民纠党结会，自无从为逆言所惑。现又广播德意，晓以大义之所在，益必感深效顺，堪以仰纾宸廑。至应添设领事一端，奴才先已准吕海寰咨，二十七年十一月初九日由外务部咨回复奏派员晓谕和属侨寓华民原折，内开：奉朱批：知道了。现在和约大定，著即将议设领事一节切实磋商，务期必成。钦此。嗣又于二十八年四月二十二日承准外务部咨钞议奏吕海寰请设和兰属地领事一折，议以据吕海寰奏称，屡与和外部反复辩论，已有端绪；又据称，现在重订商约，正可及时与和兰增入中国可在噶罗巴岛等处设立领事之条各节，吕海寰现经留沪会办商约，自可与盛宣怀随时相机筹议。其与和外务既经议有端绪，应即责成接任出使大臣荫昌与该外部申理前说，切实磋商，内外坚持，力办此事，务期得当。于本年二月二十六日奉朱批：依议。钦此。各等因。仰见朝廷怀保小民，不忍使海外侨黎有一夫失所之至意。

奴才遵即检核原案，据二十六年三月间和外部初次答复吕海寰来文，略谓：经藩部查明，华民受虐等情，所禀率皆不实，贵国可毋过虑。至领事只能稽察商务，凡一应属民呈诉，仍当由使臣转达和廷，而派充领事人员亦须由和属衙门办理，且华民多半已入和籍等语。玩其词气吞吐，显存推阻之意，故吕海寰续再函商，去后，乃遂置而不答。因思事隔三载，今昔时势又复不同，前说本尚虚悬，刻下更向提商，措词尤难得体。我方以为已有端绪，在彼故以为早作罢论。兹据形诸文牍，诚恐或致龃龉，将不易于转圜。爰俟至八月赴和呈递国书时，亲与和外部引前说面商，彼果坚以始终未允为词，并云：事归藩部主持，该外部无能越俎。比即恳其转为介绍，晤商藩部，仍固执不稍移易。经奴才多方辩诘，兼具函论，笔舌互用，最后始克，姑饬藩属核议，再行照复，只得暂候。缘是，并罗忠尧禀报晓谕华民之件，亦未遑即时入告。

兹查复逾数月，尚未接得和外部来函。盖泰西各邦，藩部政权非外部所可擅，和人既以各岛为外府，其藩属自不利我设领事。诚如部议所言，恐不免以猜忌之心，仍作宕延之计，洵属洞烛情隐。使臣例许向外部商说，倘彼尽以藩部推诿，甚或函催不理，则未卜迄于何日就范。兹曾迭经总理衙门与各出使大臣筹商，卒不得要领，旋亦知难而退，是即其明证也。惟念外部原议，照吕海寰所请，拟于修约之际，由商约大臣与该国增立此项专条，良系探本至图。在该议约大臣，权较使臣为优，庶几得以全力争之。应否饬下商约大臣，专与在华和使就近设法妥议，以期早获就绪，免为该外部任意藉口，展转时日，贻误事机？出自圣裁。奴才不敢畏难惮劳，第熟审诸事势如此，何能以确无把握之举，谬为邀功自见之地？谨奏。

光绪二十九年五月十四日奉朱批：外务部知道。

吕盛伍三使致外部美约开议悉本英约磋商电

前奉部文电、慰帅文电、香帅真电，即于十四日往晤美使，照电示各节切实商告。彼云：若裁内地常关，则货于转运时毫无留难，于出产处抽税二五，英商必所乐从，且与英约土货经内地第一常关先抽二五办法，并不违背，英国亦无不允之理。当属其先商英国，再行定议。彼云：必须美约议定，然后好劝英政府。不然，无可措词。又诘以万一英不照行，将若之何？彼云：美约定而不能劝英照行，大有碍于美之体面，美断无不力劝之理。当令其于约内声明：俟各国全允，方可施行。彼云：两国立约而受他国以节制，实属有伤国体。各国不允，自然不能照行，可勿多虑。如中国不能见信，可另备照会声明此意为据。又告以崇文门系抽销场之税，并非抽过路行货之税，左、右翼系抽牲畜税，并非货税，本不在常关之列，不能议裁。彼云：即不抽行货之税，原不在议裁之内。当令其于约内声明，除崇文门、左右翼字样。彼云：既不议裁，何必声叙？且系京师禁城，于约内载入，甚不冠冕，无已仍用照会为要。即向其索一洋文底稿，彼即书云：本大臣等不藉本约以裁撤北京崇文门及左右翼关税等语，交海、廷收执为据，将来即照此意拟办照会。又告以张家口、古北口、杀虎口等处均属沿边，不能裁去。彼云：约内本已声明沿海、沿边常关不在此列，既属沿边，即在不裁之列。又告以沿边不只此数处，中国十八省及东三省皆有沿边处所。彼云：可于约内载明省分，不必指明某处，以免挂漏。且沿海、沿边不论何处，均可由中国添设，更不必指明地方。又告以俟将来查明应载〔裁〕之内地常关，再行单送查。彼云：开单照会则可，不必如英约载入约内，使中国处处受人节制，美所不愿。又告以常关税有额征，若不设分口，势必走漏，则司征者难免赔缴，何以堪此？彼始云：将来各由该关税务司查明，如实系防偷漏所在，可以设立。令其于约内载明，彼云：太属琐细，可另用照会。即索其洋文为据，彼书节略云：通商口岸之华官应得在各口岸与口岸相距合情理之远近设立保持常关分口，但此项分口必须各该口岸之税务司以为征收该口岸进口贸易货税所必需，方可设立保持。至此项分口及总关，须照一千九百零一年和约所载办法，由海关管理等语。当驳以五十里内归税司经理，已行之年余，各处闻亦不免骚扰。若统归税司经理，税司之权太重，殊与中国主权有碍。彼云：大纲和约已定，焉能不遵？反复开导，未能就范。

窃思归税司经理，于公家亦实属有益，当将第四款约文重加商改。

第一节云：中国认悉，现在于转运时纷纷征抽货物之税捐，其中以厘金为甚，难阻免滞〔难免阻滞〕货物，不能流通，势必伤害贸易之利，是以允愿将各行省向抽之厘金以及转运时向征之各项税捐一概裁去，并将向有征收此项税捐之关卡局所一并裁撤，不得另行设立关卡局所，以征抽相类此项税捐。美国允许，美商运进之洋货及运出之土货，除照当时税则应纳正税外，加完一税，以为补偿。

第二节云：中、美两国彼此订明，所有厘卡及征抽行货他捐各关卡局所裁撤后，不得设立。进口洋货所加抽之税，不得过于中国与各国光绪二十七年七月二十五日即西历一千九百零一年九月七号签押之和约、条约所定之进口正税一倍半之数。此项进口正税及加添之税一经完清，其洋货无论在华人之手，或在洋商之手，亦无论原件，或分装，均得全免重征各项税捐以及查验或留难情事。至出口土货所纳税之总数，连出口正税在内，不得逾值百抽七五之数。此款所载各节并不干碍中国主权所征抽他等之税，惟亦不得与此款有所违背。

第七〔三〕节云：中、美两国心存以上所言之宗旨，故允愿办法如下。

第四节云：中国允将十八省及东三省陆路、铁路及水道向设各厘卡及抽收行货类似厘捐之关卡概予裁撤，于约款照行之时不得复设。凡在沿海及设有海关之通商口岸，并在十八省及东三省陆路之边界，现有各常关，不在此列。

第五节云：美国允愿，洋货于进口时，除按照光绪二十七年和约内载进口货税增至切实值百抽五外，再加一额外税，照和约所订之税加一倍半之数，以抵裁撤厘金、子口税及洋货各项税捐，并酬此款所载各项整顿之事。

第六节云：凡在海关，不论日后设在何处，均可设立常关及沿海、沿陆边界，不论何处，亦可一并安设。

至第七节盐厘改课盐税，第八节改出口土货税则，第九节洋货与土货相类，第十节民船运通商口岸土货，第十一节机器纺成棉纱，第十二节督抚派海关人员监察常关，第十三节商民告发，第十四节请明降谕旨，各约文前已钞呈，兹不复赘。

是否妥协？统候核酌示遵。此外，尚有声明，应征出产税、销场税、出厂税照会，及以上所言各照会，并美约定后如何劝英允行办法，容俟下次会议商拟，再行电陈。

此次美约开议，悉本英约，与之磋商至三十余次，辩论不下数十万言，舌敝唇焦，屡次决裂，实已辩至磋无可磋、磨无可磨之地。拟定之第一、二、三款均是照旧修改及他国亦行之约。第六、七、八、九及第十二、十三等款系照英约核办。第十五、六两款亦系比照旧约例有之款酌加声叙报施一律，似尚不无小补。其第十款专利牌照议明俟设专利衙门及定创制专律后，始允保护，并非立时举行、于我有损。第十一款版权为日约所有，而为现时上海道署已经准行有案，不入约而不能阻其不行文保护也，且订明只保护照版翻印，而并非禁我翻译，亦中国向例翻刻必究，似尚非有损。第十四款教会系补旧约之不足，于我为有益。惟第四、五款较英约虽裁去内地常关而以出产税抵补，诚如香帅电云，两项相较，必然有盈无绌，是以不惮委曲求全，未敢稍涉大意，尚望加察垂谅。幸甚！

五月十九日

谕杨枢充出使日本国大臣

上谕：广东候补道杨枢，着以四品京堂候补充出使日本国大臣。

五月二十日

铁路督办盛宣怀致外部泽浦改路英使送交节略三条均须斟酌电

巧、感、号电谨悉。英使函送节略三条：

一、由泽州至道口照正太铁路办理一节。查泽道路工已经开筑，用款无可查考。且原订专为转运矿产，福公司自备款项修理。此路货客极微，与正定通至太原省城货客甚多，车价足偿借款，一不同也。正太先借款再开工，事事由我考核，二不同也。俄约只造至正定与干路相接，别无另辟河口之路，三不同也。今福公司工将完竣，忽欲售与中国，将来偿款不敷，增一债累，似不可行。

二、与芦汉公司拟订客商运脚一节。俟接联起讫何处定夺之后，自应妥订合同，务昭公允。

三、由郾城至浦口一段，俟福公司矿产兴旺，愿意自备铁路，不请国家担保，应即准福公司兴备一节。查二十五年九月钧署复奏御史张荀鹤所称：改由开封至朱仙镇，经安徽正阳关，以达江苏之浦口，无论与原议不符，且远跨豫、皖两省，名曰纬路，实已斜亘南北，隐然增一干路，殊属窒碍难行，应请无庸置议。又云：不得藉保全矿产之名，倡铁路改道之议，将来议定章程，总期无碍芦汉利权，断无可以任便推广之理等因。足征钧署早已见到福公司推广此路大碍芦汉。今福公司忽请将泽道路改为借款，而欲自造郾浦路，不必担保，是明明泽道亏本之路移累于我，郾浦则听其自主。尤恐跌价相争，大害芦汉。比、法使近日照会，似即防维此害。且郾浦远跨两省，若任听他国自办，流弊更大，亦须斟酌。

总之，福公司只为运矿，照原合同或接至干路，或河口。今已代筹直达浦口，已如所愿。论理，此系商务，不应强我所难。至该公司如欲稍求造路之益，容再熟思另陈。

五月二十二日

铁路督办盛宣怀致外部福公司因开矿索造长路实属无理请坚持电

福公司因开矿而索造长路，实属无理取闹。内外坚持，断无决裂。哲美森曾云：如外务部允准，贵大臣有何话说？答以外务部因芦汉关系是我专责，必命我定议。彼始允浦信合办。及英使兜揽，欲藉此显其力量，哲乃退而不言。今大部如因他事未便峻拒，窃思川汉将来势在必办，虽借美债为上策，恐英必干预，不能剔开，或是英、美合办之局，似不妨允其请。如果将来借款开造，福公司不妨准其与议，参以活笔，较之准其另造郾浦路，看似大而未必有害。统祈钧裁。

五月二十三日

外部奏蒙古鄂尔河等五处金矿拟请续议开办折

总理外务部庆亲王奕劻等奏，为蒙古鄂尔河等五处金矿拟请续议开辨〔办〕，以浚利源事。

窃查，蒙古地方，土脉雄厚，矿产富饶，久为外人所歆羡。其在图什业图汗、车臣汗各旗界内，西自鄂尔河、哈拉河至额能河，北自色埒河至伊鲁河，共有金矿五处，苗线尤旺。前经升任定边左副将军・库伦办事大臣连顺拟请招集商股，购运机器，相地开采。并据前天津税务司柯乐德禀请代招俄股，遵章妥办。当于光绪二十四年十一月间奏奉朱批：著总理衙门会同矿务大臣妥议具奏。钦此。适侍讲学士贻谷以连顺所请招商开采蒙古金矿，有害无利等语入奏，奉旨：着归入连顺前折一并核议等因。钦此。旋经总理衙门会同路矿总局复奏，请特派大臣督办，并附片声明，先由图什业图汗界内设厂兴办。奉旨：着即派连顺会同兴廉督率办理。余依议。钦此。钦遵咨行在案。二十五年四月间，复经连顺奏明筹办矿务情形，并派柯乐德购定机器，延聘矿师，招集洋股，以便招工开采。嗣于二十六年间因蒙古该旗盟长呈报，有碍风水游牧，经理藩院奏奉谕旨，派大学士昆冈驰往查办，奏请停止。奉旨：饬下连顺，将柯乐德妥为遣散，并著丰升阿将矿地封禁等因。即经总理衙门咨行该将军等钦遵办理各在案。

本年二月间，据总税务司函称：柯乐德前办库伦图、车两盟金矿，办理年余，忽又奉饬停办。该员所置机器、矿师、工匠人等仍在彼守候，甚望转圜，俾得两益。并将柯乐德所具说帖呈请核办前来。当经臣部咨行库伦办事大臣暨定边左副将军查复，去后，并据该大臣丰升阿咨称：该员柯乐德虽经奉饬遣散回国，而以前办理年余，赔有巨款，迄未离开，机器、房屋依然尚在，矿师人等留未资遣。事关洋员，各处又均有合股办矿之举，此则独禁，而强令任赔中止，诚恐别生枝节。查外务部复热河都统锡良折内，请将蒙古各旗矿产设法开采。又政务处议复山西巡抚赵尔巽折内，亦有内外蒙古矿产甚繁，兴利实边，为当务之急各等语，均经奉旨允准，咨行到库，札饬各盟，一体遵照。该盟长等已知开矿兴利之意。现柯乐德请仍续办矿务，亦应各无异言等因。并准该将军连顺将该处开矿并无窒碍情形声复到部。

臣等伏查，蒙古图什业图汗、车臣汗两盟界内矿地逼近俄疆，久为彼国游民私自偷挖，防维杜绝，智力俱穷，是以前出使大臣洪钧曾有自行设厂挖金，以防俄人越取之奏。即连顺原议，亦无非为兴利防害起见。只因蒙人赋性多愚，不免惑于风水之说。其实俄人越境私挖，仍难禁阻。设因驱遗〔遣〕之故，由其公使、领事向我请办，则事关交涉，准驳均属为难。不如先自开采，准令俄人附股，犹得稍保利权。况近来风气既开，迭奉谕旨兴办矿务，彼蒙民僻在边隅，亦渐知矿产之利。既据该大臣等查明确情，均无异议，应请仍照原案办理。如蒙俞允，请饬下库伦办事大臣丰升阿，会商定边左副将军连顺，妥订详细章程，奏明办理。并照总理衙门原奏，先就图什业图汗界内开采，徐图推广，以裕利源。谨奏。

光绪二十九年五月二十三日奉朱批：依议。

赣抚柯逢时奏开办景德镇瓷器公司以振工艺折

江西巡抚柯逢时奏，为开办景德镇瓷器公司，派员经理，以振工艺而保利权事。

窃江西浮梁县之景德镇制造瓷器，已历数朝，曩年售价约值五百万金。近乃愈趋愈下，岁不及半。论者以为制法不精，税厘太重之故。臣初亦信以为然，自来豫章悉心考察，乃知此项制作实胜列邦。其选料也，则合数处之土以成坯，故其质坚而其声清越。

其上釉也，则取各省之物而配色，故光泽而彩鲜明。又复讲求火候，考验天时，备极精微，遂成绝艺。其创始者实深通化学之理。至今分门授受，各不相师，非若他技之浅而易明也。始由朝鲜渐达于东西各洋，诧为瑰宝，经营仿造，乃克有成，较之华瓷，终有未逮。往者，该镇工匠曾赴东瀛，见其诣力未深，爽然若失。即外洋各国亦自以为弗如也。至于征榷，则税重而厘轻。江西瓷厘不及原价十分之一，而洋关纳税，则权其轻重，别其精粗，辨其花色，几逾十倍，故商人办运皆取道内地，绕越海关，独与他货异辙。然中国之销数日绌，而外洋之浸灌日多，揆厥所由，实缘窑厂资本未充，不能与之相竞。盖该镇自军兴以后元气未复，又一熸于火，再沦于水，资产久已荡然。勉行支持，益多苟简，运商复从而盘剥，时当其扼，则倍息亦所甘心。于是年复一年，利日以微，货日以窳。其行销内地者，即通都大邑，亦少精致之器。讫无人维持而补救之，遂一蹶而不可复振。然而工匠之精能者，至今实未常乏也。往者，臣尝见肆中陈设珍玩，于尊罍鼎彝之属及宋元旧制，皆有仿作，佳者几可乱真。因购洋式大小盘匜，令其照样制成，实无稍逊，而坚韧或且过之。惜窑户恐不易售，不肯舍旧谋新。上年乃招集绅商，议创公司，久之亦无应者，良由此事固无人知，即知之亦不能悉，遂不免望而却步。经臣周咨博访，查有湖北候补道孙廷林，器识闳通，办事精审，自其先世皆承办御窑厂事务，工匠、商贾信服尤深。当即电调来江，与之考究一切事宜，悉能洞中窾要，其于此事确有心得，而精核罕无其伦。即经委办瓷器公司，筹拨银十万两，以为之创，饬由该道自行集股。据称，已得五万金，于三月间在该镇建设窑厂，招集工人，专造洋式瓷器，必精必良，约计秋间即可出货，当预备各色敬谨进呈。所有章程均循商例，应完厘税，一律抽收，且不敢援专利之条，致为商人所疑阻。

臣查，外人游历江西，于该镇无不迂道往观，多购粗瓷，归贻亲友，偶得佳制，则悬之座隅，珍为秘玩。日本且岁购白坯回国，加以绘饰，转运西洋。富人所用器物，以手制者为良，非以机器所制为珍重也。近年洋商屡思来此设厂制造，而奸商或挟外人之势，冀免税厘，历经臣随时拒绝。倘再不图变计，并此区区利权不能自保。矧该镇聚工匠数十万人，性情犷悍，或致别滋事端，隐忧尤大。今既设立公司，精求新制，以后当可大开风气，广浚利源。与其振兴他项工艺收效难期，不若因其固有者而扩充之，为事半而功倍也。该镇银根紧迫，百物腾贵，此次并分设官银钱号，以利转输。此外通商惠工之政，自应随时察看情形，藉资补助。是否有当？谨会同两江总督魏光焘恭折具陈。谨奏。

光绪二十九年五月二十四日奉朱批：外务部、户部知道。

鄂督端方致枢垣遵旨查禁长江一带革命邪说电

二十六日，承准外部电，奉旨：外务部呈递魏光焘电称：上海爱国会社倡演革命诸邪说等语，著各省督抚务将此等败类严密查拿惩办。所有学堂条规，并著督饬认真整顿，力挽浇风等因。钦此。查四月初间，方闻上海有爱国会社诸生借俄事为名，在张园演说，议论狂悖，即经密电江宁，查禁拿办。续闻在日本有各省留学生亦借俄事为名，总集义勇队运动部名目，欲入长江，勾引票匪为乱。复经方于五月初一日密电沿江海各省严防密拿各在案。现仍督饬文武各员严密查拿，未敢稍涉松劲。至湖北各学堂，平时具有条规，则约束学生尚为严谨。方复随时亲往学堂考察规则、功课，务使学生咸知尊亲大义，不为邪说感动摇惑。如有不浮嚣悖〔悖〕谬之徒，立即黜革惩办，以期仰副朝廷兴学育材之至意。请代奏。

五月二十九日

清季外交史料卷一百七十二终

清季外交史料卷一百七十三

光绪二十九年闰五月至六月

吕盛伍三使致外部美约常关分口事声明由华洋官员管理电

口岸之常关分口一节，美使云：前已议明，允设立保持之分关，即是为防偷漏起见。不过，向日中国系此疆彼界商货须逢关纳税，过卡抽厘。今加税免厘，照英约已订明进出口税尚不重征，则防偷漏者，只能防出口之偷漏，毋庸再防出省之偷漏。若防偷漏出口，则本约内第四款第六节已声明，沿海、沿途边界，不论何处，亦可一并安设矣！若防偷漏此省到彼省之口，现在既不重征，再留此税口征抽何税？至五十里外归监督经管一节，照和议大纲，常关已归海关管理，本未明定里数，且海关本系监督之政，税务司是监督所用之人，并非归各国所辖，本无区别。税司办事认真，涓滴归公，在朝廷实为有益。各国商人不以英约为然者，即因此等处不能将弊除尽，是以怀疑观望。今若一扫而空，敢保税项必渐增加。不知贵大臣何以意存含糊，不肯除弊端云云。其词似未尝无理。前此与美使议立照会，亦颇具苦心，藉留日后自己归并增减地步，彼已应允，似不可再为强辞，并此失之，遂婉与商酌，将照会改为约中附件，说之至再，始许照办。拟曰：中美两国商约之解释附件，现在修改中美两国现在通商条约第四款内载明：所留通商口岸之常关，应由中国政府设立保持分关，以保中国各该处之税饷。至其与总关相距合情理远近之分口，必须各该口岸之海关华洋官员以为征收该口岸进出贸易货税所必需，方可设立。所有此项分口及总关，须照一千九百零一年和约所载办法，由海关管理云。美使立意，以海关不论华洋官员，均系中国属用之人，不必声明。海、廷等终恐税司权重，故强令声明华洋官员，则税司不能擅专，自在言外矣！

闰五月初二日

吕盛伍三使致外部美约裁厘俟加税期定再降旨电

部江电，津宥、支电，敬悉。梁使前有函来，即经海、廷面诘美使，云：梁使函告，美外部允准纽约亚细亚商会之禀，一照英约办理；并准美外部文称，允电驻沪专员商允等语。是贵外部已允悉照英约办理，而贵大臣必请将内地常关裁撤，始允加至十二五，何以不遵训条？若非梁使之力，美外部尚未肯如约加税也。美使闻之笑曰：自经贵大臣迭论中国为难情形，屡劝敝政府照英约办理，嗣接训条，必须将内地常关撤去，方能加至十二五。且本大臣接训条，系在西历三月初间，彼时梁大臣尚未抵美都，其为非据商会之禀始允明矣。彼既如此云云，亦未便再与争论。至第四款第十四节，遵照部电，与之熟商至再。美使云：明降谕旨裁厘自应俟加税举行定期后再降，而加税虽未便明言，俟各国允许，业经订明此约互换后再行会定日期。此中操纵，可以在我，即可视各国之情形，以定期之远近。当又将此节细商酌改，云：此约一经批准互换后，及两国会定此款举行之日期，即应明降谕旨，用誊黄布告于众，通传遍国，言明：将向有厘金及行货税捐全撤，并将征抽此项税捐之关卡局所及征抽内地洋货各项税捐之关卡局所尽行裁去除。至征抽进出口加税之事，亦须同时举行，所降上谕亦载明：如有背此约文词之意之员，即责成该省大吏从严惩办，开去其缺等语，似较前拟为妥。美使之意，英约即〔既〕将明降一节载入，故美约亦有此条。前此英约定议之明发，与据马凯请将加税抵还各省所裁厘金之奏未合，是以明请批旨，并未将明发入约。好在加税须俟各国允许，方能定期举行，届时再请明发一次，并非一国之约定议即请明降也。乞察酌示复为盼。

闰五月初八日

德使穆默致外部请咨直督将建造津镇枝路叙入合同电

本大臣去岁业与中国国家订明津镇干路建造枝路二条：一由德州至正定；一由山东界至开封。此事现据袁宫保仍称，尚未奉到贵部行文等情。查订立建造天津至扬子江铁路详细合同，以袁宫保未接来文，耽误时日不少，致我两国均损利益。本大臣恳请贵王大臣迅速行文直督，将前开建造枝路二条陈明，并示知此系业经订明之事，今即将此路叙入详细合同之内。至合同内所用文词，应令两国所派会商之员妥为立订。

闰五月十三日

直督袁世凯致外部东省俟全交后自开口岸此时不能入约电

沪文电悉。东三省开口岸一节，彼虽坚请，此时实未便允，似可告以东三省尚未全交，无权允许别国开口。应俟全交，由我自开，此时断不能入约等语。以此明告美使，亦可藉美廷以助我催交。且尤可虑者，一国索开数处，他国援引，势难应付。鄙意此款最宜慎重。再，蒸电所示，美使不肯留沿江二字，谓为自相矛盾。美使既谓沿江各关即是海关，应即商添沿江各海关五字，以免日后争论。统希察夺。

闰五月十四日

署川督锡良奏自设川汉铁路公司以辟利源而保主权折

署四川总督锡良奏，为自设川汉铁路公司，以辟利源而保主权，恳请敕部立案事。

窃维各国互争雄长，铁路所至之地，即势力所及之地，从未有让人修筑，自失其利，而自削其权者也。中国处此时局，欲变法自强，政固多端，而铁路尤不可缓。四川，天府奥区，物产殷富，只以艰于转运，百货不能畅通。外人久已垂涎，群思揽办。中人亦多假名集股，而暗勾外人，计取强求，百端纷扰。若不及早主张，官设公司，招集华股，自保利权，迟之日久，势不容已。或息借洋款，许人兴修，必至喧宾夺主，退处无权。尤恐各国因此互启争端，转多饶舌。况川省西通卫藏，南接滇黔，高据长江上游，倘路权属之他人，藩篱尽撤，且将建瓴而下，沿江数省顿失险要。是川汉铁路关系川省犹小，关系全局实大。为今之计，非速筹自办不可。奴才虽极迂拙，而职司守土，责无旁贷，不敢不竭力绸缪。再四思维，拟仿京张铁路章程，由川省设立川汉铁路公司，先尽华股招集试办，但不准影射朦混；一面延访工师，会同委员，确切查勘，分别枝干各路，照章兴修。各国和睦友邦皆望中国自强，断无不相原谅。其详细办法，俟奴才到任后，再行核定妥章具奏，请旨遵行。谨奏。

光绪二十九年闰五月十七日奉朱批：外务部议奏。

江督魏光焘鄂督端方致枢垣查禁上海爱国会并拿办邹容等电

窃光焘于五月二十五日电陈查禁上海爱国会演说一节，经外务部恭呈御览，奉旨：饬将此等败类严密查拿，随时惩办。当即钦遵查禁拿办。旋因上海爱国会演说虽禁，复有设在上海租界之苏报馆刊布谬说，而四川邹容所作《革命军》一书，章炳麟为之序，尤肆无忌惮，因饬一并查禁密拿，派员前往会办。并于拿获各犯后，与端方、恩寿往返电商，迭饬沪道等设法迅速解宁审办。兹据沪道袁树勋及委员俞明震先后电禀：此等败类均托身租界，封报、拿犯须由工部局签字，协同办理。该道等先因拿犯须会各国领事，向工部局一再切商辩论，始允签票。陆续拿获邹容、章炳麟、龙泽厚、陈仲彝、钱锡寿、陈吉甫等六犯，竟有律师到堂为之伸辩。而封报一节，工部局仍复把持，复经该道等停讯公堂抵制，始于本月十三日将该馆发封停报。刻下犯未过堂，已令律师担文之伙古柏翻译将《苏报》及《革命军》诸谬说译成英文，登于《字林西报》，俾众咸知其谬。复添延律师哈华托，会商妥筹上堂辩驳办法。若辈久视租界为护符，办理甚形棘手，操之过急，窃恐牵动全局。拟俟会讯后，设法解宁审办，总当步步逼紧，不敢稍涉轻纵等情前来。除仍饬赶办会讯，设法解宁惩办，并将爱国社余党分别查办外，所有拿获情形，相应合词陈明，以纾宸廑。祈代奏。

闰五月十八日

江督魏光焘致枢垣报租界拿犯历来最为棘手电

愿、咸电，敬悉。此案前已将查拿获犯情形先后电陈在案。此等败类既经获案，自当迅速严惩。惟事在租界，历来拿犯最为棘手，不独前在界内拿办黄遵宪可为前鉴，即前岁在租界外拿获龚超尚被工部局怂恿领事索回纵释，盖彼视界内为其权力所范，故遇事争之甚力。此次办法，即不能不以详慎出之。故于未获前，迭饬袁道、俞道设法妥商，使外人允我查拿，不致使其远扬。获犯之后，又复迭次饬以将犯解省惩办，仍须先行妥议，使彼族勿复干预阻挠。幸该道等深谙事机，居然商允签票，得以拿获六犯。该道初与各领事辩论至二点钟之久，彼此坚持之意，均形词色。旋值各领泛论，如果租界之案在租界审办，尚可酌行。该道等迎刃而导，即其审办之说而实之，各领不便遽易其说，遂得勉允签票。及获犯后商封报馆，各领又必须审定再封。复多方相商，允经公堂判定，速签封馆之票。工部局忽又把持，该道等复饬公堂停讯，以为抵制，始将报馆封闭。复添延律师哈华托，会同商办妥筹上堂辩驳及因应之法。拟俟过堂后再商解省一层，所以次第与商，不先说明者，盖恐操之过急，即激成坚持之势，转难措手，故为此步步逼紧之计。光焘意，本拟俟尽力办到地步再行奏明，诚恐令出自上，倘或外间办理稍有不符，未免有碍国体，不得不出以慎重，实未敢稍有放松。除将近日拿办情形会同苏、鄂电奏，并饬沪道等将爱国社余党分别查办外，理合肃闻，伏乞钧裁示遵。

闰五月十九日

吕盛伍三使致外部美约矿章改为及矿务内所应办之事九字电

美约第三款，奉香帅锡电，所论许美人各处租买矿地及遵照中美两国该管官员日后所定税捐数目输纳各节，此系美使原开条款中语，早已删除。查此款于四月十一日钞送拟定各款时函中胪陈，云：第三款已议，照英约酌改，第彼坚欲声明，准美人遵章办理。因查矿路局定章，本准华洋商人一律办理，似尚不离宗旨，故未便过拒。至增入美国人民因办矿居住之事，应遵照中美会订之章程数句，以中国现无治外法权，洋商办矿又不能不入内地居住，故欲与之会订章程，稍资范围，幸美使尚不我拒等语，函达在案。何以此函尚未达到？乞查示。至昨奉部寒电，饬将及与矿务有相关各事一句删去，与美使切商，美使云，此乃与矿务相连应办之事，如准其办某处矿务，则凡租地、赁屋、雇工皆矿务中应办之事，自应准其办理，坚不肯删。商之至再，始改为及矿务内所应办之事九字，较为显豁。乞酌核示遵。

闰五月十九日

使韩许台身致外部俄注意鸭绿江英日恳韩在义州开埠电

俄注意鸭绿江，英、日恳韩在义州开埠。韩谓：通商，我先有言，由我请，则有辞对俄。顷，日使切嘱再电，立待裁复。如我照开，虑涉东省，事极重大。另函详达，函到希赐电示。

闰五月十九日

外部奏中英续订通商行船条约请旨用宝互换折

总理外务部庆亲王奕劻等奏，为中英续订通商行船条约，请旨用宝互换事。

窃光绪二十八年十月初二日，准军机处钞交办理商约大臣张之洞、吕海寰、盛宣怀会奏，英国商约议定，遵旨画押，谨将约本进呈一折，奉朱批：外务部知道，约本并发。钦此。本年五月间，准英国署使臣焘讷理函称：此项商约已奉到本国批准之据，请定互换之期等因。臣等查，中英商约第十六款，内载：此次商订条约，由两国特派大臣画押盖印后，恭候两国御笔批准，于中国京城，一年限内互换等语。计自光绪二十八年八月初四日画押之日起，扣至本年七月十四日，西历一年限满，自应于限内互换，以符原议。谨照缮约本一册，咨送军机处，请用御宝，作为批准，发交臣部，以便照会英国署使臣焘讷理，订期互换，俾昭信守。至约内第八款加税免厘一事，须至各国允照英国加税，中国方能允照免厘，已于该款第十四节内声叙，合并陈明。谨奏。

光绪二十九年闰五月二十一日奉朱批：知道了。

使法孙宝琦致外部美墨在法集议代我筹圜法未奉训条故未置可否电

美、墨各员集议七次，宗旨与在英同。说帖，法政府核议，另复，未画押。其代我筹圜法事，谓须聘外人为稽查，推论钞票，银行皆有参预之权，各公使可派人查账，于我之权太甚。先与辩论，据云，此原待商，自可由华定夺，但非是不能使各国信从。窃思此次系中、墨挽美出头商议，若众中辩论，为法所笑，因嘱刘式训，众中声明，未奉政府裁决之训条，故未置可否，不得认为中国之允许。各员今已赴荷，再赴德、俄，并须至北京集议。所有各说帖，另行邮呈。先此电达。

闰五月二十三日

吕盛伍三使致外部美约牌照专利事声明俟中国设官定律后再行保护电

美约第十款专利牌照一事，香帅锡电、大部寒电均敬悉。查此款为英、日各国所无，前经屡次驳拒，即谓：中国现正开通民智，讲求制造，若准保护美国专利牌照，是自塞其智慧，万难照允。美使以中国商民在美国创造新法已得享受专利之益，中国亦应照此保护，以合报施公理，并言：人费心思制成物件，他人盗而效之，是与夺人产物无异，文明之邦，不应出此云。廷芳使美时，闻有华民曾赴美国专利衙门注册者，并非美使造言。是以海等再四筹维，既不能再行坚拒，只得留日后自己主权操纵地步，允以俟设立专利衙门，及定有创制专律后，再行保护，已于四月十一日函中陈明大概在案。昨奉电后又迭与美使商议，请删此款。美使云：彼此久经拟议，今忽欲删除，此似骗令美允加税后再行逐条抽去，殊非开诚布公之道；又云：此事于光绪二十四年间有闽商在总署呈报创制纺纱新机，请予专利，因较美机为良，曾经照会美国注册，给予专利有案，彼此有报有施，该款万不能删等语。因直告以中国所虑者，在军火、器械不能仿造，必须声明此项不在此列。美使谓：约文说明军火、器械，太不得体，将来中国订专律时，可以载明某项不在此列，此中国自主之事。商论至再，始允于约内凡美国专利衙门所发给美国人民之专利牌照句再加合例二字，以示区别。此款既声明俟设有专利衙门，定有专律，再行保护，下文又有未经中国人预先注册者，可向中国专利衙门注册字样，则不独其设与否，其定与否，权操在我，并非约一定即须保护。我将来设署、定律后，尚有中国人预先注册一节，可以暗中斡旋，似与收回治外法权一款同一用意，同一办法。不过虚拟，以备一格。尚乞加察电示为叩。

闰五月二十五日

直督袁世凯致外部意国又拟索占象山港祈坚拒电

闻义大利水师曾在浙江象山港测量水线，拟向中国索该港为泊船口岸云。查该国曾索三门湾，我坚持未许。今又拟索象山，倘我允许，各小国相率效尤，势必牵动全局。如意使向大部商索，务祈坚拒。并酌电浙抚，留意防范。

六月初二日

吕海寰伍廷芳奏沪会审公廨情形黑暗请定章程片

吕海寰、伍廷芳片。

再，查同治八年总理衙门会同英使等订定《上海洋泾滨设官章程》内开：遴委同知一员，专管各国租界钱债、斗殴、窃盗、词讼案件。凡牵涉洋人者，领事官会同审问。若案情只系中国人，并无洋人者，即归中国委员自行讯断，领事毋庸干预。又华洋互控案件，审断必须两得其平，按约办理，不得各怀意见。又委员审断案件及访拿人犯，设立印簿，逐日记明，以便查考。倘办理不善，或声名平常，由道随时参撤等因。是为会审公廨之始，立法本极详明，如果确守成规，原无中外偏畸之弊。惟近来洋官于互控之案大率把持袒护，虽有会审之名，殊失秉公之道。又往往干预华民案件，几归独断。至华民犯罪，本有由委员核明重轻，照例办理之条，寻常枷责而外，或应羁禁，或应罚锾，事涉琐细，诚不能一一绳以定律。相沿日久，遂至任意为高下，莫衷一是。又无论案情若何，动辄票提拘押，往往送至洋人巡捕房，任其凌虐，甚至有拘禁数年不行开释者。其劣差蠹役从中勒索，犹其小焉者也。商民每怀冤愤，无可告诉。上海租界繁盛，甲于他处，似此因仍弊玩，不特地方难期安谧，抑于中国体制有关。况中西刑律差殊，外人夙所藉口。今于租界公共之地，复侵华官自理之权，流弊何所底止？且无划一刑律，不中不外，小民受此荼毒，为之恻然。现臣廷芳已奉旨会同修订商律，租界华洋杂处，贸易词讼本在律中，应由臣廷芳体察情形，查核旧例，妥订办案简便章程。俟新律告成，奏请立案后，即咨行督抚臣，转饬江海关道，督率该会审委员，恪守定章，清厘界限，并咨呈外部，照会各国使臣，转行领事官，一体遵照。惟嗣后充当该承审委员，拟请饬下督抚臣，遴选州县中之熟谙交涉或出洋有年并解外国语言文字者，授以斯任。如一时实难其选，亦须委以品学兼优之翻译派充副官，以免隔阂。果能三年无过，定谳持平，中外翕服者，即由江海关道禀督抚优予升阶，或再留任三年。倘能始终如一，政声卓著，奏明请旨，破格录用。仍责令该道随时督责，饬承审委员五日具报一次，每月照章开送印簿，以备查考。倘查有实在贪酷，不能称职者，亦必严定参罚章程，不稍宽假。如此赏罚分明，外人庶无所要挟，而于大局不无裨益。谨奏。

光绪二十九年六月初四日奉朱批：著照所请。外务部知道。

吉林将军长顺等奏哈尔滨铁路公司划还地基请归交涉局勘放折

吉林将军长顺、副都统成勋奏，为哈尔滨铁路公司划还地基及铁路占用界外地段，请概归交涉局勘放，以裕饷源事。

窃照哈尔滨地方，界在阿勒楚喀拉林、双城之间，紧靠松花江。未经兴造铁路以前，荒江寥落，一片寒沙，鲜人过问。即偶有渔钓者流前往，诛茅芟草，搭盖窝棚，亦均系私自占垦，并未向官呈明，领照有案。迨光绪二十二年创修铁路，该处遂为火车入中国三路总汇之区。迄今轮轨交驰，商贾辐辏，市肆繁富，日盛一日。不特俄人在彼修建机厂、兵房、货栈、住寓，即中国人民之贸易于此者，亦愿受廛为氓。地利尽辟，旷土毫无，故铁路公司所占用地段一再展拓，几欲举全境为彼所有。如双城界内傅家店、四家子等处，上年该公司亦拟圈入界内，经交涉局员与之据理相争，竭力磋商，始允划还。当时亦未闻有一人执为产业以向诘难者，乃于事后竟有无知旗民人等，因地价之增涨，有利可图也，辄故以私占之地，据为己有。并有勾串洋人，私得重值售卖，竟不照章赴局呈明文契，觊觎纷争，弊难究诘。而洋人计图侵越，更属防不胜防。现值饷需支绌，筹措维艰，所有此项划还地基，及凡切近哈尔滨总车站界外荒段，自应一律归交涉局清丈勘放，庶酌收荒价，稍裕饷源，且以杜外人之侵越，而事权亦可归一矣！谨奏。

光绪二十九年六月初十日奉朱批：著照所请。外务部知道。

盛京将军增祺等奏华洋合办矿务遵照部议奏明办理折　附章程条规

盛京将军增祺、副都统玉恒奏，为华洋合办矿务，遵照部议，奏明办理事。

窃于光绪二十八年八月，据前办理通怀矿务委员·候选知府阮毓昌禀，请将前办各矿添招华、英各商新旧资本五十万两，设立全利公司，接续兴办，将所订合同章程呈请奏咨立案，暨请换给总办奉天通、怀、临、柳、辑等处矿务木质关防各等情。当经咨请外务部核示，旋准外务部复称：该员阮毓昌承办通化、怀仁所属庙儿沟等处矿务，经前任将军批准札委，并以该矿开办经年，稍有起色，拟请将通化全境及怀仁大江沿一带矿务统归该员承办，厘定章程，奏准咨明有案。嗣因拳乱中辍，商本受亏。现复经该员添招华、英各商股本，设立全利公司，接续兴办。其所订合同章程，核与奏咨前案及部定新章均属相符，自可准行。惟该员集股承办通怀矿务，原系奏准之案，现在改为华洋合办，应奏明办理，以符原案。未经奏准以前，不得作为允办之据。至奉天新设之临江、柳河、辑安等县，旧隶于通化、怀仁界内，既据该员禀称，该处矿地均经蹦准苗线，设局分厂呈报各在案，亦应饬属查明，准其照案一并开采，仍于奏案内明晰声叙等因，咨行前来。

奴才等查，该员阮毓昌承办通化全境及怀仁大江沿一带矿务，系经前任将军依克唐阿奏准有案。现在添招华、英各股，呈请合办，并旧隶于通怀界内之临江、辑安、柳河等处一并开采。所有章程、合同，既经外务部核准，咨令奏明办理，自应详核具陈。查新设之临江、辑安两县，系旧隶于通怀界内。惟柳河一县，界址尚有与海龙犬牙相错者，业已饬属详查。将来查明，仍照通怀旧界开办。其属海龙界者，不在此内，以示限制而免牵混。除饬奉锦山海关道就近向远来洋〈行〉查验股本，并分咨查照外，谨将所呈合同、章程照缮清单，恭呈御览。可否饬部立案之处，伏候圣裁。谨奏。

光绪二十九年六月十九日奉朱批：外务部议奏。单一件并发。

谨将通怀矿务局与全利公司华洋合办章程缮单恭呈御览

甲、合办章程。

一、通怀各矿向蒙前奉天军督部堂依奏准开办在案，庚子之乱，各厂报停，功败垂成，殊为可惜。正拟重整局厂，今又迭奉谕旨，饬令各直省产矿之区认真兴办，是以复聚同人，添集资本，仍照旧案，设局开采。惟事关国课，不得不另订章程，奏咨立案，以昭慎重。

一、请换发关防。查通怀界内现在添设临江、柳河、辑安等县，均有卑局局厂，并历年踩准各矿苗线，呈报在案。此次与华、洋两商订立合同，业经开明区所，列在合同之内，应请换给总办奉天通、怀、临、柳、辑等处矿务字样关防，用昭信守。至通、怀、临、柳、辑等处界内业已添集股本，华洋合办，上关朝廷课税，下关华洋股款，既有卑局，无论何矿，不得再立他局，以免争竞而杜搀越。

一、新集资本内有洋商银三十万两，订明华洋合办，因名其厂曰全利公司。

一、全利公司既系华洋合办，所有事权，自应先行妥订，以免牵制，载之合同，除矿师、厂工归洋商经理外，其他购地、用人以及一切交涉事宜，均照旧章，由卑府总理其成。彼此不得少有干预，致启猜嫌而误大局。

一、全利公司今拟开采通怀各矿。查该处矿线苗色虽旺，而有田皆石，无地不山，欲善其事，是非机器不为功。经华洋商董公议，除前华商垫用勘采并一切经费作银二十万两外，更新招集股分银三十万两，共合成本银五十万两之数。购办机器，添置厂房，均由此项动用，总期款不虚糜，藉得以事半功倍。

一、厂中现已改用机器，有治法不得不有治人，兹据该商等以洋商魏尼士熟悉机器，公举为厂中总董，华商张寿亭谙练测绘，公举为厂中副总董，任事惟能，庶得功归实用。

一、全利公司新旧股本共合银五十万两，本为开办通怀矿务经费，所有股分，自应俟开办后积有盈余，方能按股提还，华洋各商不得随时提取。款项用之者舒，则财恒足矣！

一、全利公司既系官督商办，除制器、雇工等项应由商董魏尼士、张寿亭核发外，其局用开销以及员司书弁薪水、工食各款，自开办日起，亦由各商董照章筹发。

一、公司所派员司人等，必须能耐辛劳者方能胜任，诚以通怀居千山万岭之中，而矿苗尤在高崖绝壁之地，既非舟车所至，实属步履维艰，因地择人，不可不慎。

一、员司人等既著微劳，拟请择尤保奖。查奉省税务委员果能收数较旺，按例准其酌保。今矿务同裕国课，而其劳勚更觉显然。若不一律核奖，其何以鼓励人心？应请援照黑龙江漠河等处章程，先行奏咨立案，届期再由卑府择尤，分别请奖，以昭激励。

一、公司开办以后，所有矿税报效各项，均遵照外务部新定章程核实报解。惟通怀距省较远，应解各款拟请分为春秋二季汇案造册详解，以免疏虞而省周折。

一、通怀地处边陲，时多土匪出没，不得不招募护勇，以资防守。旧章曾招局勇二百五十名，分为五队，每队派队官一员，均由卑府统带，分布各厂以及要隘各处，按月由卑局发给口粮，历办在案。今当兵燹之后，伏莽尤多，现拟仍照前案，先行招募如数。一俟矿务办有成效，或更添厂座，能否足敷分布，再由卑府随时禀请立案，以重防护而安商贾。

一、以上各条，均以现时开办事宜妥筹商订，应请宪台分别奏咨，以备存查。其有未尽事宜，随时再由卑府禀请批示。

乙、合办条规。

一、遵新章，商定华洋合办，仍归官督商办。所有稽查、收税、练勇、护厂、用人、雇工以及地方交涉一切事宜，归官总理。其延请矿师并经办机器等事，悉归华、洋两商董承办。各无侵越，以定事权。

一、通怀五矿产所，原经本总办勘定新旧二十八处，今既接续办理，自应于二十八处界内准由全利公司华、洋两商董公同聘请矿师，勘择上等矿产，绘图贴说，报明本局，由本局呈报开办。其经本总办开采之二道沟、报马川河线两金矿，如全利公司愿于此处入手，亦无不可。

一、公司添设矿厂，须先期报明本局，由本总办就该厂左近设立分局，拨派员弁人等驻局监查、弹压，以昭慎重。

一、遵奏定章程所载第六条，如应纳矿税并报效等项，全利公司应俟矿产出井，按季照数纳税，并日后得有余利，遵照新章，按年报效，一并由全利公司遵章呈交本局，由本总办按期汇案报缴，以重课税。

一、每处矿地，或一方里，或半方里不等，其已开各处，业由本局价买入官，即未开各处，亦大半官荒，今与全利公司协同开采。凡在官荒，只须照纳荒价；如遇民地，应先报知本局，由本总办移知地方官，传集该处乡保，率领业户，会同本局员弁并全利公司执事人，眼同丈量，指明地段，钉桩立界，齐赴本局，按照原买价值，遵章从优给付。地不准抬价居奇，全利公司亦不得抑勒折扣，以示体恤而顺众心。至该处乡保纸笔、工资等费，由全利公司从公酌给。再，开矿设厂，遇有田舍、坟墓，如实在不能绕越，全利公司当遵照奏定章程，除应给价值外，优偿迁费，以符定章而昭公允。

一、矿山、厂地，无论官荒、民产，俟苗线做尽、停工收厂后，应将山地交还本局，由本总办拨归地方官管理，承办矿商不得藉端久占，留为别用，以重朝廷土地。

一、原案奏定护勇二百五十名，分作五队，每队设一队官，以严约束而资防御。况军务后，伏莽未靖，尤宜多设卡伦，以护局厂。应由本总办派员招募足额，所有需用什勇口粮及队官按月薪水等项，均由全利公司照章优给。惟事关军政，凡有调遣、防查等事，均应遵照中国定章，归本总办节制，随时审地安设、调遣，全利公司不得自行分拨，致违宪章。如护厂什勇不守营规，疏懈玩忽者，准全利公司呈报本局，从严惩办，以儆刁顽而安矿厂。

一、全利公司此次合办通怀矿务，虽属接办之初实有成效之矿，既有成效又无官款，华洋各商甘愿利益均沾，仍照原案，概免行息。订明开办之后，除完纳矿税并局厂常年一切经费薪饷外，所得净利若干，即作百分摊派，以二十五分遵章报效，以二十分提还成本，以五分留作各局厂办事人等花红，其余五十分即按股分成。总期公私两有裨益，以凭随时报缴奉天督辕查核备案。

一、全利公司矿师如勘各处矿产，总要先报本局，由本总办拣派弁勇协同前往，以免商民猜疑，致生事端。其弁勇沿途尖宿、川资等费，必须全利公司从优津贴，以酬劳苦而符定章。

一、全利公司承办之后，如遇转招他商，必须报知本总办核准，邀齐华洋两商董，方可凭同原中公司面议，全利公司不得私相授受。至从前所入零星小股，俟接办后再行酌议。

一、本总办议准全利公司于二十八处界内勘妥矿苗，遵照新章所限月日，即须开办。但未开办以前，应将开办日期先行报明本总办，方准动工。

一、全利公司与本总办订立合同，接办之日起，议明以五十年为限。如期限满日，可以公同商议，重定年限，由总办呈请核准，再行接续办理。如不愿续开，即将一切矿产交还本局查收。厂内账目，由华洋各商董自行清结。

一、本总办现与全利公司华洋两商董魏尼士、张寿亭订立华洋合办华文条规三分，各执一纸。嗣后应办各事须照章办理。如本总办因公离奉，必当举出一人，承接本总办应办事宜，先行照会全利公司，俾可协同商办。倘全利公司两商董有事他往，亦须指明代理何人，先行报知本总办，免误要公。

盛京将军增祺等奏日俄觊觎鸭绿江一带矿产请饬议限制片

增祺等片。

再，密陈者。

上年驻奉俄国交涉委员廓罗阔哈夫照称，请踩办奉省东北一带煤矿，或指定处所，或以全省全境，笼统求索，更番迭请十有余次。曾以开办有人及与定章不符等词却之，照复在案。嗣俄员马大力多夫于包租鸭绿江木植案内仍有连及通怀等处宝藏之请，兹阮毓昌呈请华洋合办通怀矿务，本年正月承准外务部议复，自应随时核办。因有以上各情，且届二次撤兵期限不远，原拟于撤兵后再行核奏，以免藉口，掣动大局。乃昨有日本人庵谷些太声称，前往通化、怀仁、宽甸、辽阳、凤凰、安东各厅州县游历。兹据随同保护差官旋称，从日人察勘所及，遇有矿苗之地，不避艰险，躬亲探采，于鸭绿江一带尤所注意。顷，俄武廓米萨尔照会称，派出木植公司办事人纪幕斐也，带领一起三十人，赴鸭绿江沿岸满洲地方，查勘矿产，恳饬各地方官襄助，免有阻碍各等情。是鸭绿江一带矿产，俄、日均有觊觎，而阮毓昌所请既经部议，准其接续开办，自应查照奏明立案，未便再为耽延。抑奴才等更有请者，向来呈报各矿，须指明一定处所，似不能以某府某州某县牵混报领。查外务部所定新章第十二条，内载：各矿所用地段，以足敷挖井、盖厂各用为限，不得多占等语，原以示限制也。兹阮毓昌所请，系由前任将军依克唐阿于光绪二十四年九月奏准，彼时由官开办，固与现在呈请开办者不同，自不妨稍事从宽，而当此时局扰攘之奉省目前情形援请，流弊亦宜慎防。应如何酌示限制？并请饬下外务部复议，以杜后来。谨奏。

光绪二十九年六月十九日奉朱批：览。

直督袁世凯致外部美约征税增关国币平色各款均有添改乞卓裁电

沪函并约稿，又阳电、咸电、大部巧电，均读悉。美约第四款第一节出口之土货，应仍照第二、三次原稿改为运出之土货，盖出口与运出不同，是以英约亦系运出，并无出口字样。又第五节沿海、沿陆边界，应添沿江各海关五字，前已屡电请添。又第末节举行此款云云，大部闰月佳电为全约最要关键，务宜照改。又第十三款，国币须照英约，彼此用照会照复，声明将来无论如何改定，至完纳关税，应按向来关平大于库平银数比较不足平色。再，查英约业已互换，而出产税能否举行，并未预商于英，殊无把握。此系约中要事，现将订约，自应一并订明，免致常关准撤而产税仍不能收，所失甚巨，不得不预筹及之。鄙见如此，仍请卓裁。

六月二十日

使俄胡惟德致外部俄主宣谕六条殊不利中国电

俄历七月三十号，俄主宣谕六条，大意谓：一握权最重之官，位尊于昔谓之总督、巡抚，不受各部节制，得专主文武各政，统治黑龙江关东一带凡有铁路地方，言明比照一千八百四十五年初辖高加索地方新例，以现任关东巡抚兼水师提督之阿列克希甫充其职。屡商撤兵，无切实语，而所办事如此。谨闻。

六月二十九日

清季外交史料卷一百七十三终

清季外交史料卷一百七十四

光绪二十九年七月

直督袁世凯致外部美约第四款请改各国全允四字电

沪沁电及艳电均悉。美约第四款第十四节，应改各国全允四字，最有关系。盖商约本乎公约，公约为各国会订，与他项修约不同，是以必须注明候各国全允，定有举行之日期，免生枝节。况英约已有须俟各国允许照办，始可将此款举行等语。在英国不患授各国以阻挠之权，美国何独顾虑？此节不改，全约断难结束，仍望切实磋商为要。

七月初一日

外部札东省铁路公司现已开车应照约交纳银两文

查东省铁路公司合同第十二条，内称：路成公司开车之日，由该公司呈缴中国政府库平银五百万两等语。现在此路业经宣明开车，所有应缴中国库平银五百万两，应如何交纳，相应札行东省铁路公司副代办宝至德，申复本部为要。

七月初六日

吕盛伍三使致外部盛京大东沟开埠通商仿照岳州办理电

马歌电敬悉。开埠一款，按原文妥为酌拟，先行电陈，请赐核示，再与美使阅看。如彼无斟酌，方可列入约稿。文曰：中国政府又允将盛京、大东沟两处由中国自行开埠通商，准外国人居住、贸易。至开埠及设工部、巡捕一切善后事宜，与现在已经自开之岳州等口岸一律云。

七月初九日

吕盛伍三使致外部与美使议盐土两税归入附件电

美约内盐、土两事，将前拟附件译交美使后，迭次商议。彼坚执前稿，谓：不能改易。每议几至决裂而后已。本日海等又往美使处，再四婉商，美使云：在中国之意，是重视附件而轻视约文，故欲将盐斤一节提出，归并附件。答以附件系附入约后，与约无异。美约内删除土药一款，因土药为美国所不干预。盐与土均属内政，何以美国又复干预？是盐亦应不入约，方为一律。美使云：旧约并未载明不准洋商运盐，不得谓与洋商无涉。答以盐斤为国家专办之事，虽曰商人承运，而商有定额，盐有定数，非寻常商人可以任便营运。此系关乎国家财政，向来不准洋商运盐。故自通商以来，亦从未有请准洋商运盐之议。美使云：英约各国不以为然者，以盐、土两项仍要稽征，终虑留难客货，故美约不欲载明局所等字，致洋商再有疑阻。海等只得切实担保，盐、土两项，无论如何办法，决不使有碍别项货物，请勿过虑。美使见我开诚相告，始允将盐斤一节提出，归并附件，然只能照先拟土药附件酌加，不能全行更改，因此附件已为美廷核准，更改过多，彼断难照办。海等见其所告亦系实情，因彼此商订附件如下：中美两国商约大臣订明下列之款，作为中美两国现议商约之附件。现因按照条约，美国人民业已不准作鸦片之贸易，是以本约未提征抽鸦片之税捐。又因盐斤系中国政府专利之事，是以本约亦未提征抽盐斤税捐之事。但彼此屡次辩论，熟商订明，在内地征抽鸦片、盐斤税捐之事，及保全税捐防范走漏之法，均任由中国政府自行办理，但不得与本约第四款所载别项货物转运时不得阻滞各节，有所干碍等语。美使并云：此款改定，不能再有更易。查美使屡言不欲干预中国主权，似尚可信，故于此附件从宽处行，决不束缚中国。声明征抽税捐，保全税捐，防范走漏，均由中国自办，虽无报验局所等字，实已包藏其中。海等深知，美使之意，非不允我自抽盐、土两项之税捐，特虑我办法不善，累及别货。乞核酌电示。

七月十一日

吕盛伍三使致外部美使允中国一律禁止莫啡鸦电

英约第十一款禁止莫啡鸦，久已开送美使，原为商请美廷训示。昨已允添此款入约，而以英约繁冗，另拟款文交阅。海等以莫啡鸦之为害，系用针刺人身毫孔，引药达内，用至日久，将身无完肤。既禁莫啡鸦，应并药针禁止，方有实济。美使初犹以此针为中国仿制，乃出所购之针示之，实系外洋所制，始允添叙款文如下：美国兹允中国禁止吗啡并各针进口。至除为医治所必需者，于进口时照则纳税，应遵中国为防有不因医治使用起见，自定专章办理，则不在此禁例。此外，无论由何国何地运来者，均应一律禁止，毫无歧视。中国亦允禁止国内之铺户制炼莫啡鸦或制造此项之针，以杜隐患云。美使意以中国须自定一专章，为医治所必需者，须遵我专章办理，则英约所载医生具结等情，可以备列章程之内，不必琐细入约，是以照允。乞察酌。

七月十四日

吕盛伍三使致外部与美使会议保护商标办法电

部巧电以美约第九款内或指已用者而言二句语欠明晰，饬令删去。昨与美使会议此款，坚不允删，谓：此系三层用意，缺一不可，商标乃货物上所用之标记，如其货精良，行销既广，则人皆识其标记，争相购买，亦犹中国行铺，或于包纸钤用花样图记，或用仿单暗标记认，恐人冒用，以赝鼎相欺，有碍销路，是以欲请保护，与创制之保护不同。原有此三层意思：一系指立约后有在美国已准保护独用之商标；一系指立约后有已在中国行用之商标，皆可请注册保护；一系指订约后新拟商标，请先注册保护，然后行用者。各有用意，不能概括，非如创制保护，必须新创之物始予保护也。海等遂劝令将词句改从简明，以期一目了然。当改为是以允愿在中国境内美国人民行铺及公司有合例商标，在美国已注册，或在中国已行用，或注册后即欲在中国行用者，中国政府准其独用，实力保护，下接凡美国人民之商标句，较前似已明晰。海等并令其于下文在中国所设之注册局所句下添由中国官员查察后八字，则将来查有不合例之商标，即可不予保护。此中亦尚有微权也，乞察酌。此款本拟添入华商冒充洋商及挂用洋旗，洋商不得袒庇各节，美使坚谓，与商标一款无涉。再三劝喻，彼允将此各节备一照会，彼用照复存案，稍为补救。俟议妥，再行议陈。

七月十四日

吕盛伍三使致外部与美使议定专利条款并增入年限电

昨，与美使会议第十款，专利一事，美使初仍不允，谓：将来二字，字面太宽，恐永无办到之期。洋文迅速二字，原有可以速到则速之意。当照香帅来电逐层驳之，并告以此款既不允删，又不照改，恐外务部仍不能允。譬如国币一事，与英立约亦有将来二字，乃英约未换以前，我国家业降明谕举行，可见事于中国有益，并不因有将来字样而故从延缓。美使始照海等所拟改者重加斟酌，我亦乘便请其声明年限一语，期更完密。款文如下：美国政府许中国人民将其创造之物在美国注册专利，并保护中国人民自执自用此项专利。中国政府今亦允将来设立专管衙门，俟该管衙门既设，并定有创制专律之后，凡在中国合例售卖之创制各物，业经美国给以专利者，若不犯中国人民所先出之创制，可由美国人民缴纳规费后，即给以专照保护，并以所定年数为限，与所给中国人民之专照一律无异云。于我之用意并无减少，乞察酌。

七月十四日

吕盛伍三使致外部美约版权禁例一款尚为赅括电

前奉部三十电，拟于美约版权款内开添叙禁阻有害于中国书籍报章。当照译洋文，送交美使。每与论及，辄推尚无办法。昨与再四切商，彼云：美国人向无此等情事，况英国首议之约，并未载有此节，今美约有之，人必疑美国人实有此事，殊与体面有关。海等告以英约无版权一款，故未及此。美既索版权之利益，是以外务部欲作报施之请，亦明知美国人向无此等情事，因中美交厚，欲美国帮助中国先允入约禁止，再议他国之约时，即可援照办理。美使意始活动，惟云：美系民主之国，报律甚宽，非他国可比。报纸常有诋毁美总统之事，而并无大罪。即使照办，亦只能按本国律例办理。若照所拟约文，多与美律不合，只能简叙数语，以为依据。因将约文改为，凡美国人民或中国人民为书籍、报纸等件之主笔，或股东，或发售之人，如各该件有碍各国治法者，不得以此款邀免，应各按律例惩办云。此款已强而后可，综其大意，尚为赅括。乞酌核示复。

七月十四日

吕盛伍三使致外部与美使订明凡纳关税仍以关平为准电

部阳电以美约国币一款，加叙数语。内补色字样，为明示人以此项国币非足色之银，殊失铸币本意。具佩至论！此层，海等当日即不以为然。缘英约之意，原欲定国家一律通用国币，使以后各省无平色歧异，既可便民，又可杜弊，岂应再有关平、库平之分？无如刘忠诚屡电力争，不得已改用照会声明。是以美约略而未议，因奉津、号二电嘱照英约，用照会声明，补足平色，商之美使，谓：不如加入本款。昨又遵照部电，与商美使，云：马凯复文，亦不允惬。即如市价二字，乃市间所定之价，原以各省平色不一，是以市侩自定一价，得以涨落居奇，本非善政。若既改为一律，何从再有市价？亦殊费解。海等并以库平载在《会典》，前与日使会议此款，曾执《大清会典》与我辩难。今照叙关平大于库平，似于国体不甚冠冕。因将前拟加叙数语删去，改为惟彼此商明，凡纳关税，仍以海关平核计为准十八字，较为简净。已彼此于约内更正。又奉部文电，开埠款文，加在所定通商场界内八字，已照加，译送美使，彼云：当电请美廷训示。

谨闻。

七月十六日

使法孙宝琦奏陈抵任后交涉事宜并考察情形折

出使法国大臣孙宝琦奏，为谨陈抵任后交涉事宜，并考察一切情形事。

窃臣仰蒙恩命，奉使巴黎，按篆以来，倏逾半载，矢慎矢勤，幸免陨越。谨将交涉事宜并考察情形，敬为我皇太后、皇上陈之。

法国自据有越南，与我滇桂接壤，日思展振其商务。其对我政策，亦颇外敦辑睦。臣到任之初，外务部来电，以赔款还银，各国不允，现拟将关税征重，照庚子年金价征收，以资弥补，嘱向法外部商议。当经迭次晤商，业承允许。查关税征金之议，自法发之，彼国不能自食其言。又修浚黄浦，中外各国出半费，合力举办，载在公约。英人续议章程，干我主权太甚。外务部来电谓，拟由我独筹经费，自行派员，以保主权。迭与磋商，云：已电驻京公使照允。又接外务部文称，各国在华邮局任便扩充，并附寄货件漏报税项，于赔款有碍，希商法外部，将在华邮局一律撤回等因。迭与晤商，据云：中法有约，中国如另设邮局，须用法人为总办，中国如能照办，法亦可撤去自设之邮局等语。业已分别函电外务部核筹。滇越铁路，久许法人承造。频年商议路章，迄未订定。法外部谓：滇吏有意阻挠，告臣以法廷甚愿与中国辑睦，无事不可和平商办，惟滇越铁路，法最注重，愿中国格外加意，若有阻挠磨难，亦不能永保和平政策等语。臣已分别函电外务部。现由部与其驻京公使商议，当可妥速订定。三月间，云南临安匪乱，法外部以有误勘路工程，并虞在滇法人有意外之事，深为愤急。幸奉明旨，严饬该省督抚迅速剿办，旋即克复，彼亦释然。此臣到任后交涉之情形也。

法外部大臣见客，本有定期。臣不时往晤，其外部侍郎各官亦常晤谈，情意尚洽。其各部大臣及上下议院绅臣无不倾诚诘〔结〕纳，虚衷采访，往来酬酢，尚不隔阂。中国教务最关紧要，臣晤其官绅时，将在华教士情形详与陈说，无不深恶教士，议员尤甚，惟外部大臣则不免袒护。彼固恃教士为扩张权势之助，议绅时诋毁之。法国宗教久衰，明达之儒率皆鄙薄教士。政府近来限制教士亦严，其于管辖东方教务之权已渐自脱卸。月前法皇至罗马谒见教皇，尊崇备至，意欲揽其东方教务之权。臣曩晤在法教皇公使，曾将在华教务与之详言，嘱其转达教皇，设法整顿在华教规，告以整顿教规，实系保全教务声势。渠亦深以为然，允为转达，迄未得复。现在教皇新故，俟立新皇，当再向其询问。

臣使事余闲，周览各制造厂及各书院、博物院，以增识见。法本以农立国，种植肥料之学极精。臣维农为商之本，为富强急务，现派员考察研究，冀裨农学。巴黎为各国商贾辐辏之区，独我华商绝迹。前年赛会，法人见华物，无不争相购买，缘华货最为法人所喜，法京无专售华货之店。臣派委留馆差遣之江苏知府张人杰考察商情，招商先行设肆试办，以开风气而拓利源。并将商务情形随时咨送外务部、商部大臣，以凭考核。使臣职任，本以保护本国商人为重，法京素无华商，而西贡、海防、河内以及法属地之马达加斯加岛等处流寓中国之商人等甚多，相隔遥远，未由兼顾。前拟商设领事，格于时势，尚难遽有成议。至于游学学生来法者，仅十余人，尚皆安分驯谨。臣当随时稽察，以杜流弊。臣才识庸暗，忝膺使任，深以际此时局，势处孱弱，末由张我国权，夙夜悚疚。臣惟有惮竭愚诚，尽心力之所能至，以期仰答鸿慈于万一。谨奏。

光绪二十九年七月十九日奉朱批：知道了。

吉林将军长顺等奏吉长枝路筹款不易仍归公司修造折 附合同

吉林将军长顺、副都统诚勋奏，为吉长枝路自修，筹款不易，改拟办法，仍归公司修造，缮具合同，仰祈圣鉴事。

窃奴才等前因东三省铁路俄已修竣，意欲展修省城至长春枝路，以接干路，奏请专归中国自行兴修，以保利权。于上年六月初七日专折密陈，奉朱批：外务部议奏。钦此。嗣经外务部奏复：吉林省城至长春一段铁路，亟应筹款自筑。此段工费约需银二百数十万两，应请饬下户部，先筹的款八十万两，为之基础，不敷之数，即由吉林将军就地筹集，或招集华商股分等因。又经户部奏复：此款先据外务部咨商，当经臣部片复在案。今外务部奏请户部先拟的款，与部议办法先后次第稍有未符，应请饬下吉林将军，仍查照臣部前议，将本省自筹之八十万两集有成数，并招商股之一百万两办有端绪，即行奏咨报部，臣部再将筹备银八十万两拨给该省等因。先后奉旨：依议。钦此。钞奉咨行前来。

伏查，此段路工，本系俄欲展修，屡来商榷，奴才等因原订东省铁路合同并未议及于此，始而驳阻，继而不得已以缓办应之。一面函商督办铁路大臣，设法筹集华股，专归中国自修。嗣因该大臣久未见复，该铁路公司屡来催询，于是始有请旨饬筹自修之奏。迨奴才长顺赴哈尔滨，晤俄户部尚书维德，谈及枝路一事，窥其意在必修。旋据俄代办达聂尔由哈尔滨来省面催定约，其时未奉部复，于是又有由电请旨饬催议复之奏。旋奉外务部复电，枝路议归自办等因，以此转告俄代办达聂尔，而达聂尔复日来辩说，另致奴才等一函，极言此路归华另办之难，归公司接办之易，内具五说，颇中肯綮。奴才等见其词决情迫，势难再缓，因先拟草约十六条，抱定枝路与干路不同，出以相示，意谓彼如就范，则不致尽失利权；彼如驳回，则我亦有词复绝。讵知达聂尔见此草约既未降心相从，亦不甘心退让，日以归公司接修之言来相聒絮。当经坚词驳辩，反复磋商，彼始带草约复返哈尔滨。此创议接修枝路之原委及未奉部复以前迭次与俄商办之情形也。

今外务部议复，由户部筹拨的款八十万两，不敷之款就地筹集。户部又议令先将不敷之款筹有端绪，再行照数拨款。无论吉林边荒初辟，民非富庶，兵燹后更形凋敝，无此巨款可筹，即云招集华人商股，则该路有利无利尚难操券，恐无人以有用之钱委诸不可知之数。此等工程夫岂不名一钱所可措手？且奴才等当日奏请将此枝路专归自修，意在借枝路之权，以分干路之利。今我力既有未逮，而俄意在所必争，我如执定自修，势必先集商股，既集商股，难保不暗入洋款，此非同正太铁路可以借外债为之者。俄人之藉端阻难，自在意计中，可虑一。修路物料，惟山有木可以取资，而铁轨机器必须购诸内地。此等笨重之物，车运固难，运诸铁道，彼多方挟制，可虑二。路既自办，必须速成，我或以财力之微而旷日持久，彼必以迁延之故而越俎代谋，尔时坐废半途，前功尽弃，可虑三。省城虽商贾辐辏，并非通衢，自三省铁路工竣，而东北两路货车悉趋长春，不复迂途至省。设枝路成后获利无多，或竟无利可取，则一时之巨帑虚掷，而递年之赔累难堪。此尤可虑者四。是以奴才等于既奉部文以后，复将此项工程细加考察，再三审度，觉俄员所言以归公司接修为利，似非相欺。现据达聂尔将带回合同与总、副监工定核，各缮华、俄文，复行寄省，专待彼此签押。奴才等核其字句，稍有更易，而大致相同。当与商明签押后，仍须请旨定夺。谨将合同十六条敬缮清单，恭呈御览，并请饬下外务部核复施行。谨奏。

光绪二十九年七月二十三日奉朱批：外务部议奏。单并发。钦此。

谨将东省铁路公司接修吉长枝路订立合同缮单恭呈御览

第一条　大清东省铁路公司承办建修及经理由长春至吉林铁路，此路专为振兴吉林城商务起见，名为吉林枝路。所有建修章程，开列于后。其光绪二十二年八月初二日，俄一千八百九十六年八月二十七日，及光绪二十四年五月十八日，俄一千八百九十八年六月二十四日，与中国政府所订建修东省干路及南满洲枝路合同内章程，于此次建修吉林枝路截然两事，不能仿照办理。

第二条　为监察建修此条枝路完善平允，专立一监察公会，请吉林将军为总办，将军总办之权与总办干路大臣之权无异。吉林副都统为副办。其公会参议之员：吉林道台、总监工、副监工及总监工之全权代办。

第三条　于建造此枝路之先，总监工派员遍勘路线、方向、绘定图样后，应由吉林将军及大清东省铁路公司总监工彼此允洽核准。而勘此枝路，如遇村庄、庐墓、城市，均须设法绕越。

第四条　凡建造、经理此条枝路应设法整顿，终期日见振兴，事有起色。枝路必需之地，均应预行绘成图样，呈请吉林将军核准。惟本地居民专以地亩为生计，凡车栈、路线及采取沙石土灰等必需之地，均应按照实在价值，仍察看地亩等第，公平发价，不可仿照干路定价办理。以上所载应用地亩，如系官地，不纳价值，如系民地，即迅速发价，俾地主便于迁移。

第五条　凡此路必需之地，均须一次购妥，以后不得展占。凡此路占用之地，须由吉林将军将地图核准，发齐价值后，始作为铁路承主之事业。凡该公司承业之地，一概不纳地税，由该公司一手经理，建各种房屋一切应需工程，并设立电线，以为铁路之用。凡经理此路以及货客车价章程，均由东省铁路公司自定。凡该公司所得进项，如行车及电报进款等项，均免纳一切税厘。如开出矿苗处所，另议办法，不在此例。

第六条　大清东省铁路公司既承修造及经理此段枝路，所需一切料物应由哈尔滨机器厂源源接济，毋庸于省城、长春两处再行添设大机器厂，以免因此多占民地。

第七条　此段枝路，定明由画押之日起，以三十六年为限，中国政府有权可给价收回，计所用本银并因修此枝路所欠债项并利息照数偿还。该公司所赚之利，除分给各股人外，如有盈余，应作为已归之本，在收回路价内扣除。如三十六年满期，中国不愿收回，则再展限四十四年。迨至期满，大清东省铁路公司应照此项所立合同，将此段枝路以及火车站房公产一律交还中国，不偿价值。

第八条　吉林枝路工程告成后，中国东省铁路公司应代中国运寄公函，不收价值。若运送中国捕盗兵队及其军火饷项，付给半价。

第九条　凡寓居铁路界内华民，无论犯案情节轻重，应由最近铁路交涉局委员审理。其违章犯法华民被俄巴黎司拿获者，应随时交铁路总局委员看押审理，不得羁留。

第十条　凡由吉林支路载运华洋各货，应纳之税，须遵照中国政府并俄国政府嗣后拟定章程办理。此章程即华外务部、户部同俄驻华京钦使核定。

第十一条　凡此段路工需用沙石、灰土等料，均免纳一切税厘。而木料应照中国章程，按木料价值百分之十交纳捐费，将木运至西木税局时，即日将捐款全数交清。

第十二条　铁路所占地段以内，中国人民经商贸易，应享权利与俄人相同无异。

第十三条　本合同在北京核准之日，由东省铁路公司缴给吉林将军俄币三十五万卢布。

第十四条　此吉林枝路合同系格外专立，以后无论何处，均不能援以为例，另修枝路。

第十五条　建造此段枝路，东省铁路公司应极力设法招雇本地工人工作，而中国官府亦极力帮助招雇。

第十六条　本合同彼此画押后，应俟中国外务部大臣暨俄国户部尚书维德核准之日，此合同方能实力施行，而总监工始能开工建修此段枝路。

光绪二十九年七月二十三日奉朱批：览。

督办关内外铁路袁世凯等奏天津车站接修西沽岔道商拨借款折

督办关内外铁路大臣・直隶总督袁世凯、刑部右侍郎胡燏棻奏，为天津车站接修西沽岔道，商拨关外铁路借款，恭折具陈事。

窃照天津铁路旧设车站货厂，地方逼近租界，开拓经营，诸多窒碍。前经饬据关内外铁路总局于河北加设车站，车行数月，商民称便。而津路百货云集，旧有厂栈，本不敷用，且相去较远，往来转运易致耽延时刻。当饬该局员酌议变通，自河北车站修一岔道，接至西沽对岸，建设货栈、码头。该处与市场相近，水陆起卸均为便捷。经该局转饬洋工程师勘估工料各费，计购地、垫土、铺轨道、建货栈、修码头、立车站等项约需英金九万镑，合华银七千〔十〕余万两。自经兵燹，该局进款支绌，无可筹拨。因商同总工程司金达、中英公司代理人克森士，函商伦敦公司，于关外铁路大借款项下提拨英金九万镑，限四年内陆续提用，暂先提拨三万镑，即以前项西沽岔道作为担保，注入原订合同，经该公司电允照办。据该局道员林志道、知府梁如浩禀请会核，具奏前来。

臣等查，关内外铁路，前于光绪二十四年八月二十五日，经臣燏棻与中英公司订立借款合同，奏定施行，共借英金二百三十万镑，除备还津芦、津榆欠款约华银三百万两，暨津榆添筑路工、增造车辆华银一百五十万两外，悉备建造关外岔路工程。现计历年提用统约一百八十万镑，尚存五十华〔万〕镑之谱，该合同内并经注明专备关外各路之用。今伦敦公司既允通融办理，于修关外路借款余存项下先拨英金三万镑，以济接修关内西沽岔路要需，自应于原订合同内加注声明：按合同第二条载，如建造各新路，于所借之款尚有不敷，中国政府应设法另筹款项，俾全路竣工；又第三条载，北京、山海关各路一切产业及脚价进款，应尽先作为借款担保各等语。此次移拨之款以所修之西沽岔路作保，自系援照办理。其关外全路工程，近已将次告竣，余款已询明总工程司金达，尽足敷用，应责成该工程司核实，撙节动支，不得再逾原借之款。倘将来或有意外之虞，致须添款，仍按照原订合同，另由中国设法筹补。谨奏。

光绪二十九年七月二十五日奉朱批：外务部知道。

使俄胡惟德致外部俄主赴奥义东方外交统由阿列定夺电

俄主日内赴奥、义等国，外部侍行，五旬始返。面询报传所索各节，彼言：东方外交统由阿列克希甫定夺云。阿权本重，此间不遥制。至报所传者，乃不让地与利于他国，不增税，俄官防疫，与管沿铁路电线，及松花江岸驻兵，齐齐哈尔、伯利大路设兵卡也。未谂确否？实用悬念。防疫看似非重，乃为阻他国船进口地步。

七月二十七日

鄂督张之洞致外部美约税捐厘卡各节须酌改电

沪、效二电悉。细阅美约第四款，其第一节内云：中国允愿将各省所抽之厘金以及转运时向抽之各项税捐一概裁去，并将关卡局所一并裁撤，不得另行设立。第二节复订明：厘卡及行货他捐，各关卡局所裁撤后，不得改名，或藉词复行设立各等语。此节后段虽有不干碍中国主权所征抽他等之税句，然紧接有惟亦不得与此款有所违背一语，诚恐将来设局征收出产、销场、出厂等税，皆指为厘卡，即可谓与此款有所违背，为害非浅。此次来往照会美使，仍执定不得与此款有所违背一语，意存含混，将来必多窒碍。盖此款宗旨散于各节，头绪纷繁，将来设局固多争论，而出洋与出口款内并未分晰，将来口内征收销场税尤多窒碍。拟请将第一节允愿将各行省向抽之厘金以及转运时向抽之各项税捐等语句改为，允愿将转运时向抽之厘金以及各项税捐等语。第二节所有厘卡及征收行货他捐，各关卡局所二句改为，所有征抽行货厘卡以及行货他捐，各关卡局所等语，以明中国应裁撤者专指行货厘税，其非转运时征抽之厘税不在其列。又第二节末段此款所载各节句下拟请添专指外洋运来洋货、中国运出洋土货十五字，以明此款宗旨，其非洋货及出洋土货概不得干预中国主权。如美使必不允于约内声明，似可用照会将立约宗旨约定税数者专指洋货及出洋土货两种，声叙明晰，以明中国境内销售除土货及在口岸销售者以及在中国机器制造之洋货，均无定税，中国可任便征抽出产、销场、出厂等税，不然虽有不干主权一语，终虑过于含混，于事无济也。此时多一分磋磨，将来可免一分后患。务祈详为妥酌至祷。此外各节，即请大部核复可也。

七月二十八日

新抚潘效苏致外部报由新疆至俄之路有四电

巧电谨悉。由张家口至新疆入境之路有二：一、奇台县，即古城，为现在津晋各商通行之路。一、哈密，即俄商现欲改行之路。由新疆通俄国之路有四：北路为伊犁、塔城，南路为乌什、喀什噶尔。其边卡以塔城之苇塘子、伊犁之尼堪卡伦、乌什之依布枳引、喀什噶尔之明瑶。路为握要，验销执照，当饬各卡遵照办理。

七月二十九日

吕盛伍三使致外部与美使议俟征出产税后再裁常关电

昨奉部敬电，饬将照会起处数语改照原拟约文，云：迭次声明，凡中英新修通商条约所载中国之销场税、出厂税，及与贵大臣议定由中国自抽之出产税，以抵内地常关裁去行货之税，遵即切商美使。彼云：所奉美廷训条，凡中国主权所征抽他等之税，均不令入约，若声叙明晰，显与所奉训条不符，彼即为难。海等又告以若过于含糊，则大部决不能允，我等亦属为难。彼斟酌再三，允照部电改正，惟于下文均任中国自行征抽酌办句下加一语，云：贵大臣虽不愿将以上各节载明约内，但经迭次答复美国政府云云，是欲表明所奉训条之意，尚无关碍。海等遂亦照允加此一语，并与美使言明：尚有征抽出产税准抵出口半税声明照会一件，虽未照复，应一并列入约后存案。彼云：此照会内作为约中附件数字应行删去，以归一律。海等遂于准抵应征之出口半税下加叙云：惟必俟中国征抽出产税之日起，始能将内地常关裁去等语，较为结实。此照会稿已于闰月东电陈明，不再赘述。谨闻。

七月二十九日

驻重庆法领事安致川督锡良请商办川汉铁路事宜照会

为照会事。

照得敝领事前闻奏设川汉铁路，不胜钦佩！嗣后又承贵部堂询及敝领事，是以关切在心。嗣又闻所有招股、勘路、筹款诸事概由公司自办，敝领事亦未便与闻，乃今闻率仍旧章实属妥善，敝领事将信将疑。适又接奉本国驻京公使电开：华利公司刻在贵国外务部商定招股、勘路，代办合同，将次就绪。足见果有其事，不能不预为知会。查招股、筹款固属不易，虽系他国承认，而法国款项居多。与其转移周折，其中扣费不免，何若彼此相商，庶无隔阂，似觉直捷。勘路、工程、办理等项，概聘各国人员查勘。与其重费聘请来川，情形不熟，何若就近聘请，似较便宜。敝领事现查，云南、沪汉等路初起公司，均系法国创设，迄今聘用法员不少，诸征妥善，有凭可查。况敝国华利公司业在北京定立川汉铁路招股、勘路、办理合同，该公司已代集有各银行法款三十八万万佛郎，应请各员随时商定，均系按照沪汉铁路条约之利相符，实与贵国及敝国彼此两有裨益。敝领事因公务有济，不敢稍存私见，又承贵督部堂交睦优隆，不得不预为通知，以便贵部堂转行该公司知照，庶免临时周章。请烦查照，不宣。

七月二十九日

清季外交史料卷一百七十四终

清季外交史料卷一百七十五

光绪二十九年八月上

吕盛伍三使致外部与美使商自开奉天商埠及改税则电

廿四，美使函送东三省开埠洋文约款，谓系奉彼政府训条及康使来电改定，当经译出汉文，曰：中国政府允准，已互换此约，即行开盛京省奉天府暨盛京省安东县二地方为西人居住通商口岸等语。适奉部敬电，显与两歧。廿六，会议，遵照部电指驳，告以前送约款，系奉部核定，指明自开口岸，即大部照会康使亦载明自开字样，且当时康使与部往返再商亦从未论及不是自开，若照所改约文，系属约开，与自开不同。美使云：此中必有误会，当即电询康使，得复再议。廿七，会晤，美使云：已得康电，与彼所奉训条相同。当经再三辩论，美使又云：所谓自开者，系入约自己愿开之口岸，并非因约逼迫而开。现改约文系照英约第八款第十二节，英国既可约开，岂有美国不准约开之理？并愿照英约所载巡捕、工部章程一节照叙入约。

海等查，东三省与别省情形不同，英约第十二节之第五段，系因首段叙明与江宁、天津所开之口岸无异，故有须遵守工部局及巡捕章程，与华民无异各等语。现在言明自开，与江宁、天津之约开不同，则此第二段核与自开办法不合。细译康电，上节是允我自开，下节是要照约开办法。我只得始终扼定自开二字，详细切告。美使云：约开则彼此有权，于中国有益。自开则美国无权，设有人限制，中国不能予美国以利权，美国即无如之何，与不入约相等。且岳州章程为各国所不愿，至今无人前往。若照此章，是直禁止西人前赴东三省也。海等因直揭其隐，曰：当日大部照会康使，声明自开，其中用意，康使必已深知，中国现在情势，惟有说明自开，庶不至饶舌。美使云：此事本系康使与大部商定，现既两歧，其中机关，外间并不接笋，最好将所改此款约文电京，仍由康使向大部商定。海等答以既奉外部训条，令此款载入商约，本大臣等即不应推诿。美廷所颁约文与我外务部电语不符，如贵大臣欲电康使，必须先将约文拟有底稿，方能电达。因为酌改，曰：此约已经批准互换后，中国政府应允，将盛京省之奉天府又盛京省之安东县二处地方由中国自行开埠通商。此二处通商场，订定外国人居住合宜地界并一切章程，将来由中美两国政府会同商定等语。先扼定自开，后许以会商地界、章程，稍事通融。译交美使阅看，彼尚以为然。

窃思东三省刻下情形，若照从前江、鄂开通，原议正欲藉各国开埠稍分一国权势，既可许英国援江宁、天津旧约添开安庆、长沙、万县、惠州、江门口岸，似亦可准美国照开奉天、安东两口。所以必扼定自开者，其中为难之情，海等早已知之。而美使力言，自开将来必为他人掣肘，彼此无益，故请扼定照所开口岸字样，彼所见亦未尝无理。辩论再四，说破不可，含混又不可。反复筹画，似不如声明，章程由中美会定，其权仍可操之于我。设有龃龉，美亦可出为调停。姑作推宕之笔，较为有益。并告以所拟此稿仍须请得部示方能议定。古亦云：彼此一样须请示。所拟是否有当，仍候钧裁示定，或请商明康使，命其电饬古纳，仍照原稿照办，不致再有梗议之处，统祈裁夺。

八月初一日

吕盛伍三使致外部美使允约文删去出口二字电

美约第五款内所载，美国人民在中国输纳之进口、出口货物税则，须载录于此约附表之内，作为此约全体之一分云云。据美使云，须将现定之切实值百抽五税则照录一分，附入约后。当驳以此项税则业经两国特派大臣议定，签押互换，无庸再附入商约之后。美使云：向来税则均附条约之后，是以请照办理。又驳以此次改定税则系与各国会定，与平常修改税则不同，若再附入商约，既嫌重复，亦与各国办法歧异。美使云：可拟一附件声明，即不必重录税则。海等又驳以中国与各国原只定进口税则，并无定出口税则之举，则约文所云进口、出口货物税则句应删去出口二字。美使谓然，并拟附件云：本约第五款载进口货之税则为本约之附表，现彼此声明，此附表即指中美所派大臣议定之税则，仍照一千九百零一年九月七号和议大纲已于一千九百零二年九月六号美国大臣、中国大臣在上海所签押者等语。谨以电闻。

八月初二日

吕盛伍三使致外部与美使议改销场出厂出产税电

前奉香帅感电，嘱将第四款第一、二节再加删改。遵即往商，美使甚为怫然，云：前已迭次询明，此后并无再有删改之处，是以允将前此商改各节重加议定，今复将再三议定之款又欲更议，实难从命。告以此非更议，于原有意义亦并无出入，不过将字句少有增减，以期宗旨显著，俾臻妥善。并将一、二节重复之处为之一一解说，劝以此系本款总纲，必俟主意分明，方能使阅者一目了然。最好分列为三大纲：一、为议裁厘卡及行货税局。二、为议加进出口货税。三、为不干碍中国主权征抽他等之税。似此灿若列眉纲目，庶不淆混。反复辩论，彼意始稍活动，因言我欲补订入约之出产税照会一件亦系重复，既已将销场、出厂、出产三项税并一照会，则出产税不应再有照会，应请撤去；且以海等于此照会内添叙，必俟中国征抽出产税之日起，始能将内地常关裁去等语，谓显与所奉训条不符，本应用文驳回，以顾全交谊，故但请撤销而已。再三切商，即去此二句，彼亦不肯存案。

海等遂先将第四款第一节改曰：中国认允，现在于转运时纷纷征抽货物之税捐，其中以厘金为甚，难免阻滞货物，不能流通，势必伤害贸易之利，是以允愿将通国转运向抽之厘金以及各项行货税捐一概裁去，并将向有征收此项行货税捐之局卡一并裁撤，不得另行设立局卡，以征抽行货税捐。中、美两国彼此订明，自将厘卡以及行货税捐他项局卡裁撤后，不得改名或藉词将此项局卡复行设立。第二节改曰：美允许，美商运进之洋货，及运出外洋或运往通商他口之土货，除照当时税则应纳正税外，加完一税，以为补偿。中、美两国彼此订明，进口洋货所加抽之税，不得过于中国与各国光绪二十七年七月二十五日、即西历一千九百零一年九月七号签押之和议条约所定之进口正税一倍半之数。此项进口正税及加添之税一经完清，其洋货无论在华人之手，或在洋商之手，亦无论原件，或分装，均得全免厘〔重〕征各项税捐，以及查验或留难情事。至出口土货所纳税之总数，连出口正税在内，不得逾值百抽七五之数。第三节改曰：本款所载各节，毫无干碍中国主权征抽他等税项之意，只须不与此款有所违背。并将第四节改曰：中、美两国必准以上各节为宗旨，故允愿办法如下各等语。

已将香帅欲声明中国应裁者专指行货厘税之意，暗含叙入。若据实说破，厘金亦只裁行货，则英约系载明将厘金全裁，反滋其疑议，不得不稍事变通。至此款所载各节句下拟加十五字，彼坚不允。海等细思，本款第九节已载有运至通商口岸之土货，将在本地销售者，无论货主是何国人，照中国政府税项章程办理，此节即为销场税埋根，特不露出销场字样；其第十节所载出厂税亦照此办法声明，华洋商应抽税项，均须一律无异。参观互证，似无此十五字亦可无虑。惟出产税专办照会，美使决计请撤，虽有一照会，三项业已叙入，而约内究嫌无根。复与美使切商，于本款第七节末尾所云，土货贩运出洋，或由通商此口转运通商彼口，除出口正税外，可在起运处或于出口时加抽。所谓起运处者，即暗含出产二字，以土货起运之处，即是土货出产之地也。海等尚以为未足，又商请美使，再将本款末节，切实声叙。彼情不可却，又允将并征抽进出口货，照本款所定加税之事，亦须同时举行句改为，并征抽进口洋货、出口土货之加税及本款所载他等更改税项暨整顿税项之事，须一并同时举行云。似此回顾总纲所定宗旨，并与第七节新增可在起运处或出口时加抽出口正税一半暗指之出产税，第九节以便照政府税项章程办法暗指之销场税，及第十节所应抽税项均须一律无异暗指之出厂税，互相呼应，实已胜于前拟之照会。如能照允，可无后患。统俟华、洋文校正，即可作为定本。昨奉部两歌电，已约美使。明日会晤，再行电陈，容即拟电呈核，会奏请旨。

八月初九日

吕盛伍三使致外部美使云东三省开埠款文仍须留由中美两国政府七字电

顷，美使来告：接康使电云，东三省开埠款文仍须留由中美两国政府七字。该使已电康使，请与外务部商定等语。查原拟款是由中美两国政府会同商定，奉部电令将由中美两国五字删去。拟洋文政府二字之义，本包有两国字义在内，是否仍留此五字？请速与康商定电示，以便改正，缮写正本为盼。伍侍郎廷芳今日乘平安北上。

八月初十日

袁张吕盛伍致外部中美全约议竣请旨派员画押电

奉部阳电，全约如已议竣，即将汉、洋文详校，缮具正本，会奏请旨画押等因。又闻美使康格亦即来沪，会同画押。查美约遵照大部、两帅节次来电，随时重加增改，费尽唇舌，昨始逐渐改定，均经电达。洋文已由廷芳与美使躬自核校，汉文则由海寰、宣怀等先行公同核定，复饬随办洋员贺璧理、戴乐尔、福开森、内阁侍读学士刘宇泰、杨道文骏、翻译梁道澜勋将汉、洋文比对，详细校勘妥洽，始照录一分，送交美使，俟彼此订期派员校正，再行缮具正本。应援照英约成案，先行会同电请代奏，请旨派员画押，互换后，再行具折，派员赍进约本。此次画押之期，部电已定本月十八。为日已近，更不及先缮正本，会折具奏，再行画押。谨拟电奏如下：

窃查，美约先于上年八月，经臣海寰、宣怀与美使康格、古纳、西门在上海开议。康格交送约款后即行回京，以后由古纳等与海寰等接议。该使原送款文凡四十条，前二十七条均属修改旧字句，末后两条为修约应有之款，自第二十八款以迄第三十八款系属新增之约，而无加税免厘款文在内，即经诘问该使，据称，未奉训条，应俟后议。当将新增十一条逐款辩论。议未及半，宣怀丁忧，奉派廷芳接办。该使因暂停议，比廷芳到差，屡催该使，总以已将所议各款详达美政府定一准则，俾免往返电商，应俟接有训条再议。延至本年二月，始行会议。该使称：奉美廷训示，旧约仍照旧行，将新增之款厘定为十六条，比照英约办法，作为修改通商续约。加税免厘一事，已列入第四款，系以十二节加税之数，进口货仅允加至值百抽十，而请裁去内地常关。其节文大致虽系查照英约，亦颇有增减，并不愿将英约所允之销场税、出厂税名目声叙入约，以为有碍中国主权。立论固属正大，不能不防其设词饵我。即此一款，反复驳拒不下十余万言，坚持三阅月之久，先后电商世凯、之洞及外务部，合谋抵制，报纸成帙，迄未能就范围。海寰等每议至决裂之时，惟有改议他款，藉为转圜地步。宣怀在保定复奉派令会议，遵即驰回沪上，会同协力筹办。该使立意，总欲我允并裁内地常关，彼始能允加税至十二五。英约所载内地第一常关应抽土货之二五半税，该使谓，可以改由出产处抽收。当查内地常关不过十有余处，各省土货未必悉所经由。果能改由出产之地征抽，在我似尚合算。特与英约歧异，英国能否照办，殊不可知。该使谓，英约第八款，微独美国不愿，并为各国所诟病者，即以土货运出时经由内地第一常关仍不免于稽征留难，洋商即目为除弊未尽，其不肯加重税。职是之由，果如所议，将来定约后美可劝英照办，且仍照二五之数易地而收，并非两歧，英当乐从。因与议明，即使能裁，而京师之崇文门及左右翼应不在此例。美使应许给我照会为据。又以土药、盐斤两项与别项货物不同，应由中国自行办理，及通商口岸内之常关各分口仍应酌留，均订为约中附件。其允照英约之销场税、出厂税暨此次议准之出产税另备照会申明，附订约本之后。随时电商世凯、之洞，并禀承外务部，意见相同，电复然后允办。此款实为全约主脑，而加税又为此款关键。主见持定，再与磋商节文。此外各款，与英约相同者八，为英约所无者七。相同之款，字句增改不一，而意义尚无出入。不相同之款，择其必不能允之海关用人一款，声明仇教谕旨一节，坚令删除。并将英约所有美约所无之治外法权、禁止莫啡鸦两款强令增入。余则斟酌再三，方与草定，仍随即电商世凯、之洞。凡有所见，亦不惮繁难，重加驳改。海寰等纵舌弊唇焦，无不竭力设法磋磨。常有一款改至数次而未已，复折衷于外务部，必俟众论佥同，臻于妥善，始作定议。综计前后会议至六十四次之多，阅时几及一稔，始可告成，共厘定约款十七，附件三，来往照会三。所有辩论情形及商改款文，均已随时电达外务部，并由部代为进呈在案。兹将厘定约款、附件、照会再行电陈，乞一并代奏，请旨派员画押。容俟画押后，再将约本具折，派员赍进。合并陈明。

八月十一日

附注：照会暨附件均载第一百七十九卷第二三至第二五页。①

吕海寰盛宣怀致外部美使不允删出产税并更正约文电

津蒸电悉。第四款第一节，他项二字，已商美使，将汉、洋文照删。至允而复删之出产税照会，美使仍坚执不允，谓：出产税系抵内地常关裁去行货之税，已另有照会声明，又于末节声叙，本款所载他等更改税项须一并同时举行，而他等税项解说，彼此照会内又已详言，决不能再收此重复照会。海等于此事争论不止数次，无如争之不允，始行电达。初意原欲载明约内，因其坚持训条，乃不得已始商用照会。兹既肯于约内准我酌叙以为根据，自较照会更郑重。虽不明言出产等项名目，而各项均已暗列入约。如销

① 原文如此。

场税，则暗载于该款第九节。出厂税，则暗载于第十节。因出产税无根，是以于出口加税一节内声明可在起运处加抽，不明言出产之地，实已包括其中。盖行货税捐皆裁，则起运处即指出产而言，决无他项可以含混。土药、盐斤已有附件声明不与别货相同，由中国自行办理，更可无虑牵涉。且于末节声明：他等更改税项同时举行，是侧重出产一面。以出产税系抵内地第一常关之税，当日更改，实已煞费斟酌。若虑英国不允纳出产税，美又促我裁内地常关，即可执此款末节所载各国允照本款各节及他等更改税项同时举行等语与争，英、美似亦不能以违约强我。海等议时，未尝不长虑卻顾，无如照我所拟，彼终不允，相持几及一年，不得不于通融之中藉施补救之术。总缘海等智虑短浅，只能委曲磋商，不能压令强允，故难处处制胜，抱疚良多。然此中为难之处，乞赐详察。美使谓我迭次商改，彼亦迭次变计，此乃洋人惯技，原不足怪。现已订期画押。祈谅之。

八月十二日

鄂督张之洞致吕盛伍三使美约就范深赖荩筹电

阳电悉。美约第四款商改各节，深劳苦心斡旋，感甚！此次美约磋商就范，深赖三星使荩筹周至，不惮烦劳，和衷讨论，乃克臻此，曷胜佩慰！即请挈衔会奏。

八月十二日

鄂督张之洞致外部美约并未声叙出产二字未免可疑电

津蒸电悉。美约第四款并未声叙出产二字，未免可疑。惟第十三节既有此约一经两国互换，并与中国有约之各国允照本款各节后，则会定此款举行之日期等语，则非各国均允照本款各节办法，此款不能举行。若英国不允照第七节所载，起运处或于出口时加抽正税之半，便有一国未照本款各节也。美使虽未允于约内声明出产二字，然附件照会内有与贵大臣议定由中国自抽之出产税一语，美使照复并未辩驳，将来可以为证。英若不允抽出产税，美国当亦不能强我裁内地常关。况出产税与海关正税共抽七五，有产税则海关抽五，无产税则海关并抽七五。若系内地销售之货无产税，我可于销售处重收销场税，于洋商无甚出入，彼当不至取巧力争也。现为期已迫，似可毋庸商改，以免误期。

八月十三日

吕海寰盛宣怀致外部日约由伍使在京校对再请旨画押电

奉部文电，日约业经香帅与内田使议定，甚为欣慰。惟与美约一同画押，为期甚促。现尚未奉到电示约文，并未知是否全约，因前奉大部六月庚电谓，内田使意欲提出北京开埠、免厘、谷米出口三条，由伊在京面议，仍归沪定。嗣奉六月十四部函并日外部电训节略，亦只言三条之事。而海等在沪与日置益等所议各款，虽经随时电达，并迭次函陈，未奉有大部及两帅核准电示。且日约声明以英文为准，校对汉、洋文，必须先将彼此洋文核符，再将汉文与洋文复核，方能作准。倘仅电示汉文，虽日使必有洋文，究竟与在京所定洋文是否符合，无从悬揣。倘洋文稍有舛错，贻误甚大。海、宣不谙洋文，伍大臣又已赴都，海等愚见，拟请伍大臣就近在京先将洋文与香帅译员梁敦彦、辜汤生等校正无讹，再将汉、洋文互相复核，即由部代奏，请旨画押，连洋文一并电示，由此间分别缮正，再与日使互校妥当，即遵旨画押，或可不误八月十八之期。否则，仅凭日使译送之洋文，倘校对不符，必有辩论，转致迟误。乞钧裁示遵。

八月十三日

鄂督张之洞致袁吕盛日约议定十三款先行电达电

日本商约由敝处在京与内田公使往返磋商，随时请外务部核示。只因内田愿在京专议，且各款皆牵连并议，悬而不定。大抵与之言明，允则俱允，翻则俱翻。每一款字句，彼此时有斟酌更改。甫于前数日议妥，一气呵成，致事前其势不能逐款电闻。然议约宗旨处处皆抱定三星使原议及慰帅平日持论之意，窃谓必能符合台旨，当蒙鉴谅。计我所索允者三事：照各国一律加税一款、查禁违碍书报一款、中国人民在日本者极力优待一款。驳辩删去者三事：请运米谷出口一款、口岸城镇任便居住一款、常徐府等九处口岸一款。以要索为抵制者一事：各国护路护馆兵队全撤后北京方能开埠一款。因有益于中国商民，可除积弊而许其入约者：度量权衡一款。照沪议原文增改字句者：改定国币一款、内港行轮一款、川江设施拖缆一款。因英已有面许其入约定议者：长沙通商一款。余皆仍照沪议原文，均已将全约钤呈外务部核准，言明与美约同日画押。除起首总冒一段例文不赘外，兹将议定各款电达如下。

附记：日本商约十三条载第一百八十卷第五至第九页。①

① 原文如此。

鄂督张之洞致外部及吕盛二使日约请在沪赶办电

沪文、丑电悉。现与日本所定商约各款，大致与英、美两约相同，已于本日将全文另由元电录呈。所有各款，皆系仰承外务部与慰帅及三星使意旨与之商酌。幸彼以日期迫促，处处将就。诸公细阅各款，当不以为谬也。此次在京与内田公使商议，皆系按照华文商改，并未议及英、日两文。其有与英、美两约相同者，言明分别按照英、美原约翻译。其余则内田言明，在沪翻译，彼此校对。现为期已迫，敝处经手事件繁多，断不能在京翻译、缮写、校对。且此系内田之意，仍祈在沪赶办，勿误十八之期为祷。倘英、日两文实赶不及翻译、校对，则请与日使商明，先将汉文于十八日画押，其英、日两文随后译写签字。祈速电复。

八月十三日

鄂督张之洞致吕盛二使日约有删改字样请察酌电

日约未先电商者，实因鉴于英约在湖北议定后，被马使回至上海后翻悔紧要两条，失去已争得之权利不少。故此次与内田议各款，一气统商，允则俱允，翻则俱翻，致牵连不能遽定，然皆随时请外务部核示。及至定议，则为期已迫，不暇再请核复，即日将约稿全文奉寄，一面请外务部定夺，苦衷当邀鉴谅。嗣外务部指商数处，因商内田，于第六款末增惟彼此商明，凡纳关税，仍以新关平核计为准十八字；第七款末增惟将来新定之度量权衡与现行之度量权衡有所参差，或补，或减，应照数核算，以昭公允三十五字；第十款删去安东县三字，将三处之三字改为两字。特此奉闻，祈照改。再，第八款附件来往照会派员代收之代字，恐有人误会为外人代收，故均改为统字，并以附闻。全约已录呈外务部，兹又一并电部，尊处奏请画押时约文似可无须重电。统祈察酌。全约文系初十日由邮局函寄，想已接到。

八月十五日

鄂督张之洞致外部加税事内田谓不如浑言电

津愿电悉。具仰慰帅荩虑周密，佩甚！加税事，敝处本力索于约内载明十二五，而日使仅允加十。相持两月之久，内田谓：英、美两国虽允加十二五，仍须各国全允方能作准。有一国不允，便作罢论。告以英、美既允，我自必力商各国照允。中日交谊方睦，岂有日本反不允之理？彼始谓：各国全允，日本自不能独异。但约内若载明十二五字样，议院必多挑剔，政府万不敢允。不如浑言照各国一律，免生异议。内田并密告鄙人：此即暗允十二五之意，实系格外通融等语。因思彼即允于约内明载十二五之数，亦必声明各国照允方能作准字样，与现叙照各国共同商定税率一律照输无异，实无区别，故遂允之。查英、美两约，虽皆载明十二五，仍声明有一国不允，即不照办之意。如英约第八款之十四、五两节，详晰言之，均是此意。细按日约，此款似尚简净包括，直捷了当。倘以后各国加税款均允照此声叙，既有英、美二约在前，即是十二五税。各国全允，如有一国不允，我自不与力争，则虽英、美约内载明十二五或照正税一倍半字样者，亦丝毫无用。盖各国本无一国愿加十二五税者，英、美、日皆力争而后允，此后续议各国亦视我之放松不放松耳！现画押期迫，实难再与日使磋商，非敢推诿惮烦也。尚祈垂谅。

八月十六日

吕海寰盛宣怀致外部日约未载加税数目乞示电　二件

津愿电悉。顷，与日使面对汉文讫，告以尚有增删，候续电更正。慰帅谓：日人不肯载明十二五，恐英、美亦受牵制，诚属可虑。此条海等与日使屡议，因其只肯订照各国一律，不允载明加数，是以停议。今已议成，彼未必肯更改。或请香帅与内田切商，照末外加现经定约之国加税一律，固可免英、美牵制。如或不能，务请将以抵我全行裁厘所绌之款几分一句内之几分两字删除。海等昨读元电内几分两字，即疑恐有错误，缘英、美、日议约时总言：厘金收数既有销〈场〉、出厂税相抵，加税何至要加倍半？即加一倍，必已足抵云云。今与日使对约，询其几分两字何解？彼谓：加税足抵裁厘之几分，窃恐有此二字，各国藉口，不能加足倍半，可请删去几分字样。此间两国使臣皆无权增删矣！又询其美约已改大东沟，日使云：大东沟犹如上海吴淞，或是多要一处，应候内田续电再定。彼又云：中国政府应允，以下悉照美约，何以下文云此三处通商场？是否仍系两处电报误作三字？并乞速示，立待缮约。

八月十六日

香帅愿电谓：几分，按日本文义，犹言几成。内田云加税之款，各国不能保其足抵裁厘全数，故只可言几分，其意似已微露，尊意正可藉此二字为另抽销场、出产等税之根。所虑极是。然海等细想，若照英、美约订定加税一倍半，则言加税不足抵裁厘，自可为另抽他税之根据。然英、美、法不肯言十二五，犹仅抵几分也。日约不言加税数目，但言仅抵裁厘几分，恐其暗指我仍留销场、出产等税，则进口货加税无需十二五之多也。诚如慰帅所虑，日人必有深意，续议各国必不肯再载明加数，且难保不藉词发难，尽翻英约。香帅亦谓当时本拟删此二字。海等愚见，内田若允照慰帅所拟加注，稍能坐实加税照英、美一律之意义，则可留几分二字。如不允加，务请香帅仍照当日原意删此二字。至出产、销场、出厂各税，下文已言明悉照各国办法无异，似更不必此二字作根。此事关系太重，海等既有所见，不敢缄默，用特电陈。乞垂察！

八月十六日

外部奏墨国华民日众拟请派员驻扎藉资保护折

总理外务部庆亲王奕劻等奏，为墨西哥国华民日众，拟请派员驻扎，藉资保护，并将驻日分馆改归驻法使臣兼理事。

窃准出美使〔出使美〕、日、秘、古国大臣梁诚咨称：光绪二十六年，中墨订立条约，奉旨批准互换。华人赴墨日益众多。上年华商创设轮船公司，往来中国、美、墨各口。墨国土地肥沃，外人往者颇众，乃比来该国于华人渐肆凌虐，于轮船公司又事阻挠。迭据寓墨商董先后禀诉，若不设官保护，无以慰侨民呼吁之忱。至设官办法，援照古巴成案，即以总领事官兼充参赞，平时驻萨理那古庐司海口，遇有与外务部商办事宜，听其驰赴都城。常年经费，需库平银二万二千两，开办经费四千两。国帑支出无多，华侨受益甚大。拟陈办法，咨请察核等因前来。

臣等查，驻美使臣兼使日斯巴尼亚及秘鲁、古巴等国，均派有参赞、领事等员分驻各处。墨国甫经订约，尚未议及设官。近年寓墨商民日众，交涉渐繁。现据该商董等禀恳设官，自应急筹开办，俯遂舆情。该大臣拟设总领事官，兼充参赞，平时驻扎海口，遇事驰赴都城，实于保护华侨有益，应准其添设。惟驻美使臣业经兼使日、秘、古三国，今复增设墨馆，事务较繁，虑难兼顾，亦应量为变通。查日国地处欧洲，距法甚近，与美国中隔大西洋，程途绝远。溯当遣使之初，因古巴属日，是以驻日分馆由驻美使臣兼理。现古巴已认为自主，情形迥非昔比，自当因地制宜，拟请将驻日分馆改归驻法使署，就近兼理。所有派员驻墨一切事宜，即由出使美国大臣筹办。如此量为转移，于使务既可有裨，于情形亦为便利。至所需经费，查日馆常年开支一万六千两，嗣后即移拨此款抵充墨馆常年之用。其开办经费四千两，准其另款造报。日馆事务较简，应派参赞暨随带翻译一员足敷办公，毋庸再设洋员，以期撙节。其常年经费酌定为一万二千两，即由使费项下拨交出使法国大臣，按年支销，照章造报。如蒙俞允，即由臣部分别咨行，钦遵办理。谨奏。

光绪二十九年八月十七日奉朱批：依议。

科布多办事大臣瑞洵奏请饬外部照会俄使催勘阿拉克别克河界务折

科布多办事大臣瑞洵奏，为阿拉克别克河口交界，前经与俄官商拟会勘，现在俄人竟在该处盖房丈地，自立鄂博，并拟筑城，经已力争诘阻，议允暂停候查，请敕外务部照会俄使，催办勘界，并恳简派大员前来，与俄官定期会办，以重疆索〔界〕而折狡谋事。

窃阿拉克别克河克色勒乌雍克地方，俄人要索太甚，殊难因应等情，经奴才于光绪二十八年四月初四日密折驰奏，奉朱批：著外务部妥为商办。钦此。嗣承准部函，仍由奴才办理等因。旋于上年六月十六日，据俄国驻库伦匡索勒官施什玛勒福前来科布多城，会商界务各案，至七月底始回。其于阿拉克别克河克色勒乌雍克地方断断相争，幸有界限鄂博可以为准，自非彼此重新查勘，无从证误，难言持平。计会晤十余次，辩驳数千言。该匡索勒始犹支吾，续以奴才执意甚坚，方勉从议，定由两国各派大员，订期前往该河口地方确切履勘，查明实在情形，从新划定，以为一劳永逸之计。该匡索勒又商请将在彼原住之哈萨克先令迁徙，奴才以既拟各请派员重勘，应俟查勘之后自有办法。若先令哈众迁移，须由匡索勒具文担保迁出之后该地方不致有人占据，即可允许。该匡索勒见奴才不肯迁就，遂仍就各派大员重勘之议订定，各报外务部请旨办理，当即咨部请示。不料波澜复起，俄使又以夫官应撤向外务部迫促不已。奴才迭接王大臣来电，遵经斟酌拒绝，然究不愿授柄于彼。适该卡侍卫常升染患目疾，具禀告假，借此撤差，意谓可以已矣！讵知彼更投文外务部，谓奴才暗助卡兵，护哈拒俄，为不遵俄国训条，彼当用兵力保护己权等语。复接王大臣密函，谓：相持过久，恐酿事端，如将此项哈萨克移置相离较远地方，亦未始非息事安人之道。一面照催匡索勒派员会勘，以清界限等因。

窃以迁哈防变，勘地息争，原可相提并论，遂即派员将该处附近住牧之哈萨克四百九十余户悉数迁至毕里子克河东岸。该处离阿拉克别克河七十余里。并密函外务部，以所拟会勘界务，科布多属员中无人能了，应照原议，两国各派大员，定期会办，庶免相形见绌。且明年适届会查牌博之期，若得大员前来，更昭慎重。惟该匡索勒近日于科布多照会每置不答，应请就近照会俄使，方能得力各等情，去后，尚未奉复。接据署玛呢图噶图勒干卡伦侍卫英绂电报：七月初一日，阿拉克别克河上游有俄员在我界内丈量地址，势将大兴土木。侍卫随即往查，见有新竖四方房基一间，上未盖顶，有毡房二顶，内住俄属哈萨克名俊麻拉拜，询称俄官派当此差，事完仍即移回。俄官八员，本日已往阿拉克别克卡伦。侍卫即驰抵该处，询据驻卡俄兵言齐赴杜瓦城等语，侍卫跟踪而往，晤称：阿拉克别克河以东，至洋税局东小河，名为阿拉克别克河，去年所烧房间地址即现筑房基处，系归俄国界内，业已接见洋文，派洋员前来查收。此地要修城五座，第一阿拉克别克河卡伦处，第二即烧毁房基，第三阿拉克呼巴噶卡伦处，第四噶资勒什卡伦处，第五萨斯卡伦处，请示办法等情前来。奴才即派明干员弁驰往查问，与之辩论，已允今年阿拉克别克地方所属哈萨克均不准居住过冬。若派大员，请明年前赴阿拉克别克河查明地界，互换条约。俄人已将工作暂停。此阿拉克别克界务拟定另斟办法，现在俄人狡诈力筹抵制之情形也。

伏查，各国通使〔例〕，分界为常守不移之约。拉阿克别克〔阿拉克别克〕河口交界，光绪九年经分界大臣额尔庆额与俄国分界大员彼此议立专约，会建牌博，定期划界，三年会查一次，条议分明，原各循守勿替。乃当光绪二十一年会勘牌博之际，俄员狡焉思启，发端图赖。自是每届会查之年，必议论繁滋，各不相让，以至于今，延宕既久，枝节丛生。兹竟丈量地址，自立鄂博，拟筑城垣，一味恃强霸占。揣其贪地无厌之心，势不使西北方疆域不尽折入于俄不止。若仍专恃辩阻，则彼方实行其政策，我乃空争以口舌。窃恐虽以苏张之辩，亦虑无能为役。该处为额尔齐斯河北门户，若竟为所割据，则彼气势益厚，我之边界及阿克勒台各地方皆必岌岌不安，关系甚重。默筹熟虑，欲杜俄人狡谋，只有重勘一议，尚属稳着。上年该匡索勒竭力磋磨，费尽心力，始将互相重勘之议商定。倘得明白晓事大员临境履勘，和平商榷，办理得宜，尚不至大受亏损。盖派员勘定，则出入利害，在我犹有操纵之权，在彼亦难施矫强之术。纵不敢望将早年失地全行收回，似尚可以清积岁之葛藤，杜方来之侵占。若再不妥筹办法，恐俄且视为已得利益。又以边吏之言为不足，何如竟行布置，至彼时再议补苴，譬如障川流而挽既逝之波，探虎口而索已投之食，事之难就，无待于言。且接外务部来函，亦有一面照催之语，是亦并无异议。特事关中外大局，自须简派大员，方不乖夫原议，亦有裨于边疆。奴才自揣精力万难胜任，惟有据实奏明，请旨敕下外务部，照会俄使，催办勘界；并请简派忠正明练大员，随带熟习洋务及精通翻译、测绘之员，迅速前来，俾与俄官定期会办，以重疆索〔界〕而杜狡谋。如当事者尚以此举为可缓，则请敕外务部诸臣，再加核议，另筹万全之法，尤为感幸！奴才以边界巨要，洋人贪急，不图了结，后患方长，谨就愚昧之见，缮折密陈。谨奏。

光绪二十九年八月十七日奉朱批：外务部迅速查核办理。

清季外交史料卷一百七十五终

清季外交史料卷一百七十六

光绪二十九年八月中

吕海寰盛宣怀致外部日约应酌各节乞核示电

本日接香帅初十函，并钞全约，适小田切亦接到内田初八所寄汉文全约，彼此又复校对。第五款，彼无有益于中国之六字。据云，亦未接有内田来电，增此六字。末段书籍报纸一节，彼约亦无，而另有来往照会两附件。据云，入约办法，在先经内田与香帅复商，改用照会。但查香帅函电，此两处系力争而后入约，并未有改用照会之电，应请速商内田，迅电小田切照办，并电复为要。又第七款，彼约无奏明办理四字。已嘱彼电询内田，而彼约自行体察句下情形字上有时势二字，小田切云，此二字万不可少。又第八款两附件，彼之汉文仍系代收，并未改统字。已照香帅电告知，彼云，此系照总署原定章程照录，原章是代字，亦不可改。乞速核示，立等缮写正本画押。顷已奉旨，东、英文万赶不及。小田切已奉彼外部电示，先画汉文，已与订明，凡在京所定所改各款节均以汉文为主，照此翻译，不能稍有更易矣。并闻。再，日约是否会奏，祈将奏稿电示为幸。

八月十七日

鄂督张之洞致吕盛二使日约东三省开埠一款请照美约校正电

日约东三省开埠一款，言明悉照美约文法，惟安东县改大东沟，缘大东沟系日本原议所索。嗣增索安东县，再三商驳，内田始允仍将安东县删去。此款已商明外务部照准，请将文法照美约校正为盼。

八月十八日

鄂督张之洞致外部日约加税款内几分二字改为酌补电

沪咸、谏各电悉。查日约加税款内几分两字，确从英约第八款之第八节洋文译出，因英约汉文用酌补两字代之，其实与几分无异，尊处偶未细思耳。请细玩英约此款全文便悉。盖英约洋文实系明言加税十二五，犹仅抵免厘几分也。日约第一款，假如上文用几分，而下文言俟将来日本与中国共同商定加税之率云云，则尊虑日本将来藉词翻悔容或有之。今明言按照中国与有约各国共同商定之税率一律照输无异，是日本专以按照各国允加之税一律为衡，并无权可与我再议加税之多少，词义极为明显，但尊意既以为不妥，自当遵改。现经派员极力与内田商删几分二字，彼初甚怫然，断不肯删。嗣经我执定英约洋文此处字义华文系译为酌补二字，不言几分，再三力劝，彼始勉允改为另添加税以酌补全行裁厘所绌之款云云，将几分两字删去，但言明酌补二字必须照英约第八款第八节译为 To compensate in a measure，华、洋文均请速更正为要。又下文按照与中国有约各国共同商定加税之率云云，今与内田力争，改为按照中国与有约各国云云，与字移在中国两字之下，则以后议税率之权全在中国，意更明显矣！又第二款仍行遵照海关议定专章句，行字改为须字。第四款之第二节有益于中国之六字，本款第三节初稿本有因日本政府虑我藉口此书无益，中国任意阻其售卖，故欲删去。我因下文已有防范之法故允之。前稿漏删，今请删去六字，请由中国国家保护句保护下加一者字。第四节日本人改为日本臣民。第六款毫无窒碍句下紧接惟彼此云云，删去至中国改币至上下交益三十字，并节去新关平之新字。第七款自行体察情形句情形上添时势二字。第七款末节末句以昭公允之公字改为平字。第九款第二节日本政府句日本下添一国字。第十款第二节在该处通商之界内句改为在通商口岸之界内。第三节此三处通商场之三字改为两字。第十一款整饬本国律例之饬字改为顿字。均请校明更正。以上各节，今日均与内田商定。时刻已迫，磋商至此，似无流弊，望勿再挑剔，以致误期翻悔至祷。再，伍侍郎已离沪，现与内田商明，此次画押由吕大臣代签并闻。

八月十八日

河南巡抚陈夔龙等奏芦汉铁路展造开封河南铁路议订合同折　附合同三件章程二件

河南巡抚陈夔龙、铁路大臣盛宣怀奏，为芦汉铁路展造开封河南两府枝路，与比国公司议订合同，磋商就绪事。

窃查，芦汉铁路系贷借比国公司洋款造办。兹因预筹干路还款，保全枝路利益，臣宣怀于光绪二十五年十月奏请将开封、河南两府枝路统归总公司筹款接造，钦奉朱批：著照所请，该衙门知道。钦此。钦遵在案。先据比国公司代理人卢法尔函请承办，当经派员伴护勘测大概，旋因拳匪事起，暂行停议。去冬，卢法尔来沪重申前请，并承准外务部咨催办理，自应从速兴办。查芦汉铁路在荥泽左近渡河。该处东至开封府，约一百七十里，西至河南府，约二百五十里。现由卢法尔估计，应借工款一百万磅〔镑〕，约核法金二千五百万佛郎克。议明利息、期限悉照芦汉章程，俟合同签定后九个月内开办。所有议订合同各条，饬由总公司法文参赞・候选道柯鸿年等与卢法尔数月磋磨，并经臣宣怀逐条斟审，照芦汉合同量为删汰，闰五月间臣夔龙入都过沪互相商榷，复经函呈外务部详加增改，旋准电复，酌添二节，计订定细目二十九条，又行车合同十条。要以保持权利，不令旁生枝节为断。此次所订合同，大致以芦汉干路办法为基址，而酌量增删钩勒，较为严紧。除咨呈外务部外，理合将所拟比国公司合同底稿缮具清单，恭呈御览，俟奉旨批准，再行签印开办。谨奏。

光绪二十九年八月二十日奉朱批：外部核议具奏。单二件并发。

谨将汴洛铁路借款合同缮单恭呈御览

中国督办铁路〈总〉公司大臣盛，系奉中国国家特派，比国铁路合股公司由该公司董事卢法尔秉承该公司全权代理，订定各款如下：

第一款　中国督办铁路总公司大臣盛，前经奏请芦汉干路南岸系在荥泽过河。查荥泽县东至开封府，约计一百七十里，西至河南府，约计二百五十里，应请归入总公司，作为芦汉枝路，即令比商筹款勘估，一气趱造等因，光绪二十五年十月三十日奉上谕：著照所请。该衙门知道。钦此。旋据比国合股公司代理人卢法尔函请承办，并经派员伴护往勘，声明：营造经费，其开封府至河南府，约估借款一百万磅〔镑〕，约合二千五百万佛郎克，所有章程按照芦汉正续合同办理等语。又于光绪二十八年十二月二十九日，盛大臣接准外务部来咨：此项合同应与卢法尔磋商就绪，迅即办理。卢法尔亦秉承比国合股公司全权来华，代理商办此事。兹由中国铁路大臣与比国合股公司代理董事议订借款，专为营造开封府至河南府铁路。此合同未签押之前，先经督办大臣将该合同奏请核准，于光绪二十九年九月初十日奉旨批准。此谕旨恭录于本合同内，作为附件第一专条。督办大臣准照前因，定计为中国国家外借五厘金款，计总数二千五百万佛郎克，即英金一百万磅〔镑〕，名曰一千九百零三年中国国家铁路五厘借款。

第二款　此项借款计分借票五万号，每号值金钱五百佛郎克。该借票内应刊之文附录本合同后，作为附件第二专条，由出使比国大臣代中国国家盖印。

每张借票或作一号，或作五号，应各分出若干，届时由比公司酌定，总以不逾全数五万号为准。所有印刷票费由比公司认付。

每年按照票面所载数目，每年以五厘计息，用为金钱核付，此利息自缴付票价之日起算，每年定西历正月一号、七月一号两日给付。

到期已付息票，应由比公司按照号数次序汇齐，寄交上海中国总公司作废。其费由比公司认付。如寄交之时中途或有遗失，比公司应将已付遗失息票号数刊布四种日报，并出字据与总公司为凭。

第三款　此项借款应计卖票之第十年起，分二十年均还，每年由比公司按照本合同所附之表作为附件第三专条，在比公司之各局所抽号拔还。

抽号之期，应在每年四月第三个礼拜之日。首次抽号之期，应在卖票之第十年之是日。每次所有抽出票号，应刊布于四种日报中。其费由比公司认付。

第四款　凡抽出借票，应照票面数目，在付息之期，如数以金钱还清。该借票所有未到期之息票，不得裁割，须与借票一律缴销。倘有短缺，则即核计短缺者所值之数，在应还之票本内如数扣除。借票利息即于所指还本之日停止。

已还借票，应由比公司按照号数汇齐，寄交上海中国总公司作废。其费由比公司认付。如寄交之时中途或有遗失，比公司应将已还借票号数刊布四种日报中，并出字据与总公司为凭。

第五款　在首次拔〔拨〕还借票期内，中国国家不得加增每年均还借票之数，或将借款全数还清，或改借款之名。在首次拔〔拨〕还借票以后，中国国家无论何时，在未到期以前，可将借款全数还清。一经全数还清，所有合同即时作废。

第六款　所有应付息票及应还借票，由经理此项付款之各银行或经理借款之银行，以佛郎克付给。

第七款　本合同所订借款之付息还本，除中国国家自应以所有之进款担保外，又经中国国家准中国铁路总公司言明，以开封府至河南府铁路之进款，除一切办公费用及行车各费外，其净余者当首先留备本借款付息还本之用。且此节办法已另载于中国总公司与比公司所订之行车章程内，此章程与本合同系合而为一。以上办法当专切不移，至借款全数清还为止。

第八款　行车进款，除开销外，所有余款由中国总公司查验登记后，托比公司移交中国总公司与比公司公同指定之银行。

该银行即当按照中国总公司并比公司与该银行所订章程，将比公司移交之款兑换金钱，务令中国总公司大得便宜。所兑换者，以备下半年应付之款为度。此余款当接续移交，以足敷下半年应付之金款为度。每半年之付款，至少须于三个月前即有把握。凡指定代存此等款项之银行，务必代为生息，俾与中国总公司极有利益。每次付利还本并汇费贴水以及本合同所指之用费所需之数，当先期二十天，于该银行代存余利之款内划出开支。

第九款　经收寄存借款之银行，于造路时不必另请允准，可在此项存款内提付利息，只须随时知照中国总公司督办大臣。

第十款　中国铁路总公司欲于此项借款表其结实可靠之意，愿将开封府、河南府铁路作为头等担保，给与本合同所订借款之借票，即该铁路及车辆料件行车进款是也。

此等担保，当由比公司代购，执借票之人允受。如中国铁路公司未能按照合同所定付利还本条款办理，比公司得在上文所指之物产照行其一切应有之事权。其行车合同各款仍当按照切实办理。

第十一款　前条所载与中国国家于本借款原有责成，如第七款内所载云云，不得妨碍设开封府、河南府铁路。行车所得之实在余利，由中国总公司托比公司移交所指之银行，于每半年利期之三个月前兑换金钱后，不敷应付借款本利，则中国国家即应设法弥补。倘有以上不敷情事，一经知会中国国家，应于下半年利期之六十日前，按照所需之数，以现款或他款给付比公司，俾得代换金钱，以凑应付之数。

第十二款　比公司于中国铁路总公司所托其移交银行之款，或中国国家所补凑之款，应及时按照前数划付经理借款各银行，以备下期应付各款之用。

第十三款　凡分任此项借款之各银行，中国国家按所付利息之数酬以用费二毫半，即每万佛郎克，给二十五佛郎克，又各借票因抽出号头还本，或应增还票数提前还本，亦按所还之数酬以用费二毫半。此项酬费系在每半年之行车余款内划拨。如有不敷，即由中国国家设法弥补。

第十四款　中国国家应行保全并设法保全本合同第九款所载借票应享利益，并永准借票并息票以及此项借款所有进出概行豁免中国捐税。

以上指借票、息票及此项借款进出概免捐税而言，至在中国今日所有课税，如地税，或日后中国国家所设各项税捐，如印花等税，中国商务一律概行征收者，则此项铁路及铁路生意亦一律征收。惟言明不能于此项铁路特创格外之例，应照中国各铁路一律通行章程办理。

第十五款　到期息票，如五年内不来支息，其款则为中国国家所得。至已经抽出应还之借票则以三十年为限。

凡执本借款借票之人身故后，该票即按其人本国继业之例由继业者承受。

付利还本之事，不论时局和战，均当照常办理。并不论执票者为友国或敌国之民，均当一律照付。

本借款借票倘有遗失、被窃、被毁等事，即须呈出凭据。中国国家如查得凭据可信，呈请者确系失票之人，即当允准比公司另印借票补给，其费由比公司出。

第十六款　中国国家应饬出使大臣移送案据于欧洲各京城之各银钱公会，务应允准此次借款得在该各银钱公会估价买卖。

第十七款　本借款票面全数二千五百万佛郎克，计有五百佛郎克之借票五万号，即由比公司认购，以九扣付价，实共价二千二百五十万佛郎克。该借票应自缴价之日起计息。

倘购买借票时芦汉干路借票价值跌至四百八十二佛郎克五十生丁以下者，如不因才付利息以致票本跌贱，则两造均可将本合同作废。

第十八款　比公司自接到五万号数之借票后，即将购票之款全数交彼此公指之各银行。估计筑办何段铁路，需款若干，由北京汇存上海公指之银行收入中国铁路公司帐〔账〕上，随时禀明督办大臣，照市价代换银两。并当经约明，计购票之现款，至少须以十分之一代换银两，寄存督办铁路总公司大臣所指定之中国银行，并由督办铁路总公司大臣担保。此存款乃备磅〔镑〕价大跌之时，总公司不合以金磅〔镑〕换银，即用以拨付工程用款。以上存款各银行付款，仍当按照下文第二十款办理。

该银行收存借款未用之先，按期生息。比京所存未用者，亦一律生息，务令与中国总公司极有裨益。

第十九款　营造全路工程，应由中国总公司责成比国公司代雇之总工〈程〉司代中国总公司监造，并代测勘路线，详拟各工程图样，估计全路工价，监造工程，订购材料、器具，以备行车之用。凡一切工程底稿、购办材料，统须先由督办铁路大臣核准。此项开封、河南铁路系芦汉干路之分枝，所有轨道尺寸、行车法度，悉与芦汉一律。除在欧洲购办材料并各项用费呈请督办大臣核准签字、在比京划拨外，其所有工程费用，并所有比公司代雇工员匠薪工川费，以及各杂费，统由中国总公司于借款项下划付开销，但皆须督办大臣所派之代理人员签字核发。

自本合同签定之后，中国铁路总公司即托比公司代为遴聘谙练工程之总工程司一员，以便监造路工，详拟各工程图样底稿，测勘路线，并估计全路工价，惟统须呈请总公司督办大臣核准施行。此总工程司应由比公司引荐，请督办大臣委派，归督办大臣节制。该总工程司薪水亦由督办大臣与比公司商定。

所有营造路工应需外国人员，由总工程司开列职事、薪水清单，呈请中国总公司督办大臣核准后，托比公司代为遴聘，归总工程司调度。凡应需中国人员，或办工程，或充他项差使，总公司督办大臣应有专权选派，交总工程司差遣。无论何等中国人员或外国人员，若未奉督办大臣允准，不得聘用。当经约明，凡中国人曾学有造诣或曾经熟练者，由督办大臣指送总工程司，即得按照外国人员一律充当差使。所有路工华洋人员，凡属于工程之事，均听总工程司号令。但无论华洋及比公司遴聘之洋员遇有犯事，一经督办大臣察出，可将犯事情由知会总工程司，立时斥革。

中国总公司督办大臣可以派员到路工之处，畀以全权，代办一切事宜。此委员之薪费并上海总局之经费，自应在于开封、河南铁路项下开支。凡购办路工并行车应用之机器、材料，均须由总工程司呈请中国总公司督办大臣核准。其应购以上机器、料件并招揽工程，总工程司应与总公司督办大臣所派代理之员会同商定。凡在外国应付购办机器、料件价值并一切用费，其细帐〔账〕应黏同各项发票收据，于每三个月造送中国铁路总公司核查。

每月由总工程司与中国总公司商定，请寄存借款之银行拨付下一月路工应需之款，交中国总公司督办大臣所派之收支委员收管。一切责成，应由铁路总公司承当，并收回收据。但此收支委员只行查照总工程司并总公司督办大臣所派代理大员会同签字凭单给发。

凡属于工程或行车各事，比公司绝无自行筹付之款。比公司应极力设法，期于二年之内全路告竣。其二年期限，应自芦汉干路行车至黄河南岸之日起算，以便转运物料。

约明：比公司驻扎比京工程处，只能将拟图、购办、验收并订聘洋员应需各款向中国总公司开支。至于董事公会并各董事赴会应需各费，以及别项用费，则由比公司自行筹付。

第二十款　比公司所付购票之款，系专为营造开封至河南铁路之用。倘比公司或其经理银行察出迭次所付之款内有一款作为别用，或中国总公司，不能使比公司所派之员督率监造，则比公司或其经理银行均有停止付款之权。倘购票之款于营造工程外尚有余剩，则仍全交中国总公司。

倘路工已竣，行车已办，而购票之款尚有剩余，则所剩之款全交中国总公司，缴还中国国家。倘借款不敷营造路工或办理行车，可以准予比公司添借应凑之款，一切照此合同办理，不必另订合同。

第二十一款　此合同五万号购票之价，比公司应于合同签字九个月内，即行先购一千二百五十万佛郎克，按九扣价值，以充第一路工程经费。其余一千二百五十万佛郎克，应照前价，于承造第二段工程之前，或作一次招购，或分数次招购。所有转招大众认购之费，自应由比公司认出。

第二十二款　自本合同签押之日起，所需勘路之费，由中国总公司给付。其款于借款项下开支。全路应分两段建造。由开封府至与芦汉干路交点处，作为第一段，先行测勘开办。由芦汉铁干路交点处至河南府，作为第二段，接续测勘开办。目下议定首次购票之款，即先用以营造开封至芦汉交点处一段，即于本合同签订九个月内开办勘路工程。

在合同签定两个月之内，比公司即须预备法金一百万佛郎克，听中国铁路总公司取用。此款即作为提垫借款，专备汴洛铁路勘路用费，寄存此款银行仍照本合同第二十款付给。此垫款不折不扣，全年以六厘计息，首此认购之一千二百五十万佛郎克应在本合同签定九个月内办理，首先归还六厘垫款。

第二十三款　倘日后比公司确能一一遵照本合同所订各条款，将开封、河南铁路工程办理完妥，毫无间言，中国总公司如奉国家准由河南府接展至西安府，督办大臣可以应允先尽比公司按照本合同章程妥商议办。倘中国国家自行筹款，或招集华商股本，接展此路，比国公司不得争执。

第二十四款　凡开封河南全路路工并行车应需一切机器、料件，除中国自能制造之件即可随时按照外购章程购办不计之外，皆归比公司代为定购。但该公司自当尽心办理，并须极其公道。将来每段开工，中国总公司自当按照此款办理，以昭征信。比公司所办材料进口或入内地，均准其免完厘税。

倘一月之内未得免税字样，则比公司可以不将本约照办。其一月之期，系自比国政府知照比公司以接中国照会如第二十八款内云云者之日起算。

倘有非常之事，如军兴或借票实卖不出，则比公司可将本约作废。倘比公司未能按照本合同应允各款及时办理，则合同即时作废。中国总公司有权与他国另订合同，并撤去比国总工程司。

约明：凡本合同所订铁路之路工，并行车所需机器、材料，应由盛督办所管辖之工厂、矿局尽先承办。其章程价值按照在外国所购运到中国者一律。应需运脚亦当核计在内。一切定购中国材料所经中国地方，均准免完厘税。

第二十五款　中国国家或中国总公司与比公司或其所派经理人倘有争执情事，由中国外务部大臣一员与比国驻京大臣评断。倘以上两大臣亦有意见不同，则由驻京各国公使领袖断定。

第二十六款　倘比国公使请外务部将票样照会分卖借票之国之驻京大臣，则外务部即当照办。

第二十七款　本合同照缮三分：一呈中国外务部，一存中国总公司，一存比国公司。倘本合同有疑惑歧异之处，当以本合同法文为凭，藉资剖解。本合同于签押后，应由合例之人请中国国家核准。俟核准后，由外务部照会比国驻京大臣。倘事在必需，亦一并由比国大臣请外务部照会分卖借票之国驻京大臣。

第二十八款　比国合股公司系在北京于一千九百年三月二十六号设立，按照比国章程，并全用比款。中国铁路总公司只认此比国公司，而比国公司不得将此合同转于他国及他国之人民。

第二十九款　本合同并准建造开封府至河南府沿路招徕生意有益之小枝路，但此小枝路须由督办大臣会商河南巡抚，酌定核准图式，方可兴办。

汴洛铁路行车合同

督办铁路大臣盛，比国在华铁路及街〔行〕车合股公司代理人卢法尔，订立各款如下：

第一款　中国国家准中国铁路总公司派委比公司，由比公司派人将中国总公司承办之开封、河南铁路代为调度经理，行车生利。

第二款　比公司俟每段工成由中国总公司验收后，陆续将各段之路经理行车事宜。每段已成之路所有行车应需车辆，并种种工器家具，以及日常周转之资本，均当预先齐备。

遵照本合同第一款，比公司或其选派之人代为布置各事：招雇人员，并于此等人员有撤革或遣散之权，其薪水若干，当预先开单知照总公司督办大臣，再行核定；并定购行车、养路、修路应用之物；又按照承办铁路条款，以定载运各货价值，并收各项进款，支发行车应用经费并中国总公司公费。以上种种行车事宜，当预先禀商中国总公司督办大臣酌夺而后行。中国总公司有稽查出入款项及材料等极大之权，并委派监督及收支、核算、翻译各人员。合同行车洋总管及各洋员办理站事，由监督会同洋总管委派，以行上文所云稽查之事权。此监督并各委员薪费应在路局开支，而监督应会签所有支发各项凭单。

凡行车人员，无论比公司代雇何国之人，如有品行不端、不遵约束，或损伤华人，或侮慢官长，一经查出知会，比公司即须立时斥革。所有应用中国人员，应由中国总公司所派监督代选派定，送交总工程司委用。

每段已成路工办理行车之后，凡有添购车辆或改良推广轨道、车站工程应用之款，均应在此路局开支。养路、修路所需各项材料，务必设法尽向督办大臣所属工厂、矿局购办，更得向较外国工厂、矿局尽先承办之利益。其价值章程应照外国所办运到中国者核计。

第三款　遇有军务，无论与何国战争及内地乱事，此铁路均须先尽载运中国兵丁饷械及军营用物，然后方及商家，此项载运车价应行减半。并专听总公司督办大臣命令，凡与中国国家有损碍者，皆不得用此铁路。

凡中国政府或地方官长紧要差使，应由车务处与总公司督办大臣所派之监督妥商办法。至应发各项免收车价之票，亦应由该监督会同签字。

第四款　行车所得之款，除行车各项开销外，实在余款，比公司提款若干，以备每半年至少三个月前应付中国国家所订开封、河南铁路之借款利息本银之用。此项提款，须至本借款全数清还后方行停止。

每月所提之款，当移交比公司或其所指之银行，应随时掣取收单，由监督将提款银数禀报督办大臣登帐〔账〕。

该银行即以所交来之款善为兑换金钱，以备付利还本之用。其兑换金钱数目，随时由监督禀报督办大臣查核。

如此陆续提款，一俟足敷应付本息，即在提款后盈余项下提出十成之一，作为公积，以备小修大修，藉保行车一无阻碍。此外实在余款，当尽数统交中国总公司。

本借款如按下列之款清还，则比公司或其经理之人即当将全路及机器、车辆一切完全妥善，照常行驶，点交中国总公司，自行经理。

第五款　本行车合同自签押之日起，以三十年为限。惟期限已届，而借款尚未全数清还，自应再行展缓。全数借款一日未清，则期限须接连展缓。如未到限满之前，借款全数即已清还，则本行车合同即于借款全数还清之日销废。

第六款　在比公司代办行车期内，中国总公司准于开封、河南铁路行车每年公同结帐〔账〕时，除去行车各项经费，并摊还借款利息、本银并公积一切应需之款，核得实在余利之数内提出十成之二，以酬比公司。

第七款　中国国家或中国铁路总公司与比国公司有争执情事，仍按照借款合同第二十五款办理。

第八款　设遇行车进款不敷开销，中国总公司自应筹款弥补，俾得照常行车。但此添补之款应作为暂垫之款，一俟行车进款经费外得有赢余，即当尽先清还。

第九款　凡比公司所需行车及养路、修路之一切料物，当免其完纳关税、厘金。

中国邮政局由此铁路寄送各邮件，应可特备专车，又沿途各站皆须备给房屋，以设邮局，均照中国各铁路通行章程办理。沿途并不得由承办之国另设邮局。

第十款　本合同照缮三分：一呈中国国家，一存中国铁路总公司，一存比国公司。设有疑惑及歧异之处，当以法文为凭，藉资剖解。本合同应由合例之人请中国国家核准，既蒙核准，即由中国外务部备文照会比国驻京大臣。倘事在必需，亦可并由比国驻京大臣请外务部照会分卖借票之他国驻京大臣。

汴路铁路管理材料厂权限章程　光绪三十二年闰二月呈部核定

一、材料为路政之巨款，固宜收发认真、稽查严密、位置稳当、用费省约为主义。

第一款　收发

一、材料到厂，当先由总工程处知会：何日何项材料可到，数目若干，价值若干，购由何处行厂，给单验收。按：此条据勒工师云，材料系由比公司代购，其价目发单，须俟材料到一月后，发单始到，时先无从预知。

二、材料到厂，当按总工程处凭单，会同洋管栈亲眼点收核验。如果物件相符，方将凭单签字，送还总工程处存据，此项材料方认为本厂之物，一面禀报总局查考。

三、所到材料验收时，如有物件不符，良楛不等，管厂委员应即禀明总办，会同总工程司查验，询诘究竟。总办有特别考查饬驳之权。

四、厂内材料原为预备工程之用，如各处应需材料，应先函告总工程处，发给凭单，呈送总办签字，本厂方能照发。非有总办签字凭单，各处不得私行请发。

五、总工程处给发预料凭单，应填明何项材料若干、发交何处查收、作何使用。

六、发出材料当照签字凭单办理。未发之先，宜督率司巡搬运停当，会同洋管栈查点无误，然后发去，其凭单存厂备查。

七、发出材料应由厂随付华洋凭单各一张，交该处凭单核验点收。既经收讫，该处当即签字交厂。本厂以洋单缴呈总工程处，以华单缴总局，以凭查考。

八、有为人代办之材料者如洋灰、木料之类，其请发章程如第四、五条，惟其价值若干应由总工程处月底发给工价时扣发，知照本厂。

九、有预备各包工租用之材料者如吃水小机、工作铁器之类，其请发章程如第四、五条，惟用毕缴回，当眼同验收。

十、收发材料，每日晚六点钟誊写收发报单一张，呈送总局查阅，按月造具四柱报册二份，一呈总办，一请总办核明详转。按：管收支存四柱清册逐月造报，惟各材料价目、行厂，既据勒云，发单后一月始到，必须后一月方能译报。

第二款　稽察

一、材料到厂，当逐件编列号数，登簿存记，以便查考。

二、厂内所藏皆系贵重之物，当随时关锁。非厂内之人，不得擅进。

三、厂外所贮道木、铁轨及粗重之物，宜督率司事工役随时巡视，夜间应派打更轮流看守。

四、巡役、打更，当择诚实可靠有身家之人，方可任使。

五、巡役、打更，无分昼夜、晴雨，均应分班巡逻。夜间给予口号、手灯，遇有窃贼，吹号围拿，不得疏懈。

六、凡厂中司役人等，均归管厂委员管辖约束。查有不安本分暨偷窃者，由管厂委员惩治，随时更换。

七、发出代办之材料，其价值按月二十五号由本厂开单，知会总工程处扣收。如月底未奉总工程处已扣收凭据，本厂有催索之权。

八、发出借用之物件，届时未缴，本厂应派役追还。

第三款　位置

一、材料到厂验收后，应择地藏储。

二、贵重零碎材料最易遗失，宜于厂屋内妥慎安置，勿任潮湿破裂。

三、粗重之物，宜于空廓之地安置，不可散乱无章，难于稽考。

四、厂内外材料既经安置停当，须饬工役随时整理。凡有易生锈之铜铁器及易朽坏之木料，尤宜时加拂拭。

第四款　用费

一、管厂委员薪费，拟比例各段收支，薪水每月拟给陆十两，月费拟给四十两。所有司事暨笔墨纸张在内。厂中如无房屋居住，仍给房租六千文。

二、厂所应用司事、人役、更夫，除司事薪水应归管厂委员包费内开支外，其人役、更夫或长雇或短雇，其辛工均由总工程处支给。

三、材料由火车卸厂应需脚费，由管厂委员按日开单核实，呈报总办，按月造册二份，一呈总办查考，一由总办核明详转。

四、发出材料，现在料车未行，应雇马车或手车搬运，其车价暂照芦汉旧章，以启罗计算，由本厂开单，知会总工程处发给，按月造报总局查考。

五、发出代办之材料，其运费由请发之人自理。

以上各款，嗣后如有应行增改之处，随时详请酌办。

汴洛铁路土工合同

中国汴洛铁路工程总局总办，建造汴洛铁路总工程司，承办汴洛铁路土工工程包工人，因该承办于考查图样及一切工程并探悉工程经过之处风土民情后，自愿承办自　号起至　号止土方工程，已经总办、总工程司许可，特议各款列下：

第一条　此项工程系一切包办工程，应自　号起，至　号止①，挖土筑堤，以备建造铁路之用，并车栈改道，及造横路、开沟、填池等工，包价议定　串，为修造此项工程之费用及包工之利息一切在内。

第二条　自签押之日起，所有铁路及其应用之地已经购买者，即可动工。其未购者，当陆续照购付与承办。如此外承办尚欲就近买地取土，则此项地价系承办自理，归在包价之内。至卸土一节，除总局所购备用之地外，如承办另取地位，须问明总局许可，方可堆积。

第三条　土方部位俱当照图办理，并听凭总局人员指授其尺寸载在图内。更有木架、木桩为准堤之高，阔须加百分之二十，堤底照宽。卸土之处，应距铁路地段二十法尺之外。应卸部位由总局人员指示。

土厂之挖法，须听总局人员指示。

填土之地，应将草木根株芟除净尽。若遇有斜坡者，应将其坡铲锄层级，然后填土，应听总局人员调度。

填土每逢桥梁、涵洞地方，当另加慎重。视其高若干尺，左右须留若干尺。地位每填土二法寸五分，即须打硪一周。桥顶之土，须俟两旁土填到桥湾三分之二方可动手。如此项工程倘不如法照办，致涵洞、桥梁水道因而伤坏者，应重新修造，费归承办。

应造桥梁、涵洞水管各工部位，承办应预留空地，及桥洞各工完办后，承办再将空处填满。包价系定土方工程，无论土质如何，均当照办。一切用费在内。

第四条　承办应常川驻工，以听总局人员之指授，以便调度夫役照办。如遇有事故，可由总局允准离工，应由承办派人代理，此人须总局认用方可。

凡承办手下工头及土夫等不遵约束、办不如法或不能洁身自处者，总局有斥革之权，且不必布明斥革之缘由。

凡有控索工钱、索货价等事，总局有权将所告若干银款向应交还承办银款内扣留，直至承办将此案了结，使总局无责成，方可交还。

凡工上遇有失事，一切均归承办料理。如人夫伤病、死亡，所有医费、收埋等项皆

① 合同内容空缺处原文如此。

有承办自理，总局概不与闻。

第五条　承办此项工程须先交押款　串①，暂存总局收支处。俟工程告竣，总局派员暂行验收之后，仍将押款交还承办。一经总局指授后十五日，即须开办工程。如过此期尚未兴工，总局有权废其合同，押款应为总局所得。

第六条　承办者应招集土夫足用赶办工程期限，不得过　月。自合同签押之日起算，逾限每日罚钱　文。如在期限之内，总局察其逐日土夫多不足用，万难如期告竣，则总局可请承办添雇土夫赶办。倘十日之后再不如数添雇，则总局可将其合同作废，或总局自行雇夫续办，由包价内划扣。

第七条　起工后，每届西月念五号，总局管工在工估料所作工程若干，值价若干，除扣留百分之十作为保固工程外，其余便可照数暂领。惟领价日期须于估价后一月之十五号至二十号内郑州工程处支领。

第八条　各项土工一竣，总局即派员暂行验收，俟六个月后再行复验，始算实收。承办应修整路基，直至实收日止，遇有塌陷及损伤者，承办皆当按照总局所开修理。若不照办，总局即自行修补，费由扣留项下划扣。

合同以法文为据。

总工程司、总办、承办。

汴洛购地章程

一、光绪三十一年五月，奉督办铁路总公司事务大臣盛札，饬购地委员·河南候补知县平良办理汴洛购地事宜，务须与洋工程司接洽，按图圈购，查照芦汉向章检契，呈由路工总办签发，仍由该令转给业户，持向收支领价过割。如有拆屋、迁坟及发给青苗、树木等价，均各照章发给，榜示局门。遇有地方水利，亦须会同工程司妥办。

一、光绪三十一年五月，奉督办铁路总公司大臣盛札开，芦汉铁路所购基地，向来系将正契呈送总公司照钞备案，仍将正契发交路局铁柜存储，公司经管。现在正太汴洛地契办理，稍为变通。查正契呈送总公司照钞为日周折，应改由购地立契时饬地主照立正、副契各一份，一并由地方官盖印，正契由总办发存中外核算处公同经管，副契解送总公司备查。惟正契系借款抵押之据，借票购完，仍由总公司收回，关系至重。现订办法，应于正契上加盖戳记，文曰：此系中国铁路总公司产业，不得租批或转售别人，共二十字。粤汉铁路即是如此办法，甚为捷便。随发戳记一颗，即由该总办遵照办理。

一、光绪三十一年六月，奉督办铁路总公司事务大臣盛札开，总公司兴筑铁路、圈购地亩，照章均由本大臣会同各省督部堂、抚部院，查照民间公平买卖价值，分别等差，酌定官价，饬由购地委员会同地方州县出示晓谕，丈量购买。芦汉等路历办有案。

① 以下空缺均系原文如此。

现在汴洛铁路先行筑造郑州至开封一段，所有沿路应购田地、山场、塘园、井口等项价值，以及拆迁房屋坟茔、砍伐树木青苗一切补费，兹经本大臣查照芦汉铁路办过成案，会商河南抚部院陈，逐项酌定，分等价值，钞黏札发，即由总局转饬购地委员，会同沿路地方州县，一一开列，出示晓谕，俾众周知。其无主荒坟，应由购地委员选派本地妥实司事慎重办理，或购地作为义冢亦可，万勿草率造孽。所发各价，由委员会县榜示局门，以昭大信。

吕海寰盛宣怀致外部日约先签汉文尚可挽救电

啸、戌电发后，接慰帅啸、申电。正与日使晤商，即奉部电：日约增删字句，如已悉照香帅筱、未各电改妥，仅次序先后无关轻重，即希速定，赶将汉文先签等因，遵即照办。于十九辰刻先签汉文，仍填十八日期。但约载英文为准，今不及同签，系属创格。现将几分两字删去，香帅已煞费辩论，而内田节取英约第八节内酌补两字以代。查酌补不及原文抵字之义。英约酌补二字，其下文为征销场税起见、上文加税各节已言明倍半之数，故不著重。日约既不言明税数，则此二字甚为著重。细核英文，酌补仍有几分二字意义在内。将来定英文时，恐徒多争论。第思十八之期不敢误，而约以英文为准，趁此英文未定，尚可藉以要挟，拟请香帅再切商内田，能将照英、美约十二五加税之意另用照会声明存案，不附全约，或可稍资补救。英、美约凡不能入约之事，均另用照会，似尚不难措词。因小田切云，内田之事，彼不干预。海等直不能与言，非敢使香帅为难，尚乞卓裁。现仍督饬华、洋员细心译校，务请秩翁及梁道即将两谏电所寄英文详细复核，如有不实之处，请速电示。

八月二十日

清季外交史料卷一百七十六终

清季外交史料卷一百七十七

光绪二十九年八月下至九月

鄂督张之洞致外部及吕盛伍细按日约尚无吃亏电

沪、津各电均悉。查前数月敝处奉旨议日本商约，内田意欲在京商定，电沪照办。适杏翁在京，鄙人当以一人智虑有限，恐有贻误，特面邀杏翁留京，会同与议，当承杏翁允诺，已与内田商允并定期初八日矣！乃杏翁忽以有疾，函告言次日即须出京，鄙人深为焦急，当夜飞函恳请暂留。不得已，于次日黎明力疾赶赴前门车站挽留，仍不见允。又偕乘火车至丰台，沿途商劝回城，并讨论日约所请先议之三条等事，足见一人独议诚非本愿。无如杏翁坚不肯回，经再三商恳，始允到沪调治十余日即还京。乃杏翁总不北来，鄙人只可兢兢从事，冀不失大部及慰帅诸公意旨。初议数次，内田坚谓：日本加税止允值百抽十。煤炭、棉花等货尚须提出。遍查从前上海各电并送来问答，皆如内田所云，并无允照各国一律加税之说。杏翁在京屡次晤谈，亦无此说。今杏翁来电，忽谓日本已在沪允许一律加税，诸公不许，因而停议，殊为诧异！杏翁殆病后恍惚误记耶？查内田在京初议，首一月尚无此说，直至六月，见我始终不肯丝毫放松，始电商彼政府，允照各国一律。沪上如果早得日本通融消息，何竟杳不通知耶？窃谓此次画押，为期甚迫，势不及先与诸公熟商，殊为抱歉。然此中情节，不能不为诸公陈之。

日约各款，本拟俟议有端倪，即可一面先行电商，一面从容再定画押之期。奈会议多次，各条皆悬而不定，以致难于奉商。直至本月末次会议，内田始云：昨夜接其政府电，本月十八为东三省退兵之期，闻美约于是日画押，若日约亦能同日画押，于东三省事不无小补，是以允愿将迭次所商增添删改各节一概迁就。此敝政府为本国计，亦为贵国计。我政府种种厚意，务须告知中国政府等语。私念画押期虽稍促，然彼所为两国计者未始不然。细按全约，尚无吃亏之处，是以允其十八画押。一面连夜将全约呈请大部核定，一面飞电津、沪商酌。设杏翁果指出此约之大谬处，鄙人亦何故偏执己见？然杏翁来电所指为窒碍者，仅几分二字而已。几分二字，英约洋文字义即系如此，具详前电。至日约另指大东沟者，系经大部详酌核准。部意并非不知美、日可以均沾，其用意正与慰帅电略同，津、沪不知详情故耳！是全约似无大碍。又接沪电，嘱拟奏请旨。适于十六日赴园，商请政府面奏，请旨于十八日画押。此议约始末之曲折情形也。

至杏翁谓第一款未声明税数，日人含糊，他国效尤，英、美两约将来并不为据，未免过虑，亦近深文。将来各国若照日本一律声叙，无一国异议，既有英、美两约在前，便是允照加至十二五。但恐各大国皆自握议税之权，断不肯照日本声叙耳！况俄、法两国皆有陆路关卡，与他国情形不同，必须自议耶？德、法、俄三国如议不妥，虽日本允加十二五或加十五，英国肯照办耶？小田切初谓彼约次序乃日外部所改，及至十八，又不待请示外部即允照京定次序，可知杏翁实是慎重条约，小田切乃是借不要紧之事故意作难也。可叹！

八月二十一日

鄂督张之洞致外部日约于汉文画押后再商定十二五税数未免责望过深电

沪效电悉。前沪电谓：英约决不肯言十二五税，仅抵几分等语。经敝处将英约第八款第八节洋文言明十二五，仅抵几分之字义指出，商允内田，照英约华洋文酌改，删去华文几分二字。窃谓庶几免矣！乃杏翁此电又谓：英约明言倍半之数，故不著重，日约不言明税数，此二字甚为著重，嘱商内田，将加税十二五之意另用照会声明等语。夫以鄙人之才智短浅，在京力争三月，止能令其照各国一律加税，诚为可愧。然沪议已经十月，以杏翁之才识优长，精于商务，亦曾在沪商议数月，仅允加至值百抽十，迭次函电，从无允照各国一律之语。今乃欲鄙人于汉文画押后与商明定十二五税数，未免责望过深。窃思沪议止允抽十，京议则允照各国一律，迥然不同。英、美抽十二五，日止抽十，是作梗也。英、美已有十二五之数，日云照各国一律，是从众也。作梗是驳英、美约也，从众是助英、美约也。必令日本写明十二五，既断办不到，则从众不犹愈于作梗乎？若因不肯指明十二五遂致罢议，岂非将英约中必须各国照允之语先坐定有一不照允之国乎？日本既因加税罢议，以后德、法、俄各国更何能商乎？查英约云：裁撤厘金，于进款大有所失，所加之税，冀可酌补，尚有内地土货厘金进款之所失，仍须筹补等语，明是十二五未能抵足，可以为证。杏翁来电谓：日约酌补二字不如抵字，英文酌补二字为下文征销场税起见等语。今日约上文亦言酌补，下文亦紧接中国征收出产、销场、出厂等税等句，与英约词意何分轻重？何以英约则是，而日约则非耶？彼既言加税不足抵全厘，我正可执为征收出产、销场之据，是日约几分二字于实事并无出入。因诸公皆不以为然，故已与商改，令其照英约华、洋文一律声叙。今内田既肯改用英约第八款第八节华、洋文字，足见英约、日约意实相同矣！此次议约，并非鄙人一人所敢率定，屡次详达大部，请其斟酌核定，大部亦谓争至无可再争。倘杏翁尚不谓然，可请即日乘轮北上，与内田面商，或可有济。自沪至京不过四五日，鄙人当力商内田，暂缓洋文画押数日以待可也。

八月二十一日

江督魏光焘致外部黄浦事沪道所拟商改办法尚妥电

黄浦事，饬据沪道复称：派员后种种为难，不如将附款有碍全河权利请与各国公使商改，拟陈商改办法：一、由中国自筹全费，独力任办。二、聘外洋工程司，只承办工程，工竣即辞退。三、沿江、沿海各灯塔、浮标、水巡、引港一切事宜，向归海关经理者，悉仍其旧。四、拟请各使免各商筹付工程一切捐项。至和约附件所定捐款，经刘忠诚函询各领，设商民抗不遵缴，按照各国定例，能否勒令照付？除英政府发有专条，英总领已勒令照缴外，其余各领均未声明是否有权。盖泰西各国设有新立捐项，未经议院核准，均无权勒令商民完缴。此次所立和约，未经各该国议院核明，致各领未能切实担保，能否照缴，各国尚无把握等语。此事所关主权甚大，一经派员，即难设法挽回。刘、张两任坚持至今，已届三年。其三年修改之说，原约中并未声明系指举办后而言。且各国商民捐款能否一律照缴，各领尚无把握，乃遽迫我照办，殊欠公允。沪道所拟商改办法不为无见，应请鼎力主持，会商各公使，设法拟改，以保主权。

八月二十一日

鄂督张之洞致外部日约字义已定未便令补照会电

沪号二电悉。杏翁谓，日使曾告美使，日约可照美约办理，何以当时不飞电告知京津，未解其故。查上海钞送日约会议问答内三月十九日最后一次密电，日使云：敝国已决计不能将进口税加至值百抽十之外，即各国允照英约办理，敝国亦决不允等语。在沪所议，决绝如此，有案可查，想杏翁忘之耶？今在京费尽磋磨，始允加税一款照各国一律，出产、销场、出厂亦均照允。又索允最为难之防闲报馆、优待华民、抵换北京开埠三大端。内田向我政府送了许多人情。彼此迫于关东退兵之期，只可定议。今欲于画押之后再补照会，鄙人实无此策。当商伍秩翁，请与内田一商。秩翁云：日约重在一律照输，不重在酌补二字。今必欲令补送声明十二五之照会，彼至多言各国全允十二五，彼亦照输十二五而已，与一律照输字义何别？况在画押之后，并此亦必难允，实不值向之启齿等语。因思日约英、日文尚未画押者，以缮校不及，彼此通融。若借此要挟，无益有损。望杏翁再平心察之为幸。

八月二十五日

江督魏光焘致外部浚浦事前督刘张皆主不派员电

漾电敬悉。浚浦事，嘱即遴派妥员，以示允认商办，即由所派之员会同沪道与各国人员详细商改办法，以符公约而保主权等因。查此案刘、张两前督皆力主不轻派员，盖一经派员开办，即须照约而行。所谓独任全费办法，必将无可置议。即使极力磋磨，不过商改一、二小节，于大局仍无裨益。况各国在局人员只有办事之职，并无改约之权。若欲责令所派之员商改办法，期保主权，窃恐无此权力。现据沪道密禀德、法两领暗中助力情形，已另函密切商办。必俟各公使允改前约，认我独任全费办法，而后我可派员，据沪道所陈四条办理，应否如斯？伏候钧裁。再，康使昨来宁，并未谈及此事，似彼等不过一遇交涉则以此藉口，其非实力催办可知。并以奉闻。

八月二十六日

驻藏大臣裕钢致外部印藏龃龉乞阻英员前进电

马、养、宥各电敬悉。印藏边事，英人恃强，藏番顽梗，虽经本大臣迭次开导，始终冥顽不化。至达赖所派番官，虽给有文凭，但因英人带兵越界，于初见时扣马阻挡，经英人以马鞭挥饬，即已伤和。刻下不惟尚未开议，且因交涉小节，时常龃龉，动辄归咎汉员，以致与何守不睦，兼之何守因病请假。旋准印度照会，以何守、巴税司官职与荣、惠二员品秩不称，不肯开议。兹准贵部催令番官赶速商办，无如藏、英均有不肯开议成见，是以本大臣恐于事不利，将何守撤回，改派靖西游击赵钰，分际较尊，仍留巴尔会办。又照会云：贵部函称，此事已派有大臣赶速西行，与惠大员商办，并请另派噶布伦赴边会议等语。查有大臣尚无由川起程确信，印督即殷殷为问，希电催速来，庶边务不致因迟生变。至请派噶布伦，已经本大臣译咨达赖，迅派权重噶布伦往查，得复即电。又照会云：英京复添派会办大员韦来边。并云：边地寒冷，荣、惠二员另择藏地过冬等语。查印督来照，意存莫测。英员移地过冬之语，已经本大臣函至巴尔代阻。去讫，查现在唐古忒各隘均有防兵，若英员再冒入寸地，即酿成眉急之衅，仍乞贵部代阻为要。

八月二十六日

外部奏复展造汴洛铁路支路与比公司议订合同折

总理外务部庆亲王奕劻等奏，为遵旨核议事。

本年八月二十日，准军机处钞交河南巡抚陈夔龙、督办铁路大臣盛宣怀奏，展造开封、河南两府枝路，与比公司议订合同一折，奉朱批：外务部核议具奏。单二件并发。钦此。

臣等查，芦汉分枝开封、河南两路，既经盛宣怀奏蒙俞允，自应准其展造。本年六月，盛宣怀先将合同底稿函送臣部酌核。臣等详加复核，其还本、付息、用人、购器一切办法均与芦汉合同相符，而意义较为周密。惟合同第二十二款内载：倘日后中国国家准由河南府接长至西安府，督办大臣可以应允先尽比公司按照本合同章程妥商议办等语。查二十五年十月盛宣怀原奏，虽经陈明自洛以通秦陇应归总公司筹款接造，而此段枝路地势绵长，将来如议用华款自办，亦不可不预留地步。当令添叙中国国家自行筹款或招集华商股本接展此路，比公司不能争执。又令于行车合同第九款添叙中国邮政局由此铁路寄送各邮件，应特备专车；沿途各站皆须备给房屋，以设邮局，均照中国各铁路通行章程办理；沿途并不得由承办之国另设邮局等语，以保权利。现订合同均已一一载明，其余各款，芦汉干路既经照行，应请准如所议办理。如蒙俞允，即由臣部咨行盛宣怀，与比公司公同签押，并咨行陈夔龙一体遵照。谨奏。

光绪二十九年九月初十日。

外部奏议订中法滇越铁路章程折　附章程及照会

总理外务部庆亲王奕劻等奏，为议订云南铁路章程事。

查光绪二十一年中法会订商务专条第五款，内载：越南之铁路，或已成者，或日后拟添者，彼此议定，可由两国酌商妥定办法接至中国界内等语。至二十四年三月间，法国署使臣吕班奉彼国国家之命，坚请自越南边界至云南省城修造铁路一道，中国应备该路经过之地与路旁应用地段，俟查勘以后，再由两国会订章程。当经总理衙门与法使互换照会在案。嗣准法使照送修路草章，仅系建造事宜，于中国应得权利并未之及。经臣部酌拟办法，咨行云南督抚，与法国驻滇领事方苏雅详议。去后，嗣准该督抚电请将路章内外分议，如由滇省并议，拟先将有关权利之通章开送法员议妥，再及造路章程。奉旨交臣部议奏。经臣部议复：路章、通章本系一事，请饬下云南督抚，与法员详细妥商。如彼一意坚执，应随时电商臣部，再与法使磋磨等情。于是年三月十五日奉朱批：

依议。钦此。钦遵咨行在案。乃滇省与法领事开议全章，于修造铁路事宜稍稍就绪。至有关地主权利，如收回年限及分利数目诸大端，法领事坚不肯允，惟以禀报政府暨驻京使臣为词。臣部迭准该督抚函电，并钞送全章，请由臣部与法使磋商。适法国使臣吕班亦奉其本国政府训条，照催在京会议。所送章程与滇省开列各款大致相符，而于收路、分利两端仍未之及，并添入展修枝路一款。迭次催促定议，臣等以展修枝路原为各处路章所准，复与议明，俟干路造成后，彼此视为有益，由该公司与滇省大吏商定办法，再由法国驻京使臣与臣部议妥，方可接展。惟此段干路借地建造，已属两国格外交谊，若不明定收回年限，实与地主之权有碍。至滇省购备地段，所费不资，如无路利可分，受亏更巨。此系全章紧要关键，为滇省所最注意之处。不先商定，则展修枝路与其余各款均未便通融定议。相持数月，法使始允将此段铁路俟十八〔八十〕年后可由中国议收。其分利一项，法使允借给二百万佛郎克，以备滇省购地之需，不取利息。俟十五年后，由路内付还本款。臣等以借款买地恐贻后患，切实驳拒，因与商定，公司股票，中国亦可任便购买。各股票均未分利息，如将来购股票较多，藉可收回权利。复将各款详细推敲，权其利害轻重，互相抵制。与法使磋磨至十余次，始克订定。相应开列清单，恭呈御览。伏乞俞允，即由臣部照会法使画押，并咨行云南督抚遵照。谨奏。

光绪二十九年九月初十日奉朱批：依议。

谨将中法滇越铁路章程缮单恭呈御览

光绪二十四年三月十九、二十等日，即西历一千八百九十八年四月初九、初十等日，经驻扎北京法国署使臣吕班与总理衙门互相同文照会，所载中国国家允准法国国家或所指法国公司自越南边界至云南省城修造铁路一道，中国国家所应备者，惟有该路所经过之地与路旁应用地段而已。铁路所经之道，现经查看，嗣后应由两国国家酌商指定，并应行定立章程。按照总署文称意向，原系巩固两国邦交，来往更形亲密，以免永无争论各事。现法国国家拣选越滇铁路法国公司为修造开办东京至云南省城铁路。该公司系法国最为殷实银行合股设立。其铁路经过各地方，先由法国国家查看，再由该公司复勘，以总署王大臣及法国使臣互相同文照会为据，彼此商酌，以期永无争论各事。并修造铁路及管理铁路各事宜，诸臻妥洽，两相合意，爰订立章程如左：

一、东京边界至云南省城铁路，自河口起，抵蒙自，或于蒙自附近，以至云南省城。设若嗣后法国国家查看有略改此路之处，应由驻扎云南省法国总领事官照会滇省大吏，会同监工详加查看，所拟改之处果无妨碍，滇省大吏应行即速备文照复法国总领事允准，始能改修。倘法国总领事官与滇省大吏意见不合，则应由驻京法国使臣与外务部商定一切。

二、铁路监工查看铁路各事完竣后，自应详细绘画地图，将铁路起止、经过何处、应设站厂一一载明图上。其修造车站厂房、机器铁厂、存货栈房，总之于铁路所属各地，均应备有地段听用，应先指明各地段宽窄及作何用项。此项地段专归铁路应用，以足敷其用为止，不可多使。务当预先设法使用官地，亦应竭力设法不用庙宇、坟墓、民房、菜园等项。经监工逐层查看后，即当绘图二分。其一分由法国总领事官送交滇省大吏查阅后，应将所用地段预为购买，然后将图样一分盖用滇督印信，送交领事，一分存留备案。一面按照第三款限期交地办法陆续拨交地段，俟地拨交清楚，方可开工。

三、法国总领事逐层将应用地段照会滇省大吏，此地系属铁路及铁路所属应用各项地段，已由监工查看定准。按照第二款所载，若所用地段系属官地，应即交给铁路公司收领。若系民业，应由滇省大吏购买。每次于至多六个月期限内拨交公司。此期限以总领事照会大吏请交给之日起算。所购地段契纸应有二分。其一分由滇省大吏交给公司收存，契内应载明，业主、租主自行声明，因修造铁路所受亏累，均已补偿清楚等语，以免铁路公司与卖地业主有所争论。其契式样应由滇省大吏与总领事酌商定立。铁路公司人员于交给地段之时，应行刨挖沟渠，以为界址。

四、铁路轨道之旁可以修造二三迈当宽之工程运路，以便查看修造工程工役、人夫行走，预备工程及运送机器、家伙各项物料之用。此道暂可安设铁轨，若与民地相连，必设法，以免损毁各事。修造铁路公司人员自可修造工程运路，以抵石矿开挖、运送石块物料并抵铁路及铁路所属厂房。所有修造此项运路应用地段，亦由该省有司交给公司，其办法仍遵照铁路及铁路所属地段一律办理。惟该运路地段如系租赁民业，其价均由铁路公司给发。一俟工程完竣，其地仍退还业主管理。

五、此条铁路先由河口开工，惟现在议明，经监工查看，指明应在何处修造厂房。若造桥、开挖山洞、开通山路、填平地段、设立车站当在该处监造，各项厂栈亦当同时开工。

六、铁轨宽窄，在两轨之间计宽一迈当。

七、铁路经过地方，概不得损坏城垣、公署及紧要防务、炮垒。遇有农民灌地沟渠、河道，必须筹设善法，或造桥梁，或架筒轨，水仍流通，与农民田亩无碍。此项修造均系铁路公司备款经理。

八、铁路工程需用物料，必须先尽多用本地出产，地方官理应相助，公司人员亦可请地方官会同酌定物料随市价值，亦可自向卖主商购物料。其所购物料价值清单亦可呈送地方官钞录立案，以免诳骗之弊，亦可免卖主临时不给物料争论之事。价值若干，自必由公司如数交给。倘在本地购买物料，或卖主不照市价，高抬价值甚昂，或本地实无此项料件，则公司始可向中国他处采买。

九、开挖石矿、沙矿及砍伐树林木料，公司预为达知地方官，查看有无妨碍。若沙石各矿系在官地之内，即行交给公司开采。其林木一项，虽系官产，亦应向地方官议买，议定始能砍伐。若石沙矿产、树林等项在民人地内，或预向地方官商买，或预向业主购买，所定价值均由公司给发。

十、修造铁路所用各地段，如厂房、货物栈房、运送物料之道、抵厂抵沙石矿积土各道、挖土地段、修造人员匠役暂时住房，总之于兴作工程之内所用各地，俟铁路逐层告蒇，即将以上无用各项地段交还滇省，地方官于接收地段之时，即行发还业主管理。

十一、干路造成之后，如果彼此视为有利益，与滇省大吏商定办法之后，再由法国驻京公使与外务部议妥，方可在干路上接修支路。

十二、铁路监工、副监工、匠目及各色执事，均须有专门学业者，可招用外国人。其余各色人夫，均须先招本省人民充当。若本省工匠人数不足，或索费甚昂，亦可招募他省人民充当。所有他省工匠及本省工匠，应由地方官查看，编立姓名册籍，以免匪徒潜来滇省。其各项工资，或按日，或包工，应由公司公道商定。至发给此项工资，或每日，或有一定期限，应由公司人员预向工匠人等商定。倘该工人等或高抬工价，齐行罢市，应请地方官设法尽力相助，与公司人员公平定立工资，以安民心。如果地方官酌中定价，中国工匠人等仍不肯应募，由地方官查明确有此等情形，方允公司另募外国工人。

十三、所有铁路中国执事、工匠、人夫等，自必优待。或有病症，应由公司济以医药；或有在工程之内伤损残废者，应行给与抚恤之资。若有伤亡者，亦应给予其人亲属抚恤之资。

十四、所有厂内公司执事人员、工匠、人夫等均归总监工管理，或总监工所派之人经理，不准苛待。中国工匠人等或有词讼、争论、人命、偷窃、吵闹、斗殴等事，均应由所管地方官查看，按律办理。或有犯事罪人，经地方官达知公司，该公司人员即将其人送交地方官办理，不得庇护阻挠，干预其事。如中国执事人等向铁路所用外国人有偷窃、殴戕情事，一经公司知照地方官，即应查拿该犯，按律办理。所用外国执事有违犯礼法或犯章程者，应按条约办理。凡中外各色匠役、执事人等，无论何国人，均不准擅入民房滋事。一经违犯，即行按律重办。无论购买何物并购粮食，均应按照随时行市公道交易。

十五、该公司亦可会商驻蒙大员，自行出资招募本地土民充当巡丁，以保护各厂平安，并可延请中国人或外国人充当巡捕长管带，择要驻扎，以资弹压。如遇事故，本地巡丁不能弹压，一经公司人员禀请，滇省大吏即当遣派官兵前往弹压保护。该公司所招募本地巡丁责任，但为巡查各厂，弹压工匠、人夫。一俟路成后，此起巡丁自可用以随时修补道路，其费亦由公司发给。倘有民情不平之事，保护铁路工程乃系地方官专责，无论出有何事，该公司总不得请派西国兵丁。

十六、铁路公司洋员一抵滇境，即由驻扎河口副领事官达知该处专办边界事务中国副统带，于三日内发给暂时护照，以便执持前进。一经行抵蒙自，即由海关道于三日换给正照，将前领副统带暂时护照缴销。该洋员既领有此项护照，无论前往何处，地方官自当照章妥为保护。但不论何人，如无此项护照，地方官不认保护之责。

十七、铁路公司洋员一抵滇省，应由该省领事官将该洋员姓名翻译汉文，开列清单，达知滇省大吏。彼此应各立册簿，将公司人员译出姓名，各注于册。所有已经注册姓名，不能任便更改。如或迁调他处，亦当立即达知中国地方官，俾便随地易于稽查。公司洋员在所领护照内缮写译汉姓名，当与所存册簿姓名一律，不可稍有差别。

十八、公司人员欲在铁路附近处所租赁房屋居住，应先知会地方官，向业主商租。所订租房合同，即钞送地方官存案。

十九、铁路公司人员暨匠役人等办理工程，均不准扰及民人产业。设若损坏民人房屋或其庄稼，应由公司会同地方官查看，公平议价赔偿，以示体恤。

二十、按照海关章程，凡火药、炸药不准运入中国境内。惟系造路所需，应通融准其入境。惟须随时将运来火药、炸药数目报关验明后，一面会同地方官寻有妥善地方修造栈房存储，以免意外之虞。倘就地制造较为便利，由公司报知滇省大吏，查无妨碍，允准设立专厂，派员会同监制，严为稽查。此项火药、炸药，无论在本地制造或系购运，该公司应用若干，以足敷用为止。并设立专簿，详载存用数目，每月由地方官查验报明。所有存储之火药、炸药，专为铁路工程之用，不准售卖。该公司务须加意防范，以免危险。设或误伤人畜、物产，应行查看情形，斟酌赔偿抚恤之款。

二十一、路成开车后，凡经此铁路出入之货物，均照通商税则交纳进出口正税。若运往内地，已经交纳子口半税，凡过关卡，概不重征。若未完子税，则逢关纳税，遇卡抽厘。中国将来应酌量添设税关，以便稽查。再，日后彼此另订加税章程，该路运送货物税则亦应一律遵照完纳。

二十二、修造铁路及开办铁路应用机器、物料等件，概免进口各色税项。惟此项机器、物料，于进口时，应在第一海关报明。因其物系在此地使用，该公司不必将其物运往他处，报明海关清单，将运进各色物料一一详细载明。

二十三、客位、货物运送价值，均系公司自行核定。凡有大吏文件，及中国邮政局各种信包，及局役一名由定例日行火车运送者，一概不收运费。中国邮政局可向公司包舱运信，或自备专车令公司随同拖带，或不拘时刻专开带信车一辆。惟包舱应照搭客价减半，不得别有折扣。至专开带信车一辆，须滇省大吏凭据，方准开驶，运价格外减让，每一启罗迈当只取运资一佛郎半。如用两车头，每一启罗迈当价二佛郎半。言明此外均照中国通行邮政章程办理。凡有运送中国各色兵丁，以及兵丁所用枪械、火药、粮饷，并中国赈抚各处偏灾之粮，均尽先运送，其运费均减半。如果运送兵丁欲用四等车，其价不能减少。

二十四、此项铁路专为治理商务。路成开车后，不准载运陕盐及运送西国兵丁或西国兵丁所用军火、粮饷，并不得装运中国例禁之物。万一中国与他国失和，遇有战事，该铁路不守局外之例，悉听中国调度。

二十五、铁路公司以补偿中国查看费用，每年每一启罗迈当，或系开办及尚未造竣之铁路，给与二十佛郎。

二十六、铁路造成后，该公司须设法专用中国人民充当梭巡人夫及修补道路之工匠。惟须在各本地选托公正绅董，令其代雇，俾所雇之人均系良善，并每人均由该绅禀地方官发给凭单，以便稽查。

二十七、铁路开车以后，设或有损坏民人产业，抑或伤害人民，此乃公司未曾留意，必须酌量补偿抚恤其人之款。设若工程尚未完竣，因来往火车经管机器不善，致有损害民人之处，亦当照前办理。

二十八、公司将来出资可以设立专门学堂，以便华人学习翻译及铁路专门之业。嗣后该公司随时应用人员应先由该学堂选拔。

二十九、以后该公司逐段设立厂房，可在沿途安设应用之电线或德律风，专为铁路之用，不准收发平人电报。

三十、凡有铁路应会同滇省大吏商办之事，均由法国总领事官商办。惟应声明，所有专门事宜须由铁路监工定夺。

三十一、铁路开工之始，须由总领事官照会滇省大吏，即派位尊大员与沿途铁路工司人员，将铁路工程事务，按照滇省大吏及总领事官所定章程妥商办理。滇省大吏亦允选派官员数位，其职任系襄助铁路公司人员办理事务。遇有公司与地方人民为难之事，该委员应即会同地方官从中调处，以免彼此误会疑忌，并免其争论之事。倘事关重大，未能就地商妥了结，应禀报滇省大吏，会同总领事官妥为办竣。如事非大吏权力所能及，则报由中国政府，与驻京法国使臣会同商办。

三十二、造路时每月由铁路公司兑交滇省大吏银四千四百五十两，系补偿各员来往、照料、薪水、火食之费。

驻扎蒙自大员一员。驻扎蒙自管理地段官一员。

驻蒙自提调官兼发审一员。驻省城办理往来事件提调官一员。

帮造路事差遣委员十二员。巡捕武官十员。

护衙土勇二百四十名。翻译一员并各属员。

三十三、此项章程经中国国家批准，作为定章。凡修造铁路、开办铁路各事，务均须遵守此一定专章办理。

三十四、中国国家于八十年期限将满，可与法国国家商议收回地段、铁路及铁路一切产业，其应须偿还所造花费，并专门各色手工之资，及法国所保代为给发公司股本利息。凡所有此项铁路各色经费，俟到期限，均在此路进款内归清，则铁路及一切产业自可归还滇省大吏收管，无庸给价。如欲核算各项制造等费，当以彼时开议法国所结历年出入账目为凭，则预知中国应否给费以收回此项铁路及一切产业。

法使致外部云南铁路如中国欲购股票当尽力襄助照会

为照会事。

照得云南铁路一事，章程已经定议。现在言明，中国国家及中国人民如欲在法国银市购买该省铁路股票，或现在，或将来出售，均准任便购买，法国国家尽力襄助，务使价值公允。一年之内，但照原价，嗣后股票如有涨落，按照时价购买。为此备文声明，列入章程之后，作为附件。相应照会贵爵查照可也。

须至照会者。

九月初九日

直督袁世凯致枢垣东省俄员向将军索收地原文电

东省电：曾经电禀，俄员向将军索取外务部三次饬令收地原文，未知何意？今早俄添兵百名、炮四尊入城，其余如代东边道缺，现委凤凰厅暂护，俾袁道交卸赴京云。谨转达。

九月二十六日

吕海寰盛宣怀致外部德法葡丹瑞各国议约情形电

各国未画税则尚有法、葡、丹、瑞四国。法难议定，尚候已画各国核复。葡国尚未派人。丹国刻已商妥，缮正即可画押。瑞典国初欲议改已经议定之税则，税务司驳拒，彼已请示彼国再定，计不日亦可得复。至商约事，时时晤德使、领事，面告德国商约已派驻沪总领事克纳贝会议，惟该领事在德养病，约西历年底方可抵沪，国家训条已交付该总领事手，并告知驻京穆使，转达外务部，将来在沪开议等语。谨先奉闻。未知德使已知照大部否?

九月二十八日

使英张德彝致外部山侍郎谓藏人玩视中朝号令电

顷，山侍郎函称：奉澜侯谕，藏员玩视中朝号令，不听约束，本国政府知之甚悉。藏人行为容忍已久，今则不能不往索偿。马电所请，万难允从等语。

九月二十八日

直督袁世凯致外部俄人甚以我允东省开埠为憾电

密。接东省函称：驻营口日、美领事曾抵沈查看商务情形，美员甫去，俄兵踵至。俄人词意甚以我允开埠为憾等语。查日、美约虽经画押，尚未批准。日、美既无办法，商约正本宜缓奏进。祈酌裁！

九月二十八日

鄂督张之洞致外部日允附件照会改为查酌办理电

沪沁、艳，东二冬电，均悉。日约正文、附件英文，前派梁道随同伍侍郎详细校对，已由伍侍郎迭电详复。第四款中日人民合股，前因译文前后两节均系日人开设公司而华人附股，殊失本意，请商更正。兹东二电洋文前后两节仍是日人作主，务请仍商照伍侍郎宥电改正。第二、三附件照会中国不得藉词禁阻云云，前议约时内田谓：此二件早经在沪议定，互换在案，一字不能更改，故未议及。现译英文，特嘱梁道商请伍侍郎，将我照复洋文放活，著重查酌办理四字，兹日使已允照改，已较前略活。若能再商，将不得藉词四字酌改，或将洋文改轻更妥，但恐不允耳！至管辖经理句管辖包地方之权，语意甚重，断不能以掌管料理译之，大误，竟似舞文矣！况洋文 Maintain 有修养之意，若用此字则将来我为修养道路、桥梁而彼不肯纳捐，甚有关系，仍请商照梁道，原译英文管辖用 Jurisdiction，经理用 Control。如日使不允，则经理改用 Manegement 代之为祷。其余一切则请伍侍郎核定。

二十九日

清季外交史料卷一百七十七终

清季外交史料卷一百七十八

光绪二十九年十月

电政大臣袁世凯咨外部呈送大东大北联合美线办法章程文 附章程

为咨呈事。

前准美国纽约太平洋商务水线公司函称：拟由吕宋造线接通上海或附近上海地方，即指吴淞而言。当经盛大臣以中美交好，势难拒绝，详叙各国海线章程，并陈明查照大东、大北合同妥筹办理，于本年正月初七日电咨大部在案。本大臣等接办后，迭经派员与东、北公司熟商。兹据该两公司函称：美水线接通上海一事，敝公司奉总董命，推诚奉商贵局，与其设法阻止，力有未逮，不如另拟和平办法，使美公司不至夺我三公司欧洲往来报务，以保全彼此固有之权利，特拟联合办法九条，请速复，以便乘英京万国电报公会集议之时，将抵制之法先事商定，免致美水线造成后无所措手等语。

查各国水线登岸，空言阻止，无裨实际。除不与接线外，并无他法。本局自与东、北公司订齐价合同后，岁入洋报费颇巨。今添一公司，自不免稍分利益。惟细核该两公司所拟九条办法，于本线费不过吃亏，尚可抵制六七。若中国不允联合，坚执不准上岸，既虑美线造成于吴淞口外设一趸船，无须上岸，亦无须接线，尽可跌价争揽，致齐价报费全数无著，尤虑该两公司暗与美公司联合，吃亏更巨。只得允准该两公司推诚联合，仍守定中国本线界限，不使利权外溢，以相抵制。他国倘再援请，尚可藉东方各公司力量并力拒阻。除饬总局函复大东、北公司照办外，业经本大臣等电咨大部在案。昨奉大部帮电开：电悉，东、北公司所拟办法九条，希即咨部备案等因。准此，查东、北公司所拟办法九条，系与我电局预筹抵制美水线在吴淞上岸办法。将来允准美水线上岸时，尚须另立合同，以昭信守。兹准前因，相应将该两公司所拟办法九条照钞清折，咨送大部，谨请查照备案。

须至咨呈者。

十月初一日

大东大北公司联合美线办法章程

一、电局应得之本线费，向来受分每字一佛郎四十二生丁。若与美线接通，传报收费，必须与此数相同。

二、美公司如允照办，电局可与之联合。敝公司亦然。

三、电局本线费应得之数，须预为声明。

四、华欧往来每字总价七佛郎。如日后减跌，则所定一佛郎四十二生丁亦当核减。

五、欲成此举，必须担保美公司能得一定之进款。其款即在欧美净得报费内摊算。惟尚须招他公司共分其任，以减轻我三公司担保认摊之费。

六、若事未议定遽允美水线登岸，则该水线登岸之口岸报费，电局不能得本线费所失之数定多于担保认摊之数。

七、彼此摊认成数之多寡，按照统帐〔账〕总数为增减。若按西一千九百零一年、即光绪二十七年分报务计算认摊之数，电局约出英金一万一千五百磅〔镑〕，东、北两公司约出英金四万磅〔镑〕。然美报减价招徕，或尚可以恢复。

八、电局本线费即归一律，所收报费应入新大公司统帐〔账〕摊算。

九、如此办理，若美政府相助而成，两公司并电局地位更可稳固。

使美梁诚致外部美法已认巴拿马独立我宜照办电

哥伦比亚国南部巴拿马另立政府，美、法已认许。巴使来文请认。该处开河华民众多，似宜照准，以示睦谊。乞请旨电遵。

十月初三日

署粤督岑春煊致外部法欲建路囊括两粤边海各地已派员密查电

法自租广州湾后，屡思修建铁路。其欲逐逐，非仅为商务起见，盖欲徐徐达越，一气相联，冀两粤边海各地归其范围，居心叵测。此次法使以广湾设关恬我，恐非好意。除电饬高廉钦道就近遴委妥员，照来电所言各节，密查确实，另行电复外，先密陈。

十月初四日

东省铁路公司呈外部应缴中国五百万两俟全路告竣再缴文

前准札开：东省铁路业已宣明开车，饬照合同应缴中国库平银五百万两等因。承准此，当即电达彼得堡总公司，并声复贵部在案。兹接总公司复称：查合同第十二条内载：路成开车之日，由该公司呈缴中国政府库平银五百万两，系指全路做成，实能开车，其应办各事，皆与合同完全无缺而言。现在该路尚有多处未经做成。所有兴安岭山洞、正道、备道均未修妥，他处购买站房等项地段亦未办齐，兼未修好铁路应用各等房舍，并有多处未造大桥，且暂行之轨道均因绕避险阻，动多曲折，将来必须改造直路，而各处应行开山之工，率因急欲开车，姑先修筑盘道，以后尤宜开辟山径，俾得直趋。本年俄七月一号因暂行开车，是以换派行车之总监工，而造路之副监工仍随同在局办事。凡此皆通融办理，并非真正做成行车也。此路因往来行旅既多且便，是以从权暂行开车。伏查，本合同第三条内载：自铁路勘定及所需地段给与该公司经理之日起，以六年为限，所有铁路应全行告竣等语。查此路定妥，其向系俄历一千八百九十九年，即光绪二十五年之事。不期二十六年竟有意外之变，所有该路各处皆被拳燹。敝公司抚衷自问，厥咎难辞，惟彼时因乱停工，有十八阅月之久，是六年限期，应因此加展年半。由此推算，此工似应于俄历一千九百零七年，即光绪三十三年方能做成。此时未至其期，似应缓议等因，函复前来。准此，理合按照原函事理禀呈王爷、大人查照施行，实为公便。

十月初六日

盛京将军增祺等致外部韩兵弁越界烧掠请告韩使撤兵究办电

顷，据临江县禀：八月间，该县长江生保地方有韩人围攻会房情事，派队往查，至十二道，遇人送信。九月初四日，韩兵弁带千余人过江，攻打长江生保会房。上江一带，韩官谕，均属韩地，烧房、掠物并抢妇女，多名老幼被杀，现难查数。又发生保干沟子、上崴子亦被韩三水城兵烧毁三家，确情查明。续禀：已拨队先往弹压，并照会韩厚田群〔郡〕守查究等情。查近来韩民越界滋事，殊背公理。前者彼官徐相懋带兵过江建署，经通化县搜拿逃避。今复结队千余大肆猖獗。证以吉林近事，似有为之主持者。除饬该县妥为弹压，并将实在情形查报外，请即告韩使禁止，撤兵究办，勿启衅端。如何办理？祈电示。

十月初八日

使俄胡惟德奏俄人建造东三省铁路竣工绘图列单呈览折 附单

出使俄国大臣胡惟德奏，为俄人建造东三省铁路竣工，谨陈现在情形，并绘图列单呈览事。

窃考俄人谋筑西伯利亚铁路，以联络其东西二万余里之辖境。发议在咸丰初年，兴工在光绪十七、八年，终以纡绕黑龙江沿边，工艰路远，迟久未成。自光绪二十二年商允建造东省铁路，于是西伯利亚之路始克借道我境而东西贯通。光绪二十四年，又商允接造南境枝路，于是东省铁路始直达经年不冻之旅大海口，而与太平洋水路一气贯注，往来便捷，形势因而变迁。该路于上年秋冬间逐渐行车，至本年六月一律开通，正条约所谓路成开车之时矣！查干路长二千八里余里，枝路长一千八百余里，以松花江南岸之哈尔滨地方为两路枢纽。该处介呼兰、伯都讷之间，东距三姓、宁古塔，西北距齐齐哈尔，南距吉林，均不出三四百里，官私图籍向未载列，而地居满、蒙正中，道路四达，附近千里水土膏腴，尤宜耕牧。铁路总公司设立于此，其他官署、商厂、银行、教堂已建石屋三百余所，现尚兴筑未已，是为东西要冲，而枝路亦即于此处分歧南向。总计干枝两路停车之驿，大小九十八所，又未立驿名预备客货上下以及双轨互让之处共一百七十一所。在路大小职事，俄人十居其九。每隔一二十里，有兵房驻兵。车行经过，则出一二人负枪肃立。其在大驿，更驻重兵，名曰守路。哈尔滨现在兵房可容四五千人。干路上小枝路一条，达松花江岸，长七里。枝路上小枝路六条：其一、陶赖洲一条，亦达松花江岸。其二、烟台一条，长三十里，达煤矿。其三、大石桥一条，长四十里，达辽河岸之营口，河之对岸，即中国内地铁路，俄路轨宽，内地轨窄，隔河相望，为关键要地。其四、瓦房江一条，长十一里，达储煤地。其五、大方身一条，长十五里，达大连湾，与旅顺同为军埠。其六、南关岭一条，长二十九里，达青泥洼，即现充作商埠之地。查大石桥枝路尚在旅大租约所谓隙地界线之外，大方身、南关岭二路则已在租地内矣！今又自长春造一枝路，以达吉林省城，尚未竣工。现自旅顺直驱俄都，不过十三四天，以后尚欲增加速率，缩短时期。由西而东，又与德、法等国来俄界之急行车时刻相凑，俾可直抵亚东，无稍迟滞。现急行车每七日五次，明年六月以后，则每日一次。缓行车早经日日开驶。此其现在开车辖路之情形也。

至全路虽已告成，而初造时急于完工，恐基未坚，工料尤楛。所用轨条每二尺五寸，仅重四十八九镑〔磅〕，不胜重载，现拟改用六十四镑〔磅〕之轨，而逐渐移旧轨就近作他用，且加工填筑，故一面行车，一面仍施工不辍。两路桥梁共六十二处，最长者为松花江两桥，一长二百六十七丈；一长二百零七丈，次者浑河桥，亦长二百零七丈。诸桥虽已通车，石工尚多未竟。又东境凿通山腹，成隧道六处，长者二百十七丈，次者六十丈。西境兴安岭为全路第一难工，应凿隧道八百零一丈，施工甫半。现尚盘旋山顶，升降危险，约计来年方克蒇工。又因冬令苦冻，沿途取水不易，故蓄水之塔厥工尤巨，尚在陆续修造。火车行驶，首重储煤。东省本饶矿产，现俄人于南境枝路已开烟台及达尔尼北两处煤矿。据俄前户部大臣所报，该两处之煤非但足供铁路公司之用，并可在青泥洼售卖出口。又干路西端札来诺尔地方新开煤矿，深七八百尺，宽四里，长二十里，煤质绝佳，非但足供东省铁路之用，并可供其西伯利亚铁路之用。其他煤矿待开者尚多。此其现在施工采煤之情形也。

至路线所过，经彼三次测勘，然后选定。不惟避远就近，避难就易，尤能择握要之区。高掌远蹠，谋兴利于永久，而非徒近计目前。其在哈尔滨则首建兵房、官署及一切公所，并竭力谋设各种制造厂，以招集工商，全仿其二百年前经营森彼得堡成法。其在青泥洼则首设地方官与工程局，亟亟从事于修道、筑堤、浚海及各种公所，专注意于兴商，全仿其经营黑海之阿叠沙商埠成法。至旅顺为铁路尽头，又全用军埠章程，其筑垒置防，所费尤巨，所事尤密。又议照昔年西伯利亚办法，每岁移民若干万，以实松花江四近沃壤。俄本农国，耕牧是其所长。近颇由农而进造于工。据其户部大臣所筹此次移民，工农并重。此其现在经营持久之情形也。

查其经费，自光绪二十二年立约之后，至二十七年止，此五年中，在东省用去铁路工筑费二万八百六十五万二千六百卢布，造车费三千四百三十五万卢布，勘查费四百万卢布，购地费四千六百万卢布，旅顺口修筑费一千三百万卢布，计共三万万卢布有奇，而昨、今两年所用尚不在此数。据其户部大臣所报，即青泥洼卖地一项，可收回地价一千五百万卢布，准此以推，极东生财之道，正自无穷等语，然目下尚未臻此境。当光绪二十六年借国债九千五百万卢布，次年又借七千六百万卢布，闻多供铁路之用。此诚非绝大魄力、绝大资本，未易蒇此巨工，兴兹远利。

我国家根本重地，有此数千里长之铁路绵延连属，善为策应，亦未始不可默筹利用，以惠此三百万方里之居民。惟成事贵审先机。方今路成伊始，或亦尚堪措注。窃查，两国交界铁路相通，必有合乎公例之条约互相维系。如西一千八百六十四年巴西法国路约，一千八百六十七年法普路约，一千八百七十五年俄奥路约，一千八百七十八年瑞士都城会议万国路约之类，大抵首以货物、信件、彼此责成为重，界线上稽查货税，各有专章，价值、时刻等事，互相商定，俾万国有所遵循而两国得均利益，此为各国法律家所许。应由督办东省铁路之中国大员与彼之政府、公司、银行随时晤商奏闻，先事筹措。自庚子乱后，督办无人接洽，探讨未有专责，此或非彼所亟而为我所不宜过缓者也。又，两国道路大通，交涉情形迥非昔比。现今沿途工作、贸易，触处皆是俄人。况彼方议移民，喧宾夺主，防闲尤为棘手。又一年以来，华民负贩至俄，不绝于道。官商巨贾亦颇有挟资远来，考察商情物价，谋兴生业。凡此工商要政，无一不与外交相关。将来或添设官员，维持权利，保卫商旅，尤宜因势利导，未雨绸缪。但非亲历其境，将西伯利亚沿途情形与东省沿途情形详考熟思，事事比较，诚未易轻议。此臣所为殚心竭虑、审察周咨以仰答宵旰忧勤之至意者也。臣驻节是邦，见闻较确，不敢不详细沥陈。如何预为筹画，于慎重邦交之中，仍不失巩固边防、惠恤商民之策，伏候圣裁训示，不胜钦仰感激之至！

再，东省铁路向由俄户部管理，刊有细图，分色套印，颇称精确。事关道里，非图不明。臣谨就该户部原图择要译汉。铁路所经暨本驿名目均识以红线、红字，仍饬工精印，并开列本驿里数清单，敬呈御览，副以俄文原图，以资印证，统由外务部随折代呈。谨奏。

二十九年十月十三日奉朱批：外务部知道。单、片并发。

谨将东三省铁路干枝两线车驿里数开单恭呈御览

吉林省东界至黑龙江省西界干线车驿：

自吉林省东界起十八里至交界驿。

又四十五里零百分里之二十八至小绥芬驿。

又四十一里十八至细鳞河驿。

又二十九里八十至太平岭驿。又四十三里三十六至马桥河驿。

又六十里六十六至穆林驿。又四十八里六十六至带马沟驿。

又四十八里三十至磨刀石驿。四十二里九十八至牡丹江驿。

又三十八里六十四至海林驿。又五十五里八十二至山石驿。

六十里三十二至横道河子驿。四十二里九十二至高岭子驿。

四十八里七十四至石头河子驿。五十六里八十八至隈沙河驿。

又五十六里七十四至一面坡驿。又五十六里八十至乌吉密驿。

又五十八里八十八至帽儿山驿。又三十九里八十至小岭子驿。

又三十二里四十至二层甸子驿。三十七里九十四至阿什河驿。

又七十七里七十至哈尔滨驿。五十七里六十八至对青山驿。

又五十九里九十至满沟驿。又五十九里九十至宋驿。

又五十九里七十八至安达驿。又六十里二至萨勒图驿。

又四十里二十二至喇嘛甸子驿。又五十九里八至小河子驿。

又四十九里二十二至烟筒屯驿。又六十六里至齐齐哈尔驿。

又四十一里七十八至库勒驿。五十七里七十四至朱家坎驿。

又五十八里三十至碾子山驿。五十五里十八至成吉思汗驿。

又五十九里七十六至札兰屯驿。又五十六里二至哈拉苏驿。

又五十九里六十六至巴里木驿。又五十九里十六至雅鲁驿。

又五十五里三十四至博河多驿。又四十六里六十八至兴安驿。

又十六里八十①至宜立克都驿。五十六里七十六至乌诺尔驿。

又五十七里五十四至免渡河驿。又六十里七十六至牙克什驿。

又五十里四十八至札勒木德驿。又五十里五十六至哈克驿。

又五十二里六至海拉尔驿。五十九里四十四至吴古诺尔驿。

又五十九里七十二至完工驿。六十里八十八至赫勒洪德驿。

又五十六里五十四至咱刚驿。又六十里十至札来诺尔驿。

---

① 此处疑为“又五十六里八十”。

又五十三里九十四至满洲里驿。

又三十六里七十八至黑龙江省西界。

以上干线凡五十四驿。

哈尔滨至旅顺口枝线车驿：

自哈尔滨起六十里八十至五家驿。

又三十四里二十六至双城堡驿。又六十二里十四至蔡家沟驿。

又三十四里至石头城子驿。三十七里九十八至陶赖洲驿。

又七十三里八十八至窑门驿。又三十四里四十四至乌海驿。

又五十五里二十二至没沙子驿。又五十一里十二至宽城子驿。

又五十九里十至范家屯驿。五十九里三十八至公主岭驿。

又五十九里九十六至郭家店驿。又五十里十二至四平街驿。

又五十二里四十四至双庙子驿。四十六里七十八至昌图府驿。

又五十八里四十六至开原驿。又六十二里二十二至铁岭驿。

又五十里四十至新台子驿。四十五里四十六至虎台石驿。

又三十六里四十二至奉天驿。又四十八里七十二至沙河驿。

又三十二里八至烟台驿。又四十一里十六至辽阳驿。

又五十七里十至矮山庄驿。又五十七里三十二至海城驿。

又六十里十二至大石桥驿。又五十五里六十八至盖州驿。

又五十九里三十四至熊岳驿。又五十九里四至王家林驿。

又四十一里六十至花红沟驿。又三十六里至瓦房江驿。

又五十二里二十至浦兰甸驿。又四十里二至三十里堡驿。

又四十三里九十八至金州驿。又八里六十六至大方身驿。

又二十三里五十六至南关岭驿。又三十五里八十至迎城子驿。

又五十二里八十四至旅顺口驿。

以上枝线凡三十八驿。

干线上小枝路一条：

自哈尔滨驿七里至松花江岸。

枝线上小枝路六条：

自陶赖洲驿四里至松花江岸。

自烟台驿二十五里至张台子驿。

又五里至磨脐山驿。

自大石桥驿四十里至营口驿。

自瓦房江驿十一里至储煤地。

自大方身驿十五里至大连湾驿。

自南关岭驿二十九里至青泥洼驿。

使俄胡惟德奏陈西伯利亚铁路里数片

胡惟德片。

再，俄造东省铁路，据条约所载，原为接续其西伯利亚铁路起见。自旅顺北行，经哈尔滨折而向西，凡三千五百十四里而至满洲里驿。出驿过额尔古纳河即俄界，凡二千二百四十里达拜喀尔湖边，是为西伯利亚之东境。此湖即中国汉代所称北海，四周高山，现俄人筑路，南岸濒湖倚山，工程过艰，约明年夏秋方可告成。今尚以舟载轮车而渡，舟能碎冰，虽隆冬坚冻，无阻行程。渡湖二百六十二里达伊尔库次克，为东方极大都会，商务转输颇盛。又六千九百四十里达车里雅宾斯克，统称为西伯利亚铁路。经过大城，如鄂穆司克等四五处，皆耕牧之地，每岁自欧西移民络绎不绝。自此越欧亚分界之乌拉岭，岭西地方繁盛。四千一百十里而达俄旧都莫斯科，为铁路四达之区。又一千二百零八里而达森彼得堡。统计自旅顺至森彼得堡，为程一万八千余里。查欧美极速火车，每一小时行一百八十里，每昼夜二十四小时如无停顿，可行四千余里，则一万八千里之路原不过五日而至。但平时客货来往，势不能不节节停留；又俄国火车本不如他国之速，其在西伯利亚以东，尤不如远甚；加以凿山绕湖，工多未竟，故现在须行十三四天。他日车行加疾，其迅速更可想而知矣！自莫斯科分路往德、奥国界，皆不出一二日程。德、奥皆用窄轨，故换车界上便可通行各国。此西伯利亚铁路大概情形，亦中外陆路车通大概情形。谨绘简图进呈御览。又，自哈尔滨折西向东，凡一千零六十四里出中国东界，又一百八十二里而接其乌苏里铁路，南至海参崴二百二里，北至伯力，即哈巴罗甫，一千二百三十二里，皆一车可通。此又东境铁路大概情形。合并陈明。谨奏。

光绪二十九年十月十三日奉朱批：览。

使俄胡惟德致外部上书俄皇婉劝速撤东省俄兵电

初七，续与外部谈，痛陈阿列举动之非。觐见既格于例，具牍请其代陈，固请乃允。牍谓：俄万不可以兵力胁中国。凡八条，政府、使臣同此看法：一、钦奉谕旨，首商撤退奉天兵，兼按约撤各处兵，余事均可和商，请俄主深鉴此意。二、借极小事故，遽以兵胁，大伤睦谊。三、陪都重地，通国倾注，此举实激公愤。四、两邻国交涉日繁，今未表友好，先施挟制，实非长策。五、我国亲俄、疑俄分两派，此举恐为后一派增凭据。六、此举于中国体面有损，于俄声名有损。七、阿列以多事未能商定为词，不知凡事均可和商，恫喝更难商了。八、吉林将军历函诉俄兵命盗案三十余起，此不撤兵所致，民间遭难，想俄主仁厚，必恻然。此牍昨日面交外部，邮寄俄主。有牍转陈，或胜觐见时促，不能畅谈，且胜与外部口舌频催。效否难必，但就现在情形曲筹应付而已。请代奏。

十月十四日

外部札东省铁路公司铁路既经开车仍应照合同办理文

本月初六日，据禀称，接铁路总公司复称：查合同第十二条内载：路成开车之日，由该公司呈缴中国政府库平银五百万两。现在该路多处未经做成，本年俄七月一号因此路往来行旅既多且便，是以从权暂行开车。查合同第三条内载：自铁路勘定及所需地段给与该公司经理之日起，以六年为限，铁路应全行告竣等语。不期因乱停工，是六年限期应因此加展年半。此工应于光绪三十三年方能做成，此时未至其期，似应缓议等因前来。本部查合同第十二条所载，该公司呈缴中国政府库平银五百万两，系指路成开车之日而言，现在东省铁路既经宣明开车，自应按照合同第十二条办理。相应札复副代办，转达总公司可也。

十月十六日

使俄胡惟德致俄外部请照约尽撤东三省俄兵照会

照得俄兵重据奉省一事，本大臣奉到九月十一日政府训条，又九月十五日我大皇帝谕旨，均经面交贵副大臣，转递贵大臣，代奏俄皇在案。九月二十五、十月初一、初七等日迭晤贵大臣，称：钦遵谕旨，请见俄皇，陈商速撤奉省暨他处之兵。据贵大臣称，觐见谈公，未合通例，极东事务现由水师提督阿列克希甫主张，至一切，可由贵大臣代奏等语。本大臣奉命与贵国商议交涉要公，既不亲自觐见，应请贵大臣将以下开列各节代为转奏：

一、此次俄兵复回奉省，系借一极小事故，阿提督此举未免大伤睦谊，非俄皇向与中国友好之本意。

二、奉省是中朝旧都，历代陵寝所在，此次举动不但令我通国惊惶，而且激动公愤。

三、我两邻国友好已数百年，以后交涉愈繁，利益公共，正宜愈加亲昵，期之永远。值此紧要关头，未表友好之据，先有挟制之名，以后交涉必更难办。

四、中国人看法向分两派，其一谓俄之友好出于至诚，其一谓俄遇机会即图开拓。

今阿提督举动是为后派之人添一证据，于中国民情公论大有损害。

五、阿提督此举于中国体面有损，于俄国声名有损，徒为他国之利便。

六、贵大臣称，俄兵举动又因他事未能商定之故。凡两国商议事件，各为自己权利，是自然之理。若彼此迁就，无事不可商了。若动以兵力恫喝，为害更大。

七、吉林将军来函历诉俄兵骚扰情形，吉林一省已有三十余起之多，详见另牍。此又是俄兵未撤之流祸，民间遭难之苦情，想俄皇仁厚为怀，必恻然抱痛者也。

八、我皇帝谕旨，着本大臣谆请先将奉省兵队撤退，并将二、三期撤兵交还，照约办理。如有两国应商事件，仍由驻京使臣与外务部和衷商议，以昭睦谊等因。我皇帝与俄皇皆以和好为先，信义为重。既有千九百零二年北京条约，自应先照条约尽撤东三省之兵，他事另行商议，总可和平商了。幸俄皇体察谕旨之言，勿令我皇帝及举国大失所望。

以上各节，务请代奏俄皇，早发应需训条，并乞惠以好音，无任感荷！

十月二十二日

俄外部复胡惟德俄实愿与中国克敦友谊照会

为照复事。

照得接准贵署来文，中国政府请撤去近派往盛京之兵一节，本部理合答复。兹将所查情形开列如下：查俄国政府之必须将占据满洲展长限期，及令俄兵复回盛京，实因迫于一切情形所致，此等情形皆非俄国所能担承其责。因驻京俄公使早已屡次告知外务部诸大臣谓：中国政府近时办法必致出此等情形，乃中国并不甚介意，遂致情形相需，以至于此。查俄国政府欲将未了之事求一持平办法，故有所请，而中国不允。中国地方官与俄员为难，尤以盛京将军为最甚。中国北面与俄国邻界地方又增兵备，中国驻各国之使与各政府屡有所商，无非不欲将两国所应径直相商之事和平了结。凡此种种情形，是俄国近时办法之所由来也。至我俄国政府不但无意与中国为难，实愿与中国克敦友谊，以垂诸数百年耳！为此照复。

十月二十三日

使俄胡惟德奏日俄战局迟速必出于和中国宜亟筹应付折

出使俄国大臣胡惟德奏，为日俄战局迟速必出于和，中国亟宜早日熟筹，以备应付，谨密陈管见事。

窃维日俄两国因关涉我东三省事而酿成战局，则我于战时虽不能不守局外，而战后岂能不预闻和局？查自光绪二十二年我与俄订允造铁路合同、银行二约，光绪二十四年又与俄订割租旅大、接造枝路二约。除银行为害尚轻外，其余三约最为各国所訾议，而我失主权亦惟此三约为尤甚，皆由于不密商各国，误认俄交为可信，轻与订约之故。今往事可勿追咎，但能如庚辛间前任使臣杨儒办理收回东三省条约，与夫去年外务部续议东三省事宜，均能不听一国之私谈，而得列国之忠告，与疆臣之集思广益，即不至蹈前覆辙。今日而尚得为口舌之争，稍冀收复主权者，实赖前此之未尽允其要求耳。转瞬战事渐定，俄必出其故智，诳我以中俄交好最密、最久，凡事皆宜两国径商，不宜令第三国预闻，以全中国主权等语。我若信以为真，必至可复之权、可乘之机坐是失去。夫两国径商，不令第三国预闻，原亦事所常有，但必须两国势力相敌，所商权利相当，约成而他国无所藉口，方为无弊。否则，彼以势力迫胁，我之权利被侵，欲求助而莫由，更效尤之可虑，是岂全我主权哉？直攘我主权而已。臣职膺使事，又随前使臣薛福成、杨儒办事，稍得阅历，不敢不于窥悉俄情之中为未雨绸缪之计，以仰尘圣听。

自来战后议和，均以胜败之分数判利害之分数。胜者索利必奢，败者受害务轻。我中国虽不预于战，而利害必与交战国共之，诚属创例。正惟当此创例，尤不可不先事熟筹。俄而战胜，则日本利益且被削减，我中国更无余望，凡一切向俄恳商之件，皆属虚语。日本而胜，则日本所索利益俄固未甘忍受，在我亦必细察。夫彼之所索，我之所受，果能差强于所受俄害与否？如较俄害为轻，自可妥商办理。倘较俄害为重，仍当全力争持。总之，旅大一隅，自我割租与俄而权属于俄，倘日本夺去，则权移于日，而中俄两国决无互谈旅大撤去日本之理，亦断无探俄口气再被牵制之理。东省干、枝两路，即使日本大胜，在俄亦未必甘让路权，故南枝路必当别筹办法，毋令俄国私擅，而干路办法，且俟议时情形，不妨稍与通融。其余俄人在东省驻兵、设官、榷税各事，皆当斟酌内国外国〔国内国外〕各情形以为应付，以图挽救。言非一端所可尽事，又万变而无穷，非熟于公法学问，洞于列强情伪，未易率尔立论。臣愚以为，宜及战事未定之前，先由内外臣工各抒已见，更由外务部聘请美国或瑞士、瑞典等国之公法专家，由该部王大臣与之日夕讨论，再由臣等驻外各使随时电闻各国公论、战国私论，以备参考。乘此数月工夫，聚精会神以考求此事，勿如前此之仓卒从事，勿如前此之隐秘不宣，俾臣下之有识者咸得抒其所见。功固全国任之，咎亦全国负之，利固全国享之，害亦全国当之，庶可稍挽既往办事之失，兼树将来办事之的。惟目前预自筹画，自应加意慎密，勿使外人闻知，更不宜令战国觉察。倘圣明采纳，拟请密饬内外臣工，先事图维，从长计议。至外国著名之公法家，臣更当博访周谘，胪列姓氏、学术、籍贯、派别，以备朝廷延聘之选。臣昔曾驻美，又预荷兰之保和会，故所识各国公法名家尚不乏人。惟甄择必格外慎重，从违仍权在部臣，以期有利无害。谨奏。

光绪二十九年十月二十三日。

直督袁世凯奏英商私买开平煤矿无意交还张翼支吾拖延迄未收复请饬迅速收回折

直隶总督袁世凯奏，为英商私买口岸、煤矿，无意交还，张翼始终支吾拖延，讫〔迄〕未收复，仍应请旨敕下外务部暨张翼迅速收回，以重疆域而保利权事。

窃臣于本年二月间，以直隶开平煤矿暨秦皇岛口岸经侍郎臣张翼卖给英公司胡华执管，曾奏请敕下外务部，照会英使，切实声明，以资挽救等情。奉朱批：著责成张翼赶紧设法收回，如有迟误，惟该侍郎是问！并著外务部切实磋商妥办。钦此。该侍郎宜如何激发天良，力图盖愆，上以慰宸廑，下以赎己过。乃张翼始而朦混，奏称加招洋股，改为中外合办；继因案据毕露，无可掩饰，又藉口洋人兴讼，冀可延宕，一则曰数十日即有端倪，再则曰一两月必有头绪，辗转支吾。现计已有九阅月之久，仍属毫无眉目。该侍郎掩耳盗铃，任意欺罔，姑无足论。而英商在秦皇岛口岸暨开平煤矿竭力经营，不惜縻费。即秦皇岛码头一处，闻已费至百万之多。如再拖延愈久，该英商经营愈固，费用愈多，将来纵有转机，可以由我收回，而计费清偿恐亦无此财力。本年四月杪，英署使焘纳理来访，仍坚称该地段为英公司产业，请准其指觅地段，另开煤井，当经臣驳以开平煤矿由本国公家筹拨巨款提倡创办，始为接济海军，继为接济铁路，虽有商股，实同官产，无论何人不能擅卖；秦皇岛系我自开口岸，本国自开国以来，向无人有此全权能以擅卖疆土，该地段断不能认为英公司所有，不准另开新井。焘纳理语塞而去，是张翼未经请命，擅卖公产，亦为英人所深知。但我如不究诘，彼正可逐步经营。臣前奏所称：在张翼，情急自救，不得不支吾拖延，英人正可乘我拖延从容布置，朦混愈深，规复无日等语，实洞知张翼之隐情而窥见英人伎俩也。

夫开平为东亚著名佳矿，秦皇岛为北洋最要口岸。当庚子之乱，故大学士李鸿章甫抵大沽，即托俄人遣兵护矿，始终无人占据。迨至次年正月大局粗定，竟为英人窃订私约，攫之以去，殊堪痛惜。查天津之大沽，奉天之营口，每届冬令，即行冻合，而奉天之青泥洼，通年可以行舟，俄人方经营之，以侵夺我天津、营口之商利。惟秦皇岛向不结冰，以之开埠，足以抵制俄谋，乃又为英人私买执管，损害大局，尤足令人寒心。且私买土地、官产，此端亦万不可开。现在国势积弱，人心叵测，觊觎窥伺，纷至沓来。以吾中国神皋隩区，丰腴沃壤，不啻绮交绣错，皆足动人垂涎。杜渐防微，慎固封守，犹恐有失，其何可投肉馁虎，拱手让人？况张翼当日不过一局员，而胡华者仅一外国之商旅耳！以国家之土地产业，如听其私相授受，而朝廷无如之何，则群起效尤，尚复何所顾忌？设在我更有大于局员者，利令智昏，挟奸欺而甘心损国，在人更有大于商旅者，乘间蹈隙，结宵小而阴售狡谋，徒使公家大受其亏而若辈坐分其利，国土、国产潜剜暗割，其为后患，更复何堪设想？不但此也，从来割据之事，大都起于纷争，即租界之条亦须互定盟约。今则我方未及觉察而已含混而失之，人亦不费兵力而竟轻易而得之，不特为环球所希闻，抑且为万邦所腾笑，将谓中国之要地、佳产任令一二人凭空断送如此，国法何在？国权何在？又安怪协以谋我者，不论其国之强弱大小，皆视眈眈而欲逐逐耶！诗有之曰：谁生厉阶，至今为梗。臣言念及此，而不禁为之太息痛恨者也。

总之，此案关系极巨，为疆域计，为利权计，为目前之时局与将来之后患计，皆有必须挽回，断无弃掷之理。臣赋性戆直，受恩深重，忝列封圻，职司守土，寸壤尺地，义所必争。区区愚诚，但知利国，不敢畏避嫌怨，扶徇欺蒙。惟有仍请敕下外务部，督饬张翼，迅速设法收回，并遵照前旨，一面与英使切实磋商，以期力图补救。大局幸甚！国家幸甚！微臣不胜迫切跂盼之至！谨奏。

光绪二十九年十月二十六日奉朱批：另有旨。

清季外交史料卷一百七十八终

清季外交史料卷一百七十九

光绪二十九年十一月上

驻藏大臣裕钢致外部达赖刚愎不仁恐激大变电

窃查，藏事情形，每遇谘商边务，达赖并不作主，全交公所聚议，而庶类庞杂，解人甚少，且无敢言和者。缘番规，议事人凡系迁就洋务，必处以极法，因而众人规避重罚，遇事但附和一词。达赖则刚愎不仁，毫无阅历，只崇信护法降神。前失隆图，亦为护法所误，今仍其习不改。现将噶布伦斥革囚扎，又扎公所三人，番官人人自危。于是有力阻藏臣赴边者，有决计以兵力共御英人者，有以派噶布伦为无益者，其外貌甚似忠于唐古忒，其居心实愿英人入藏，得各保其身家。达赖不悟，一味夜郎自大，于国恩深重不知，于藏臣保卫苦心更不知，徒以反侧之言是听，倚为心腹。是藏印交涉一事，在达赖不至一败涂地不悟，在公众不至激成大变不休。钢自去年五月迄今，开导不止百回，番等并无丝毫转移。昨因边信警急，复传僧俗等类十人来署，痛切开陈利害。自酉至亥，该番等词仍桀骜，并无一人醒悟者。钢身任藏事，劳瘁何辞，但番局若是，大局实不堪设想。应请沥情代奏。

十一月初二日

使日杨枢致外部日俄协约势将决裂顷日已备战电

前探得日俄协约内有二要款：一、朝鲜全归日本保护。二、驻东三省俄兵止许足敷保护铁路，东三省作为通商地，权仍归中国。曾于二十四密函缕述。嗣又探得俄已答复，不允照办，但其中底蕴无从深悉。迩来日民多主拒俄，人心浮动。昨日元老伊藤等在桂相府密议，竟日又闻海军将佐已集都城，听候调遣。兵米购定四十万担。窥此情形，战恐难免。正拟电达，适奉卅电，又往询外部，据小村云，俄确有答复，现未便明言，及时自当布告。以愚见，无论日俄如何定议，均不利于我，惟有自定主见，及早筹备而已。

十一月初二日

谕外部韩人过江逞凶着传谕许台身照会韩廷严禁

上谕：长顺等奏称：本年五月间，韩警务官李敬顺、俞振浩等带兵过江，擅设乡约，意欲管理越垦韩民，向阻触怒，持刀逞凶。八月十九日，茂山城韩兵率众渡江，强刈禾稼，并在对江开炮攻击练会，佃民惊避。现经咨会驻韩使臣查办等语。吉林与韩国划江为界，疆理分明。以邦交而论，自应各遵约束，务使兵民相安，何得纵令肆扰？着外务部即行传谕驻韩使臣许台身，照会该国政府，严行查禁，以遏乱萌而敦睦谊。将此谕令知之。

十一月初二日

直督袁世凯致外部日俄将决裂闻日舰已往旅顺电

据杨使电称：风闻日本兵舰十八艘昨夜由佐世保往旅顺，乞就近确探云。近日人密告：日俄协约难就，七八成将有战事。杨使此电，似非无因。俄、日果裂，我应照会俄、日，使不许在华境构兵，伊必不听，即声明自守局外。但两大交讧，须防侵轶。现应密筹饷械，以便届时布置。祈预告留意。

十一月初四日

使俄胡惟德致外部报再催俄国践约撤兵电

阳电遵达，切催。据称，未接雷电，仍一味推诿阿列。告以不论有无雷电，本国照会应请转陈俄主，谕催雷、阿。伊始允将所交电稿代呈。又将俄不应违约背理，偏听武员，横生枝节，损我主权，与人口实等语，婉谕至再。并言：前约不践，现议难信。如有所商，务先践约。伊但允请示俄主。情形可愤！日、俄商议，恐需时日。窃虑商定以前，俄兵决无撤意，即商定后，尚无把握。日以战备相持，俄尚坚梗。空言更无实效，束手焦灼。

十一月初八日

使日杨枢致外部日俄协约未议妥日已备战电

昨晚，小村邀枢至外部，密语云：朝鲜、满洲于日本利害攸关，朝鲜尤甚，故与俄协约约内二要旨：一、朝鲜仍归独立，日本现享利权俄不得侵占；一、满洲权仍归中国，不许他国侵夺。此节英、美所见皆同，即俄亦向有此语，是以请俄立盟，以昭信守。俄初复谓：朝鲜之事可从，惟满洲与日本无关，约内须声明，日本不得干预。日政府不允。俄又改为专约朝鲜，不提满洲。日政府仍执前议，再请俄熟思。现尚未议妥，然日政府立意甚坚，海、陆军均齐备，静候俄复，并望贵国始终坚持定见，幸勿游移等语。应否转奏？请酌夺，并电北洋。

十一月初八日

江督魏光焘致外部日俄交涉势将决裂请示方略电

本日，接到日本驻沪领事小田切密电，称：顷奉本国外部大臣小村印饬，日本政府夙为维持东方和局暨满洲、朝鲜事宜起见，屡经向俄交涉，日本政府主意始终不渝，告以管辖满洲之清国国家之权及朝鲜国家主权，日、俄两国必须尊重之；又日本中日约在满洲应得之利权，俄国并不得阻碍等语，极力婉商，无所不尽。讵俄迄今不肯听从，并且不肯将满洲案情与别国协商。在日本政府，以事关东方大局，且所商事宜本与俄国屡次自经声明者相同。而今拒不允，日本岂容甘从？除再向俄国求其反省外，业饬在华钦使内田，速将前情面达庆邸，并告自今以后，紧要情形必当随时奉闻，以资考量等语。因此即饬该总领事即将前因密陈南洋大臣等因。奉此，遵即印电袁制军。密照。切叩！麻云云。查此事关系甚大，应如何应付，想荩筹早有成算，即求指示方略，以便遵行。速复为叩。

十一月初八日

直督袁世凯致外部日俄开仗我应守局外祈核示电

迭接江督电称：俄日有役，我居局中固难，局外似亦不妥，两害取轻，愿闻其略等语。日俄开战后，日船在各口购备物件，宜如何应付？日议为中国主权，我恐未能脱然局外。乞向枢府妥议速示。又电嘱饬北洋兵船分防江阴、吴淞两口。当先径复以附俄则日以海军扰我东南，附日则俄分陆军扰我西北，不但中国立危，且恐牵动全球。日俄果决裂，我当守局外。如日船在各口购备战物，地方官应按局外公例行文诘阻。如用兵力强办，我亦无可如何，但不可由我接济及由我明许。至无论将来如何，必须先从局外入手。倘有不测，因势应付。至北洋各船，不足当大敌，俄日交战后，或恐掳胁我船以相助，宜先深藏内港，相机调用。如泊口外，适足饵敌招衅，请审裁等语。是否有当？祈核政示遵。

十一月初九日

日使内田致外部大冶矿局借款合同请饬订定节略

湖北大冶矿局筹借款项一事，曾经盛宫保与小田切总领事妥为商酌，订立草合同。本大臣于本月十七日，华历十月二十九日，与张宫保会晤时谈及此事，并询及有无异见，据答称：草合同大纲俱以为然，惟查按照草合同内所列办法，其借款本利于三十年限期内，深恐难于还清。如能将日本铁厂每年应购上等矿石定为至少七万吨，倘或所出上等矿石不敷七万吨，可将次等矿石补足，以抵上等矿石七万吨之价，则于限期以内本利还清确有把握，实为两无窒碍。倘于日本政府允照此议办理，则深愿极力赞襄，以期成全此事等语。本大臣因立即电达本国政府，旋奉复电，内称：此议尽可允行，惟本国铁厂现在堆存矿石尚多，故于明治三十七年内仍照原定章程购买六万吨，可将此节另备照会声叙明白。至于张宫保谓上等矿石不敷七万吨，则以次等矿石补足一节，似不必多虑。盖因盛宫保曾允定购上等矿石十万吨，可见大冶矿山每年所出上等矿石断不至少于七万吨。由是观之，张宫保所言以次等矿石补足云云，似无庸叙列等因。当于本月二十二日，华历十一月初四日，派郑参赞将上开外务大臣复电之意转达张宫保，并面陈：既经日本政府允照此议而定，虽稍有参差，于大致无甚出入，请其从速赞成。当承张宫保应允，即行照此电达盛宫保矣！本大臣乃闻此事现在外务部核议，因该草合同内第二条列有抵押一节，似以为将大冶矿局全行让给于我国者，如果诚然，实属误会之甚者也。盖此次议定大冶矿局借款，按照大冶矿局所需款项之数先行拢〔笼〕统交出，即按我国铁厂所需矿石每次购运之价折算扣还。限期届满，本利一律还清，则合同内所列还款抵押自亦一并作废。查始而小田切总领事与盛宫保商议借款未曾一字提及将该矿局让出等语，草合同亦无近似之条。其还款年限及筹还办法，草合同内条列明晰，可以稽考。但借款由借主指某物作为抵押，是属通例。中国向由外国借款，无不指定抵押之物。然则此次大冶矿局指该局所属若干产业作为抵押，亦属循例之事，似不得以此通例抵押视为让给之据。此次草合同既经由盛宫保负责订定，似未便因此误会，以致功败垂成。倘蒙贵王爷俯察以上情节，迅即饬令电达盛宫保，准其将正合同画押订定，实为公便。惟希贵王爷鉴照。望切施行。

十一月十一日

驻藏帮办桂霖奏西藏祸机已稔巨衅将开亟筹变计以祛后患折

驻藏帮办大臣桂霖奏，为西藏祸机已稔，巨衅将开，用兵既力有难为，亟筹变计，以祛后患事。

窃维藏事至今，本已无可为谋。奴才恭承恩命，畀以帮办，虽明知万不可为，敢不勉力搘持，冀裨万一。前折撮举大要，条奏三端。奉旨：与锡良、有泰详细会商妥筹，奏明办理等因。钦此。已由锡良主稿复奏，奴才亦将拟仿湘军营制部署大略恭折具陈，可否之处，圣明自有权衡，何敢再三烦渎？惟查锡良历述用兵之难，至谓师未行而激之变，患未拯而速之亡，老成深识，至当不易。奴才虽愚，敢不俯首？夫练兵震慑，不过暂救目前，冀图力挽，外人强来干预，正不可知。现闻达赖业将前获英民戕毙，故违诏谕，挑衅已成，是师未激而变已先，患未拯而亡亦速也。夫力使贴〔帖〕服既苦不能，坐待沦胥抑又不可，后顾将来其患方大。鳃鳃顾虑，更有不能已于言者。敢竭愚忱，渎陈圣鉴。

伏查，藏部本属羁縻，当年不惜劳费，竭力经营者，非倚以屏蔽川疆，实借以牢笼蒙古。我朝龙兴辽沈，得蒙古最先，亦视蒙古最重。顾开创之始，满蒙虽为一体，心志究尚参差。列圣深维久远，将欲长此绥怀，必当驯以衔勒。因蒙古佞佛，遂阐扬黄教，使之顶礼喇嘛，束身佛法，既降伏其顽犷之心，更销磨其鸷猛之气，此大圣人因势利导、默化潜移之深意也。今蒙既积弱，佛亦无灵，信向之心，迥非昔比，亦如俄人崇奉教皇，昔之悉主悉臣听命唯谨者，今则若存若亡，虚有其名而已，是蒙古之向背，断不系藏部之有无。而耳食者犹复断断争辩，或谓可保障西南，或谓可控驭蒙古，真呓语也。然今日西藏，在我虽同于疣赘，而其地介回部、印度之间，南北重轻，举足立判。英、俄两国屈伸所在，势所必争。就现时情事言之，俄人之视西南似轻于东北，实则力有未逮，姑且徐徐。究其大欲所存，正不止此。英人灼知其意，岂肯先著让人？近见俄营辽东，渐已得手，决意吞噬，于此肇端，剥床及肤，能勿心悸？是以入藏之谋愈不容缓。现闻南邻备兵，数已逾万，北方间谍，络绎而来。顾犹踌躇满志，皆不肯首发难端，必欲借径于我者，是其虑事之深而设谋之狡也。在俄固愿藏为我属，彼则暗中播弄，使之挑衅强邻，兵端一启，藏番必溃败不支，我亦力难远顾。渔人之利，安坐而收。新疆往事，后先一揆，而彼之利便，实又过之。英人亦愿我有服属之名，正可借此要挟，以其加诸我者，迫我转加诸藏，为所欲为，更无阻挠。明知持之过急必有决裂之时，彼乃得间而入，尝鼎有名。即使稍可纠缠，而东道主人仍可惟我是问。是我既失字小之名，更须谢过，以重其实，直以我为集矢之的耳！同归弃置，重费周旋。吕宋、朝鲜，覆辙不远。综观全局，两国之进步不同，用心则一。况自兹而往，环伺而起，攘臂而争者，不知凡几。届时四邻各有责言，中国全无是处，使我欲弃不可，欲收不能。东三省难题又将见于异日矣！迩来变故迭生，应接不暇，安得更有余力恢此远谟？既已情见势绌，莫若早为之所，宣布中外，以藏部本系羁縻，今既自外生成，不遵约束，亦不欲强为扶植，即任其自主。该部内政、外交听自为之，悉不过问。如是明示拒绝，既不必授人指挥，更不至贻人口实。即他日难端，亦无从发见。割创虽痛，犹愈养痈。实逼处此，亦事之无可如何者也。约计藏中经费，岁可节省银十万两内外，即以此项钱粮精练兵勇若干，于沿边一带扼要屯驻，亦足固我藩篱。特较劳师勤远，功不补过，似尚未为失计。

总之，藏事之万无可为，彰彰共见。若犹拘牵故步，顾惜虚名，谓荒服必不可无，藩属必不可弃，则宜大整师旅，鼓行而前，必使震慑威棱，俯首听命而后已。臣前请募勇仅止三千，不过为轮流换防并预伐阴谋起见。诚如锡良所虑，以此远征，难操胜算。只以筹款维艰，成军不易，故不欲骤添巨饷，骇人听闻。原拟办有头绪，再事扩充。而乃损之又损，兵力益微。其一切饷械等项，尚待竭力腾挪。万里驰驱，前无可因，后无可恃，胜算之操，诚难预必。今军尚未成，而达赖已狂悖无状，若竟大张挞伐，恃此孤军，不独胜算难操，将谓患至无日。两害相形，取其轻者，诚不如出此下策，犹可委曲求全也。臣职守所在，本不应倡议弃蠲，惟时局至此，不得不急筹变计。反复思维，计惟两端，势难中立。此中消息，固人人所共见而不敢显言，奴才知不当言而不敢不言也。倘仍胶执故见，喋喋求伸，是徒避举棋不定之嫌，而膜〔漠〕视国家大计。奴才愚赣〔憨〕，窃谓不能事机危迫，冒昧沥陈。谨奏。

光绪二十九年十一月十五日。

吕海寰袁世凯张之洞伍廷芳盛宣怀奏美国商约定议遵旨画押折 附商约及附件照会

工部尚书吕海寰、直隶总督袁世凯、湖广总督张之洞、商部左侍郎伍廷芳、前工部左侍郎盛宣怀奏，为美国商约定议，遵旨画押，谨将约本恭折进呈事。

窃臣海寰、臣宣怀于上年八月英约办竣后，准美使康格、古纳、希孟等开送约款四十条，订期在上海开议，当经钞寄之洞暨前两江总督刘坤一，公同酌核。查前二十七条均系旧约所有，修改字句。末后两条为立约应有之款。其第二十八条至三十八条系属新增，而无加税免厘款文在内。诘问该使，据称，未经奉有美廷训条，应俟随后再商。康格于交送约款后旋即入都，订明由古纳、希孟与臣海寰等会议。因将新增二十一条先行商酌，议未及半，适前督臣刘坤一因病出缺，臣宣怀亦丁忧开缺，美使遂暂行停议。嗣臣世凯、臣廷芳奉旨会议，迭催该使，总以前议各款请示美廷，俟接训条再议为词，延宕至四阅月之久，至本年二月甫行接议。该使续奉美廷训示，令将修改旧约各条仍前照行，其新增者重定为十六条，比照英约办法，作为通商续约，请将前送约文四十条撤销。臣等详加复核，加税免厘一款虽已列入，而议定赔款还银一条忽又删去。即与力争，该使以美国于赔款还银一事已照和约办理，签字债票毋庸再入商约。所言尚属实情，自未便过事强求。其所开第三款之第二节系声明保教谕旨，当驳以和约业经载入，不便再列商约之内。又海关税司一款，须归中国自主，不能入约。允其咨呈外务部，饬令总税务司酌量录用。又利益均沾一款，拟索其报施一律，藉为日后弛禁华工地步。彼坚执不允，遂商将以上各款一并删除，并英约所有之治外法权及禁止吗啡鸦两款援照列入，只此议增议删。已辩论数月之久，适臣宣怀在保定复奉会议之命，遵即驰回沪上，协力妥筹。又磋磨三月有余，然后就范。厘定约款十七条，大致与英约相同，而其中得失损益，稍有区别：

第一款曰驻使体制。美使原送约文声明：驻使可以行文各省将军、督抚、驻扎大臣。驳以美国向由外部转行，中国亦系外务部咨转，不能两歧。驳令删去，改为中国驻使为美国优待，是以美使驻京，中国亦一律优待，以昭平允。

第二款曰领事权限。报施一如驻使，而声明：美国领事按例妥派，外务部按照公例认许，如所派不妥，或与例不合，我即可不认。冀以挽回主权。

第三款曰口岸利益。此系查照日本旧约，不能不许，因即比照日约，核改妥协。

第四款曰加税免厘。此为全约主脑。美使初只允加至值百抽十，并请我裁内地常关，又不提明销场、出厂等税。以为中国主权所系，不欲有所干碍，立意坚执，屡费磋商，舌敝唇焦，动至决裂。臣等往复电酌，合谋抵拒，不遗余力，彼始允加至十二五。其所裁内地常关之税，任我改抽出产税，以为抵补。窃思内地常关不过十余处，各省土货未必悉所经由。按照英约载明，进出口货加税后，均得全免重征，则内地常关亦只能征土货运出第一道之二五半税，若非第一常关，则并无税可收。至土货未经第一常关征过二五半税者，出口时仍须征足七五之数。是常关虽裁，亦无大碍。今既任我改抽出产税，则从源头处抽收，较无遗漏，似更合算。当时尚以与英约两歧为虑，该使自认将来劝英照办，只得允裁。至于销场税、出厂税及议增之出产税，美使虽不愿详载名目，而于专条中声叙，本款所载各节，毫无干碍中国主权征抽他等税项之意，以浑括销场等税，保我主权。

第五款曰税则附表。彼谓，请美国人在中国输纳税项，较最优待之国，不得加重另征。臣等索其增入中国人民在美国纳税亦如之一节。

第六款曰准设关栈，系照英约酌办。

第七款曰振兴矿务。前半悉照英约，彼请准美国人遵章开办矿务，此本路矿衙门定章所许，因订明：美国人民办理矿务居住之事，应彼此会定章程，以资箝束。

第八款曰存票抵税，第九款曰保护商标，均与英约意义相等，而于存票款中声明除去船钞一项，以补英约所未及。

第十款曰创制专照。此款深虑有碍中国工艺仿造，驳论再三，改为俟中国设立专管衙门，定有创制专律后，再予保护，其权仍自我操。

第十一款曰保护版权，即中国书籍翻刻必究之意。与之订明：若系美文，由中国自翻华文，可听刊印、售买，并中美人民所著书籍、报纸等件有碍中国治安者，应各按律例惩办，为杜渐防微之计。

第十二款曰内港行轮。前两节照英约大意声明，嗣后无论何时修改，应由我查看酌办。末节如奉天府、安东县开埠事，握定自开而办法略有变通。

第十三款曰改定国币。将英约所附照会纳税仍照关平一节增入款末。

第十四款曰辑睦民教。将教民犯法，不得因入教免究，并应遵纳例定捐税，教士不得干预中国官员治理华民之权，详晰列明，冀资补救。

第十五款曰治外法权，第十六款曰禁止吗啡鸦，皆我索其增添，与英约一律。

第十七款曰修约换约期限，系照立约通例。

复于约款之外另订附件三端：

一为内地征抽鸦片、盐斤税捐之事，及保全税捐、防范走漏之法，均任由中国政府自行办理。

二为所留通商口岸之常关设立分关，保持税饷。

三为申明第五款所载税则附表，即前定切实值百抽五之税则。

至内地常关虽裁，并不藉此以裁北京崇文门并各城门及左右翼等处之税，由美使备一照会存案。又第四款不碍征抽他等税项一语，尚涉笼统，由我备一照会声明：他等税项即系各种销场、出厂及改抽之出产各税，应仍听中国自行办理。彼亦复一照会言明，彼此意见相同。

以上附件、照会分别发钞盖印，汇入约本。综计约款十七、附件三、照会三，均经随时电达外务部核准，代为进呈。此臣等先后筹议美约之情形也。

伏思各国修改商约，无非占我利益。美方极力见好，谓事事不侵我主权，而其取益防损，心计甚工，究未尝放松一步。彼有所益，即我有所损，不得不坚为维持。溯自开议以来，京外互酌，电牍频仍，务在众论佥同，期无流弊。常有一字一句彼此推究改至数次而未已，复折衷于外务部，始敢作准。会议至六十四次，历时几及一年，辩论不下数十万语。臣等才疏识浅，抵制无方，惟勉效愚忱，冀争得一分，即获一分之益。今幸和衷商榷，得以图成，业于八月定议之后，由臣海寰等会电具奏。奉旨：著派吕海寰等就近画押。遵即缮备汉文约本二分，其英文约本系照臣廷芳未入都之先与美使核定，原由美使印备二分，于八月十八日遵旨在上海会同画押，彼此各执汉、英文一分。美使并以臣廷芳既已回京，约内不必列衔，臣海寰等初与争持，迨电奉外务部复准，始行照办。谨将约本汉文、英文各一分派委员杨文骏赍送入京，交由军机处进呈御览。谨奏。

光绪二十九年十一月十六日，奉朱批：外务部知道。

谨将中美议定通商行船条约开单恭呈御览

大清国大皇帝，大美国大伯理玺天德，因欲广彼此之商务，及振兴两国人民之利益；又因于一千九百零一年九月七号会定议和条约之第十一款内开：大清国国家允定将通商行船各条约内诸国视为应行商改之处，及有关通商各他事宜，均行议商，以期妥善简易等因，是以大清国特派钦差办理商约事务大臣·工部尚书吕海寰、太子少保·前工部左侍郎盛宣怀，大美国特派钦差修定商约事宜·驻扎中国便宜行事全权大臣康格、驻沪总领事古纳、驻沪商董希孟，各将所奉特赐之权互相较阅，俱属妥当，现将两国从前所立之通商行船各条约会议修改，及议定增补各款，以期利便通商，开列于左：

第一款　现照公例，并因中国钦差办理交涉大员应得驻扎美国京城，其所享一切特权，并优例及豁免利益，均照相待最优之国所派之相等钦差办理交涉大员一体接待享受，是以美国钦差办理交涉大员亦应得驻扎中国京城。凡有呈递国书，或代递大美国伯理玺天德与中国大皇帝之书，即可随时觐见。其觐见之礼，以及接见之地，均须酌定合宜，与该大员品位相当。且始终相待美国交涉大员之礼仪，均应按照平等之国所用者，俾两国彼此均不失体统。其所享一切特权并优例及豁免利益，亦按公例，照相待最优之国所派之相等交涉大员，一体接待享受。至所有来往文函，美员所发者应以英文作为正义，华员所发者应以汉文作为正义。

第二款　现因中国可派领事官员驻扎美国各地方，其所享分位职权，并优例及豁免利益，均与别国驻美领事官员一律，是以美国可按本国利益情形之所宜，酌派领事官员，前往驻扎中国已开或日后开为外国人民居住及通商各地方。此等领事官遇有事故，应以平行之礼、互敬之道随事酌情，或会晤，或行文，可直与该领事官员职守所及之地方官相商办理。凡华官遇此等官员，均须以合宜之礼相待。至所享分位职权，及优例、豁免之事，并裁判管辖本国人之权，应与现在或日后中国施诸最优待之国相等官员者无异。此国官员如被彼国官员有侮慢欺藐等情，可将委曲情由禀报各该管上司，务使澈底根究，秉公办理。彼此所派领事官员亦不得率意任性，致与驻扎之国官民动多抵牾。美国领事按例妥派到中国各通商处之日，应由美国驻京大臣知照外务部，即由外务部按照公例认许该领事，并准其办事。

第三款　美国人民准在中国已开或日后所开为外国人民居住通商各口岸，或通商地方，往来居住，办理商工各业、制造等事，以及他项合例事业。且在各该处已定及将来所定为外国人民居住合宜地界之内，均准赁买房屋、行栈等，并租赁或永租地基自行建造。美国人民身家、财产所享之一切利益，应与现在或日后给与最优待之国之人民无异。

第四款　中国认悉，现在于转运时纷纷征抽货物之税捐，其中以厘金为甚，难免阻滞货物，不能流通，势必伤害贸易之利，是以允愿将通国转运向抽之厘金以及各项行货税捐一概裁去，并将向有征收此项行货税捐之局卡一并裁撤，不得另行设立局卡，以征抽行货税捐。中美两国彼此订明，所有征收行货税捐之局卡裁撤后，不得改名，或藉词将此项局卡复行设立。

美国允许，美商运进之洋货，及运出外洋或运往通商他口之土货，除照当时税则应纳正税外，加完一税，以为补偿。中美两国彼此订明，进口洋货所加抽之税，不得过于中国与各国光绪二十七年七月二十五日，即西历一千九百零一年九月七号签押之和议条约所定之进口正税一倍半之数。此项进口正税及加添之税一经完清，其洋货无论在华人之手，或在洋商之手，亦无论原件，或分装，均得全免重征各项税捐，以及查验或留难情事。至出口土货所纳税之总数，连出口正税在内，不得逾值百抽七五之数。

本款所载各节，毫无干碍中国主权征抽他等税项之意，只须不与此款有所违背。

中美两国心存以上各节为宗旨，故允愿办法如下：

中国允将十九省及东三省陆路、铁路及水道所设征收行货厘捐及类似行货厘捐之各项局卡概予裁撤，于本款照行之时不得复设。凡有在沿海及设有新关之通商处所，并在十九省及东三省中国沿陆之边界现有各常关，不在此列。凡有新关之地方，或日后新关不论设在何处，均可设立常关。及沿海、沿陆边界，不论何处，亦可一并安设。

美国允愿，洋货于进口时，除按照光绪二十七年所订和约内载进口货税增至切实值百抽五外，再加一额外税，照和约所定之税加一倍半之数，以抵裁撤厘金并行货别项税捐及洋货各项税捐，并酬此款所载各项整顿之事。

中国可以将现在出洋土货税则从新修改，以值百切实抽五之例为准。凡能改者，即当定为各该货按色应完税银几何。惟如欲加抽，须先六个月预行通知方可。现行税则有逾估价值百抽五之数者，亦须裁减无遗。但因裁撤厘金及内地各项行货税捐之故，所有土货贩运出洋，或由通商此口转运通商彼口，除出口正税外，可在起运处，或于出口时，加抽当时出口正税之一半，以为抵补。

凡洋货与土货相类者，完纳进口正税及所加之税后，该口新关若据货主请领，即应逐包发给该货已经完清各该税项之凭单，免至在内地有争执之虞。

凡民船运至通商口岸之土货，将在本地销售者，无论货主是何国之人，只应报明常关，以便照中国政府税项章程办理。

凡用机器纺成之棉纱及织成之棉布，无论系洋商在通商口岸，或系华商在中国各处纺织者，所应抽税项均须一律无异。惟各该机器厂制成之货物，于完税时，所用之棉花，若系外洋运来者，应将已完进口正税全数及进口加税三分之二发还；所用者若系土产棉花，须将已征之各项税银全数一并发还，其出口正税、出口加税、复进口半税，概行豁免。凡别项货物、与洋货相同，在中国用机器造成者，亦须按照以上章程办法办理。

由每省督抚自行在新关人员中选定一人或数人，商明总税务司，由该督抚派赴常关当差，为监察常关之办法。凡有不合例之事，一经美国人民告发，即由中国派相当官员一名，会同美国官员一名，及新关人员一名，彼此职位相等，查办其事。如经该人员查出实有留难受亏各情，须由新关赔还。舞弊之员，应责成该省大吏从严参办，开去其缺。倘查出实系琐渎或被诬，原告应罚还查办一切费用。

此约一经两国批准互换，并与中国有约之各国允照本款各节后，则会定此款举行之日期，即应明降谕旨，用誊黄布告于众，通传遍国，言明：将向有之各项厘金及行货税捐全撤，并将征抽此项税捐之局卡及征收内地各项洋货税捐尽行裁除，其征抽进口洋货、出口土货之加税及本款所载他等更改税项，暨整顿税项之事，须一并同时举行。所降上谕亦须载明：如有背此约文词意之员，即责成该省大吏从严参办，开去其缺。

第五款　美国人民在中国输纳之进口货物税则须载录于此约附表之内，作为此约全体之一分。如有修改之处，只可按照本约第四款所载，或照中美两国彼此日后所定办理。但订明，美国人民无论何时输纳税项，较之最优待之国之人民所输纳者，不得加重或另征。又中国人民之运货进美境者，所纳之税，不得较重于最优待之国之人民所纳者。

第六款　中国允许美国人民在中国各通商口岸将该管官核准之栈作为关栈，以便屯积合例货物，及拆包改装，或预备转运。惟该栈须遵中国为保护税课起见随时所定之关栈专章，输纳公道规费。至此项规费应纳若干，按栈离关远近、屯何货物并工作早晚酌情核定。

第七款　中国因知振兴矿务于国有益，且应招徕华洋资本兴办矿业，故允自签押此约之日起，于一年内，自行将美国连他国现行矿务章程迅速认真考究，采择其中所有与中国相宜者，将中国现行之矿务章程从新修改妥定，以期一面振兴中国人民之利益，于中国主权毫无妨碍；一面于招致外洋资财无碍；且比较诸国通行章程，于矿商亦不致有亏。美国人民若遵守中国国家所定为中外人民之开矿及租矿地输纳税项各规条章程，并按照请领执照内载明矿务所应办之事，可照准美国人民在中国地方开办矿务，及矿务内所应办之事。至美国人民因办理矿务居住之事，应遵守中美彼此会定之章程办理。凡于此项矿务新章颁行后始准开矿者，均须照新章办理。

第八款　还税之存票，须自美国商人禀请之日起，如查系应领者，限于二十一日之内，发给此等存票，可用在发给之新关，按所载银数，除船钞一项外，以抵各项货税。至洋货入口后，三年之内，转运外洋，凡执持此等存票者，即准任便向发给之新关按全数领取现银。倘请发存票之人欲图混骗，一经新关查出，照美国《天津条约》第二十一款所载惩罚影射夹带情事之办法办理。该货若已运出中国界外，则应由本国领事将犯事人罚一合宜款项，其所罚之银送交中国查收。

第九款　无论何国人民，美国允许其在美国境内保护独用，合例商标，如该国与美国立约，亦允照保护美国人民之商标。中国今欲中国人民在美国境内得获保护商标之利益，是以允在中国境内美国人民、行铺及公司有合例商标，实在美国已注册，或在中国已行用，或注册后即欲在中国行用者，中国政府准其独用，实力保护。凡美国人民之商标，在中国所设之注册局所，由中国官员查察后，经美国官员缴纳公道规费，并遵守所定公平章程，中国政府允由中国该管官员出示，禁止中国通国人民犯用，或冒用，或射用，或故意行销冒仿商标之货物，所出禁示应作为律例。

第十款　美国政府允许中国人民将其创制之物在美国注册，发给创造执照，以保自执自用之利权。中国政府今亦允将来设立专管创制衙门，俟该专管衙门既设，并定有创制专律之后，凡有在中国合例售卖之创制各物，已经美国给以执照者，若不犯中国人民所先出之创制，可由美国人民缴纳规费后，即给以专照保护，并以所定年数为限，与所给中国人民之专照一律无异。

第十一款　无论何国，若以所给本国人民版权之利益，一律施诸美国人民者，美国政府亦允将美国版权律例之利益，给与该国之人民。中国政府今欲中国人民在美国境内得获版权之利益，是以允许，凡专备为中国人民所用之书藉、地图印件镌件者，或译成华文之书籍，系经美国人民所著作，或为美国人民之物业者，由中国政府援照所允保护商标之办法及章程，极力保护十年，以注册之日为始，俾其在中国境内有印售此等书籍、地图镌件或译本之专利。除以上所指明各书籍、地图等件不准照样翻印外，其余均不得享此版权之利益。又彼此言明，不论美国人所著何项书籍、地图，可听华人任便自行翻译华文，刊印售卖。

凡美国人民或中国人民为书籍、报纸等件主笔，或业主，或发售之人，如各该件有碍中国治安者，不得以此款邀免，应各按律例惩办。

第十二款　中国政府既于一千八百九十八年将船艘可以行驶之内港开为特行注册之一切华洋轮船行驶贸易，以便载运搭客及合例货物，美国人民、行铺、公司均可经营此项贸易，其所享利益应与给予他国人民者相同。嗣后无论何时，或中国，或美国，如欲将当时内港行轮各章程再行修改，视为有益之举，应由中国查看所拟修改之处果为贸易所必需，且于中国有利，则由中国政府应允和平采酌办理。

中国政府应允，俟此约批准互换后，将盛京省之奉天府、又盛京省之安东县二处地方由中国自行开埠通商。此二处通商场订定外国人公共居住合宜地界并一切章程，将来由中美两国政府会同商定。

第十三款　中国允愿设法立定国家一律之国币，即以此定为合例之国币，将来中美两国人民应在中国境内遵用，以完纳各项税课，及付一切用款。惟彼此商明，凡纳关税，仍以新关平核计为准。

第十四款　耶稣、天主两等基督教宗旨，原为劝人行善。凡欲人施诸已者，亦必如是施于人。所有安分习教、传教人等，均不得因奉教致受欺侮凌虐。凡有遵照教规，无论华美人民，安分守教、传教者，毋得因此稍被骚扰。华民自愿奉基督教，毫无限止。惟入教与未入教之华民，均系中国子民，自应一体遵守中国律例，敬重官长，和翕相处。凡入教者，于未入教以前，或入教后，如有犯法，不得因身已入教遂免追究。凡华民应纳各项例定捐税，入教者亦不得免纳。惟抽捐为酬神赛会等举起见，而与基督教相违背者，不得向入教之民抽收。

教士应不得干预中国官员治理华民之权。中国官员亦不得歧视入教、不入教者，须照律秉公办理，使两等人民相安度日。美国教会准在中国各处租赁及永租房屋地基作为教会公产，以备传教之用。俟地方官查明地契妥当盖印后，该教士方能自行建造合宜房屋，以行善事。

第十五款　中国政府深欲整顿本国律例，以期与各西国律例改同一律。美国允愿尽力协助，以成此举。一俟查悉中国律例情形，及其审断办法，并一切相关事宜，皆臻妥善，美国即允弃其治外法权。

第十六款　美国兹允中国禁止莫啡鸦及刺入肌肤莫啡鸦之各针进口。除为医治所必需者，于进口时照则纳税，应遵中国为防有不因医治使用起见所自定专章办理，不在此禁例。此外，无论由何国何地运来者，均应一律禁止，毫无歧视。中国亦允禁止国内之铺户制炼莫啡鸦或制造此项之针，以杜隐患。

第十七款　中美两国彼此订明，两国所立各约章，如于一千九百年正月一号尚行者，现仍施行。至其为现立之约或中美两国别立之约所更改者，不在此列。现订之条约，须施行十年，换约之日起，直行至下文所载续修改定之日为止。两国又订明，或中国，或美国，在十年限期未满以前，均可请将现约所载之税则及各款修改。倘十年期满之前尚未照请修改，则由该十年限期已满之日起算，续行十年。以后均照此限办理。

现订之条约及附件三件，其汉、英文均经详细校对，惟嗣后如有文词辩论之处，应以英文作为正义。

本约及附件三件画押后，须照中美两国之制度，恭候御笔批准，在于美京华盛顿城，一年限内，会晤互换，以昭信守。本约立定，由两国特派大臣在中国江苏省之上海，将本约汉、英文各二分画押盖印。

光绪二十九年八月十六日。西历一千九百零三年十月八号。

附件第一

现因按照条约，美国人民业已不准作鸦片之贸易，是以本约未提征抽鸦片税捐之事。又因盐斤系中国政府专办之事，是以本约亦未提征抽盐斤税项之事。但彼此屡次辩论，熟商订明，在内地征抽鸦片、盐斤税捐之事，及保全税捐、防范走漏之法，均任由中国政府自行办理，但不得与本约第四款所载别项货物转运时不得阻滞各节有所干碍。

八月十八日，即十月八号

附件第二

中美两国兹所修改通商条约第四款内载明，所留通商口岸之常关，应由中国政府设立分关，以保中国各该处之税饷。至其与总关相距合情理之远近分口，必须各该口岸之新关华洋官员以为征收该口岸进出贸易货税所必需，方可设立。所有此项分口及总关，须照一千九百零一年和约所载办法，由新关管理。

八月十八日，即十月八号

附件第三

本约第五款所载进口货之税则，为本约之附表。现彼此声明，此附表即指中美所派大臣议定之税则，系照一千九百零一年九月七号和议大纲已于一千九百零二年九月六号美国大臣、中国大臣在上海所签押者。

八月十八日，即十月八号

美商约大臣康格等致商约大臣吕海寰等照会

为照会事。

照得本大臣与贵大臣现在修改中美两国通商条约第四款内所载，裁去中国内地常关，系为免征行货起见，并不藉此款以裁撤北京崇文门并各城门土货关税，及左右翼之牲畜并房屋税。相应照会贵大臣查照存案。

须至照会者。

西历一千九百三年六月二十三号

商约大臣吕海寰等致美使照会

为照会事。

照得本大臣等与贵大臣会议时迭次声明，凡中英新修通商条约所载中国自抽之销场税、出厂税，及与贵大臣议定由中国自抽之出产税，以抵内地常关裁去行货之税，均任中国自行征抽酌办。贵大臣虽不愿将以上各节载明约内，但经迭次答复，美国政府在本约内，除所载各节外，并无限制中国主权之意。本大臣原意将中国应可征抽以上各税照会贵大臣，作为本约附件。嗣贵大臣允照所请，于本约第四款内包括数语，即毫无干碍中国主权征抽他等税项之意，只须不与此款有所违背等因。本大臣阅悉以上数语，较原意该照会尤为赅备，是以现在重为声明，凡征抽各等税项，自应仍听中国自行办理，惟不得与本约第四款所载有所违背。相应照会。为此照会贵大臣，请烦查照。

须至照会者。

八月初四日

美商约大臣康格等复商约大臣吕海寰等照会

为照复事。

照得本大臣于九月二十四号接准贵大臣来文，已悉。查此次立约，本大臣愿意承认中国主权可以征抽各等税项，惟亦不得于约款有所违背，盖欲推广彼此之商务及振兴两国人民之利益计也。为此，本大臣照贵大臣所请，于第四款内增入一句，即毫无干碍中国主权征抽他等税项之意，只须不与此款有所违背等因。贵大臣以此句自系赅备，除所载明各节外，并保全中国主权，与本大臣意见相同。

须至照复者。

西历一千九百三年九月三十号

清季外交史料卷一百七十九终

清季外交史料卷一百八十

光绪二十九年十一月下

吕海寰袁世凯张之洞伍廷芳盛宣怀奏日本商约定议遵旨画押折 附通商行船续约内港行轮章程暨照会六件

工部尚书吕海寰、直隶总督袁世凯、湖广总督张之洞、商部左侍郎伍廷芳、前工部左侍郎盛宣怀奏，为日本商约定议，遵旨画押，谨将约本恭折进呈事。

窃查，日本商约，于上年五月间，即准日使日置益、小田切万寿之助开送约款十三条，索我在沪开议。维时英约尚未完竣，臣海寰、臣宣怀虽与会议数次，彼此均以英约未定，不便深议，一面将所送条款电商臣之洞暨前两江督臣刘坤一，并秉承外务部，以定准驳。迨英约蒇事后，始与该日使逐款辩论。臣等往返会商准驳宗旨，佥以抱定英约为主。凡英约所有者，自应均照英约办理，不能丝毫有异。英索而我未允者，仍不能稍予迁就。嗣臣世凯、臣廷芳奉旨会议，意见亦复相同。当以日约第一、第二两款为加税免厘一事，既不能照英约加至十二五，而仅允值百抽十，并欲将由日本运进中国之煤炭、棉纱及一切棉货概不加税，尤与英约相背。按日本进口货物，以此为大宗，不得不亟与争论。每议必几于决裂而后已，从未敢稍予松劲。是以议经数月之久，相持莫定。仅将第三款川江设施拖缆、第四款内港行轮及修补章程、第七款中日商民合股经营、第八款保护商牌、第九款改定国币，均为英约所有，与之妥拟款文字句，较英约稍有增改而意义尚无出入。惟于商牌款内议增保护版权一事。内港行轮款后议增照会声明往来烟台、东三省轮船，亦系照内港章程办理。因据总税务司查复，日本小轮在该处行驶已久，碍难驳拒。此外，第五款索开各处口岸、第六款口岸城镇任便居住、第九款第二节整饬度量权衡、第十款请运米谷出口，均驳拒未允。城镇任便居住一事，辩论尤多，并用照会分析城镇二字之义存案。其第十一、第十二、第十三等款，为条约通例，亦尚未与议及，彼见我坚持不下，遂变计将拟定各款即作为定议，迫我画押。臣等见日使如此办法为各国从来所无，公同商酌，惟有严词拒绝。遂于三月间暂行停止，允俟美约定后再议。此臣等在沪议而未定之情形也。

迨臣之洞应召入都，旋奉旨：各国商约，著即在京开议等因。臣海寰等钦遵照会日使，据该使以奉其外务大臣回电：商约议结在迩，不必易地，仍在上海续议。即经电达外务部，适日本驻使内田康哉赴部晤商，欲提出北京开埠、加税免厘、米谷出口三条，由伊在京与臣之洞面议，余仍归沪定。外务部答以无论在京、在沪，不能两处分议。臣海寰等即未再与日使会议，专由臣之洞与内田驻使在京商办。磋磨三月余之久，各款牵连并议，与之言明，允则俱允，翻则俱翻，以期一气呵成。每一款字句，彼此时有斟酌更改，大致仍宗原议及臣海寰等平日持论之意，均将约文录呈外务部核准，计厘定约款十三、附件七。

第一款曰加税免厘，彼虽未明允订实加税至十二五，而声明，日本政府允认，按照中国与有约各国共同商定加税之率一律照输无异；并声明，所有中国征收出产、销场、出厂以及土药、盐斤等税，亦悉照各国与中国商定办法，无稍歧异。明知日本意存取巧，不肯显然承认，将来从违仍视各国。只以此款在沪屡议不谐，彼既藉此转圜，臣之洞核与英、美各约载明俟各国照允方能举行，用意亦复相等，是以照允。

第二款曰川江设施拖缆，第三款曰内港行轮，均查照沪拟增改字句。

第四款曰中日商民合股经营，悉照沪拟原文。

第五款曰保护商牌版权，亦照沪拟，而索其增添查禁违碍书报一节，文义均照美约比拟。

第六款曰改定国币，照沪拟而删改后段，与美约相同。

第七款曰整饬度量权衡，因有益于中国商民，可除积弊，是以许其入约。

第八款曰修补内港行轮章程，照沪拟并无增易。

第九款曰利益均沾，虽属立约通例，将字句妥为酌改，并索其增入中国人民往日本者亦极力优待一节，以合报施之义。

第十款曰开埠通商，因彼索开北京为通商场，其意甚坚，臣之洞即以俟各国全撤护路、护馆兵队为抵制。如各国兵队一日未撤，北京商场亦一日不开。彼又索长沙府为口岸，此系英约已有，不能不允，即查照英约声叙，而删去原索之常德府等九处口岸。又索开盛京之奉天府、大东沟两处为商埠，美约既已允开，日约遂亦照办。虽美索安东县、日索大东沟为稍异，其实相距不远，无关轻重，故允之。

第十一款曰治外法权，系照英约，向其索添。

第十二款曰约文以英文为准，第十三款曰互换日期，均属立约例有之条。

至第一附件，为英约所有之内港行轮修补章程。第二、第三附件，为声明往来烟台、东三省轮船亦照内港章程办理往复照会。第四、第五附件，为声请通行照原定内港行轮章程派员统收税厘各办法往复照会。第六、第七附件为预定北京开通商场各办法往复照会。

除加税一款照各国一律外，计我于英约之外所索允者二事：中国人民在日本者极力优待一款，严禁违碍书报一款。

驳辩删去者三事：请运米谷出口一款，口岸城镇任便居住一款，常德府等九处口岸一款。

以索允为抵制者一事：各国护馆、护路兵队全撤后北京方能开埠一款。其间中国人民优待一条，北京撤兵再行通商一款，似均于国体均有关系。

臣之洞于定议后，据内田驻使订明，须与美约同日画押，即经电致臣海寰等赶备汉文约本，并与日使在沪校译日本文、英文，另备约款、附件，呈由军机处代奏。奉旨：著派吕海寰等就近画押。钦此。臣海寰、臣宣怀以为期甚促，与日使商订先画汉文，将来翻译东、英文，务照原订汉文意义，不得稍有歧异。即缮备汉文约本两分，遵于八月十八日在上海会同日使画押。臣廷芳已先期奉命回京，日使允由臣海寰代画。当即遴派随办商约熟谙中英文之洋员戴乐尔、福开森、郎中李维格、道员梁澜勋、熟谙东文之译员冯国勋，与日使在沪公同校译东、英各文。日使并请添派道员杨文骏审定汉文字义。其英文译就后，复电经臣廷芳核复，始作定本，再交日使印备东、英约文各二分，于九月十一日补画，仍画八月十八日之期。此臣等在京定议在沪画押之情形也。

臣等窃维此次修改商约，在各国之意，本专为损我以益彼，望甚奢而意甚坚。且日本议约在英、美之后，凡英、美所索允者，彼视为分所应得，英、美所索而未允者，彼则以为该国体面所关，必须多索数条，方见其改约之功。彼执定此见，更觉难于辩论，是以开议经年，棘手万分。臣等始终坚持定见，凡有损于我者，在京、在沪、在津皆始终力拒，全力争持，不敢稍涉松劲。幸彼争辩年余，知我不能摇夺，且急欲与美约同日画押，遂即转圜，事事略为迁就，得以议成。其中但有稍可争回利权，谨防流弊，顾存国体之处，无不竭力挽救，分别增删，尚未于英、美两约之外别有受损之事。此则臣等同此愚衷，当蒙圣明俯鉴者也。谨将译本汉文、日本文、英文各一分派委道员杨文骏赍送入京，交由军机处进呈御览。谨奏。

光绪二十九年十一月十六日奉朱批：外务部知道。

谨将中日议定通商行船续约开单恭呈御览

大清国大皇帝陛下，大日本国大皇帝陛下，为将光绪二十七年七月二十五日，即明治三十四年九月初七日，在北京签定议定条款第十一条所定之事实办见效起见，商定通商行船条约续约，以期中日两国通商事宜缘此简易振兴，是以大清国大皇帝陛下特派钦差办理商约事务大臣・工部尚书吕海寰、钦差办理商约事务大臣・前工部左侍郎盛宣怀、钦差办理商约事务大臣・商部左侍郎伍廷芳，大日本国大皇帝陛下特派钦差全权办理商约事务大臣・公使馆头等参赞官・从五位・勋五等日置益，钦差全权办理商约事务大臣・总领事・正六位・勋五等小田切万寿之助，为全权大臣，各将所奉全权文凭较阅，俱属妥善，会同议定各条，开列于左：

第一款　中国现因厘革财政，拟欲照征海陆各关所过百货之正税外另添加税，以酌补因全行裁厘所绌之款。日本国政府允认，按照中国与有约各国共同商定加税之率，一律照输无异。所有中国征收出产、销场、出厂以及土药、盐斤等税，亦悉照各国与中国商定办法，无稍歧异，并不得因此日本之商务暨利权较他国商务暨利权致有轩轾之处。

第二款　中国国家允，日本轮船业主，自行出资，在长江宜昌至重庆一带水道施设扯上湍濑之件，因关系四川、两湖地方百姓，应听候海关核准后，始行安设。无论民船、轮船，均可任便听用。但所设之件不得阻碍水道，或阻碍民船畅行，或阻碍江边陆路行人。所有一切办法，仍须遵照海关议定专章办理。

第三款　中国国家允，能走内港之日本各项轮船，在海关报明，由通商口岸往来报明之内港地方贸易，应悉照所定正续各章程办理。

第四款　中国人民与日本臣民为办正经事业合股经营，或合办公司，应照其合同章程损益公任，并须照其自认合同章程办理，并愿按日本公堂解释该合同章程之办法。倘不照办，致被控告，中国公堂应即饬令中国人民将其分内当为之事照合同章程办理。

日本臣民与中国人民合股经营，或合办公司，亦应照其合同章程损益公任。倘有不守合同章程分内当为之事，日本公堂亦须饬令一律办理。

第五款　中国国家允定一章程，以防中国人民冒用日本臣民所执挂号商牌，有碍利益。所有章程，必须切实照行。

日本臣民特为中国人备用起见，以中国语文著作书籍以及地图、海图执有印书之权，亦允由中国国家定一章程，一律保护，以免利益受亏。

中国国家允设立注册局所，凡外国商牌并印书之权请由中国国家保护者，须遵照将来中国所定之保护商牌及印书之权各章程，在该局所注册。

日本国国家亦允保护中国人民按照日本律例注册之商牌及印书之权，以免在日本冒用之弊。

凡日本臣民或中国人民为书籍、报纸等件之主笔，或业主，或发售之人，如各该件有碍中国治安者，不得以此款邀免，应各按律例惩办。

第六款　中国国家允愿自行从速改定一律通用之国币，将全国货币俱归划一，即以此为合例之国币，将来中日两国人民即在中国境内遵用，以完纳各项税课，及别项往来用款，毫无窒碍。惟彼此商明，凡纳关税，仍以关平核计为准。

第七款　中国因各省市肆商民所用度量权衡参差不一，并不遵照部定程式，于中外商民贸易不无窒碍。应由各省督抚自行体察时势情形，会同商定划一程式，各省官民出入一律无异，奏明办理，先从通商口岸办起，以渐推广内地。惟将来新定之度量权衡与现行之度量权衡有所参差，或补或减，应照数核算，以昭平允。

第八款　光绪二十四年五月、七月先后所定内港行轮章程，间有未便，是以中国允将此章程从新修补，附载此约。惟此章程应按照遵行，直至日后彼此允愿为止。

第九款　中日两国现存各条约及两国约定事项，未经因立本条约更改或废除者，仍旧照行不违。兹特声明：且大日本国政府官员、臣民通商行船、转运、工艺以及所有一切财产，应享大清国大皇帝陛下及政府各省或地方各官府允与别国政府官员、臣民通商行船、转运、工艺以及财产之一切优例豁除及利益，无论其现已允与或将来允与，一体均享完全无缺。中国官员、工商人民之在日本者，日本国政府亦必按照律法章程，极力通融优待。

第十款　现在两国议定，如驻扎直隶省之各国兵队暨各国护馆兵队一律撤退后，中国即当在北京自开通商场。其详细章程，临时商酌订定。

中国允愿，俟本日所订画押之中日通商行船条约续约批准互换后，六个月以内，将湖南省之长沙府开作通商口岸，与已开各通商口岸无异。各国人民在该通商口岸居住者，须遵守该处工部局及巡捕章程，与居住各该处之华民无异。非得华官允准，不能在该通商口岸之界内自设工部局及巡捕。

中国政府应允，俟此约批准互换后，将盛京省之奉天府、又盛京省之大东沟两处地方，由中国自行开埠通商。此两处通商场订定外国人公共居住合宜地界并一切章程，将来由中日两国政府会同商定。

第十一款　中国深欲整顿本国律例，以期与东西各国律例改同一律。日本国允愿尽力协助，以成此举。一俟查悉中国律例情形，及其审断办法，及一切相关事宜，皆臻妥善，日本国即允弃其治外法权。

第十二款　本条约缮就汉文、日本文、英文，署名为定。惟为防以后有所辩论起见，两国全权大臣订明，如将来汉文与日本文有参差不符，均以英文为准。

第十三款　本条约应奉大清国大皇帝陛下、大日本国大皇帝陛下批准，既经批准后，在北京迅速互换。其互换日期，由本日署名起，至迟不逾六个月。为此，两国全权大臣署名盖印，以昭信守。

光绪二十九年八月十八日，明治三十六年十月初八日，订于上海。

附续议内港行轮修补章程

一、日本轮船东可向中国人民在河道两岸租栈房及码头，不逾二十五年租期。如彼此两愿续租，亦可从新再议。倘日商不能向华民妥租栈房及码头，须由地方官与总督、巡抚、商务大臣商妥后，照公道时值，预备栈房、码头租给。租满之后，亦可接租。

二、靠船码头不得有碍水道，亦不碍船只通行，并须由最近海关先行查明允准，但海关亦不得无故驳阻。

三、日本商人所租栈房及小码头须纳税捐，如同中国人民左近相类之房产一样。日本商人只能用中国代理人及办事等人在该内河行轮处所租栈房之内居住贸易，惟日商亦可随时前往察视其生意情形，不得因此于中国向来管辖华民之权稍有减损，或有所妨碍。

四、凡在中国内港行驶之轮船，如有损伤堤岸或各项工程，应责成该轮船将该堤岸工程查系损伤以及他项因伤受亏一切赔偿业主。如有浅水河道，恐因行轮致伤堤岸以及相连之田地，中国欲禁小轮行驶者，知会日本国官员，查明实有妨碍，即行禁止日轮行驶该河，但华轮亦应一律禁止。至华洋轮船，并不得驶过内河向有坝闸之处，防有损伤该处坝闸，有碍水利。

五、日本国政府欲将中国内地水道开通，行驶轮船，大意实为中外货物运动迅速起见，如现在或日后，有行驶内地水道之日轮而该船业主允愿将轮船转卖与华人公司，及挂中国旗号，日本国政府应许不加禁阻。

如有华人按照中国律例注册，设立内港行轮公司，而有日本人附股者，不得因该公司有日股在内，遂以为该公司轮船即准挂日本旗号。

六、民船向不准装运违禁货物。凡行驶内港轮船及该轮拖带之船，亦均一律不准装运。如有不遵，即照约载违禁章程办理，注销所给关牌，不准行驶内港。

七、内港行轮风气未开，内地居民宜令其少受惊扰，故凡内港其向未经轮船行驶者，须审察商人之便，并轮船东实见生意有利可图，方可渐次开驶。如有商人有意于商船未经到之内港设轮行驶，须先向最近口岸之税务司指明，以便转禀商务大臣，会同该省督抚，体察情形，迅速批准。

八、此项轮船准口岸内行驶，或由通商此口至通商彼口，或由口岸至内地，并由该内地处驶回口岸。并准报明海关，在沿途此次所经贸易各埠上下客货。但非奉中国政府允准，不得由此不通商口岸之内地至彼不通商口岸之内地专行往来。

九、无论客船或货船，均准轮船拖带。凡被拖之船只，其船户、水手人等均应归华民充当。并不拘船东为何人，均须挂号，方准由口岸行驶内港。

十、以上章程，系补续光绪二十四年五月、七月前后所订内港行轮之章程。其未经此次所订更改者，则仍旧照行。

此次之章程及光绪二十四年前后所订之章程，嗣后倘有应行修改之处，即可彼此酌情商定。

日使日置益致商约大臣吕海寰等照会　第三款附件之一

为照会事。

照得此次议定条约第三款载：中国国家允，能走内港之日本各项轮船，在海关报明，由通商口岸往来报明之内港地方贸易，应悉照所定正续章程办理等语。日本各项轮船，无论大小，只以能走内港为准。此项能走内港之日本各轮船，均可照章领牌，往来内港，中国不得藉词禁止此等轮船来往内港。本大臣为预防将来议论起见，照会贵大臣查照，即请转饬总税务司遵办，并请照复可也。

须至照会者。

明治三十六年十月八日

商约大臣吕海寰等复日使照会　第三款附件之二

为照复事。

照得光绪二十九年八月十八日准贵大臣照会声明：此次议定条约第三款内载：能走内港之日本各轮船，无论大小，只以能走内港为准，均可照章领牌，往来各港，中国不得藉词禁止，为预防将来议论起见等因。查本大臣前与贵大臣议此款时，曾准贵大臣开送清单，有贵国轮船名曰山阳丸、濑田川丸、日向丸、浦户丸、宁静丸、平安丸、太阖丸、吉野丸、明光丸、福寿丸、肱川丸、永田丸、共同丸、蓬莱丸、贯敦丸、琼港丸、锦龙丸、全胜丸、康平丸，载重一百二十一吨至四百一十吨，向往来烟台、东三省各内港，领有关牌，遵照内港章程办理，不在禁止之列。即经饬据副总税务司行查各关，与成案相符。兹复准照会前因，应即咨请外务部，转行总税务司查酌办理可也。相应照复贵大臣查照存案。

须至照复者。

八月十八日

日使日置益致商约大臣照会　第八款附件之一

为照会事。

查得光绪二十四年七月所定补续章程第九款派员统收税厘各办法，现在尚有未尽照办之处，因请由贵国政府再行通饬各省，一体照章办理，实为切要。为此备文，照请贵大臣核允，并即见复为盼。

须至照会者。

明治三十六年十月八日

商约大臣吕海寰等复日使照会　第八款附件之二

为照复事。

接准明治三十六年十月初八日贵大臣照会，内开：查得光绪二十四年七月所定补续章程第九款派员统收税厘各办法，现在尚有未尽照办之处，因请由贵国政府再行通饬各省，一体照章办理，实为切要等因。准此，本大臣均已阅悉。除咨行办理外，相应照复贵大臣查照可也。

须至照复者。

八月十八日

商约大臣吕海寰等致日使照会　第十款附件之一

为照会事。

所有在北京开设通商场事，按照通商行船条约续约第十款所订，如各国护馆、护路兵队一律全行撤退后，于北京内城之外，择彼此相宜并无窒碍之地，划定界址，开作各国商人居住贸易之所。界内地方，准各国商人租地造屋，开设行栈、店铺。惟民房、民地，必须业主情愿出租者，公平商议租价，不得抑勒强迫。所有道路、桥梁，均由中国自行管辖经理。各国商民在北京商场内居住者，须遵守该处工部局及巡捕章程，与居住该处之华民无异。非得华官允准，不能在界内自设工部局及巡捕。自定界开办以后，凡从前各国商民之散居城内外者，均须迁入界内，不得仍前散居各处，以致漫无稽考。所有外国商民房地，公同酌定，给予公平价值。其迁移入界限期，临时酌定。若逾限不迁，即不给价。似此预定办法，则庶免临时筹议周折，实属两便之举。为此备文，照请贵大臣核允，并希见复可也。

须至照会者。

八月十八日

日使日置益复商约大臣照会　第十款附件之二

为照复事。

接准光绪二十九年八月十八日贵大臣照会，内开：所有北京开设通商场一事，按照通商行船条约续约第十款所订，如各国护馆、护路兵队一律全行撤退后，于北京内城之外，择彼此相宜并无窒碍之地，划定界址，开作各国商人居住贸易之所。界内地方，准各国商人租地造屋，开设行栈、店铺。惟民房、民地，必须业主情愿出租者，公平商议租价，不得抑勒强迫。所有道路、桥梁，均由中国自行管辖经理。各国商民在北京商场内居住者，须遵守该处工部局及巡捕章程，与居住该处之华民无异。非得华官允准，不能在界内自设工部局及巡捕。自定界开办以后，凡从前各国商民之散居城内外者，均须迁入界内，不得仍前散居各处，以致漫无稽考。所有外国商民房地，公同酌定，给予公平价值。其迁移入界限期，临时酌定。若逾限不迁，即不给价。似此预定办法，则庶免临时筹议周折，实属两便之举。为此备文，照请贵大臣核允等因。准此，本大臣查，所有来文内开各节，大致均可照办。至其详细章程，自应按照两国通行船条约续约第十款所订，临时商酌妥定，惟不得与别国歧异，致有向隅。相应照复贵大臣查照。

须至照复者。

明治三十六年十月八日

外部奏中美续订通商行船条约请旨用宝互换折

总理外务部庆亲王奕劻等奏，为中美续订通商行船条约，请旨用宝互换事。

窃光绪二十九年十一月十六日准军机处钞交办理商约大臣吕海寰等会奏，美国商约议定，遵旨画押，谨将约本进呈一折，奉朱批：外务部知道。钦此。钦遵到部。本年十一月初一日，准美国使臣康格函称：本国外部来电，屡催贵国将两国所订商约早日奏请批准，并将批准之约从速寄至华盛顿，即系彼此互换之处。又续准该使函称：接本国来电，本国议政会上院已将此商约定议批准，请将贵国批准之约从速寄美等因。臣等查，美国商约第十六款，内载：本约画押后，按中美两国制度，恭候御笔批准，在美京华盛顿一年限内互换等语。现既经美国使臣函称，此次商约已经该国议院定议批准，请从速寄美，自应及早更换，以昭信守。谨将汉文约本一册咨送军机处，请用御宝，作为批准，发交臣部，以便寄交出使美国大臣梁诚，照会美国外部，在该国都城，订期互换，俾符原议。谨奏。

光绪二十九年十一月二十一日奉朱批：依议。

使日杨枢致外部小村言日俄万一决裂愿中国中立电

闻协约俄复又到，当即往询小村。据称：此次俄复，我政府尚未议奏，不便先泄。然我政府仍未和平结局，万一决裂，不愿他国搀入，并愿贵国中立，以免他国藉口，横生枝节。惟贵国内地须自固守，勿使变乱。否则，他国乘隙启衅，大局更坏。此节曾嘱内田转达王爷，尚未奉复等语。枢告以战局一经议定，祈先密示。小村允诺。愚见战事一开，山东最要，滇、粤次之。拟请密告该省，早当筹备，并转南、北洋。

十一月二十二日

驻藏大臣裕钢致外部英兵至藏边藏人转调夫马恐非战后不能和商电

东电计达。顷，据边报：英兵已至格林卡等处，所过尚无骚扰，番属亦无阻碍，惟闻帕克里一带有番兵严防。钢早经飞饬沿路地方文武官，只能理阻，不准与英兵生事。但恐至帕克里地方番兵不无举动。查藏番用兵御侮之志，牢不可破，虽经百般开导，该番等谓：从前隆图〔吐〕之役，藏虽败绩，犹可恢复。因升大臣力阻战争，以致失地。此次如再阻用兵，是藏臣又将误事等语。且自前次请转调兵、夫、马，钢未照准，以后番属四处严密征调，并不知会藏臣，情殊叵测。至前失隆图〔吐〕，归怨升泰阻战，达赖曾经于二十五年具呈，由哲布尊丹巴代奏，总署议驳有案。至今坚执此说，并复于公禀言及，是战之一字，甚难阻止，恐非战后不能和议也。祈代奏。请训。

十一月二十二日

外部奏申明矿务定章请旨饬各省不得擅立合同折

总理外务部庆亲王奕劻等奏，为申明矿务定章，请旨通饬各省，不得擅立合同事。

窃臣部准军机处钞交光绪二十九年十一月初七日奉上谕：有人奏，疆臣私售矿产，请饬确查一折，据称：前安徽巡抚聂缉椝以安徽十五州县矿产与英国及巴西定约开采，皆系武备学堂提调谭姓代订，并无界限，现在甫经立约，犹可挽回等语。着诚勋确查情形，据实复奏。钦此。并将原奏钞交前来。

臣等查，此案先于本年二月间准安徽巡抚聂缉椝函称：安徽绅士拟设立全省矿务总公司，并先将拟定开办章程并华英合办章程函送查核。经臣部驳复以所拟开办章程未尽妥洽，何以遽与英商伊德议定合办章程，并将安徽长江南北矿产尽为英商包占？殊与矿章不符，应令商明作废。至九月间，日国商人请办怀宁等处煤矿，查据安徽巡抚诚勋咨复：怀宁、宿松、太湖三县矿务，已由商务总局与英商伊德订立合同。经臣部以此项合同前已咨令作废，何以辄与英商订立？如已签押，未经核准，不能作据等情咨复。去后，现尚未准该抚声复。兹既钦奉谕旨，派诚勋确查，所有此案详细情形，诚勋自必能确切查明，据实复奏。惟军机处钞交原奏内称，拟请饬下外务部，与各国公使预订议约，无论何处矿产，非奉谕旨，不得开采一节。臣等查，光绪二十四年八月间钦奉谕旨：各直省如有开矿、筑路、借款及一切交涉事件，均须于事前将办法详细奏明，听候朝廷酌夺，毋得擅立合同，致多窒碍等因。是以臣部于各国商人请办矿路，必于草合同内订立专条，声明所议合同，须俟奏明，奉旨允准，方为允办之据，历经办理有案，自可无庸再与各国公使预定。但各省办理矿务未能划一，自应申明向章，预防流弊。相应请旨饬下各省将军、督抚，嗣后无论华洋商人订立合同，请办矿产，务须遵照前奉谕旨，先行咨明臣部暨商部，详细核议，候将合同核定后，照案奏明，请旨遵行，勿得遽将所拟合同擅行订定，致多窒碍。谨奏。

光绪二十九年十一月二十三日奉朱批：依议。

川督锡良奏各省矿产应限制私合洋股以杜流弊片

再，各省矿产原准华洋各商合股请办，惟外务部暨前路矿总局先后奏定章程，大要总须先行呈明，俟查确批准为定，核与定章不符者，虽立有草合同，亦不足作据。至请办矿地不准兼指数处，及混指全府、全县，所以杜渐防微而保利权者，至为周密。川省前设矿务局，专以考核各商所请是否合章，拟议准驳，详由奴才咨请部局核复，历经照办在案。近有立得乐请独办口北厅属各矿。又法商戴玛德不知如何与川省管解白蜡委员·候补知县刘鹏在京私立合同，拟设公司，合办夔州府属巫山、大宁、云阳、开、万等县铜煤各矿，指地多处，由英、法领事为该商等照转，或请准办，或请立案，照会奴才前来。当将不合定章、碍难准行之处分别照复该领事。一俟该商等到川呈明，再行查核办理。惟查各省矿产，若一任该商人任意指占，各领事代为陈请，恐有限之产难供无厌之求。且近今之所谓华洋合办，并非华洋商人实已各具资本勘定矿地也。大抵各处奸商、劣绅举中国之地利，以歆动洋人，冀洋人之资本，以虚张华股，即借华洋合办之名，怂恿洋人出面，以冀所求之必遂。既未先行呈明本省，不确指处所，竟标公司之虚称，广占著名之美产。洋人受其愚弄，卒以开办为难，或则托词集股，或称待延矿师，一再展限，而公家自此大利尽失，地方亦徒滋纷扰，有损无益。似非申明呈候批准之章，严立擅订合同之禁，开办限期，不准推展，将来流弊不可胜言。至候补人员不准在服官省分经商置产，例有明文，乃敢私合洋股，擅指公地，此风尤不可长。应如何申定章程，添立专条，通行各省，以杜弊混而遵资循，请饬下部臣查照，核议施行。理合附片密陈。谨奏。

光绪二十九年十一月二十四日奉朱批：外务部、商部议奏。

外部奏遵旨会同日使互换中日续订商约事竣折

总理外务部庆亲王奕劻等奏，为遵旨会同日本使臣互换中日续订商约事竣，恭折复陈事。

光绪二十九年十一月二十一日，外务部奏请将中日续订商约钤用御宝，作为批准，并请特派换约全权大臣一折，奉朱批：著派那桐互换。钦此。二十三日，经军机处将用宝约本交外务部祗领，当即照会日本国使臣内田康哉，定于二十四日，在外务部互换。是日，准该使臣携带约本，会同奴才那桐，将两国批准约本敬谨校对，彼此互换讫。除将所换约本收存外务部外，谨奏。

光绪二十九年十一月二十五日。

使俄胡惟德致外部觐见俄主已请其将东省驻兵从速撤去电

本日，俄元旦朝贺，因俄主言及东省事，当面陈九月十五电旨，又另牍由外部代陈：目前中俄邦交宜愈加亲密，实两国之福，应请照约从速撤兵，如有另商事件，可于撤兵后和商妥议，全赖大皇帝善为主持，我大皇帝实所切望等语。俄主称：电旨、文牍均悉。邦交宜益亲密，所言极是。但他国阻挠，所宜严拒。东事我时时在念，应俟阿列来见面商云。时刻极促，未能多谈。窃念俄日现正相持，阿列未必即来，即来，亦未知伊宗旨若何。俄主尚无成见，臣下多主进取，恐为所惑。俄日议极秘密，惟知日本欲在高丽行全权，在东省分权利，俄坚拒日本预东事。又欲议两国兵力所至，在鸭绿东岸高丽境内留一隙地，日亦不允。俄第二次复语和平，而意坚执。两皆严防，两皆讳战，一时恐难商结。英袒日，德袒俄，而皆惧战祸之及己，有出为调停之说。德、奥志在渔翁之利，德尤注意东方。美亦袒日，而坚守局外，然亦集师斐利滨，以为备战事。此关系太重，两国未必轻发。然战与不战，于东事总棘手。时局吃紧，我惟有坚持镇定。京畿内地与西北边疆力保安谧，免人藉口乘机。惶悚上陈，伏乞代奏。

十一月二十七日

清季外交史料卷一百八十终

清季外交史料卷一百八十一

光绪二十九年十二月

滇督抚丁振铎林绍年致枢垣日俄将战中国必受其殃请速变法以挽危局电

俄、日相持，瞬将开战，中国势处两难。无论俄胜，中、日困将不堪；即日胜，中国亦必被侵削。且俄、日即和，而东三省不得主权，亦从此无以立国。况各国所以坐视者，以乐俟俄、日战毕，于争割中土时，从而瓜分耳！是此时，中国虽守局外而终归不可问也。惟闻俄复日约，于韩事多肯退让，亦不夺日在满洲与中国所订商利，至治权归我，则全不允，日则仍申前议等语。以藐小不及中国十分之一之日本，而敢与大逾日本三十倍之强俄抗，且能使俄有退让，慎重不敢遽战之心者，是何故耶？亦实行变法已三十余年之效耳！以堂堂中国，不特俄视之蔑如，各国亦皆藐我，犹待日本因自顾计，始出而仗义执言，而俄且不允使主权归我，何也？政治与各国不同故。事危至今日，间不容发。守局外既无可守，惟命是听亦不足以图存。为今之计，似惟有急宣上谕，誓改前非，饬外部王大臣，遍告各国使臣，并饬出使各国大臣，迅告各国政府，以中国自今以后，一切即尽行改革，期于悉符各国最善之政策而后已。各国愿保东方和平之局，尽可出而与俄、日劝和。即俄之不允归我主权者，亦须看我自治何如，再凭公断。各国当为立动，俄亦无可藉口。苟俄仍不肯，则中国惟有联日拒俄，力图血战，亦不暇计及后事如何，则机局更紧，或尚不至全行袖手，何也？各国虽均有割据之心，尚未见诸事实，犹可中止；且必虑亚洲战祸连结，商务现受其伤，更恐中、日战不胜俄，欧美各洲亦隐受其害。各国所以不管者，以恶我国未力图自强耳！即日言变法，亦毫无实际，彼亦不之信耳！兹以事变之亟，得我皇上国书，坚与相约，允我力行改革，期于不数年，我悉如泰西各国而后已。彼因事揣情，当无不信。苟肯相顾，则俄亦无不怯之理。况我本必须乘此危局，亟图挽回，无论此次俄、日衅成，我不能不变以图存。即俄、日事平，而日本变法之明效如彼，我未变法之吃亏如此，则变与不变，不待再计而决。正乐得趁此言之矣！所虑者，苟再因循，恐欲图变法而已受分割，被人挟制，无可以自变之日。惟有此时急宣此意，或其权尚自我操耳！不然，俄、日或战或和，而东三省已万非我有，亦甚不足以立国矣！况非毅然决然，如日本明治初年，则虽日言变法，亦必敷衍而终无成效。然则与其幸存而必变法受挟而不能自变法，则何如先此借以自定主权决然力改，尽力为之，尚不失有为之机，或可免俄、日衅成，终有鱼池〔池鱼〕之患。固本朝三百年缔造之基，存中国四千年强大之体，保中亚数万万生灵之种，存亡呼吸，尽在于斯。臣等悬虑苦思，迂愚之见，或冀挽回于万一，谨冒昧直陈。伏乞皇太后、皇上圣明鉴察。天下幸甚！中亚幸甚！敬乞代奏。

十二月初四日

直督袁世凯奏遵谕统筹布置东北边防情形折

直隶总督袁世凯奏，为钦遵传谕，统筹布置，谨将时势情形恭折密陈事。

窃臣于光绪二十九年十一月二十八日承准军机处王大臣电寄各省督抚，内开：俄、日相持益急，如竟决裂，中国势处两难，自当妥筹办法。除奉、直边要各地方应由北洋统筹布置、派兵严防外，所有沿海、沿江、沿边各口城镇加意扼防，慎固封守。各省匪党、游勇、伏莽孔多，诚恐妄造谣言，乘机作乱，致别国藉口，复生他变，尤宜预为防范；并饬属认真保护洋人财产、教堂，倘有奸徒煽惑，即行严拿惩办，勿稍疏虞。报纸消息往往误传，人心易滋惶惑，仍希示以镇静，不动声色，妥密筹备，为要！奉谕严密布置，希即遵照等因。准此，臣忝膺疆寄，自应钦遵，严密筹防。惟现在时势情形，有不得不披沥上陈者。

查日本以协约龃龉，早修战备。俄人初意不愿用武，近因相持日急，乃在东三省日夜运兵，探闻已增至八万，合旧驻兵数，共计十八万七千余人，其已备待发者尚有七万余人。俄之宗旨已变，自不肯轻易撤退，而日本举国鼎沸，又不能听俄所为。两不相下，战端难免。就我现在情势而论，不得不谨守局外。然公法局外之例，以遣兵防边，不许客兵侵境为要义。防之不力，守局立堕。不但人之溃卒，我之土匪，必须认真防堵，而两大构兵，逼处堂奥，变幻叵测，亦不得不预筹地步。畿辅为根本重地，防范尤须稳固。直境北连蒙古，俄与蒙疆接壤，处处空虚。由张家口达恰克图，仅两千数百里，为俄人往来孔道。直之热河，东毗奉境，俄方占据东省，将来资为战场。计东北边防暨海疆各口，不下三千数百里，如欲慎固封守，计非数十万人不克周密，盖人皆以数十万众角逐辽海，我之防兵非十万人不足支一隅，又须声势联络，互相策应，方免疏虞。惟我方饷绌械乏，断难集此重兵。然详察形势，扼要设防，至少亦须六万人，以万人拱卫京师，以五万人分布边要，庶可资以屏蔽。

现奉、直境兵力：淮练各营迭经裁汰，仅足巡缉地面；京旗三千人甫经成军，只可调防京师；自强军两千余人，现应分布巡防；臣所部大枝战兵，只武卫右军七千人，常备军九千余人；此外有提督马玉昆所部武卫左军一万人，姜桂题所部毅军五千人。遇有征调，除去看守营房、护运粮械外，应战之兵不过三万，仍须分兵留驻京城，巡防近畿，计不过两万余人可以出防。且自公约禁军火，各库子弹大半缺少，军械又多参差。臣前曾与庆亲王奕劻密商，拟增兵三万，并筹备军火，以资分布。嗣因饷项难筹，议先增募一万，酌购军械，备助防守。计一万人正饷，通年约需百万两，而购备枪炮暨子弹并各项战具杂支约须一百数十万两。可指之项，只有练兵处奏请由直隶挪借一百万两。其虽请部拨之二百万两尚未准部文知照。如拟增足三万人之数，势难筹办，然非此实不足以资布置。臣九月间奉召入对，曾以预筹饷项为请，当蒙面谕，由部筹拨，迄今已逾两月，尚无的款。在部臣筹措为难，自系实情。但及今募兵、购械已觉为时甚迫，如再宕延时日，待至俄日兵连祸结，虽有巨款而乌合之众不足防御，远购之械难应急需，势将束手坐困。即使臣粉身碎骨，亦不足塞责于万一。臣一身不足惜，但事关大局安危，不敢不悉心筹画，力求周备。倘实在无饷接济，或拨饷不能应时，臣何能无米为炊？惟有尽现有之饷以备兵，尽现有之兵以布防。设或防范不周，贻误大局，臣固不能稍辞其责，而力止及此，应在圣明洞鉴之中。甲午之役，集天下之兵力，以故大学士臣李鸿章、故督臣刘坤一之久历戎行，老谋深算，而关内外各军不下二十万，仍每以兵薄为忧。况现在俄日交哄，人之兵力倍蓰畴昔，驽下如臣，处此财力极窘之秋，提此二万余众之卒，布置防守，实有不能不为鳃鳃过虑者也。臣通盘筹画，夙夜焦思，非兵无以布置，非饷无以增兵。惟有仰乞皇太后、皇上饬下户部，迅筹切实的饷，以应急需而扶危局。天下幸甚！臣不胜战栗恐惧，迫切待命之至。谨奏。

光绪二十九年十二月初六日奉朱批：着户部迅速筹拨的饷。

皖抚诚勋奏中立难久边防益亟拟请东三省速筹练兵折

安徽巡抚诚勋奏，为中立难久，边防益亟，拟请东三省速筹练兵，徐议屯田，以毖近患而裕远谋事。

窃以东三省根本重地，拱卫京师，非止为朝廷发祥之原不忍弃、不敢弃而已。列圣于此经营备至，近百余年间练兵、屯田之说屡腾章奏，虽或意义偶殊，而总归于制外安内，善建不拔。今者日俄构衅，即在此门闼之间，然我国犹定议中立退居局外者，良由创巨痛深之余慎言战事，姑为此万不得已之举，原非以此为长恃无恐之善策也。数月以来，驻将添兵，破格用人，仰见宫廷东顾之忧，无时或释。凡在臣子，能无疚心？夫此三省者，俄则欲拓为东略之基础，日则欲倚为外重之屏障，内虽各急其私，而外犹市义于我，故我今日未得以局外中立自托如此。夫局外有局外之权限，非两战国所得侵。中立有中立之法度，非两战国所得扰。侵扰者违公法，听人侵扰者亦违公法，是故公法无以局外之国为战地者，即无以局外之国听人战于其地者。且局外中立自我宣之，亦必两战国及局外国认明之。使日、俄而果认可，则两军相见宜在库页之东、西伯利亚之北；使英、美各国皆认可，则必以公法责俄、日另觅战地，然而皆未闻有是者。日、俄非特有意躏我土地，且留此为他日寻衅口实。其他各国，英则忌俄，法则昵俄，德以法故，勉附俄，奥、意皆畏俄，美又向不多预外事。此时仗义则无人，异日责言则多口，恐终无以守吾局外而全吾中立也。无论日胜俄退，俄胜日退，欲彼一胜，退敌之后，举东三省拱手奉我，坐享其成，固必不可得。万一有此义举，其所索偿之权利必非意想所及。即论此时中立之例不得以一兵一饷假人，然彼或招或买，或竟掳掠，若我兵力薄，则俄人必有是事。听之则何以守吾局外而全我中立？虽然我既宣言，此时稍缓须臾矣，他日终归决裂。而此时必皆容忍，盖彼方各严战备，必不肯故挑衅而多树敌也。然则及是时而慎固边防，厚集兵力，诚有万不可缓者。窃观外国一有战事，动至经年累岁，甚或十数年、数十年不可止。日人计迫款绌，士气倍奋，必却俄而后已。俄奉彼得之遗言，涎视东亚，五洲共知。近言之则日可胜俄，远言之则俄终有大举。劳师袭远，俄固犯忌。顿〔屯〕兵持久，日亦难支。而我实逼处此，动辄得咎，不如早为之所。且彼构兵之日愈长，则我修防之日愈宽矣！奴才受恩深重，备职封疆，每念大局，中心如捣，深维履霜之戒，勉求未雨之谋，惟有先就东三省酌练精兵，乘时屯垦，以为自强之计。

伏查，光绪十四年间，曾奉特旨，派将军等督办练兵事宜，作辍因循，未著成效。现值事机危迫，拟请谕饬东三省因时制宜，实力整顿，各就该省招募壮丁，迅速训练，每省务得精兵二万人，限以时日，一律练成。将来日俄兵事既息，东三省地方果能如约归还，有此劲旅，亦足为固守边圉之助。即或敌思久占，毁我中立，致启兵端，得兹可恃之军，较诸征调内地勇营，远道劳疲，似为得力。况该处民风材武骁健，于训练亦易为功。此系我国自办防务，但不为人助力，按诸公法，亦无违碍。伏恳圣裁，或特简知兵重臣专司其事，精选六万人，训练成军，分派各该省，择要驻扎，或即责令各该将军等每省募二万人，加意训练。值此财用匮乏，饷项必须预筹。目前拟暂请饬令户部及各直省合力通筹，以资接济。其经久之方，莫妙于屯田一法。查东三省迤东一带及俄国铁路左右旷地甚多，同治年间迭奉上谕开垦，徒以荒漠之区民多裹足。今若以所募之兵就近择地屯垦，既藉开未辟之地利，亦足裕异日之饷源。远师赵充国塞下之规，近仿僧忠亲王津沽之策。一二年后，屯田成熟，兵食足自维持，无用借助，尚可渐冀扩充，似于筹边弭衅之方，不无交〔稍〕有裨益。至马贼，或可招抚，亦宜相机措理。与其驱归他人，不如自为丛渊。奴才愚虑所及，是否有当？谨缕晰具陈，以备圣明采择。谨奏。

光绪二十九年十二月初七日。

外部奏遵议使义许珏条陈加征洋药税并订章程折

总理外务部庆亲王奕劻等奏，为遵旨议奏事。

光绪二十九年十月二十三日，准军机处钞交出使义国大臣许珏奏，请加征洋药税，并查照《烟台条约》续订章程办理，以裕国用一折，本日奉朱批：该部议奏。钦此。

查原奏内称：洋药一项，有以征为禁之议，故征税较重。然自洋药税厘并征，《烟台条约》订立专条之后，每洋药一百斤征银不过一百一十两。查光绪十一年订立专条之时，洋药价值每箱计银仅三百数十两。现每箱价值将及九百两，而税厘如故。且土药税厘现已一再加抽，而洋药税厘仍如故，亦失事理之平。是目前必应修约议加，毫无疑义。拟请旨饬外务部，查照《烟台条约》专条，先期十二个月预为声明，在此期内妥议章程。比较洋药价值，每箱加足银三百两，收数所增约在千万以外。至土药一项，亦应按价值加增。果能照洋药办法，剔除中饱，计所增尚不止千万等因。又片称：洋药税厘并征一事，延宕累年，始交出使大臣曾纪泽与英廷画押定议。今欲修约议加，倘届期尚未定议，则现行之专条已废，恐致无所依据。拟遣使赴英，与英外部开议，或仿照昔年办法，就近交驻英使臣办理，亦易奏功。又片称：中英新约第八款内载各节，应俟加税免厘各国全允，再行举办等语。查第八款内第四节载，洋药现在并征之税厘，仍照现行各约章所载办理，以后应将该厘金作为加税。是则新约第八款尚未举行以前，洋药一项仍照现行各约章所载办理无疑。今请按照专条，预先声明，此即照现行约章所载办理，与新约毫无窒碍。应乘此各国商约尚未议定之日，及早妥筹办理各等因。

臣等查，洋药税厘并征之案，始于光绪二年前大学士李鸿章与英使威妥玛在烟台所订条约。所有详细章程，迭经总理衙门暨驻英使臣往复商议十年之久，甫由前出使大臣曾纪泽与英议定每箱抽银一百十两，立有专条，彼此遵守。上年上海续议商约时，洋药加抽一事亦尝计及。惟鉴于前此成议之难，诚恐累年不就，转于商约全局有碍，且此事本系专案，不妨另筹办理。现在商约早成，自应及时与英国商议。

查洋药进口，有小土、公土、喇土、金花诸名目，而以小土、公土为大宗。光绪十二年订立专条之际，每小土百斤约值银四百两，公土百斤约值银四百二十五两，是所定一百十两之税厘系值百抽二十七八之谱。现在上海、香港洋药价值每新小土百斤值银六百八十两，旧小土百斤值银七百七十至八百五十两不等，公土百斤值银八百五十二两，核与该大臣所称近年洋药每百斤值银九百两之数不甚悬殊。若仍照一百十两抽收，仅系值百抽十三四。原约虽无值百应抽若干之说，而前后比较，相悬太远。就此持论，在我亦为有词。又查原约第七款内载：洋药章程议定照行四年以后，两国如有欲废弃章程者，先期十二个月声明，届期作废。倘查洋药前往内地行销处所仍不免输纳税捐等项，则无论何时，英国即有废弃专条之权。第八款内载：如有应行变通更改之处，两国尽可会同商议酌改各等语。此时开议之初，自可声明，此系商议酌改，并非废弃专条，则新约未成亦不至遽废旧约，致令无可归束。倘英能就我范围，以洋药时价为抽收之准则，每岁约可增抽一倍。以每年五百万斤计之，约可增至五百五十万两，于饷需不无裨益。惟修改条约，必须彼此视为有益，方可商办。洋药为印度出产大宗，洋商利在畅销，必以重税为不便，一闻加税之议，难保不从中梗阻。将来能否就绪，尚无把握。但期争得一分，即多收一分之益。拟请准如该大臣所奏，就近交驻英使臣办理。如蒙俞允，由外务部咨行出使英国大臣张德彝，与英外部设法开议，并令将商议情形随时咨报，由臣等奏明办理。至土药加税一节，应俟洋药议成再行核办。谨奏。

光绪二十九年十二月十四日奉朱批：依议。

外部奏遵议川督锡良请申定矿章添立专条折

总理外务部庆亲王奕劻等奏，为遵旨议复事。

光绪二十九年十一月二十四日，准军机处钞交调署四川总督锡良奏，请申定矿章，添立专条一片，奉朱批：外务部、商部议奏。钦此。

原奏内称：川省前设矿务局，专以考核各商所请是否合章，拟议准驳，详由督臣咨部核复后，历经照办在案。近有英商立得禾请独办江北厅属各矿，又法商戴玛德不知如何与川省管解白蜡委员·候补知县刘鹏在京私立合同，拟设公司，合办夔州府属巫山、大宁、云阳、开、万等县铜、煤各矿，指地多处，或请准办，或请立案，照会前来，当将不合定章碍难准行之处分别照复。惟查各省矿产虽富，若一任该商人任意指占，恐有限之产难供无厌之求。既未先行呈明本省，又不确指处所，竞标公司之虚称，广占著名之美产。洋人受其愚弄，率尔开办为难，或则托词集股，或称待延矿师，一再展限，而公家自此大利尽失，地方亦徒滋纷扰，有损无益。似非申明呈候批准之章，严立擅订合同之罚，开办限期，不准推展，将流弊不可胜言。至候补人员不准在服官省分经商立产，例有明文，乃敢私合洋股，擅指公地，此风尤不可长。应如何申定章程，添立专条，通行各省，以杜弊混而资遵循，拟请饬下部臣查照，核议施行等语。

查本年十一月间，外务部具奏申明矿务定章折内曾声明：无论华洋商人订立合同，请办矿产，务须遵照光绪二十四年八月二十四日谕旨，先行咨部详核，俟将合同核定后，照章奏明，请旨遵行，勿得擅立合同，致多窒碍等因。奉朱批：依议。钦此。当经通行各直省一体遵办在案。即外务部上年奏定矿务章程，亦切实载明：华洋商人承办矿务，均须禀明地方官，咨部核准后，方可为准行之据，未核准以前，不得开办。其余开工限期，挖井地段，均已明示限制，各省办矿皆当遵守，自可无庸再立专条。至该署督所称，洋商指办川矿，与候补人员私定合同，擅指公地一节，此等情事，他省亦所不免，应由该署督察看情形，拟议章程，咨部核办。谨奏。

光绪二十九年十二月十四日奉朱批：依议。

俄使致外部两国电局结算应改以三月为期照会

为照会事。

案查，俄历一千九百二年十一月十四日，即华历光绪二十八年十月二十八日，在北京订立电线续约第二款，内开：一千八百九十七年八月二十五日续约所订之报资，仍行遵守无改，将来应照一千九百三年伦敦万国公会所订者，再行会同商改。又第三款内开：中俄两国专递来往电报之资，应行同时跌价，并跌减之细数，应于一千九百三年伦敦公会之后，由两国国家订定等语。兹准本国政府来文，内开：伦敦公会已将各章商定如下：一、西欧洲与中国来往各报每字所取之七法郎克，今跌减至五法郎克半。二、以上各报经过俄国及经过亚俄各报每字所取之二法郎克二十五生丁，今跌减至一法郎克七十五生丁。三、传递俄国亚细亚交界往来各报在俄所取之资，自应亦行跌减，其在欧俄该报每字之一法郎克十五生丁，跌减至一法郎克等因。伦敦公会所订各章，应由西历一千九百四年七月初一日施行。其西欧及中国西欧外诸国在其内来往各报每字跌减至五法郎克半，已经于本年西历七月十五日通行等因前来。

本大臣据以上各节，并查贵国向来与各文明之国一体曾设应用之法，以期整顿电务之便捷，因是本大臣烦请贵王大臣，在中俄相接之电线设应用之法，并立续约照行。本大臣谅贵国政府亦应按照本国办法，将与俄往来各报每字取一法郎克，作为中国报资。此跌减之报费，应于签字续约之后立刻施行，并不必候一千九百四年七月初一之期。盖如无此办法，该西欧洲与中国及外诸国来往各报不能在一千九百四年七月初一日之前经行俄中陆路电线，缘由此路行电报资较该电报经行海参崴或南路英国水线公司价昂。本大臣兹将续约底稿行知贵王大臣查核，即希见复，以便转达本国政府也。此底稿内并有一千八百九十二年条约之第九款改为如下：在中国取报资及中俄两国电局结算电帐〔账〕之行市，不得预定以一年之久，应改以三月为期，盖银价时有涨落，若仍定行市以一年为期，诸多不便。相应据此照会。贵王大臣查照可也。

须至照会者。

十二月十七日

直督袁世凯致外部报俄船回旅顺或分弋洋面电

探闻，俄海军各船昨回旅顺，在口外停泊，内有三船未回，或谓在台湾海面游弋云。谨转达。

十二月二十二日

滇督抚丁振铎林绍年致外部中缅界线拟俟派员会勘再定电

筱电敬悉。查二十四年窦使照会：二十三年十二月，华官带兵入恩买卡河北境，请转饬华官，于恩买卡河与萨尔温江中间之分水岭西境不得干预等语。迭经饬查，并无恩买卡河之名，且其时英员卫德与刘镇正争论垒甸瓦兰之内有苗兵至线米西甸枪毙土练之案，彼此均未论恩买卡河之事。嗣于二十六年英兵越界烧杀茨竹、派籁边寨，曾经腾越厅杨均携带土司图册，往会英新街、密芝那两府及杜参赞，指证该处一带山脚系小江及龙江分水，并不流入潞江，英员彼时已觉语塞，迭经奏咨有案，英人岂不尽知？今反以二十四年未驳为默允，未免强词夺理！且又不言分水流入潞江，仅称自东流恩买卡河即小江诸河之分水岭，先视为暂时从权之界，其含混图占，已属显然。昨准务总领事照会内称，准驻缅参赞来文，转奉英京总理印度政务衙门文开：拟在尖高山以北厄勒瓦缔江即大金沙江与龙川、潞江两江间之分水岭山脊作为中缅界线，流入金沙江、溪河归缅，流入龙、潞两江之西河归中等语，并不言恩买卡河。当复以此段界线，应照条约，须俟两国派员会勘，方能定准。总之，此段界务原系未勘之界，非两国会勘难以定议。至英使所云英藏有事，恐与英兵相触等语，似系托词恫吓。况小江以内非通藏大道，如英兵借路行走，亦应照约先行知会，免滋民疑。除饬腾越镇道随时留意，并钞照会另文咨呈外，谨先电复，统希荩筹，酌核办理。

十二月二十二日

铁路督办盛宣怀致外部泽道铁路改订合同已另约三端乞派员会商电

号电敬悉。哲美森会议节略，十二日已邮寄。大致以商务铁路与矿务铁路不同，且道口已成之路如何核实估价，必须和平商议。福公司原订之晋豫合同声明不请公款，今半道欲请中国担保借款，徒为福公司便益运矿起见，将来如何拔本付息，不能使中国一面吃亏，此皆正太所无。又其在京面说此款只需一百万镑，现改一百五十万镑，较原议多三分之一。故应先将三大端商妥：一、核定借款仍以一百万镑为限，前议提取矿务红股十五万镑准即罢议。二、泽道运脚须总公司核定，不能任福公司贬抑，致本利无以拔付。三、矿局运进之物只开矿机器及修理所需之件，运出之货只运矿质。三端商妥，余可仿照正太商订。哲索阅训条，已将部电钞送。哲称，仍须请示英使，再定会议。后又派道员陈善言往告，此系商务，允其一直会议下去，毋庸再向英使饶舌。哲云，英使吩咐要禀知他，故不能不候英使信。查各国铁路合同，总公司奉派会议，从无驻使干预，故能和平妥速。今福公司事驻使必欲从中作难，辄向大部恫吓，是不作商务论矣！总公司恐难胜会议之任，或请仍照晋豫原合同，毋庸再借公款，或请改派晋、豫巡抚与彼续议之处，乞钧夺。

十二月二十二日

使俄胡惟德致外部日俄已互撤使韩声明守局外电

俄日议久未决。二十一晨，日使接政府撤使电。同日，俄亦电撤驻日使，并通电各国。韩使二十告俄外部，韩守局外。

十二月二十三日

直督袁世凯致外部俄兵已赴辽阳东边备战电

据奉省探称，辽阳、海城、盖平、大沽桥①、熊岳等处，俄队昨均开赴东边，约万余，又新由俄国调来兵六千名填驻各处，省城俄队亦有三百名东去云。谨转达。

十二月二十四日

直督袁世凯致外部日俄海军在旅顺口外开战电

接烟台电，传闻昨早日俄已在旅顺口外海军开仗，俄船沉四艘云。容得确信再达。

十二月二十五日

---

① 疑为“大石桥”。

直督袁世凯致外部日舰围旅又烟电沉俄船三艘电

营口探电，日本海军昨日环攻旅顺，今日仍甚急云。烟电沉俄船三艘之说，当属不虚。

十二月二十五日

粤督岑春煊致外部日俄开战宜乘势收回东三省电

俄、日相持益急，若竟决裂，中国既难言战，又无肯与我订同盟之约者。为今之计，固以中立为宜。特中立非仅藉一纸宣布空文便为可恃，必有可守中立之权力，又能合其规则，尽其责任，乃能确保中立之地位。查战时公法云，不得借局外之地，以备交战之用；又云，不得在局外之地行其战权；又云，调兵马、船只，皆属战事，不得行于局外之地；又云，局外之国与二战国均系友谊，无分彼此，故在其疆土内行战权者，即为干犯公法，然则局外之国听容有战事之国行战权于其境内，亦为干犯公法，即不能确保其中立之地位。可知今俄国在东三省屯练兵马，又以东三省铁路调兵运饷，是迫我不能确守中立者。公法又云，局外之国不可借助兵马、军器等类；又云，局外之国助兵已为不合，若听战者自来交兵，尤为不合。今俄国在东三省招练华人充兵者已多，若战急时，俄军转饷需人，护路需人，伤亡补阙需人，兵力一有不敷，势必再行就地招募。我既无力禁华人之不应募，若日本执公法以相责，何以应之？是迫我不能确守中立者。

煊愚以为，中国如欲确守中立，急宜乘此日俄将战未战之时，援引公法，明告俄廷以中国确守中立，必不助日，其在东之兵，应遵照公法，立即撤退，由我派兵保护彼国在东省之商民、矿路，一面严饬东省将军，严禁华民应日俄之募。窃计俄之兵力既牵于土耳其，又须以全力对日，已极竭蹶。中国虽弱，及此时而议，其后彼必有兼顾不及之忧。若能因此退让，俾我收回东三省之主权，不但目前可保中立之局，亦免日俄战后各国藉口瓜分。倘俄国不遵公法，必以我局外国之人供其备战之用，与其他日因此而结日人之怨，何若及今而绝俄国之交？惟有不问日俄之战否，自行出兵，以收东三省为断。煊亦知强弱悬殊，何敢轻于一掷？顾论理，则陵寝所在，既不能听俄人久假不归；论势，则俄虽大，而在东方之海陆军均不如日。此次主战，在日，则全国振奋，万众一心；在俄，则仅其当国者一二人主持，其民并无战志，而且俄国乱党繁多，咸图自隙，近又有土耳其之事，俄更不能不分兵力以保其黑海之权。备多力分，内忧外患，俄皆不免。以此卜之，日本必胜，俄必败。倘日胜后向我兴问罪之师，则今日惧绝俄交者适为日后日人之口实，惧绝战败国之交而结战胜国之怨，安用此中立为也？就使日人谅我之不能谢绝境内俄兵，并非有心助俄之据，而日本此次与俄之战，固早经宣言，为保全我东三省主权，异日战胜后示德于我，别索酬偿，是去一俄又来一俄，与今日何异？煊非敢谓中国中立之不可，与俄开战之必胜，特筹思再三，以为既不能守完全之中立，不如乘此可为之事机，断然援引公法，使俄兵出境，乘势收回东三省主权，确保局外中立之地位。此策之上者。如其不能，则战事虽危，何能终避？我若奋然一战，不独可免日人之责问，亦可免日人他日之要求。事机甚迫，若不及今决计，中立不定，则群起责难，大局并不可问。用敢披沥电陈，伏乞代奏。

十二月二十五日

使日杨枢致外部日在仁川旅顺又毁俄舰将颁战例电

闻昨晚日在仁川击沉俄两兵舰，又在旅顺毁俄三巡舰。战例明后日颁。

十二月二十五日

直督袁世凯致外部日已宣战请旨布告中立条规电

昨日本已下命宣战，想日内必有知会到大署，祈早请降旨，宣守中立，并迅颁发条规，以定人心而资遵循。

十二月二十六日

直督袁世凯致外部日拟由青泥洼金州击俄电

据关外探电称：昨晚日水师复攻旅顺，击沉俄战舰一艘，闻日拟由青泥洼、金州两处进兵。俄驻旅顺防兵现只六千，鸭绿江一带有俄兵屯驻，牛庄老炮台地方，俄人现安设炮位，前驻营口之俄兵，昨晚已搭车赴旅云。谨转达。

十二月二十六日

直督袁世凯致外部俄舰沉伤十艘日克旅顺电

探称，二十三、四、五日，俄船先后沉伤十艘，又传闻昨日大战，俄船沉伤三艘，今日已攻克旅顺等语。未知确否？谨先达。

十二月二十七日

闽督李兴锐致外部福建脑务谬误已深非禁止私脑即赔款自办电

洪。密。十月勘电将福建脑务谬误情形详述，想荷蔼察。此事一误于许前督之轻许，再误于厦门道之无能。开办后，日人四出缉私，各洋商四出购私，皆愍然不顾。日人以我既不认亏折，招彼承办，非缉私何能收效？且不许民间私熬。兹定合同，地方官自宜助之查禁，洋商何从购取？而各洋商刻因禁止私脑未载条约，我自领单办货，日人何以擅阻擅拿？各持一说，纷缠万端。自改委道员赴厦与技师确商，未尝不可收回自办，而从此又多一日商作难，且须赔回已用去之借款十余万元。将来能否获利，殊无把握。现在即须不办，而无此巨款赔还技师，亦难罢手，只可暂照合同用之。但不缉私，则官局无利可专，日后无不亏折。技师谓我缉私不力，藉口索赔，必然之理。愈久则赔款愈多，更属非计。顷，因苏俊一案，查实系英商无理，已另电乞贵部辩论，倘可藉此与公使申明禁止私脑之权，此事尚有著手处。否则，不如赔款收回，一任民熬商运，官不过问。统候贵部卓核示遵。

十二月二十七日

谕各省将军督抚日俄失和着按局外中立例办理并保护各国人民财产　二件

上谕：现在日、俄两国失和用兵，朝廷轸念彼此均系友邦，应按局外中立之例办理。著各直省将军、督抚，通饬所属文武，并晓谕军民人等，一体钦遵，以固邦交而重大局，勿得疏误。将此通谕知之。

十二月二十七日

上谕：现在日、俄两国失和，非与中国开衅，京外各处地方均应照常安堵。本日业经明降谕旨，按照局外中立之例办理。所有各直省及沿边各地方，着该将军、督抚等加意严防，慎固封守，凡通商口岸及各国人民财产、教堂，一体认真保护，随时防范。倘有匪徒造谣滋事，即着迅速查拿，从严治罪。京师地面重要，着步军统领衙门、工巡总局、顺天府、五城御史严密巡查，切实弹压，俾铺户、居民各安生业。所有各国使馆、教堂尤应加意保护。倘有不肖匪徒妄造谣言，藉端滋扰，即行缉拿审讯。轻者按律惩处，重者立即正法，以示儆戒。京外各该衙门皆有地方之责，务当严申禁令，销患未萌，毋得稍涉疏懈，用副朕辑和中外、绥靖闾阎之至意。

十二月二十七日

日俄战争中国严守局外中立条规

中国政府声明特别事宜，如后开各项：

一、由北京至山海关各国留驻兵队，以保海道通畅，系按光绪二十七年三月二十五日，即西历一千九百零一年九月初七日，各国和约办理，仍应遵守此约原有宗旨，不得干涉此次变局之事。

一、凡寄居本国局外境内之他国人，如有私行接济两战国禁货，有碍本国局外之责者，应由地方官设法禁止，或知照该管领事等官分别究办。

中国官民应一律禁止有碍局外事情，如后开各项：

一、本国民人不得干预战事暨往充兵役。

一、民间船只不得往投战国，或应招前往办理缉捕、转运各职司。

一、不得将船只租卖于战国，或代为安装军火，或代为布置一切，及帮助以上各事，以供其交战及缉捕之用。

一、不得代战国购办禁货，或在境内制造禁货，运销战国之陆海军。

所有禁货如后列各项：

（一）[①] 炮弹、铅丸、火药及各项军械。

（二）硝磺及制造火药各种材料。

（三）司充战用之船只及其材料。

（四）关涉战事之公文。

一、不得代战国载运将弁兵卒。

一、不得以款项借给战国。

一、船只非避风患，不得擅入战国所封之口岸。

一、船只驶入战疆，不得抗拒战国兵船之搜查。

一、不得为战国探报军情。

一、除战国各项船只在中国口岸购办行船必需之物应遵守后列各专条外，不得售粮食、煤炭于战国。

中国应享局外之权利，如后开各项：

一、中国仍得与两战国通使往来如常。

一、中国得设兵防堵本国疆界。

一、战国不得稍犯中国作为局外之疆界。

---

① 此括号为校者所加，下同。

一、战国不得封堵中国口岸。

一、中国所发给之护照文凭，两战国均当照准。

一、中国人民仍得与战国通商如常，苟非用兵处所，皆可前往贸易。

一、中国人民寄居战国境内者，其身家、财产均仰该国保护，不得夺其资财或勒充兵役。

一、中国人民如有侨居战国封堵口岸者，本国得派两船前往保护，或接载出口。

一、中国船只得运载战国公使及平民。

一、中国船只所载战国之货物，及战国船只所载中国之货物，苟非军例所禁者，可以往来无阻。

一、中国船只所载军器，若系专为自护之用者，不得以禁货论。

一、中国船只虽载有禁货，若系运往局外之国或运自局外之国者，战国不得截留。

一、中国船只倘经战国拿获，不得径行入公，应先经战国法衙审询。如果系犯禁，方可按例惩治；如误拿，应由战国赔偿损害，其偿额由该战国法衙判定。

一、中国得派官员前往观战，惟不得有所干预。

战国陆海军如有在中国局外境内者，应遵守后开各项：

一、战国陆军如有败逃入中国境内，应收其军器，听中国官员约束，不得擅自行动。

一、战国逃兵在中国境内者，如乏衣食，中国政府当量力供给，俟战事告终，再由本国如数偿还。

一、战国之缉捕船只，不得驶入中国海口地方。惟因暂避风患，或修补损伤，或购求行船必需之物，实出于万不得已者，不在此例。一俟事毕，即当开出该地方。

一、战国兵船不得于中国各海口地交战，或缉捕商船，或屯留该处为海军根据之地。

一、战国兵船及军需运船有驶入中国海口地方者，如系寻常经过，并无他意，方准其驶入平时所准进出之口岸，限二十四点钟内退出。若遇风浪危险，难以出洋，或修补损伤未能完竣，或购办行船必需之饮食，煤炭尚不足驶至最近口岸之数，则应听中国水师统将或地方官酌展期限。一俟事毕，即当退出。

一、战国兵船及军需运船不得带领所捕获之船只驶入中国口岸。惟或因避风，或修补损伤，或购求行船必需之物件，实出于万不得已者，不在此例。一俟事毕，当即退出。惟停泊之际，不准使俘虏登岸及销售所掳船只物件。

一、战国不得在中国海口暨陆地局外疆界招募兵队，及购办兵器、弹药及他种战具。如遇有战国兵船在中国海口修补损伤，其工程以能达最近之口岸为度。

一、两战国兵船及军需运船如在中国之一口岸内，其后到之船，应俟前船出口，经一昼夜，奉有中国水师统将或地方官之命令，方准前往。

所有未尽事宜，由各直省将军、督抚等随时查看情形，参酌公法，分饬遵行。

以上各条，候行文出示之日施行，应即一体遵照办理。

十二月二十七日

署江督张之洞致枢垣修浚黄浦江为害中国太巨电

准外务部号电：修浚黄浦江，奏请由南洋派员。奉旨：依议。本应遵办，惟此事为害中国太巨，万不敢轻率派员，不得不为朝廷沥陈之。

按公约附件，中国国家出费一半，与各国干涉者出费一半。所谓与各国干涉者，指各国租界产业、江口一带田地产业以及进出江口洋式船只而言。其中船主、业主，华民居多，是中国官民共出费十之七八，各国只出十之二三。而该局人员中国只有三员，各国人须有八员，其权实为外国所操。查上海旧日各租界，名为中国境内，实已与各国土地无异。今照公约，所有自制造局起，至扬子江中以及各河道港口往上二英迈勒之远，又归该局管辖，征收课税，是自吴淞口起，又深入五十余里，至制造局下界之滦华港止，无论水陆，全行划归各国管辖，将来官民船只往来、行止、停泊，皆听命于洋人。即兵轮赴制造局装运兵械，皆受挟制，稍有波澜，立即禁阻。是一举而将此等大局冲要、水陆守险治理之权，全行属之外人，为害何堪设想？

查北方拳匪滋扰，各国商务受亏，照天津开浚北河，所有河道仍归中国管辖，条约并未夺我主权，请查询北洋大臣自悉。而东南极力保护商务，各国洋商安处如常，乃修浚黄浦江，反欲攘夺主权，于情理尤不平允。查各国求修黄浦江，无非为便益商务起见。乃乘我急迫不暇计较之际，朦混入约。开议之时，前督刘曾剀切电达全权大臣李，据理力争。全权大臣李即据以照会各使，而各使照复亦曾应允不侵我主权，有案可查。比及约成，则吴淞江内外主权全失。故前督刘坚持不肯派员，专作推宕之计，希冀逾三年之期，则可照约改议章程。推宕虽非长策，然亦是万不得已之举，不过藉以宽展日期，可容我徐筹设法，一面暗中求援助，以图机会。今若徇各使所请，一经派员，公约附件便成铁案，只字不能更改，委员无从与商。所商者不过微末小节，主权大事全不能议及挽回。明知此事关系国家土地、朝廷主权、长江咽喉，岂敢坐视付与外人？去冬，英萨使来宁，洞与谈及将来管辖诸事，其语意甚奢，不肯稍让。委员更何能为？洞实不敢轻率派员，致贻巨患，且亦无委员可派。

查此约以三年为期，三年后即可商酌改章。前督刘延宕一年有余，实非无故。闻上海法总领事颇不以此约为然，允暗中请其公使设法助我。德领事亦允决不助英催我。去冬今正，上海道袁树勋三次来省，专为筹商此事。反复筹思，并密访之外国人，惟有自认全费一策，或尚可希冀挽救。现查若照原约，中国国家出费一半，每年须费二十三万。又华民业主、船主出费二三成，计亦十万上下。中国已出三十三万，孰若多出二三成，每年自筹全费，无庸各国设局代谋，使彼不能藉口干预，或可保我主权。若一经派员，各国设局，即无挽救之策。拟请旨敕下外务部，先行密商法国，次密商德国。法、德若肯助我，再切商各国，告以中国情愿每年独认全费，务以筹足为度。由我自行设局管理。所有海口、河道、港汊应设理船厅与水巡暨灯塔、浮标，统归中国办理。至其如何修浚方于商务有益，以及一切工程，各国尽可派员与我妥商，随时查验工程，但不得稍侵中国自主以及管辖地方之权。将来如此江不能开通，商船如有不便，惟中国是问。总之，各国之设局者，为浚江以便商也，为筹费以浚江也。中国既认出全费，认浚此江，则各国自无庸设局。此事乃理之当然，并非违约。揆之公理、公法，我理甚长。况各使前既应允不侵我主权，我今日自宜执彼已允之语与之坚持。且各国商人免筹经费，于彼亦属有益，或可允从。抑或别有保权良法，推宕机宜，务祈外务部切商各国公使，并电我各国驻使，径与各国外部理论，冀可挽回。并请敕下北洋大臣袁，会同筹议阻止防患良策，以期集思广益，共保主权。不胜焦忧，迫切待命之至。谨密切沥陈。请代奏。

十二月二十八日

使日杨枢致日外部日俄开战中国当严守中立照会

本大臣今接外务部来电，内开：大日本国、大俄国现已失和用兵，中国政府轸念彼此均系友邦，为睦谊起见，应按局外中立之例办理，业经通饬各省，一体钦遵，并严饬地方官保护各国商民、教堂。其盛京、兴京为陵寝、宫殿所在，并责成该将军等敬谨守护。东三省城池、官衙、人民、财产，两国均不得稍有损伤。原驻各该处中国军队，彼此各不相犯。辽河以西俄兵已退地方，已由北洋大臣派兵驻扎。各行省暨内外蒙古亦各饬令妥防，俾得严守中立。若两国军队稍有侵越中立境界，中国即当拦阻，以保和平。至于满洲地方，虽有外国驻兵未撤之处，非中国兵力所及，难于实施中立之例，然三省疆土，无论两国胜败如何，应归中国主权，两国均不得侵占。除照会驻京各国钦使一律照办外，即着行文大日本外务部大臣，切实声明等因。奉此，相应照会贵大臣，查照施行。

十二月二十八日

日外部复杨枢日俄战争不敢损害中国主权照会

为照会事。

查日本国政府并无扰乱妨害贵国平和之意，除俄国占据地方外，所有贵国疆域，本国必与俄国同一尊敬贵国之中立。日本国兵队于战争之处确守交战公法，断不损害地方财产。盛京、兴京，贵国陵寝、宫殿所在，以及各衙署，亦不若俄国所为，致蒙损害。可请贵国政府确信，凡战斗境内，贵国官民，除与战事实有关系外，日本军队于其身命、财产必当十分尊重保护。惟该官民等如有帮助厚待敌国情事，日本政府不得不临机应变，以期保守权利。总之，日本与俄以干戈相见，乃为保守我应有之权势及利益而起，本无侵略宗旨，日本政府于战事结局，毫无占领大清国土地之意。贵国疆域中，所屯兵队，除与战事实有关系外，必不敢有损害大清国主权之事。请转告贵国政府查照可也。

须至照会者。

明治三十七年二月十七日，光绪三十年十二月三十日

使俄胡惟德致外部俄外部言中国恪守局外俄决不侵越电

感、沁电均照译，面交外部，并剀切申说。据称：中国恪守局外，俄决不侵越。惟东三省及蒙古东北隅铁路所经，为运兵、用兵要地，势难认为局外，须与兵部阿列商定界限，再复云。此间一切消息梗阻，秘密稽察甚严，探访殊难，电报亦多压搁，幸常赐电。

十二月三十日

清季外交史料卷一百八十一终

清季外交史料卷一百八十二

光绪三十年正月至四月

俄关东总督致增祺战线内有碍军务城塞随时拆毁照会

为照会事。

大俄国因保卫满洲各境之安全，成东亚之和平，不惜糜费巨帑，调运兵队，驻扎各处，原为保全中国主权起见。兹以日本猜忌嫉妒，节外生枝，有破坏平和，侵吞中国地土之意，致与大俄国开衅。此后满洲驻扎各兵，自当悉力调赴前敌。所有各处铁路，关系重大，保护之任，贵国责无旁贷。设有损坏，以致转运不通，有误军事，不但所损铁路工程之费须贵国赔偿，即因此而失误军事，以致损失各件，亦应贵国担保。惟大兵所过之处，无需贵国地方官供给，而住房、马草等类势难携带，不得不借重地方支应。所有阻碍军务之城塞、桥道、民房等类，届时应由本大臣查明，随时拆毁，不得抗阻。统乞通饬各属地方文武，一体遵照。伏乞查照施行。

大俄国关东总督力喀塞夫。

正月初二日

沪道袁树勋致日领日俄商船在中国沿海当一律保护照会

此次日本与俄国开战，我国应守局外之例，业经遵照南洋大臣电饬，备文照会贵总领事，转致水师兵官，不得将兵舰在中国沿海属地并口内停泊、采运及作为战争等事在案。至于两国商船，非战舰可比，既在局外之国往来贸易，我国自应一律保护，以符公法。昨与贵总领事暨俄国总领事先后面商，两国游弋师船在扬子江口外及口内，彼此均不与商船侵犯，以免日后别生枝节，仰承一体照允。当经本道电奉南洋大臣复谕，深佩两总领事睦交之谊，饬再照会声明。除照会俄国总领事外，为此照会贵总领事查照，仍希照复备案。望速施行。

正月初三日

沪道袁树勋致俄领催俄舰满洲遵限退出华境照会

本道前经备文，请贵总领事限令贵国兵轮满洲于本月初五日下午五点钟起，至初六日下午五点钟止，二十四点钟内，起碇开出中国管辖江海属境之外在案。此系恪守中立条规办理，毫无偏倚。定荷贵总领事原谅，转致贵国兵轮船满洲遵办。惟究于何时驶出淞口，合再照会贵总领事，请烦查明见复，勿再推诿，以便本道照会日本总领事，立即转致秋津洲兵船一律遵照，限期驶出口外，以示公允而符条规。望切施行。

正月初三日

驻沪日领致袁树勋请准日舰在沪采办煤斤照会

为照会事。

照得本国兵舰秋津洲、和泉、须磨三号现在吴淞停泊，因煤斤及必需之件甚为缺少，不能开赴最近之口岸，拟在上海采办各项等因，经三兵舰主呈报前来。本总领事查，战国兵舰在上海公地采办必需之件，前有俄国兵舰已经办理，今本国之兵舰情形相同，应援照前例办理。相应照会贵道，请烦查照，并转致新关税务司一体照办。即希见复。

正月初四日

使俄胡惟德致外部俄外部云满洲境难认局外电

俄外部文复：我守局外，仍须政府地方官不自违背此例，又须日本真实认我局外，俄自当允认，惟满洲地方自不在此例等语。复文未及沁电各节，又面向申说，据称：陵寝、宫殿、城署等，自应由俄照料，辽西亦满洲境，难认局外。至东省疆土不得占据一节，目下不能谈论，应俟事后承前议续商。俄、日用兵，华守局外为一事，东省交地是另一事，故不允商议。与辩至再，并谓：此系两国应商事，俄既违约耽误，此时更不能不切实声明。伊云：目前总不能议，一切已电雷使云。再，兵部不日东行，统陆军，阿列统水军。

正月初四日

沪道袁树勋呈外部请商俄使令俄舰遵限出口电

俄兵轮满洲先由职道商令移泊江心，并查禁装运军需各情，迭经电禀，昨晚日领事照会：日俄开仗，贵国外部颁行中立条规，声明中外。俄兵轮停浦未去，于日本暨各国商务有碍，与条规限二十四点退出不符。日本兵轮秋津洲为防商务利益，被俄兵轮胁迫，本日进口，停张华滨。应俟俄兵轮满洲起碇，向中国管辖外开去，经一昼夜，并于满州〔洲〕驶经张华滨之前，预行移泊吴淞长江上游，以示公允而符条规。俄兵轮何日何时开去，二十四点钟何时起算，预先知照等语。职道商之税司，自应守定中立章程。会晤日领事，亦以俄兵轮宜速出行，迟恐生事。商之俄领事，以公使与外务部商定在先，必须请示后行。职道告以中立条规如此，未便违背，致日人有所藉口。回署后，即备文限该兵轮本日五点钟起，至明日下午五点钟止出口。拟候接复照办，即复日领事，转促秋津洲驶赴长江上游暂泊，过二十四点钟出江，以符条规。再，日舰入口，恐俄兵轮满洲万一出口，该国商轮往来虑遭不则，此亦实情，合亟禀闻。并乞钧部转致俄使饬遵。

正月初五日

沪道袁树勋致俄领请将兵舰战具由海关起存照会

为照会事。

接准来文，内开：满洲兵轮，俄日未战之前，久在上海停泊，不得干预各种战务等因。查该兵轮业已漆成灰色，为战时之用，并装有煤斤、食物各项军需。来文所云不干预战务，实难凭信。现本道迭奉外务部、南洋大臣电饬，从长妥商，总期两无关碍。如贵总领事以该兵轮实系不干预战务，应请将所备战具由海关起存，或将汽机要件拆卸一二，以示不能行驶。俟战事完毕，再议给还。此系本道格外调停，并与驻京大臣原议相符，亦与公法不背。否则，仍请饬令该兵轮开往江海之外，望切施行。

须至照会者。

正月初五日

外部致胡惟德辽西系照约已退兵之地应守局外电

支电悉。雷使照称：中国照局外例办理，惟东三省情形不能于乱前预定。守护陵寝、宫殿，俄为设法。本部复以中国宗旨，前照已预为声明。守护陵寝、宫殿，为我应尽之责，即饬该省原有之兵队驻守，不另派兵，并达阿大臣约束兵队，免扰地方等语。希照此向外部切实申说。至辽西系照约已退兵之地，应守局外。此外满洲地方，虽不能实行此例，地方官亦应照例中立，均望辩明为要。又日本使照称，除俄所占地面外，俄国苟能推重中国局外之例，日本亦当一律推重等语，是俄兵不至辽西，日兵当必不往。并闻。

正月初六日

使俄胡惟德致外部俄虽言无据东省意然极含糊电

东方战局，酿由三省，俄蓄志久假，年来举动，视同属地。然撤兵虽未践约，尚宣言无占据意。此次外部竟不肯提归还一层，愈逼愈紧。其复美国保全中国疆土公文，措词亦极含糊。其政府议会尤痛恶美议之有碍治满政策。故战局无论胜败，归地日益难望，败则迁怒取偿，更虑牵动他处。彼兵部久觊新疆，昔交伊犁，伊曾力阻。现除英、美外，德、法均袒俄。法志由滇窥蜀，德尤叵测，皆思乘机进取。正不独俄为可虑，三省为可忧。美非无所见而贸然发议，各国答复皆貌引同心而隐留余步。事变之来，视战局之久暂，各国之动静为消息。使臣职在耳目，闻见所及，忧愤交并，不敢壅于上闻。值此时艰，除军政防务外，亟宜谋所以固结人心，破除成例。川、蜀、桂、滇暨西北边省，必应有威望实心之重臣及时措注，其吃重不下沿江、沿海，庶冀振精神，以挽危局。悚惶密陈。请代奏。

正月初八日

使俄胡惟德致外部遵商俄外部辽西应认局外电

辽西应认局外，俄不到，日亦不往。初七已向切实声明，今准庚电暨慰帅佳电复，照叙节略四款：一、辽西既照约退兵，交还铁路。如俄不明认局外，有违两约。二、俄兵可到，日兵亦可进，愈增枝节。三、辽西地接榆关，所驻联军中有日兵，恐干战事。四、辽河界限天然，河西非俄兵必由之路等语。并面向逐款辩论，伊谓：事关军务，除阿列外，英〔莫〕能主持，即兵部亦难擅定。所称各节，应由雷使就近与阿列接洽商办。业电雷使，云：辽西为形势所必争。外部坚不受商，意尤叵测。力争良久，伊不稍动，不胜焦愤！

正月初九日

驻藏大臣裕钢奏藏番力阻赴边难于启程情形折

驻藏大臣裕钢奏，为藏番力阻赴边，奴才难于启程，密陈情形事。

窃本月初六日奴才曾将遵旨赴边、夫马掣肘情形具折驰奏在案。自边报警传以来，开导藏番，速派噶布伦支应夫马，不止数十次，面见达赖二次，译咨催办前后十余次。该番等总以英人欺凌无礼，始求咨请印度总督来亚东关，再支奴才夫马，继请照会印督，应将入亚东关前进之英兵概行退出亚东，与汉番委员先议，俟有端倪，再请奴才前来。僧俗大众来署三次，坚执一词。日前奴才设法雇觅达木八族夫马，拟即自行赴边。该番等闻信，复集大众数十人来署，坚称英兵即使入藏，番等自有主张，奴才如［不］决意赴边，是迁就英人，失中朝体统，该番等必当尽力阻留，且词色桀骜，众情哓哓，大异平日。现复接准译咨公禀，仍力阻赴边。

奴才伏查，屡次来署诸番，皆三大等〔寺〕头目及阖藏当事俗官，从前本无敢面见藏官言事者。近自达赖革禁各噶布伦后，公事歧出，嚣嚣不一，且人人自危，无敢于洋务言一和字，而达赖于重要之事不自主持，任听无知番众抗违藏臣开导，不啻与夏虫语冰。近日则明知英兵意在深入，而番众故作毫无畏葸之形，其实则达赖刚愎自用，待番众最刻，而番众人心思乱，皆欲藉事泄其蓄忿。奴才处此情形，如再力斥众议，决意孤行，不但不能出为藏人御侮，且恐番众藉此生衅，激成内变，关系更大。再四筹维，实难锐意前进。奴才前电外务部，恐非战后不能言和，即已深虑及此矣！现在斟酌缓急，惟有暂允番众之请，檄饬委员等力阻英兵再进。俟有泰到任，徐筹善策。且闻有泰刻已行抵察木多，下月即可抵藏。奴才即使出藏，不过两旬内外，亦须交卸，事权既不能归一，且汉番均恐呼应不灵，徒滋掣肘，惟有俟有泰到任后，仍遵前旨回京，再为奏陈一切。或者有泰到后，藏中事机稍变，可以赴边办理，则大局之幸也。谨奏。

光绪三十年正月十二日奉朱批：著听候部议。

使俄胡惟德致外部俄兵部称辽西断难认局外电

昨晤俄兵部，伊称：兵事紧急，辽西不论日兵来否，须派队逻察，断难认局外。又云：俄军在东省雇车购粮，如该处官民稍阻，或漏军情，官立即扃禁，民立即严惩，断难认局外。与辩，伊总不应。东省官民与京中不能通真消息，事事在彼掌握。罹此奇祸，实堪痛愤！如边界稍有违言，彼必多方要挟。现俄先运四十万兵，俟数月到齐，冀一战可捷，不轻接仗云。乞转慰帅。

正月二十日

外部致胡惟德俄如派队至辽西恐日藉口进兵希与申说电

眘电悉。俄如派队至辽西逻查，日本藉口进兵，俄即多一顾虑。本部已照会雷使，切言：俄当熟思利害，允作局外，实于大局有益。俄外部前允满洲地方官中立。俄军雇车、购粮，地方官断不能预问。如自向商民购办，决不阻止。倘或勒派强索，短发价值，至激事端，地方官无力压制，断难任咎。文明大国必能按照公法顾全大局。希向外、兵部婉切分辩。再，雷使照称：中国派兵驻扎热河、永平等处人数过多，似非严守局外等语。当复以各该处地段绵长，派兵分布，须敷防剿胡匪、保护商教之用，实系严守局外，并无他意。如外部提及，即与切实申说，并电复。

正月二十二日

使韩许台身致外部战事由韩起手华侨不甚团结电

正月二十一日，传闻俄兵八千人由安东渡鸭绿江，向韩国义州一带而来。二十二日，韩日各处电线忽然阻断，是晚忽有日舰多只至仁川口护送兵士上陆。二十四日正午，遂与现泊仁川之俄舰二艘开仗，约三十分钟，俄舰被日击坏，不能再战，退入仁川口内。曾将俄、日业已开仗电由南洋转达大部，嗣经探悉俄舰二艘受伤甚剧，已于是日四钟自行轰毁，并有商轮一只亦纵火自焚。同日上午四钟，旅顺俄舰亦为日水雷艇击毁巡洋大舰二只、小舰一只。元山、甑南浦并各有日兵多名登岸，统计汉城、仁川、釜山、元山、甑南浦各处日兵，据日使声言，到者已有十万，续来尚多。其实汉、仁两处现在约五六千人，他处或当不少，沿途秋毫无犯，专为保各国商民而来，广为布告，而仁川口炮台暂树日旗。日使昨见韩主，颇为抚慰，或不至有迁避等事。俄使、领等定于明日下旗，附法兵舰离韩。此日、俄在韩开战后一切情形也。

俄、日战事既由高丽起手，水陆各处必尚有数场大战。韩国素多乱党，华商人心惶惶。前蒙大部电饬，准拨兵丁十名来韩。南洋来电，已于二十一日起程。现尚未到，未知有无阻滞。商团一事，除南帮大半内渡外，广商心志虽齐，限于力薄人少。京、北两帮罔知大体，既不肯出资购买军械，又不肯团成一气，争出巨资向洋行保险，货物遗弃车站，有装运不及之势。而洋人咸称，能保日人，不保俄人，以致终日扰攘，迄无端绪。商愚至此，毫不听长官之言，莫可如何，徒深焦急。余容设法随时探报。

二月初一日

孙宝琦胡惟德张德彝杨兆鋆致外部日俄用兵请速变法电

请代奏。

东方战事，关系中国安危。西人注目以此，乃欧亚争雄，黄白种强弱关键。自日本崛起，咸谓：中国同种，性情智慧相若，而魄力尤大。一旦振作，可为白种寒心。数年前德主遂倡黄祸之说，耸动各国，意在杜我进步。况我非惟欧洲异种之可忧，即亚洲同种亦未可恃。初非局外中立遂可无虞，东邻执言便堪高枕也。窃见俄之于土尔其、波斯、阿富汗，每阻其更新。日之于朝鲜，方逼其更新。俄胜亦将阻我，日胜又将逼我。阻固永沉困弱，逼亦永失主权。又况东三省迄未收回，他患方将继踵。琼、桂、滇、蜀、新疆、蒙古、西藏等处，岌岌难安。旅大、威海、胶湾、九龙、广湾之事，岂宜再见？而各国乘机进取，大欲未餍，存亡安危，争此一息。据俄兵部称，此战恐非一、二年不决。亟宜乘此俄日用兵，各国待时之际，一面恪守局外，一面痛自更新。若复因循，恐异日虽欲自强，势已不及。昔者俄变法不数十年而国势大振，近者日变法仅三十年而已有今日。更观暹罗自拔，加礼英廷，土政未修，受胁德奥，利害昭著，无待蓍龟。我自庚申、甲午、庚子屡受外侮，朝廷无次无罪已之诏，臣工无次无条议之章，而终未见自强者，有空名而无实事，则玩泄如前，精神不振故也。应举各政，近年刘坤一、张之洞所奏三折暨中外大臣条议大纲已具。应请饬下政务处，详细抉择，切实施行。倘更由庙谟独断，颁示要政，出该督等所议之外，尤足以激励人心，植立国本。刻下时局更迫，诚如二十七年八月二十日懿旨所云，为宗庙计，为臣民计，舍此更无他策。圣谟沉痛，钦佩无可再言。臣等目击时艰，欲默不敢，破釜沉舟，愿皇太后、皇上决之。宗社幸甚！

二月初六日

直督袁世凯奏遵饬张翼收回矿产口岸限满仍无办法折

直隶总督袁世凯奏，为遵饬革员张翼收回矿产、口岸，勒限已满，仍无确实办法，请旨办理事。

窃查，开平煤矿暨秦皇岛口岸，前由已革侍郎张翼擅行卖给英国公司执业，曾经臣奏奉谕旨：严饬张翼勒限收回，不准稍有亏失，倘再延宕，定将该革员从重治罪等因。钦此。上年十月三十日，复经臣奏明，遵旨勒限两个月，严饬该革员迅即如期收回，毋再延宕。去后，至本年正月初间，臣以限期已过，仍未据该革员呈复，当即备文切催。

乃该革员始则支吾掩饰，所复各节多与奏案事实不符，继则复呈，已与公司英人那森议订六条：一、英公司不得侵损中国国家主权暨地方官事权。二、照纳煤斤厘税，报效银两。三、该公司兴办之事及每年账目，呈报北洋大臣鉴核。国家向定矿章，敬谨遵守。四、该公司一切事宜由张翼与洋总办公平议办。五、不得侵损秦皇岛口岸主权。六、秦皇岛内该公司自置地亩及为中国人代理地亩所有国家主权，地方官事权，该公司俱行遵认。至应如何自开商埠及设立工巡局，务由津关道查照前案，禀明北洋大臣批准施行等语。

伏思，此系钦奉谕旨，严饬张翼收回，不准稍有亏失。所谓收回者，应将英人有限公司挂号注销，收归中国自管。所有局产，如运煤河道暨天津河东、河西、塘沽地亩、码头，天津海大道新河地亩，烟台、牛庄、上海、吴淞、苏州、杭州各地亩，唐山、林西、胥各庄煤矿、煤栈，承平、建平、永平金银矿股，唐山石灰厂，津沽塘山铁路股分，天津局屋，运煤轮船，一律收回，自行管理。其秦皇岛地亩、码头亦应议明，发还垫款，交割清楚，即由中国执业。始与谕旨严饬收回，不准稍有亏失之意相符。乃现议六条，系与英公司商订，是该公司依然尚在，并未撤销。至各项主权、事权，英公司本不得侵损。厘税、报效，该公司本未违误。呈报北洋，只系具文。所议多属赘言，惟六条内于秦皇岛口岸虽无切实办法，然该公司已认为中国自开商埠，由关道查照前案禀办，自属稍有转机。据津海关道唐绍仪禀称：迭次与英人会商秦皇岛办法，与此条大致相同。应由臣仍督饬该关道随时设法筹办，冀挽回一分，即可补救一分，以副朝廷慎重疆土之至意。但此案结束，要以能否收回矿地为断。

革员张翼，自去春以来，迭经奉旨责成收回，而延宕经年，迄未办结。曾据英人言及，如饬张翼亲赴英国控诉对质，或易措手，然亦毫无把握。后与西人之谙法律者再四考检，佥谓：张翼在二十七年立约出卖，亲加印押，事经多年，断难收回。纵能收回，必应偿补英人所失，计非六七百万金不足抵赔，中国亦难猝筹此款等语。查张翼起家寒微，受国厚恩，正应竭蹶图报，乃乘庚子之变，生心出卖矿地。迨二十七年春间庆亲王奕劻、前督臣李鸿章在京议约，大局粗定，该革员不先禀商全权，妥筹办法，辄擅具印押，卖给洋人；并不候李鸿章核稿书奏，而捏附其名，会衔入告；又不将实在情形即时奏明，只朦混奏称，加招洋股，改为中外合办。所订正副条款，并不分别钞录奏咨，自系有意欺罔。迨案情渐露，仍不肯立即检举，迅速收回，而节节推延，多方掩饰。现已历时太久，竟至无法可施，实属有负国恩，应如何办理之处，出自圣裁。谨奏。

光绪三十年二月十八日奉朱批：仍著严饬张翼赶紧收回，不准亏失。

外部致雷萨尔豆饼非禁货中国办法不背局外之例照会

三月初七日接准来照：以豆饼出口运往日本及韩国，为违背局外之例，俄国乃指豆饼为禁货等因。本部查，局外之国与战国通商如常，如非用兵处所，仍准前往贸易，此系各国通例。本部前送中立条规，业经声明在案。豆饼为向来通商货物，查考公法律例，并无指为战时禁货之说。本年正月十四日及二月十九日，贵大臣两次照送战时禁货章程，均未列有豆饼在内。烟台所运豆饼，查系实非禁货始准放行。嗣后除东三省之战地及韩国为现在用兵处所不准运往外，贵国与日本国境内各他处皆可一律运往。此等办法实与局外中立之例并不相背。本部毫无偏见，如贵大臣尚不见信，可与著名公法家详加考证，其办法自当符合。相应照复贵大臣，查照可也。

三月十七日

袁世凯周馥会奏查明山东内地情形请添开商埠折

直隶总督袁世凯、山东巡抚周馥奏，为查明山东内地现在铁路畅行，拟请添开商埠，以广利源事。

窃臣馥于光绪二十九年八月二十日承准外务部钞咨议复商约大臣吕海寰等条奏近今要务折内，广辟商场一条，令由各省督抚通饬所属，详细查勘，如有形势扼要、商贾荟萃、可以自开通商口岸之处，随时奏明，请旨开办一折，奏奉朱批：依议。钦遵咨行到东。当经通饬各属，详细查勘。兹据山东司道查明，具复前来。由臣馥与臣世凯往返函商，详加察核。查得山东沿海通商口岸，向只烟台一处，自光绪二十四年德国议租胶澳以后，青岛建筑码头，兴造铁路，现已通至济南省城。转瞬开办津镇铁路，将与胶济铁路相接。济南本为黄河小清河码头，现在又为两路枢纽，地势扼要，商货转输较为便利，亟应援照直隶秦皇岛、福建三都澳、湖南岳州府开埠成案，在于济南城外自开通商口岸，以期中外商民咸受利益。至省城以东之潍县及长山县所属之周村，皆为商贾荟萃之区。该两处又为胶济铁路必经之道，胶关通口洋货，济南出〈口〉土货，必皆经由于此。拟将潍县、周村一并开作商埠，作为济南分关，更于商情称便，统归济南商埠案内办理。相应请旨敕下外务部核议具奏，俟议准后，先行照会各国驻京使臣查照，再由臣等将划界设关及一切应办事宜，督饬山东司道并东海关、胶海关各监督、税司等，妥议章程，酌定开办日期，分别奏咨办理。谨奏。

光绪三十年三月十九日奉朱批：外务部议奏。

江督魏光焘致外部请商英使勿派战船入长江电

近日据报：英、美、德、法等国派大战船在中国洋面者数十艘，尤以英大小六十余艘为最多，并风闻德舰在沪有暗赁华人，勒订合同，倘开往北洋，遇有战事，不准登岸之说。已饬沪道密察，悬揣四国兵船齐集，固以观战为名，或虑德、法助俄，英、美助日，各怀疑忌，以为互相牵制防御之计。昨英提督带兵船五号入江口上驶，现又报有雷艇四号入江，吴淞口停泊兵船甚多，倘各国相继而来，则民间必滋疑惧，于地方、商务两有不便。沪道商英领，谓系游历，不能阻止。可否乞钧处便中商英使，以后请勿派多艘入江，以免居民惊讶。

三月二十九日

鄂湘督抚张之洞端方赵尔巽致外部粤汉铁路北段美售于比请照合同作废电

美公司承办粤汉铁路合同订明不准转售他国。现闻美公司将此路分作南北段，以北段售于比国承办。比用法款，权即属法。芦汉铁路即已如此，若此路再归比、法，法助俄，合力侵占路权，其害不可思议。前据湘绅公呈，已由尔巽电陈大部，并电盛大臣，按照合同十七条力争，废去此约在案。兹之洞等复接湘绅公呈，力请废约，归湘绅自行承办。鄂省绅民闻美公司违约，转售他国，亦群起力争。众情不愿，岂能强拂？洞此次到宁，接见驻宁美领事马墩，诘以美公司何得将湘路转售比国承办？马墩谓：美公司原主财力甚富，本不致有此举。自其人故后，家财分散，接办者遂有转售他国之事。言之可羞，中国尽可将此约作废等语。美领事之言如此，可见公道自在人心。利害所关，固无所容其迁就。迭经电致盛大臣，商废此约，盛大臣复电谓：美律不禁公司售票于他国，但能办到他国不干预其事，便无窒碍等语。查公司通例，以股分多者作主，股去权即随之。况美公司将此路北段全数售归比国承办，尤非仅售股票者可比，安能不令人干预？纵使办到，阳仍由美公司出面，阴实听比、法指使，则中国之害仍不能减。务请大部鼎力主持，切电盛大臣，按照合同第十七条，声明美公司背约之咎，将此约作废，万勿稍与通融，免致比人强来勘路，滋生事端。大局幸甚！两湖幸甚！

四月初二日

沪道袁树勋呈外部浚浦一事所议附件大失主权电

浚浦一事，所议附件，大失主权。一切关碍情形，张宫保署任电奏甚详。屡请派员，迭以先行筹款为主。西商纳捐，仅英廷新颁训条，其余未定。英既新颁训条，足见各领无新谕则无勒捐之权。各国款未筹定，迟延之咎在彼，不在我也。此案明知载入公约，不办不行，一经派员，受彼挟制，万难商改，即改亦只微末小端，利权尽失，遂设词延宕，意满三年可望修改。兹各公使言改章在举办三年之后，查约内并未声明。目下既无可宕，惟有独任一法，尚可挽回。职道屡询各使，意在深通，振起商务而已。各国注意深通，我亦极想开通，彼此均得利益，惟所拟附件不能照行。况前年所举河工商董，德、美均未派人，议论纷纷，各有疑忌，兼之谋充总董及河工工师者各存私意，倘如开办，将来争论必多。复妥拟五条独任办法，禀请南洋照准，照会在沪各领会议，亦经议将五条呈公使与钧部会议。日来晤询诸领英、日、美、德、法、俄使之心，便知实力筹办，不为宕计。一经议定，即请旨宣明，即行开办，似可挽回。且刻届三年之期不远，正可会商，独任承办。若稍涉含混，恐各使生疑，则难与议矣！至言大约已成，不能遽废。大约一层，大约所载者，重在开通河道，振兴商务。今我定计独任，照约开通，毫无违背之意。惟公举一、二河工工师，必得以投票之法，择其工程熟、工价廉者请办，以免争论。此事所重者在此一著。请坚持定议，省西商之捐，河可深通。如不允行，其志在夺我主权，不过借开通之名目耳！伏祈鉴察。

四月初四日

江督魏光焘致外部浚浦事我认全费船可畅行电

浚浦事，各国互相妒忌。英则深虑美古领得充总董，法则虑损沪地已获之权，德虽先由公使倡议，其实亦不愿徒增英权，此外各国亦各偏于所睦，故意见纷歧，我得迁延。几年来，除英、美催促外，余概不问，即此可见。今由我独认全费，船可畅行，商免捐输，于各国利仍无损，故愿者多，不愿者少。务乞坚持五条，与之磋商，并允以一经照允，即行开办，决不延迟，以慰其望。

四月初四日

直督袁世凯致枢垣俄于海城修造铁路直达岫岩电

近探，俄于海城修造铁路，直达岫岩，至岫分而为二，一趋东边，一趋沙河。近已动工，所用地亩悉占民田。在辽河用民船联造浮桥，现已落成。复于东岸高丽屯添设报房一所，借华线通电，并欲查看华报。由海城经东边一路设卡稽查，各［津］厂皆埋一地雷。阿提督约将军会议，未往。武员带胡匪驻守通化。又俄军自退鸭绿江后，人无斗志云。

四月初六日

使俄胡惟德致外部俄水师屡败其统帅已改派电

俄水师屡败，其统帅派驻黑海，楼提督接手前兵部统率。向定计以五十万兵应战，现计新调、旧防共三十二万，其饷须四月杪始齐。彼疑我不能始终中立，故另调十万暂屯伊尔库次，专以伺我。查中国中立之旨早已宣示，而各国私议，信我者少。现日本水师得手，结局尚无把握。各国有愿我无事而相安，亦有愿我有事而思逞者，应付颇难。

四月初九日

外部奏遵议济南周村两处自开商埠拟请照准折

总理外务部庆亲王奕劻等奏，为遵旨议复事。

窃本年三月十九日准军机处钞交北洋大臣袁世凯等奏，为查明山东内地现在铁道畅行，拟请添开商埠，以扩利源一折，奉朱批：外务部议奏。钦此。

查原奏内称：山东沿海通商口岸，向只烟台一处。自德国议租胶澳以后，青岛兴造铁路，现已通至济南省城。转瞬开办津镇铁路，将与胶济之路相接。济南为两路枢纽，商货转输较便，拟在济南城外自开口岸，以期中外咸受利益。至省城迤东之潍县及长山县所属之周村，皆为商贾荟萃之区，又为胶济铁路必经之道，亦属有裨。

查直隶之秦皇岛、福建之三都澳、湖南之岳州，于光绪二十四年间经总理衙门奏请自开商埠，奉旨允准在案。上年商约大臣吕海寰等条奏广辟商场，于七月间经臣部议复，应由各省督抚详细查勘，如有形势扼要，商贾荟萃，可以自开口岸之处，随时奏明办理。奉旨：依议。钦此。通咨各直省在案。今北洋大臣等以山东济南城外为胶济、津镇两铁路交接之区，地势既为扼要，商货转运自属便利，拟在济南城外自开通商口岸，实于中外咸受利益，核与秦皇岛、三都澳、岳州自开商埠成案相符，其所请省城迤东之潍县及长山县所属之周村一并开通商埠，作为济南分关，系为通货便商起见，均应如该大臣等所奏办理。如蒙俞允，即由臣部照会驻京各国使臣查照，并咨行北洋大臣等预备一切事宜，参酌章程，定期开关，妥为筹办，并札饬总税务司钦遵办理。谨奏。

光绪三十年四月初十日。

直督袁世凯致外部丁庄等处俄兵均开往连山关电

探听，丁庄、松树花园、崔家花园等处所驻俄兵数千均拔赴连山关一带，并将金州东、北两门堵塞，于省西及辽河东岸开掘濠沟，又调城内及车站驻兵开赴前敌换兵驻守，兵无战心，多改装逃去云。

四月初十日

直督袁世凯致外部俄兵溃于九连城日军进据电

探得，日兵于初八日由宽甸上游九十里永甸河口渡江三千人，击俄军，俄败回凤凰城。又称，九连城之役，日军天明以炮向城攻击，俄守兵溃，全军进攻，已将克之，遂据该城及榆树沟一带云。

四月十一日

外部致胡惟德请切告俄外部严饬官兵不得妄为电

盛京将军电称：阿列刊刻告示，责成沿路居民保护铁路，初犯罚款，续犯即将二十五俄里各村屯烧杀无遗，并由廓米萨尔照请将军晓谕等语。本部已电复驳阻：铁路两旁，华兵早经退扎，俄兵节节屯守，是护路之责，俄自任之。俄兵不能自行保护，乡民更何能为力？倘遇匪徒拆毁，有意迁怒良民，遽行残暴，为天下万国公理所无，文明大国岂忍出此？希切告外部，严饬兵官，不得妄为，以重民命。并电复。

四月十三日

盛京将军增祺致枢垣安东俄兵不战自退电

十五日，日军攻破虎耳山俄炮台，遂渡江击退俄军，据虎耳山。十六日，据九连城，俄将阵亡，兵退唐山城。安东俄兵不战自退，日兵入城，鸡犬不惊。计日军过江已六七万人，大队驻九龙城。大东沟俄兵亦退。又十七日凤凰城俄军亦退。又岫岩青堆子亦有日兵七八千登岸，又辽阳州禀，俄在该处城内修炮台十五处，并于各处搭修桥梁，似为退步之计。阿列昨日已至省。

四月十七日

东边道呈枢垣日船九艘往旅顺为俄炮击沉电

日陆军十一日设桥备渡鸭绿江，先占各沙洲，俄退向九连城。十三日，全队渡江。十六日，由九连城进占虎口。十七日，在安东野战，日亡七百，俄殒八百，俄逃往凤凰城。又日水军十七日驶回鸭绿江，与俄陆军轰击。十三日，安东下游接仗，十六日，又战，日回泊龙岩浦。顷，据俄领报，今早日船九艘又往旅顺堵口，为俄炮台击沉，并毁日鱼雷二艘。

四月十八日

盛京将军增祺致枢垣日海军堵塞旅顺俄督已逃电

日兵已进占凤凰城、鲁大澳，本日已占普兰店，将金州附近电线、铁路拆毁。旅顺港口，日海军已用商船五只堵塞。阿提督已逃回沈阳，俄兵死约五千人。顷，闻金州北瓦房店铁路已为日兵截断后路，辽阳亦吃紧云。

四月十八日

使日杨枢致外部日朝野闻胜仗报到举国若狂电

金州、凤凰城、普兰店、青泥洼均被日占，旅顺孤立。胜仗报到，举国若狂。

四月二十四日

直督袁世凯致枢垣开战以来俄死三万九千余人电

连日南段接战，俄又伤亡万余，日伤亡三千余。自开战以来，俄已死三万九千余人。

四月二十一日

直督袁世凯致枢垣俄督以东省难守欲退哈尔滨电

沈阳南十里浑河，俄搭浮桥，并修由沈经通化、怀仁、海龙至吉林电线。闻阿督电奏俄王〔主〕，以东省口岸多难守，欲退守哈尔滨。俄王〔主〕复以退守哈尔滨或兴安岭均可。惟战胜固善，败则该督无庸归国再见。

四月二十二日

外部奏英商请办安徽铜官山矿务改定合同折　附合同

总理外务部庆亲王奕劻等奏，为英商凯约翰请办安徽铜陵县铜官山矿务改定合同事。

窃臣部于光绪二十九年十二月十四〔二十〕日，准英国驻京大臣萨道义将英商凯约翰与安徽巡抚所立验矿合同函请核复前来。当经臣部电咨安徽巡抚详细查复，旋准该抚先后电咨称：皖省前有英商凯约翰遵章承办矿务，经前任巡抚聂饬商务局于光绪二十八年四月与订歙县、铜陵、大通、宁国、广德、潜山等处勘矿合同二十三条，以八个月为限，先后连展四限，每限三个月，扣至二十九年十一月止。去冬，凯约翰于未满限之先来皖，愿将原定歙县、大通、宁国、广德、潜山等五处删除，改为开办铜陵县之铜官山一处。惟查原议合同，开矿限期至一百年之久，地下矿路至三十八万四千亩之多，未敢率行定局。相持多日，凯约翰谬〔胶〕执原约，未能就范。合将地图、说略暨原订合同约据咨请核明办理等因前来。

臣等查，该商原定合同内第十三条，所订期限年数多至一百年，向章实无此办法。第十九条，所指地段见方三十里，占该县全境三分之一，且东、南、西三面均侵入邻县界内。名为铜陵县一处，实并其所除之大通矿地暗包在内，未免占地太宽，窒碍难行。经臣等迭次面加驳阻，该商总以原议六处，今只承办一处，业已减无可减为辞。至期限年数太多，尚肯略为减少。复经臣等坚持，面议多次，磋磨逾月，该商始允，将地段纵横各减十里，计见方二十华里。其地面除盖厂、挖硐外，均准民间照常耕种及各项正用。年限则按照云南成案，以六十年为期，并于合同内声明：如届期彼此均愿展限，则展限，惟展限之期不得逾二十五年之久。其余各条，核与臣部奏定章程均属相符，间有字句未协之处，亦经细加酌改，以期周妥。兹将改定合同二十三条谨缮清单，恭呈御览。如蒙俞允，即由臣部与该商订期画押，作为开办之据。谨奏。

光绪三十年四月二十二日。

谨将安徽商务局与英商议订铜官山开矿合同开单恭呈御览

安徽商务总局前于光绪二十八年四月间与英人凯约翰代伦华公司议订勘验矿务合同，指明歙县、铜陵、大通、宁国、广德、潜山等六处，准凯爵约翰派人前往勘验。现经勘明，愿将歙县、大通、宁国、广德、潜山等五处删除，专办铜陵县属之铜官山一处。彼此议订开办合同，开列如后：

一、此次所开铜官山之矿，名为安裕公司。该公司举凯爵约翰为总董，经理其事。

二、合同如议订后奉旨批准，即按第五条知照安徽巡抚，准凯爵约翰于铜官山之矿派人前往开办。

三、安裕公司前经先纠集资本英金六千镑经已用去，现再行纠集资本英金六千镑，此资本随后酌加，以不出七百万两为额，约合英金一百万镑，照开矿应需银两之数而定。所纠之股，俟议定每股若干，登列报章，华洋兼收。公司应设华总办一员，英总办一员，互相稽查帐〔账〕目。凡与中国官绅商民交涉，归华总办管理。凡开矿工程、银钱进出，归英总办管理。厂内除管理机器或须聘用洋人外，其一切工作执事人等，均应多用华人，该公司从优给与工价。矿厂相近应设华分局，派华人勘租地亩，随时稽查完纳税饷等事。各员薪水、开支，均由该公司按月支送。

四、开矿地段，应于未动工以前，详备图说，将开洞、造厂、挖沟处所逐一标注明白，知照商务总局，派员会同地方官查明果无窒碍，即向民间议购或租。俟有成说，该公司即备款交商务总局购租承受，或交地方官核实发给，不得私相授受。如地面上有房屋、树木、水井、池、墙，凡以人工成本造成产业，无论拆毁、留存，均应于地价外照市价酌加。其地段划定界址，以足敷造厂、挖洞各项矿〈工〉所需为限，不得任意多占。该公司矿洞外之余地，未经租购者，与公司无涉，仍由原主造屋、种植，作各项正用。惟除已开在先之矿外，不准再在界址内开采矿质。

五、此合同自奏准签字后，即由外务部知照商部，发给开矿执照，并知照安徽巡抚，按照第三、第四两条，派员会同办理一切。凯爵约翰代伦华公司接到准办执照，即将报效银两限一礼拜内照数交付现银。此报效银两，照目下已纠集之资本英金一万二千镑百分之一计算，俟此资本随后增加，则随时仍按所加之数呈缴报效银百分之一，倘资本陆续增添过一百万镑，报效之款亦应陆续增缴。其开办限期，自奏准签字之日起，限十二个月，如逾现期不开，即将合同作废，报效银两亦不得索还。

六、该处矿质一经出洞，按卖价照以下抽税：煤斤、铁、锑砂、白矾、硼砂等类值百抽五，煤油、硫磺、朱砂暨铜、铅、锡等类值百抽十，金、银、白铅、水银等类值百抽十五，钻石、水晶等物值百抽二十五，均作为落地税。其余出口、销售，经过洋关，应遵章纳税，不在此例。至落地税一项，如将来改订新章有增减之处，他处公司均照新章完纳，该公同亦一律照办。

七、倘须筑造铁路，以便转运矿产，应准至最近水口为止。所造之铁路，不准载客、运货。

八、附近开矿处应设矿务学堂，一切薪水、经费均由公司筹给。

九、凡开办所需机器、材料等件，除运自外洋，照章归海关收税外，内地厘金概不重征。如在内地采买材料，经过关卡，停船听候查验，如查明实系运往开矿处所，准给执照，免厘放行。如有夹带别货走漏，一经查出，照章罚办。

十、该公司开办之后，每年除支销各项费用并纳完租税外，所获净利，照公司成本实数，先提出股利一成，即值百抽十。倘除外仍有余利，再以二成五报效中国国家，解交安徽藩库。

十一、所指矿地界内如有华民已开之矿，该业主自愿或租或卖，请将已用成本换给股票，作为股本，各听其便。惟须商务总局三面商允，不得私相授受，该公司亦不得勉强侵夺。至定界之后敢有在界内私挖者，应即由地方官禁止。所有雇工、夫役人等，倘有损伤、致命，由该公司给资从优抚恤。

十二、该公司所开矿场，地方官应保护。如有需兵力弹压者，中国只代就地招募华兵，其饷械各费均由该公司自认，不得藉端自行请本国兵或请别国兵挟制。

十三、该矿以六十年为限，限满之后，即将所有矿厂、房屋、基地、机器、料件一切全行报效中国，交商务总局管理。如六十年期满时，彼此情愿展限，则可展限，惟所展之限不得逾二十五年之久。至开办以后，每年进出帐〔账〕目，须于年终缮写四季清册四分，先经华洋总办复明画押，一分送交商务总局，三分由安徽巡抚分咨商、外、户三部备核。中国国家只按所出矿产征收租税，该公司如有亏折，与中国国家及商务总局无涉。

十四、该矿所需地亩，如系民地则照市值购买，官地则备价承租。惟民地虽购买过户执业，仍须照中国所定田则完纳钱粮。

十五、公司所有应用地亩，或租或购，自应公平给价，不得强占抑勒，地主亦不得抬价居奇，并不准以有碍风水藉词挠阻。如实有关碍，该公司应和平妥商，优给迁移资费，或设法绕越，以期融洽，不得勉强。如该地主不愿领价，愿入股分，即按照原值给予股票为凭。

十六、如将来安徽巡抚在皖省给予别商采矿利益，所订合同不得优于此合同。至定限交款，开办日期，于第五条内开明，一经逾限，即作废无用。

十七、此合同订立，系遵照光绪二十八年二月初八日，西历一千九百零二年三月十七号，外务部奏奉旨批准矿务新章酌定。倘有未尽事宜，合同内未及备载者，亦均遵此项奏定矿务章程办理。

十八、该公司承办矿务，总期与居民利便，愿报效现银一万元，交地方官作为本地善举、义举之用，以便惬洽舆情。并遵照凯爵约翰代伦华公司与安徽商务总局于一千九百零三年三月三十一号签订合同，呈缴勘矿展限报效银四万元。

十九、该公司专办铜官山一处矿产，其地下矿路四面边线各二十华里，应于图内画定界线，附此合同存案。无论界内开挖矿洞若干处，所用矿路总不得逾此图画定界线之外。其地面上余地，仍照第四条，准原业主作别项正用，惟原业主及他人均不在界内开采别矿，致碍该公司矿利。倘该公司开挖矿路损伤地面，致坍塌房屋，压毙人口、牲畜，该公司均应从优偿恤。

二十、该公司在该矿所获利，愿以除去股息并报效中国国家二成五外之余利，每年酌助该处学堂积谷经费，由地方官转给，以联情谊。但此项经费，须俟余利之多寡，由公司酌定，地方官绅不得勉强。

二十一、该公司既在中国境内开矿，如有华人犯事，应交地方官照中国律办理，该公司毋得干预。倘有与外国人交涉事，照约章办理。

二十二、此合同自奏准签字后，发给执照，即为批准开办之据。所有光绪二十八年该公司与安徽商务总局议订勘验合同，并光绪二十九年三月初三日，即西历一千九百零三年三月三十一号之续合同，一并即行作废。

二十三、此项合同分缮华、英文各五分，一存安徽巡抚衙门，一交该公司收执，三分存商、外、户部衙门备案。

大清钦命外务部右侍郎伍押。

大英男爵·安裕公司总董凯押。

光绪三十年四月二十二日。西历一千九百四年六月五号。

铁路督办盛宣怀致小田切宣城煤矿照约作废照会

为照会事。

承准商部咨开：照得本部接管路矿总局移交卷内光绪二十八年四月二十八日准贵大臣咨称：安徽宁国府宣城县犬形、牛形、簸箕等山产煤丰旺，据日本殷商土仓鹤松遣代理人栃原孙藏来请合办，当派郑道官应、陈道善言妥与筹议，据呈草合同二十款，又专条八款，饬于光绪二十七年八月二十九日签押分执。俟钻验确实，定准开办，磋议正约时，仍旧专案奏咨办理，相应咨会贵局查照等因。

查路矿总局前经奉旨归并本部管理，凡属矿务，本部责有攸归。现经奏定矿务章程第一条内开，以前已办各矿，业经议定之处，仍照原定合同办理等语，系指奏准有案者而言。查宣城县煤矿公司与日商土仓合办，系属未经奏准之案，自应遵照部定章程办理。按部章，只准华商承办，或华洋商合办，不准于附搭洋股之外另借洋款，更不准以矿地抵借。细阅原订专条，第二款有土仓随时借款与公司，专为办矿之用，公司按借银多少，即交股票多少；又第四款有公司立据将矿场地亩、产业一并作保各等语，显与部章不合。现计此项草合同签押已逾两年，究竟土仓曾否亲往，或派人前往钻验？所有合同暨专条，曾否照原订合同第二十款于签押后一起核准？检查路矿局原卷，并由外务部查明，均未续据咨报有案。相应咨请贵大臣迅将以上各节声复到部，以凭核夺。附送奏定路矿章程一册，并希查照可也等因。准此，查宣城煤矿，前因勘探无效，逾限已久，曾准安徽巡抚部院诚来咨，业经本大臣照会贵总领事，转饬土仓销废合同在案。兹准前因，本大臣复查原订合同专条，既与部定新章不合，自应即时注销，以资结束。除咨复商部查照并分行外，相应照会贵总领事，请烦查照饬遵，见复施行。

四月二十六日①

驻沪日领小田切复盛宣怀允废宣城煤矿合同照会

准贵大臣四月二十六日照会，以宣城煤矿一案，经商部电询，安徽巡抚复，请据理力争，以符定章等因到部。查宣城煤矿合同距签押已逾两年，土仓并未举办，因何迟延，亦未预报，是此案归束，自应作废，应请坚持，以符原约等因。准此，查此案前晤贵总领事面允作废，不胜感佩。相应照会，查照面允作废之言，克日见复等因。准此，查土仓创办宣城煤矿，所费不资，其一再陈请再行试办，实有不得已之苦衷。今贵国商部、安徽巡抚坚持定章，将原订合同作废，重以贵大臣谆嘱，本总领事笃念邦交，自当勉为遵办。除饬知土仓外，相应照复，查照可也。

四月二十九日

附记：先严于光绪三十年五月间见背，自四月后原稿中止，而清季之外交史料仍须增补，以期完备。用是搜集公私重要文电，赓续编辑，尤注意于东三省交涉。诚以日俄战后日本之气焰益炽，以致交涉困难，民生惟悴，百倍曩昔，其可纪者，较他国尤多也。惟是编乃父作子述，其体例自当仍旧，以明继志述事之意。阅者鉴之！

清季外交史料卷一百八十二终

① 原刊目录标为“二十四日”。

清季外交史料卷一百八十三

光绪三十年五月至六月

盛京将军增祺致外部俄已失守金州扇子山电

勘电敬悉。三十日，金州副都统转探兵廿一日来禀，述目睹四月十一日、十二日战状。俄之坚守，日之谋攻，历历如绘。计日亡二、三百名，伤十余名。金州城扇子山失守，俄伤亡七、八千人，百姓死伤百余人。先是俄于城内外多埋地雷，幸十一日夜大雷雨，城民得以无恙。次早，俄退，日进城，令人试探雷处，雷发仅轰死五人等语。又东路探：寨马集之战，俄伤十七员，兵四、五百名，又岫岩阵亡俄统领，系彼骁勇云。谨闻。

五月初二日

直督袁世凯致外部熊岳俄军被日截击退回盖州电

据辽南探称：俄调辽阳、海城队赴援旅顺，于二十九日与日军遇于熊岳，日军佯为败北，俄兵力逐，中途为日军截击，俄军不能支，退回盖州，计伤亡八百余人。又营口探称，大石桥东沙岭子地方，有海城派来奉省巡捕马队四百名，悉为俄人掳去。又二十六日晚，有俄员二人易服，乘华民船，由旅顺抵埠，据闻向俄甘统领言，该处子药、粮饷俱罄，势难久守云。谨转达。

五月初二日

直督袁世凯致外部俄兵袭凤凰城为日击败电

据奉探电称：三十至五月初四日，北来马步队二千七百余名南去。又迭据各路探称：日、俄于二十四日在辽阳四门子接战，俄兵伤亡五百余名，又在草河岭接战，阵毙俄官二员，兵十五名。二十五日在图们岭接战，俄兵伤亡二十余名。连日夜深过俄红十字会车，所载受伤俄兵甚多。初三日由雄阳火车运载伤兵一千余名，送大石桥、铁岭医院调治。又入奉城者二百余名。又俄、日两军在岫岩之哨宫河夹岸相持，日兵一万名至岫助战，俄袭凤城之兵为日击败，于北大堡又袭杀其三百余骑。日现移熹阳沟粮台于叆阳，哨探亦至本溪湖，意在抄俄后路。并派兵往袭开原，中途为俄军所阻，现正相持。其赛马集日军现亦退去，俄兵复进。石腊子二十五日接仗，伤俄兵百余名云。谨转达。

五月初七日

外部致俄使雷萨尔战国兵船不得在中立国领海缉捕商船照会

为照会事。

四月十四日准照称：日本商轮被击一事，据阿大臣文称，日本公使徒告贵国政府违背局外，而不知其首先违背局外。查划界专条第七款内载，庙群岛不在界内，而续该款内载，中国责任不得让各他国，或临时，或常时，或全该群岛，或群岛之一分享用。又查日本即在该群岛备敌俄国，强买华船，并强招华人。现查询该沉船之华人，即知为日本强买、强招之事等语。本大臣查，日本政府所明驳者，系为战定后向贵国政府因以未守局外索偿赔款之地，贵国地方官必须明晰公道，查看确实之情等因。当经转询日本驻京大臣，去后，兹准复称：繁荣丸乃系商轮，由我报馆包定，并不与军事相干，原可任便行驶，何得谓之享用？至称备战俄国一节，究指何事而言？又称强买、强招，亦系毫无实据等因前来。本部查，日本繁荣丸既系商轮，照常经过中国海面，不得以享用论。其曾否备敌俄国，强买、强招，已饬地方官详查，均无实据。至战国兵船，不得在中立国领海缉捕商船，系属公例。俄国兵舰在该群岛附近将日本商轮击沉，此系有碍局外国之中立，不得谓中国未守局外。战定后，如有索偿之事，应由两交战国自行理论，与局外国无涉。相应照复贵大臣查照可也。

须至照复者。

五月初十日

直督袁世凯致外部日军占熊岳并直趋辽阳电　二件

辽探称：初八日，日军已进占熊岳城。

五月十一日

据奉探报称：初七日下午至初八日，俄北来马步队一千四百五十名南去，南来受伤兵二千一百余名，内留沈医治者二百人，余悉北去。辽阳探称：古罗巴金于复州之战亲身督率，昨已回辽。闻日内仍拟亲率前往。又岫岩日军现有支队由鸡头峪直趋辽阳云。

谨转达。

五月十一日

使日杨枢致外部日派大山岩为司令儿玉为参赞电

日陆军忽分两大支，鸭绿之西名满州〔洲〕军，已派大山岩为总司令，儿玉源太郎、福岛安正为参赞，行期未定。鸭绿之东北名朝鲜军，总司令官未定。又闻日军已到熊岳。请转北洋。

五月十二日

东海关道何彦升呈外部日占盖平及三度沟高原电

日军报，初九日，俄二十五舰出旅顺口，日全舰迎战，击沉俄一舰，损二舰，日仅三雷艇受伤。初八日，俄二雷艇、一轮船在旅顺口外碰雷击沉。又查悉初二日近大利寺猛战，获炮多尊，俘俄三百余，毙千余，日亦伤千名。初八日，占盖平西南双角城。初九日，大姑山队占三度沟北高原。

五月十四日

直督袁世凯致外部俄船由海参崴袭攻韩之元山电

日京电称：十六日，有俄三船率九雷艇由海参崴袭攻韩之元山，炮击租界，损伤尚无多云。前报旅顺口外各俄船，自系旅口修竣之船，非由海参崴潜往者也。

五月十八日

驻沪日领小田切致袁树勋申明封锁辽东半岛照会

为照会事。

照得现奉本国外务大臣·男爵小村电饬：日本水师统带官提督东乡，现遵大日本帝国政府之命，兹特声明：本年五月二十六日起，日本水师将辽东半岛之地，即由貔子窝起，到普兰店，画成直线，从该线以南之沿岸一概封锁切实，并且续行封锁等因。奉此，合亟备文照请贵道，转禀上司，并出告示周知，实为公便。再者，本国水师业已封锁该地方沿岸，如有违例之船舶，应照公法强制办理，勿稍宽假。合并声明。为此照会贵道，查照施行可也。

须至照会者。

五月十八日

直督袁世凯致外部日军三路进攻已占摩天岭电

奉探称：日本昨已攻占摩天岭，日军分三路进攻，一由金、复向盖平，一由岫岩向海城，一由凤城向摩天岭，同至辽阳会战。盖、海两路日俄探哨，日相攻击。日分兵由通化向兴京、开原进攻，似谋截俄后路云。谨转达。

五月二十二日

外部致内田请勿招匪并勿令在局外边界游弋照会

为照会事。

昨准盛京将军电称：日招冯麟阁等马队二百余名，日人二员，初十过康平属哈拉沁屯；金寿山率马队二百余〈名〉，日人五员，十一过康平西莫力克于家窝堡，均向东北辽源州蒙境去。近俄又以华官任听日本在辽西招降冯、杜各匪，欲坏中立为言。匪队随同日人往来，沿边各属既不能有所拦阻，设生他变，大局攸关。迭据各口总巡暨各县禀报，已饬坚守中立，妥为办理等因前来。本部查，贵国与俄国用兵以来，中国确守中立，迭经声明在案。近日传闻日本武员有在辽西一带招匪情事，俄人屡以华官并不拦阻，欲坏中立为言，虽经迭与驳辩，仍多疑虑。现在贵国大兵云集，纪律严明，此等匪徒本不足用，且恐假冒滋事，扰累地方，自可毋庸招集，以免俄人藉口。贵大臣洞察情形，顾全大局。相应照请转行贵国武官，不必招匪，并勿令在局外边界往来游弋，免生事端。是所切盼！

须至照会者。

五月二十五日

俄使雷萨尔致外部请禁日本招匪编伍照会

为照会事。

按照本大臣屡次请贵国政府注意于日本在辽河以西无理任便招募华人，并准复文以已经转饬阻止各情。近查此事仍未断绝，且系明显招募。除锦州外，此事出于沟帮子及附近各处，招集小股，前往毁坏铁路外，刻已招齐数百人成股，给以月俸，俟日本武员到来，前往东省各情。惟日本力驳此事，而该地方人所共知，明谈此事，到该处之各国武官及游历人可为证据。虽百方推驳，而此系无疑。可见贵国政府虽据理声明，然本地方官阳奉阴违，禀报不实，暗助日本。兹有如此暗助之局外中立，较不及于明战矣！相应据本国之命照请贵王大臣，设从严之法，以绝该地方官及日本之遣员妄为为要。

五月二十九日

驻汉德领事致护湘抚张绍华力争湘矿利权照会

为照会事。

准贵前抚部院赵照称云云，壹是领悉，并转饬礼和洋行知悉。兹据该洋行禀复各节，与本署领事之意均属相符。现与该洋行商量妥协，并将通行章程条约作为根本。查贵国新订矿务暂行章程第一条内载，除以前已办各矿，及业经议定之处，仍照原定合同办理外，其有援引前章及前准各省办矿成案请办者，概不准行等语。查礼和洋行已于数年前有已经议定之矿山数处，不能因后来札饬或章程将前议作废。又第三条内载，矿地无论系产何种矿质，必须为国家地方官能发给执照。若系有主之地，则须与该地主商允地价，或愿作股分，报明立案，方准禀请给照等语。查礼和洋行层层遵此办理。该洋行与该业主先已商允合同以后，将合同禀明驻汉德领事署及驻京德钦差大臣，转致贵国地方官以后，请发护照给该洋行矿师，以便前往查勘矿质，所以礼和洋行及该行华伙十分按照章程办理，并无私立合同、违章程、犯法律之事。惟湖南政府不准礼和洋行勘矿，且多方恐吓该行华伙，并不与以上章程条款相符。又第四条内载，无论中国商民承办或华洋商合办，又该条二款内载，华洋商合股者应声明等语。此等凭据，尚不足为实在准华洋合办之确据乎？如何贵抚部院还是辩驳此事？又第十八条内载，嗣后华商请办矿务云云，按照第十四条办理，意在严为惩罚，即此明白订定，可见以前所立合同总不能更动也。至于去年所立矿务总公司，未见有例索要矿山在礼和洋行已经多人于该总公司未开之前与该业主及业主代理人立合同合办之地，自然该总公司亦无有格外之权索要湖南已查知与尚未查知之各矿山。如湖南政府定要羁押广见识、很有心为其本国遵律开风气之人，此是政府未免错想，欲给本国好处，实在是给本国吃亏。以上所论之人，因其老成练达，所以深信外国商人公平，又深晓若无外国之工艺学问及资本帮助合开，中国矿务总难成功。礼和洋行华伙钟悦堂一名，数拜礼〔礼拜〕前被常宁县拘押。该钟姓人等即系龙王山业主。有一年老钟姓人逃来汉口，力恳礼和帮救，因恐官拿钟姓一族到案惩办。本署领事查礼和洋行与钟悦堂早已订立合同，将来会开龙王山矿质。现阅《中外日报》，载有龙王山均系矿产著名处所，近已由矿务局派人前往开采等语。因为该山主已经与礼和洋行订立合同，不肯交给湖南矿局开办也。若实在地方官加害钟姓人等，不过以其与礼和洋行按通行章程合作生意，本署领事自应切实驳回地方官之办法。应请贵抚部院迅速将此事明晰见复。如钟悦堂实在因与礼和洋行订立合同致被收押，并希饬速释放为要。除将贵前抚部院来文暨本日照复文稿禀明本国驻京大臣，请将此案告之北京政府，以便查明外，相应照复。

须至照会者。

五月二十九日

护湘抚张绍华复驻汉德领湘矿不能私相授受照会

为照复事。

本年五月二十九日接准照会云云，当即转饬矿务总局逐条详复，去后，兹据复称：贵总领事援引新章第一条，谓礼和洋行已于数年前有已经议定之矿山数处，不能因后来札饬或章程将前议作废等语。查新章第一条所称，自是指华洋商人从前禀经地方官查核立案批准之合同而言。历来洋商与华人合办矿务，皆系禀由地方官查明无碍，奏明交由外务部或总署批准，定立合同，始能照准，断无凭一二乡民私相授受即可作为议定之事。湘省从无礼和洋行与华商或山主议定办矿之案。又贵总领事援引第一条，谓礼和洋行与该业主先已商允合同，禀明驻汉德领事及驻京德钦差大臣，转致地方官以后，请发护照前往勘矿等语。查此条载明禀请给照之语，自是为华商禀请，断无由洋商禀请领事官及驻京大臣转致地方官发照之理。至订立合同，尤须由华商自行禀明地方官核准，再行咨候外务部、商部查核，亦断无由礼和洋行可以径与华商订立合同并不先由华商禀明中国地方官立案之理。且护照不准勘矿，只有探矿执照。其探矿执照，必须禀明商部，或禀由各省督抚，听候确查，再由部酌核准驳，从无各国领事官及驻京大臣转致中国地方官发照之事，可见礼和洋行层层未遵定章办理。钟悦堂的系私立合同，违章犯法。而且常宁县龙王山矿产系属官地，光绪二十二、三年曾经前抚部院陈派员开采，中间屡开屡停，办未得法，嗣又动用官款，设局兴工，为日已久。该地既系官地，又系官办之矿，何得于数年前与礼和洋行议办？业主既系官局，又从何处商允？钟悦堂既冒官产，又骗洋商，其罪尤重，地方官自有惩办之权。且又并非礼和洋行伙友，有该行函禀可凭，断难开释等情，请予照复前来。本护部院查，此案前准贵总领事两次来电，业由本护部院委细电明，该痞钟悦堂诓骗外人，私立合同，实与洋商名誉、资本有碍，较之邬世英与英商璞来克一案，其事相同，其情尤重，自应按照中国法律惩办。贵总领事素敦交谊，想能鉴察也。

须至照复者。

六月初一日

日使内田康哉复外部实未招匪编伍并请禁俄兵勒买军需照会

为照复事。

接准光绪三十年五月二十五日来文，内开：传闻日本武员有在辽西一带招匪情事，虽经迭与俄人驳辩，仍多疑虑，照请转行我国武员，不必招匪等因。阅悉之下，当经本大臣详加查核，乃知我国武员并无招募匪徒情事，而俄人反在日俄开衅以前即行招匪，现仍用为臂助。且有俄军队屡次渡越辽河，或又派人到小库伦及其迤东各地，并在蒙古边境等处，迭经勒买军中要需。本大臣确有所闻，惟因似此举动殊属有碍贵国确守中立之例，应请由贵国政府照会俄国，严行查禁。是为至盼！相应照复贵王大臣查照可也。

须至照会者。

六月初二日

外部复雷萨尔已照会日使查禁招匪编伍照会

为照复事。

五月二十九日接准照称云云等因。本部查，辽河以西，地在局外，前拟由北洋大臣派兵驻扎，贵大臣屡次言其不便，未允照办，以致该处匪徒出没，当难驱除。至俄兵曾在沟帮子一带往来，以及俄员招匪等事，日本以中国未能拦阻，甚有烦言。近闻日人招匪，即以此为藉口。中国地方官已将干涉此事之人缉获惩办，并设法稽查，随时告诫。如此办理，可谓毫无偏袒。至匪徒来去无常，无兵弹压，乃系力之不逮，并非禁之不严。该地方官断不阳奉阴违，禀报不实，亦绝无暗助日本之处。兹准前因，除已由本部照会日本驻京大臣诘阻，并咨行盛京将军、北洋大臣，仍饬地方官严守中立，切实查禁外，相应照复贵大臣，转达贵国政府，勿信浮言，实于大局均为有益。

须至照复者。

六月初六日

吕海寰盛宣怀致外部米谷出口葡使争之甚力电

初一与葡使先议第七款，告以中国土产已出口，运入澳门后，复运中国，即作洋货论，不得以土货复进口论。葡使初尚狡执，海等援引香港、胶州等处成样力与辩驳，彼乃语塞，允将此款删除。次议第五款，告以中国土产出口，断无免税之理。米谷一项，照章不准出口，更何能免税？葡使谓：此款乃酬谢三、四款所予之利益。驳以缉私已载明旧约，所予利益惟新订分关一层，然亦以铁路互换，今三、四款未提分关，有何利益可酬？辩论再三，葡使允纳税课，总要准运米出口，彼此坚持未定。昨又会晤，复声明：第五款米谷不准出口，第六款各项船只来往澳门、西江各埠，及该款第二节云云，漫无限制，只能照英约来往西江之通商口，因澳门系外国地，况无洋关，即难验发准单。辩论再四，经税务司调停，拟在澳门境内专设趸船，代行分关之事。已命裴式楷电询赫税司再议。独米谷出口一节，葡使争之甚力，谓：粤米准五十万石出口，有成案可循。驳以前准出口之五十万石系统运南洋各埠，不止澳门一隅。据粤督查明，澳门侨居华民每年需米约只二十三万石，类皆仰给于香港运来之法米，并非由内地运往。中国地广人稠，此省与彼省时有禁运，何论外洋？上年日约为米事争论多次，迄未照允。葡使谓：日本用米多，澳门用米少，情形不同，若不准出口，驻澳华民无以为生，葡所求者，只澳门附近香山之米。答以年岁丰稔，米谷有余，原可就近通融，但不能入约，致予他国口实。葡使谓：此系分关章程已允之条，不解此时何又坚拒？当查章程并无米谷字样，与之质证，葡使狡谓，章程内食物即米谷在内，若欲删去第五款，须将第三、四款一并删去。狡黠异常，颇难就犯。余容续议再达。

六月初八日

直督袁世凯致外部日攻破大石桥营口俄人均逃电

接营口探电称：日、俄两军，连日在大、小平山酣战，俄均败。今日攻破大石桥，火车站亦被日炮轰焚，俄军向东北败走。在营口俄官、商、兵、弁尽逃去云。谨转达。

六月十三日

铁路督办盛宣怀咨外部拟借日本银行款扩充汉阳铁厂文　附合同一件　附件三件

为咨呈事。

前因湖北汉阳铁厂炼冶钢铁机炉无多，历年亏折，势极艰危，非筹借巨款，扩充新厂，无以济屯出险，于时局亦深有关系。经本大臣与日本驻沪总领事小田切代日本制铁所及日本兴业银行面商，议定预借矿价日本金钱三百万元，就煤炼铁，另购新机。议立草合同十条，于光绪二十九年九月二十一日签印，仍声明：俟与外务部、商部、湖广

〈总〉督部堂妥商无碍，再签正约，钞稿分咨查核，并节次函电商办有案。

嗣于上年十月十五日承准正任湖广总督部堂张之洞元电，内开：添设炉座，扩充铁厂，极是。预借矿价，亦是筹款不得已之计，甚愿赞成。但合同订明每年至少收买上等矿石六万吨，计十八万元，仅敷还息，不敷还本，必须订明每年于售矿内带还本银若干，至少每年收买上等矿石七万吨，总期本息匀摊，三十年后全款清还，毫无遗累。至以得道湾作保，商借商款，自宜先采商山之矿。商山不足，再采从前承办时官拨归商之山。设仍不足，必须采及以后官家另购之山，则须与官商明办法，或以价买，或拨借款若干归官，方昭平允。此次借款将来如何拨用？亦望定章咨明为要。十一月初三日承准贵部电同前因，并谓：矿山运路作为担保，甚有流弊，令即妥商删除，电复各等因。

准此，当经本大臣与日本领事切实面议，据称：商家三五万款项尚须的保，矧十百倍蓰于此？且虚指一山作保，并非挂名洋产，担保一节，例难遵删等语。查开议之时，该领事本索全冶矿山作抵，磋磨至再，始允虚指得道湾商山一座作保。其连及运路者，只防阻碍运矿起见。另立专条订明，不得在中国设炉、设厂熔炼矿石，实已力阻流弊。至每年运矿数目，遵电坚持，业已改为至少之数，每年收买头等矿石七万吨，至多之数，不得过十万吨。抵付全款利息外，逐年带还本项，将来就萍乡煤矿添设新炉，不仅就煤，并须就近采取萍铁，则冶矿只是供给汉厂旧炉所需自用，实系有余。所订十万吨之外，或须加售两万吨，冶局亦可照售，仍须先时商办，庶操纵一切在我。凡此改订之处，总冀三十年本利全清，日后毫无遗累。该领事迭次电劝日本制铁所应允，即来催签正约。经本大臣于十一月初六等日，据情电商，并以厂商承办时，有官拨归商之山，有厂商自购之山，如纱帽翅、得道湾、金山店等处并为商山。现售矿石已议定悉取于此，设有不足，或须采及以后官家另购之山，届时商代官挖，开除公费外，利尽归官，并由官派员稽查。目前合同不便写明官山字样，虑其藉端指索。如果商厂采及官山，自应与官先订办法。至借款如何拨用，遵当定章咨明，以昭征信各等语，先后电请贵部及正任湖广总督部堂张之洞迅赐核准，以便遵照签定。

旋于十一月初七日承准正任湖广总督部堂张之洞语电，内开：昨内田公使来云，已接其外部电，允于合同内载明每年至少运上等矿石七万吨，惟请另备照会声明，七万吨之数，须俟前合同五年期满后起算，计至明秋，期满以前，仍以六万吨为限，其至多之数，于彼有益，不宜再加。祈与小田切将合同更正，并将续订附件涂销，仍以十万吨为限。又准初九日庚电：先取商山，如有不足，采及官山，商代官挖办法亦甚平允，自可照办。此乃自家商办之事，不宜载入合同。至作保一节，凡借洋款必须有保，况得道湾山厂运路系商购开，虽指山作保，亦与大局无妨，更无窒碍。此次借款关系铁政成败，逐年以矿石抽还，较别项借款尚少流弊。兹至少之限已加至七万吨，至多之限仍是十万，则此约并无不妥。应请大部迅速核准，为幸等因。又于十一月十二日承准贵部文电，内开：大冶合同，希即查照香帅庚电，与小田切妥商签定等因。遵即面告日本总领事，据云，得京电，由使馆参赞面商张宫保，允准通融，不销附件。正驰电请示间，十一月十四日承准正任湖广总督部堂张盐电：昨郑参赞来，录示附件稿，语尚活动，且言明临时商办，似无流弊，已允存此附件，但须照原文一字不易等因，到本大臣，遵即知照小田切，按照商定各节斟改缮正。计正合同十条，附函三件，于光绪二十九年十一月二十八日，即明治三十七年正月十五日，在上海铁路总公司签押盖印，分别存执，并由兴业银行按照订定期限，于东历正月十五、四月十五、七月十五日分三批交款前来。本大臣先期札派汉厂总办·候选郎中李维格，携带冶铁萍焦各项矿样，兼程出发，周历英、美、德国各大厂，悉心考验，定购新式机炉，回华安设。现据电禀，已抵德京，应用机价若干，应雇机师几人，以及机座、地脚、工厂、房屋、水陆运费、材料、薪伙，统俟该总办将厂单估单及购机、造屋图样邮寄到沪，即就此项金钱分别支给，仍逐开名目价款，列册咨报，以符原议。除分咨外，相应照录正合同，备文咨呈贵部，谨请查照，备案施行。

六月二十二日

大冶购运矿石预借矿价正合同

一、督办湖北汉阳铁厂之大冶矿局订借日本兴业银行日本金钱三百万元，以三十年为期，年息六厘。正合同画押之日，先交金钱一百万元，以后每三个月交金钱一百万元，计合同签字后六个月交清。利息照每次到之日计算。

二、以大冶之得道湾矿山附图、大冶矿局现有及将来接展之运矿铁路及矿山吊车并车辆、房屋、修理机器厂此系现在下陆之修理厂为该借款担保之项。此项担保，在该限期内，不得或让、或卖、或租于他国之官商。即欲另作第二次借款之担保，应先尽日本。

三、聘用日本矿师，在取矿之山，归督办大臣节制。俟督办大臣聘用不论何国之总矿师时，该日本矿师即应遵从督办大臣之命令，归总矿师调度。

四、此次借款，言明以制铁所按年所购矿石价值给还本息，不还现款。惟查大冶矿山概系直形，并非平槽，以后采挖愈深，工费愈多，是以十年期满须另议价值。其可以浮面浅挖之处，大冶矿局必应设法浅挖，以免两面吃亏。总以后十年挖矿之深浅难易比较前十年，又须考查英国铁价涨跌，折中会定矿价。倘会议不定，即应彼此各请公正人一人秉公定价。倘此两人有意见不合之处，即由此两人公请一人断定，彼此即应照办，不得再有异议。

五、照光绪二十六年原订合同，改为每年收买头等矿石七万吨，不得再少，以敷全款之息及带还本项。并订明，至多不过十万吨。如须于额定七万吨之外添购一万吨至三万吨，应按其数多寡，于一年至少四个月前，由制铁所长官与督办大臣彼此商量定夺。头等矿石价目，每吨日本金钱三元，订定十年期限。期满，查照第四款办理。二等矿石，照光绪二十六年八月原合同第五款办理。如火车运道实来不及，彼此商缓日期。订明二等矿石每吨日本金钱二元二角。

六、正合同签字日起，所有光绪二十五年二月、又二十六年八月所订矿石合同，展限三十年，除购用日煤毋庸照办，矿石价值概照本合同之外，其余未经续议条款，悉照原合同办理。光绪二十六年八月初五日所订矿价，至明治三十八年八月二十九日为止。是日以后，即照新订合同价值，头等每吨日本金钱三元，二等每吨日本金钱二元二角，照办十年。

七、借款合同期限既订明三十年，则每年应还本项便以金钱十万元为度。如某年制铁所收运矿石吨数价值仅敷还息，则先尽还息，是年应还本项便迟至下一年归还。又如制铁所收运矿石吨数价值，除抵还借款利息外，尚有多余，大冶矿局即将此多余之数尽抵还本项，利随本减。倘本项逐渐减少，计算不到三十年便可还清，则大冶矿局暂停数年还本，以符合同三十年期限。此暂停还本数年内，矿价抵息外多余之数，制铁所付交现款。三十年期满，本项如有尾款未清，大冶矿局自应照数清结，注销合同。然制铁所应允竭力多运，以便在合同限期内本利全数清讫，俾符原约。

八、制铁所不得在大冶或华境内设炉、设厂，将所购矿石熔炼钢铁。

九、制铁所每次将应付矿价径交日本兴业银行，即取该银行收条交到大冶矿局，作为已收还之款抵算。

十、议定制铁所雇来不拘何船装矿时带运煤斤之水脚，制铁所应努力使照日本他公司寻常运煤水脚相等。以上正合同连附件三件，各缮三分，日本制铁所、湖北汉阳铁厂之冶矿局、日本兴业银行各执一分为凭。

大清国督办湖北铁厂盛，大日本国驻沪总领事小田切，株式会社日本兴业银行理事井上辰九郎，制铁所代表人小田切，订于上海。

光绪二十九年十一月二十八日。明治三十七年一月十五日。

铁路督办盛大臣致日领事小田切函　附件第一

敬启者：

本日签定大冶借款正合同，第五款订明，每年售与制铁所矿石至多十万吨，倘将来大冶矿局，除供给自用外，尚有余力，可以多售，则于所订十万吨之外再售两万吨，应届时彼此先期商定。特缮本函作为合同附件，请贵总领事一并存照。

敬颂日祉！

日总领事小田切致盛督办函　附件第二

敬启者：

本日签定大冶借款正合同，第十款订明，制铁所装矿轮船带运煤斤之水脚，所以力争必须与日本他公司运煤水脚相等者，因虑水脚跌贱侵碍贵大臣兼辖萍乡煤矿之利，是以制铁所应允努力使令运矿轮船带运煤斤，不得比他公司便宜。特缮本函作为合同附件，即请贵大臣一并存照。

敬颂日祉！

日总领事小田切致盛督办函　附件第三

敬启者：

大冶购矿石预借矿价正合同第五条内开：照光绪二十六年原订合同，改为每年收买头等矿石七万吨，不得再少，以敷全款之息并带还本项云云。本总领事应亟加声明，光绪二十六年八月初五日所订合同直至明治三十八年八月二十九日为止，是以每年收买头等矿石至少七万吨之约须至明治三十八年八月二十九日为止，是以每年收买头等矿石至少七万吨之约须至明治三十八年八月二十九日以后方能照办。其前约未经届满之上一年，即光绪三十年，制铁所应允至少之数收买头等〈矿〉石六万吨。请贵大臣查照为要。特缮本函作为合同附件。

敬颂日祉。

东海关道何彦升呈外部日军进距辽阳七十里电

日陆军报，十九日攻占细河沿西榆树林，二十日攻占摩天岭西杨树林，均距辽阳七十里。

六月二十三日

直督袁世凯致外部海城牛庄俄军败退电

探称：二十二日，日军分兵攻海城、牛庄等处，俄军迎战，未久即败退，日遂进占云。谨转达。

六月二十四日

增祺廷杰致外部俄已退至辽南鞍山站沙河一带电

顷，探：二十一日，海城之战，俄已退至辽南鞍山站沙河一带。又东路距辽阳七十里松树沟，俄大败，死总统一员，兵伤亡甚多。谨电闻。

六月二十六日

清季外交史料卷一百八十三终

清季外交史料卷一百八十四

光绪三十年七月至八月

外部致袁世凯周馥何彦升俄使称闻日拟击烟台领署应饬严防电

俄使照称：据烟台来信，该埠谈及日人拟击俄副领事署，恐生意外，请饬该地方官严切防护。该署及该埠所居俄人并去。该埠距华十四里之法国洋行大罗地段所驻俄人，又俄雷艇所卸后膛洋枪及船上各机器交存统带船上，恐有疏失，请交该埠局外国领事，或交海关亦可等语。保护领署及洋人寄居者，乃地方官应尽之责任。俄使所称虽属过虑，希饬该关道，督率地方文武，严密防范，以免他虞。至俄雷艇所卸机器，并请电饬萨镇转交海关，妥为存储。仍电复。

七月初八日

沪道袁树勋致沪领袖领事俄舰不守中立规条请转致公会照会

为照会事。

照得本道前准日本总领事小田切来文：本国外务大臣电饬，俄舰进沪既过二十四点钟，中国须令立刻出口。如不愿，须起卸一切军器、械器，停口内一定之地，以待战毕。倘不能择一而行，日本即自认一适当手段，即行办结等因。当经本道将奉到外务部电谕，饬令收取军器，并令俄弁兵等出具不预战供状，将该艇归中国保护看管办法各节，照会俄总领事，一面照会贵总领事查照在案。嗣以俄总领事坚谓，巡洋舰阿司哥及灭鱼雷艇格罗苏华意系为修理损伤而来，例得进口，修竣出口，不允起除机械。本道因查外务部中立条规，确有准战国师船修理损伤之例，然其工程只能以行抵最近口岸为度，限期应听地方官酌定，当即函致新关税务司，派员查验估修，一再声明须按条规办法。乃旬日以来，修理迁延，竣工无日，迭与俄总领事照会，往复筹商，始终未有一的实作工日期。本道不得已按照条规酌定：巡洋舰进坞多日，舵板将次修好，应限四十八点钟修竣后二十四点钟出口。鱼雷艇已早逾俄国驻京大臣所请修理五日之期，不准再修，应限二十四点钟出口。倘不出口，即收取军火、机器。照会饬遵，乃俄总领事迭次来文，不肯照办。本道不得已一面驳复，一面派万翻译亲往面商，以今午雷艇出口之限已满，应即收取军械。而俄总领事坚谓，两船工程尚未据工程师估定，未估定之前，本道不能预定限期；并谓，机械亦不能收取，须各禀请政府核办。殊不思我国中立条规既定有由地方官酌定限期之语，则衡情定限，系本道自有之权，何庸琐琐禀渎上宪？更何能以局外工程师所估为凭？今俄总领事既不以本道办法为然，则明明以外务部所定之条规为不然，而不欲受我之保护，有意破坏我之中立。将来设有人如俄总领事之意，以破坏我之中立，在俄国进口之师船设有意外，固与我国无涉，应由俄国担其责任。而上海为各国通商总汇，关系匪轻，倘有牵动一切，亦应俄国担其责任。除照会俄总领事查照外，本道查，日俄战事初起，即闻贵国政府昌言愿保我国之中立，久深铭佩，而贵总领事又遇事主持公道，今值俄国师船不肯遵守我之条规，不愿受我之保护，有意破坏我之中立，本道不得不将此情节详细备文照会贵领袖总领事，俾知上海将来设有意外之事，均系俄国担其责任而与中国无涉。为此照会，请烦查照，并希转致公会，一体咨照施行。

须至照会者。

七月初十日

使日杨枢致外部日小村称俄旅顺舰队恐以烟台为逋逃薮断难认可电

日捕俄艇事，现据小村复称：此事准贵国公文，我政府殊出意料之外，盖我政府曾经声明，俄国若能一体措置，则我国亦必尊重贵国之中立。是以俄海陆军如仅在满州〔洲〕地面，则满洲以外自可常保中立，苟有不幸，如此次俄舰由旅顺逸出，闯入贵国港内，则该港中立于咄嗟间已破坏，我国于该地遂可施以自卫必要之方。况俄国冲犯烟台及附近之中立地，非仅此一事，如于烟台增设无线电机传递消息，又在庙岛附近之贵国领海击我汽船，是烟台为附近之中立地俄早破壤〔坏〕。此际我政府深恐旅顺舰队将以烟台为逋逃薮，设令宽假其小舰，则巨舰相率效尤，故我政府临机因应。若任俄国不顾贵国之中立，以免彼战败祸害而伤我权力利益，则我政府断难认可。至贵国官凭信俄舰长之言所述各节，均与实情不符。查我海军士官赴俄舰时，该舰不仅武装尚足，且于前日添载煤斤。至谓我国将卒枪击无械俄人，诬妄尤甚，因俄舰将卒先加暴行于我士官及随员，其启抗敌之端已昭彰莫讳。假令我所为不是，则俄舰亦应请贵国官护救，乃不出此，竟自抗敌，是责在俄舰不待言矣！又萨镇升旗发号一节，据我舰声称：当日虽见中国兵舰似有旗号飘扬，惟时在昧爽，是何信号未能明晰等语。先摘要奉闻，余函详。

七月十二日

外部致雷萨尔俄泊沪兵舰如不愿出口应令拆卸军装照会

为照会事。

俄雷艇兵舰停泊上海，久未出口。经该关道查明，雷艇一点钟能行十五海里，无须修理，兵舰亦修补将竣，分别限令出口。嗣本部复限于本月十一日正午起四十八点钟限内修竣，立即出口，如不愿出口，即无须修理，迅将机器、炮械一律拆卸。于本月初十、十一两日先后照会贵大臣，并电上海道遵办在案。顷，接该关道电称：接俄领事照复，已禀请贵大臣示遵等因。查俄船抵沪已经十日。战国兵舰在局外国修补损伤，本有限制，中国地方官均系按照公法条规办理。现计十三日十二点钟，即将限满，相应再行照会贵大臣，查明本部十一日照会，即刻电饬驻沪总领事，迅速照办，切勿延宕。倘再稽时日，是俄船自违公法，设有人藉口，以致侵及中立界内，牵动一切事端，应由贵国担其责任，均于中国无涉。

须至照会者。

七月十二日

江督魏光焘致外部俄舰末次限满拟令拆卸军装电

接沪道卦电称：奉转外部庚电及佳电，敬佩！职道接日领文后，立定办法，由两齐电加紧详陈。昨晚接俄复，仍藉词须俟工程师会同海关决定修期，全不遵办。又称奉公使电，已与我政府议准，各该船分别修竣，先后于二十四点钟出口。否则，再行起卸军火云云。首鼠两端，全然显出。职道当又以工程修理限期，条规载明听地方官酌定，不能由战国自便，何能藉候工程师定限为诿？倘不出口，则须起卸军火、机器，令其速即赶办，万勿迁延自误。并以各该船入口已久，迅速分别修理，应已竣工。职道一再声明办法，实与公使与我政府所议其意相同。来文所请，实出中立国所许战国师船限制之外，碍难照办。严词驳复。此事迁延日久，刻下风声甚紧，万不能任其纠缠，自坏中立。今午雷艇限期即满，倘不出口，即应立起军火、机器。应否候外部谕复遵行？伏乞核示祗遵等语。俄舰有意延宕，即使再商，徒费时日，转滋后患。现雷艇限期既满，已照沪道来电，倘不出口，迫令立卸军装，并令巡舰依限出口，否则无庸修理，一并拆卸。仍著一面照会领袖领事，告以俄人不合公法，使中立国为难。现俄船末次限满不出，只得迫令将军装拆卸。俄若不遵，则是俄人自背公法。日船如来，或起冲突，不与中立国相关。倘因此酿祸，牵动地方，一切事端，无论至何地步，咎由俄人不遵公法，中国决不担其责任。正办理间，适又奉到钧处蒸电，已立饬沪道遵办矣！

七月十二日

俄使雷萨尔致外部沪嘱俄舰停修实利日本照会

昨日，接准来照，以据沪道电复，特再酌中改定俄舰限于本月十八日正午十二点钟停止俄船修补等因，何以贵部于十三日来文？本大臣恐地方官复行不遵教令，显然有背所嘱及中立之例，以利日本，而贵国之责成更重矣！望贵王大臣务必杜绝如此之行为为要。

七月十四日

日使内田致外部俄船展限出口已达本国政府照会

为照会事。

接准本年七月十三日来文内称：据沪道来电，俄船以能行海为度，至速须中历本月十七日修竣，且日内潮浅，不能出口，本部现经改定展限，于十八日午正十二点钟出口，请转电贵国政府，并电上海总领事照办等因。本大臣阅悉之下，殊深诧讶！查本大臣于本月二十日即中历七月初十日，遵照本国政府训条，开列三端办法，照会贵部，文内业经声明：贵国政府于此三端内一条均未能令其照行，则因此所生局面贵国政府自当独任其责等语在案。是夜会晤那大臣时，亦曾将此中情节关系甚重缘由详细面达。乃由贵国政府独出己见，未曾一次向本大臣商及，再予俄船展限至中历七月十八日出口者，无乃将本国政府所提办法视同弁髦，然则因再予俄船展限出口之举所生局面，必在贵国政府情甘自认其责也可知。除将来文各节业于昨晚电达本国政府，一俟奉到训条，再行照会外，按照本大臣所见，先行照复贵王大臣查照，并将贵国政府未能卸此重责缘由特再声明。

七月十四日

沪道袁树勋致沪领袖领事起卸俄舰军械机器照会

为照会事。

本月十四日接准俄总领事照会：统带在沪之本国水师提督文开，奉海部大臣阿亲王札开，奉本国大皇帝谕，巡洋舰奥斯科、灭鱼雷艇格罗苏福意均即拆卸军器等因。奉此，现定于七月十四晚七点钟该两船一律下旗，从下旗之时起，该两船即作为卸去军器，其守护之兵丁即行撤退。其修理工程，奉海部大臣札饬，仍续行照修。请转致中国地方官，并会商卸去军器之详细办法。至该两船水手之一分即遣送回国，照满州〔洲〕船一律办理等因。本总领事准此，相应照会贵道查照，速即饬令将该两船设法保护。一切因自下旗及撤退守护兵丁之时起，所有看守该两船及其责任，全属于中国政府，并请贵道知照税务司，与本总领事会商该两船实行卸去军器之详细办法。本总领事现已电请政府训条，俟接到此项详细办法之训示，即可办结等因。除函致税务司派员前往俄船妥为起卸军械、机器外，查俄国舰艇既经遵照我外务部所定逾限不出口，拆卸军械、机器，归我保护，业已按照我国中立条规办理。除照会日总领事、英总领事外，相应照会贵领袖总领事，请烦查照，转致各领事，公同一体施行。

须至照会者。

七月十四日

直督袁世凯奏海军统将于遵守中立之战国船只保护不力请旨惩处折

直隶总督袁世凯奏，为海军统将于遵守中立之战国船只保护不力，请旨惩处事。

窃据代统北洋海军·广东南澳镇总兵萨镇冰会同东海关道何彦升电称：七月初一日早四〈点〉钟，俄国鱼雷艇一艘驶入烟台，该总兵即派海军官员登艇查询。该艇系六月二十九日晚由旅顺出口，中途机器损坏，来烟修理。载搭客九人，内女眷一人，船上员兵四十七人。据称，机器修竣即行。嗣查所损之件，烟地无从给换。俄艇管带愿将该艇炮械、鱼雷、机器各要件拆卸，并签名具结，不预战事，不挂俄旗。经我海军官员督率照办。自下午四点至七点次第办竣，领泊西澳，以免风飓之险，又派海容舢舨照料看守。迨七点半钟，日本雷艇二艘进口，该总兵亲到日艇，告以俄艇军械业经拆卸等语，日艇管带允须臾即去。不意初二日早三点，日艇派杉板载三十余人登俄艇，海容看守官阻之不听。登艇后即云：日管带云，若战，速开出口，不战，即降。俄管带答以军械已卸，不能复战，且已具结，愿不再干战事，何降之有？遂相龃龉，开枪击伤俄管带，相搏落水员勇，继之经海容船救回二十五人，暂为安置治伤。俄艇旋于四点钟被日艇拖去，该总兵即升旗令其停轮，其拖俄艇者直行不停。其一停轮，该总兵复派海圻兵船大副过船申明：俄艇军械已卸，不应拖去。日管带云：当赶告前船，将俄船拖回。不料一去不返等情。据此，臣查，战国船只逃入中立口岸，既经缴械具结，受我管束，按照公法，我应有保护之责。该总兵萨镇冰身为海军统将，于俄艇进口后业按公法妥办，兼派船员看守，而日轮驶入亦经告明俄船办法，乃因一再轻信日人之言，致遵守中立之俄国雷艇竟被日艇拖去，虽经多方拦阻，究属保护不力。除此案已电明外务部，诘日本公使查办，并将看守疏忽各员弁由臣查明惩办外，相应请旨将代统北洋海军·广东南澳镇总兵萨镇冰饬交兵部议处，以示惩儆。谨奏。

光绪三十年七月十四日奉旨：广东南澳镇总兵萨镇冰，著交部议处。

日使内田致外部酌拟俄舰卸去军装办法六条请切实施行照会

准七月十五日来文内开：本部顷据江海关道电称，接俄国领事来文，巡洋舰、鱼雷艇定七月十四日晚七点钟一律下旗，卸去军器，兵丁撤退，水手遣送回国，照满洲船办理。自下旗撤兵时起，会商两船卸去军器办法等因。此事与本部所定办法及贵大臣本月初十日即日历八月二十日来照之第三条尚属相符，电饬该关道照办云云等因，均已阅悉。

本大臣当经将来文各节电达本国政府，去后，本日奉到电复，内开：中国政府并不按照所约践行，擅准展缓俄船出口日期，复听俄船续加修工。此次据江海关道电禀，亦未经与我商酌，径行电饬准照俄领事来文办理。在我国政府殊觉非是，惟有按照前次文内声明之言，预留自行防卫办法之权，坚持无移耳！并将下开各节照请中国政府核办。

七月十七日

一、卸去军械事宜，即刻施行，不得稍涉延宕。

二、将军械、子药以及机器要件一律卸岸，应由中国官员看管。

三、如俄船国旗未经撤下，令其立即撤下。

四、续加修工乃系恢复战力，故断不可任其续修。

五、卸去军械之俄船，应由中国官员看管。即有何项缘由，均不得由上海口岸开出。

六、将俄船员兵遣送回国一事，乃系增加俄国战力。如哇利亚克、满洲鲁等俄船员兵颇有复投队伍之迹，故此阿斯哥尔特、古勒色波伊两船员兵，俟一律由船退出后，至军事完毕，应由中国官员管押。

以上各端，均系为中立国之中国政府应尽权责，自当迅速切实施行。倘仍再迟缓，我国政府只得按照预留之权办理也等因。本大臣兹遵训饬前因，相应备文照复贵王大臣查照可也。

七月十七日

外部致胡惟德俄船无续修之理希商俄外部电

谏电悉。上海俄舰艇已定拆卸，当饬沪道速办。现据电称：日领奉外部训条，请将俄船停修，兵弁不得遣送回国，留岸管束，与胶威一律办法。该道因与俄领来文奉俄皇批饬，船仍照修，兵弁遣散回国之说不符，请商定停修等语。兵弁回国一节，现与日本磋商，能否照允，尚在未定。至俄船既定拆卸，决无续修之理。希作为中国意见，切商外部，转饬停修，以便妥为防护。并电复。

七月十八日

鄂督张之洞致外部葡约洋药趸船运米事谨拟办法祈裁酌电

部、沪各电均悉。查运销澳门洋药、往来澳门轮船，中国海关必须能自派人水陆查缉，方能使洋药必入专栈，船只必泊趸船。若每月仅由海关派员至专栈查对一次，趸船仅有一扦子手在彼查验，恐偷漏必不能免。应请与葡使切商，于第三、第六两款所附章程内添叙明妥。其洋药专栈，海关能派员常川住栈稽查尤善。至澳门内海，只设趸船，不设分关，已是通融办法，则此趸船自必为中国海关所设，方合情理。今所拟章程乃谓：购买趸船价值与修验经费由拱北关与澳员会定，究竟此船谁属，绝不声明。而下文屡言：趸船上之拱北关扦子手云云，显见此船并非拱北关所专设，将来必指为葡国趸船，尚何能由我作主？务请声明此趸船为中国拱北海关所设，方免含混。又船只不遵守章程，由海关知会理船厅酌情惩办等语，是违章之船惩罚与否全须听命于澳门之理船厅，中国海关丝毫不能作主，殊欠平允。此条亦须妥酌更改。至运米一节，检查洞前在粤时札行司局各案，只言酌量本省丰歉情形，以定米石出洋多寡。澳门华民每年约需食米三十万石，业经查明，无庸增减云云，案牍具在，并无准运五十万石之说，何得讹传为五十万石？况系约数，与现在粤督所查廿四万之数不甚相远。今葡使既亦自认三十万石为食米，必已有盈无绌。能照粤督所查，只准运二十四万石最妥。万不得已，亦止可以三十万石为限。此系至多之数，万万不可再加。统祈裁酌细商。

七月二十日

外部致内田据沪道电俄舰军火已卸希电知日领函

径启者：

上海俄船拆卸一事，迭据江海关道电称：俄船已于十四日下旗，雷艇军火船机昨已起卸，解送制造局安放。惟据税务司函称：巡洋舰因潮小须月杪方可下水，现在只能先起各炮位之后膛。此外药弹危险之物，驳船既难靠岸，即属不易动手。当于该舰下水赶办等语。查俄舰军火、子药，俄领事亦谓，随时听起，并不阻延。是税司所述办法为难系属实情，无碍中立，请转商日本驻京大臣体察等因前来。本部查，上海地方商民萃聚，轮帆云集，船厂又逼近火油池，若将药弹仓卒搬运，万一失慎，为害甚巨。该道请俟该舰下水赶办，系为慎重起见，并非迟延。即希贵大臣审察情形，电知驻沪总领事，查照为荷。正发函间，接准二十二日来照。除由本部再行照复外，先此布达。

顺颂时祉！

七月二十二日

外部致内田日船在烟台拖去俄艇前请释回未能照允按公法声明照会

为照会事。

七月十二日接准照复称：日艇在烟台拖去俄艇一事，按本部照会，饬将俄艇释回，并将日艇管带按律惩治。现准贵国外务大臣复电，未能照允等因。本部查考公法及一切情形，仍有必须声明之处，兹特详列于后：

一、来文内开：倘俄水陆各军不逾满洲疆界以外，则其余各地自能保持局外中立之例。惟此次事件，系俄兵船由旅顺口逃出，避进中国口岸，已侵犯该处口岸之中立，是以日本政府为自行防卫起见，施所当行之事等语。查公法只禁战国在中立领海备战，其以修补损伤、避敌追击而逾战疆者，均为公法所许。此次俄艇入烟，系为修补损伤，旋因烟埠未能修补，复将机械卸去，又具结不再干预战事，已毫无备战情形，不得谓其侵犯中立。如日人既登俄艇，复拖之去，是于中立港内行缉捕之权，乃为侵犯中立也。

二、来文内称：俄在烟台附近之地有侵犯中立之举，如在烟台设立无线电杆与旅顺通消息，及在庙岛附近击沉日本轮等语。查无线电杆一事，中国迭经照会禁止，惟前未能办结者，其故有二：一、因开战以来，中国于日、俄两国之间电报往来，战地均未禁止。今特禁无线电杆，俄国有所推诿。二、因尚未查得有与旅顺通消息之实据，俄国不能承认，是以此事甚费辩驳。现又切实照会俄国从速撤去，中国实已竭力办理，并未故纵。兹据东海关道查复：㻗岚村所有横木电瓶及通屋之电线均撤，西岛短杆亦拔，平线已撤，该埠已无设立无线电之处。至击沉轮船一节，查该轮船名繁荣丸，载有水雷，且未知照中国保护，其被俄击沉，与西历一千八百十五年英国商船安号事件相类，中国不任其责也。

三、来文内称：日本海军武官登俄艇时，非为俄艇之军械尚为整备，且闻俄艇于前一日竟敢装载煤斤；又称：俄艇员弁当求中国官员救护，方为合理，乃自肇事端，其责应归俄艇；又称：日艇虽曾望见中国兵轮旗号翩翩，以天尚未明，不能认明旗号何意各等语。查俄艇于中历七月初一日下午四钟由中国派海容舰程管带督率俄艇拆卸机械各要件，计快炮闩四个、枪机十三副、手枪二把、雷炮闩二个、轰雷枪四副、引信四个、棉药筒四个、雷头四个、机器编心轮二个，均由中国官员点收，并有他国人在旁目睹，可为证据，则俄艇军械不得谓尚为整备。至装煤一节，查无其事，亦系传闻失实。再，俄艇固当求中国保护，然因日本未经知照中国官员，突登俄艇迫战或降，俄艇为自卫起见，起而抵拒，故不及求中国保护，是此事实肇端于日兵之登俄艇，其责乃应在日艇。又日本既称望见中国兵轮旗号，则应询明何意，方为合理，何得诿为不能辨明，遂置而不理？则轻视中立之责，当归日艇承担也。总之，俄艇为修补损伤，避入烟台，不得谓为侵犯中立。中国海军饬令缴械具结，确按公法办理。一经办竣，即归中国保护。日艇管带如有猜疑，应约同中国官员登艇查视。该俄艇如有不合事件，应向中国官员诘问。乃黑夜之中遽登俄艇，酿生事端，其责任自有攸归。且中国海军萨镇于七月初一日晚八点钟亲到日本雷艇告以俄船办法，日艇管带并无异言，乃忽有此轻视中立之举动，与来文推重局外之意大相径庭。相应照复贵大臣查照，仍希转达贵政府，按照公法核办，以昭文明而裨大局。

七月二十二日

直督袁世凯致外部日军占安山站及安平等处电

辽东探称：十五日，日帅大山岩进驻海城。是夜，各路进攻辽阳。连日大战，至十八日，东路日军进占安山站沙河镇一带，南路进占安平汤河沿一带，距辽各三四十里不等，获俄械甚伙，俄军多伤亡，大队退守辽阳云。谨转达。

七月二十二日

东海关道何彦升呈外部日军占辽阳电

日军报，十九日，占太子河左岸。连日猛攻，二十二日，占俄各垒。俄军力拒，日损万人，俄损一万数千。二十四日，辽阳车站货栈悉毁。二十五日早，遂占辽阳。

七月二十六日

吕海寰盛宣怀致外部葡使请运米乞示准运若干电

运米一事，与葡使辩论至再。彼云：葡国政府及议院均注意澳门食米一事，若不准如所请，恐商约难以批准。反复辩难，许其电商大部，加至三十万石为止。彼云：至少每年必须请运四十万石，尚可商请葡政府照此定议，否则，断难从命。词意极为坚决。

至购米地方，照津电告以只能专指广东一省。葡使不允，谓：粤省设有荒歉，禁米出口，粤民既可赴他省购米接济，岂寓澳华民独不准其赴他省购米？若各省皆禁米出口，澳民自不能往运。若各省米价皆贵，澳民亦必择价廉之地购取。可请毋庸顾虑。又参酌裴式楷所拟办法，告以将来米数议准，须照通商此口运米至通商彼口，由海关发给准单，并自商约批准之日起，先行试办五年，期满如中国视为有碍利益，可以停止。葡使云：准单可以照办，惟期限必须十年，如行第五年中国果视为有碍利益，可以先期六个月由外务部照会驻京葡使商酌。海等当又声明：凡此所议办法，大部只允另用照会存案。葡使已允，属我一面电请部示，务于下次会议定准，以便彼电葡国政府，一面速拟照会文稿，先行送与斟酌。究应准运若干、购米地方、试办年限，可否准如葡使所议？并祈示复。海等即即赶办照会文稿，与之妥酌，再行电请核夺。

七月二十九日

直督袁世凯致外部据何彦升电俄艇事日领道歉电

顷，接烟台何道电称：昨据日领水野来称，俄艇事，因恐烟台作逋逃薮，不得已出此举，特来道歉。同种兄弟，务祈原谅。该艇尚在，未改原式云。其意密示从缓转圜，惟限于势位不肯实说。职道答以事关全球公论。现黄种战胜白种，倘黄种兄弟因此致留芥蒂，徒遗白种之笑。贵领既有心道歉，请切商贵政府，必有以交代我政府为要。水野允诺。应否转陈外务部密存备查？伏候钧裁云。谨转达。

八月初二日

吕海寰盛宣怀致外部澳门趸船经费以会定为妥电

葡约第六款之章程，部元电、鄂皓电均以趸船未显明由我作主之意，应声叙为中国拱北海关所设，遵与葡使辩论至再，该使总以葡船之设，虽系暗为中国设关之助，而不能揭明为中国所设。缘章程虽不附入约内，议院亦所必知。是以原拟章程本声明葡使专设趸船字样，因我再三属令将葡国专设四字删去，改为含混，下文又将应如何付给船价及经费改为由拱北关与澳门官员会定。因未言明何国所设，议院不致疑阻。若一经提明，直与设关无异，则此约仍难批准，实未便允。从前据贺、戴两税司述赫总税务司意，以仍由澳门自筹经费为愈。若章程既不能提明由我作主，则经费仍以彼此会定为妥，似较胜葡国自筹，我尚有一半微权也。

八月初三日

英使萨道义致外部预定川汉铁路公司借款照会

为照复事。

接准贵部文开，当经本大臣电达本国政府，去后，兹奉复电：知已设立中国公司，修筑川汉铁路，并重庆至成都之路为川汉干路之一段。该公司如不能筹集全股开办，则贵政府必应照去年贵亲王与署大臣所商，即本大臣七月二十四日及贵亲王八月初六日往返两函内之立案办法，将所需之外国资本皆在英、美二国借用等因。合行备文照复。再，查川汉公司似应将成都至叙州府、成都至泸州、成都至万县三支路归其承办。如此，则该省铁路均归一手经理，自必事顺而费廉也。

须至照会者。

八月十二日

外部致胡惟德请俄皇谕各军官保护陵寝宫殿电

兹有国电一件，即请迅交外部代递，电文如后：大清国大皇帝问大俄国大皇帝好！兹据奉天将军增祺电称：两陵山前屯扎俄兵甚多，现在开路挖濠等语。陵寝重地，兵队逼近，不免震惊。朕心焦急万分，旦夕不安。若俄兵不在两陵近地驻扎，则日本兵自亦不往。应请贵国大皇帝谕令该武官移营他处，方为稳妥。关系重要，不胜迫切！中、俄两国睦谊素敦，前已承贵国允为保护陵寝、宫殿诸重地，知必视此电为紧要，从速照行，实深感跂。

八月十四日

外部致袁张吕盛葡约米酒趸船等事酌拟办法电

运米事，如能以三十万石定议，照会内即无庸再添不准由澳运别处各语。趸船事，即不能由我自设，亦应得有实在权力。经费既由彼出，会定徒属空言，不如将章程内其应如何付给购买趸船价值以及修验经费，由拱北海关与澳门官员会定数语，改为其购置趸船以及修验各事宜，由拱北海关拟定合宜之办法，会同澳门官员办理，如此，则不言经费而经费亦包在内。船为我海关而设，自应由我拟议办法，仍会澳员办理，亦不致损彼主权。洋药事，照复内倘所定有错，亦可随时更正二语，意稍活动，不如删去。葡酒一款，彼欲轻税，又不欲别国假冒之酒得享轻税之益，实与各国利益均沾之约有碍。且此款上文方言同类之货，给他国利益，葡应一体享受。若葡酒改轻税则，他国同类之酒亦将援照议减，仍与葡国无益。若但将税则七钱改为五钱，事尚可允，惟不得载入约内，应仍将此款全删。

八月十四日

吕海寰盛宣怀致外部葡约米酒二事已遵示切商电

部元电敬悉。遵将运米、趸船两事再与切商。至葡酒一款，海等前已驳拒再三，该使以奉葡政府训条，力请将此款入约，并谓，葡国商务以酒为大宗，中国如再不允，是于彼之商务毫无益处，此约即可不议，词甚决绝。若照部电，仍令将此款删去，彼必不允。海等愚意，以此款于我无甚关系，正欲藉此款要挟葡使，迫以米数只定三十万石。允则将此款入约，否则再令删去，以为抵制，较可得劲。部电谓：葡酒改轻税则，他国同类之酒亦将援照议减，仍于葡国无益一节，于葡约之意似尚有误会。缘葡酒创于葡国，因各国仿造，仍袭其名，故欲入约，使中国知其真伪。凡伪造葡酒者，必不肯自行说明是某国仿造，自伤体面。是以无葡国执照及领事画押之葡酒，即不能享此利益。该仿造葡酒之他国人既不能援引，该国亦不能出而与争也。尚祈裁酌，迅赐示复。

八月十六日

使日杨枢致外部日君召集元老会议满洲事请饬沿边稽查防备严守中立电

月之二十七日，日君于大本营此营设在宫中召集元老伊藤博文等及各部院大臣会议满洲事。次日，枢向贵族院议员长冈护美探问会议大旨。据称，当会议时，诸臣奉日君面谕，前者俄抗日议，不允将满洲主权归还中国，实于东亚大局大有关碍，是以协约不成，日与俄战。将来事定后，日军所得满洲地方仍应归还中国，以践前言而成义举，不必效俄所为，致各国生心，出而干预。惟东清铁道之利益，日须全占等语。按：长冈子爵乃东亚同文会副会长，曾蒙恩赐优等宝星，平日最热心中国，且与枢投契，所述谅非子虚。惟闻日本政府近因俄船逃入烟台、上海等事，谓我不表同情于彼，疑我有左袒俄意。众议院议员亦提议此件，啧有烦言。各处报章因而随声附和，多著不平之论，阅之殊堪愤懑。窃念此次战局，日人初欲示德于我，尚无间言。今因俄舰之交涉不满彼意，遂上下兴谤，明系藉此等事先发难于我，以便将来要索地步。我处左右为难之势，若非于沿边、沿海地方增舰严密稽查防备，则俄、日之海陆军竟可任意闯入。多增一番交涉，即多损一分权利。恐战局定后，我受公法上之裁判，其吃亏甚大。固应早自为计，免授人以口实也。再，长冈之长子近在辽阳战死，敝处已派员致唁。顺以奉闻。

八月二十日

吕海寰盛宣怀致外部葡约运米三十万石已议定电

部、津铣电，鄂咸电，均敬悉。迭与葡使再四磋商，米数如能定准三十万石，则葡酒一款可以入约。葡使初谓：奉葡政府来电，以中国之大，何致因十万石之米争执如此之久，实所不解。告以此事本非大部所愿，实系强而后可，若再增多，断难从命。葡使始无异言，即照三十万石填入照会。

八月二十三日

外部致胡惟德调停日俄战事在觇彼内情希复电

漾电悉。日、俄相持未已，东省受祸日深，亟应力图挽救。尊电声明主权，为调停结束地步，自必确有所见。至谓战国或冀藉此收局，究竟当轴有无口气流露，或系得之士夫及商民舆论？此事发端极有关系，全在觇彼内情，办理方有把握。希再详察电复。

八月二十七日

商部咨外部开办商标注册请转税司札津沪两关文

为咨呈事。

光绪三十年八月二十四日接准咨称：商标注册一事，所有分局办事各节，当经本部札行总税务司，去后，兹准复称：查所发之例规格式，均系汉文。惟赴局注册，有各洋商在内，不得不辅以洋文。津、沪两关税务司代办一切，更须另具洋文，俾易明晓。是以先由总税务司综核大意，译就英文专照十式、杂件七式，拟交两关税务司，照式刷印备用。俟印妥，再行呈由贵部咨送商部存案。再，现闻各国商人均请其驻京大臣转达外部，将此事从缓开办。缘开办期前为日无多，应备各事未能齐全，不若暂允所请，或缓年余，俾得诸事就绪。且此事与他事不同，不能试办。所有注册、发照等事，必须事先筹妥，临时照行，毫无改易。至商部以此事应专归一衙署经理，实系正办，可免歧异重复之弊。原拟由津、沪两关代办一节，不若乘此缓办机会，由商部在适中之上海要地自行设一总局，所有中外各商挂号注册统归此局办理。倘不便在彼设局，或遇由某国商人禀由该国驻京大臣，转行外部，咨明商部，核明、注册、发照。事权既一，检查亦易。

可否照拟缓办，暨在上海或归京中专办，抑须仍照原定日期开始，仍归津、沪两关税务司代办各节一并呈请鉴核，示复遵行等语，咨行查照声复，以凭转饬遵照等因前来。

查原复所称各项，具见总税务司通盘筹计不厌周详之至意。惟本部于此项章程业参酌再三，期臻平允。其办理此事，亦已延有专门教员认真练习，足敷任用。总局房舍及各项应备事件亦均大致齐全。名曰试办者，乃初办之意。他日或扩充局面，或章程一时未能完全，续有增补，而与现在之注册、发照各节亦断不致前后两歧。至津、沪两关作为挂号分局，前订办事例规各条内业已载〈明〉权限，责在寄递，诚如总税务司原复所称，由部核明、注册、发照，事权既一，检查亦易。若由津、沪两关分办注册、发照，势必有歧异重复之弊。今但就挂号、寄递而论，事情较简，自不妨概从本国文字。其办事例规及章程等，总税务司译有英文，系为便览起见，足征周密。惟各禀牍、说帖，仍应照本章程细目内第一条第二则，虽有外国文字者，亦必加译汉文。又专照十式、杂件七式，本部现在未见译本，是否可行，无从悬揣。原复又称：各商均请驻京大臣转达外部从缓开办等语，本部仅于本月十四日由德国穆大臣来部商议及此，当告以案经奏定，碍难缓办，其余各国驻京大臣并无公文过部有请缓办之说。且本部未经具奏以前，迭由英、美、日各大臣来文催办，现在陆续收到洋商呈请之商标计共七百余件之多，势难再事延搁。事关奏案，业经布告中外商人，本部自当照原定日期开始，一切悉照奏定章程办理。相应咨送贵部查照，请烦转复总税务司，仍遵前议，分札两关可也。

须至咨呈者。

八月二十九日

清季外交史料卷一百八十四终

清季外交史料卷一百八十五

光绪三十年九月至十月

外部户部致各督抚各国不允还银应由各省移缓就急免借巨款电

现因各国不允还银，积欠不敷镑价千万，各国催索，兼欲要求格外。部库无款可筹，各省亦同此艰窘，惟有借款一法。第借定之后，仍须摊之各省，不独利归外人，抑且年增巨累。再四筹思，如各省将一切放款中但于例支、例解无碍者，以及一切存款、新增款，或移缓就急，或移后挪前，能自筹若干，即可少借若干，不惟济此眉急，实亦少轻摊数。为此电商，望速复。

九月十一日

直督袁世凯致外部赔款还银请商英使加洋药税或办印花税电

还银一案，凯就近与驻京各使迭次驳论，除美允收银、英许十年外，皆无成议，日、俄、德持之尤力。现日、俄构兵，需饷方殷。德近亦密筹兵备，必不肯许我还银。是与各国争，既办不到，与政府争，徒使为难。闻上年钧部曾函商各国展限还金，各国不允展限，而视为已认还金。此时再议还银，恐难措词。查补赔金价，本有部指常、洋两税二成增收一项，历年解补所短，当不致过多。部电千万，或未计及此项。如实有不敷，似可由钧部商明英使，再加洋药税，或请办印花税，专指此为拨补，不必另加搜括。鄙见如斯，统祈核政。

九月十四日

鄂督张之洞致各督抚赔款还银拟以洋常关二成增税抵拨电

承电均悉。赔款还银，鄙人历年坚持专主上谕系银数，列表系银数，应用银还之说。详电争辩，何止十余次？上年在京内商外拒，争之尤力，而外人总以条约不如此解，终未就范。英虽有前十年还银之说，为各国所持而止。此时外部已允还金，恐非口舌所能挽回，观慰帅电可见。惟商加洋药税，英必索并加土药税。土药税捐已重，万难再加，转致奸商巧避偷漏，坐失巨款。至午帅欲推至三十九年之后，无论日、俄需饷方殷，迫不及待，虽商亦必不允。即使见允，必须算利，利上加利，积累愈深，将此款永无清偿之日，更不合算。倘能如津电，以洋、常关二成增税抵拨，其不敷之数，由各省按成分五年摊还，或尚可勉力应付。若筹款之法，只可各就地方情形自行酌办，不必拘定一格。鄙见如斯，尚祈诸帅荩筹示复。

九月十七日

使俄胡惟德致外部俄派古鲁巴金为统帅电

本月十七日，俄主谕阿列辞退帅职，仍留总督任，专派前兵部古鲁巴金为东方水陆统帅。

九月二十一日

商约大臣吕海寰等奏葡国商约定议遵旨画押折　附条约一件　章程二件

商约大臣工部尚书吕海寰、直隶总督袁世凯、湖广总督张之洞、前工部侍郎盛宣怀奏，为葡萄牙国商约定议，遵旨画押，谨将约本恭折进呈事。

窃臣海寰、臣宣怀于本年二月承准外务部咨开：据葡萄牙国驻京使臣白朗谷照称：奉本国谕，改修税则一事，派该使臣前赴上海画押，并将光绪二十八年九月所订之新定增改条款，暨是年十二月所订之会订分关章程条款内之意同语异之处改为一律。其修改税则及新定增改条款并会订分关章程条款，合订一本，以归画一。该使臣拟于二月上旬赴沪，请转行知照等因。

当于该使臣抵沪后，订期与之会晤，面询照会内所称各节，将何者为意同语异及如何改归一律之处详为解明，以便会商办理。该使臣始声明：原因光绪二十八年新定增改条约及会订分关章程条款该国议院未经核准，不克互换，是以此次修改商约另行拟送条款，即将前此条款、章程意同语异之处包括在内。臣海寰等以该使臣晤对之词与照会外务部文意不符，即经驳拒不议，并备照会诘问该使臣，令其明晰照复。旋据复称：前奉本国训谕，业在外务部面行声明：一、本国政府准议院所议，给权于驻华公使，新立商约，即照近日各国与中国所立之商约无异。二、现欲请立新约，包括光绪二十八年九月所立之条款暨是年十二月会订之专条，但内有更改者，俾中、葡两国主权免有视为关碍之处。三、至于葡国协助中国防缉走私洋药一事，奉本国政府训谕，可将此项缉私之法整顿，以便全免走私。四、因今欲立之新约，应包括光绪二十八年九月所立之条款并十二月所订专条内之宗旨，或系更改，或系推广，悉行包括在内。所以本国之意，毋庸将前约核准各等情前来。又经电询外务部，复云：该使臣并未向部声明前约作废，当日议约，原以分关、铁路为彼此互换利益。倘不将光绪二十八年之约核准，藉包括为词，以废分关之议，则中国亦必将铁路互换之照会声明作废。臣海寰等即照部电直告该使臣，坚持许久，屏〔摒〕不与议。该使臣迭来商恳，以澳门设立分关，实有碍于该国主权，故议院未能核准，欲明言前约作废，又有碍于该国体面，故以包括宗旨毋庸核准为词。臣海寰等复细译前定分关之约第三、第四两款，载明系为稽查澳门出入口运入中国各埠洋药税饷起见，原以澳门协助中国征收洋药税厘，早经立有专约，其权仍在澳官，中国海关税务司并不能过问，用是议在澳门设立分关。今因格于议院，寝而未成。该使臣照复，既经声明奉该国政府训谕，可将此项缉私之法整顿，以便全免走私，果能将缉私办法切实妥拟，得收成效，未始不可稍予通融办理。电商外务部及臣世凯、臣之洞，意见相同。该使臣复电驻京参赞，赴外务部再三陈说，并托英使为之转圜，外务部始允电致臣等，彼此和平商订。因与该使臣首先议定，须将税则，及现议商约，并缉私一切详细章程，暨铁路合同一律妥订后，奏奉允准，即同日画押，以为互相钤制之计。此商约未经开议已再三辩驳之情形也。

嗣据该使臣陆续开送商约款文二十条，一面钞寄外务部及臣世凯、臣之洞察核，一面由臣海寰及臣宣怀摘其万不能允者两条：一为中国所有土产、食物，由各埠转运澳门，专备该处居民所需者，一概免纳各项出口之税；一为中国土产货物，于出口时，如将正税完清，若运入澳门，将来转运中国地方，于复进口时，应完税项与通商此口转运彼口者一律办理，先行驳删。该使臣初未首肯，并以澳门食物免税一条，为前订分关章程内所有，与我力争。驳以前约既未作准，即可由我增减，且此两条均于税务大有关碍，深虑奸商藉此影射偷漏，他埠从而效尤，再四辩论，强而后可。又寓澳华民请每年准运米六十万石，免纳税课，以资食用，如将来此数实不足充寓澳华民之所需，则可将数加增一条，严驳力拒。该使臣以民食所关，为彼政府注意之事，坚请不已。相持数月，极意磋磨，彼始允不入约文，援照日本成案，改用照会存查。电商臣世凯、臣之洞，往复筹酌，并电两广总督查复，旅澳华民不过八万，约需食米二十四万石，核与臣之洞前在粤督任内札行司局各案酌定米石出洋多寡不甚相远。又与该使臣驳减米数，舌敝唇焦，该使臣始减至四十万石，电经外务部酌定每年准运三十万石，臣世凯、臣之洞亦以此数不能再有加增。臣海寰等复与譬说百端，坚执到底。该使臣见我不肯松劲，然后就范，并照臣世凯电嘱：于照会内多立限制，指定在广东省购运。倘值该省荒歉，始准赴他省不禁米出口之口岸购运。每年由两广总督发给米照三十万石，年终将用剩米照于次年正月缴销，换给新照，以免补运。此外各款与英、美、日各约相同者九条，于意义稍有出入增损之处，详加酌核，悉令改归一律。首尾例款四条，为议约所应行声叙，亦与酌改妥洽。其余为该国所特请者五条。又奉外务部电令添入限制华民冒入洋籍一条，该使臣以此事可将情形叙入照会，由该国酌办，不愿入约。经臣海寰等详与辩论，甫允照办。并将英、美、日约所有之整顿国币一条为该约所无，议令增入。

综计厘订条约二十款：第一款，声明旧约照旧遵守。第二款，声明和议所定加增税则，葡国允遵照办。第三款，声明入澳门洋药均囤于官栈，每年澳门食用洋药定数以外，不得再有搬出。凡报运中国各处，亦应设法，以防私行运往。所有应定各项章程，应由彼此两国商订。又葡国迅定律例，如有犯此约章，应分别惩处。第四款，澳门水陆地方应如何防缉走私，彼此派员会同订明查缉之地位并可行之办法。第五款，照英约推广西江各口及广州府属各埠行轮，惟须遵守现行一切章程。如不遵守，仍不准照办。葡国并定律例，分别惩办。第六款，葡萄牙酒无该国执照不得照本约所附税则纳税。第七款，通商口岸地方居住贸易。第八款，华人入葡国版籍，须专定律例，杜其在内地所享利益及藉葡国籍以脱卸在华所立有合同责任。第九款，加税免厘。第十款，发还海关存票。第十一款，厘定国币。第十二款，禁止莫啡鸦。第十三款，振兴矿务。第十四款，合股经营。第十五款，保护货牌及创艺执照。第十六款，整顿律例。第十七款，筹安民教。第十八款，条约年限。第十九款，本约以英文为准。第二十款，在北京互换。

以上各款，为我所侧重者，在洋药缉私一事。该使臣立意约文以浑括为准，免致议院再有疑阻。商酌至再，将详细办法另立专章。计厘定第三款专章五条，大旨在洋药运至澳门必须囤入官栈，其由栈报运中国，则由彼此会同稽查，必须完清海关税厘，始准搬出。如不进官栈，私自登岸，按葡律核办。其由原船私运中国，由拱北关缉办。并嗣后有应行商酌加添，由澳官与税务司商订。第五款专章十五条，在澳门专设趸船，以便由拱北关查验由澳门来往各处货物为要义。其一切限制办法，悉照英约内港行轮章程核议。迭经臣世凯、臣之洞往复筹度，公同斟酌妥善，电请外务部核准，然后与之定议。至陆路稽征税项，订明设在总车栈，载入铁路合同之内。又第三款澳门食用洋药定数，恐将来澳督与税司多少争执，意见不同，特用照会声明，可由彼此在北京之代表人细查会定。又筹安民教一款，该使臣奉其政府训条，另备照会声明：凡有天主教堂在华之他国已经允许者，葡国始可照办。此会订约款章程及另备照会之情形也。

伏念葡萄牙国以和约未经与议，不认各国修改税则，而要索澳门分设铁路，与粤汉铁路相接，是以外务部原议在澳门设关，以为互换利益。今该国以议院未能核准，前约已不废而废，故此次详订中国海关在澳门水陆地方查缉洋药走私办法、权限，以为补救。该使臣欲以新约包括前约，诚心相助，妥订条款、章程。虽无设关之名，可收缉私之实。并由臣宣怀与该使臣将粤汉铁路合同督同两国商董妥议，已将车站征税一条列入合同之内，电请外务部核准。

正拟电奏请旨，又准外务部电开：接广东督抚电，据广东绅商公禀，以粤本系缺米之区，吁请勿允葡运粤米，情词迫切，不能不俯顺舆情，令再磋商葡使等语。适该使臣已奉其本国政府训谕，令速返国，不能再候。米事既须更议，恐不能即时商订，遂拟将商约暨章程先行画押，即经会电具奏。于本年十月初一日奉旨：著吕海寰等就近画押。钦此。该使臣以原请购运食米，本未指定粤省，既民情不顺，可由他省购运。倘一概不允，则商约、章程皆行作废。词气决绝，愤形于色，坚请给与凭函。即经电奉外务部示复：凭函措词亦要斟酌，又切嘱勿误商约画押。复与葡使切商，告以中国产米省分无多，粤省如此，他省民情何如，尚不可知，必须由外务部电商方能酌议。该使臣谓：彼此已意见相同。请将我之照会酌改声明，俟外务部与产米省分各督抚详细商酌办法，容后与驻沪葡总领事议定，以为准其运米之据。臣海寰、臣宣怀以画押期迫，非空言所能就范，该使臣既允缓定办法，姑如所请，给予照会，将来尚可从长与议，业经电达外务部存案。臣海寰与臣宣怀遵即缮备汉文、英文、葡文约本章程各二，分派随办商约内阁学士刘宇泰，候补四品京堂李经方，道员杨文骏、梁澜勋，洋员贺璧理、戴乐尔，与该使臣所派译员互校，复将洋文寄请外务部复核无异，与该使臣订期十月初五日，将商约、章程并税则暨臣宣怀与该使臣另议粤澳铁路合同在上海同日分别画押钤印，彼此各执一分。除税则附片陈明，铁路合同由臣宣怀另案具奏外，谨将约本章程汉、英、葡文各一分照案赍送军机处，进呈御览。谨奏。

光绪三十年十月初五日奉朱批：外务部知道。

中葡通商条约　此约由中国批准先行画押尚未互换

大清国大皇帝，大西洋国大君主，为推广彼此两国贸易交涉并振兴彼此利权起见，订将光绪十三年十月十七日中、葡两国商订和好通商条约从新修改，是以大清国特派钦差办理商约事务大臣·工部尚书吕海寰、钦差办理商约事务大臣·太子少保·尚书衔·前工部左侍郎盛宣怀，大西洋国特派钦差驻扎中华、暹罗两国兼办商约便宜行事全权大臣·钦赐圣母头等宝星暨圣雅古二等博学宝星·参政大臣·上议院议员白朗谷、驻扎上海管理本国通商事务兼办商约总领事官博帝业，各将所奉便宜行事之上谕公同校阅，俱属妥善，特将议定条款开列于后：

第一款　大清国，大西洋国，于光绪十三年十月十七日，即西历一千八百八十七年十二月初一日，所立和好通商条约，以及该约所附之办理洋药专条，除本约所有改修外，均应仍旧遵行。

第二款　所有光绪二十七年七月二十五日在北京会定议和条约内之第六款所定加增进口税则，葡国兹允遵照办理。但别国所享最优利益，葡国应得一体均沾无异。且葡国之商民所完税项，始终不得较无论何国商民所完者稍有增减，故曾于光绪十三年十月十七日所定条约内第十二款应行销废。

第三款　葡国愿允遵照光绪十三年十月十七日会定通商条约及办理洋药之专条所载各节，仍襄助中国征收由澳门运往中国洋药之税厘，并助防缉走私，且为此等襄助能有实效起见，兹声明：所有入澳门洋药，抵口时，必须在澳官专设之洋药衙门报明入册。澳官亦应设法，俾凡入澳门之洋药均囤于栈房一处，以便由澳官专管，再行陆续搬出，以为贸易之需。凡澳门所辖地方食用之洋药，应每年由澳官会同光绪十三年商定办理洋药专条之第二款所指之税务司议明定数，此数以外，始终不得由该栈房再有搬出，以应该处之食用。凡洋药若在该栈房报明转运中国以外各处，亦应设法以防私行运往中国。所有应定各项章程，以资遵守本款之办法，应由彼此两国商订。

葡国应速定一律例，订明如有犯彼此商定之约章者，即分别惩办。

第四款　澳门所辖水陆地方内如何防缉走私，应由澳官拟议节略，会同拱北关税务司定办，其附近一带地方如何防范，应由该税务司拟议节略，会同澳官定办，俾两国实得相助之益，与地主之权无碍。且澳官与中国海关各应选派专员，彼此会同订明查缉之水陆地方并可行之办法，以便协助防缉走私。

第五款　彼此两国为推广澳门及广东省所附近澳门之口岸来往行轮起见，现经商定如左：

一、所有葡国轮船，若欲自澳门前往光绪二十三年中英会订缅约之专款，及二十八年续议通商行船条约第十款所载之西江暂行停泊上下客货并仅上下搭客之各处，即应遵守彼此两国为此事商定之专章办理。

二、所有轮船，若特经注册按照内港行驶章程贸易者，除第一节所载广州府各处外，如欲自澳门来往广州府所辖之各埠，即应遵守彼此两国商定之专章，在拱北关报明，以便查验收税。

三、此项船只，如拖带民船、搭客、载货等情，均可承做，惟须遵守现行之一切章程，不得违背。

四、此款给予之利益，其本基全赖彼此先订专章载明此项船只来往各处之详细办法，故该章未定以前，自不得援引此款办理。既定以后，如不遵守此章，仍不准照此款办理。

五、葡国应迅速定一律例，订明如有犯彼此商定之约章者，即应分别惩办。

第六款　中国给与最优待国人民一切之利益，葡国人民既应一体均沾，彼此现应订明：凡有他国土产，中国所给予各项利益，葡国同类之货即应一体享受。彼此又订明：凡葡国各项酒，若酒力过十四度者，于进口时，无论系由葡国进，或由他处绕进，如呈出本国所给之执照，有领事官画押为凭，载明此酒实系葡国所产者，即照本约所附税则内载过十四度酒纳税。内惟葡萄牙酒一项不能呈出以上所言之执照，即不能援引此条，以冀同享此等利益。

凡中国商民运货在葡境进口、出口者，亦应享受给予最优待国人民一切之利益。

第七款　葡国人民准在中国已开及日后所开为外国人民居住通商各口岸或通商地方往来居住，办理商工各业、制造等事以及他项合例事业。且在各该处若定有为外国人民居住地界，则准其在该界内租地建造居住，并给与最优待国一切之利益，一律无异。

第八款　侨寓葡地之他国人所生子息，按葡国律例，准入该国之版籍。中国为侨寓澳门所辖地方之华人入葡国版籍曾请将该律例情节酌行修改，是以葡国兹允从速将此层细核，以便整顿侨寓葡地之华民所生子息准入葡国版籍之情事。如须专定律例，亦可照允。该律例应防之事有二：

一、已入葡籍之华民应杜其冒享华民所能独享之利益，即如在内地或不通商口岸居住、贸易等事。

二、已入葡籍之华民在通商口岸居住时自称华民，与他华民立有合同者，必杜其嗣后恃已入葡籍，藉乘此故，以所立合同与葡国某律例有背，冀以脱卸其责任。

第九款　中国现因厘革财政，拟欲照征海陆各关所运百货之正税外，另添加税，以补全行裁厘所绌之款。葡国政府允认，凡有本国商民运进中国之洋货，于抵口时，应照此次改定之进口税则加添一倍半之数纳税。所有中国土产运往外洋者，于出口时，应纳税数，连出口正税在内，不逾值百抽七五之例。惟声明，中国须与有约各国共同商定加税之率，一律照输无异。所有中国征收出产、销场、出厂以及土药、盐斤等税，亦悉照各国与中国商定办法，无稍歧异，并不得因此葡国之商务暨利权较他国商务暨利权致有轩轾之处。

第十款　还税之存票，须自葡国商人禀请之日起，如查系应领者，限于二十一日之内，由海关发给。此等存票可用在发给之海关，按所载银数，除船钞一项外，以抵各项货税。至洋货入口后三年之内转运外洋，凡执持此等存票者，即准任便向发给之海关按全数领取现银。倘请发存票之葡商欲图混骗，一经海关查出，须罚银，照其所图骗之税数不得逾五倍，或将其货物入官。该货若已运出中国界外，则应由本国领事将犯事人罚一合宜款项，其所罚之银送交中国国家查收。

第十一款　中国允愿，自行厘定国家一律通用之国币，将全国货币俱归画一，即以此定为合例之国币，将来中葡两国人民应在中国境内遵用，以完纳各项税课及别项往来用款，毫无窒碍。惟彼此商明，凡纳关税，仍以关平核计为准。

第十二款　葡国兹允，中国禁止莫啡鸦及刺入肌肤莫啡鸦之各针进口。惟中国亦须应允，凡葡国医生药铺如为医病所必需者，于其进口时请有专单，照章纳税，始准起岸。惟该医生药铺等须先在本国领事署内出具妥当切结，声明：非有两国医生药单不得出售，即有此项药单，亦仅以些须小数出售，始将专单发给。倘有混骗之事，一经海关查出，即将拿获之莫啡鸦及莫啡鸦针罚缴入官，并禁止该混骗者以后［不准］再将莫啡鸦及莫啡鸦针贩运进口。

第十三款　中国因知振兴矿务于国有益，且应招徕华洋资本兴办矿业，故允将现行矿务章程从新修改妥定，于他国现行章程采择其中有与中国情形相宜者，以期一面振兴中国人民之利益，于中国主权毫无妨碍；一面于招致外洋资本无碍，且比较诸国通行章程，于矿商亦不致有亏。葡国人民若遵守中国国家所言为中外人民之开矿及租矿地输纳税项各条规章程，并按照请领执照内载明矿务所应办之事，可照准葡国人民在中国地方开办矿务及矿务内所应办之事。至葡国人民因办理矿务居住之事，应遵守中葡彼此会定之章程办理。凡于此项矿务新章颁行后始准开矿者，均须照新章办理。

第十四款　凡商民为办正经事业合股经营，或合办贸易公司，应照其合同章程所有损益一律公任，是以中国愿允，中国人民若与葡国人民为葡国合股经营贸易，或葡国合办合例之公司，须照其所立合同章程办理。倘不照办，致被控告中国公堂，应即饬令中国人民，照中国商律，将其分内当为之事按照合同章程办理。惟该合股华民分内当为之事，应与合股葡民分内当为者一律无异，不得另有苛求。葡国人民与中国人民为中国合股经营贸易，或中国合办合例之公司，亦应按照合同章程办理。倘不照办，致被控告葡国公堂，应即饬令葡国人民，照葡国商律，将其分内当为之事按照合同章程办理。该合股葡民分内当为之事，亦须饬令与合股华民当为者一律无异。惟照现行约章，不准洋商在中国内居住贸易，此项合股经营贸易公司自不得由中葡商民在内地合办。

第十五款　葡国本有定例，他国若将葡国人民在该国内所使之货牌竭力保卫，以防假冒，则葡国亦将该国人民在葡国所使之货牌一律保卫。兹中国欲本国人民在葡国境内得享此项保卫货牌之利益，允许凡葡国人民在中国境内所使之货牌亦不准华民有窃取冒用，或全行冒仿，或略更式样等弊，是以中国应专定律例章程，并设注册局所，以便洋商前往该注册局所，输纳秉公规费，请为编号注册。

凡葡国人民若创制新物新法，在中国专管创制衙门定有创制专律之后请领创艺执照者，中国查察若不犯中国人民所先出之创制，可由葡国人民缴纳规费后，即给以专照保护，并以所定年数为限，与葡国保卫华民在葡国所请创艺执照者一律无异。

第十六款　中国政府深欲整顿本国律例，以期与各西国律例改同一律，葡国允愿尽力协助，以成此举。一俟查悉中国律例情形，及其审断办法，及一切相关事宜，悉臻妥善，葡国即允弃其治外法权。

第十七款　中国视传教一事必须详细商酌，以免从前嫌衅滋事将来复萌。倘中国与立有条约各国派员会查此事，尽力妥筹办法，葡国因有保护其本国在华天主教堂之责，允愿亦派人员会同查议，尽力妥筹，以期民教永远相安。

凡有遵照教规，无论中葡人民，安分守教、传教者，原为劝人行善，自不得因奉教致受欺侮凌虐。惟入教与未入教之华民均系中国子民，理应一体遵守中国律例，敬重官长，和翕相处。凡入教者，于未入教以前，或入教后，如有犯法，不得因身已入教遂免追究。凡华民应纳各项例定捐税，入教者亦不得免纳。惟抽捐为酬神赛会等举起见，而与教相违背者，不得向入教之民抽取。

教士应不得干预中国官员治理华民之权，中国官员亦不必歧视入教、不入教者，须照律秉公办理，使两等人民相安度日。葡国教会准在中国各处租赁及永租房屋地基，作为教会公产，以备传教之用。俟该地方官查明地契妥当，盖印后，该教士方能自行建造合宜房屋，以行善事。

第十八款　现订之条约须实行十年，自换约之日起，直行至下文所载继修改定之日为止。两国又订明，或中国，或葡国，在十年限期未满以前六个月之内，均可请将条约所载之税则及各款修改。倘十年期满之前尚未照请修改，则由该十年限期已满之日起算，续行十年，以后均照此限办理。

第十九款　本条约缮就汉文、葡文、英文各二分，共六分，署名为定。为防以后辩论起见，此三种文法语意均属相同无异，惟将来汉文与葡文如有参差不符，应以英文为准。

第二十款　本条约应奉大清国大皇帝陛下、大西洋国大君主陛下御笔批准。即经批准后，迅速在北京互换，并应刷印颁行，以便彼此两国官商人民知悉，一体遵照办理。本约立定由两国特派大臣先行画押盖印，以昭信守。

中历光绪三十年十月初五日。西历一千九百四年十一月十一号。

中葡两国为遵照新修商约第三五两款办理起见会订之章程

大清国钦差办理商约事务大臣・工部尚书吕海寰，钦差办理商约事务大臣・太子少保・尚书衔・前工部左侍郎盛宣怀，大西洋国钦差驻扎中华、暹罗两国兼办商约便宜行事全权大臣・钦赐圣母头等宝星暨圣雅古二等博学宝星・参政大臣・上议院议员白朗谷，驻扎上海管理本国通商事务兼办商约总领事官博帝业。

中、葡两国为遵照新修商约第三款办理起见，会订章程列后：

一、管理洋药专栈之员，应每日开具清单，送交拱北关税务司查收。其单内须载明是日入栈、出栈洋药各若干，且出栈洋药所往销路各若干，或本地使用，或运往中国某口，或运往外洋某口各细情，均应载入。至栈内所存洋药，应于每月朔日查对一次。凡查对时，或请拱北关税务司亲往，或另派他员前往，眼同查对，以免彼此所开册簿有参差不符之处。

一、遇有洋药转运外洋情事，管理洋药专栈之员，应将该员装运之船主或大副签押之提货单送交拱北关税务司，存案备查。该船主或大副应将所装洋药实重若干载明单内。

一、凡洋药若在该栈房报明运往中国者，须将该洋药业在中国海关完清税厘之据呈验，始准搬出转运。

一、遇有入澳门洋药不进官栈私自登岸者，应由澳官按葡国现议订明律例核办。其未入栈而由原船私运往中国者，应由拱北关缉办。

一、嗣后如有应行商酌加添之处，由澳官与拱北关税务司会同商订。

中、葡两国为遵照新修商约第五款办理起见，会订章程列后：

一、在于澳门内海专设趸船一只，以便由拱北关查验自澳门来往西江各处及广州府内不通商等埠之各项货物。其购置趸船以及修验各事宜，由拱北关与澳门官员会定。

澳门官员应每月专派水巡外委一员、丁役数名，逐日在该趸船裹办分内当为之事宜。其月饷应仍旧由澳门发给，此外亦可由澳门官员向拱北关商酌另予犒赏，以酬其分外之劳。

轮船由澳门来往西江各埠专章

一、所有轮船，若欲自澳门前往光绪二十三年中英会定缅约之专款，及二十八年续议通商条约第十款所载之西江各处常川来往者，则应将船牌存于该管官署内，由该管官知会拱北关税务司。该船欲常川来往，如在澳门无领事官管理，则应将船牌存于拱北关。该关据此后除查验军火单照外如无此照，即应请领，在该趸船上发给西江之执照，准其到该年底常川来往。

一、所有轮船若不欲常川来往，仅欲来往一次者，亦应照上节办理，惟不领西江执照，但领西江专照，准其来往一次。

一、此两项轮船准在约载暂行停泊上下客货处所上下客货，及在仅上下搭客之处上下搭客，并应在上文所指趸船之旁停泊。所有欲装货物，应在该趸船由拱北关查验、抽税，始发下船准单，俟货物装毕，税项完清，并呈出舱口单，载明运往各处之货物，拱北关始发给红单，令其即刻前往。惟为防该船添载货物等弊起见，应订合宜办法，须由拱北关与管理水巡之员会同商酌。

一、所有此项轮船自西江各处来者，于入澳门时，应径抵该趸船报明趸船上之拱北关人员，并呈出舱口单，载明所装之各项货物。其税项如已在他处完清，则将收税单呈验，如未完清，则应在趸船完纳，始行发给起岸准单。

一、拱北关可随便派人员一名即乘该船随往随返，惟该船应供其饮食，并备舱间令其住宿。

轮船由澳门来往广州府内不通商各埠专章

一、所有特经注册按照内港章程贸易之轮船，及其将行拖带注册之民船，若欲往广州府内之不通商口岸，均应停泊该趸船，以便待装各货，由拱北关人员在该趸船查验、抽税，始准下船。此项行驶内港轮船，及所拖带之民船，照现行章程，一体不得由此不通商口岸之内地至彼不通商口岸之内地专行往来，且只准在民船贸易常赴之埠即或有常关或有厘卡之处起下货物，不准在别处任便起下。如违章在别处起下，即照条约所载沿海私作贸易之条办理。

一、应完之税项一经完清，并由该船主呈出舱口单，将某货转运某处逐一详细载明，即由拱北关在趸船发给红单，以凭遵守内港章程前往所欲抵之处，无有阻碍。惟为防该船添载货物等弊起见，应订合宜办法，须由拱北关与管理水巡之员会同商酌。

一、所有轮船及拖带民船，若由广州府内之不通商口岸而来者，于入澳门时，应径抵该趸船，报明趸船之拱北关人员，并呈出详细舱口单，以便查验所载之货。如有应完税项，立行完清。

一、遇有船只若应遵守此章而不照办，如由拱北关知会澳门理船厅，即由理船厅按现议订明律例惩办。其情节较重者，由拱北关自行将该船执照涂销，不准再行来往。

一、所有应完税项，可在趸船以现银输纳，或以官银号银票输纳，以期便捷。

一、来往澳门、广州府内不通商口岸之轮船，应领内港执照，当由趸船上之拱北关人员发给。

一、拱北关可随便派人员一名即乘该船随往随返，惟该船应供其饮食，并备舱间令其住宿。

一、此项章程本为来往澳门、广州府内不通商口岸船只而设，嗣后倘有应行修改之处，可随时彼此酌情商定。

光绪三十年十月初五日。西历一千九百四年十一月十一号。

中葡会订分关章程

查光绪二十八年新定增改条款第六条，内载：该分关所有应行遵办之章程，须由两国酌议妥定，以免有损两国利益等语。现经中国外务部派总税务司赫，暨葡国议约大臣移交署大臣阿会议，合将议定之十一款列后：

计开：

一、在澳门内海沿岸应拨给合式之房屋，作为办公之所与囤货之栈。

一、应派税务司在彼督办关务。

一、商船进口，应由扦子手等上船查验。

一、商船进出，于未逾指定之界限以前，须报关遵验。所有客货须在指定之处所上下遵验。内海以内应定有华船停泊处所。进出各船分别等候开舱准单暨放洋准单，方可驶离停泊之处。

一、上下货物须领有上下各准单，并照条约税则完清各税。惟澳门土产出口，暨由外国口岸运进之货，与本地民人日用食物，此数类勿庸纳税。倘有已运进口免税之货复欲运赴内地，无论由海陆各路运出，即应补纳进口税项。

一、洋、土各药，或于进口时先纳税厘，或于出关栈时完纳，均可。俟完清后，发给印花，贴于包裹或球面上。惟澳门本地食用之洋、土各药，须每年议有定数，不得逾额。俟月底核其实用多寡，照缮存票发还。

一、应由澳门理船厅拨借小船若干只，以便载扦子手等赴进出各船查验。此外仍可由关自备需用之船，办理日行事件。

一、内海以内，以防私缉捕各事宜，应由税务司与澳门官宪会议办法，并订明每月由关备拨经费若干，一面由澳宪特派水师官一员，随同税务司妥办一切。

一、澳门所辖水陆地方内如何防缉走私，应由澳官拟议节略，会同税务司定办；其附近一带地方如何防范，应由税务司拟议节略，会同澳官定办，俾两面实得相助之益，与地主之权无碍。

一、澳门设关后，其旧设之马溜洲、前山各征税税厂应即一律停办。惟有防缉走私不征税课各分卡，仍可由中国自行派办。

一、此次所定办法，应与光绪十三年所定条约一并施行。其澳门就近会商日行事件之关章，由澳门官宪会同税务司酌定，可作为试办之章，随时随势斟酌增改，以期妥善，不致此举与日后情形有未详尽之处。此次会议各条，在北京缮写华、葡、法文各二分，均为画押。

光绪二十八年十二月二十九日。即西历一千九百三年正月二十七日。

总税务司赫德押。

葡国署大臣阿押。

直督袁世凯致外部俄艇炸沉弁兵携枪投领署请商俄使交出电

据烟台何道尤电称：俄艇自炸，闻弁兵携枪登岸，径投领署。迭据日领函称：俄不交出，今晚必以水勇六百向俄领力取云。美总领、美提督亦切嘱速结。现已向俄领加紧索交，拟请急电外务部，迅告俄使，转饬速交，免得变生仓猝，转难任咎云。查公法，逃兵入中立境，应收其军械，听中立官约束。除饬该道仍紧索外，务祈速商俄使，立饬交出，免生意外。祷切！盼切！

十月十一日

俄使雷萨尔致外部可否将俄艇官兵乘中国巡船送沪照会

为照会事。

本年十月十二日，接准贵王大臣来函，以应将本国雷艇官兵等交其枪械一节在案。旋据本国驻烟台副领事官电称，雷艇之管带、弁兵等于昨日即十一日业经移过中国巡船海容号等情；又北洋大臣来电内开，日人吓言水勇登岸，又美总领、美提督亦切嘱速结云云。查美国普告遵守局外，则其无干预中国、战国之事之理，足见该领事及提督系为不达公法，并不自谙其责，且所办之事并不自度，自可置之不理耳！东海关道与本国领事商议电请北洋大臣，可否将俄雷艇之官兵等搭乘海容巡船，转送上海，似此办法，殊为颇善。否则，日人或可听美领事及提督之计谋，复行妄为。本大臣深念中、俄两国之睦谊仍旧敦固，不至因日本妄为受伤，是以照会贵王大臣，从速将俄雷艇之官兵等搭乘贵国兵船，转送上海。惟办此之间，不得问诸日本可否及美国之计谋，乃中国系有将入其中立境内之兵相机安插自便之主权可也。

须至照会者。

十月十三日

直督袁世凯致外部俄艇炸沉中国不能任保护之责请告俄使电

据烟台何道覃电称，俄艇沉于口内，恐有危险械弹妨碍船路。均询俄领，据函复称，该艇所有危险械弹均于未沉之先毁抛入海，当无后患，惟该艇系俄国家之物，应请保护，候两国政府商夺云。查得该艇露桅丈余，水浅见烟筒。现用招商局铁驳船由海容派十六名画〔昼〕夜驻守。乞电外部，照会俄使，核复示遵云。当以俄艇自沉中立港内，有碍通商航路，我应责令起出，以便畅行。乃俄领反请保护，殊属无礼。船既沉下，机件潜消，风浪激损，皆在意中，何从保护？且俄自炸沉，是有意弃之，自不应保护。如仍欲用，应迅自捞起，交中立国择地安置。若不能起，中国只可认作俄之弃物，或听其自然，或设法拆炸，皆得自便，断不能任保护之责。除电何道先向俄领切驳外，应请大部诘商俄使酌办。

十月十四日

俄使雷萨尔致外部请准因战受伤俄提督回国照会

为照会事。

查本国巡船阿思克勒得号到上海之前，交战之间，乘该兵船之本国二等提督雷增士大音受最重之伤，及中军员一名周身有不适之症，该员等应行加意调治，向专门医生诊视，但此等医生并未有在上海者，因此应往欧罗巴洲调治。该埠之本国总领事官因此照知海关道，迄未回信。相应照会贵王大臣，转饬该道，以便本国该水师提督等前往欧罗巴洲治疗。该员等必出其嗣后不干预战务切结，且该员等已有伤病，并不能事战务。本大臣查，此事可行指明，所请者系属自然之情形。凡伤病之人，嗣后不能干预战务，准其随时回国。贵国政府谅知此亦系日本之办法，如近时该国已将交战被俘之红十字会委员、卫生局差人、医生及残兵等路经上海送回欧洲可也。

十月十四日

外部致袁树勋日使称俄提督并无病状应即查复电

俄提督雷等回国医病事，俄使昨又照商询。据日使复称：接日领电，义国万寿之日，俄提督赴义领夜会，小田切亲睹并无病状，是以外部未允照办等语。俄提督既无病状，自难其听〔听其〕回国，应由该道将以上情形速即确查电复，以便照复俄使。

十月十九日

直督袁世凯致外部已派船守俄艇请勿认为保护电

据烟台何道巧电称：寒电谨悉。熟商税司，据称，俄艇沉近西山航路，不甚妨碍，似尚无须炸拆。惟有派员驻守，昼旗夜灯，以免万一误碰，且防岛民淘窃惯技。此我海权，不认为彼保护云。复询日领，作为私谈。据称，艇沉尚浅，俄未绝望，地属中立，暂宜代顾。俄既不得运动，日亦不致干涉。俟战毕交俄，此中外之义务。但须向俄声明，艇已毁废，此后浪冲风激，败坏更多，中国不能担任，自无后虑云。复向俄领切驳，据称：该艇炸未全损，抽板自沉。若议炸拆，俄必不允。若谓起水，日必生心。前请保护，乃暂时看管，免被偷卸。至风潮剥蚀，悉听自然，无关局外之理云。统候核示等语。当复何道以寒电系故设难词，驳抵俄人，意在由我自便，并非真将炸拆。但船沉港内，即可指为有碍航路，不必问其实碍与否，要在扼定认为俄人弃物，不任保护之责，亦明矣！俄人必不能捞起，更不肯许我炸拆，然办理棘手交涉，不得不多方诘难，以卸我责任。该船沉处尚浅，日人叵测，难保其总不干涉。且将来旅顺失陷，俄船纷窥，万一有他船来沉港内，恐俄、日又将生心，我之可虑固不仅在风潮剥蚀也。现只可暂由海关派船驻守，照航海章程，用旗灯标志，作为防他船误碰而暗中禁人盗窃，断不可认为保护。望通筹妥办云。祈查核。

十月十九日

外部奏各国赔款不允还银谨陈先后磋议情形折

总理各国事务庆亲王奕劻等奏，为各国赔款不允还银，谨将先后磋议情形恭折具陈事。

窃查，《辛丑和约》第六款内载：诸国偿款海关银四百五十兆两，按年息四厘，分三十九年清还，本息用金付给，或按应还日期之市价易金付给等语。各省督抚臣以照约表应按定约时之金价付银，不应按还款时之市价易金付给，屡次电请力争。迭经臣等与驻京各使切实照会，并往返面商，复电驻各国使臣，与各国外部辩论，仅美国应允按表还银，其余各国坚持未允。各使照复均谓：赔款为金款之债，细核约文，毫无疑义。现因银价跌落，赔款以银付给，自较约载原数有加，然不能因此致违定约；并谓：四百五十兆两不过按照是年西历四月初一日之市价合成两数，俾中国易于计算耳！中国不能因金价增长而受巨亏，独不思各国因中国致费巨款所用本系金钱，又岂能受落价之钱弊〔币〕以归还偿款？其词皆甚决绝，无可婉商。又臣部前于二十八年三月三十日奏请饬下前两江总督臣刘坤一熟筹办法，转饬江海关道，就近与各国派出之银行董事详细辩明。二十九年，湖广总督臣张之洞在京时亦迭与驻京各使磋商此事，均未能就范。每届还款之期，虽由江海关道照银数付给各国银行。该银行公会每期开送清单，仍悉按以银易金计算，载明亏欠数目，并将欠款于结算后即一律起利。照此核计，至本年三年届满亏欠之数约已逾千万。驻京领衔奥使齐干等亦按期照会臣部，声明：中国短付本息之数，奉本国政府谕令，实力索还。臣等夙夜筹思，万分焦灼，徒以约文争辩，亦属无裨。若再事宕延，则负欠愈久，积数愈巨。彼终有索还之日，恐后患必且无穷。本年六月间，各使联衔来照称：中国按月还款，金银价值涨落不一，嗣后可将金价按月定准，并允与中国展缓时限。若每月还实之款较应还之数有亏，所亏之数与赔款之本一例出利。倘至三十九年终，中国交还赔款总数尚有不敷，仍应按月接续归还，至本利全清而止，而此外别无办法等语。察其词意，既于无可减让之中略予通融之法，惟展缓一节，亏欠之数仍一例以四厘计息，则欠数必逐年递增，算至三十九年之后，将又积成数万万之巨款。臣等复拟将历年递欠亏俟三十九年后统计还本免利，各使仍坚持不允。是欲图缓于目前，实贻重累于日后。思维再四，两害取轻，究不如设法补苴，以期年清年款。因另拟办法三端，切商各使：一、金价须按月折中算定；一、以前亏欠之款免再计息；一、未届还期，每月预付之款须按月扣还息银。以上三端，如各国俱允照办，中国即允于本年西历年终将以前所欠之款一律清还，并允以后每年应付之本息年终必扫数全清。臣等拟此办法，盖以按月折中定金价可免还款届期金价骤涨之害，欠款免息及按月扣还息银均可以减轻现在之亏累，而扣息一层，将来之节省尤多，如俱照行，于赔款不无小补。

数月以来，为此事反复磋磨，唇焦舌敝，现察各国渐有应允之意。惟计期十一月下旬即是西历年底，一有成议，届时即须践约。清偿款巨期迫，能否筹措足数，尚无把握。已由臣部随时与户部熟商，从速预为筹备。亦明知各省为摊派赔款罗掘已空，腾挪匪易。苟还银一说稍可挽回之处，臣等受恩深重，具有天良，亦何忍竭万姓之脂膏，以供列邦之携取？无如议论三年，迄难结束，各国银行且乘此而虚增还期之磅〔镑〕价，苛算欠款之利息，悬宕愈久，受亏愈多。不得已而思补救，亦只能就公允之情理，以期抵制于毫末，舍此别无善策，实深悚疚！

查此事前奉电旨：著铁良、端方督同沪道悉心磋商。昨据该侍郎等电奏，以各领无权，不能著手，请饬下外务部，照会各国公使，转饬各国领事，就近商办，方能开议等语。奉旨：外务部知道。钦此。臣等窃惟此等要件议事权限全在各国公使禀其政府训令而行，诚非领事所能为力。若由臣部照会各公使，转饬领事商议，向来无此办法，徒贻笑柄，碍难照办。臣等为大局起见，不敢稍存拘执，不敢再事迁延。相应据实沥陈，请旨裁夺，伏候命下遵行。谨奏。

光绪三十年十月二十一日奉朱批：著照所请。户部知道。

清季外交史料卷一百八十五终

清季外交史料卷一百八十六

光绪三十年十一月至十二月

谕曾广铨充出使韩国大臣

军机大臣面奉谕旨：候补五品京堂曾广铨著充出使韩国大臣。

十一月初一日

外部致胡惟德赔款还金近拟办法三端希转驻英法德义奥比各使电

各国赔款辩论还金还银，至今无效。近拟办法三端，磋商驻京各使：一、金价按月折中合算；一、每月预付之款按月扣还四厘息；此二事以前以后均要照办。一、以前镑亏之数概免计息。如三端俱照允，中国即认赔款为金款，俟此次议定后，将以前镑亏一律清还，以后年清年款。又声明：嗣后还款，照约中国可自买金付给，或付银则合折中金价，其价以伦敦市价为准。现各使意见不同，各请示政府。希尊处切商该政府，务必全允，中国方能勉力办到还金。现拟办法，本属公允，于各国应收之款亦无出入。计至西历本年底，欠各国约壹百三万镑，虽较上海各银行所开之帐〔账〕所差颇巨，然各银行每届还期，任意浮开镑价，种种苛算，不足为凭，望各政府勿听一面之词。照上三端，中国所沾利益甚微，还金已受大亏，藉资小补，各国必能共谅。希速商电复，并转电驻英、法、德、义、奥、比各使。

十一月十一日

直督袁世凯致外部据程璧光电俄艇官兵已抵沪电

据管带海容快船·补用守备程璧光申称：光绪三十年十月初六日，卑船由烟台奉参谋水陆军务处叶军门电谕，即赴庙岛，方拟展轮，陡遇连日风雪迷途，只得移锚子午岛停避。初十日黎明，雪微风大，正在启行，瞥见俄国鱼雷艇一艘突入内界下锚，卑船因速折回停轮，守备即驾舢板泝浪前赴俄艇，查悉该艇译名拉斯打劳普，乃才由旅顺来此。切询行止，该管带答云：俟午后回复。守备窃查，中立条规内载：战国陆军如因败逃入中国境内，应收其军器，听中国官员约束，不得擅自行动等因。此次俄军败逃入中国境内，应即援照条规办理，以是一面遣报关道，守备迭赴俄艇，询究并无去志，乃令其随卑船仍开子午岛，是处风涛稍逊，即便卸交军械，所有官兵留住卑船。随经俄管带承允，守备遂复驾船停子午岛。不意延候至夜戌初刻，俄艇竟不至。亟乘小轮船环觅，亦复无踪。寻询税关指泊官，始悉该船才自炸沉。十一日早，卑船赶紧驶近烟台抛锚，守备即驾舢板访验。该沉雷艇尚有烟筒尺余露出海面，经即派勇轮值看守。旋探悉，先夜俄艇炸沉后，官兵等各持军械登岸，续闻日人即因是故，已暗集水兵数百名分布陆地。诚虑夜间径攻俄领事署，再三切陈中立定章，必须核实，从速照办。幸领事详告该官兵等四十九名相率允从，即于当夜酉刻前来卑船，先行搜检身上及行李，随令缴出军械，分别收管。由是丰给伙食，均尚驯服，并已令其签具再不干预战事誓状。嗣于十六日夜，接奉宪台电，饬装送俄官兵赴沪，卑船即遵于十七日启行，至十九日抵沪。该俄官兵于二十日由俄领事领去，已取具亲签收据，当经电禀在案。至该收据及俄官兵誓状各一纸，现已备送江海关道存案。其缴存军械，亦已承照关道面嘱，送交江海关税务司汇存。理合申复，请咨外务部备案等情到本大臣。据此，相应咨呈贵部，谨请查照备案。

十一月十二日

外部致袁世凯周馥魏光焘俄舰将抵黄海恐以三都澳为根据地希筹复电

署粤督电奏称：闻俄国波罗的海舰队已至亚丁，将会合于法属绩布直地方，一月内即可驶抵黄海。俄国在东方海港只旅顺、海参崴两处，目下均不能入，而该舰队又不能不觅一屯泊处所，以为攻守之计。查中国沿海各口，能容守御者，为浙江之舟山、镇海、福建之三都澳。俄舰若据舟山、镇海，英必不容，虽可虑而尚缓。若三都澳，港口极窄，出入仅容一船，港内甚宽，可聚兵轮百艘，水势极深，难于堵塞，其地又与台湾澎湖相近，为最好之军港。深虑波罗的海俄舰若不能径入旅顺，必将据我三都澳为根据地。远可以援辽沈，近可以扰台澎。我若不能禁之，则中立破矣。似应一面再行布告，中国严守中立，两战国之舰队不得聚泊我之海口；一面密饬南北洋及闽浙总督，酌派兵轮，驻泊三都，并于港口赶筑炮台，以杜隐谋而维大局等语。俄舰东来消息日近，如至中国海面，难免不坏我中立。岑督所陈自是思患预防之计。惟三都澳为自开通商口岸，一旦筑炮设舰，恐启猜疑，亦不足资抵御。至于铤而走险，随便滥入，则无论何处海口皆有防不胜防之虑。前定中立规条已声明：战国兵船不得屯留中国各海口地方为海军根据之地。此时如再行布告，设有意外，亦可执公理与争。事关大局，统希察酌情形妥筹电复。

十一月十五日

张之洞盛宣怀致外部粤汉借款遵拟作废办法电

洞奉廷寄：合兴正议废约，著悉心核议，挽回利权等因。宣查，合兴显背合同，必应作废。续约十七款不得转他国。现查底股，比、法居多，事权他属。正约四十款禁别人侵坏合同，现派非美公司之锡度来华，干预全路工程。逾限广州一节，逾估甚巨，工程司藉路经商渔利，各洋匠迭次枪毙人命，并有窃资远遁，索帐〔账〕不送，索凶不交，压制中国应有辖察之权。请照会美外部，注销正续合同。中美商务正盛，想美政府累次代中国保全主权，亦不愿他国人干预侵损也。请再面告美外部：中美交厚，故创办时立意借美款，今美名比实，上下哗骇，谓与俄、法路贯串腹心，关我命脉，即损美名誉，合同精神全失，不得已请作废。前美政府照复云：如该公司改其规模办法，即不认保护，务祈认定前言，即允注销云。此就国际说，勿用照会。

十一月十六日

外部致雷萨尔俄艇炸沉照关章暂为巡守电

为照会事。

准北洋大臣文称：据东海关道禀称，拉斯特罗朴内鱼雷艇赴本埠自行炸沉，该弁兵携带枪械，径投领署，于十一日移登海容巡船，所有枪械交讫。海容于二十日抵沪，弁兵由俄总领事领去。再，查所沉之艇恐有危险，防〔妨〕碍航路，当确询俄领，据函称：艇在贵境，应请保护等语。职道当复以艇已炸毁，风潮剥蚀，应听自然；且系贵国弁兵自沉，是有意废弃，只可视作废物，不能允认保护。现惟有照关章派员暂为巡守，禀请咨部备案等因。本部查，俄艇拉斯特罗朴内号自行炸沉，所有弁兵送沪安置等情，业经函达，并照会贵大臣在案。兹准北洋大臣将该关道函达贵国驻烟领事各节咨照前来，相应照会贵大臣，查照备案可也。

须至照会者。

十一月二十一日

外部致闽督魏光焘俄舰来踪未定不宜张皇电

十七日电悉。闽省海口虽有数处，波舰来踪未定，不宜稍涉张皇，原驻军队亦不必轻于调动。惟有密饬地方文武，查照公法条规，遇事理阻。至各口消息不灵，或设法多置探报。若以新式兵舰巡防，转恐资敌。南洋电谓：中国此时只能论理，不使用力。如争之不听，再行布告。北洋电谓：游弋海面及应尽各事宜，责成海军办理。酿生事变，非徒无益。大率折以公理，未敢轻言用武，权衡利害，均与本部所见相同。仍希参酌情形，慎密妥筹为要。

十一月二十二日

俄使雷萨尔致外部沪俄兵砍毙周生有案请按俄律惩治罪人照会

为照会事。

接准贵王大臣以本国留上海兵舰阿思克之水手砍毙周生有一案各情，此事之不幸，甚为可悯。罪人自应据章按照军律办理，并按照罪情重治。本大臣细查来照，内开甚有不明之字句，深为诧异。如俄兵既归中国保护，自应交出，归华官讯理，以符公例等语。查以上所称，本大臣应行声明如下：一、实无保护之事。若萨提督托词帮助索要雷艇水手之兵器并将该船暗交日本。二、其暗谋之后，本大臣自愧尚论公法。若论公法，仅在以暗谋玷辱水师之员不留充提督之任之国有此公法。三、萨提督暗谋之结果，系日本诡计杀伤俄国徒手之官兵，而该员尚未去提督之任。四、且更有可怪者，于公文内反责俄国官兵无感激之情。五、按照实在公法，中立之国不准有卸兵器之兵队于战务未定以先复行充兵，然其军队之官兵等不能按照约章，竟失去其理权。六、可见上海道或据平常习惯遵听日本之令，或凭该处新闻纸之运动而应其要求。该道应知，目下各报纸蛊惑〔惑〕人心，系由充各异端会之头目日本人及上海公共租地之洋人而出。查《苏报》一案，该处之工部局不但保护谋反之犯，且准其在工部局监内仍出该无法之报。该道若不听其言方善。道台所索者，可见实属空言。若以被日本及各洋人所唆之四明绅士禀内之非求将凶手交付华官，但求派华委员会同俄官审办为凭。七、按照以上所言，俄国卸兵装舰艇之官兵等仍照约章享用各理权，并应按照俄国律例惩治，并无一国准将其所属之人按照中国律例治罪者，此人人所知办法。八、查萨提督虽用暗谋以致徒手之俄国官兵被杀，仍当其任之际，似无惩治俄国水手之理，乃俄国向无不惩治之罪，是该水手应行治罪，然须按照俄国军律办理。九、本大臣以以上各情再行申明，贵国政府照请将俄国水手交出归华官办理一节，甚为诧异，并照会贵王大臣，实难照办。且本国驻上海总领事官已奉本国国家之命，不得将被告俄国水手交出归华官办理也。

须至照会者。

十一月二十五日

使日杨枢致外部日军陷旅顺俄将已降电

据官报，日军昨夜陷旅顺，俄将降。

十一月二十七日

外部致胡惟德俄兵砍毙周生有案希告俄廷交凶电

俄船留沪弁兵，按中立条规，应归中国管束，不得擅动。乃初九日有俄兵在英大马路码头将路过甬人周生有用斧砍毙，俄领径交兵船收押，沪道屡索不交。战国逃兵在中立界内滋事，用兵国军律裁判，无此办法。自应照战时公例，不得以无治外法权论。即按约章，亦应会同华官审办。本部迭催，俄使强词不允，并称奉其国命。似此残杀无辜，非理争执，岂文明大国所应为？现在人心愤激，公论不平。务希切告外部，迅饬交凶会审，从严治罪，并申明约束，嗣后订立妥章，严饬俄兵遵照，以重民命而昭公理。即电复。

十一月二十七日

直督袁世凯致外部日本炮船到汤河口逾限未去电

初一日早九点半钟，日本赤城炮船到汤河口，当照条规限二十四点钟内退出，现逾限未去。据称，修补损伤未完，事毕即行去云。已电饬驻该处都司林斌彬查验该船损伤虚实轻重，代估修补工程，以能达最近口岸为度。自查验后起，酌展限期一、二日，促令退去。谨奉闻。

十二月初三日

外部致胡惟德周案拟设特别公堂会审希商俄廷电

鱼电悉。周姓案，据沪道急电，俄领坚执不允会讯，请明日在领署观审。否则，即当独断，不可理喻。甬众愤激，事机紧迫，势成骑虎等语。该道迭次来电，重在另设特别公堂，派员会审。如系犯交俄领，仅令华员观审，不足平甬众之愤，难免滋生事端。希向俄外部确切声明，径由海部饬知俄领，遵照沪拟办法，切勿含糊。并电复。

十二月初八日

外部致周馥袁树勋周案已电胡使力争拟归公断电

沪道来电：周生有案，俄领判定监禁四年，罚作苦工。该道不认，甬人定初九日会议，众怒所激，恐酿事端。此案相持不下，急切恐难了结。本部已电胡使力争，倘未能就范，拟仿英北海鱼船案归公断办理。国家慎重民命，必尽力所能为。俄方寻衅，意在坏我中立。务饬寓沪甬绅，切实开导商民，慎勿暴动，授人以隙。大局所关，该绅等必能体察也。再，电中有未便宣播之语，弗将全电传示为要。

十二月初九日

外部致日俄两使烟台俄艇小轮业经妥为安置照会

为照会事。

十一月二十八日，迭准北洋大臣来电：有俄雷艇四艘，小轮四艘，由旅顺进烟台口，当经东海关道商明日本及俄国驻烟领事，令该船拆卸机械军火，存练军营。俄弁兵二百余人出具誓状，弁驻客寓，兵驻海防营，派弁轮往管束，不准离营。俄船移在浅滩系稳，俱派水勇看守。又于本月初三日，准北洋大臣电，据东海关道电称，前日俄领署报称，二弁四兵俄小船，抵饷马岛，已将人船带烟，与水舰一律办理各等因。本部查，此次到烟俄船及弁兵人等既经该关道妥为安置约束，均系按照中立之例办理。相应照会贵署大臣，查照备案可也。

十二月初九日

江督周馥咨外部据沪道禀拟约束俄兵七条请照会俄使饬遵文

据江海关道袁树勋禀称：窃查，俄船逃至沪上，拆卸机器军火，不预军事，其员弁、水手人等归我保护，例有应守之条规。入手之初，职道即与驻沪俄总领事阔雷明订定约束章程：一、查取奥斯科巡洋舰及格罗苏福鱼雷艇员弁、兵丁等人数。二、另具非中国允准，不得擅离上海切结，由阔领加印送道。三、该艇舰停靠浦东东清码头。四、员弁、水手每日准在码头左近道胜银行空地体操，并在浦滩散步，无得再到别处闲游。即偶至租界地方，亦应限定人数、时刻，另派妥当之人巡察。函商面议，颇费经营。不图俄领虽已照允，各弁兵未尽遵行。先经职道访有酗酒扰滋情事，切商究禁，俄领犹复偏袒，讳莫如深。继因东洋车夫向俄水手索价争执，适有宁波人周胜有①路过，猝被砍伤，殃及无辜。如果派人随行巡察，即可从中阻遏，何至肇此人命？且烟台先后送到船主、弁兵九十余人，未肯照案具结。始以已开人数已给收条为推诿，继以烟台已经出结为词，终以请示公使为延宕。函驳面催，至今未到，遂有谣传俄弁兵暗中脱逃为日本中途查获之事。若不趁此另定严切办法，不仅日本啧有烦言，恐启各国外交不测之问题。职道瞻前顾后，连日与法官详加酌议。亟应与俄总领事重申禁令者又数条，敬详陈之：一、俄员弁、水手人等既为军事犯，应恪守江海关道与俄领订定之章程行事。二、俄员弁、水手人等只准在关道指定之地即浦东东清码头体操、散步，不准他往。三、若俄员弁、水手人等有潜逃偷渡出口，或往指定地界之外，准中国地方官随时捕拿，一经拿获，即作为有意败坏中立条款，径由中国地方官审判定罪，无庸会同俄官办理。四、关道应向俄领事坚索停泊浦江各俄艇舰船主、员弁、水手人等衔名清册送道，随时派员按册点查。五、关道应与俄领事订明，准中国官员暨海关税务司，或海军，或陆路兵官，上船查察有无装配违法器械、汽机、军火、煤斤等物，及船主、员弁、水手人等是否在船。六、关道应分别照会值年领袖总领事及法总领事，分别一体转饬工部局洋包探，严查界内有无俄国员弁、水手人等。七、关道应禀请南洋大臣，咨调北京同文馆俄文翻译一员来沪，派充关道翻译官，俾资臂助。内第七条咨调俄文翻译，谅蒙照准。惟第二、三、四、五、六各条，虽经职道屡商，俄领总不便擅夺，种种刁难。然为此惩前毖后、中立切要之图，苟非切实见诸施行，仍前宽容姑息，危机所伏，窃虑俄弁兵在沪将来更甚于此，将有不可措手者。职道为防患未然起见，拟请商明外务部，切商俄使饬遵。倘俄使亦不受商，则是有意败坏我之中立，请径告以在沪俄船员弁、水手人等既不听我约束，我即弃置不能再为保护，此后任凭日本便宜行事，我亦不能认日本违背公法侮辱中

① 一般为“周生有”。

立口岸、水道为言。宣布各国，以免日后之责问。危言耸听，俄或降心相从，自为转圜之计。梼昧之见，是否有当？仰祈察核，转咨酌办示遵等情到本大臣。

据此，查此事迭据该道电禀，均经本大臣电达贵部，照会俄使饬遵，并经电饬该道就近与俄领妥商办理。无如该领一味推宕，迄未照办。昨据袁道来电：该领竟以限装煤斤、禁阻兵船移动修补，指为无端干预。其兵船水手滋事酿命之案，至今亦不交凶审讯。在我既有看守保护之责，若竟任其自由，不服查验，匪特日有违言，且该国在沪弁兵人数众多，设再与别国酿出意外交涉，则诘责立至，我更无以为计。该道现禀所拟办法七条，系为预弭衅端起见。除第七条咨调俄文翻译一节应由本大臣查酌派委外，其余六条，应请贵部迅饬酌核，照会俄使，转饬遵办。除批示外，相应咨会贵部，谨请查核办理，示复施行。

十二月十一日

使义许珏奏日俄构兵不解亟应预筹东省主权折

出使义国大臣许珏奏，为日、俄构兵不解，东省受祸益深，亟应预筹归宿，以存主权，敬陈管见事。

窃维自上年日、俄开衅以来，瞬将匝岁。中国虽严守局外中立之例，惟以我疆土供人涂炭。传闻日人围攻辽阳一役，本地居民死于炮火者不下数千人。至于自春徂冬，丧失赀产流离转徙者，殆以亿万计。因邻国之衅而局外之国惨遭荼毒若此，言之可为痛哭。就目前事势预测将来，窃虑异日两国罢兵之后，我之主权将一失而不可复振。近闻俄波罗的海军舰全队东行，计明春水陆两军战事更烈，且恐日久变生，我亦有难于中立之势。窃意宜乘此天寒地冻之际，商请两国暂时停战，以策转圜。推原战事之起，由日、俄协商激成，而协商之初，则因中国委弃其主权所致。目前转圜之道，惟有力认主权，正告两国，喻之以理，联之以情，衡之以势。无论若何，强国谅不能舍此理、情、势三者别有要求。用敢竭其千虑一得之愚，条陈次第办法，伏候圣明采择：

一、请特颁国书，以明息争宗旨。自开战至今，俄军屡挫，死伤之数已逾十万，日兵虽胜，而旅顺一隅攻坚未下，亡失亦多。古之仁人万不忍以土地之故逞小忿而残民命。国家讲信修睦，于中外人民本无歧视。今宜声明此意，恺恻劝喻两国政府，及早戢兵，各务远猷，以释近衅。兴京、盛京，列祖肇基之地，陵寝所在，顷以烽火迫近，日被震惊。彼两国之君各有祖宗，使其设身处地，亦当愀然不安。矧皇上孝治天下，岂能须臾忘怀？且兵连祸结，东省之民既遭蹂躏而工商失业，内地各省亦为牵动，奸宄窃发，在在可虞。两国如惠顾前好，不当使中国受祸日深。如此详切布告，俟两国复书到日答词如何，再当相机应付。

一、请召见两国使臣，以申忠告情谊。国书所言，为中外安全计，只能举其大略。至于两国现在所处境地，胜负不同，形势亦异。俄人劳师远涉，耗丧军赀十倍日本，今且悉锐而东，国内空虚，民滋怨讟，实犯兵家之忌。日本士气虽奋，而民力已竭，顷所丧亡皆其精锐。局外代筹，均属得不偿失。在我虽有关切之忧，然国书中既不能明言。若召见使臣，从容询问，并乘机劝讽，嘱其电告政府，自无不达之情。度彼国君臣上下如能默体朝廷推诚无间之怀，亦必慨然以情相告。

一、另议东省约款，以戢两国兵端。溯查俄人历年不肯撤兵之故，总以保守东省铁路为言。日之仇俄，则以乙未年俄代中国索还旅顺而旋即自占其地，故怨毒之心固结不解。今两国寻仇，中国亦受无妄之灾。欲戢兵端，必探其本。窃谓除光绪二十二年允准借道黑、吉两省建造之悉毕利铁路毋庸更议外，其光绪二十四年以后接造南境枝路应由中俄两国另议约款，备价购回。惟此路南端现为日本所据，应俟兵事定后两国各派全权大臣开议。至旅顺一口，此次俄将固守经年，日本以十万锐师毕命相争，将来无论归日、归俄，此地总为战争机括。兵事定后，似宜由中国另指相当之地，向据有此地之国互易收回，开作公埠。此又永息兵端之一道也。

一、商请美国调停，以全中立主义。日、俄与中国均无宿怨，现拟商请停战，在我开诚布公，谅彼亦不应深闭固拒。惟揆度事势，俄则屡败之后非得一二胜仗不肯议和，日则恃胜而骄，气矜方隆，更难降心相就。但两国相持不下，东省之祸更无已时，我之中立因应益难。惟有婉商两国，请其移师离开东省境内，俄军可移往海参崴，日军可移往高丽北境。无论战争久暂，俾我中国得完全守局外中立之例。查中国与各国所订约章，惟美约第一款载明，他国有不公轻藐之事，一经知照，必须从中善为调处之语。此次日、俄战事，中国按局外中立之例办理，亦美国首先承认。现因两国不肯停战，始请移师离开东省境内。在我并无不合，似可电商美国政府，恳其居间力任此议。事定之后，酌量酬报。

以上四条，皆就转圜之中力认主权，以为异时归宿之地，所谓喻之以理，联之以情，衡之以势也。前二条如蒙朝廷采纳，即可见诸施行。第三条须待停战之后从容磋商。惟第四条不允停战即请移师，以中国积弱之势，似难得诸今日强悍之邻交。然臣窃以为无难也。查光绪二十七年正月俄主复书曾有俄办东方事未变宗旨，不外保我邻邦自主之语，又有亟欲将满洲全归中国，政治一切悉照俄兵未据以前办理之语，即上年所索七款亦无据地不归之意。至日本此次用兵，本以决不占地为言。兹请移师，但使俄国允从，日本谅不梗议。惟事体关系既重，除电商美政府外，应否特简专使亲赴日、俄两国商议之处，拟请饬下外务部、王大臣妥议，伏候圣裁，俾东省兵祸既得早纾，而主权尚可复振。臣远隔西海，东方战争消息仅凭西报所传，未知是否吻合。惟夙夜焦思，东事所系，非仅一隅之得失，实关全局之盛衰，谨就微臣知识所及冒昧上陈。无任悚息屏营之至！谨奏。

光绪三十年十月二十六日。

使俄胡惟德致外部俄通告中国违背中立宜向各国声辩电　二件　附通告原文

密探俄通告文有中国违背中立，俄即任意举动一语，为官报所不载。昨与外部力辩，伊谓：美曾联各国保中国中立，若有违背，俄即不认。盖意在借端，以便陆师绕辽右击敌，或兼为异日水师擅泊口岸地步。势必枝节横生，亟应通告声明。否则，利在人，咎在我。乞裁核。

十二月十二日

俄通告宗旨，外间议论不一。有谓欲纵军辽右，以绕敌，先小试，后且大举，特破我中立，不能无所藉口；有谓预为议和时抵制中国地步，问罪有词，安望和商归地；又谓意在扰乱大局，冀各国出而调处，为下台计。特汇闻。总之，此举必有命意。我中立、不中立，出入甚巨。倘受诬不辩，转自坐实。法人偏袒，不宜深信。美、英使曾谈及否？若通电驻使，向各国声明，自占地步，亦与通告无异。钧筹若何？乞示。及附通告原文。

十二月十六日

附俄通告各国谓中国违背中立原文

战初，俄允美请，限战地及中国局外地。本年二月五号曾通告，视中国之确守、日本之遵行为准。十一个月以来，中国有未能守、不愿守之意。如烟台雷艇任日得利，日军在局外地统胡匪给饷项，日员充直隶边军兵官，均有实据。战初，日水师即据用庙岛、烟台及沿海他处私运军火于青泥洼、汉阳官厂卖与铅料各节诘问华官，复语含糊。据各处消息，中国实未守局外，且竭力预备为与战计，民情汹汹，甚为西人危。俄政府不能不提醒各国，彼欲力保中国局外，惜中国为日所迫，未曾做到。倘再有此项情节，俄不得已只能顾自己利益，以对此种中立矣！

外部致胡惟德战国凭空吹求希与俄外部驳论电

美使照称：有他国政府行知美政府中国不守中立者五：

一、日本在东三省招红胡子为兵。

查三省胡匪，俄官马大力多夫等先经招募编队，与日军攻击。如谓受日本粮饷，归日本人统带，即是战国自行雇用。且战界内中国兵力不及，势难遍禁。至胡匪有时窜入中立境内，地方官屡经查明惩办。公法，中立国人民或退职员弁私往助战，本国可不担其责。

二、中国练军用日本人为教习。

查北洋练军并无日本员弁搀入，惟保定学堂有日本人充翻译。事在未战以前，后又具结不预战事，与各处学堂、海关聘用俄人一律。中立国用战国人，公法不禁，战国不当干涉。

三、中国政府准日本借用庙岛。

查本年海圻、海琛、海容等船时巡庙岛，登州守令加派海圻稽查，毫无日本人及军舰踪迹，更无准其借用之事。

四、烟台有人将战例禁货运往大连湾。

查战时禁货前通饬不准运往战地，烟台并无一船运往。该湾海关亦无发给准单事。

五、汉阳官家铁政局将铸铁料卖给日本。

查大冶矿产，系商采商运，与汉阳铁政局有别。二十六、二十九年诸商与日商订改合同，均在未战以前，张督不预闻，盛系矿商代表，非官家事，不经国家批准。公法，生铁不在禁例。此系未经熔化之矿石，未成生铁，更不得指为有关军用材料，照常贸易，并无不合。

又称：中国现欲详细预备将来附入战场。

查练兵为绥靖地方内政，五洲大国何国不然？何得疑中国有附入战场之意？

再，梁使电称，俄照会内有烟台俄雷艇失事为偏袒日本之证一节，查此案事出意外，萨镇拦阻不及，并无纵使情事，业将萨镇议处，并照日使，索艇，案虽未结，实已尽力办理。且俄屡犯中立，姑述数条：

一、俄人在辽西造桥屯兵。二、俄人在小库伦、新民屯一带勒买牲畜粮食，私运军需。三、北戴河、张家口、丰台查获俄人多数枪炮弹，系暗藏货包内私运。四、由烟台送至上海之俄艇船主在吴淞口潜逃。各款皆中国为难情形，中国严守中立，坚定不移，地方官恪守条规，民情均甚安和，久为各大国共谅。战国凭空吹求，自应切实声辩。以上各节，已照复美使，并电各驻使通告。希面与外部驳论，勿用公牍。

十二月十六日

日署使松井庆致外部留沪俄艇管驾潜逃被获照会

为照会事。

查在上海扣留之俄灭雷艇拉斯特罗普内号管驾海军大尉包维尔密海罗维治蒲廉及该

艇员海军少尉克拉阿治伊挖廉即诺维治谢立约夫二名，搭坐上年十二月十六日华历十一月初十日由上海开出之英国轮船尼格列希亚号，希图潜逃至海参崴。该轮船驶抵韩国蔚上洋面，为我国兵轮捕获，押送本国佐世保，在该处捕获审检所讯究，该员等自行认供不讳。查前因俄灭雷艇列西迭列内管驾被中国扣留，旋即乘间潜逃，于上年十一月二十三日华历九月十七日内田大臣遵照本国政府训条第七十六号公文，照会贵王大臣，务将此事查办补救，并严加约束防范等因，旋准光绪三十年十月十九日照复内称，确切查询，加意防范等因在案。此次复有前项情事，是系贵国政府未能将扣留俄人慎密约束之故。相应照请贵王大臣，饬令再行加紧约束，以期嗣后不得再有此项情事。至俄员潜逃一事，应如何查办补救之处，仍望贵王大臣确切施行。是为切盼！本署大臣兹奉本国训饬前因，相应备文，照会贵王大臣，查照核办可也。

须至照会者。

十二月十六日

外部致雷萨尔留沪俄兵有潜逃情事希饬约束照会

为照会事。

准日本驻京大臣照称：查上海扣留之俄灭雷艇管驾及艇员二名搭坐英国轮船，希图潜逃，为我国兵轮捕获，押送至上海，在俄兵船内一律安置，自应听中国地方官管辖，俟战事定后，方准回国等因到部。查上次列事特意内俄艇船主在吴淞口乘间脱逃，业经本部照会贵大臣饬查，尚未见复。此次拉斯特罗普内号俄艇之管驾及艇员又复搭坐他国轮船，图至海参崴，为日本捕获，审讯供认不讳。似此不遵约束，任意潜逃，虽有驻沪总领取结盖印，声明非奉本国允准不能回国之文，亦不足信，殊属有妨中立。相应照会贵大臣，迅即查照本部十二月初六日照会所订约束办法五条，转饬总领事遵照，开送俄船员兵、水手等衔名人数，由中国官员点验，以便稽查而重防范。仍希速复为要。

须至照会者。

十二月十八日

电政大臣袁世凯等奏外国拟在中国倡行无线电报请防禁私设折

电政大臣・直隶总督袁世凯、候补侍郎吴重熹奏，为外国创行无线电报，拟请在中国境内防禁私设，以维电政事。

窃维电报为邮政枢纽，中国自创设电报以来，久荷朝廷保护，买回外洋水线，推广各地陆线，逐渐遍及川省。前年奉旨，电政改归官办，准各商照旧附股，收回国家应有之权，仍与商民共利，为中国最完全商务，乃外人未干预之政权。近闻泰西创设无线电报，并有暗中阑入中国之事。查各处修造铁路，沿路安设电线，已虑铁路所经一带所有电报商利为其所夺。经臣等筹议，设法限制，咨商外务部，与各处铁路议定专条，以保电利。今无线电机系至为轻便之物，随地可设，大为防不胜防。伏查，英国无线电报则例，凡未领执照者，不准私立无线电台及私用无线电机。无论在岸、在船，必先禀请邮政大臣，商妥海陆军衙门及商务处，然后发给执照。其领照者须遵例施行，方可安设。违者，罚款、监禁或罚作苦工，电具充公等因。察其防范之严，知私设之害。臣等查，电政为国家特权，现既设官专办，所有各路商电，各省官电，均归电政大臣统理。外洋新创无线电报，轻巧便利，最易阑入中土。自应援照公例声明，除津榆通道一带，各国驻兵未撤以前，应归另案办理，无论何国何人，一概不准在中国境内私设无线电报。如不遵行，按例科罚。其中国各处海陆军队或有需用此项无线电报者，应随时知照电政大臣办理。臣等为电务紧要，保持商利、政权起见，相应请旨饬下外务部查照立案。理合恭折具陈，伏乞圣鉴。谨奏。

光绪三十年十二月二十五日。

电政大臣袁世凯等奏中国境内电话准归电局经办外人不准擅设片

袁世凯等片。

再，查中国电话，前于光绪二十五年十一月经侍郎臣盛宣怀奏准归并电局办理。臣等接办电政后，于广东、天津、北京等处先后筹设电话。又庚子以后，丹商濮尔生在天津一带设立电话，经饬电局与该洋商竭力磋商，备价收回。统计京、津、粤三处开办电话暨常年开支所费不资，惟赖电话为电局独得之利权，所冀通行渐广，收其余利，以为弥补。乃近来各通商口岸洋商在租界自设电话，久已无可争辩，又往往以接至内地为请，侵夺权利，莫此为甚。虽经电局坚拒，而既未明定办法，防范殊难。相应请旨声明：中国电话准归电局经办，除通商口岸已设之电话外，无论何地何人，凡未经中国政府及电局允准者，概不准擅设电话，以保电利而维主权。并请敕下外务部查照立案。谨奏。

光绪三十年十二月二十五日。

商约大臣盛宣怀致外部周案与俄领会订办法电

养电谨悉。周案，本日督同袁道等与俄领事会勘公判。彼执定无条约，应归俄自断结，无可复议。告以条约律例所难办者，断不能勉强，但雷使既允领事与我面商，必当有商允之事，以安人心。一、按俄律一千四百五十八款科罪，应监禁八年，承审判词已声叙，乃又减等，定拟四年，殊不公道，应俟检齐案件，咨明胡使，照询外部，转咨海部复核，仍照承审官原议监禁八年。俄领云，尽可咨询。顷已先照会该领，作为宕笔。二、监禁应自押到俄国之日起算，在沪监禁，无论久暂，不在限内。俄领已有照复允准。三、应给抚恤银两，可听苦主自做善举。俄领云，只能给家属，数目请示雷使即定。四、俄船兵民来者日众，应援引威海等处章程圈禁保护，不得任令游荡、酗酒滋事。俄领谓：自出周案，已严禁游荡、酗酒，如要订专章，领事无权。除已请南洋电询胶、威两督，并托克纳贝询取章程，再由袁道另办外，今日会议各节，甬绅均得在座环听，已令传谕息事，用慰钧廑。

十二月二十九日

沪道袁树勋呈外部泊沪俄船满洲号禁载军火电　二件

勘电敬悉。俄、日宣战，我国应守局外例。查禁止购办军需，先经职道函嘱税司照办，现又钦遵上谕与法律官酌拟训条，禀请南洋，分饬海关、炮台一体恪守，一面由职道切示晓谕。至俄兵船满洲泊浦已久，昨准日领以该船添装药弹，即向俄领诘问。该轮因修船桅，靠近码头，并未添装药弹。复询税司，查复相同。当又嘱其驶出口外。据称，舰小兵单，恐为日所获，如必欲驶出，须保险二十四钟不幸有事即向中国索赔。商诸日领，日又以兵舰不同商船，不能允许，致妨敌国权利，意在禁其接济，并不限令出口。遂与两领熟商，将该兵舰移泊江心，听其开驶，但请税司专派洋扦驻守该舰，严禁装载军火。除兵弁日用外，即载煤亦以近地口岸为准，不能多装。谨将大略禀复。

十二月二十九日

兵轮满洲事，已详昨电，定邀垂察。该兵轮久泊浦江，并非近日进口。查无购办军火，英领亦未干预，惟各国兵舰向泊浦江中洪。今该兵舰因修船桅，商由税司准暂靠近码头，究非所宜，迭经职道商令移回江渡，并派洋扦查禁私运军火，以免日人藉口。务恳转致俄使饬遵。

十二月三十日

清季外交史料卷一百八十六终

西历一八七〇年至一九〇四年即同治九年至光绪三十年

海关平银每两换英镑制钱价目涨落图

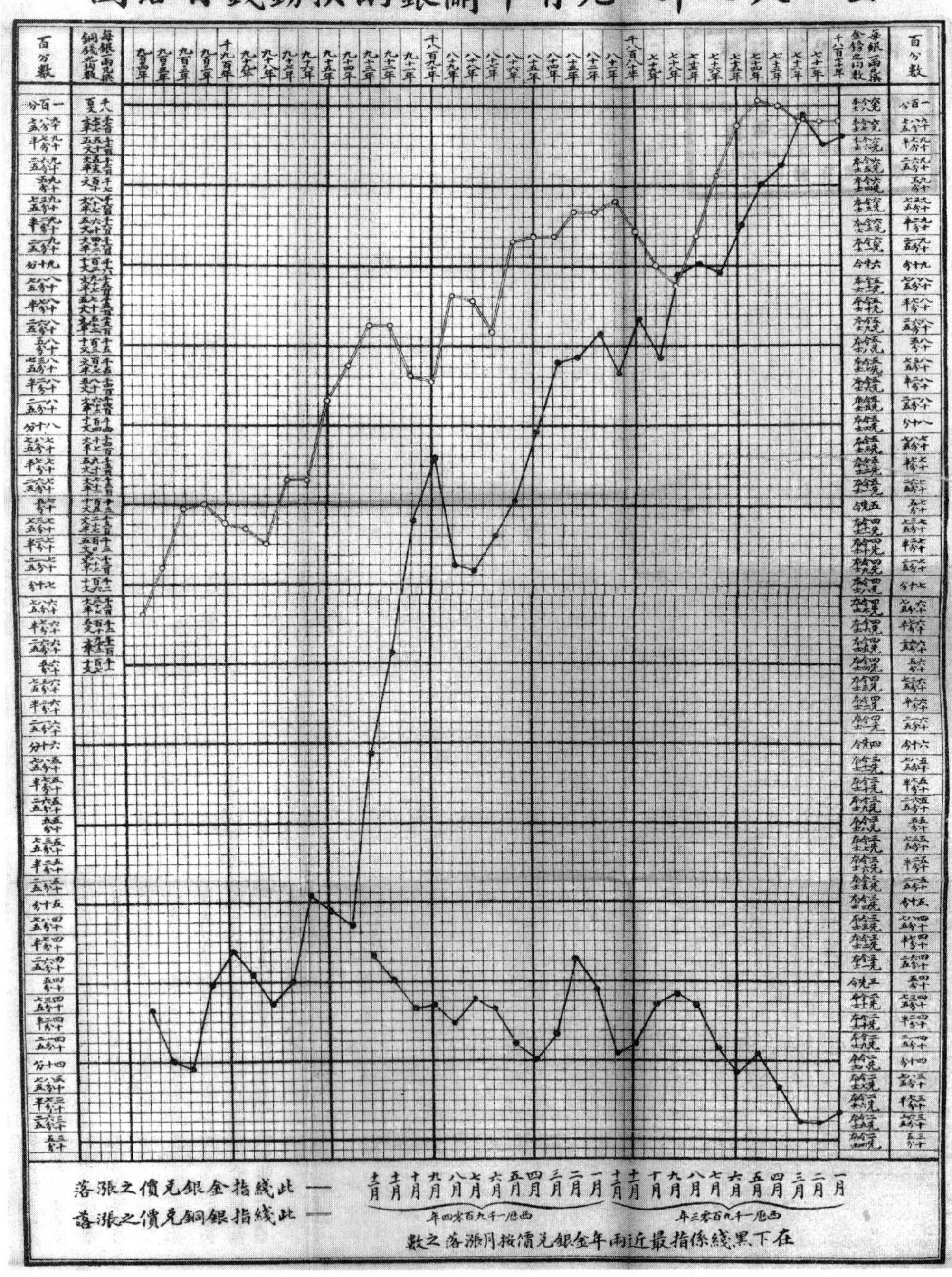

清季外交史料卷一百八十七

光绪三十一年正月至二月

外部致周馥聂缉椝日僧游历护照勿写别项字句电

准尊处南洋腊月十八日文称：杭州关道准日领函送日本布教师紫云、元范赴杭、嘉、湖、宁、绍、台等府游历，考察佛教事宜，盖印给执等因。查游历护照，向来只写游历字样，不得填写别项情事。上年鄂省于德人柯和游历照内误填查矿字样，经本部饬令涂销，并声明只能作为游历护照，以杜影射在案。近来日僧在闽、浙等省藉传教为名，干预寺产。此次紫云游历护照有考察佛教字样，本与向章不符，尤恐借端生事，应照鄂案饬令涂销，知照日领，声明只能作为游历。并希通饬各关，嗣后游历护照勿得填写别项字句，以免轇轕。至要！

正月初五日

铁路督办盛宣怀奏中葡会订商办广澳铁路合同折　附合同

督办铁路大臣盛宣怀奏，为广澳铁路遵照部示议订中葡商办合同条款就绪，仰祈圣鉴事。

窃臣迭次承准外务部咨，中葡铁路公司建造由澳门至广东省城铁路，业于增改中葡条款案内准其订办，饬臣与该公司议立合同，并函示训条，以华洋合办之局必须扼定商办，不与两国国家相涉为第一要义，行令妥商筹办前来。时葡使白朗谷来沪会议商约，带同葡商伯多禄并议铁路，所递条款，应驳甚多。臣以路属商办，由商部遴招华商与议，方合体格。旋接部电，仍责臣筹议。适有粤商林德远呈请，认集华股，与葡商平权合办。当即查照部示，与该使逐款磋议。计广澳铁路应需资本，华商、葡商各认一半，公司权利悉遵钦定商律，葡国国家不能干预。应筑轨路绘图呈候核准，方可开工。每段工竣，由两广督臣与澳门总督议定该段抽收税则，方可开车。按照商路机器、材料照纳官税，官地、民产概给租值。铁路进项除养修费用分给商息外，每年另提公积百分之三拔还本银，再有盈余，以三成归中国国家。本银逐年清还，中国即可收路，毋庸议价。造路工程司参用西人，余均华籍，总以不越中、葡两国人为断。声明中国不代担保本息，该公司设有倒欠及帐〔账〕目轇轕，两国国家均不干涉，亦无赔偿。所有议订合同各条，饬由随办商约·候补四品京堂李经芳〔方〕，铁路参赞·候补道陈善言等，与白朗谷数月磋磨，并由臣逐款酌审，电请外务部详加核改。因葡使坚持与商约一同签字，接准部电，修改各条尚属妥协，饬臣先与签字，随后专折奏请训示。综计细目三十一条，凡扼定商办宗旨不与两国国家相涉之要义，似尚足以预杜枝节，自保利权。除将签印合同咨送外务部，并分咨商部、两广督抚臣查照外，理合将遵订中葡公司广澳铁路合同底稿缮具清单，恭呈御览。俟奉旨批准，再行饬由华商林德远、葡商伯多禄另订公司创办章程，呈候酌核，再行开办。谨奏。

光绪三十一年正月初七日奉朱批：外务部知道。单并发。

谨将中葡广澳铁路合同缮单恭呈御览

案查，光绪二十八年九月十四日，大清国外务部照会大西洋国钦差驻扎北京便宜行事全权大臣声明：大清国政府允许所请，准在澳门地方设一中葡铁路公司，安造由澳门至广东省城之铁路在案。今将前项照会钞附本合同后，现由大清国钦差督办铁路大臣·太子少保·前工部左侍郎盛，与大西洋国驻京便宜行事钦差大臣白，在沪将中葡铁路公司应办事宜，并中、葡商董均股平权合办宗旨，往复商酌，意见相同，并饬令中董林德远、葡董伯多禄，于此合同由两大臣签押后再行会商，订立公司创办合同，呈请中国铁路大臣酌核。今先将大清国政府允愿招商、议立中葡广澳铁路公司各事宜开列于后：

一、所有由广东省城至澳门之铁路准归中、葡商人招集股分，设立公司，均股平权，合办承筑。此项铁路经理行车事宜，应在澳门设立公司总号，并在广东地方设立局所。其公司名曰中葡广澳铁路公司。该公司既系中、葡商人合办，则凡关系该铁路公司事宜，葡国国家即不得藉词干预。

二、该公司只当准中、葡两国人会同管理。如违此款，中国可将准筑此项铁路合同作废。

三、造筑此项铁路所需用之资本，中、葡均平各任，华商得一半股分，澳商得一半股分。惟葡股之一半，有侨寓澳门之华商并华商之隶他国籍者在内。该公司须订立创办合同，以凭治理该公司各项事宜。该创办合同内必须订明，华商、葡商股本权利均平无异。因公司股分华人为多，所经地方广东居多，凡有关系该公司股分及股东权利、董事人、查帐〔账〕人及各股东会议等事之各章程，必遵守光绪二十九年十二月初五日之钦定大清公司商律，与所订立之创办合同不相违背，即可照行。

四、该铁路应经地方尚未勘定，今应延请工程司前往查勘由广东省垣往澳门之地势，方可定夺。

五、该铁路勘查之后，绘图指明此路所应行经过地方，当在何处设立车站，并应用房屋、厂栈等处一一绘明，呈送大清国钦差督办铁路大臣鉴核。俟核准后，方可开工筑造。此项绘图应备四分，以一分呈送督办铁路大臣，其三分由督办大臣分咨外务部、商部、两广总督分别存案。

六、所有查勘地势经费并筑造资本，悉归中葡广澳公司支理。

七、所有中葡广澳公司所造铁路，其左右两面各十英里以内，中国政府不能准他人或别公司筑造平行同线之铁路。

八、工程司起首查勘地方及以后起造开工，皆必须由中国督办铁路大臣暨大西洋驻扎广东省城总领事官预先咨照两广总督知悉，分别发给护照与工程司及查勘筑路之各等人，由中国各该地方官随地一体保护。

九、所有筑此项铁路之时及工竣之后，彼此如有辩论之事，须先归大西洋驻扎广东省城总领事官与两广总督会商妥定。倘仍不能商妥，方可上禀北京大宪暨大西洋钦差办理。

十、凡铁路所经之地，并机器各厂、货仓为该铁路所应用之各房屋地段，其应如何为该公司所购用之办法开列如左：

（一）[①] 如该地系属官产，应由公司报明地方官丈量，升科拨用至此铁路满期之日为止，每年应缴纳地租。

（二）该地如系民产，或系该处绅士公局之地，公司必须与业主商酌定价，彼此合意妥购。如有应纳租税，公司仍照常完纳。

（三）如该地不能合意议妥，即由公司就最近之地方官禀请理妥购买，查照该处民间买卖时价，由公司照数向购。

（四）如该地上有庐舍、树木、池井等项，凡用工本造成者，除地价外，必须另给价值。其价如不能定妥，即照上款所言办理。

（五）如该地上有坟茔，必须设法绕越。如零星小坟无法绕越，除地价外，必须从优另给迁葬之费。

（六）该公司在铁路经过地方与该地方人民交易，必须公平，并力免有损害地方伤情等事。地方人亦不得藉词阻挠，谣言惑众。如有违犯，由该公司禀请地方官出示谕禁声明，筑造铁路原为推广商务、振兴闾阎起见，百姓人等务必各安本分，勿滋事端，共保平安，否则定必从严惩办。

十一、所有开地挖泥、挑泥、垫土、扛挑材料需用工人，应就工程所至地方随地雇用。其雇工之法应向该处公局绅士商嘱，定价资雇。

十二、该公司应雇用巡捕、更夫守护铁路并铁路所应用之各房屋，其巡捕、更夫系

① 括号为校者加，下同。

用华人，其夫头由官选派。

十三、铁路公司愿允自行筹款在总车站毗连处建造房屋一所，以便在该处所有铁路转运出入华境之各项货物由中国海关查验，征抽税项。

十四、筑造铁路或全工告竣，或一段完工，该公司应禀由中国督办铁路大臣暨驻扎广东省城大西洋总领事官，咨照两广总督声明，该全工或一段筑成起首开车行驶。

十五、全路或一段完工，两广总督与澳门总督可商酌，在何处地方及何处设法抽收该铁路车运入口、出口货物之税。俟税务妥议，始可行车。

十六、该铁路所有载人、运货之价目则例，应由公司议定。

十七、该铁路宽阔之数，一切与广东省城已造铁路之阔相同。

十八、公司载运材料可任便在公街经过，不得阻挠，惟不得损伤人民房屋、物件。如有损伤，公司应照价认赔。如需搭棚为起造房屋或为工人居住以及材料栈房，果系查无窒碍，均可搭盖。该地如系官产，不必给价。倘系民地，必与业主酌定租价。完工之后，将地交还。

十九、筑此铁路所需用之石与沙，如系官地所产，中国查无妨碍，应准公司即在该地采取应用，毋庸给价。如系民业，必须与地主商订。惟该地主倘有勒索重价，与时价相悬过巨，该地方官查明该处情形，为之设法妥定，俾两面免致受亏。

二十、公司筑此铁路，中国政府并不给地应用，亦不担保资本之利息，惟有准此铁路公司之事三项开列如左：

（一）准该公司在近路地方设立水池积水，以便接管引水入该铁路应用。

（二）准该公司在香山县地方设立养身卫生院、避暑所各一处。

（三）准该公司设立学堂，以葡文教中国幼童，备为翻译，并教铁路所需工艺，以便学成后由铁路雇用。其学堂应设在何处，必先与该地方官商择。

以上各款所设各等房屋、院所之地，如系民业，当与地主商订。如系官地，升科纳税。

二十一、倘该铁路进项可支各项费用及资本银每百元每年六元之息，并可支每年一次于每百元内至多提出三元，以积储供还本银。此外再有盈余，则作为净利，以三成归中国国家，其余按股分给。其每年一次所扣还资本之银，须扣资本全清后为止。至于估计本银之法，可将该公司账簿及该公司给股分人观览之年结总数为凭。

二十二、若该铁路从行车日起，至满五十年，其二十一款所定积储供还资本银款足资清还之数，可将该铁路及其所应用之各房屋归之中国，毋庸议价。倘其所积储之银不足供还资本之数，中国政府必须先与该公司彼此妥商补偿，如数交清，方将此铁路归之中国。至于估计本银之法，可将该公司之账簿及该公司给股分人观览之年结总数为凭。

二十三、该公司如有倒欠及账目轇轕，两国国家均无干涉，并无赔偿。

二十四、除本公司所用巡捕、更夫以守此铁路外，中国政府务须保护铁路，并铁路所用之各等房屋，以及公司所有地方官准设之别等房院，以免为歹人毁坏攻劫。

二十五、该公司如须装设电线及德律风，可依此铁路之路线任便设立，惟只能供该铁路之用，不得收发他人电报。

二十六、如遇有交战、作乱、饥荒之事，中国政府如欲用此铁路载运兵丁、军器、军装、粮饷并救济物件，此项铁路必须尽先应用。所有载人、运物车价可减半给付，平常之日不得减少。如遇战事，该公司亦不得接济中国之仇敌。

二十七、所有官员文书及中国邮政局信札、包裹，该铁路可代运载，不受价值，并按照邮局所定章程办理。所有章程八条如左：

（一）铁路只允中国邮政官局运送包件，其民局及别国官局邮件概不准行运送。至各国军队按合同应送各件，应由中国邮政局随同日行邮件代为由火车寄投。

（二）火车搭客行李，邮政局不愿扰及。惟若风闻或确知有夹带邮件之弊，致违禁令，应如何办理之处，亦须预订妥章。

（三）火车往来各处，每次开行，均应备有合同专栏，以便邮政局员运送寻常邮件。火车开行时刻倘有改易，须于前二日向邮局声明，以便早谕众知。

（四）邮政局运送寻常邮件备用专栏，铁路应不收费。至遇有另用专车之时，其专车之费照各国向例，必须格外从廉。此项照各国从廉之费，尚须另与酌订。

（五）邮政员役因公上下火车，听其自便，不得拦阻，惟须携有免票为凭。倘无免票，即照常人一律看待。其免票由各邮政司向铁路局员声领转发。

（六）火车各站准租趸屋若干，照纳租费，并于各站设立信箱，系归邮政局自行经理。其趸屋租费尚须另行酌订。

（七）所有此章内载邮政局应交铁路各费，均按每年结清。

（八）嗣后倘有更改之处，须由外务部、商部准定，方可施行。

二十八、澳门邮政官员信札、包件，该铁路应代运载至中国境内所设之第一处中国邮政官局，该铁路亦不受价值。

二十九、该铁路所用工程师、各工艺人及各式专长之人，可参用洋人。其余工人，均用中国人充当。凡铁路所派、所雇之各等人，应由公司专权派雇。

三十、凡该铁路所用之机器及一切材料至中国境内，应照纳关税。

三十一、本合同用汉文、葡文、英文缮写各四分，共十二分，语意均属相同。倘遇有辩论之事，葡文、汉文或有未妥协之处，以英文解明所有之疑。今先在上海订立画押，以昭信守。

光绪三十年十月初五日。西历一千九百四年十一月十一号。

商约大臣吕海寰等奏新订值百抽五税则并善后章程片 附章程二件

吕海寰等片。

再，臣等先后奉命办理商税事宜，即准英、美、日三国派专使来沪，暨德、法等国所派驻沪总领事官，会同臣等所派随办商约之税务司，按照和约大纲第六款，将进口税则改为切实值百抽五，并酌议修改税则善后章程三条，附列税则之后。因美国专使即欲回国，催请先行签字，经电请外务部代奏，奉旨派臣海寰、臣宣怀画押。当时会同画押者，为奥斯马加国、比国、德国、英国、日本国、和国、日国、美国。惟法国须请示本国政府，是以未画。此外各国尚未派员前来。谨先将已画税则咨送军机处，代为进呈。于光绪二十八年七月会同奏报，奉朱批：外务部知道。钦此。钦遵在案。嗣准俄国、义国、丹国、瑞典那威国①先后派员来议，仅俄、义两国以该国出产货物尚有未经载入新改税则者开单送请核议，复经派原议税务司与之商定，并知照先经画押各国，均允行无异。复据法国驻沪总领事以奉其本国训条谓，所议税则虽经各国专员议允，间有定税较重者，尚须修改。又经与之再三议驳，酌允四条，改为按每值百抽银五两，不先行估价，不预定税数，以免吃亏。又葡萄牙国前以和约未经与议，不认各国修改切实值百抽五税则，经臣海寰、臣宣怀迭次开导，此次议订商约亦允遵照办理，现已次第画押完竣。综计有约各国，尚余巴西、秘鲁、墨西哥三国至今未见派员。据随办商约税务司申称，查该三国并无往来中华之贸易，商定税则与否，无所出入。谨将续行会同俄、义、丹、瑞典、那威、葡萄牙六国画押税则照案咨送军机处。谨奏。

光绪三十一年正月初七日奉朱批：知道了。

附续修增改各国通商进口税则善后章程

谨按光绪二十七年七月二十五日在北京所定和约第六款内载：进口货增至切实值百抽五；又载：凡能改者，皆当急速改为按件抽税几何定办。改税一层，如后作为估算货价之基，应以一千八百九十七、八、九三年卸货时各货牵算价值，乃开除进口税及杂费总数之市价等语。照此和约，已经中国及各国所派专使：

大清钦差办理商约大臣・工部尚书吕海寰；

大清钦差办理商约大臣・尚书衔・太子少保・前工部左侍郎盛宣怀；

大清钦差办理商约大臣・候补四品京堂・署外务部右侍郎伍廷芳；

大奥斯马加驻扎上海管理本国各口通商事务署总领事许乙诗；

① 1814—1905年，瑞典挪威联合体时期，1905年以后挪威独立。

大比总领事官·奉本国委办修改通商税则事宜薛福德；

大德钦派驻扎上海代理通商事务总领事·兼办税则事宜博爱业①；

大英钦差办理商约税则全权大臣·五印度二等宝星·总理印度事务大臣·政务处副堂马凯；

大日本特派办理税则事务·钦差府头等参赞官日置益；

大日本持〔特〕派办理税则事务·驻扎上海总领事官小田切万寿之助；

大日本特派办理税则事务·大藏省鉴定官山冈次郎；

大和驻沪总领事·兼办商约税则大臣阿福柯；

大和协办商约税则·驻沪商董全克霸；

大比总领事·代理日国驻沪总领事·兼修改通商税则事宜薛福德；

大美驻沪总领事古纳；

大俄钦派办理税则事务大臣宝至德；

大义钦命办理商税事务大臣·驻扎上海管理各口本国通商事务总领事官聂腊济尼；

大法钦派商议税则大臣·总管各口本国通商事务署理上海总领事巨籁达；

大丹钦命议办税则事宜大臣·兼代驻扎上海正领事官哈勃克；

大瑞典那威钦命驻扎上海总领事官·兼办税则事宜大臣哈勃克；

大西洋钦差驻扎中国、暹罗国兼商约便宜行事全权大臣·钦赐圣母头等宝星·圣雅古二等博学宝星·参赞大臣·上议院员白朗谷；

现在查照前因公同议订通商进口税则，并附善后章程三款，载列于后，凡所列之各国国家并商民，均应查照现订之税则章程办理。此次续修及增改税则，均经先后公同画押开办在案。惟现订税则以后如查明某货系未载在税则者，郤〔即〕无窒碍之处，仍能遵照议和条约所指逐色收税之办法，现今声明：此次公议签押之各国均可会同中国再行公订某货应当纳税若干，添载税则之内。今将续修及增改税则章程缮定华、洋文，由中国、各国专使画押。中国收存一分，各国收存一分，以昭信实。再，此次商定税则汉、英文详细校对，嗣后有文词辩论，应以英文为正义。

附通商进口税则善后章程

第一款　凡进口洋货不载在进口税则者，应按每值百两抽税五两之例完纳。惟估价之法，亦须订明，以昭平允。

一、所估之货，应按该处市价为本。至市价银两，则按该处平色为准，照此平色，合足关平若干。惟此数系有值百抽五之税银并洋行经手各色七两之使费在内，自应在估价一百十二两之数扣除十二两，方为货物起岸之实价，按每值百两抽税伍两。

① 本书有时译为“博弟业”。

一、该货在尚未报关之先已售于华商，应视真正合同所载价值之总数，即为市价，可以按照抽税。

一、该货如按某国出口价值，并加盘〔搬〕运、水脚、保险各费，照此价值出售华商，亦可以为市价，按照抽税。

一、该货在尚未报关之先并未售于华商，应由海关查验，以定其价值之多寡、货色之高下。倘海关与该商意见不同，即由海关拣派一员，由该商之本国领事官选派商人一位，并由领袖领事官亦选派商人一位，惟领袖领事官所派之商人不得与该商同国。至三人既认此责，自当细心考察，惟不能耽延过久，定期以半月为限，考察货价、货色。三人所定，如不相同，则应从二，不从一。自经断后，海关与该商不得再有异说，即照所断办理。该货究应如何考察其价、色，亦应凭二人所议，不凭一人所论。再，所派考察该货之二商人，亦当有酬劳之项，现议各送银十两。此二十两费用，现订若是查出以海关估价实系公道，此费即由该商认缴；若是查出海关所估虽有不符，而以该商所报每百两内已少七两伍钱，此费亦由该商认缴；若是查出该商所少报之数每百两内不及七两伍钱，此费即由海关自给；若是查出以该商所报每百两内少有二十两之多，则海关应将该货暂行扣留，饬令该商遵照所定价值输纳进口正税，并按少报价值应完之正税罚缴四倍，俟此两税均已完清，该货方准放行。

一、凡洋货由外国某处运来，如有某处所给价值凭单，海关如令缴出，自应遵照呈缴，不得故为隐匿。

第二款　凡外国运来之米，以及各色粮面，并金银以及金银各钱，印字书籍、水陆各图、新闻纸等，均准免税放行进口。凡船只进口，虽经专载免税之米及各色粮面等，亦应输纳船钞。凡油、煤等物进口，报关纳税后，如实为复需自用之故转运下船，则海关即将已完之税以存票发还。

第三款　凡食盐不准贩运进口。如洋枪、枪子、硝磺并一切军械等物，只可由华官自行贩运进口，或由华商奉有特准明文，亦准放行进口。如无明文，不准起岸。倘被查拿，货即充公。

英使萨道义致外部英政府派韦礼敦在印议约照会

为照会事。

上年十二月二十三日接准来文，以唐大臣前往印度议约，派员佐理，有现充亚东税务司韩德森堪以派充随办藏约事件，由贵部转饬遵照等因，当经照达本国政府暨印度政府查照，去后，兹奉本国外部大臣来电：现已就派〔派就〕前在西藏帮办之员韦礼敦佐理在印议约事宜，嘱为转致等因。本大臣准此，相应照达贵王大臣查照可也。

正月十九日

外部致闽督魏光焘希派员与日领议收脑局电

官脑局一事，迭经本部与内田使磋商。兹准复称：先将照会收回，仅为便于开议起见，并非作为仍旧接办之据，亦不能认作为不仍旧接办之据。本大臣允与闽督所见相同。又闽督允认，在官脑局办事之日本人，地方官须以礼相待，不得仍前欺侮，并由官脑局所运售之脑，嗣后概不抽厘二端，则闽督所称开议宗旨总不得有碍中国主权，并须与中外各国条约不相违背，本大臣亦可允认。即电闽督，先将照会收回，从速开议，以期妥速办结等语。希饬将照〈会〉收回，迅派妥员，与日领妥速开议，并电复。

正月二十日

使俄胡惟德致外部蒙古确为局外地电

本日俄官报载：现日军绕俄后路，出铁路之西，俄通告各国，证明日军进蒙古实犯中国中立。查俄初战时与各中立国订定战界，仅指满洲之营口、沟帮子、新民厅铁路以东一带，故蒙古确为局外地云。

正月二十五日

直督袁世凯致外部日军攻克本溪湖之清河城电

顷，据探称：二十四日，日军攻克本溪湖东八十里之清河城，俄守兵万余全溃退去。谨转达。

正月二十七日

外部致胡惟德俄兵入蒙古采买马粮请告俄外部制止电

有电悉。前雷使照称：日军率胡匪攻铁路桥，经中立地往蒙古。经本部饬查，热河、辽西均无所闻，系在战地，与中立无涉。至开战后，以辽西为中立界，已照会各国公认。乃俄兵屡越辽西，去腊又以大队绕袭牛庄，为日军击退，沿途焚掠而去。屡次诘问雷使，忽照称：顺铁路以东为交界。本部驳以不得凭空展宽，藉词逾越。今出通告，无非掩饰其侵犯辽西之迹。日使屡言：俄苟推重局外，日亦推重之。俄兵在辽西出没，更深入蒙古采买马粮，接济军队，日军因此系任便俄先犯中立，致为日军口实，中国不担其责。希切实驳辩。再，顷据新民府电：日军与俄人现在府东相持，东路探报俄有大队西来，商民惊恐等情。除诘日本外，请告外部速电军官，勿在中立地开仗。倘因开战，损失公私产业，应声明向战国索偿。并电复。

正月二十八日

使俄胡惟德致外部俄外部谓通告系指日本不指中国电

沁、俭电悉。外部称：通告系指日本，不指中国。原文各驻使均尚未见，外部如肯钞示，即电达。

正月二十九日

驻藏大臣凤全奏奉旨饬收三瞻内属谨陈筹商情形折

驻藏大臣凤全奏，为途次中渡，钦奉廷旨，饬收三瞻内属，谨陈遵办筹商情形事。

窃奴才在中渡途次，承准军机大臣字寄光绪三十年九月二十三日奉上谕：有人奏：西藏情形危急，请经营四川各土司，并及时将三瞻收回内属等语。著锡良、有泰、凤全体察情形，妥筹具奏。原折著钞给阅看，将此各谕令知之。钦此。当即钦遵咨行，去后，查瞻对迭经挞伐，震慑兵威，上年叛藏归川，已无异志。前大臣长庚善后议奏，请归炉里兼辖，未果。番官嗣与土司构衅，前督臣鹿传霖声罪致讨，克平其地，正拟改土归流，扩清川藏门户。乃商上赴京饰词控诉，饬交前成都将军恭寿查办，囫囵复奏，将三瞻地方仍复赏还达赖。在朝廷念切抚绥，不失怀柔之道，而疆臣昧于形势，坐贻川藏之忧。查瞻对本川省藩篱，而收还实保固根基。长庚尽力调停，实苦事多牵制。鹿传霖乘时规复，亦期妙协经权。承准前因，仰见庙谋深远与老成谋国之苦衷，先后若合符节，奴才跪聆之下，钦佩莫名。复另备公函，商同办事大臣有泰、督臣锡良妥筹办法。旋准督臣咨电，嘱催有泰，开导商上，调回番官，酌酬昔年兵费，以便接收，免误事机。奴才遵即咨催，迄今未经据复。查达赖去藏，未知定在。商上无主，因而推诿迁延，自在意计之中。奴才惟有静以待之，一面选派晓事土人前往瞻地，探明道路，且觇番官、瞻目向背，以便相机因应。复据炉厅同知刘廷恕等禀称，遵札密派得力弁目赴瞻开导，宣布朝廷德意，瞻民均愿归川，欢欣鼓舞。番官来禀，听候商上檄调，语意俱极恭顺。惟有泰未经据复，商上果否遵依？何敢轻举妄动，以致另生枝节。应请饬下办事大臣有泰，设法开导商上，早为定议，迅赴事机，实为第一要义。其余应办事宜，容奴才接据有泰商复咨函，即行飞商督臣，妥筹办理。谨奏。

光绪三十一年正月二十九日。

直督袁世凯致外部日军逼沈阳俄军北退电

新民探称：日军逼近沈城，俄军相率北退，沿途粮草均焚弃，法库门一带日军亦进攻云。谨转达。

二月初二日

直督袁世凯致外部日军环攻沈城电

新民探称：闻俄人均移沈城外，日军环攻虽急，城内人民尚不至受害云。谨转达。

二月初三日

使俄胡惟德致外部日俄力战旬日死伤逾十万电

日、俄两军力战旬日，死伤逾十万，今有俄军弃奉天北退之耗。

二月初五日

山海关道文韫呈外部日军占沈阳但未入城电

顷，据称：初五日早十点钟，日军进占沈城，俄军全数退出。此役日军死者四万余人，俄军过之。并风闻俄人有与府尹为难之说，不甚确。日帅大山岩饬军队，不准入省城，以示尊重之意。

二月初六日

直督袁世凯致外部日军占奉省俄尚拒战电

新民探称：初五日巳刻，日军进占奉省，俄军北退，惟南路俄军尚在拒战云。

二月初六日

外部致闽督升允日僧在闽多年未便驱逐希一体保护电

日僧传教一事，正与日使磋商未定。顷，据日使面称：闽省拟将日僧驱逐，不任保护，实与条约不符，应电闽督照章保护，免滋事端等语。查日僧在闽多年，先经地方官出示保护，现传教尚未商定，日使意甚坚执，未便遽将该僧驱逐，应与各国游历人等一体保护，免生枝节。希饬属遵照。

二月初十日

伦敦按察使佐斯堂断开平矿务局控案判词

此案乃张燕谋君与天津之开平矿务局以下简称中国公司欲请堂上下谕声明：

一千九百零一年二月十九号之约足以限制各被告，并使之照约办理。因该约不能限制各被告，故各被告与彼等之代理人以诳骗之术，订立一千九百零一年二月十九号交产业之约。是以该约须当置之不理，而请堂上声明，被告若不照约办理，则不应把持移交产业之约之利益。此外，原告又向被告索赔。移交产业之约乃系英文，由上海古柏律师拟稿，带至天津。此约声明：立约之人，第一面为中国公司与直隶省热河矿务兼中国公司督办张燕谋君，及该公司董事德璀琳君，第二面为模恩之代理人苛华君，第三面为被告公司。该约除载有他事外，亦载有一千九百年七月三十号所立之某约，其大意实使中国公司之矿务及产业交与被告公司。该约又声明，中国公司一切之债务，概由被告公司担当，并被告公司应赔偿中国公司云云。至于移交产业之约所载产业，其价值若干，则余可不必再言，观一千九百零一年七月十九号该公司会议时领袖人所言之事，已可知之矣。该约文业已译出，华文约中所载之人名，以张燕谋君为最重。彼不谙英语，又不谙英国合办公司之章程，又不谙英国律例。所立之华、英文对照之约，除被告公司外，已由两面之人签字，又由张燕谋君盖有督办矿务之印章，以代表中国政府，并盖有中国公司之印章。立约之地系在天津。至于所立之约能否在中国移交不动产业，则余不知之，余恐此事不能办到。余见英文之约第三款有言：中国公司与德璀琳君应允被告公司将所有各约悉行签字，并办约内所载移交产业一切之事等语。此事在中国律例应如何办理，则余不知。各面诸人亦未言及此事。虽余屡请彼等言及此事，然彼等终未言及。

至于移交产业之故，实由商议创立公司所致。余可称此公司为华英公司，在英国创立，意欲保护该公司之产业，以免为团匪乱时所出之事所侵害，并欲收用外人资本，整顿该矿。商议移交产业之人，一面为被告模恩君与其公司，一面为张燕谋君与中国公司。张燕谋君常得久居中国、执役海关之外人德璀琳君之助，张燕谋君亦曾订立数约，言及新创公司之办法及其章程。当时彼此应允：新公司之资本须有一百万镑，以一镑为一股。又另以三十七万五千镑之股交于旧公司之各股东，作为产业之全价，或其一部。又须设立董事两班，一在中国办事，一在伦敦办事。至办理在中国产业之事，则归在中国之董事办理。张燕谋君则为该董事之督办，总管各事。被告公司则已于一千九百年十二月二十一号由模恩或与模恩有关涉之东方公司注册。查公司章程，最要之事乃在照约办理。若稍有更改，则须照公司章程第三款办理。该款有言：凡公司立约，必须照所定之草约办理，该草约又须有二人签字，以免有弊，公司之董事必须照约办理等语。目下之案，并无此等草约。审判此案之时，又未将草约呈上。是以余知，当时并未立有草约。一千九百年八月，彼此商议之时，已将一千九百年七月三十号之约办妥，其大旨实由中国公司之代理人德璀琳君将中国公司之所有产业交于被告模恩之代理人苛华君，当时彼此声明，苛华君不过作为新创公司之代理人而已。

被告与东方公司，由彼等在中国之代理人及上海之古柏律师迫令张燕谋君将中国公司之产业交于被告公司，德璀琳君亦劝张燕谋君照此办法，但张燕谋君不肯将移交之约签字，盖彼所立之各款言及新公司之办法章程之事者，未曾载入约内故也。张燕谋君视该约为不能保护中国政府、中国股东及其本身。彼之所为甚合于理。余又知约内并未声明，将三十七万五千股交于旧公司之各股东，作为购买该公司产业之价。因此，张燕谋君与被告之代理人以及东方公司之代理人古柏君，彼此极力相辩，已有四日之久。苛华君业已自认，曾以各种恫喝之词恐吓张燕谋君，但后因古柏君再拟一约，载明移交产业约中所未有之款，故张燕谋君始允照办。被告之各代表人曾告张燕谋君，谓今所立之约以此为准，即使各事得以照办，故张深信此事，遂将华、英文对照之约盖印。此约华文、英文各一份，已由被告模恩之代理人苟华君与复脱士君签字，又由张燕谋君、德璀琳君签字。以余之意，则该约与移交产业之约，其为重要一也。古柏君乃系上海英国律师，公司人员之一，彼乃代东方公司与被告公司行事。该约与移交产业之约之稿，乃系古柏君所拟定。当时彼此互相争辩后，德璀琳君代表原告即张燕谋君，于一千九百零二年七月二十五号致函于上海古柏律师公司，告知其事有不合之处，盖该公司系被告公司之律法官。古柏律师等于一千九百零二年八月十一号复函云：因欲保持阁下即德璀琳君、张燕谋君与中国股东之利权，故订立此约即一千九百零一年二月之约。此约与移交产业之约同日签字。苛华、复脱士两君与本律师明认该约为限制之约，以便将旧公司之产业交出，约中各款定必照办。本律师已知阁下与张大人之地位，故必将阁下之函钞录一份，由下次邮船寄与伦敦董事，而由彼等照合宜之法办理。本律师亦必指出，公司若不照阁下所请者办理，则所关甚属重要等语。据苛华所供之凭证，其意亦与此相同。复脱士所供者，则谓彼之肯将约签字，实因约文中除彼此日前应允之事外，并无他事。此语殊属确实。余今已知，约中各款乃此事之根基。各面之人均已明白，此约乃属最重之约，可使原告将其产业交于被告公司。余又知，该约各款被告并未照办，被告公司与其董事不认该约作为可行之约，又不肯照各款办理。直至出案之时，据被告公司所供之凭证，则可知彼等并非不认此事。然时至今日，被告尚以移交产业之约为据而把持产业。据一千九百零一年三月二十七号苛华君所作之书，即可知彼以势力强夺产业之契据也。以余之意观之，若任由被告公司把持移交产业之约之利益，而藉词不照该约办理，即如苛华与复脱士系无权订立此等款项之人，或被告公司若不改其方针，不能照约办理，则实有背于公平之宗旨。此等失信之举，实乃国中律例所不容。在本公堂之内，若有购买真实产业，无论其已否接收，若彼不照约行事，则堂上断不许其把持产业。凡有以契据收取产业者，则彼必须照所定之约行事，此乃律例之所必然也。余意亦可将此施之于本案，故移交产业之约与同日所立之约，实与一约无异。被告公司因未尝将该约之意详告张燕谋君与中国各股东，或不便照该约行事，故反谓该约必无所用，又谓订立此约之代理人并非奉命订立此约，其后被告公司与被告模恩君不肯照约行事，而置原告于不顾，故致有今日之案。

被告公司与模恩君均已上堂辩驳一切，余不用将彼等之所言详细斥驳。今张燕谋君与德璀琳君前来本国，在余之前供陈一切，余料被告必甚有不乐之意。张燕谋君业已受审，德璀琳君与其余诸原告已由被告之律师详细询问。当审判之时，余曾言及被告公司并未将该约斥驳。以余之意，被告虽斥驳该约，恐亦未必有成。其后模恩之律师则又谓不能斥驳该约，此即系该约足以限制各被告也。以余意观之，该约不能作为约稿，余又不能下谕使之照办，余又恐原告难向被告索得赔偿，但余今已决意定夺，一千九百零一年二月十九号之约必足以限制各被告。若被告公司不照原约办理，则不应把持移交产业之约中所载之产业。若被告不于合宜之期内照约办理，则本公堂定必将各矿与产业送回原告，以免被告公司与其代理并执役之人把持产业。今此案重要之处，即原告已得成功也。

余今考究原告所索取之赔偿。被告公司常谓，因照一千九百年七月三十号之约，立有一千九百零一年二月十九号之移交产业之约，故中国公司一切产业须归被告公司。三阅月之后，东方公司因与被告公司其资本名有英金一百万镑，每一镑为一股，立有一千九百零一年五月二号之约，故允将一千九百年七月三十号之约内一切利益售于被告公司，而被告公司遂将彼之一百万股内之九十九万九千九百九十三股交与东方公司，作为实股。东方公司又付英金二千镑，作为被告公司注册之费。一千九百零一年五月二号之约，乃于五月二十五号在被告公司各董会议时盖印。其时以五万股作为实股，交与被告模恩君。又以十五万股作为实股，交与东方公司。各董已决意将三十七万五千股交与中国公司之代表人即与以三十七万五千股交与中国公司各股东无异，又将四十二万四千九百九十三股交于东方公司代表人，即除以七股为注册之费外，乃均为公司所有之资本。余知，四十二万四千股于会议时并未声明乃系实股。但余知，彼等常以此作为实股，因此原告遂有不满意之心。设使五万股与十五万股合共二十万股作为创办之红股，则无故以四十二万四千九百九十三股与东方公司之各代表人作为实股，余甚不明其何故。据所供各证观之，则中国公司已被骗去四十二万五千股，实有大损于中国各股东，而彼等理应得三十七万五千股也。此等股份不应虚设，其价理应在原价之上。盖原告有云：中国公司之股东所得售产业之三十七万五千股，定必得有大利，但所得之股，其价大跌，出于意料之外。被告藉词辩驳谓：二十五万股送于购买公司债票达五十万镑者，作为红股。殊不知发来此等债票，中国各股东均不知之。原告曾谓，筹借此项大债，实属不必。盖所借之款，内有二十万镑并未施用，不过存于银行，属于被告公司。若果用此款，则亦可以知无用将股票给与他人。余知，发出之债票并未售于外人，不过创办人与其友人将所有之债票全行购买而已。余料此等债票与四十二万四千九百九十三股之实股，目下尚在创办诸人之手。一千九百零二年五月，被告公司各董事会议之事甚属奇异。余尚未详细查考其事。总之，此事未曾照例办理。余恐不能使之得直。中国公司各股东因所得之三十七万五千股，其价大跌，故向被告模恩君索取赔偿。但所索者，必视其有无背约，方可定夺。该约已由被告模恩及其代理人苛华君签字者，实无可疑之处。余并未在约中见得有声明不发实股之语，余又并未见有不许被告公司为实在之事发出实股之语。至于颁发实股与东方公司，实乃模恩君一人之责任，余不明其故。总之，余不能使被告模恩或其公司当受原告所失一切之责任，但余之判词不能有损日后被告公司或代表被告公司出而上控之事，或创办被告公司之人控告他被告之事。

原告律师当开堂询审此案时，请余更改禀内之某句，余已许之。此语见于索偿之禀内。但第十三次审判之时，原告又请余更改，谓德璀琳君余恐彼系原告张燕谋君之代理人肯为此事者，实因误信一千九百年十一月九号被告模恩君与德璀琳君之函应允更改某项之事所致，且又应允将一千九百年七月三十号之约加入所改之语再行签字，因此等更改，以致所出之事甚多。以余意观之，此等事件与此案无甚重要，但日后所出之案与此甚有关系，亦未可以逆料。余意此等更改无甚利益，余料原告亦不因此以致受损。日前审案之时，堂上之人并未言及所改者足以限制各人。原告律师又请余更改数语，谓张燕谋君肯将一千九百零一年二月十九号移交产业之约签字者，实因一千九百零一年二月九号苛华君与德璀琳君之函内有诳骗之语所致。苛华君并非被告，亦不过模恩之代理人而已。余曾考究索取赔偿之禀第十七款之末句，余料此等索偿并非有意加入。若该约足以限制各被告，并可照约施行，则原告并不因张燕谋君将移交产业之约签字以致有损，故余不能允许所请改之语。余之判词，亦有断不损原告再控之事。

此外，尚有索偿一项，即张燕谋君失去职位，故须向被告公司索取赔偿。张燕谋君目下不为中国公司之督办，余不明其故安在。原告索赔之故，实因被告不照该约某款办理。余料此堂谕下后，该约各款定必照实施行，否则被告公司不应把持其产业。被告公司理应交还一切之费用，但不能由该矿所得之资筹措之。至于赔偿，余今暂不定断，以俟此谕下后其结局如何再行办理。被告公司又须付原告之堂费。被告模恩公司亦为此案中人之一，因该公司近日之举动致令堂费因之加大，故彼亦当出彼所应出之堂费。余又再作一言，张燕谋君并未有失信之罪，或不合于法之罪也。

二月初十日

按：张君燕谋私售开平矿产，以致涉讼，曾赴伦敦上控，经英按察使佐斯君于光绪三十一年正月二十六日即一千九百五年三月一日堂讯谳。越十五日，乃始定案。原告为张燕谋与开平矿务局，被告为模恩君与皮佛模恩公司及开平矿务局有限公司。原告欲请问官声明，前约即一千九百一年二月十九日所立者而由苛华君、复脱士君、德璀琳君及张燕谋君所签字者，足以限制各被告，并请问官下谕，使之照办。前约曾言，使张君终身为被告公司之督办及设立华董也。

清季外交史料卷一百八十七终

清季外交史料卷一百八十八

光绪三十一年三月上

署黑龙江将军程德全奏本省生计将绝拟展拓铁路折

署黑龙江将军程德全奏，为铁路展拓利益，本省生计将绝，谨将现在情形恭折沥陈事。

窃查，黑龙江系驻防省分，向倚游牧为生，农商各务，素昧讲求。近年荒地渐开，商贾渐集，利用厚生之道始渐萌芽。朝廷俯念边陲，亦以吉、江两省鸿蒙未辟，地利久湮，用是不分畛域，与俄国订约建修铁路，藉以开通风气，俾两国利益均沾，民生畅遂。圣度恢宏，诚中外各国所共见也。乃征诸近事，不惟将来之利益于我已属无分，并固有之生计亦将侵夺无余。臣忝膺疆寄，环顾群生，实有恻焉难安之势。其细者无论已，谨就关系重要数端为我皇太后、皇上痛切陈之。

江省西北、东南数千里群山绵亘，森林蓊蔚，旗民入山伐木，运往各处售卖，倚为生活者，不下数万人。自铁路兴工，亦莫不取材于此。上年春间，铁路公司藉护养山林，为把持木植之计，派员赴吉林订约入奏。幸赖圣明洞鉴，饬部议驳。江省则由该公司与铁路交涉局总办革道周冕在哈尔滨径立合同，签押后由周冕送省，经署将军萨保交署将军达桂与臣详阅，始悉其中界线，西北陆路自庆吉斯汉站至雅克山站，铁路两旁各三十五里，东南水路自呼兰、纳敏、权林、浓浓等河起，皆上至河源止，均归铁路公司砍伐，将江省产木之区包括殆尽。当经臣等以旗民生计所在，通省日用所需，未便尽付外人，照会该公司，将前项合同作废，另行订定。嗣经与俄员磋商，该公司仍持前约，迄无成议。而铁路车站展占地基一事，即于磋商时，经该公司代办达聂尔另出约稿，亦经周冕承允画押，并未报省有案。

查铁路业经工竣，其路线车站应用地基，早经该公司购买足用。此外轨路两旁，非可恳〔垦〕荒地，即有主民田。此次所立合同，自松花江北岸以至满洲里大小各车站拟展地基，统计至三十余万晌之多。地之被占者若干里，民之失业者若而〔万?〕人。臣等与俄员商拟，查照奉吉成案办理，与木植合同均未承认。本年七月，达聂尔仍带展地合同来省，晤谈之次，谓地价已发，立索画押。答以须俟和平商办，则悻悻而去。旋据附近铁路旗户纷来呈报，公司逼领地价，将有失业流离之苦，泣求保护，意甚凄皇。然此二事，犹可以铁路需用为词也。至如郭尔罗斯荒地，与公司了不相涉。去冬，因公署公勒苏隆札普勾串敖罕旗三喇嘛盗卖，曾经署将军达桂与臣奏参，将该署公革任，三喇嘛拿办。今春，领户齐集，即时派员丈放，现已一律完竣。讵该公司前来照会，谓：郭尔罗斯荒地经三喇嘛租给公司七十井，即派俄员勘丈，请饬照料。当以三喇嘛系盗卖官荒逃犯，又为外旗蒙古，无出租荒地之权，且该处业已出放等情照复，并派员持文赴哈缉犯，该公司一意庇护，未准查拿。旋复屡次来文，臣始未允。又马家船口地方处松花江北岸，与哈尔滨一水之隔，为呼兰各城过江要口。上年三月间，据呼兰副都统咨，据该处佃民张永禄等联名呈称：铁路公司强买房地，铁路交涉总办周冕逼令领价，佃民等系世守产业，且以该处乃江省门户，不愿出卖，拟请开作商埠，为华民稍留生计。比经据情函饬周冕向公司理阻。本年六月，复据该佃民等来省拦舆呈称：周冕仍派人屡催领价，佃民等食毛践土，世受国恩，情甘将地报效公家，招商开埠，至死决不卖给外人，使江省无一线出路。伏地哀求，声泪俱下，令人酸恻。同时并据各城商人呈请，赴该处领地建房、贸易。臣当谕以既属民田，即由尔等同往，或买或租，听自酌办，公司亦系商务，断不至强行霸买，去后，未几而铁路附近割草之案又纷纷见告矣！佥谓：往年铁路用草，系由华民刈割卖给。今年经铁路交涉局发给俄人执照，由对青山站起，至满洲站止，铁路两旁各四十俄里内，悉由公司自行雇人刈割，无得拦阻。窃思附近铁路民户非耕即牧，所养牲畜统恃羊草为生命。既为洋人所割，则牲畜失养，耕牧无资，生机顿绝。正在设法商办间，马家船口佃民等又来省面称：公司派兵前往逐令迁让，否则，所耕之地即须为公司纳租等情。似此层见迭出，几令人应接不暇。

臣伏查，以上各事，若旗屯，若垦荒，若口岸，若木植、羊草，皆旗民生计大端，而该公司均百方侵夺，不为少留余地，尚何利益均沾之有？即以利益论，各车站展地一入公司之手，便当据为己有，使吾旗民人等无贸易权，无置足地，与当初定约修路开通风气之本旨竟至相背而驰。署将军达桂在任时，每与臣言及，吉、江两省，均与俄国为邻，交涉等事亟应联合一气。兹既奉命署理吉林将军，正可互相维持。臣现已寄函达桂筹商办法，俟有定夺，再当联衔入告。惟时势紧迫，间不容发，臣受恩深重，固不敢以艰难错出上劳宵旰之忧勤，亦不忍以缄默不言坐视生灵之穷蹙。现拟照会铁路公司，派员赴哈尔滨，会同俄员详议，但能委曲求全，和平办结，绝不稍存成见。倘该公司坚持前议，无可转圜，亦断不迁就曲从，致贻后患。即俄人因此见恶去位，致身所不恤也。臣为保全生计、挽回利益起见，是否有当？除将各案文件摘要抄咨外务部，以凭查核并分咨外，理合恭折详陈，伏乞圣鉴。谨奏。

光绪三十一年三月初一日奉朱批：该署将军办事认真，仍着坚持，毋稍迁就。

议约大臣唐绍仪奏行抵印度与费使订期议藏约折

奏，为恭报微臣行抵印度及开议日期事。

窃臣于上年十二月二十六日在香港放洋，业经奏报在案。旋于本年正月十三日偕参随各员行抵印度戛尔古达地方，当经印度外部遣其参赞诣舟接待登岸。十七、十八两日，与议约公使费利夏、佐理议约韦礼敦往复会晤。二十五日，与印度总督寇仁会晤，旋与费利夏面订于二十七日开议藏约。俟开议后，当随时将商订情形咨呈外务部，代奏请旨，俾资遵守。臣忝膺重任，时懔冰兢，惟有不激不随，矢勤矢慎，冀保两邦和平之局，仰答九重高厚之恩，愿竭愚忱，藉伸忠悃。谨奏。

光绪三十一年三月初二日。

中丹英续订联合齐价摊分合同

中国电报总局，丹国大北公司，英国大东公司，会议订立。

中国电报局下文即称电局，丹国古本海根大北电报公司下文即称大北公司，大东电报公司下文即称大东公司，今于一千九百四年七月二十六日，彼此议允订定合同。

按：中国各处电线系由电局执业治理。

按：大北公司于日本、朝鲜及中国至香港、又日本至西毕利亚之海参崴安放海底电线，传递电报，已历多年。现又与俄国由欧洲经过西毕利亚而至远东之陆路官线衔接通电，经理报务。并与电局订定专章，承办大沽经天津、北京至恰克图陆线之报务。

按：大东公司由中国至香港、澳门、斐猎滨、印度至其余亚洲各地所放水线，由其执业掌管。

按：美国纽约之太平洋商务水线公司下文即称太平洋公司已由旧金山经乌龙河阿扈美德威、瓜茂至斐猎滨群岛安放水线一条此线下文即称太平洋水线。兹拟再由斐猎滨群岛展放水线一条，接通上海。

按：德国库龙之德意志荷兰电报公司现在已经设立下文即称德荷公司。除应办他事不计外，该公司兼拟安放水线由上海至亚波、瓜茂等处，并拟将支线接至荷属印度、德属纽基尼暨太平洋各岛等处。该项拟放之水线由其执业掌管，办理报务。

按：大北、大东两公司曾与东方水线印欧陆线电报公司订立合同，并经东方公司与东斐南斐电报公司订立合同以上各公司下文即称联合公司，载明由中国发递寄与欧洲由大北公司并印欧电报公司暨由电局陆路电线传递与俄国往来之报不在内、美洲檀香山各岛不在内电报，及由各该处寄与中国之报下文即称中国与欧美来往电报办法。

按：太平洋公司于一千九百四年七月二十六日与大东公司订立合同，又同日德荷公司与大东公司订立合同，议定各事内允将上载之中国与欧美来往电报互相传递。

按：此项中国与欧美来往电报应当如何办理之处，已在各电局于光绪二十二年六月初一日，即西历一千八百九十六年七月十一号，与大北、大东公司所订合同内详载明晰下文即称中国与欧美来往电报合同。

按：各水线到中国登岸，及与电局电线交接等事，大北公司执有光绪二十五年正月二十五日，即西历一千八百九十九年三月六号，所立文据，许以利益之处，今电局与大北、大东两公司互相议定，所有本合同载明应行各节，彼此务须遵守。兹将逐款开列于后：

第一款　本合同所载各款，应于光绪二十九年六月初二日，即西历一千九百零三年七月二十五号，即太平洋水线开办通电起施行。在施行期内，凡有从前所定之中国与欧美来往电报合同，其办法经此次合同改议者，悉照新章办理。惟旧合同各条款如有未经本合同更改者，仍当照旧遵守勿替。

第二款　电局及大北、大东两公司应将彼此交接之线整顿完善，以期传递迅速。至彼此互交传递之电信，务须传递迅速，整顿画一。

第三款　所有中国与欧美来往电报报资，应由电局全数交与大北公司。大北公司应将所得此项全数报资与上载各该公司结算清楚后电局所付之数包括在内，于净得之报资内，每年自正月一号至十二月三十一号止，提出百成中之四十六成零八，交与电局收纳。其自太平洋水线开办起，至一千九百三年年底止，应派之数亦由大北公司按数付与电局。惟上海与亚波并瓜茂之德荷水线未开办之前，此项每百成中四十六成零八之报资，应按照以上各公司所收中国与欧美来往报费总数，除去应付之费外，以百成中之十三成五四核算。既开办以后，按照百成中之十二成三八核算。

第四款　电局与大北、大东两公司应会议摊分表一宗，载明现在应收中国与欧美来往电报摊分各数关系之各公司、各局应摊之数包括在内。此项摊分数目，若非彼此允准，不得随时增减。惟各水陆传递此项电信于各政府向来应享之利益，仍当各尽其义。至电局及大北、大东两公司应收之报费，均可随地按照金银汇兑市价核定收取，庶可依照合同第六款所载，凡有应找尾款，均须以法郎克、金元互相找给。

第五款　电局与大北、大东两公司须各视其权力所能，按照中国与欧美来往电报办法，将过本线寄往彼线传递之报互相交换。惟此项互相交递之电报报费，如未尝议定，在前不得逾此项水线、陆线寻常所定之价。如有经过不与此项合同相干之各公司或电局线路，其各该公司或电局应得之过线费，亦不得逾于他家寻常所得之价。

第六款　凡本合同所载各项报费收付各账，电局与大北、大东公司务须将真实可信之数登记帐〔账〕簿，核定法郎克结算。至月结单一项，大北公司认允代缮。其应找之尾数，按照定价二十五法郎克作英金一磅〔镑〕，或彼此欲照当日伦敦市价核算，亦可照办。惟须于每季后四个月内，按照当日汇兑在上海彼此找清。但大北公司每于月底后六礼拜内，应将所欠电局一个月大约应找之款付交电局收纳。

第七款　凡电报注由电局或大北、大东公司线路传递字样者，彼此均须遵照所注互相授递。又中国与欧美来往电报，电局暨大北、大东两公司均不得公然或暗中退费扣用，并不得施行种种图利之事。

第八款　所有中国与欧美来往电报，若非彼此得有允准字样，电局及大北、大东两公司于本合同施行期内，无论如何，不得公然或暗中助人合办或与人另行合办摊分报费之事，又不得与无论何人公然或暗中设计争夺由彼此水陆线传递之电报。惟电局及大北、大东两公司均可设法加线，以期足敷传递电信之用。

第九款　大北、大东两公司应允，于未许太平洋公司并德荷公司归入摊分合同之前，向该两公司取其担保，承认现在及日后当本合同施行期内，该两公司除上海上岸之水线外，均不得将其水线在中国境内扩充，亦不得建造陆线并无线电报等事，并不得设计图争电局及滨海各处来往电报。倘有前项情弊，除非另行议妥外，本合同应即刻作废，仍照一千八百九十六年七月十一号电局与大北、大东两公司所订合同各节一一办理。

第十款　本合同自订立之日起，至一千九百三十年十二月三十一号为止，按照施行。期满后，如电局或大北公司或大东公司意欲另议办法，须于一年前具函知照本合同签押之彼两家，否则本合同仍当照旧施行。

如电局、大北公司、大东公司及联合各公司之水陆电线，或有损阻不通至两年之久，以致该局、该公司不能将中国与欧美来往电报畅为传递，又该联合公司或电局之水陆电线设或为无论何国国家购买，以致各该公司、该电局等不能将前项中国与欧美来往电报畅行传递，或上文所云之大东公司与太平洋公司所订之合同，亦因遇有此种情事，则本合同所定电局与大北、大东两公司摊分报费之事，应当另行议改，或即作废。如彼此意见不同，应请公正人公平评断。

按：本款上文所云如电局之线为中国政府购买，中国政府即作为订立本合同之一造。遇有本合同因事延请公正人评断，则大北、大东两公司作为一造，电局或中国政府作为一造。除大北公司外，联合各公司之水陆电线或有损阻不通至两年之久，或有为无论何国国家购买，以致该联合公司不能将中国与欧美往来电报畅为传递，则电局及大北、大东两公司应得之摊分报费应另行议改。惟大北公司必须按照所改之数，于每百成中提出四十六成零八给与电局收纳。

大北、大东两公司无论如何兹特担保，凡本合同所载各节关系中国与欧美来往电报者，若非因大北公司线路有阻暂停其业，或为无论何国国家购买，则不能将本合同议定之摊分数目更改，以免减少大北公司应得此项电报费之成数。若须更改，必须电局允准在前，以免电局暗中受亏。如大北公司线路有阻暂停其业，或为无论何国国家所买，则所有电局应得之本合同内改定摊分成数，准由大东公司允认如数拨付。

第十一款　电局今允太平洋水线公司之斐腊滨达上海水线并德荷公司之亚波达上海水线准其登岸。此事经大北公司允许。

第十二款　本合同所载各款，电局及大北、大东两公司或随时有意见不同之处，应归公正人评断。大北与大东公司作为一造，电局与中国国家作为一造。此项公断应按照英国议院所颁之一千八百八十九年公断律、或随后颁行之改定律办理。本合同签押之员系奉准委派，彼此议定，为此互相签押，以昭信守。本合同用华、英文字，订于北京，共立三分，俱经校对无误。

总办驻沪电报总局朱押。

参赞大北水线总公司史押。

总办驻沪大东水线公司蒲押。

光绪三十一年三月初二日。西历一千九百五年四月五号。

吕海寰盛宣怀致外部准葡使送条约六款请示复电

葡使白郎〔朗〕谷、总领事博弟业来沪议约，已晤面准送条约六款：

第一款　一、大清国、大西洋国于耶稣一千八百八十七年十二月初一日，即光绪十三年十月十七日所立和好通商条约，仍照施行，并现所应加、应改者，一体遵守。

第二款　一、一千九百零一年九月初七日北京所立第六款入口货物加税条约，准定之后，大西洋国亦即承认照办。但别国所享最优利益，大西洋国应得均沾无异。大西洋国之商民其所纳之税，应与各国一式，不能稍分轩轾。因此一千八百八十七年十二月初一日所立第十二款条约，即行销废。

第三款　一、洋药之税并现行厘金，按照现在所遵照之各条约办理。大西洋国仍照一千八百八十七年十二月初一日所定条约，协助大清国征收由澳门出口运往中国洋药之税，并助防缉走私。惟因欲妥办此事，故所有在澳门入口之洋药一经抵口，必须在地方官所立之局报名入册。如不能呈出在最近中国海关完税之据，该局即不准其起岸，此项洋药应作为运往中国内地之货。凡澳门本地食用之洋药，须每年议有定数。其已经付与海关之税，每月照数填注存票发还。其自澳门运往中国界外之税，亦须照缮存票发还。所有入澳门本口之洋药，按照本款须与运往中国口岸税则一律，不能多征。此项章程将来当由澳官与海关人员定办。

第四款　一、澳门所辖水陆地方内如何防缉走私，应由澳官拟议节略，会同税务司定办，其附近一带地方如何防范，应由税务司拟议节略，会同澳官定办，俾两面实得相助之益，与地主之权无碍。并由澳宪与海关特派人员会议查缉界限，设法相助，以免走私。

第五款　一、因大西洋国既按照以上条款有益于大清国，现大清国承认，所有中国货物入澳门本口，专属澳民日食之需者，不用在中国缴纳出口之税。虽中国不准运米出口，今大清国因澳门居住如许华民，认许每年由中国运米六百万石入澳门，不收其税，如或不敷，并可加增。

第六款　一、习见来往中国内地水道船只不甚兴旺，定须改良。所有来往西江贸易船只有定章而未经遵行，是以各项生意皆为减色。今大清国立即认许，以后无论何船，无论大小，可在澳门西江各口地方自由往来，但各船必须允在中国海关完税，具领税务司所给凭照。此项船只所有正经贸易均可承做，如拖带小船、搭客、带货等情云云。

查第一款系遵守旧约，第二款系承认新定税则，第三款、四款系议协助稽核洋药税厘并征办法，于我有益。惟从前章程系由赫总税司议订，此两款于前章是否符合，有无应增、应删字句，拟请饬赫详细妥酌。第五款，中国土产由各埠运澳门免出口税，又运米出口多至六百万石，并可加增，又不纳税，恐英、日藉为口实，各国亦必群起效允〔尤〕，当力为辩驳。第六款，西江行轮，按照英约，停泊之处已不为少，若如所云无论何船、无论大小，可在澳门西江各口地方任便来往，殊觉漫无限制，拟仍查照英约力争。但彼以第五、六款为酬谢上款利益，恐亦有争论，在京曾提及否？应如何准驳之处，统祈卓裁，逐条示复宗旨所在，俾有遵守。该使函内声明：容后再当续送他款，与英、美两国条约相仿，书法微有不同等语。现已催令迅速送齐，俟送到后再为电达。

三月初八日

使俄胡惟德致外部请嘱奉吉黑将军随时查记民命财产之损失为索偿地步电

庚电切嘱外部，严电查惩，加意约束，伊亦应允。战局殃及东民，不胜枚举。富帅函述多案，亦均敦托查办。恐查自查，而犯自犯。拟请密饬三将军，凡事关财产民命，随时查明，逐案册记，为异日索偿地步，纵难办到，亦资抵制。上年八月，艳电述外部照会语，是彼预为伏笔，我被祸后亦不能无言。统乞钧裁。

三月初十日

直督袁世凯致外部俄军退法库门之金利屯电

前敌探称：十二日巳刻，俄军退至法库门东北七十五里之金利屯，与日军接战，至酉方止。是晚，俄军即驻该处，其大队则仍驻金家屯及大洼一带云。谨转达。

三月十五日

总税司赫德呈税务处青岛设关征税修改办法函 附条款附件暨章程

敬启者：

胶州青岛地方租与德国之时，中国议在该处设关征税。当时拟议此事有两项办法：一系沿青岛陆路各边隘设关卡，稽征出入货税。此法用人既多，需费亦巨，且稽征亦无把握，商货更多留难。二系即在青岛海口设关，稽查出入各货。惟征税之法，入口者须俟转运内地，出口者已抵海口，方能起征。当经德国亨〈利〉亲王议定，即照第二法办理。复经总税务司与前德国海大臣会定章程，光绪二十五年三月二十日申请核准，随即历办至今。溯查光绪二十五年共征货税约三万三千两，内有进口税约一万八千两。二十六年共征约六万两，内有进口税约三万七千两。二十七年共征约十万八千两，内有进口税约七万五千两。二十八年共征约十九万三千两，内有进口税约十五万两。二十九年共征约三十一万两，内有进口税约二十五万两。三十年共征约四十三万两，内有进口税约三十三万两。历观已往征数，年胜一年。从此办去，定可卜其日增月盛。情势虽系如此，然在关员稽征仍不能为确有把握，而商货亦尚不能转运自由。是以德国驻京大臣与总税司各派熟悉情形之员，会商拟订较为妥善之办法。现由该员拟订各条，经德国大臣暨总税司详加酌核，均无不以为然之处。其大意即系德国允在海边划一地界，作为停泊船只起下货物之定所。凡出口货，在未下船以前，即完出口税。进口货，除军用各物暨租地内所用机器并建修物料免税外，其余百货，于起岸后，未出新定之界以前，即完进口税。关员在彼照章办理一切，德国相助无阻。一面由中国允每于结底将本结所收进口税提出二成，拨交青岛德国官宪应用。此则所拟办法之大意，其详细条款皆遵此大意增改而成。若问提拨二成是何用意？查现在办法，系凡货运出租地方能纳税，不出租地留用之货一概不征，倘将租地留用之货改为征税，此新征之税本应由德国官员自得也。若问此二成之数凭何而定？查开议之初，按税务司所存案卷核计，约有一成货留于租地之内不纳关税，而按德员核计者则称留有三成。嗣经两面复行调查详核，在关员知留用者为一成五，而德员亦知不及三成，不过二成二三，于是折衷定为拨交二成之数。如此订办，是中国将向所未得之款拨交与人，而收舍远就近、舍难就易之实数。自兹以往，稽征既更有把握，税项当更增加，而商货之运输亦较昔自由无碍矣！现经德国大臣询该国政府可否订办，总税务司亦应呈请贵部核示遵行，合将所议条款译汉，录就备函，一并呈请裁酌。

三月二十三日

中德会订青岛设关征税条款

大清国、大德国愿将光绪二十五年三月初八日会订青岛设关征税办法修改，以期德国青岛租界与中国海关彼此交涉更较妥善起见，拟订后列修改条款，其大意即系中国所允者有二：一系于进口洋货及洋药正税收数内提若干成，归青岛租地应用；二系后列之款内所有与各通商口岸贸易办法及新关章程改易之处，专允在青岛照办。德国所允者，特因既得提成应用并专允各益，即应辅助中国在德国租界内所设立之海关办理一切，以重应征之税课。所有两面公订条款开列于左：

一、由青岛德员在租界内划定无税之地一区。俟划定后，除此无税区地外，应由在租界内中国所设之海关征收各色货物税项，并由中国按胶海关进口正税实数每年提拨二成，交与青岛德官，作为中国政府津贴青岛租地之用。此二成津贴之数，现订试办五年，应于每结底后划拨。倘于此二成津贴办法，彼此或有商酌之处，应于第五年正月以前声明改订，以便从容酌办。

一、在青岛划定无税之区地，应设于停泊船只之正湾一旁。由德政府或照此时拟订局面，或日后若有因整顿码头等项工程，须与此划定关税之区地一同开拓之处，应与海关一切公务无碍。

一、凡在海关税则免税之物，则在青岛租界一同照免。其续行免税之物列后：

(一)① 为军营需用之物，即如各色军械、号衣等项，虽由水陆武员运到，总应持有该政府所发之凭据，方能照免。又如军用物料及各色食品，亦应一律照办。

(二) 凡需用各物尚有数种免税者，即如机器并机器厂之全副配件以及机器各分件，制造厂所用之家具、机料，暨各种农器，与建盖衙署以及各等工程之木料、器具，运到时，亟应来关呈交保结，填注该货价值，并须担保确系租界内应用之物，方能照免。嗣后若有运入中国地界之处，应报关完一进口正税。否则，按保结上所注之情节，照应完税数两倍罚充入关。

(三) 凡某样机件，即如车辆并运物之机器等项，只因有修理之处出入无税之区地，即准免税。惟遇出入无税区地之时，均应报明，以便关员稽查。

(四) 凡有运入租界之邮政包裹，若系界内住户自用之物，倘按照该包随单上所注之情形应完税不过一元者即系估值银二十元之数，即应免税。但若欲随时查考之处，允由海关启验。

(五) 凡来往搭客携带之行李，若物主声报确无应行纳税之件，亦无违禁之物，即准免税。虽海关亦不能逐次查验，但遇有另外之情节，仍可照例查察。

光绪二十五年三月初八日所定之会订青岛征税办法第五、七、九三条，专指征收进

---

① 此括号为校者所加，下同。

口税项。现经酌改者，即系将从前青岛口岸概行免税之法，改为租界限内另行择地一区作为无税之地，其余均行起征。惟嗣后完纳进口正税随时之办法有二：一系若将货物运入无税之区地，应俟出此区地时方行完税。一系货物非运入此无税之区地，因欲运往区地限外起岸，则须在未经起岸以前先行完税；凡货一经完清税项后，听由货主自便，关员即不过问。是时既有以上所定由中国在德国租界内征税之妥善办法，或于租界边限，或于边限左近，除稽查往来华式船只各卡外，自毋庸设立关卡。至嗣后应否设立之处，暂行缓议。

一、凡在德国租界无税区地外设立制造厂，所制出之各货，应由中、德两面设法，于此等货物，不使较无税区地所出各货因征税受有亏损。其租界内之制造厂所用散碎物料，因工作成物后，其价自较原料增加。兹因其增加若干之数，照章不计在应完国课之内。是该厂制成各货，原来所用之料件或由内地运来，或由海路运到。出口时，拟定应完税数，不得过原运物料约定应完之税数为妥。由胶海关会同青岛德员查看情形，订明应否立一册簿，填注制成某货须照某散碎物料应完税数纳税。每届年终，若有应修改之处，即可酌定。

一、凡在通商海口贸易及行驶船只之便益，在德国租界内，除照该地情势应行改办外，余均视同一律。

一、凡有漏税走私及违悖海关章程等弊各案，除因无领事应由青岛大宪特派委员与关员会议外，其余均照同治七年会讯章程之意酌量订办。

以上各节，即系照原订章程第二十条内载声明办法修改者。其中未经修改之处，仍照光绪二十五年三月初八日之原章办理。

青岛设关征税办法续立附件

一、兹因德政府允中国在胶州界内之青岛地方设关征税，是以现定本关应有发给内河行轮专照之权。凡有轮船准其驶赴内港，来往一切规条，总应按光绪二十四年五月、七月前后所定之内港行轮章程，并光绪二十八年八月补续章程驶行，尤应按以后彼此订明各项专章办理。

一、凡有轮船欲在内港行驶，无论华洋船只，该船主应持有本国所发之牌照，另具一函附呈海关税务司处收存，换领关牌。此项关牌以一年为限，缴回海关注销，换领新牌。其牌费，初次应纳关平银十两。厥后每年换领新牌，纳费二两，并应每四个月纳钞一次。

一、此项轮船准在青岛水面随意行驶，或照章由青岛赴内地各处，并由该内地处驶回青岛，由青岛驶赴内地，转过通商他口至内地驶回青岛，并准报明内地关卡，逢关纳税，遇卡抽厘，即可在沿途此次所经贸易各埠上下客货。但非奉中国政府允准，不得由此不通商口岸之内地至彼不通商口岸之内地专行往来。若有此项所经贸易各埠驶至通商他口之船，该船主即须报关，按该口华洋各项章程办理。

一、此项轮船出入青岛时，该船主总须报关请领各单，将出口、入口货物之舱口单呈验，并须声明欲往内地何处，归时亦须报明已到某处，仍须照例完纳税钞。至洋药一项及其余约禁货物，不准运入，亦不准运出。倘查该船有装运洋药及违禁货物情事，可将该货入官，并罚该船洋银五百元。若再犯，即将关牌撤销，亦不予以关牌上所有一切利益。

一、此项轮船总应代中国运送邮袋，不收运费。该关邮政司应办一切事宜，或自行办理，或会同德国邮员议办，亦无不可。

一、凡有防范偷漏事宜，德国自可襄办。其巡缉洋药走私及别项违禁货物，尤应襄助办理。至邮政按章推广一切，德国允以格外相助，不加阻拦。

光绪三十年三月初二日，总税务司赫德与德国驻京大臣穆默在京画押。

改订青岛租界制成货物征税新章

为更订章程事。

照得德境以内征税办法章程曾于西历一千九百五年十二月初二日厘订，晓谕在案。兹拟将该章第十四条删除作废，另议新章一条，以补斯乏，合即详列于左：

德境以内制成之熟品。

第一端　总章

第一款　各种货物之纳进口税，须以临时为断，或在离无税之区地时，或非运入无税区地在他处起岸之前，方应完税。该货完税后，便可通行销售，即不归海关限制。修改章程第四款。凡由租界运往他处，于出口时，须纳出口税。会订章程第六款。其由内地出入租界，至无税区地之外，不在海关境界者，海关于其往来均稽征税项。租界内各产生之散碎物料，及用该物料制成之各种货物，暨或由海路运入租界之物料制成之各货，均不纳出口税。会订章程第六款。凡用物料制成货，当与寻常物料视同一律。惟若将该货配用之物料于尚未制成之先报明于海关，方能按照专章办理。至论纳税一节，物料制成之货其在无税区地之内与外，均当一律办理。

第二款　凡在租界内制造之各种货物，如运赴内地，于出境时，可任由商便纳制成货之子口税，请领税单。当与后之解释合观。

第三款　土产之物料，或由内地，或由非通商口岸之处运来租界，以供制造厂之需者，可先报明海关，呈立应税若干之保结存储，以备嗣后征收税项。所有用已经报关物料制成之货，应于出口时，照其配用物料之数目纳税，海关即照数核计注销保结之内。自立保结之日起，应于三年限内将税项清结。运制成之货出口，应照则按成件纳出口正税，或照制货配用之物料纳税，均任听商便。若制成货物之所用物料，或未经报明海关，或报关而未立保结，该货经过海关于出口时，应纳出口正税。

第四款　凡由外洋或由中国通商口岸运来之物料，所纳进口正税，或复进口半税，俟制成货物若由海路运往他处出口时，应由海关照其所纳之正、半税银用存票发还，但须于进口时，预先报明海关该物料确系为制造厂之用。

第五款　租界内制成之各种货物，由海路运往中国口岸，当至某口岸进口时，应照则完进口正税。若欲复运入内地，可纳子口税，领有税单，则沿途逢关、遇卡，即不再行重征。

第六款　由海关会同租界管理员当彼此商订，制成各种之货应核计该货分类配用之物料若干，有一定限制，列为册表。若运往他处，于出口时，以便照算核减税则应征之出口税数。

第七款　所有制造厂能有如上所论之利益，应由租界管理员挂号，立有册簿，以一分交于海关，嗣后可更改、增加。如有更改之处，即随时声报海关。

第二端　解释

以上解释各节，系专指制造厂所有之散碎物料运到租借界内时，已经报明海关，确系为制造厂制货之用，并一面随时随事立有保结存储海关之办法。

第一条　外洋所产之物料运至租界内，或系由外洋径运，或系由外洋经中国通商口岸转运。

一、如制成之货若运往外洋。

(一)[①] 已纳之税应发还。

一、如制成之货若运往中国通商口岸，应发还所纳之进口正税。在通商口岸时，其货应征何税如下：

(一) 该货到口岸进口时，应照税则所载，同货由外洋径运而来者，一律征税。

(一) 该货若入内地，亦可纳子口税，领有税单，则沿途逢关、遇卡，即不再行重征。

一、如制成之货若由水路运往各处，欲照内港行轮章程办理。其所征之税如下：

(一) 该货比照同类非由租界内之制造厂制成之货，欲复运入内地，于起程时，或沿途，或抵境，征收各等应完税厘，与同运同类制成之货一律输纳。

(一) 然该货如按照成件完清值百抽二五之子口税项，领有入内地税单，则沿途逢关、遇卡，即不再行重征。

一、如制成之货若离租界，由陆路运入内地，应如何对待：

(一) 照内港行轮章程一律看待。

第二条　由中国通商口岸运来土产之物料。

一、如制成之货若运往外洋。

① 括号为校者所加，下同。

（一）已纳之复进口税应发还。

一、如制成之货若运往中国通商口岸。

（一）应予以复进口税之免重征执照，按照该货配用之物料数目核计，以便持至通商口岸免征税项。此后即视同中国土货，不能享洋货入内地之利益，然亦可任听商便如下办理：

（一）将复进口税项若干发还，俟所至之通商口岸应照制成之洋货同类照则纳进口正税。若欲复运入内地可如下办理：

（一）该货如完清值百抽二五之子口税项，领有入内地之税单，则沿途逢关、遇卡，即不再行重征。

一、如制成之货若由水路运往各处，欲照内港行轮章程办理。其所征之税如下：

（一）该货比照同类非由租界内之制造厂制成之货，欲入内地，于启程时，或沿途，或抵境，征收各等应完税厘，与同运同类制成之货一律输纳。

（一）然该货如按照同运同类制成之货完清值百抽二五之子口税项，领有入内地之税单，则沿途逢关、遇卡，即不再行重征。

一、如制成之货离租界，若由陆路运入内地，应如何对待：

（一）照内港行轮章程待同一律。

第三条　土产之物料若按照内港行轮章程运来者。

一、如制成之货若运往外洋，须在海关完纳出口正税。

（一）该出口正税可任听商便，按照该货配用之物料核计。

（一）亦可任便按照制成之货完纳正税，即将货内配用之物料核计数目注销保结之内。

一、如制成之货若运往中国通商口岸时，可任听商便在海关照则完纳出口正税，或照制货之物料核计，或照制成之货核计。

（一）若照制货之物料核计，于运至通商口岸时再纳复进口半税，嗣后即视同中国土货。

（一）若按照制成之货核计，给予免重征执照，以便持至通商口岸时，同洋货一律免征税项。

（一）该货如另行完清值百抽二五之子口税项，领有入内地之税单，则沿途逢关、遇卡，即不再行重征。

一、如制成之货若欲按照内港行轮章程离租界，应在海关照则完纳复进口半税。

（一）此半税可任听商便按照该货配用之物料核计。

（一）亦可任便按照制成之货核计。

（一）该货比照同类并非由租界内之制造厂制成之货，欲入内地，或沿途，或抵境，征收各等应完税厘，与同运同类制成之货一律输纳。

（一）然该货如按照同运同类制成之货完清值百抽二五之子口税项，领有入内地之税单，则沿途逢关、遇卡，即不再行重征。

一、如制成之货若由陆路运入内地，应如何对待：

（一）照内港行轮章程待同一律。

第四条　由内地陆路运来土产之物料。

一、如制成之货若运往外洋，应照该货配用之物料核计数目，注销保结之内。其在海关应完之税项办法如下：

（一）可任听商便按照该货配用之物料纳出口正税。

（一）亦可任便按照制成之同类各货纳出口正税。

一、如制成之货运往中国通商口岸出口时，可任听商便在海关照则完纳出口正税，或照制货之物料核计，或照制成之货核计。

（一）若照制货之物料核计，于运至中国通商口岸时再纳复进口半税，嗣后即视同中国土货。

（一）若按制成之货核计，给予免重征执照，以便持至通商口岸时同洋货一律免征税项。

（一）该货如另行完清值百抽二五之子口税项，领有入内地之税单，则沿途逢关、遇卡，即不再行征收。

一、如制成之货若欲照内港行轮章程离租界，应在海关照则完纳复进口半税。

（一）此半税可任听商便按照该货配用之物料核计。

（一）亦可任便按照制成之货核计，此后即照同运同类制成之货情形一律者征收沿途税厘，然若领有入内地之税单，则沿途逢关、遇卡，不再重征。此项税单，由租界之海关发给。

（一）当发给税单时，该货按照制成之货估计应完值百抽二五之子口税。

一、以上所论，已经报明海关之制货所用各种散碎物料，若离租界时，或仍系原来未制货之物料，或系已制成货物，如欲由陆路复运入中国内地，应与同运同类之中国土货一律看待，即照征沿途抵境各项税厘。

鲁抚扬士骧咨外部中德会订小清河叉路合同文

为咨呈事。

光绪三十一年三月十八日，据农工商局司道详称：本年三月初八日，奉抚院札开：光绪三十一年二月二十六日承准外务部咨，光绪三十一年二月十一日接准来咨，以农工商务局详，自东关车站起，至小清河南岸止叉路，由商务局筹给资本银二万八百八十三两，交胶济铁路公司一手经理，作为代办，仍不失自主权利。本司道现与该公司总办锡贝德等彼此议订代修及租回条款，缮就华、德文合同各一纸，呈请咨候外务部核准，行令遵办，并恳饬下筹款局拨给胶平银二万八百八十三两归垫等情。除批准照办外，应咨呈查照办理等因前来。查小清河叉路，既据农工商务局与该公司订立合同，复经贵抚批准照办，应饬赶紧兴修，以便商旅。相应咨行贵抚查照，并将所订合同钞咨本部备案可也等因，到本署院。承准此，合行札饬札到该局，即便遵照转行，并迅将订立华德文合同另钞一分，详送核咨备案等因。奉此，遵即照缮前项华文合同一分，理合详请咨送外务部查照备案，实为公便等情，到本署院。据此，查德文合同仅有一分，应留本省备案，所有华文合同，相应补行呈送。为此，咨呈贵部，谨请查照，备案施行。

须至咨呈者。

三月二十三日

中德会订小清河叉路合同

今为彼此便通商务起见，拟将胶济铁路接修至小清河叉路一段，公议代修及租回条款订立合同于后：

一、此段叉路自济南府东关车站起，接修至小清河南岸止，连湾路共长三千米达，约合中国六里之数，若按直路算只二里之谱。

二、查曹州条约及胶济铁路专章并未声明有此段叉路。今山东商务局奉抚台札准外务部来文，以此叉路应由商务局自行修筑。商务局以此路工太小，不便独自起造，故与胶济铁路公司议明，仍交公司承办。

三、此段叉路应需地价、青苗、迁坟费、土方、桥梁、涵洞、钢轨、枕板、石料、工资各项，现由商务局筹出胶平银二万零八百八十三两，交于铁路公司承办。但实需之数断不敷用。今公司允以不敷之款公司自行认备，仍由公司开报实用清单存局立案。

四、此段叉路太短，只益便利商务，难期利息。今公司既将此路租回，允将商务局所出资本胶平银二万八百八十三两按照胶济铁路六十分股票一样派息，每届年终付息之时，由商务局用印收作为凭据。倘股票后有额外利益，亦应一律均沾，不得两歧。

五、此段叉路既归公司承办，所有以后养路、修改各费，以及来往货物、上下搭客应收车费利益，并行车一切章程，均归公司管理，商务局一概不问。惟遇有便商取益防损之事，仍随时彼此和平商办。

六、此段叉路倘日后商务局有意收回，除已付资本银二万余两外，须照修筑时实用数目全行补还公司。其如何收回之处，可照胶济铁路专章第二十八款一律办理。

七、将来中国如欲在小清河等处开办大小铁路转运货物，倘须相接此段叉路或胶济干路及别路，必须先与铁路公司商允后始可接连。

八、此项合同商务局与胶济铁路公司议定签字，系用德文、华文缮就，其中语意彼此相符，并须详报山东抚台批准，再各候咨报北京外务部、柏林总公司核准，以昭郑重。如外务部及总公司或有改订之处，仍应照办。

大清国总办山东全省农工商务局布政司尚、候补道朱、特用道萧。

大德国驻扎青岛总办山东胶济铁路事务锡、斯。

大清光绪三十年十二月十五日。大德一千九百五年正月二十日。

清季外交史料卷一百八十八终

清季外交史料卷一百八十九

光绪三十一年三月下至四月

铁路督办盛宣怀奏与福公司订泽道铁路条款折　附合同暨附件咨文

督办铁路大臣盛宣怀奏，为泽道铁路遵旨妥筹，与福公司拟订条款，取益防损，经部派员，复与磋议就绪事。

窃查，光绪二十四年六月，英窦使向总理衙门坚索英商承造铁路五条，以证和好。其末条浑言山西、河南至长江，经王大臣照复，应俟福公司晋豫开办矿工，再与妥商。该使复称：原订矿务合同本准修筑铁路，由矿山运送矿产至河口，此河口即在襄阳，可以通达长江，是为泽襄铁路初议之缘起。二十五年英窦使又以勘查襄阳至汉口水道不能通畅，商请改道。泽州铁路欲在河南怀庆府与芦汉衔接，渡河后折入安徽正阳关，以达江苏江蒲县之蒲口，改名怀浦铁路。时有御史张荀鹤条奏，铁路改道办法亦以由怀至浦为便。总理衙门复奏谓，远跨豫、皖，名为纬路，实已斜亘南北，隐然增一干路，殊属窒碍难行，请旨饬臣妥筹办理。二十八年拳匪事定，英使在外务部重申前议，福公司代理人哲美森来沪，述其驻使之意，坚请商办。臣以芦汉应还本息，担任甚重，设穿裂干路，斜行至浦，则长江下游客货势必揽夺净尽，芦汉无以自养。争折数十次，哲美森知不可夺，愿在怀庆衔接后多走干路，从许州郾城县另造一路，向南仍至浦口。告以英使所争五路，中已有信阳至浦口一路，为英商怡和汇丰银公司承办。既愿至郾相接，不如仍循干路而东，由信阳直至浦口。福公司与银公司同是英商，当可合办。讵英使仍坚执商议，怀浦铁路或使中国任借洋款数百万磅〔镑〕，或由彼自造，夺我权利。将来转运两省矿产，彼可自便，实系专顾英商之利益，不顾华债之艰巨。外务部与臣往返电商，总以有碍芦汉力持不允。

逮二十九年五月，英使重向外务部声请，将已定之泽道铁路由福公司代为借款，仿照正太铁路章程办理，即在卫辉府与芦汉干路接联。臣初犹坚执原合同，福公司应自备款项造路，不应请中国借款收路。山西抚臣张曾扬悉心筹计，有不可许者八端，派道员志森赴沪协商，冀同驳阻。河南抚臣陈夔龙乘道口至清化将次告成，派道员韩国钧与订行车章程，禁止揽载矿产以外之货物，悉未就范。在英使总以泽州至襄阳铁路先经允准，今既不允其另辟一路直至长江，已属万分为难，向部饶舌，并以耽延过久，迭次函部电沪，催订合同。臣思山西商务局既误给矿利于前，铁路总公司复代担路债于后，卒之路成矿成，皆属英商之利。福公司且以晋矿合同标题载明开矿制铁以及转运各色矿产字样，执定欲在铁路合同载明准其运铁，意在就矿设炉，制铁运售，此意尤恶。夫环球各国类以煤、铁之丰歉，卜国势之强弱。中国官商协力，现以机炉炼铁者只汉阳一厂，然大冶铁砂不及山西之富厚。一与接通干路，即照条约禁止内地设厂，而就矿开炉制铁，转运生铁，以及分运铁石、煤焦，运往江海商埠煅炼争销，皆足损碍中国铁政，较正太之仅许修路者情形不同。且泽道经行之处，俱系瘠区，货客稀少，工筑艰巨，必致养修之外不敷本息。仍将以上利病与哲美森痛切指驳。彼既因矿而及路，我即就路以〈图〉制矿。羁轭之法，议就原订之孟、平、泽、潞四属内所有铁矿暨炼铁合同之煤并炼焦炉，统由中国合股开办，仍由国家自设熔化厂。凡各矿所出铁砂，均须官厂冶炼成铁，方准由火车装运。并声明：所指各处煤矿如亦愿意合办，由山西商务局与福公司再行商议。挽晋省已失之利，防铁路溢运之权。内外协力，前后争持已及三载，实已无可再争。此泽道铁路合同未议条目以前先与修改矿章之曲折情形也。

查福公司道口至清化镇九十英里有奇为已成之路，借款收回，给价多少，应派员核实估工以为断。清化至泽州三十八英里为未造之路，应俟矿务开办实有把握，另有续订合同，不应于此时预筹借票，多担本息，故名谓泽道铁路合同，实则现议借款只敷收回道口至清化为止。半年以来，派华工程司·候选知府詹天佑赴豫查帐〔账〕勘工，一一确实，饬令赍册赴京，由外务部加派左参议臣雷补同，邀同哲美森，按照沪议节略，逐款磋商就绪，咨行〈到〉臣，奏明办理。伏查，现议借款合同二十一款，又行车合同十款。议借英金七十万磅〔镑〕，五厘行息，九扣交付，实得英金六十三万磅〔镑〕，约合华银五〈百〉万两左右，国家作保，铁路作抵。除福公司已用工费并息银磅〔镑〕亏，查照帐〔账〕册，应于售票项下拨还六十一万四千六百磅〔镑〕，将道口至清化铁路收回归并外，余剩之款尽数留备行车经费。此项借票签字后，第十年起，分二十年赎还。代办行车期内，余利提给二成。合同期满，归总公司自行管理。用人行政，总办大臣有准驳稽核之权。机件、材料，先尽中国工厂承办。福公司无论明暗，不得让售别国人民，亦不得假手别国之人办理该路事务。设有违犯，总公司有权另招他公司接办，福公司亦不得索偿。此外条款，悉系参酌正太铁路合同办法另订。拟设山西熔化厂并合办矿务合同，与此约同时定议，一并签押。矿路兼顾之中，实寓权利并收之意。合将现拟合同分别缮单，恭呈御览，俟奉旨批准，由部咨行到臣，再行会同签押。谨奏。

光绪三十一年三月十九日奉旨：依议。

中国铁路总公司与英国福公司商订河南道清铁路借款合同

第一款　光绪二十四年四月初二日，即西历一千八百九十八年五月二十一号，山西商务局与福公司订立晋省之孟县、平定州、潞安府、平阳府五处煤铁合同。又光绪二十四年五月初三日，即西历一千八百九十八年六月二十一号，豫丰公司复与福公司订立豫省怀庆左右黄河以北诸山各矿合同。该两合同均经遵照光绪二十四年闰三月二十七日谕旨，由总理衙门签约准行在案。查该两合同第十七条云：应准福公司禀明巡抚，由矿地建造铁路接至干路，或即径达水口。福公司前于一千九百零二年开办豫省修武县煤矿，并曾禀明豫抚，准由矿地建造铁路至卫河之水口，曰道口镇。现经英国驻京大臣请将该路归中国铁路总公司办理，与外务部商明，由督办大臣与福公司商订合同。

泽道铁路现分两段：一由道口至清化镇左近，计长九十零半英里；一由清化镇至山西泽州左近，约长三十八英里左右。其道口一段，由福公司承办，现已将次完工。现在商订合同，专为办理此段铁路起见。至由清化至泽州一段，现经商定，且待福公司在泽州一带定期开办矿务后，再由督办大臣与福公司另行续订合同，筹款建造。一切按照此次所立道口至清化镇铁路章程及正太铁路合同参酌办理。

道口至清化镇一段价值，连车辆以及福公司已用之款，悉照华工程司所估之价，并查照凭单应付之款，系英金六十一万四千八百磅〔镑〕。现为宽筹款项，俾于车务尚未畅行之时作为办理行车各事经费及借款利息，经督办大臣订为七十万磅〔镑〕，即借票七千张，每张一百磅〔镑〕，每年按五厘行息，名曰一千九百零五年中国国家河南铁路五厘借款。

第二款　由以上之七十万磅〔镑〕内发票六千八百二十九张，每张一百磅〔镑〕，照票面之数，按九扣核算，合英金六十一万四千六百磅〔镑〕，以还上云已用之资本。此票即于铁路交与中国之日交福公司，其利息由发票之日起算。福公司当时将起初行车至交路之日止，所有未经载入估单内之创办行车及预备陆续一切行车需用经费开呈单据，请总公司核算。其行车经费，除将行车进款扣抵外，如有不敷之数，彼此议定各认一半。又由一千九百零五年正月一号至交路之日止，其资本应得利息，共计若干，一并由余剩之票一百七十一张内，仍照票面之数，按九扣核算，付还福公司。以上指说二款之数后，如尚有余剩，则归总公司备用。倘交路之后，行车进项不敷按期发还本息，亦可向福公司续借。票内应刊之文，附录本合同第一专条，由出使英国大臣代中国国家签押。

息票应按票面所载数目核算，订于每年西七月一号、正月一号在伦敦用金钱核付。

所有到期已付息票，应由福公司按照号数次序汇齐，交中国出使大臣点收，其费由福公司认出。

第三款　此项借款，应计卖票之第十年起，分二十年赎还。每年由伦敦福公司按照本合同所附之表作为附件抽号拔还章程办理。抽号之期，应在每年正月之第二个礼拜二日。为〔惟〕第一次抽号之期，应在一千九百一十六年。

每次所有抽出票号，应刊布于四种日报中，由福公司出费。

第四款　凡抽出借票，应照票面数目，在下次应付利期上，如数以金钱还清。

应还借票，当粘缴所有未到期之息票，倘有短缺，则即核计短缺者所值之数，在应还之票本内如数扣除。借票利息，即于所指还本之日停止计算。

已还借票，应由福公司按序汇齐，交中国出使大臣点收，其费由该公司认出。

第五款　在一千九百十六年以前，中国国家不得擅增每年赎还借票之数，或将借款全数还清，或改借款之名。在一千九百十六年以后，中国无论何时，可将借款全数还清福公司。矿务期限未满之前，不得将运载矿产之铁路脚价苛增，以致福公司矿务生意有损。而福公司于总公司按照他路运脚公平议定以后，亦不得藉词贬抑，致总公司拨付本利有碍。

第六款　所有应付息票及应还借票，当以英金核计，由伦敦福公司或该公司所派经理之银行付给。

第七款　本合同所订借款之付利还本，乃由中国国家自应以所有之进款担保外，又经中国国家准中国铁路公司言明：以此段已成之铁路进款，除一切办公费用及行车各费外，其净余者，当首先留备本借款付利还本之用。且此节办法另载于中国铁路总公司与福公司所订之行车合同内，此合同与本合同联合为一。

以上申明留备进款，乃专指息本一项之用，不得更改，至借款全数清还为止。

第八款　行车所得之实在余利，由中国铁路总公司点验登记后，准福公司兑换金钱，务令中国国家及中国铁路总公司大得便宜，所兑换者以足付下半年应付之款为度。此余利仍接续提存伦敦福公司总行，至借款全数还清为止。所有每下半年之付款事宜，至少可于三个月前即有把握。凡各银行代存此等款项，务必代为生息，俾于中国铁路总公司极有利益。按照合同每半年付利还本或运费用钱各所需之数，当先期二十天，于各银行代存余利之款内划出开支。

第九款　中国铁路总公司欲于此项借款表其结实可靠之意，愿将此段已成之铁路作为头次抵押，给与本合同所订借款之借票，即该铁路及车辆、料件、行车进款是也。此等专行之抵押，是给与福公司，由该公司代为购执借票之人充受。如果中国铁路总公司未能按照本合同所定条款办理，福公司在上文所指之铁路及物业照行其一切应有之事权。

第十款　前条所载，与中国国家原有责成，如第七款内所载云云，不相妨碍。设此段铁路行车所得之实在余利，由中国铁路总公司付交福公司，于每次到期之三个月前兑换金钱。如有不敷应付借款本利，中国国家即应设法弥补，以足〈兑〉换金钱付还借款本利。倘有以上不敷情事，一经该公司知会，中国国家于下半年付款之期前十四日，按照所需之数，以现款或他款付给福公司，俾得兑换金钱，以凑应付之数。

第十一款　福公司于中国铁路总公司或中国国家所补凑款内及按照前期所付之款如数划拨，以备下期应付之数。

第十二款　福公司并分任此项借款之银行，中国国家按所付利息之数酬以用费每百之二毫半，即每万金磅〔镑〕给以二十五磅〔镑〕。又借票抽出还本，或因增还票数而提前还本，亦按所还之数酬以每百之二毫半。此项酬费，系在行车之余利内划拨。如有不敷，即由中国国家设法弥补。

第十三款　中国国家允认保全并设法保全本合同所载借票应享利益，并允准借票及息票以及因此项借款所有进出之事，概行豁免税捐。

第十四款　到期息票，如五年内不来支取，其款则为中国国家所得。至已经抽出应还借票，则以三十年为限。凡执此借款借票之人身故后，该票即按其人本国继业之例，由继业者承受。付利还本之事，不论时局和战，均当照常办理。并不论执票者为友国或敌国之民，均当一律照付。

本借款借票倘有遗失、被窃、被毁等事，即须呈出凭据，中国国家如查得凭据可信，呈请者确系失票之人，即当允准福公司另印借票补给，其费由公司出。

第十五款　中国国家应饬驻英京出使大臣，咨请并移送案据于伦敦之银钱公会，使此次借款得在该处银钱公会估价卖买。

第十六款　铁路所用之地基，由借款项下付价。所购之地，先由福公司将地主正契交总公司核查，总公司即照正契钞册，由该地管辖之地方官盖印，存留总公司备案，仍将正契由总公司送交福公司收执，并于正契上面加盖不得售卖抵押戳记。因合同期满或借票赎完之后，须由福公司将原业交还总公司执业，是以合同期内福公司不得将地契转售或转押、转抵与人。

第十七款　此路利权及合同系与英国人福公司订立，该公司务当按照本合同应允各款办理，并不论明暗，均不得让售别国人民。其办理该路事务，亦不得假手别国人民。如违犯此条，即由中国总公司另招他公司接办，并辞退福公司，福公司亦无索赔补之事。

以上所云，不关碍他国人民购执福公司股分票或此次铁路借款票，其转相售卖与否，任执票者之便。

第十八款　此次核算已用各款内有创办测绘经费，并第二段亦已由福公司略勘。将来勘定如何，报明督办大臣。其费用已付入第一段帐〔账〕目之内。

第十九款　所有修理该路及行车需用机件、材料，皆归福公司代为定购，但该公司自当尽心办理，并须及其公道。先当开单商准总公司督办大臣，乃得发单往购。并经约明：凡中国自能制造机件、材料一律料质、价值，不向外国定购。其盛督办所管辖之工厂、矿局更得应享尽先承购之利益。其质料、价值按照在外国所购运到中国者一律核计。

所谓价值者，是外洋厂价之外，如运脚并保险是也。

一切定购材料进口，并经入中国内地，均准免税免厘。

第二十款　中国国家或中国铁路总公司与福公司倘有争执情事，由中国外务部大臣一员与英国驻京大臣评断。倘以上两位亦有意见不同，则由中国外务部大臣并驻京英国大臣公司〔同〕另请一公正人断定。

第二十一款　本约照缮两分，一存中国铁路总公司，一存福公司。倘有疑难之处，查对本约，以英文为凭。

本约应经合例之人奏请中国国家批准，俟批准后，由中国外务部照会英国驻京大臣存案，以便福公司遵照上订各款切实施行。以上应行各事，于画押一个月内均须照办。

大清督办铁路大臣·太子少保·尚书衔·前工部左堂盛押。

大英前驻沪总领事官·三等宝星·福公司总理兼总代理人哲美森押。

光绪三十一年六月初一日，西历一千九百五年七月三号，订于北京。

道清铁路借款合同附件

致福公司董事哲美森函

径启者：

本年五月十八日、二十七日，贵董两次在本大臣京师公寓会商道清铁路合同第二款，倘交路之后，行车进款不敷按期发还本息，亦可向福公司续借等语。本大臣已准外务部商定，将来如果不敷，以不逾十万磅〔镑〕为限。其票存在铁路总公司，不拘何时需用若干，于一月之前知照福公司，随时分次发票收款，由总公司交存通商银行，以便应用。将来如不需用，亦可任便减少。用特布函声明，即希查照见复，以便作为合同附件，一并存照。

顺颂日祉！

五月三十日

福公司哲美森来函

敬复者：

接准西七月一号来函，内载：借款合同第二款续借一事，已准外务部商定，以不逾十万磅〔镑〕为限。其票存在铁路总公司，不拘何时需用若干，于一月之前知照福公司，随时分次发票收款等语。为此作函奉复，允准办理，并声明此项续款专备道清铁路之用，其票仍照面载数目，一律九扣付价。

顺颂日祉！

五月三十日

中国铁路总公司与英国福公司商订河南道清铁路行车合同

中国铁路总公司督办大臣盛，系奉国家特派，福公司总董兼总代理人哲美森，订定各款如下：

第一款　中国铁路总公司奉中国国家允准，委派福公司，由福公司派一行车总理，将道口至清化已成铁路代总公司调度经理，行车生利，所派之人福公司应先知照督办大臣查核。

第二款　此段路工完成，由福公司禀请中国铁路总公司督办大臣验收后，将行车事宜妥为经理。所有行车应需车辆，并种种工器家具，以及日常周转之资本，均预先备齐。福公司遵照本合同第一款选派之人代为布置招雇人员，并于此等人员有撤革或遣散之权，及其薪水若干，当预先开单，知照总公司督办大臣，乃行核定。嗣后如有更动，或增减薪水，亦须禀准督办大臣，并定购行车养路、修路应用之物，又按照承办铁路条款，以定载运客货价值，并收各项进款，支发行车应用经费，并中国铁路总公司因此段铁路公费，以上种种修路、行车各事宜，当预先由福公司或所派之代理人员禀商总公司督办大臣酌夺而行。中国铁路总公司有稽查出入款项极大之权，并委派监督、收支、核算、翻译各人员，会同各洋员办理，以行上项所云稽查之事权。此监督、收支各委员薪费，应在泽道车务局开支。而监督应会签所有支发各项凭单、帐〔账〕据、行车帐〔账〕目，呈报总公司，一月一报，华、洋文各一分，由华、洋各员签字为凭。

行车总管及修路工程并各项人员，无论何国之人，如办理不妥，或有品行不端，不遵约束，或侮慢地方官长，中国铁路总公司可以饬令斥革，应于雇用洋人订立合同时即行声明。

所有应用中国人员，或办修路工程，或充他项差使，应由中国铁路总公司督办大臣所派监督代选派定，送交行车总管照用。若未奉督办大臣允准，无论何等中国人员，永不得擅行聘用。

中国上海总公司之经费，自应在此段铁路项下开支，一如芦汉铁路办法。

此段已成路工办理行车之后，凡有添购车辆、机器或改良推广轨道、车站工程应用之款，均应在泽道车务局开支。至修养路工应行购定物件，当设法先尽中国工厂承办。盛督办所管辖之工厂、矿局更得享较外国工厂、矿局尽先承办之利益。其价值章程，应按照外国所办运到中国者核计。

第三款　遇有军务，无论外侮、内乱，此铁路须先尽载运中国兵丁、饷械及军营用物，然后方及商家。此项载运车价，应行减半，并听总公司督办大臣专命而行。

凡与中国国家有损之物件，皆不得用此铁路。如遇灾异赈济之物，准给半价运载。

凡中国政府或地方官长紧要差事，应由火车往来车务处与总公司督办大臣所派之监督妥商办理。至应发各项免收车价之票，亦应由该监督会同签字。

第四款　在行车所得实在余利之内，除行车各项开销外，福公司提款若干，以备每半年至少三个月前应付中国国家本借款利息与本银之用。

此项提款须至本借款全数清还后，方行停止。每月所提之款，即交福公司或该公司所指派之银行，由该公司或该银行将交来之款以最好之汇价兑换金钱，以备付利还本之用，仍须随时禀报督办大臣。倘所交此项提款已足换金备付利息本银，福公司即在盈余项下提出十成之一作为公积，以备大修、小修，藉保行车一无阻碍。其所余之款，即由福公司统交中国铁路总公司。

本借款如按下列之款清还，则福公司或其经理之人即当将全路以及机器、一切车辆完全妥善照常行驶，点交中国铁路总公司督办大臣所派之监督收管。

第五款　本行车合同自签押之日起，以三十年为期。

惟期限已届而本借款尚未全数清还，自应再行转缓。全数借款一日未清，则期限须接连转缓。如未到限满之前借款即已清还，则本行车合同即于借款全数清还之日销废。

第六款　在福公司代办行车期内，中国铁路总公司准将此段铁路所得余利，于每年公司结帐〔账〕之时，提十成之二，以酬福公司。此余利系指除摊还各借利息本银应需之款之外而言。

第七款　中国国家或中国铁路总公司与公司有争执情事，仍按照借款合同第二十款办理。

第八款　设遇行车进款不敷开销，中国铁路公司自应筹款弥补，俾得照常行车。但此弥补之款应作为中国铁路总公司暂垫。一俟行车进款，除经费外，得有赢余，即当清还中国铁路总公司。

第九款　此段铁路所需行车及修养路工之一切料物，如从外国运来，当免其完纳关税厘金。

第十款　本合同照缮两分，一存中国铁路总公司，一存福公司。遇有疑惑或歧异之处，以英文为凭，藉资剖解。本合同由合例之人请中国国家批准，既蒙批准，即由中国外务部备文照会英国驻京大臣。

大清督办铁路大臣·太子少保·尚书衔·前工部左堂盛押。

大英前驻沪总领事官·三等宝星·公司总董兼总代理人哲美森押。

光绪三十一年六月初一日，西历一千九百五年七月三号，订于北京。

道清铁路行车合同附件

福公司哲美森来函

敬启者：

查行车合同第二款，所有铁路聘用人员，应于合同内订明，如办事不谨，或品行不端，或侮慢地方官长，均可撤退等情，今请俟后日订立合同时一律照办。现在布发传单，通知在事各员，告以此条照行可也。彼等合同早经订定，未便更改，好在其年限长者不过二、三耳！

此颂日祉！

五月三十日

外部咨盛大臣文

为咨行事。

案查，泽道铁路，前经本部督同詹守与福公司总董哲美森照原送帐〔账〕册详加查核，将借款数目彼此订明，饬守回沪销差，钞录问答咨复，并声明：其余各项，按照签出各条，逐一磋议，一俟议妥，再行续达等因在案。经本部迭次与哲美森详细磋商，所有此项合同并熔化厂条款应行商改之处，均已磋议就绪。相应钞录迭次问答，并合同底稿，暨熔化厂条款，咨行贵大臣查核，即行奏明办理可也。

须至咨者。

正月二十六日

鄂督张之洞致外部葡约请运米出洋万不可许电

沪未电、部皓电，均悉。葡约第五款最谬。澳门华民不过十万人，何至岁需六百万石之米？明系藉端出洋牟利。此粤省向来积弊漏卮，洞所深知，万不可许。犹记洞在粤时，粤商请省运油粘米接济澳门，情愿认捐米数无多，大约数十万石而已。粤省人稠米少，年年仰给洋米，若本境之米多漏出洋，而反以重价买外洋进口之米，情理颠倒，民食益艰，民生益蹙，粤民必哗，变乱必起。且东洋流寓华民极多，若日本援例，何以拒之？即使完税，亦万不能允许。至于西江行轮，漫无限制，自宜驳断。总之，此后议约惟在聚精会神与德、法、俄三国辩论。至葡乃小国，乘间搅扰，尽可直言驳斥，甚则不理，不宜多立条款，无意中为诸大国开方便之门也。请察酌。

三月二十三日

湘抚赵尔巽奏长沙开设通商口岸谨陈筹办情形折

湖南巡抚赵尔巽奏，为长沙开设通商口岸，谨陈筹办情形，并请指拨的款，以资经费事。

伏查，中英商约第八款第十二节、中日商约第十款，均载有湖南长沙开作通商口岸之文，当由奴才咨商外务部，预筹办法。旋准日本驻汉领事永陇久吉东〔来〕湘面称：奉本国政府训条，前来勘量地势；并称：商约内开，批准互换六个月后，即将长沙开设通商等因照会前来。奴才查，开设口岸一事，既经约有明文，必须先事绸谬〔缪〕，乃免临时竭蹶。是以去冬十一月即电咨外务部，饬总税务司，转饬岳州税务司夏立士，来省履勘界址，拟妥章程，先行布置。此次日本领事来湘商办界务，已言明：凡租界内工程、巡捕一切管理事宜，悉由我自行办理。日领并允即在税司所定界址之内分段租认，不再另索专界。盖长沙虽系约开口岸，而详译原约，工程、巡捕可由华官自办，必须布置得法，因应咸宜，使各国商人皆愿就我范围，方足以保主权而敦睦谊。此现时筹办大略情形也。

惟是长沙水陆交冲，商务四集，此次税司勘定界地，东起湘江西岸，西抵铁路界边，南至北门城河，北讫浏渭沿河，地势颇宽，已较岳州加增不止十倍，一切布置不便过于简陋，致于交际有碍。造端较大，则需费自巨。当饬洋务局司道将工程等项详细估计。兹据详称：界址广阔，用费甚繁，只得就至简之数逐项估计。如筑路一项，北门外湘春街起至新开河止，税司指定此段路工最关紧要，目下即需修培，惟地势高下，或尺数，或丈余，一律填平，计土方约二十余万，需费七八万两。再加直长马路一条、横长马路三条，工料非四五万两不办。两湖春街以东、新开河以北之地段，尚不与焉！如磡岸码头一项，沿江地势极低，水潦辄至，非一律修筑磡岸不足以固界基，而风浪激冲，工料须异常坚致，并须建筑大码头及验货码头、验货厂，此项工费至少需八九万两。建设桥闸、修浚沟渠诸费尚不与焉！如购地一项，查岳关办法，凡租界地方，均系官为收买，再行租给洋商，以免私相授受，致滋流弊，拟即仿照办理。但财力艰窘，碍难一概收买，惟就紧要地方先行择购，以备洋商租用，并预留自用地段，约略计之已需六七万两，而将来购买之款及转徙房屋、迁移坟墓之费尚不与焉！如司局公所一项，查建造新关、邮局、税司、公馆、理船厅住所，验货、钤字、扦手各种寓所，前经税司估计时价声明需费六万两，而工部局、巡捕局、洋务分局、会审公堂、电报分局及税司所请西商官花园地址等尚不与焉！又如工程、巡捕既由自办，拟暂自聘西员管理，一面筹设警务学堂，学习各项章程，并英、法语言，每年需费亦三四万两。以上各端，再从估计之中力从省俭，至少先须筹拨银三十万两，方敷开办等情，详请奏咨前来。奴才亲加履勘，分端考查，所请三十万两之数实已难于再减。目下湘省摊款过巨，又以广西毗连，匪氛未靖，协助军饷，筹办边防，日不暇给，库款既绌，民力亦穷，际此要需，徒磋仰屋。惟有仰恳天恩，敕下户部，指拨的款三十万两，以应长沙开埠急需。奴才等当就近督率稽查，务饬在事各员，格外撙节，实用实销。倘有不敷，再行续请。如能节省，涓滴拨还，不使稍有糜费。

又查，二十五年，岳州开关请拨经费，由户部指拨湖北铁路官款十万两，劣幕任麟存典款项五万两。嗣鄂款既提拨无着，任麟系亲友寄存，中多轇轕，均无实济，卒至竭蹶挪移，至今时阅五年，磡岸等工零星建设，迄未竣事。惟岳州上接宜昌，下截江汉，商务本不甚多，又不〔系〕自开口岸，虽因陋就简，外人尚难为越俎之谋。长沙为商约指开，东、西各国争先注意。倘办〈理〉苟简，必至藉口多端。是则保目前自有之权，即以恢日后无穷之利。植基愈固，则收效愈多。此又奴才不敢不先事沥陈，抑亦部臣所能共谅者也。现在开埠事宜，即由洋务局司道会同办理。俟布置周妥，即当奏设监督，定期开关。约计其时，当不逾日本商约所开互换后六个月之期限。谨会同湖广督臣张之洞恭折具奏，伏乞圣鉴。

光绪三十年三月二十六日奉朱批：该部议奏。

军机处致各督抚请查禁寄售革命书籍电

近闻南中各省书坊、报馆售悖逆书，如：《支那革命运动》《新广东》《新湖南》《浙江潮》《并吞中国策》《中国自由书》《中国魂》《野蛮之精神》《二十世纪之怪物》《帝国主义瓜分惨祸预言》《新民丛报》《热血谭》《荡虏丛书》《浏阳二杰论》《新小说》《支那化成论》《广长舌》《最近之满洲》《新中国》《支那活历史》等种种名目，骇人听闻，丧心病狂，殊堪痛恨！若任其肆行流布，不独坏我世道人心，且恐环球太平之局亦将隐受其扰害。此固中法所不容，抑亦各国公律所不许者。务希密饬各属，体察情形，严行查禁，但使内地无销售之路，士林无购阅之人，此等狂言不难日就澌灭。想阁下关怀世教，必能妥筹办理也。

三月二十七日

盛京将军增祺等奏报奉天省城等处日俄两军进退情形折

盛京将军增祺、副都统廷杰奏，为具报奉天省城等处日、俄两军进退情形，恭折仰祈圣鉴事。

窃日、俄两国自正月二十六日起，战事日急，逼近省城。其初，西南、正西炮声甚紧。正月三十日、二月初一日，北面炮声更紧，枪声亦昼夜不绝。迨至初三日，正南、西南火光烛天。初四日，枪炮益形逼近城内。俄道胜银行与办商务交涉各俄员先数日均已尽去，廓米萨尔亦于是晚出城。初五日天明，俄军退据南边门墙根，炮激霆奔，枪飞雨骤，剧战之烈，莫罄形容。幸相持未久，俄军即转东北而下。维时，奴才等督同阖城旗民、文武暨巡捕、警察各队分段弹压，商民安静。俄师既无大股进城，日师亦未向城轰击。城内间有飞弹，并未伤人。讵申刻，突有败兵马步数千由北边门阑入，奴才等尚派文武各官、交涉局、营务处驰往，告以不可在城内开仗，并拟查照局外章程，如肯交枪，允为保护。该俄员弗应。正向东门进发，适东门、北门外日军皆至。有不得出者，在土城内东北隅整队擎枪，为拚死计。该处居民栉比呼号奔避。奴才等复急令营务处总办·参将夏觐浤冒险前往，详晰剖陈。忽日兵又由西门进城，不下千名，遣其通译来署，声称彼军所以未肯遽攻者，虑伤附近百姓，实逼处此，非速令交枪不可。时已昏黑，因又飞骑告知，该俄官终以徒手见害为疑，夏觐浤矢口与约，力认华官担保，始各将枪交出，听由日员安置。另有俄红十字会病伤兵丁、妇女数百人，亦与日员商明保护供给。往返三次，至夜三鼓，事乃大定。是夜四鼓，日军政官小山秋作、宪兵长小泽寿进城来谒。初八日、初十、十一等日，司令部参谋少将福岛安、司令部参谋总长大山岩、副长儿玉源太郎与其闲院宫载仁亲王相继入城，奴才等历与接晤，诸凡浃洽。大山仅带一联队随护，其大军均未进城。福陵、昭陵以及宫殿，彼均拨兵守护，以昭慎重。此省城日、俄两军进退情形也。

其在东北各城者，据报，兴京俄军于二月十二日寅刻自焚粮草而退。日军于二月十四日申刻到街，枪炮不鸣，陵寝乂安。怀仁俄军经俄统领马大力多夫于正月二十六日撤退。三十日辰刻日统领面高俊一进城，二月初二日统领花田进城，嗣于初五、初七等日花田及面高俊一督队开赴西路。通化俄军先因二月十二日县属西路来有日队五六百名，闻信开拔，乃日队仍于次日撤回。十六日西路后来俄兵三四百名，十七日俄统领马大力多夫又带来马步三四千人，至十九日始各撤退。铁岭俄军于二月初十日晚间弃火车站北退，其东山头尚有守队接战竟夜，至十一日天明撤退，日师随至。开原、通江俄军均于二月十三晚间退尽。并据署开原城守尉树棠、署开原县知县陶应润禀：该城界内自二月初三日起，俄人归师即已络绎，道旁居民争避入城，均经妥觅房间，随时安置。初八日下午，当路炮声大作，迨至十三日晚间，只余城东北暂息之队，尚数千名。十四日清晨，有日步队三十五人入城，即时分往东北，旋在东北城墙与俄兵开枪互击，约逾二三刻，俄师悉退，日队随即陆续进攻。日军司令官为陆军大将野津道贯，其驻开城内者为陆军步兵三十九联队队长少佐先锋官高仓永则。昌图俄军于二月十五日清晨退尽，并据署知府涂景涛禀：俄队自二月初八日出马千总台门向北开拔，兵马车辆无数。十七日未刻，日官陆军少将秋山谷带领马队抵街，惟闻马队不日北行，另有步队来府驻扎。其铁岭、开原以及本府境内铁路两旁所来难民，皆已随时安抚，尚无失所。目下俄退甚速，一俟大队前进，拟即分别酌发牛犁，俾安生业。此东北各城所报日、俄两军进退情形也。

奴才等伏思，奉省为国家陪都，关系根本，陵寝、宫殿之所在，祖宗灵爽之所式凭。乃以地属战疆，瞬临烽火时，奴才等先自照会日、俄两帅，并电请外务部，转商各使，与其政府均约明，弗在近城攻击。一面饬令管〔营〕务、警察各局处，分派员弁，昼夜巡警，一面派员四出查赈，暨在省设局赈抚。仰托皇太后、皇上洪福，陵寝、宫殿晏然无惊，居民、难民一切无恙。刻下春耕临迩，正在分别酌给银两，遣令归业。计现在已遣者业有一万二千余口。此外东、北两路，凡已战过府县，亦皆饬令即时资遣，俾速归耕，藉以仰纾宵旰东顾之忧于万一。除昌图以北、以东地方，俟战过，随时续奏，并咨外部。谨奏。

光绪三十一年三月二十八日奉朱批：知道了。

盛京将军增祺等奏密陈日俄战地情形片

增祺等片。

再，密陈者。

据东、北两路府县禀报，日军所至处所颇能约束其众，市廛不扰，主客相安。惟俄人以败溃之余，不免恣意横行，又有通事暨所招匪队相助为非，焚掠淫凶，不堪言状。刻就已报各属计之，东路以业经战过之通化为最甚，北路以正在接战之海龙、西丰、西安为最甚。战过之地，惟在抚绥，正战之地，亟资挽救。奴才等昨已先将海龙、西丰所报情形电请外务部，切商俄使，转令严禁。一面密饬该各文武，相机镇抚，勉力支持，务须妥为保护居民，不使流离失所。谨奏。

光绪三十一年三月二十八日奉朱批：知道了。

外部咨浙抚聂缉椝钞送苏杭甬铁路草约文

为咨行事。

顷，准英萨使照称：光绪二十四年九月初一日，大清督办铁路总公司大臣盛，奉总理衙门咨，准英商怡和洋行代英国银公司商订造办铁路由苏州至杭州及宁波草约在案。该约第二款内载：将来订立正约，仍当与嗣后商定核准之沪宁铁路章程一样等语。沪宁铁路正约，光绪二十九年五月十四日奉旨后，闰五月十五日画约。银公司现愿商订苏杭甬铁路正约，应请贵政府派员，与该行代理人即行商议等因前来。查浙省铁路现经绅商设立公司自办，以杜外人侵占。惟苏杭甬一路，业于光绪二十四年与英公司订立草约，第四条内载：以上草合同，先由督办大臣画押，俟会商抚部院，如有地方窒碍之处，即行更正，仍俟订正约时即行会同入奏等语，是地方如有窒碍，本可由地方官声明指驳，设法更正。相应钞录草合同，咨行贵抚，查明有无窒碍情形，声复过部，以凭照复该使可也。

须至咨者。

四月初一日

江督张之洞致枢垣奉旨查复江令召棠在教堂因伤致死情节请优恤电

奉三月二十一日电旨：著将江召棠在教堂因伤致死情节先行查明，迅即详晰电奏。钦此。查此案前据江西抚、臬照印出江令召棠受重伤后手书五纸，洞三次委员到赣明查暗访，又向江令家属索得手书四纸，笔迹相符，语尤明显。江西前照出之各纸内紧要语云：王安之逼令自割一刀，复有两人捉手，用剪刀加戳两下等语。新查出之手书各纸内紧要语云：意是逼我自刎，我怕痛，不致死，他有三人，两拉手腕，一在颈上割有两下；又小字云：痛二次，方知割两次，欲我死无对证等语；又云：为新昌案辩争，威逼立放犯事教民，以致决裂被杀等语；又云：仵作验即明白，填伤单存案，并要刘先生眼见相验为是等语。此外大率皆言王安之威逼情形，及代百姓向王安之乞恩，并嘱派人保护教堂，催仵作速趁该令未死相验各等语。窃思中国医仵所供皆云被杀而非自刎，法人断不凭信，姑置不论。据江西咨送美国医贾尔思证书云：整齐的横伤在咽喉靠喉结之上，又一伤伤口参差不齐，将喉结前面从中一直分开。美医证书又云：整齐的横伤是用利器割的，其余之伤非用利器；美医证书又云：第一伤用力气轻些，第二伤刺用力气重些等语，此为以刀自刎以后又受他人剪戳伤之确据，盖剪利于刺，不利于割，故伤口参差不齐，自割故力轻，人戳故力重也；又据江西咨送法兵船医福庚贝画押凭单云：伤口系在嗓核之上，开作扁形，均横宽三寸，系用利器所割；法官医凭单又云：有一第二伤口系直式，与第一伤口作纵横式，亦系用利器所刺，此口亦可容指等语，此为刀伤之后又受剪伤之确据也；法官医凭单又云：至于两伤是否同时，似虽非同时，亦相距不多时耳等语，此为直伤亦系在教堂所受之确证也；法官医凭单又云：此伤能致死乎？曰可。内面肿溃，流血过多，欲不死，其可得乎等语，此江令死由教堂受伤之确据也。

查江令自书者、中国医仵所言者，法使固未必肯信，岂美国贾医所云，甚至法国兵船官医所言亦不足信乎？总之，两洋医皆谓系两种伤，一横伤，一直伤，美医则云直伤重。既系横、直两伤，后伤又重，是江令实死于加功，不仅由于自割，实无疑义。再，法官医凭单又云：似此情形，可断为自刎乎？不能也；又云：颇似本人自刎之势，则又不能断为被杀也，明系该官医既不肯坐法国教堂之罪，又不肯自受医学不精、验伤不实之名，故为此骑墙之语。然而实迹难泯，公理难诬，故法官医亦只能作为两歧之语，存疑之案。法医之语意，盖谓自刎、被杀兼而有之，明矣！法官医尚不能径断为自刎，中国何据而反断为自刎乎？至英国医生达葳所验伤单，在赣时坚索不肯呈出，洞未见其全文，但闻英医告江西各官云伤系一横一直，而不肯言自戕、人戕，与美医、法医之言似亦无大歧异。即云先有自刎一伤，然江令书已屡云由王安之威逼。总之，伤凭医定，案凭证定。洋医既断为横、直两种伤，后伤较重，然则后伤系何人所为，前伤因何事起衅，自应一一研究，方成信谳。惟江令、王安之均已死，当时江令家丁、茶房欲入内室均被教堂人力阻，无人在旁目击。其教堂内要证，刘宗尧、艾老三、胡宗赐三名，前虽由法参赞自带到赣一讯，并未传集多人质讯供词，一味推诿支离。法主教动以兵船恫喝，不肯交出复讯。然则加功究系何人？自刎系如何相逼？抑或并无人加功，无人相逼？两造均无质讯之人，不能不凭两洋医伤单、江令手书以为证据。大约江西省城教民则皆曰自刎，平民则皆曰被杀。然询访在江西之英、美各教士，多有归咎于王安之者，足见公道在人。法人欲保该国教堂名誉，故以全力争此一节。事关交涉，固难澈究。然而国体所关，民心所系，彼纵不认加功，我亦决不能断为自刎。即至万不得已之时，存疑犹胜武断。至于威逼情节，亦断断不能抹煞。或谓江令伤本可不死，因焚杀教堂后有人逼之自死，尤属莠民诬罔之言。洞委多员遍访，实无此事。

查江令才具素优，官声最好。其新昌教案，保全一县民命，弭祸定乱，其功不小。此次被害，亦由于为民力争被难。重伤惨痛之际，各纸手书，皆谆谆以救民、保民为念。故江令死后，江西士民同声悲痛，愤不可遏。新昌、上高两县百姓来省痛哭吊祭者络绎不绝，何止数万人？在法人恃强偏执，外务部办理自不免棘手。惟洞奉旨确查详奏，不敢不据实上闻。至于此案应如何办议之处，伏候朝廷裁度，敕下外务部妥筹办理。总之，江西教案无论与法人如何议结，总不能归咎江令。虽不能责抵偿于外人，尚可存公论于中国，俾日后可为江令奏请优给恤典，以励爱民损躯之良吏，庶足以存国体而服民心，且免教焰日张，日后更难保护。洞区区愚虑，不敢不言，仰祈圣明鉴察。密电上陈。请代奏。

四月初五日

外部致胡惟德俄抵淞六舰不肯拆卸希告俄外部速饬照办电

宥电，查俄抵淞六舰，叶提督查询船主，自称军需运船，并愿扣留，昨已下旗。俄领仍执商船，不允拆卸，与该外部及署使所言相同，显系强词夺理。现俄战不利，又来淞运船两艘，且恐有续到者。各该船若违章耽延，设有意外，我不任责。希再切告外部，速饬照办。

四月二十九日

清季外交史料卷一百八十九终

清季外交史料卷一百九十

光绪三十一年五月至七月上

外部致署闽督崇善日领因俄舰东来回厦稍缓议脑税电

真、感两电函：据日使复称，上野由汕回厦，因俄舰东来，该口关系甚重，未便遽离，以致稽延。至技师请赔之款，自属应商之事。该领以未能速赴省城，先将赔款原禀送达，以为到省商酌之地，一俟该口情形稍松，该领自当赴省开议等语。希查照。

五月初一日

鄂督张之洞致外部合兴抵抗粤汉铁路废约事请坚持电

粤汉铁路，自奉旨交敝处筹议废约办法，已在美政府受人运动干涉此事之后，措置极为棘手。又以局中人意见多岐，以致众议纷腾，变端百出。敝处不得已乃径与驻美梁使直接电商，避废约之名，筹收回之实，事无旁挠，宗旨始定。无如合兴力筹抵抗，翻复无常。经梁使操纵兼施，多方布置，相持数月，渐有转机，而摇撼者多因恐事无把握。一切为难情形，未敢轻渎清听。兹幸美股、比股均允顶售归我，虽售价过昂，为大局计，不便过于计较。据梁使来电，大致已粗有成议，惟分期付价及接认已售之金元借票尚在磋商。顷，又接梁使电云：前此梁与美股东辩论时力言我政府已经废约，以此相逼，合兴始肯让售，万一有变，嘱敝处仍力持废约，柔使抵京，必饰词耸听，请电贵部切驳等语。查顶售之议，合兴尚未画押，难保其必无翻悔。倘柔使到京后果向贵部饶舌，务恳严词驳拒，自不能再生异议。三省大局幸甚！盖政府则坚持废约，办此事者则作为赎约，彼方肯就范也。

五月初五日

直隶临城矿务局与比国公司订立借款合同

第一款　直隶临城矿务局议定筹借款项，以足敷购置新式机器为扩充临城矿务之用。且因该矿附近铁路所出煤斤可藉芦汉铁路转运，以便销售起见。

第二款　直隶临城矿务局议定筹借法金三百万佛郎，约合银九十二万三千两，由芦汉公司承认筹备全数，借与临城矿务局。

第三款　此项借款并借款之应纳七厘利息，将直隶临城矿务局所有新旧产业作第一次抵押。以上产业，直隶临城矿务局承认并无另押与他人情事。

第四款　直隶临城矿务局与芦汉公司，彼此议定，俟需款之时，由芦汉公司将所借之全数分四期交清，按十成计算，每次交足二成五，拨入彼此互允之银行，以便应支。

第五款　在此合同期内，所有该矿一切事宜，应由直隶临城矿务局与芦汉公司合办。直隶临城矿务局应派华总办一员、华工程司一员及各华员，芦汉公司应派洋工程总办一员及各洋员，均须彼此会商妥洽后，方能委派。所有该矿公事并添置机器、购买材料以及各项帐〔账〕目，每事须华、洋总办互相商妥，方可举行。遇有应行公事，亦须由华、洋总办商定后，用直隶临城矿务局出名，公同画押。

第六款　一、直隶临城矿务局本有之利益，以及各项产业、房屋、矿井、机器，连勘验费在内，共值实银五十万两。此五十万两内，以四十八万两作为直隶临城矿务局本有之利益，以及现有各项产业、房屋、矿井、机器之价值，其余之二万两应交还中国地方官收回。其芦汉公司从前细勘该矿之费用各款，现订定拨十三万佛郎，作为芦汉公司名下之款。

二、直隶临城矿务局所有利益、产业共值五十万两之数，芦汉公司承认在借款之内先拨十五万两，交还直隶临城矿务局收回，分三期交清：第一期，俟奉政府批准合办时即交银五万两，其本款第一段内所载应交还中国地方官之勘办费银二万两即在此第一期所交五万两之内，无须另交；第二期，俟华、洋总办到局开办时，再交银五万两；第三期，于第二期付清两个月之后，即再交银五万两。至所余之款三十五万两，不交现银，作为直隶临城矿务局股本，按第七款内照股分息。芦汉公司下所有之十三万佛郎，当于华、洋总办到局接办时交还现银六万五千佛郎与芦汉公司收回，下余之六万五千佛郎作为芦汉公司之股本，亦按第七款内照股分息。

三、奉政府批准合办之后，直隶临城矿务局暨芦汉公司须即接收临城旧局所有产业、房屋、矿井、机器，立即从善办理。

第七款　合办后，每年所得利息照后开章程办理：甲、先付佛郎借款利息，按常年七厘计算，每年一付，即借款每百两息银七两；乙、即付借款利息之后，须交第六款两局所出租三十五万两暨六万五千佛郎股本之利息，亦按常年七厘计算，每年一付，即股本每百两息银七两；丙、即支以上两项利息之后，所余之款，每百两拨交直隶临城矿务局十两，作为直隶临城矿务局公积之款，与芦汉公司无涉；丁、再有余款，归直隶临城矿务局暨芦汉公司公同均分，各得一半。

第八款　建造新式机器约计至迟不得过二年之期。其建造新式机器未完以前，所有旧机器所得利益如不敷支借款以及股本之利息，凡不足之款，当由借本内拨出交付。至借款利息，只按已交之款若干，于交款日行息。其两局订定之股本利息，应视已交之借款若干，按照借款全数，彼此分成折算。如借款只交一成，则两局所有股本亦按一成行息。至新式机器造成开用以后，两局所有之股本即按三十五万两暨六万五千佛郎之数行息。

第九款　此项借款，由中国政府批准之日起，以三十年为期。前十五年按借款交到实数，照第七款付利。自第十六年起，分年还本，将借款三百万佛郎每年付还金本十五分之一，即每年付二十万佛郎。应付之七厘借息，随本递减，即将第七款丁字项下芦汉公司名下应得之一半余款，自十六年至二十年其所余之款，仍按第七款丁字项下均分一半。自二十一年至三十年芦汉公司仅得所有余款四成也。至第三十年本利全清，并将芦汉公司名下之股本银二万两每两按三佛郎二五计算，于期满时，一并付足后，所有直隶临城矿务局利益、产业即与芦汉公司无涉，此项合同即行作废。

五月十五日

按：直督袁世凯奏参临城矿务局总办片内，有钮秉臣等擅与比公司订立草约，业经奏明作废，一面督饬委员另立合同，磋磨二年，始就范围，一切利权、事权暨将来收回办法，均不失我自主等语，当即指此约而言，故特录之。

谕各督抚及各使日俄议和中国应如何因应著各抒所见电

奉旨：日、俄两国已有和意，闻有在华盛顿直接开议之说，中国现在应如何因应，及将来接收东三省应如何善后办法？著该大臣等悉心筹画，各抒所见，密行电奏，以备采择。

五月二十四日

外部致胡惟德日俄议和凡未与中国商定者不能承认电

兹有声明要件，其文如下：顷，奉本国外务部电开：贵国与日本国不幸失和，本政府时深惋惜。现闻将开和议，复修旧好，本政府不胜欣幸。但此次失和，系在本国疆土用武，现在议和条款内倘有牵涉中国事件，凡此次未经与中国商定者，一概不能承认。除分电驻扎各国使臣，知照各国政府外，特饬向贵政府预为声明等因。希即照会外部。

六月初四日

直督袁世凯致外部德约于我有益者请向索增电

沪函并译德送约稿均悉。第一款，应照英、美、葡等约声叙，加增税率照公约所定进口正税一倍半之数，并将出产、销场、土药、盐斤等税叙明。此款只须有约各国照英、美等约允许照办，无庸再会同各国公订。原稿既未实叙加税办法，又索裁厘妥保，语多未妥，应改。第二款，应声明外国人居住界内购买二字与向章永租不符，应驳删；及归德国保护者一语，约内凡六见，恐有用意，应照沪议询明驳辩，以防后患。第三款，商栈改为关栈，应由海关查明核准，章程、规费与领事商定，授领事以干预之权，应由海关自行订定。用他国关栈，既为英、美约所无，应照沪议删去。第四款，矿务须全照美约第七款声叙，方妥。第五款，存票抵税向在本关，不能用在他关。再运出口，应改为再运出外洋。第六款，商标，沪驳三端，极是。第七款，胪列公司名目一节，应删。以上两款，华人、德人必须一律声叙字句相同，方昭平允，不宜畸轻畸重。第八款，以索开口岸为已开地方，意在中国内港内地任便往来，此款必须全删，万不可允。第九款，宜昌至重庆水道安设拖拉过滩之件，应遵照海关议定章程办理，无须商出资安设之人。至整顿水道之策行与不行，乃中国主权，允为不阻一语，殊属无理。第十款，内港行轮，应改照英约声叙所附章程，将英、美、日已定之章于我备存之权利任意侵损限制。沪议各节甚详。此章补续前章，本系通行办法，应照英、美等章一律无稍更改。第十一款，改订国币，应添入凡纳关税仍以关平核计为准之语。第十二款，禁米出口及弛禁由政府颁示并登录京报，诸多未便，应仍照英约由该省巡抚出示。第十三款，既特再声明德人应享最优利益，我亦可索对待利益。十年改约，系前六个月知会，此言一年，小异。以德文为正义一说，能删去最妥。各款下标题为各约所无，应全删。治外法权等款，凡于我有益者，可酌向索增。是否有当？统祈复示。

六月初六日

外部致袁树勋已询各国择定赔款办法复到再达电

各国择定赔款办法，德、奥、比、英、美、法、义、和、日本九国俱用电汇票。惟日本另议定，以日币玖圆柒拾陆钱叁厘作为壹镑，电汇伦敦，交日本总领事。俄、日二国照伦敦市价。日因款少，未议及详细办法，应仿照俄议办法。其佛郎合镑较易查，或议一定数，或照随时市价，可听其所愿。脚、保等费，此次俄已允扣除，惟未明言百分之一。因此费亦时有涨落，未便核定。本部已与声明，须照公道办法应随时查照行市办理。葡及瑞那未与议约，暨总会之款应照何国办法，现已询各使，俟复到再电达。

六月初六日

外部奏议定付还赔款办法与各使互换照会折 附清单

总理外务部庆亲王奕劻等奏，为议定付还赔款办法，与各国使臣互换照会事。

窃查，幸〔辛〕丑和约所载赔款关平银四百五十兆两，各国不允还银。臣部业将先后磋商情形并另拟办法三端，于光绪三十年十月二十一日奏明，请旨裁夺，奉朱批：着照所请，户部知道。钦此。钦遵在案。臣等迭与各使函商面议，迄今又逾半年，始克就绪。缘与议和约者十一国势如连鸡，诸多牵制，办法或稍未平允，群谋即不易佥同，故此乃反复最多，磋磨最久。前所拟三端：一、金价按月折中。一、磅〔镑〕亏免再计息。一、每月付款扣还息银。各使俱谓：前三年已付之款早经各本国兑收拨用，碍难照新拟办法更改册籍，只允嗣后可设法通融，而前欠仍须索还。此在彼为有词，难与争辩。惟查各国银行每届还款之期不免浮开镑价，此三年内付过本利六期，据其银行公会结算，亏欠已至一百四十余万镑。经臣等详加查核，指摘各银行所定镑价之不公平，各使始允一百二十万镑，合和约关平银八百万两，作为前三年亏欠之数，于议定后一律清还。此议结从前镑亏之情形也。

至以后还款，为日甚长，欲免巨亏，必筹善后。原拟每月匀付之款，未届还期，按月扣回息银，各国已允照行。金价折中之议，各使亦以为公允，惟谓：上海市面会解，常不能划一，欲逐日开价，折中核算，恐无从定准，仍滋争论。因议或照伦敦市面银价用银付还，或以金银期票，或电汇票，听各国于此三端择定其一。其期票、电汇，由中国不拘在何处及何银行任便自购，以后每届还期，照各国分票所载应付之数付清，自无所谓镑亏，不必更议及镑亏免利一节，此议定嗣后还款之办法也。以上所议已定，各国皆愿择用电汇票，惟俄国与日使巴尼亚愿照伦敦市价付银，而俄款最巨，办法尤宜详订。所有俄之卢布与伦敦之金镑，其币制比较若何？伦敦之温司与中国之关平，其权法比较若何？迭经臣部电饬江海关道与该国银行董事详细议定。又日本因该国在伦敦需用款项，请将嗣后应付该国之款电汇伦敦，亦按日本币制较准，合成英镑。臣等询探各国于俄、日本所议均无异言，始行照允。此则各国各有分别之办法也。

美国之款，前允照银数付还。此次各国将有成议，即闻美亦须援照办理。当经臣部照会驻京美使，声明原议，据复称：美政府愿按照约载海关银价接收，然亦有训条声明，若各国均照别项价值办理，则美政府又须援利益均沾之通例照行等语。臣部复电驻美使臣，请于美外部所复亦同。因念中美交谊素敦，各国之款已一律还金，而美款独令还银，未免有所轩轾，于一体优待之例不合，自未便因其曾经允许而强与争论。此又美款亦照各国办理之缘由也。

臣等窃维还金、还银辩论数年，迄无定局，处不得不转圜之势，藉此整顿还款办法，亦可稍资补救。现所议定者，或由中国自购金钱汇票，则取舍之权操之在我，或照伦敦市价付银，则价值划一，银行无可居奇。至按月扣回年息四厘，其数积少成多，计算至三十九年终所节省约在一千万两以上，于各国毫无所损，于中国实甚有益处。又查赔款所欠首六个月之息九百万两，照约应展在三年内带还，二次以八百万两偿清。前三年欠款所有展息九百万两亦计在内。故从本年起，每年应付之数较前三年已减三百万两，即可以此款为弥补镑价之用。至第十年以后赔款应付之数渐增，而旧日之洋债渐减，其款仍可移挪。倘镑价不至异常腾贵，自无庸再加摊派各省之额。臣等筹议已妥，即于五月三十日，会同各国使臣，在部签字，互换照会，俾各遵守。谨将照会内所载议定办法四条缮具清单，恭呈御览。谨奏。

光绪三十一年六月十一日。

谨将与各国使臣议定付还赔款办法缮单恭呈御览

一、西历一千九百零五年正月初一日以前，中国因用银款付还以致亏欠，现拟以和约关平银八百万两之总款一律清还。此总款即照一千九百零五年正月初一日所欠各国之数，分别划拨。至所拨之数，应将每届六个月期限，以和约关平银定数易金核算所欠之款若干。兹请各国大臣将应得之数从速开示，以便此节允行后十五日内用电汇票径向各国付清。未经付清以前，此八百万两应按年行息四厘，其利由一千九百零五年正月初一日算起，至付清之日止。

二、本部所拟各节，各国允准后，即将各国分票画押。

三、每年应付之本利，将来每逢月之末日，按月均分，照附于各国分票后付还本息表内载明者付还。惟请各国允中国每届六个月期限满日，于所付款内扣回按年四厘息银。此息银，由付还之日起，至六个月期限满日为止。所有应还各款，按照以上所载办法，将和约关平银照依各国金钱之价核定。中国或按伦敦市面银价用银付还，或以金钱期票，或以电汇票，均听各国所愿。此项期票、电汇票，中国不拘在何处及何银行，均可任便照最贱之价或照投标办法购买。惟所付之金款，务须于应付还之日，经向各国付清。中国应担保其电汇票及期票均能如数兑交无误。本部现拟各节，如各国允行时，应即各择定以上办法三端之一。自择定后，照行至赔款付清之日为止。

四、由一千九百零五年正月初一日起，至改善付还赔款办法开办之日为止，上海各国银行董事已收之银款，现拟仍缴还上海道，由该道将应付还各国之款按照以上所指之办法付清。惟此款自照新定办法付还之日起，至该期六个月限满之日止，须扣回四厘息银。

谕载泽戴鸿慈徐世昌等分赴东西洋各国考求政治

上谕：方今时局艰难，百端待理，朝廷屡下明诏，力图变法，锐意振兴。数年以来，规模虽具，而实效未彰，总由承办人员向无讲求，未能洞达原委。似此因循敷衍，何由起衰弱而救颠危。兹特简载泽、戴鸿慈、徐世昌、端方等随带人员分赴东西洋各国，考求一切政治，以期择善而从。嗣后再行选派，分班前往。其各随事诹询，悉心体察，用备甄采，毋负委任。所有各员经费如何拨给，著外务部、户部议奏。

六月十四日

直督袁世凯致外部据日京电日军占萨哈连岛电

据日京电称：初八日，日军进占萨哈连岛之不利、丁野等地方，连次攻击。初十日，俄军退至摩乌哥地方云。谨转达。

六月十五日

外部致胡惟德日俄直接议和望密探电闻电

来电均悉。日、俄直接议和，不容他国干预，现在美国择地开议，我若派员前往，其势亦难搀入。特于支电照会，声明宗旨，预占地步。此时俄虽有意，未便再商。维脱等行后，仍望密探消息，随时电闻。至伍侍郎赴美，并无此说。

六月十八日

使法孙宝琦奏法欲联络中日现派员赴安南考察片

孙宝琦片。

再，安南自属法国后，设防造路，接壤滇、桂，实逼处此。自日本战胜俄国，法人大恐，虑日本袭取安南，尤虑中国与日本联合，故年来运兵、运械，不遗余力。近来政府、议院知兵力之不足恃，咸谓宜联结中、日两国，格外和好，不使生衅，并优待安南土人，方为可恃，故其昵我之意，似非伪为。安南各埠，中国工商人等十余万，向未派有领事，故有种种之苛税，前任使臣薛福成曾与该外部商议免税而不得。臣到任后，复与该外部申论，许以商之藩部。藩部行查中印度总督，迄未定议。臣探知法政府决无阻挠，印督以须另筹一款相抵，故未能遽行定议。趁此法人蓄意昵我，或可极力办到。臣现派道员严璩、主事恩庆前往安南游历，往晤中印度总督，催询此事，以期必成。至于华人侨居者，大都椎鲁无文，商情涣散，以致不能与他国商人争胜。臣责令该员等前往各埠，激励众商，设立商会，广建学堂，以期商业蒸蒸日上，有以自立，永不受侮。查各商大半籍隶闽广，将来必须与闽广保商局妥商善后之策。俟该员等考查完竣，前往福建、广东，禀商督臣，详筹切实办法，以副朝廷轸念侨民之至意。除咨照外务部、商部、闽广总督查照外，谨附片陈明，伏乞圣鉴。谨奏。

光绪三十一年六月二十日。

鄂督张之洞致枢垣议复日俄直接议和因应办法电

两奉电旨，因日、俄直接议和，令将现在因应及将来善后通筹电奏，以备采择，曷胜钦悚！查日、俄议和，俄必愿我与闻，日则断断不容我与闻。俄愿中国与闻者，欲借中国地主为题，从中拦阻一二，免使日本将东三省权力多占，则俄以后尚可乘机窥伺也。日本不愿中国与闻者，我若与议，则彼所欲得者，我使臣必矜慎顾惜，多烦辩论，彼所让还者，中国视为力争收回，不见彼之人情，且恐中国与闻，西国亦必干预，则日本所得利益无几矣！且日本君民上下之意，皆须俟攻克哈尔滨、海参崴以后方能制俄之要害，勒索极巨兵费，尽夺俄人远东权力，此乃一定宗旨。总之，视其兵威之所极，以为和约之范围。然则日之要索，于俄究竟能至如何分际，此时日人亦不能预定，不肯自限。现在库页岛已为日得，海参崴后路已有日兵登岸，俄之内乱日炽，其东方人心、兵力益不能支，日之待俄不能定，则其待我亦不能定，故此时即中国有员与议，亦无益。况彼不允乎？各报言，外务部照会日、俄谓，关涉中国之事，若中国不与闻者，中国将来断不承认，闻日本复文不肯许可。要之，此照会乃应有之义，自不可少。无论彼认与否，将来可执此照会为争论之根据。然只此已足，强聒无益。惟有俟其与俄定议后，我方能与之开议。大抵抱定日本宣布许我之完全主权为定盘针，以东三省铁路中国亦须酌分权利为实际，以俄人震惊陵寝、荼毒人民与日兵近年来情形为比较，以结近援、御远患为归宿。所有节目，只可临机操纵，似难预拟。此因应之大要也。

至于善后之法，约有五条：

一曰：遍地开放。查从前俄据东三省时，日本人即力劝我以遍地开放为抵制俄人之策。今日俄去日来，在我仍无以易此。盖非此无以慰各国均沾之望，亦无以杜强邻吞并之谋。惟遍地开放办法，其中条目差别不同，应请饬令此次游历大臣至外国详细考查，期于中国情形行之无弊。

二曰：变法。此后东三省官制、政法必须扫除旧习，因时制宜，方能保安。且各国杂居，非采用西法，参用外国顾问官，断难控驭。顾问官可东西洋人参用，而日本人无妨稍多。

三曰：中、日兵合力驻守。闻日本人言，该国之意，拟留兵二十万人驻守，亦知需饷过巨，中国〔国中〕难筹，当于东三省就地筹饷。查日、俄定约后，若无日兵，断难杜俄之侵轶，日本固断不放心，我尤不能安枕，且日索取俄之赔款亦必留兵。或婉商日本，彼暂驻兵十万，分数年次第减撤，我即在东省速练新兵，用日本将弁教练统带，分年递增至十万。总以华兵添足，日兵撤尽为度。此项华、日两军之饷，应由东省就地自筹。但将来无论华兵如何精强，于哈尔宾及边界尼布楚两处，日本断不能全不驻兵。若能主多客少，亦尚无害。

四曰：就地筹饷。东三省地广土饶，矿、林、鱼、盐、谷、酒之类大利甚多。据日本人言，若经理得法，十年后可岁得三十余万。纵不能及此数，得半亦佳。光绪二十七年八月，洞会同江督刘奏请开放东三省折内，已详照录日本公爵近卫笃麿来书，所筹具有条理。至荒地招垦一节，原函拍卖之名不甚妥，而招租则无妨，年限不宜过远，各国不宜偏重。若用日人为理财顾问官，似乎千万可筹。此外台垒、设备、民事、学堂一切事宜需款尚多，惟有先借外款开办，陆续筹还。

五曰：以后防俄之策。日本紧要主意必欲将俄兵全数驱出东三省界外，方能议和。俄不甘心，必致由恰克图、库伦窥伺张家口，以抵补其东隅之失。此事中国固须严兵以待，然断非中国独力抵御。惟有俟日、俄定约后，与日本熟商办法。彼虑俄由库伦北来，横穿蒙境、辽西，截其后路，必助我设法防备。

总之，此次日本若于东三省不占最优权利，慨然送还中国，断无此事。然所得过奢，则既食前言，又招欧忌，彼亦不为。日本〈不〉为，中国正所以自为。然欲强日本，则不能不存中国。俄专欲愚中国，吞中国，纯乎损我益彼。日本既擅北海之权，则不惟阻俄人之横行，并可抑胶澳之恣肆，故无论如何定议，日本在东方得何权利，皆胜于俄人远甚。日、俄待中国之情势孰暴孰和，两国之强弱于中国孰利孰害，互较自明。权衡既审，因应自易。但日、俄和议之成尚早，总在三个月以后，此时应请电旨，密饬东三省将军、都统、文武各官，体察目前情形，各抒已见，以备参酌。

以上因应一条，善后五条，日、俄比较一条，皆专为东事计。至于修明内政，力变旧习，以免外人乘机要挟，效尤染指，此乃治本定法，自强通义，累牍难尽。谨专就东事密抒其管见备采。上年九月十六日洞遵旨密筹东三省事宜一折，大意略同。再，此事因体察日本近日情状，是以复奏稍迟，合并声明。请代密奏。

六月二十二日

鄂督张之洞致外部广九路事请勿顾虑借款稍涉迁就电

粤漾电想达览。此间英领屡述萨使意，以广州九龙路事切托居间，经敝处婉词拒绝，告以事与借款无涉，如必欲牵连并议，借款事尽可作罢，向他国议借。兹粤省遽允所请，此事关系甚大，务祈贵部详加斟酌。若别有万难终拒情形，则无可如何。若贵部意尚游移，断不必因顾虑借款稍涉迁就也。祈裁察电复。

六月二十五日

外部致张之洞广九路事现正坚持并无迁就电

有电悉。广九路由英公司承办，二十四年间已订草约。本年英使开送节略，谓：九龙租界内归香港政府自办，此外仍照原议。经本部与盛宫保议，将九龙华界至省一段，亦归中国筹款自造，切商英使，尚未就绪。现正坚持，并无迁就。希查照。

六月二十九日

鄂督张之洞致枢垣粤汉铁路合同美如食言惟有废约电　三件

奉齐电旨敬悉。查粤汉铁路议与合兴废约一事，迭奉寄谕，责成之洞妥筹办理，以挽利权。遵经电商盛宣怀，会电驻美使臣梁诚，照会美外部声明：合兴违背合同，三省绅民万口一词，力持废约，朝廷俯顺舆情，不能强数千万人迁就坏局，自蹙生路等语。美外部自接此照会，口气始松。嗣因盛宣怀与湘绅意见不洽，旋复患病，之洞屡次去电，皆不能复。三省绅民及在东西洋各国之中国留学生纷纷电致之洞，情词迫切，万口沸腾，力请之洞为三省绅民代表，独力担承。之洞不得不慨然肩任，许三省以必能收回，始稍帖然。乃径电梁使，切商办法。自之洞与梁使直接商办，不搀杂他人以后，宗旨始归画一。惟合兴股东要挟刁难，屡议屡悔，相持半载有余。之洞坚持定见，相机操纵，费尽苦心，始克磋磨就范。五月初，经梁使聘用之美前外部大臣福士达与合兴聘用之美前兵部大臣路提、美前按察使英格澜等商定节略，文曰：兹因中国政府将建筑铁路之特权及合同注销作废，又不准合兴续办路工，惟情愿给以公道偿费，此项偿费订定总数计美金六百七十五万元。中国政府可将合兴在中国所有产业，已成铁路、铁路材料、测量图表、开矿特权以及在中国所有权利，无论明指暗包，一概全行收管。所有合兴已提之中国政府借票，除已售之二百二十二万二千元外，一概交还中国政府查收。至此项已售之二百二十二万二千元，或交还，或收存，仍听买主自便。如买主愿意收存，或全数，或少数，每百元应按九十元计，由总数六百七十五万元之内扣抵。惟不论如何办法，此项二百二十二万二千元借票在西一千五〔九〕百五年五月一号并付息银五万五千五百五十元，中国政府须至本日起，于三个月内照数付给。又总共六百七十五万元内，中国政府须至本日起，于三个月先交二百万元，所余之数，须自本日起，限六个月内一律清付合兴照收。所有交款，订明由中国政府妥速筹办。中国政府所交之款，须至一千九百五年五月一号起，至交款日止，按年息五元计，加付利息。以上办法，应由中国政府及合兴股东批准，方作定议。一千九百五年六月一〔七〕号。福士达、路提、英格澜签押。此粤汉铁路争回自办之实在情形也。

彼时，因此约尚是草议，须得比股东约期会议后方能作准，又须将鄂、湘、粤三省应摊此项偿费妥商筹备，始有把握，是以未敢轻率渎陈。现在此项赎路之款，三省绅民以急切难得，现款必须先借外债，再行陆续筹还，又以偿费数巨，摊认不无为难，坚属之洞统筹合借，再为酌数分派。当向英国商妥暂借英金一百十万镑，约合华银八百万两，以十年清还，年息四厘半，不折不扣，并不须以铁路作抵。已由英领事将草合同送来，准可作数。正在电致梁使，转催合兴股东从速定议。兹接梁使电称，合兴股东摩根受比王唉〔唆〕使，意图翻悔，美总统亦接到驻京美使柔克义电称，中国政府无意废约，且甚愿美国接办等语。查此事屡奉谕旨，饬筹废约，力保路权。三省绅民为大局起见，志坚意决，佥谓此路舍赎回自办，更无第二层办法，湘绅已呈明设立湖南铁路筹款购地公司，粤亦派定正绅来鄂，会议开办路工事宜，并议定国民赎路股票办法，分投劝办。鄂士、鄂民尤急盼观成。若仍令美国接办，比股必不能退，比股即是法股，法与俄合，是此路仍在俄、法掌握之中，危险不可思议。非但英国必有责言，即三省绅民及中国在东西洋留学生亦必群起哗噪，竭力愤争，不成不休，势将横生枝节，别酿事端。之洞固不能当此重咎，且于国体大有妨碍，仰恳圣明鉴察。此路所争者，乃三省铁路之主权，非争三省铁路之商利。敕下外务部，将朝廷俯察三省舆情，决定除此办法别无通融之意，照会驻京美使，并由外务部电知驻美梁使，照会美政府，俾得坚持前说，不致功败垂成，为外交笑柄。国家大局幸甚！三省士民幸甚！除俟美股东〈议〉定，再行奏明，请旨画押。至粤督请派张振勋出洋招股一事，容商妥另奏外，请代奏。

七月十三日

部蒸电悉。粤汉铁路与合兴废约一事，敝处自奉上年十月二十一日寄谕，饬令妥筹办理，以挽利权。即经钦遵电达盛大臣，会电驻美梁使，照会美外部，声明与合兴废约。原文由盛大臣于冬月愿电并达贵部在案。嗣因盛大臣与湘绅意见不洽，在东西洋各国中国留学生又纷电敝处，虑盛大臣回护前约，公请敝处独力担承，迫不能已，始定计由洞一人径电梁使，切实筹商办法。半载以来，内与三省官绅再三讨论，外与合兴公司往返辩驳。恐牵动交涉，专用和平办法，改废约为赎约，于美国体面毫无伤损。相机操纵，费尽苦心，又经梁使竭力磋磨，始有成议。五月初，由梁使聘用之前美外部大臣福士达与合兴聘用之前美兵部大臣路提等商定节略，由中国认还合兴赎路之款美金六百七十五万元，即将合兴所得粤汉铁路一切权利，无论明指暗包，一概全行收管，缮作草约，于一千九百五年六月七号经福士达、路提、英格澜彼此签押。因是草议，尚须待比股东会议，又赎路之款亦须会商三省官绅，妥为筹备，始有把握，是以未敢轻率电闻。现筹借洋款，已与英国商允。惟梁使来电谓：比王特约见摩根，力劝勿将美、比已得中国之路权自行放失等语。此足见比股并未收回，故比王显思干预。

敝处正在电商梁使，据理驳拒，转催合兴股东从速定议。顷，续接梁使初九日电称：摩根以路事谒总统，恐有变，特往总统乡居请见。总统云，接柔使电称，外务部堂官告以中国政府无意废约，且甚愿美国接办，而草约乃有中国废约字样，不知何故？诚即使美梁诚答以此事原有廷寄，交鄂督专办，鄂督为政府代表，鄂督之意，即政府之意。诚查前奉尊电，政府定意废约，饬照会美外部，而尊处亦奉旨妥筹废约，故以政府已经废约力迫，合兴始允让售。经于四月三十日电请转达外务部在案。今如柔使所电，外务部于尊处办法似未接洽，务祈尊处迅将草约电奏，声明已经三省绅民允愿，拟俟公司股东会议，再行请旨画押。应请先饬外务部，将朝廷决定除此办法别难通融之意照会驻京美使，并由部电诚，知照美政府，庶几诚得坚持前说，不致功败将成。内外承接一气，免为外交笑柄。诚承指导，委曲求全，将次合龙，波澜忽起，外人不察，且启疑窦。诚之声名固不足惜，如大局何？惟赖俯鉴电奏，饬部照行，庶可挽回，祷切等语。

查此次废约，迭奉寄谕，责成妥办，是以遵旨切电梁使，妥商就范。且现是赎约，合兴利益甚优，均已由我全认，与废约之专用强硬办法者迥然不同。今柔使所言，必有误会贵部词意之处，断非贵部真有是言。惟此事三省绅民志坚意决，为大局计，此路舍赎回自办更无第二办法。若仍令美人接办，比股必不能退，弊害无穷。非但英国必有责言，三省绅民及中国在东西洋留学生亦必哗噪沸腾，势将横生枝节，别酿事端，后患诚不知所底止。除另电详晰奏陈外，务恳贵部鼎力维持，查照梁使来电所陈，俯赐照会驻京美使，并电梁使，照会美政府，必免变局而竟全功，实于国家大局有益。三省数千万士民皆将感颂贵部、贵处主持之德矣！

七月十三日

二十日电悉。前接十七日电，已切电梁使照办。兹接梁使十九日电称：路事，总统把持。应请电外务部，将中国政府、三省绅民断不许合兴接办，若不允照草约办理，我即实行废约等情，照会美使，并请俟照会后电行敝处，知会美外部，冀挽大局等语。查合兴违背合同，以底股售与比人至三分之二，经三省绅民查悉，异常愤激，万口同声，坚请废约。敝处念美国素敦睦谊，委曲求全，与梁使妥商，改废约为赎约，听合兴开价，照数认还，毫无驳减。以仅成粤境百余中里之铁路，认还美金六百七十五万元，加息在外。合兴获利甚优，与美国体面丝毫无损，可谓情理兼尽矣！赎约只是公司之事，与国际交涉无干。彼既可售股与比，何不可售股与华？若其中稍有关碍，摩根及路提等岂肯定此草约签字？乃摩根自受比王唆使，面见美总统，托其出面，忽图翻悔，似此全无信义，三省绅民岂能复忍？若此路仍听美、比合办，三省绅民必群起抵抗，巨衅之启，后患不可胜言，美人亦何所利？务恳贵部剀切照会柔使，告以三省绅民志坚气盛，万难遏抑。合兴如再食言，我惟有实行废约，即日自行开办路工，别无他说。俟照会美使后，并祈电行美使，知会美外部至祷、至感。

七月二十一日

粤督岑春煊复美领华商激于公愤抵拒苛约不能强禁照会

为照复事。

接贵总领事官七月初九、十六等日两次来文，又十七日来函一件，言华商抵拒美约事，本部堂均已阅悉。查抵拒美约之议，实因激于义愤而起，中外同心，不独粤东一省为然，而旅美华工尤以粤人为多，故众情更为迫切。在各商民自结团体，谋保公益，与一切排外仇教之举动迥不相同。若以压力强加禁止，不特抵抗愈坚，转恐激而生事。迭接贵总领事官照会，以现奉本国大总统谕札，已认从前以苛酷手段而行禁工之律者为不公，惟本国议院须候西历十二月方能实议改革等因。是苛例禁工之事并非出于贵国政府之本意，本部堂实为忻悦。特恐商民未及尽知，是以先经剀切宣示。兹又出示劝谕：粤省商民西历十二月以前，应将拒约会先行停罢，任便商民照常自由贸易，一切聚议演说之举，并即停止。想贵国文明素著，大总统名誉优隆，必能实践斯言，以餍中外商民之心而保两国和平之局。贵总领事官为彼此有益起见，如能婉达贵国政府，将此事提前特别开议，俾苛行禁工之约早日改革宣布，尤所深盼！至商民购用美货与否，必须出于自由，本部堂只能饬属解劝，不能强加禁勒，且系民间贸易之事，与国际无干。来文乃遽指称背约，并以美约不能将货出售藉端索偿，试问环球各国有无此等公理？本部堂意所未喻，愿贵总领事官一细思之。为此照复。

顺颂日祺！

七月二十一日

谕各督抚中美工约已允公平办理着劝谕民人勿滋生事端

上谕：御史王步瀛奏，各省工商抵制美约风潮过激，请饬加意防范，以维大局一折，前据外务部王大臣面奏：美国工约一事，迭经出使大臣梁诚及外务部先后与美政府商议，美政府已允优待华商及教习、学生、游历人等，并允于议院开时尽力公平妥办各在案。昨据该御史奏称：公愤既兴，人众言庞，难保无宵小生心，乘机窃发，恐误大局等语。亟应明白宣示，以免误会而释群疑。中、美两国睦谊素敦，从无彼此抵牾之事。所有从前工约，业经美政府允为和平商议，自应静候外务部切实商改，持平办理，不应以禁用美货辄思抵制，既属有碍邦交，且于华民商务亦大有损失。迭经外务部电行各该省督抚，晓谕商民，剀切开导，务令照常贸易，共保安全。再责成该督抚等认真劝谕，随时稽查，总期安居乐业，毋负朝廷谆谆诰诫之意。倘有无知之徒从中煽惑，滋生事端，即行从严查究，以弭隐患。将此通谕知之。

七月二十一日①

清季外交史料卷一百九十终

① 原刊目录标为“七月二十日”。

清季外交史料卷一百九十一

光绪三十一年七月下至八月

署江督周馥复外部日僧传佛教恐贻患将来函

敬复者：

接奉钧函：日僧传教一事，饬令体察地方情形，商酌办法，从速妥议见复等因。查江南等处寺僧向来安分守法，有僧纲司为之钳束，有方丈为之主持，其收徒给牒则呈报于有司，其创修庙宇则取决于绅士，其徒众宗派相传类皆恪守清规，不与外事。偶犯戒律，小者惩责戒尺，大者革出山门，故能奉法维谨。其田地、庙产皆由官绅、商民布施，为之护法。间有词讼，由〈地〉方官一体传讯，听候判断，毋敢抗违。其平日诵经功课则祝厘祈祷，惟愿民安国泰。其建设斋醮则藉念经功德，自食其力，完粮交租，迎神赛会，与平民无异。江淮南北，大概略同。今日僧传教，能悉如上所言乎？若不能，是歧佛教而二之也。歧而二之，则经典不同，师法互异，各有门户，显分畛域，将来必有中佛教、日佛教，如天主、耶苏〔稣〕之分两派。两教相争、相轧，乐祸好事之徒再煽构其间，祸且无已。此必然之势，非好为危言也。原佛教始入中国，本由天竺而来，其地即今之印度，然二千年历久相安，教从外国来，从无仗外国保护之事。今若准日僧设堂传教，僧侣及皈依之人一体归其保护，其愚昧者恃保护而轻犯法，其凶狡者藉保护而思抗官。此譬如无疾之人呻吟求医，妄服药剂，非特无益，必致生疾。僧徒异服异教，本与平民迥然不同。其能永久相安者，平民信僧徒无倚势作威之心，僧徒亦知平民无彼此异同之见，故论宗教则各行其是，论情谊则各安其常也。

今日人传佛教虽引耶苏〔稣〕为比。查耶教在中国何尝不传布宏誓？何尝不劝人行善？何尝不分财施众？何尝不赠医给药？然民人言及教民，无不痛心疾首者，何也？教民之良善者，诚不乏人。其黠桀者，率皆恃教为护符，鱼肉乡里，不服传唤。偶有细故，教士袒护，挺身插讼。地方官不能尽明立约传教之本意，深惧别启衅端，每有抑勒平民，隐忍公事。教民讼胜，则气焰愈张，百姓蓄愤愈深，则祸机骤发愈烈。拳匪之乱，推原祸始，未必非教民所酿成。虽以八国联军之势，万民荼戳之惨，朝廷屡下哀痛之诏旨，百官有司宣布三令五申之文告，然民皆面从，其私心隐微，仍有积不能平之处，如电光石火，一触即发，此皆日本官商所共见共闻者也。泰西以新旧教相争之故，用兵百年，杀人至百万，后始翻然觉悟，不复强民从教。祸根方绝于西方，衅端又萌于东亚。立约传教以来五十余年矣！始则，教与民仇，民与教仇。继则，教与教仇。扰攘纷纭，不可究诘。此又环球人士所共见共闻者也。民教成仇，致乖睦谊。各国之通人志士方且引为殷鉴，亟思变计，著书立说，谓传教不无弊端。日本通儒亦多持此论，今不引以为戒，反从而效之，曰：耶、佛未可岐视，吾欲仿西人传教，毋乃时势大相背谬乎？

商约二十五款利益均沾之说，为通商行船言之，今欲强引为传教之比例。夫传教有何利益？历稽成案，只有德教士被杀，遂据胶湾为利益之最大。然此岂文明之通例、万国之公法乎？中国教门向来不一，佛教之外，复有道教、回教。道教寖衰。回教之民在西北者且千数百万，若谟罕默德之教援日僧为例，又将何以拒之？各国基督教最盛，此外之婆罗门教、波斯教、摩门教，宗教不同者尚有十数，若皆援日僧例则遍地皆教民，教祸更无底止矣！

比年以来，学堂诸生愿师日本，游学诸生愿留日本，兵操则思改日本，语言则乐效日本，皆因日本同文同洲，相亲相睦，昵而就之。若一设堂传教，势必良莠不一，流品混淆，宵小潜踪，支离蔓衍，恐今日仇耶教者将来且转而仇佛教，不特仇佛教且转而仇开堂传教之人也。佛教入震旦以不争竞为宗旨，士大夫信从绵延不绝。印度之教日就衰灭，而宗派转盛于东方。耶教倚仗外势，动挟兵威，然各教会竭尽能力，合中国天主、耶苏〔稣〕两教徒众计之，曾不及佛教十之一二。论者谓中国人有特别之性质，与各国之民殊，而不知传教本论理，非论势，挟势传教，人已知其理之不胜矣！

馥体察情形，知江南断不可开堂传教，传教非特无益，且有大损。不必论将来亏损如何，即以佛教比耶教，中国人谓日国有教士，有教民，殆与各国之教士、教民无异，则日国名誉已大损矣。馥服官北洋三十余年，办理教案以千百计。庚子之乱，辛丑之和，亦与教案相终始。知之最深者，言之尤切。近日江西棠浦地方，因龚姓不愿村人传教，杀死教民六人，开胸破腹，备极惨忍。教士哓哓，至今不已。教民无辜，良可哀悯。杀人者死，又须抵偿，嗟彼愚民遭此残害。此又目前近事言之而痛心者也。务乞钧署主持，至计将开堂设教有损无益之处切言于日使。言之而信，此两国之福也。若其不信，谚有之曰：欲知来者，视往昔。试观从前各国传教是何情状，则可知后来日本传教作何结果矣！中国听民从教与各国同，然无治外法权与各国异。如日本固争不已，必欲传教，则请与日人约，一如日人与泰西订约故事，以若干年为期，中国将律例参仿东西各国修改妥善，收回治外法权，彼时日僧如来，当听其遍游内地传教，断不稍加裁制。若无治外之权，则皈依多一教民，即地方多一教案，游历多一教士，即政府多一交涉。三十年之赔款，九万万之膏腴，取之于民，至为惨酷，实不忍一误再误，复贻患于将来。此诚椎心泣血之言，非第取益防损之说。区区愚见，是否有当？伏乞训示祇遵。

七月二十一日

英使萨道义致外部宝昌公司与英商伊德已订矿务合同无庸注销照会

为照会事。

本年四月间，据本国驻沪总领事官将代表惠工公司英商伊德与宝昌公司候选道高尔伊所立合同一分详送，请转致外务部立案等因在案。查此合同系承办浙省衢、严、温、处四府铁煤矿产，于三十年十二月十五日订立，由浙江农工商矿局盖印。惟浙抚已将该合同咨部与否，本大臣未得详悉。当经复饬本国驻沪总领事官查报，去后，兹据复详：光绪二十九年正月二十日，奉有朱批：准宝昌公司向惠工公司借款承办该处矿产。该公司即与惠工公司代表人伊德商定聘用工程师前往勘视，领有护照，并请农工商矿局转致外务部各在案。乃于光绪三十年春间浙抚准外务部咨，询高观察办理成效如何，经高观察向农工商矿局声明一切。惟浙抚似于此事并无咨复，故外务部于本年春间又咨浙抚，以该公司既未勘视地方，复逾期限，应将全案注销等语。高观察即于三月十七日函复农工商矿局，以所聘之工程师一年以来屡次往返勘视，且按照奏准章程第七款，并未定限勘视，虽订自发给执照之日起，限十二个月内开工，而公司尚未请领开工执照，何能谓其违章逾限云云。旋于本年四月初七日经本总领事将合同照送浙抚，当准复称以外务部既饬将此案注销，自应勿庸再议。又本月初三日，本国驻宁波领事带同英商伊德前往浙省，面晤抚宪，亦经浙抚将以上各语相答等情前来。

本大臣查，以上各节，贵部于此案似有误会之处。高观察系奉旨准其代宝昌公司与惠工公司订立合同，经该公司等先派工程师，领有农工商矿局所发护照，前往勘视所办各事，当由高观察随时报明该局。上年十二月间已订立正合同，订明惠工公司筹备银五百万两，承办矿务。此合同由浙江农工商矿局盖印，该省抚宪似不能不知其情事，应将合同咨部，倘经咨部，则贵部必能知该公司并未违章，亦无逾限。合行将该合同钞送贵部查照，即希电知浙抚，以前咨注销之语勿庸施行。是为切要！

七月二十一日

外部复英使宝昌公司与英商私订矿务合同碍难允认照会

为照复事。

本年七月二十一日，接准来函以下照录来文等因，照会前来。查浙绅高尔伊拟设宝昌公司，请开浙省衢、严、温、处四府境内数处矿产，向义商惠工公司沙镖纳贷银五百万两，订立合同二十条，并呈义使萨尔瓦葛使款单一纸，当经本部于光绪二十九年正月奏准有案。惟该合同第一条系声明宝昌公司与义商贷款订立合同，并无英商字样。来照附送合同于义商上添一英字，并将义商沙镖纳改作英商伊德，显与奏案不符，本部碍难允认。据浙江巡抚查复，亦未盖用商务局印信，尤属毫无凭据。兹将本部奏准合同钞送贵大臣查阅，即知此案并无英商在内，伊德无从干预。相应照复贵大臣饬知可也。

七月二十二日

外部咨聂缉椝义商贷款与高尔伊办浙矿并无英商在内希与英领辩驳文

为咨行事。

案查，浙绅高尔伊承办浙矿逾限撤销一事，前经贵抚将转饬撤销并照复英领各节咨达到部，嗣准英使来照，以代表惠工公司英商伊德与宝昌公司订立合同，承办浙省衢、严、温、处四府铁煤矿产。此合同由浙省农工商矿局盖印，该省抚宪似不能不知其情，并将合同照送前来。当经本部以此案系高尔伊与义商沙镖纳贷款承办，订立合同，并无英商字样，来照附送合同与奏案不符，本部碍难允认。据浙抚查复，亦未盖用商务局印信，尤属毫无凭据等情，照复在案。兹据浙绅樊恭煦等电称：英领照会浙抚，以高尔伊与英商伊德曾订衢、严、温、处办矿合同，已由商矿局盖印，诘商知否，而抚署并无卷据，情节支离，自无承认之理，应请迅电浙抚，澈底查究等语。查此案本系高尔伊与义商沙镖纳贷款承办，并无英商在内，自应照案驳斥。除已电达外，相应钞录来往照會并浙绅来电，咨行贵抚查照。即希查明确情，与英领辩驳，并声复本部可也。

须至咨者。

七月二十八日

鄂督张之洞致枢垣赎回粤汉合同请旨画押电　附合同

接驻美梁使电称：合兴股东批准草约，现由英格澜、福士达公拟售让合同，全以草约为底本，声明：中国大皇帝谕旨批准，及合兴议定将草约办法施行等语。诚细核此稿款式，均尚合例，词意亦无出入。已与合兴议定西九月六号，即中历八月初八日，会同签字，可否奏明请旨，照稿签押，乞钧裁等语。查此项草约，前已由电奏陈，详核条款，均尚妥协。拟请旨准予画押，以期早日收回路权，由三省自筹开办，实与大局有裨。此约应洞与梁使两人签押，洞即托梁使一并代押。请代奏。

八月初四日

使美梁诚与美国合兴公司订立赎回粤汉铁路合同

一千九百五年八月二十九日，湖南、湖北、广东三省代表人湖广总督张，出使美、日、秘、古国大臣梁，代表大清帝国政府，为本合同第一位；美国纽遮些省合兴公司，为本合同第二位，订立合同事。因一千八百九十八年四月十四日在美国华盛顿都城所立合同，及一千九百年七月十三日所续修合同，本合同第二位蒙授权在大清帝国建筑铁路，由汉口起至广州城止，并得有管理此路之权。又因一千九百五年六月七日以前大清帝国政府将前两项合同或特权注销，声明各该项合同所指铁路决定自办，并按例将注销决定各节知照本合同第二位，同时大清帝国政府愿给本合同第二位以公道偿费，将上开各项合同注销。又因本合同两位议定第一位允给第二位注销合同偿费数目，计美金六百七十五万元。特将办法订立草约，声叙于下：

大清帝国政府与美国合兴公司订立草约

兹因中国政府将建筑粤汉铁路之特权及合同注销作废，又不准合兴续办路工，惟情愿给以公道偿费，此项偿费订定总数计美金六百七十五万元，中国政府可将合兴公司在中国所有产业、已成铁路、材料、测量图表、开矿特权以及在中国应得权利，无论明指暗包，一概全行收管。所有合兴已提之中国政府借票，除已售之二百二十二万二千元外，一概交还中国政府查收。至此项已售之二百二十二万二千元，或交还，或收存，仍听买主自便。如买主愿意收存，或全数，或少数，每百元应按九十九元计，由总数六百七十五万元之内扣抵。惟不论如何办法，此项二百二十二万二千元借票在西一千九百五年五月一号应付息银五万五千五百五十元，中国政府须自本日起，于三个月内照数付给。又总数六百七十五万元内，中国政府须自本日起，于三个月内先交二百万元，所余之数，须自本日起，限八个月内一律付清，合兴公司照收。所有交款，订明由中国政府妥速筹办。中国政府每次所交之款，须自一千九百五年五月一号起，至交款日止，按年息五元计，加付利息。以上办法，应由中国政府及合兴股东彼此批准，方作定议。

一千九百五年六月七号。

福士达、路提、英格兰〔澜〕签押。

又因本合同第二位之股东于一千九百五年八月二十九日会议，将上开草约按例批准，并经本合同第二位之股东多数及董事员等准照将上开草约实行。本合同第二位之执事人员得议定所有实行此约应须之合同。又因钦奉大清国大皇帝谕旨，将上开草约按例批准，并派湖广总督张、出使大臣梁实行原约，是以现今本合同两位议定于下：

本合同第一位允给第二位美金六百七十五万元，并由一千九百五年五月一日起计，至按期或分期交款之日止，按年息五元，加给利息，按照下开办法：

于一千九百五年九月七日或此日以前应交二百万元，及所余之数，于一千九百五年十二月七日或此日以前，均由本合同第一位在纽约城用美金元交给第二位收受，并无折扣。

俟第一位将此款美金六百七十五万元及其利息交付第二位收受清楚，第二位即将所有因前项各合同特权或因注销该合同之故可向大清帝国政府索取各事，概行解放。并按照上开办法，第二位又将合兴公司在中国之产业，已成之铁路、材料、图表、矿利诸特权，以及合兴公司所有在中国无论明指暗包之产业，均一概交还第一位收执。本合同两位均愿大清帝国政府将第二位按前项各合同在中国应得产业，一概接管。惟彼此声明：非将末次款项交付，所有现情仍然不改，而第二位之名分及利益亦不因此合同而有改变。彼此又声明：本合同第二位，由本日起，四十日内，将已经售出之大清帝国政府借票二百二十二万二千元，或留存，或缴还第一位之处，知照本合同第一位。如此项借票业主或业主等不如期将所定办法知照第二位，即作为该业主或该业主等愿意留存借票，第一位可将留存之票，每元按九折，在末次付款内扣抵。本合同第一位允付已售借票自一千九百五年五月一日及九月七日或此日以前应付利息，并允凡借票业主留存之借票本息到期，即行交付。又彼此订明：一千九百五年六月七日所订草约概经两位认实批准，一概按约实行。

于一千九百五年八月二十九日，本合同第一位由湖广总督张、出使大臣梁钦奉谕旨，将此合同录副签押。本合同第二位由该公司总办及书记将此合同录副签押，将该公司印信盖用，以昭信守。

湖南、湖北、广东三省代表人湖广总督张押梁代。

出使大臣梁押。

合兴公司总办惠惕尔押。书记谷德押。

见证：英格兰〔澜〕押。福士达押。

鄂督张之洞致枢垣粤汉赎路款已向英国商借电

赎回美公司粤汉铁路合同，昨已电奏，请旨画押，奉旨后，即请钧处飞电梁使遵照。赎路款已向英国商借，曾于七月十三日电奏合兴草约情形，详晰陈明，奉旨：著照所请办理，外务部知道。钦此。现急须签订合同，刻期付款，已录此旨，告英领作据，倘萨使来问，务请大部告以借款事，已奉旨允准，俾免迟疑切祷。此款前已与湘粤官绅议定，系由鄂、湘、粤三省筹还。合并声明。

八月初六日

英使萨道义复外部英商与宝昌公司所订矿务合同盖有关防照会

为照复事。

英商伊德与浙绅高尔伊定立合同在浙省开矿事，七月二十二日接准复文，以贵部奏准之合同乃系宝昌公司与惠工公司代表人义商沙镖纳所立，而本大臣前送合同乃系宝昌与惠工代表人伊德所立；且据浙江巡抚查复，亦未盖用商务局印信各等情，均已阅悉。查沙君虽系义国民人，曾于光绪二十三年已为英商代表，此节前总署及本馆皆有案卷可查，又在洞鉴之中。商议此合同时，该商代表之公司名为惠工，而该公司代表人现系伊德，此层浙省人所共知，有高尔伊与浙省农工商矿局来往文牍可查。光绪三十年二月二十五日高尔伊呈递局文如下：案照上年五月敝公司派矿师詹美生等赴衢、严、温、处等属勘矿，业经呈请钧局，通饬各县一律保护在案。兹由伦敦惠工公司专派代理人伊德带同英国矿师窦锐克来华复勘，理合选举董事，会同矿师前往履勘。查有候选府经历姚庆镛熟习情形，堪以呈请饬充，并乞移请杭关道台，给发董事姚庆镛、英国矿师窦锐克暨随带翻译、仆从等四人赴衢、严、温、处之护照，一面仍请将董〔窦〕矿师之姓名通饬四府二十七厅县，遵章实力保护，谨呈。旋于上年三月十二日该局以请领护照一节，业经呈报、移知在案。惟准杭关道移开，以是项护照仍循案请由抚宪给发，或由局填给，方为正办。除详请并移知外等语，照会高绅。嗣于四月初二日，将所有抚宪批并护照发交收执各等因。除将此项案牍钞送查阅外，窃查彼时该省大宪尚未思得伊德乃系英商，不能牵涉宝昌公司与惠工公司事务之语，聂中丞现以此语措辞。其如去年给发护照，令其妄费勘矿巨款，何又查贵部于去年三月间以高绅之事办理如何咨询浙省？尔时，浙抚何未以宝昌公司与惠工公司之代表办事者为英商伊德咨报贵部？如以为此事现既违章，岂当时即能合例乎？敝意此事毫不违章，盖宝昌公司奉旨由惠工公司借款时，其代表人为义商，惟年余以来，该省明知惠工之事归英商经理，亦无丝毫驳辩，乃俟两造订立合同时，贵部方行驳阻。初以限期已满，未经勘视，合将宝昌公司全案注销。迨经本大臣指出：该章程内并未定有限期，且该公司业已派人勘视，则又变厥词，旨以伊德系属英商为词。至浙抚以伊德与宝昌公司所立合同未盖商务局印信一节，如承贵亲王派员来馆查阅合同，即知该原文盖有浙省农工商矿总局关防，是浙抚之语实为费解。夫合同既有此印，则为该省大宪确知已蒙批准之据，岂能视为废纸？该商现正在京，如贵部于此合同内有议询之处，应请派员与其和平妥商，是为切要！

八月初七日

外部复英使英商与宝昌公司私订矿务合同实未盖用关防照会

为照复事。

光绪三十一年八月初七日，接准来照，以英商伊德与高尔伊订立合同，开办浙矿，毫不违章，盖宝昌公司奉旨由惠工公司借款时，其代表人为义商，惟年余以来，该省明知惠工之事归英商经理，亦无驳辩，乃俟两造订立正合同时，贵部方行驳阻。至浙抚以伊德与宝昌公司所立合同未盖商务局印信一节，如承派员来查，即知该原文盖有浙省农工商矿总局关防，浙抚之语实属费解。夫合同既有此印，则为该省大宪确知已蒙批准之据，岂能视为废纸等因前来。

查各省华洋商人合办矿务，照章以奉旨批准之合同为据。倘批准以后改换商人承办，应将改换商人原委呈明，听候核准，方能接办。如系私相授受，既与原案不符，本部概不承认。浙省矿务原案批准之合同本系义商，并无英商字样，本部自应按照原订合同，只能承认义商。因已逾限不办，是以将原案撤销。至惠工公司归英商经理，并未禀明浙抚，该抚亦未咨报本部，即系私相授受，本部断难允认。其所订合同，前经浙抚查明，并未盖用商务局印信，而来照谓原文盖有浙省农工商矿总局关防，此项关防究系何人擅自盖用？现已咨行浙抚，澈底究办。总之，此事既无案据，又经浙抚查明，并未盖用商务局印信，碍难照办。相应照复贵大臣查照可也。

须至照会者。

八月初九日

日俄朴司茂斯和约　二件

日本国皇帝陛下及全俄国皇帝陛下，欲使两国及两国之人民回复平和之幸福，决定订立讲和条约。是以日本国皇帝陛下特派外务部大臣·从三位·勋一等·男爵小村寿太郎，及驻扎美国特命全权公使·从三位·勋一等高平小五郎，全俄国皇帝陛下特派大学士·内阁总理大臣威特，及驻扎美国特命全权大使·俄国御前大臣洛专，为全权委员，各将所奉全权文凭校阅，认明俱属妥善，会商订立各条款，开列于左：

第一条　日本国皇帝陛下与全俄国皇帝陛下间，及两国并两国臣民间，当平和亲睦。

第二条　俄国政府承认日本国于韩国之政事、军事、经济上均有特别之利益，如指导、保护、监理等事，日本政府视为必要者，即可措置，不得阻碍干涉。在韩国之俄国臣民均应按照相待最优之他国臣民一律看待，不得歧视。订约两国为避一切误解之原因起见，彼此商允，于俄、韩两国交界间不得执军事上之措置，致侵迫俄、韩两国领土之安全。

第三条　日俄两国互相约定各事如左：

一、除租界之辽东半岛地域不计外，所有在满洲之兵，当按本条约附约第一款所定，由两国同时全数撤退。

二、现被日、俄两国军队占领及管理之满洲，全部交还清国接收，施行政务，然辽东半岛地域不在此限。

三、俄国政府声明：在满洲之领土上利益，或优先的让与，或专属的让与，有侵害清国主权，非一律均沾者，一概无之。

第四条　日、俄两国彼此约定：凡清国在满洲为发达商务工业起见，所有一切办法，列国视为当然者，不得阻碍。

第五条　俄国政府以清国政府之允许，将旅顺口、大连湾并其附近领土、领水之租借权内一部分之一切权利及所让与者，转移与日本政府。俄国政府又将该租界疆域内所造有一切公共〈营造物〉及财产均移让于日本政府。

两缔约国互约：前条所定者，须商请清国政府允诺。日本政府允将居住前开各地内之俄国臣民之财产权，当完全尊重。

按：中、俄旅大租地条约因本条之协定，即变为中、日旅大租地条约矣！

第六条　俄国政府允将由长春宽城子至旅顺口之铁路及一切支路，并在该地方铁道内所附属之一切权利财产，以及在该处铁道内附属之一切煤矿，或为铁道利益起见，所经营之一切煤矿，不受补偿，且以清国政府允许者，均移让于日本政府。

两缔约国互约：前条所定者须商请清国政府承诺。

按：东省铁道之南满枝路，自长春以南，因本约之协定，即变为日本经营之南满洲铁道矣！

第七条　日、俄两国约在满洲地方各自经营专以商工业为目的之铁道，决不经营以军事为目的之铁道。

但辽东半岛租借权效力所及地域之铁道，不在此限。

第八条　日、俄两国政府为图来往输运均臻便捷起见，妥订满洲接续铁道营业章程，务须从速另订别约。

第九条　俄国政府允将萨哈嗹岛南部及其附近一切岛屿，并各该处之一切公共营造物及财产之主权，永远让与日本政府。其让与之境界，北以北纬五十度为起点。至该处确界，须按照本条约附约第二条所载为准。

日、俄两国彼此商允：在萨哈嗹岛及其附近岛屿之各自所属领地内，不筑造堡垒及类于堡垒之军事上工作物。又两国约定：凡军事上之措置，有碍于宗谷海峡及海峡航海自由，不得施设。

第十条　居住于让与日本国地域内之俄国人民，可出卖财产，退还本国。若仍欲留住该地域时，当服从日本国之法律及管辖权。至该住民经营事业，行使财产，当由日本完全保护。其有不安本分者，日本国亦当撤回其居住权，并放逐之。但该住民之财产当完全尊重。

第十一条　俄国与日本国商量允准：日本国臣民在日本海、阿科枯海、佩林枯海之俄国所属沿岸一带，有经营渔业之权。以上约款，经两面商允，不得于俄国及外国在彼处应有之权有所妨碍。

第十二条　日、俄通商航海条约因此次战争作废。现在日本国政府及俄国政府允诺，以开战前所施行之条约为本，另订通商航海新约。其未定以前，所有进口税、出口税、关章子口税、船钞，并代表臣民船舶由此国进彼国领土或由彼国进此国领土时之许可及待遇，均照相待最优之国办理。

第十三条　本条约一经施行，速将一切俘掳〔虏〕彼此交还。由日、俄两国政府各派接收俘掳〔虏〕之特别委员一名，专司其事。彼此送还时，应由交犯国将在该国某处口岸可交还人数若干预先知照收犯国，即由两国专派员或该员所派之有权代表员照以前通知之口岸、人数彼此交收。

日、俄两国一俟交还俘掳〔虏〕完毕后，将掳〔虏〕犯自被掳〔虏〕或投降之日起，至死亡或交还之日止，所有因照管及留养该犯之一切费用细账互相交换后，俄国政府应将日本实用数目中，除去俄国实用数目，尚差若干，当由俄国从速偿还日本。

第十四条　本条约当由日本国皇帝陛下及全俄国皇帝陛下批准，从速在华盛顿交换。自盖印之日起，无论如何，当于五十日以内，由驻扎日本之法国公使及驻扎俄国之美国大使各通知所驻国之政府宣布之后，本条约内载各款一律实行。

第十五条　本条约缮就英文、法文各两本，分别盖印。其中词意虽均符合，然有误解之时，以法文为凭。

本条约由两国全权委员在约内签名盖印。

明治三十八年九月五日，俄历一千九百五年九月二十五日

日俄朴司茂斯和约附约

日、俄两国按照本日所订讲和条约第三条及第九条所载，由两国全国全权委员另立附约如左：

第一条　此条应附于正约第三条，日、俄两国政府彼此商允：一俟讲和条约施行后，即将满洲地域内军队同时开始撤退。自讲和条约施行之日起，以十八个月为限，所有两国在满洲之军队，除辽东半岛租借地外，一律撤退。两国占领阵地之前敌军队当先行撤退。订约两国可留置守备兵，保护满洲各自之铁道线路。至守备兵人数，每一基罗

米突不过十五名之数，由此数内日俄两国军司令官可因时酌减，以至少足用之数为率。满洲之日本国及俄国军令司〔司令〕官，可遵照以上所定协商撤兵细目，并设必要之方法，从速实行撤兵。无论如何，不得逾十八个月之限。

第二条　此条应附正约第九条，订约两国一俟本约施行后，须从速各派数目相等之划界委员，将萨哈哇岛之俄、日两国所属确界划清，以垂久远。划界委员应酌核地势之自然，顺北纬五十度平线直划。倘遇有不能直划，必须偏出纬线以外时，则偏出纬线外若干度，当另在他处偏入纬线内若干度，以补偿之。至让界附近之岛屿，该委员等应备表及详细书，并将所划让地界线绘图签名，呈由订约两国批准。

以上所增条款，系讲和正约之附件，一俟正约批准，此附件亦应作为批准。

明治三十九年九月五日，俄历一千零五年九月二十五日，即光绪三十一年八月初九日

按：明治三十六年七月三十一日，驻俄日使提出日、俄在中、韩两国特殊利益，希望划清，旋提协定草案五条。十月三日，驻日俄使提出对案，关于日本对于中国所规定之一切条项悉数删除。嗣谈判数次，彼此固执。三十七年二月六日，驻俄日使提出断绝国交文书。八日，袭击旅顺之俄舰。九日，击破仁川之俄舰。十日即光绪二十九年十二月二十四日，日、俄宣战。三十八年六月，各依美国大总统劝告媾和，两国全权会晤于美国军港朴司茂斯。九月一日，订休战条约。五日，订媾和条约，并追加附约两款，日、俄战争遂告终结。

成都将军绰哈布等奏提臣马维麒率军进克巴塘折

成都将军绰哈布、四川总督锡良奏，为提臣亲率诸军进克巴塘，勘平边乱，并先后攻夺关隘，搜剿逋窜情形，恭折缕陈事。

窃本年二、三月间，巴塘喇嘛造言煽乱，嗾使番匪纠众生事，戕害驻藏帮办大臣凤全等，并杀毙法国教士，土司又复助逆，以致全台变动，边境骚然。先因炉边迭有事端①，奏派提臣马维麒躬率所部赴炉。至是遵旨遴委建昌道赵尔丰添募勇营，会同勘办。惟用兵关外，首虑馈饷行阻，尤虑蛮荒响应，特委道员文纬督理粮运。夫骡缺乏，百计经营，而宣谕之员履险于瞻桑番寨之中，顺逆渐明，始得解其附结。布置粗定，马维麒、赵尔丰乃能振旅西征，驰抵里塘②。维时，巴塘喇嘛、土司等誓众祭旗，出而抵御，节节关隘，扼险设伏，圮桥掘堑，拒我师徒。马维麒以为殄寇必贵迅速，亟于六月十

① 根据锡良《勘平巴塘随保各员折》，此处为“奴才等先因炉边迭有事端”。见：锡良：《锡清弼制军奏稿一、二、三、四》，收入沈云龙主编：《近代中国史料丛刊》（续辑，101号），台湾文海出版社，512页。

② 此处为“后先驰抵里塘”。同上。

一、二、三日亲率五营，次第开拔，分道并进。十八日，师次二郎湾。其山后头殿喇嘛寺，地势高峻，已有悍匪啸聚，意图横袭我军。马维麒先派中营黄启文、马德昌带队往攻，炮石雨下，我军张炳奎等受伤。次日，马维麒亲往应援搏战，军士攀木猱舟而上，毙匪数十名，阵斩首要喀珠、大哇、恻忍吉村三名，而且珠等二名，亦属魁酋，并为枪毙。余匪始克①逃散，夺获枪械，并有开垦官物在内。是日，后营马汝贤、右营李克昌、靖边营张鸿声会师于云南桥，逼匪渐却。甫至三霸关，诸营合围兜击，勇气百倍，酣战两时之久，阵斩逆目日根、彭错、喇嘛因勾、夹伙等四名，遂夺其关。二十日，副中营马德又在喇嘛了突遇贼队三百骑劫取官粮，该营夺其精锐以败之，于是群匪皆退，据大所关，并力扼守。关本石壁峭峙，盛暑犹积冰雪。当恐仰攻不易，密遣马德暨帮带汪定邦、马荣魁等绕道六十里，以拊其背。马荣魁于二十三日丑刻途遇匪粮，夺获糌粑八驮。是日午刻，诸营前后夹击，匪等拥众扑犯，把总陈天恩等连发巨炮，冲分中道，因各突驰而上，克取雄关，要逆喇嘛工布汪阿那等俱歼焉！是役也，毙匪数百名，我军亦有伤亡。

由此迭破要隘，直捣奔察木。二十四日，各营克复巴塘。喇嘛本据丁林寺为巢穴，及是势不能支，举火自燔，饬众渡河拆桥而遁。我军追逐江干，枪毙淹毙者百余名。

二十六日，马维麒抵台，诘究倡乱本末，安抚被难商民，解散胁从，分别良莠，立将正土司罗进宝、副土司郭宗札保一并从严拘禁。查知戕害凤全之喇嘛系阿泽、番匪在②隆木郎寺，并寺中堪布坝哥未〔朱〕格以及稔恶最著之阿江及格桑洛朱、阿松格斗等，尤多窜逸。且肇乱之由，原因沟内七村之番烧毁垦场而起。该番现犹散伏象山一带，若不痛加惩创，将虞灰烬复燃。马维麒分派营员带队四出，期于剪巨憝而清余孽。七月初三至初十日，马汝贤搜匪于毛奶西，生擒格桑洛朱、罗戎却本二名。惟林菁深密，马汝贤遇伏，受伤甚重，裹创以返。而张鸿声则于三岔路擒获阿江，李克昌则于象山生擒泽昌汪学，马德则于阿③西吗呢热山生擒阿泽，与汪定邦、贾廷贵等均多斩馘。各营搜剿殆遍，日有俘获，共夺缴九子枪七十余杆，并在阿泽身旁搜获凤全顶珠、翎管，泽昌汪学身旁亦有殉难各员衣具，又在土司处搜获教堂银物。两司铎尸骸均经寻获，辨视无误。主教倪德隆单开最要之匪玠休硬不又④往盐并⑤调兵打毁教堂之喇嘛格桑吉村先后弋致。其有擒到各匪，孰为凶逆，悉经当时目击之权员吴锡珍等指认的确。旋获隆木郎吉，供认枪中凤全脑后不讳，而阿松格斗等亦多就获。经此惩创以后，荡涤瑕秽，遐荒震詟，人心胥安，全台底定。迭据提臣文电咨报前来。奴才等已将要略电陈，仰纾宸念。一面复致提臣等，迅提该正、副土司暨擒获匪犯各予骈戮，用以舒中外

① 在锡良《勘平巴塘随保各员折》中“克”字为“各”字。
② 锡良《勘平巴塘随保各员折》中无“在”字。
③ 锡良《勘平巴塘随保各员折》中为“河”字。
④ 锡良《勘平巴塘随保各员折》中为“及”字。
⑤ 锡良《勘平巴塘随保各员折》中为“井”字。

之愤。该台善后诸务，暨应剿捕逋匪，即饬赵尔丰统兵留驻，详加审度，妥筹办理，俾可一劳永逸，无虞扞格。马维麒酌留所部，余当凯撤回省，稍休劳瘁，藉省馈运。

伏查，凤全遵旨筹办边务，虽欲振兴屯垦，亦未尝以峻急行之，只因拟请限制寺僧人数一疏，喇嘛闻知，中怀怨怼，飞诬构谤，鼓惑愚顽。正、副土司初不过潜预逆谋，继则公然助恶，屡投印文于奴才等署，竟称：凤全教练洋操，袒庇洋人，应即加之诛戮，若川省派兵压境，惟有纠合台众，联聚边番，以死抗拒等语，狂悖实为至极。该僧、土骄横自大，固属匪伊朝夕。然使臣暂驻，事有拂其志欲，辄敢蓄谋惨害，自乾隆十五年前藏朱尔墨特之变，至今百余年，诚西陲所未见。且凤全从死百余人之众，两司铎又罹其厄，焚毁教堂、粮署，厥罪皆不容诛。揆其狼性野心，以为凭险可以负隅，结援可以召党，军行倍苦，兵食难支，因而藐视王师，遂致始终怙恶。讵知提臣深愧丑虏不灭，则藏卫道梗，边事将不堪问，故马维麒毅然以前敌自任，赵尔丰提兵继进，力筹策应，更保其后路无忧。尤难者，当毛了土司乌拉失误之时，中道绝粮，士多馁色，马维麒拊慰之下，忍饥奋起，转战而前，盖由马维麒将略夙优，治军最得士心，临阵乃能用命。现在歼平边乱，论功行赏，应求特沛殊施，甄叙优加，共昭劝励。① 除饬留巴各营再将在逃之坝哥米〔朱〕格等犯查捕务获外，谨奏。

光绪三十一年八月十八日。

外部致胡惟德俄日新约有满洲铁路一带驻兵与约不符请俄廷熟筹电

兹有声明要件，其文曰：阅西九月六号路透电，俄、日新订条约内有，两国驻满洲军队在十八个月内一律撤退，惟铁路一带每千米突仍留保护兵十五名等因。查此约尚未宣布，姑不敢信为实有其事。然此节有妨东方大局平安，暨中国地方治理，不得不先为声明。查中、俄议订交还东三省条约第二条载：签押后，按六个月一期，撤退驻满洲军队，共三期，计十八个月撤完。俄国一再申请延期，本政府迄未允许。至第二、第三两期未能践约，因酿此次大变。不但俄、日劳师糜饷，生灵涂炭，极可惋惜，而中国民商蹂躏、地方糜烂暨各友邦商务阻滞，皆由驻兵过久之故。今俄、日弃嫌修好，本政府甚盼东方大局从此永远平安，中国地方亦可早为治理。乃仍久驻军队，计期十八个月之久，实与东方大局、中国地方极有关系。倘军队一日不撤，即不免一日之危险，本政府决不愿闻。又查东省铁路公司合同第五条载：该铁路及铁路所用之人皆由中国设法保护；又交还东三省条约第五条亦载：该铁路由中国承认竭力保护等语，是中国既任保护

① 此处省略立功请奖人员名单，见锡良《勘平巴塘随保各员折》。

之责，即应有保护之权。俄、日新约每一千米达仍留保护兵十五名，不但与中国责任、权限大有损碍，并与原约不符。且节节驻兵，交错相望，最易酿变，尤觉危险，又决非本政府所愿闻。此次俄、日订约，本政府深信贵政府必盼东方和局永远平安，中国地方早为治理，断不愿致生事故，扰害治安，定与本政府均表同情。相应声明，请俄政府留意熟筹，东方大局幸甚、中国地方幸甚等语。除电驻日杨使转达日政府外，希即照会外部。

八月二十二日

谕载泽等乘坐火车出京炸弹猝发著查拿从重惩办

上谕：载泽等奏，二十六日乘坐火车出京，正拟开行，陡闻轰震之声，查系炸弹猝发，载泽、绍英均受微伤。除车旁伤三人外，其余随员、仆从亦有被伤者。车内轰毙一人，验有炸弹毁裂痕迹等语，并据那桐等具奏前来。光天化日之下，竟有匪徒如此横行，实属目无法纪。着责成步军统领衙门、顺天府、工巡局、督办铁路大臣等严切查拿，澈底根究，从重惩办，以儆凶顽。所有外城工巡局委员及南营参将、铁路车站委员疏于防范，均着查取职名，交部议处。余着照所议办理。

八月二十七日

清季外交史料卷一百九十一终

清季外交史料卷一百九十二

光绪三十一年九月

皖抚诚勋咨外部与英领事商废铜官山矿约文

为咨呈事。

光绪三十一年八月二十六日，准驻芜英领孙照会，内开：顷，接上海总领事霍来文等因到本部院。准此，当经札饬商务总局查明详复，去后，兹据该局详称：遵将来文所据该公司禀复各端详加察阅，如所称本局四月间详晰函复，声明不敢上达，该公司详查四、五两月并未接到商局一信一节。查张棻云曾于四月三十日在省寓致本局函有顷，由上海发回接获四月二十一日大函之语，五月初三日又复一函内称：顷，奉大函，并送还地图说略等情，是本局于该公司屡次来书均经随时裁答，有张棻云复书可证。张棻云既系有权办事之人，何以该公司未知之也？又称该图系马矿师在铜官山所绘，交张棻云送局，并非张棻云在沪所觅，想商务局因见合同内必须绘图而特谓其在上海随便觅图，有意贻害一节。查张翻译由上海觅图之说，系前奉宪札，准外务部电开，据芜湖领事报告，并非本局凭空臆度，何得谓之有意贻害？又称马矿师来报，该处民人每日有纷纷来求做小工者，亦有将矿地求售者一节。查马矿师到山之时为四月农忙之际，力田不暇，谁求做工？且矿师及随从人等共止数人，偶然一看情形，有何小工可做？况租购地段，按合同应于未动工以前知照本局，派员会同地方官查明办理，不得私相授受，岂有民人直向矿师求售之理？又称四月底五月初，张棻云屡次赴局请派，该局不允，五月初一日，又蒙总领事电请派员，亦复置之不理一节。查张棻云来省声请派员，系在中历四月二十六日，已逾二十二日十二个月限满之期，本局因其一切与原订合同不符，是以未敢擅允。五月初二日晚间，接获上海总领事来电，比经本局于初三日详晰电复，从未置之不理。况来文已自认四月底五月初，何得犹称限内？虽合同内无凯约翰于一年内定须来皖来信之言，然亦无派矿师前往勘视，即应作为开办之语。总之，此案合同应否作废，以开办是否已逾十二个月限期为断，而开办日期，以是否实在开工为断。该公司明知有背合同，无可置喙，一味强词夺理，哓哓辩论，是该公司直视合同若弁髦，有意取闹。本局职司矿政，不能不遵守外务部原订合同办理，以昭信义。据称该公司矿务已转交安裕公司，该公司备有股本五十万金镑作为开办矿山之用等语，乃事后添砌空言，本局未便承认。所有遵饬查明缘由，理合详祈鉴核，分别咨达照复，以符原案等情前来。

查合同第四条载：开矿地段，应于未动工以前，知照商务局，派员向民间议购或租，俟有成说，该公司即备款交商局购租承受；又五条载：开办限期，自奏准之日，期准十二个月，如逾限不开，合同作废，报效银两亦不得索还；又第十七条载：此合同系遵光绪二十八年外务部奏准矿务新章酌定，倘合同上未及备载者，均遵此项奏定矿务章程办理各等因；又二十八年准外务部咨行奏定矿务章程声明：地系中国之地，举办系由中国准行，无论何人承办，均应遵守中国定章等因各在案。夫合同既云未开工以前，则限满之后，不能开办可知。既云奏准之日起限，则以华历扣算可知。且未尽事宜，合同已载明均遵奏定矿务章程办理，则开办日期应以光绪三十年四月二十二日起，至三十一年四月二十二日止，为十二个月限满，毫无疑义。今该公司于限满以后，至四月底五月初始派张[illegible]云来皖，有违合同者一。明知逾限，复以西历月日混争，有违合同者二。且商务局致函既有张[illegible]云收信复书可据，由上海觅图之说又系出诸芜湖领事报告，乃该公司一则曰实无其事，再则曰有意贻害，其为任意狡饰，更有明证。至称该公司矿务已转交安裕公司一节，尤与二十八年定章不符，应毋庸议。除饬商务总局查照矿章第七条办理照复英领外，相应咨呈贵部，谨请察照，并祈照会英公使，饬遵施行。

须至咨者。

九月初二日

吕海寰盛宣怀李经方致外部义领以订约毫无利益仍坚持电

津冬电、鄂江电、部阳电均悉。即经遵照部示，转告义领，仍旧坚持。昨接该领函称：已于初八日电告本国政府，将义约一举停废，并声明所送原本大半收回，现存各节，于两国均有利益，中政府既概不承允，义国不能订一条约，使其商货受加税重任而于本国无丝毫利益，以相补偿等语。除将来函汉、洋文备文另行钞送外，谨此摘要电复。

九月十一日

外部奏修浚黄浦河道议归中国自办改订条款会同画押折　附条款

总理外务部庆亲王奕劻奏，为修浚黄浦河道，议归中国自办，改订条款，与各使会同画押事。

窃查，《辛丑和约》第十一款内载：设立黄浦河道局，经管整理改善水道各工；所派该局各员，均代中国暨诸国保守在沪所有通商之利益；预估后二十年该局各工及经管各费，应每年支用海关银四十六万两；此数平分，半由中国国家付给，半由外国各干涉者出资等语，并附件第十七开列详细办法三十七条。此事在当日虽明知于治理地方之主权不无侵损，惟和议关系全局安危，未便因此一端与各国断断争论。嗣经各使迭催派员开办，前两江督臣刘坤一暨署督臣张之洞均以此项条款有碍主权，坚持未肯派员，惟既载公约，势难作废，因建议不如由中国独认全费，改归自办。至上年前督臣魏光焘复拟办法五条，电商臣部，事属更改公约。磋磨固匪易易，而熟权利害关系匪轻，臣等不敢不勉为其难，遂照会各使，请各国政府允中国独认全费，自办此项工程。即先据美使以美政府之意，中国已认全费，有无担保之据，来相诘问，臣等因转商户部，指定四川省及江苏徐州府之土药税作抵，以坚其信。嗣又据英使来照，以所拟办法五条尚未详备，另拟十二条，于责成认筹全费、担保工程各节诸多限制。臣等复就其所拟条款详加察核，或照允，或驳改，分别酌定，仍为十二条。一面与现署督臣周馥往返相商，一面与各使逐条辩论，必至无可再争，悉臻妥协，乃为议定。计前后四年，为此事内外协力坚拒婉商，始克就范。在中国认出经费虽岁增二十三万两，然原约所谓半由外国各干涉者出资，实系抽捐于沿江各地产及进出各船货，仍是取诸华人者居多，故全费较半费其增减之数本非甚巨，而藉此以收回管辖事权，保全长江门户，于大局不无补救。兹已将改订条款于八月二十九日由臣等会同各国使臣在部画押。谨将条款恭缮清单，进呈御览，并咨行户部暨两江总督查照办理。谨奏。

光绪三十一年九月十二日。

谨将改订修治黄浦河道条款开单恭呈御览

《辛丑和约》所议设黄浦河道局及该局应办事务、并应收款项各节，中国国家现欲另定办法，自承其工，并认全费，经各国应允，商定办法，条列如左：

一、所有改善及保全黄浦河道并吴淞内外沙滩各工，统由江海关道暨税务司管理。其黄浦江面之巡捕及卫生、验疫、灯塔、浮标、引水等事，仍照旧章办理。

二、此项议定章程画押后三个月内，中国自行选择熟悉河工之工程师，经《辛丑公约》画押之各国使臣大半以为合式，中国即可派委其承办工程。倘开工后工程师或因事故须另换人，如其故经各该国使臣大半以为然者，则其选择委派各节仍照前法办理。

三、凡立合同全揽或分揽河工、购买材料、机器等事，均须招商公同投标，以最宜者得售。

四、每三个月须将所办工程及所用各款详细开送驻沪各国领事官备查。

五、凡新筑泊岸码头，并安设活码头，及河面停泊趸船各事，须由江海关道暨税务司允准，方能举办。

六、凡已设泊船处所器具，江海关道暨税务司均有取舍之权，并有权设立公共泊船之处。

七、浚河各工须由江海关道暨税务司核准，方能开办。

八、凡改善保全黄浦河道各工所应用外国租界以外之地，江海关道暨税务司有收买使用之权。凡有因改善河道之工须买地段，如系洋商之产，其价应由该地主之领事官及江海关道与税务司并领衔领事官三处各选择一人，会同议定。如领衔领事官即系地主之领事官，则第三人应由亚于领衔之领事选择。该三人如何公断，该地主之领事官应即保其遵行。如系华人产业，即由海关比照酌定遵行。

河岸地段前如因改善河道之工增加淤滩，应先尽该河岸之华洋地主买受承租。其价仍照前法，分别会议酌定，或按情形由海关酌定。

九、河工全费，中国国家一律承出，并不向沿江各地产及来往船货征收税捐。

十、中国现指定四川省及江苏徐州府之土药税统数，以担保河工之全费，仍照《辛丑和约》每年支用关平银四十六万两，以二十年为限。如开办后，无论何年须购置材料、机器等物用款较巨，中国可筹借若干款项，备具保票，即以上所指定之土药税为抵押，每年付还借款本息，及举办工程、养已竣之工一切诸费，总以至少四十六万两关平银筹备，由该省该管各官将此数按月均匀分开，交江海关道暨税务司手收。如以上所提之税不敷，则由中国政府应用他项进款以补足所定之数。

十一、如此项工程办得有不见勤慎俭固之处，各国领事官大半可告知关道暨税务司，转语工程师，设法改良，或仍办理不善，各国领事官亦可请关道暨税务司将该工程师撤退，另行选择委派，仍照第二款所言办理。如江海关道暨税务司不允照办，各国领事官即可申详以上所指之各国驻京大臣核夺。

十二、此条议定画押后，即将《辛丑和约》第十一款之第二段及附件第十七暂行停住。惟中国如不照此新章每年筹拨足用之款，以致有误工程要需，或有遗漏不照本章他项要端，则《辛丑和约》条款及附件十七即复施行。

光绪三十一年八月二十九日，西历一千九百零五年九月二十七日，在北京定立。

吕盛李三使致外部德约十五款竭力磋商逐条辩驳业已就绪请赐裁示以便签押电　十六件

开议第一款，告以大部训条，纵不能照英、美约详列，亦须照日、葡约声明加税数目及出产、销场等税名目，以明允我加税，始能裁厘，当将部改第一款译就德文送交。初七会议，只允我声叙加税数目，仍不允我声叙征抽他等税项之语。再三辩说，彼终执将来会议再定。不得已，引美约声明不干碍中国主权征抽他等税项之语，令其必须增入。有此赅括语，自不致碍我销场、出产、土、盐等税。彼云，德文语意相同，即照原文，连汉文亦可不必更改，语多坚硬。初九会议数时之久，拟改文曰：中国与英、美、日、葡等国订约中载，拟裁撤现行厘金名下抽捐之法，以抵增加进口、出口等税，其进口税，除按光绪二十七年和约内载切实值百抽五外，所加不得过于该和约所定者一倍半之数；出口税亦可切实值百抽五，再加不得过于此正税之一半。惟俟有约各国统为允许，方能举行。以上所列裁厘金以抵增加各税一事，其宗旨，德国政府亦可允许，惟其详细画一办法，应由中国与有约各国按照光绪二十八年修订税则成式会同订定。如届公订之时，德国政府允愿赞成其事，中国政府彼时总须特为妥保统裁厘金。本款毫无干碍中国主权征抽他等税项之意，只须不与以上各节有所违背等语。核与大部训条字句虽稍异，用意实相符。磋议三次，舌敝唇焦，彼始允发电请示德廷，方能定夺。海等亦云，须俟电商再定。应请大部暨两帅迅赐裁酌，电示。

九月十二日

第二款，德约开议后，克以大部增改各节，与彼原送约文不符，告以大部系按美约核正。克云：美约内所载各该处已定及将来所定为外国人民居住合宜地界之内一语，德政府万不能允，以中国现正开通，何以反立限制？且上海之浦东已准外国人居住贸易，新开之长沙亦经湘抚出示，准其在长沙一带无论界内界外均准居住，岂有各国已享之利益，立约时反靳而不予？当驳以居住合宜地界，系指租界及将来自开口岸划定为外国人居住地界而言，与只准通商而未设租界之地方情事本不相同。若二者合而为一，是启内地杂居之渐，中国政府断难允准。克将英国原约曾索内地杂居一款，并执城口二字，与我辩论，经我始终驳拒，彼允电商德政府，得复再商。至归德国保护者一语，详询意何所指，克云：一指德人出外七年，照德律不算德国人，而德国仍应保护；一指在德国洋行办事之他国人，并非华人，亦应归德国保护；一指德国公署所用之人，归其保护；我驳以德国人民出外七年，既仍归德国保护，即与德人无异。至他国人，凡与中国立约者，即应归该国保护。其未与中国立约，如瑞士国之类，不能因归德国保护，即可享中国一切利益，缘有约各国利益均应互换。其公署所用之人，各国皆有，从未立约载明归其保护。克又云：德国向不准反对华政府之华人，德官可向华政府保护。我又诘以胶州华人岂亦在保护之列？克云：现在胶州及将来有到胶州者，在胶州境内，自应归其保护，一离胶州境外，即不任保护。我答以此乃租界内向来办法，亦不必如此语。总之，中德立约已四十余年，此为旧约及各国条约所无，中国政府故必欲删去，并将各款内有此语者一并照删，方可。彼见我理不能屈，允俟随后另议。谨先电闻。

九月十五日

覃电计览。德约第三款，十一会议，克以该款第二节内中国海关所索保卫国家进款之据一语，谓：海关向无索据办法。质之贺、戴两税司，亦言但须遵守关章，向不出据。克又以谨慎坚固四字，即是保卫税饷之法。德约原文言，按照海关所索须有保卫之法已包括此四字之意在内。我告以此为英约所有。克不愿照钞英约，再三斟酌，始允将此节改妥。克又请将原约有无论何国人之关栈，应准德人一体享用一节增入。我又以他国之关栈准德人享用与否，应由德人自与商酌，未便载入约章。且美约亦有此节，已驳令删去，不能拒美而允德，并将用栈应纳规费句节去用栈二字，与各约相等，免致将来别生枝节。谨录款文如下曰：凡通商各埠，中国政府允定设法，使商人能较向来多享关栈之益，即于其内屯积货物，或拆包改装区分，或预备转运。又允凡德国人之货栈，如经该管德国领事官代请给享关栈利益，务须按照中国海关所索保卫应纳税课之法，始准所请。凡通商各埠，中国海关须订定颁发关栈应有之章程及应纳规费之则。其规费若干，须照屯积何项货物、该栈离关远近，并办事时刻早晚、久暂衡情酌定等语。乞酌核电复为盼。

九月十六日

十三日，会议德国第四款，克云：首段系按照美约办理，核与我所给阅之大部训条意义亦属相同，惟首二句英、美约皆是因振兴矿务而招致外洋资本，今训条颠倒其词，与英、美约立言不符，不如仍旧，以免更改德文。我告以英、美约皆声明华洋资本，德约原文只声叙外国资本，殊属不合，允以将词句更正，仍照训条，改为华洋资本。克又云：英、美约皆有且比较诸国通行章程，于矿商亦不致有亏，何以我之训条去此二句？答以与上文于招致外国资本亦无妨碍，华文意义已包括在内，故大部删去，以归简当。克云：照洋文微有区别，既英、美约皆有，仍应添入，并须将矿商二字仍改为外国出资本者，较为明显。克又云：德国人民遵守中国所定章程等语为英约所无，德政府亦不愿载有此节。当驳以英约无请在中国开采矿产一节，故无遵守章程等项云云，然下文有此项新章颁行后始准开矿者均须照新章办理，即是遵守中国矿章，方准在中国开矿之意。大部系因德约既声请准在中国土地开矿，与美约相等，故训条云照美约核改。磋磨再三，彼始允照训条加入中国可允德国人民请领执照一段，下又加及矿务内所应安置之事，较安置一切四字，较有限制，并将英约末尾三句一并载入。克又言：德约原文尚有纳税一节，请予照列。当驳以矿务应纳税项，其轻重多寡，是中国自主之权。将来矿务新章颁行，必载有纳税规则，不能因德而独异。且照德约之意，必须开矿获有余利方能纳税。要知矿产获利厚薄，官无从得知，凭何知其应纳若干？宣又引中国现办大冶铁矿即系按所出之铁纳税，并不按获利多寡征抽，此足为华洋一律办法明证，克始允电德政府。其文曰：中国政府愿意振兴本国矿务，因而招致华洋资本，故允定于此约签押后一年期内，参仿德国及他国矿律，采择其于中国相宜者，另行颁定矿务新章。此项新章，既兴华民之利，不损碍中国主权，而于招致外国资本亦无妨碍，且比较诸国通行章程，于外国出资本者不致有亏。中国政府可允德国人民请领执照，在中国土地开采矿产，与办理用以开采之各项工程及矿务内所应安置之事。凡于此项矿务新章颂〔颁〕行后始准开矿者，均须照新章办理等语。祈赐裁酌电复为盼。

九月十六日

十五日，议德约第五款，克纳贝以我所交训条内如查系合例句，以商人请领存票，并未定有规例，似合例二字无所据。当告以合例之意，即所谓应领与否，故英、美约均有查系应领者句，是以训条照此增入。克又以首句既有给权二字，照德文译意，即是应领之义，下再列应领之句，似嫌重复。海等与之商改为存票须自缴呈请领此票各纸据之日起，如查系应领者，于二十一日期内云云，即与各约相合，克始无异议。又准在本关抵纳税项一节，克以英约无本关字样，我答以英使只请存票改由海关发给，不必由监督核发，并定期限，意在可免延搁，洋商受亏，并非请改由此关存票可以抵纳他关税项，仍照旧章办理，是以未经声明在本关字样。迨议美约时，曾请准在各关抵纳，亦未允许，是以声明可用发给之新关，即恐有所误会。兹德约原文有各海关应纳税项均准抵用意义，是以训条改为在本关字样。克又以英约字义有包括各海关之意在内。又驳以英约互换施行已两年有余，英商存票仍只在本关栈纳税项，并未请在各关通用，此其明证。若准抵各海关之税，不但无此办法，且存票根据往返行查，势必多延时日，转非体恤商情之道。当面询贺、戴两税司，亦言悉照向章，并力陈各关通用弊混甚大，税司难以照办。与克辩论再三，克始允照英约声叙，节去在本关之字，改为均准按照所载银两全数一体照收抵用。彼既援照英约，我亦无词强争。末段系仅为图骗税项起见句，节去仅字，较为干净。余悉允照训条办理。祈赐核示电复。

九月十九日

德约第六款，昨与克纳贝会议，克以德国现无中国所派商务委员，何以训条有此？告以商部现拟派员赴各国考察商务，是以列入。并诘以中国商标何以须由驻华之德国领事出立文据？彼言：德领事驻华，可以知中国所保护之商标，如出洋保护，有德国领事签字盖印，德国即可承认。又驳护照须领事签字盖印，是因一入德境即可任其保护，非同商标可比。德国商标系由德国该管衙门出立文凭，则中国商标亦应由中国该管衙门出立，以免显有轩轾。克允照训条改为，中国商标，凡呈有驻德中国使馆之文凭，载明此项商标业在中国驻〔注〕册保护者云云，并将第二节华字行号不准中国人冒用句改为不准中国人违例假用。至训条末段中国商标应遵该国章程办理一层，克仍执原文与我力争。诘以此款即为商标而设，何以尚须另订互保专约？克言：德国凡遇彼国愿保护德国商标者，德国即与互订一约，亦允以保护。现在中国商标章程尚未订定颁行，故须定有章程后，德国始能将彼此保护章程会另同订〔会同另订〕一约。此款系为章程未定以前而言。告以中国商标章程系采仿各国章程酌定，此次立约，原为以后而设，并非为现在而立，若仅为现在，则此约未到批准之时，商标章程即可订定，又何须立此约款？克领语塞，谓：既如此，不如将训条此段一并删去。又驳以训条重在末句，照各该国章程办理，此为各约所有，未便照删。磋磨再四，先允将此段暂缓列入，容其审酌，随后再定。海等此次拟暂不与争，俟下次议时，彼如仍请删去末段，即将第一节德国当允一体保护句、第二节当允在中国照章保护句，各于保护上加照章二字，亦足以赅括缴纳规费遵守章程之意，以期简而易从。当否？乞赐核示。

九月二十一日

十七日，会议德约第七款，克领以原文首段系比照英约首段声叙，不肯照训条文法。当询其由，据赫美玲云：德国公司有两三人合资，有数人合资，有数十人合资者，非如英国公司定例只准七人或二十一人，故英国公司必有股票，德国公司不必尽有股票，所以首段将英约购买股票字义改为附入资本，亦犹日约第四款所云合股经营之意。当告以此系空言立论，因英约开议时，马使牵涉从前汇理银行一案，谓我不认华洋合股，驳以例不准行，故声叙此段，以明缘起，中国是以于英约末段增叙，凡经呈控公堂而已经不予准理之案，与是款无涉，以清界限。大部训条以深知中、德两国商民从前并无有合股贸易者，故删去首段，亦系比照日约办理。克又言：日约虽无英约首段，亦无英约后段，今训条只删去首段而仍留后段，似涉两歧，彼愿照英约办理。海等见其所论亦尚有理，允以照原约再加核改。惟德民附股于中国公司一节，克领仍请照彼之原文从简声叙，当驳以此系照日约对待办法，训条所改即本此意。克云：中国律法尚未改定，凭何遵守？答以商律业经奏准颁行。克又谓：将来增添之公司律例，此句何凭？答以商律尚未周备，将来或有增益。克言：律法应照现行，无所谓从前、将来，此层不必叙入。允照英约简叙声明：遵守公司律例及自定之合同章程，虽无训条之详尽，似较英约尚为切实扼要。文曰：华人于他国贸易或公司附入资本，其合例与否，既经向来争论未定，而华人却有巨数资本附于其中，故中国现在允定将华人资本无论业经或将来附入者，均应视为合例。凡各项公司，其大要者系各股友彼此之责任务须悉皆相同，故遇华民附股于此等德国公司者，但附股即视为已允按德国公堂解释，遵守公司律例及该公司自定之合同章程。此等股友倘被控告，而其责任与德国股友并无或异，亦无轻重之别，中国公堂即应饬令遵守此项律章。其德民附股于中国公司者，亦须遵守公司律例及该公司自定之合同章程，与中国股友相同无异。凡于此约未定以前业经公堂审讯断驳之案，不得援引是款等语。乞赐酌核电复为盼。

九月二十四日

德约第八款，克领以训条改索开口岸为约开口岸与彼所请宗旨不合，谓：约开之口岸，本准各国一体均沾，是即第二款所请。且原文口岸下尚有及各他处所字义，系指内地之通商场处所立言，亦非专指口岸。前议如将此款照允所请，则第二款议删。现尚未接有德政府复电，可先将此款约文斟酌妥善。海等公同筹商，此款用意，系中国已允他国特别通商之处，彼亦欲通商，是索条约外一体均沾之利益。中国若已应允他国通商，彼犹援引，本难拒绝，似较第二款所请为轻，因与酌改，文曰：凡中国已允及将来所允他国为其本国人民或船只开为之通商各埠，亦即作为允与德国人民或船只一律通商等语。按埠字意义，与通商意义相映，较口岸字义为宽，较各他处所字义为紧。至及将来所允五字，彼系比照第二款办法，但望将第二款删去，则此款似可照允。乞赐裁酌电复为盼。

九月二十四日

十九日，会议德约第九款，克领谓，训条将其所请须遵照海关会同出资安设之人商定章程办理改易，彼因安设之件所需资本或多或少不能预定，恐海关所定章程于出资之人有不相宜之处，故请将情形与海关商定。当驳以订定章程是中国海关自主之权，何能与外国商人会订？无此体例，大部断不允准。如将安设出资情形预先呈明海关，由海关自行酌定章程，尚可通融。彼又以第二节并无过于妨害地方百姓之处句训条删去过于二字，克〔允〕为不阻此策开办句训条改为应和平酌核，与我再三辩论。我执定英约与争，彼始允将此款内惟须遵照海关所定章程办理一句，改为惟须遵照海关于出资人呈明情形后由海关所定之章程办理。时悉照训条，并无增易。祈赐酌核电复为盼。

九月二十五日

二十一日，会议德约第十款，我先告以仍照前议，将此款约文商酌则可，其所附内港章程十条则不能有所增改。克言：英约已逾两年，其章程第十条声明，嗣后倘有应行修改之处，即可随时彼此酌情商定，美约第十二款亦同此意义，足见该章程可以随时修改，是以德国请增益之处中国应所允许。我答以英、美约章所云，是指定约以后而言，德国商约虽开议在后，而同为和议大纲所允修改之事，不能援他国同时修改之约，引为先事之资。如愿照美约声叙，我无不可。克又言：德国定例，两国立约，其约款应交议院核议，如所附之详细章程可以不交议院，是以彼送原约文声明另订二字，即系为此。我又告以章程无论交议院与否，我总不能再任增改，因内港行轮光绪二十四年所定正续章程系由中国自定，并非与各国会商，故此次续定章程虽由英国商请修改，仍照前章办理，并不能作为与各国会商之件。此其中所给利益不少，若任各国陆续商改，则将无底止，是以中国政府决计不愿各国再有商请。克又言：彼所请者只三事，一为第一条，栈房、码头租期改为九十九年；二为第三条，轮船所到之处，德商可以居住，并听凭雇用华洋代理及办事等人；三为第九条，扬子江轮船亦可拖带，水手亦可允准格外改办。我驳以栈房、码头系租自商民，非租界可比，故租期只能至多二十五年，不能援照租界办法。至内港行轮之处，即准德商居住，直是内地杂居。德约第二款所请我尚不能应允，此更无论。其代理及办事不准用洋人，亦是为防杂居之渐。长江轮船若无海关特照，一概不准拖带货轮，载在原定章程第七条，此章仍照旧行，不能更易。水手应归华民充当，因内港一经行轮，则华船生意为其所攘，故留此以裕民生机，断不能一网打尽。克又言：长江轮船往往不能载运过笨机件，必须另备大驳船拖带。虽经海关准发特照，只准拖带一次，然另备大拖驳工本甚大，非请特照不能行驶，则赔耗不资。且数数请发特照，亦属不易，非有缘故陈明，海关不允给发，商人实有不便。且出德政府来电，译告大意，谓：开议至今，中国所允者，不过已允英、美者亦允，所有德国另已新请者，中国皆未应允，于德无益，则此条约迟速与德无关系，必致延缓时日，德国亦不能将另请者竟行全弃，因彼将于十月初八日离沪，穆使亦将去北京，恐需日更多等语。海等反复筹商，如再一概坚拒，恐彼用延宕之术，别生枝节。答以将长江轮船一事代为请示政府，其余不便代达，以不能强我政府所难。海等愚意，如长江准予拖船，只可装载笨重机器与铁路料件，似不能列入内港章程，只可允以另备照会声明：此等轮船不得装载货物，其被拖之驳船亦不得装载别种杂货，必俟裁厘以后，始允照内港章程拖船行驶长江，较为妥慎。并以附陈。

九月二十五日

德约第十一款，昨与克领会议，彼以训条所加，惟彼此商明，凡纳关税仍以关平核订为准一节，为英约所无。告以英约虽未载入，已另备照会声明，作为附件。后美、日两约皆以入约为然，故训条照美、日约文补入。克又云：既定划一国币，纳税不应再有关平名目。若关平仍旧，则不得谓为划一国币。应改为彼此商明，凡用新币以纳关税，其数仍以关平折算为准。余可悉照训条，无所增改。谨以奉闻。

九月二十五日

德约第十二款，禁止米粮出口一事，克领初犹执定原约，请由政府颁示禁令。当告以禁米出口，系因地方饥馑，米粮短少。此事须由该省督抚主政，政府远在京师，从何而知地方情形？且政府亦向无出示之例，故必归督抚核办方妥。克云：前三节约文可照训条，惟末节能否照删，必须请示德政府，得复再定。谨以电闻。

九月二十五日

本日，会议我所索增三款，克领云：此三款虽可先将约文商改妥洽，然应入约与否，随后再定。询以曾否电请德政府核示？彼云：可以无须，但俟彼所请索长江拖轮等事我可应允，彼亦可应允，意在抵制互换，以为要挟之计。当将第十三款与议，彼言：莫啡鸦本为德国所出，并非他国所有。我既索禁，彼亦可允，但约文愿比照英约声叙详尽。彼将所拟德文交译，即饬赫美玲等译就汉文，与英约校核，尚少请单须先在领署具结，如不照切结办理，即不准再运，凡未领单而运进口，将其货充公各节，索其照英约一一补入，克已照办。文曰：德国政府应允中国禁止莫啡鸦及用莫啡鸦刺入肌肤之各针进口，惟中国亦须应允，凡德国领有考选胜任凭照之医生为医院所用或德国药铺莫啡鸦进口，如经按照税则完纳进口税，并经领有特给准单，方行照准。至药铺非持外国领有考选胜任凭照之医生所发凭单，不得出售。并即有此项凭单，亦仅可以些须小数出售。凡请此项特准单者，须先奉德国领事署内出具切结，声明遵照以上各条办理，方可给该特准单。倘不遵照所具切结办理，一经在德国领事前证明，即不准再运。凡德人未领特准单运莫啡鸦进口者，可将其货充公。此款须俟有约各国担允照行，方可举办。所有禁止以前已经落船之莫啡鸦不在禁止之列。中国政府亦允立即设法，禁止国内制炼莫啡鸦等语。核与英约意义均属相符，于训条宣〔宗〕旨亦无违背。祈迅赐核示电复。

九月二十六日

德约第十四款，传教一事，克领将首段略改数字，并索添入教及传教毫无阻拦一节，询系比照美约华民自愿奉基督教毫无阻止之意义办理；又添教民及传教本人产业应一体保护一节，询系按照德国旧约第十条办理。海等当以索添第一节，核与美约意义尚无出入；其索添第二节，虽系旧约所许，然旧约系保佑身家，并无产业字样，与之驳诘。克言：产业字义本包括在身家之内，岂有保护身家而不保护产业之理？况旧约载明皆全获保佑，是凡教民及传教人之应保护者，中国皆允保护，亦不自今日始也。兹将所改约文录如下曰：中、德两国政府意须将传教事宜详细查考，以免从前嫌衅滋事将来复萌。兹特声明，凡基督教所有入教及传教者，无论德、华人民，均准守教、传教，毫无阻拦，并其本人产业，应一体妥为保护。德国教士应不得干预中国官员治理华民之权云云。以下悉照训条，并无增易。祈迅赐裁酌电示为盼。

九月二十六日

德约第十五款，治外法权一事，克领已照英约洋文译就德文交阅，当饬赫美玲译出汉文，核与英、美各约汉文微有不同，彼将英文律例二字译为审断办法四字，余仅文法颠倒，意义并无出入，因与详细辩论。我谓：中国所允改者为律例。必先改定律例，然后审断乃有依据，办法始可相同。改定律例是第一层意义，审断办法是第二层意义，故英、美约皆曰查悉中国律例情形及审断办法，系层递而下。若仅言整顿审断办法，不足以赅改律本意。克始勉允将德文照改妥协。其款文曰：中国既声明愿整顿本国律例，以期与各国律例相同，德国政府应允助成此举，并声明愿意弃其治外法权。一俟查悉中国律例及施行律例如法，并一切相关事宜皆臻妥善，方可照弃等语。祈赐酌核，迅为电复。

九月二十六日

今日，克领于议毕时特为声明：穆使西十一月四号由京来沪，与彼偕行，定华十月初八船期回国。全约后日可以议完，拟即将彼此请示回电，作一次会商，以便逐条核定，即可缮写签押。当告大部及两帅复电，恐一时未能到齐，设彼此有辩驳，仍须电商。即使核定，尚须会奏请旨，非一月不能竣事，为日过促，请其展缓行期。克领尚未应允。海等公同筹画，此次德约悉照英、美约核驳力拒，彼所要请各节几已发摘无遗。惟长江拖轮一事，尚要索不已，故我所索添三款，彼亦不肯遽行允定，尚作活语，以为抵换地步。如能趁该领事未回国前议定画押，一则原经手易于商酌；二则彼急欲启行，或不致再十分争执；三则此约早成，免致德商闻而訾议，别生枝节；四则他国未议之约亦可接续催议。昨克领所述德政府来电，亦以德约无甚益处，意在延缓，不可不虑。惟祈大部、两帅一面迅赐裁示，俾可一齐按款磋商，竭力赶办，免致延误；一面请大部婉商穆使，请电致德政府，挽留克领事，始终其事，则幸甚！

九月二十六日

鄂督张之洞致外部详核德约各条有应改正之处分别电陈乞裁酌电　七件

沪蒸一、二两电，津元电，均悉。德约第一款，照美约增入毫无干碍中国主权征抽他等税项之意一语，极为扼要。此次加税全为抵补裁厘所失，应请如慰帅议将裁厘以抵增税两处文法倒转，以明本意。妥保统裁厘金句行货两字，必须照部稿添入，以免日后藉口阻我征抽行货以外之税捐。尤要！

九月十五日

沪覃电、寒一电、津巧电，均悉。德约第二款，于口岸居住贸易，漫无界限，意在任便杂居，不受管束，既妨我之治权，且于厘税、杂捐大有关碍。若不照英、日等约声明，须遵守该处工部局及巡捕章程，与居住各该处之华民无异数语，万分不妥，断不可稍与通融。切要！如能照沪议将此款删去，最善。归德国保护者一语，流弊无穷，尤非删不可。第三款，关栈利益，照英、美等约已极通融优待，限制未便再宽。津电拟将屯积货物句于货物上加合例二字，又于按照中国海关所索保卫国家税课之法句上加须由中国海关查明堪为关栈之用一语，均极有关系，务请照添，以示限制。

九月二十二日

沪寒二电、津巧电、商部啸电，均悉。德约于矿务一条，务欲含混其词，轶我范围，其意自别有在，不可不加意慎防。沪拟约文于德国人民应遵守中国矿务章程一节未经明叙，似稍疏。彼既欲载明中国政府可允德国人民领照开矿等语，必须照美约声叙，德国人民若遵守中国所定章程云云，至矿务内应办之事句止一段，方妥。否则，只可照英约叙法，庶免流弊。矿商二字义最明显，彼必欲改为外国出资本者，未知何意？应仍用矿商二字，以符名实。参仿德国及他国矿律句，德国二字，应请照津电删去。矿务内所应安置之事句已包括各项开采工程在内，上又加用以开采之各项工程一语，玩用以两字，所包甚广，必系暗指运道铁路而言。深心可畏，万万不妥。彼如肯照美约改叙，自无庸议。如上欲增损字句，则用以开采各项工程句必须删去。要紧之至！祈裁酌。

九月二十二日

沪巧电、效电悉。德约第五款，沪改字句，核与英约第一款意义无甚出入，似可照办。第六款，部改本末句均应遵照该国章程办理，系就商标请注册者而言，故可赅括纳费守章之义。若但云照章保护，以照章二字属诸国家，恐商人纳费守章之义未能赅括，似末段碍难删去，仍请裁酌。

九月二十七日

沪养一、二、三等电均悉。德约第七款，德民附股于中国公司者，但云亦须遵守公司律例，无按中国公堂解释七字，与上文华民附股德国公司一面相较，尚有轩轾，恐将来中国所定公司律例彼可狡辩，不按中国公堂解释，不可不防。拟请将亦须遵守公司律例句于亦须二字下添按中国公堂解释七字，以免彼此文法参差。第八款，开为之通商各埠句，开为二字，拟改为准开二字，文义较顺。此款必须彼允将第二款删去，方可照办。第九款，照部改本声叙，止添入于出资人呈明情形一语，似可照允，但由海关所定之章程句所定应改为核定方妥。统祈裁酌。

九月二十七日

沪漾一、二、三等电悉。德约第十款，内港行轮章程，万难听各国任意商改，沪议驳甚是。彼所索租期九十九年，及内港行轮处所准德人居住两条，断难照允。即长江拖船一节，亦流弊甚多，必不得已，照沪议另用照会声明：只准拖带装载笨重机器与铁路料件之驳船，此外货物概不得装运，似尚稍有限制。第十一款，克领所改，彼此商明，凡用新币以纳关税，仍以关平折算为准数语，词意明显，甚好，似可照改。第十二款，部文末一节系申明旧章，断断不可删去。祈裁酌。

九月二十七日

沪敬一、二，径一、二，四电均悉。德约第十三款，禁运莫啡鸦、第十五款收回治外法权，详核词意，与英、美、日、葡等约无甚出入，请妥酌字句，即可定议。惟第十四款，传教一事，前议英约时，意在中国与各国派员会查教会实情，妥筹永远相安之法。今德约前段重在保护教士、教民身家产业及不拦阻华民入教一边，而于派员会查则置不复议，仅以详细考查四字用轻笔带过，与我索增此款之本意全失，不惟买椟还珠，竟是求益反损，巧幻已极，殊属无谓，宜照英、葡两约文义切实商改。此节甚有关系，请再详酌。如彼援美约为言，可告以美约无长江拖船之请，以相抵制，似不患无词。至克领能否商留，应候外务部酌核办理可也。

鄂督张之洞致外部川粤汉铁路俟诸绅议定再达并款巨工艰必须借款电　二件

敬电悉。铁路本以自行集款开办为最善。惟粤汉已借赎路款一百十万金镑，由三省分认，期十年还清，岁筹本利及付美公司已售之金元小票二百二十余万元岁息，为数已巨，若再筹造路款更属为难，必致路成无期，岁还重债，毫无利益，转为地方之累，故湘、鄂绅民原议有借款自办之说，意在早兴工、早见利、早清偿。前接贵部上月铣电及本月朔电、咸电，即迭次电催湘、粤诸绅来鄂再行集议，迄尚未到。既贵部深虑借款轇轕，敝处必当力劝三省绅民自行筹款。三省能否始终一律照办，俟会议定后再行电达贵部。请加详酌。

九月二十七日

川汉铁路在川境者二千余里，半系大山，工费必需数千万，集款甚非易易，其于鄂境之路，川省更无能为力矣！在鄂境者一千二百余里，亦有山路，需费亦复不资。鄂省民力困竭，万万无从筹此巨款。鄂路不成，则川无出路，无利可获，川民岂肯输资集股？一两年后即筹定各款，亦必观望不缴矣！然则鄂路不修，势必牵连川路亦不能开工。川路久不开工，不惟川民失望，川股难筹，恐各国亦将生心。故川汉路工，鄂不能不急筹开办，以通川路而维大局。然鄂既分认粤汉赎路、修路之款，再欲另筹川路之款，断无此力，故此路非借款万不能成。前承电示，贵部曾允英、美借款修此路。今若商借英款，英与美自能联合。至他国本无干涉，自不致有异议。且虽借英款，仍归自办。照会内预先议明，一切用人、择地、管路、行车及开矿利权，借款国之工程师丝毫不得干预等语，似无流弊，断不致将路权放失。此路成后，车利极优，分二十年摊还本息，所差当亦无几。见利之后，招股较易。鄂省仍须多方设法，随时募股、集捐，凑还借款本息，所差当扫数清偿。总之，川汉一路，款巨工艰，万分难办。特以西南上游大局所关，鄂省地方职守所在，不敢不勉为其难。筹思经年，舍此实无办法。谨此剀切缕晰密陈，务恳贵部统筹详酌，速赐指示。川、楚两省幸甚！祈电复。

九月二十七日

清季外交史料卷一百九十二终

清季外交史料卷一百九十三

光绪三十一年十月至十一月

中日全权大臣会议东三省事宜节录第一号 附附件一件

光绪三十一年十月二十一日，明治三十八年十一月十七日会晤，下午三点钟十五分开议。

入座人员：大清国全权大臣庆亲王、瞿尚书、袁总督，与议人员唐侍郎升任会办、邹右丞、杨参议、金检讨；大日本国全权大臣小村大使、内田公使，与议人员山座局长、落合书记官、郑书记官。

两国全权大臣彼此将所奉文凭交阅，各认明均属妥善。日本国全权大臣提议会商办法，拟开各节如左：

一、会议时所谈语言，彼此应用中、日两国语言。

二、每次会晤用中、日两国文存记会议节录，两国全权大臣彼此签名为证。但此项会议节录只将会议纲领纪录。

三、所有会议之事宜，严守秘密。

四、于每次会晤完毕后，将下次会晤日期时刻互相商定。

五、参赞官以五名以内为限，将衔名彼此知会。

中国全权大臣声言：前开各节均无异见，即照此作定。

两国全权大臣各将所派定之与议参赞官姓名彼此知会。

中国全权大臣所派之参赞官如左：

署理外务部右侍郎唐绍仪升任会办、署理外务部右丞邹嘉来、商部右参议杨士琦、翰林院检讨金邦平、商部主事曹汝霖。

日本全权大臣所派定之参赞官如左：

外务省政务局长山座圆次郎、公使馆书记官落合谦太郎、公使馆书记官郑永邦、外务书记生高尾亨。

日本国全权大臣并声明：前开四员外，酌宜或行加派参赞官一员。

日本国全权大臣将关于东三省事宜应由中、日两国彼此会商各条大纲十一条（即作为附件第一号、第二号）亮按：会议录内号数每有不符，系原稿删去日文之故，现仍照原稿付梓，以昭核实。交中国全权大臣，并声言：此大纲十一条以日本为正文，汉文即系译文。一俟该大纲各条商定后，再将各细目妥行会商。又向中国全权大臣求将该大纲十一条妥细核阅，按照每条开出意见作复。

中国全权大臣允照办理，并声称，应于数日内作复。又商及下次会晤日期，俟中国全权大臣作复后再行定期会晤。

日本国全权大臣允如所商。

于下午四点四十分会晤毕，各散。

庆亲王、瞿鸿禨、袁世凯、小村寿太郎、内田康哉。

附件第二号　按此系日本全权提出第一号系日文

第一款　按照日俄和约第三款，一俟日、俄两国军队由东三省撤退后，中国政府应立即在该地方布置行政机关，以期维持地方治理静谧。

第二款　中国政府务须以在东三省地方确切施行良政，并妥实保护外国侨寓商民之命产为宗旨，应将东三省向来所施治政即行从事改善。

第三款　中国政府为妥行保全东三省各地方阵亡之日本军队将士坟茔以及立有忠魂碑之地，务须竭力设法办理。

第四款　中国政府无论如何措词，非经日本国应允，不得将东三省地土让给别国或允其占领。

第五款　中国政府按照中国已开商埠办法，应在东三省将下开各地方作为各外国人贸易工作以及侨寓之地：奉天省内之凤凰城、辽阳、新民屯、铁岭、通江子、法库门；吉林省内之长春、吉林省城、哈尔滨、宁古塔、珲春、三姓；黑龙江省内之齐齐哈尔、海拉尔、爱珲、满洲里。

第六款　中国政府将俄国按照日俄和约第五款及第六款业经向日本国允让之一切概行以诺。

第七款　中国政府允将由安东县至奉天省城以及由奉天省城至新民屯所筑造之铁路仍由日本国政府接续经营。由长春至旅顺口之铁路将来展至吉林省城一事，中国政府应不驳阻。

第八款　在鸭绿江沿岸之地，由韩国交界划分界限，其在划界以内之木植采伐权，中国政府允让给日本国。

第九款　中国政府允各国船只在辽河、鸭绿江、松花江以及各该支流任便驶行。

第十款　中国政府允将奉天省沿海渔业权让日本臣民。

第十一款　满、韩交界陆路通商，彼此应按照待最优国之例办理。

中日全权大臣会议东三省事宜节录第二号

附正约一件另件暨附件各二件

光绪三十一年十月二十七日，明治三十八年十一月二十三日，午后三点钟十七分开议。

入座人员：大清国全权大臣瞿尚书、袁总督，会议参赞官唐侍郎会办、邹右丞、杨参议、金检讨、曹主事；大日本国全权大臣小村大使、内田公使，会议参赞官山座局长、落合书记官、郑书记官、高尾书记生。

中国全权大臣庆亲王因病未到会。

日本国全权大臣声称：十月二十五日，接到中国全权大臣答复十月二十一日会议时本大臣所交大纲十一条之文附件第一号，均已查阅。现拟将已交大纲十一条按条讨论，中国全权大臣允如所商。

以下所议系第一条及第二条之事。

日本国全权大臣因中国全权大臣业经在复文内开愿将此两条一并删去，因将日本政府拟出该两条缘由申说一番，且云：该两条内并非有日本干涉中国内政之意，只为完备满洲行政，筹画将来治安，以期根除国际纷扰之复起，必须实行改革，是其问题不但关系中国，并影响于日本之安危，是以商定该两条宗旨，实为日本国政府尤所注重。如只修改文义，尚可允商，但至将该两条全行删去一事，必不能承允。现能参酌中国全权大臣复文主意，将该两条合作一条，并改其款式，作为由中国自行声明，另拟一条，愿中国全权大臣照允云云。即将该拟款附件第二号、第三号交给中国全权大臣阅看。

中国全权大臣商请将本条暂缓不议。

日本国全权大臣再将日本国政府注意本条之意申明后，允中国全权大臣缓议之请。

大纲第三条因中国全权大臣全行应允，日本国全权大臣提议彼此作为定款。

以下所议系大纲第四条之事。

日本国全权大臣申说：中国全权大臣在复文内开：拟请删去本条，然日本在本条内拟向中国约定此节者，于订定东三省撤兵之中俄条约并关于扬子江地方事宜之中美所约，均有前例可据，并非创始，中国应无拒绝之理。

中国全权大臣答称：中美并无此约，中俄之约亦未实行，此事有碍中国主权，应请删去。

日本国全权大臣即云：中国允该大纲第一条及第二条所列之旨，而在满洲地方将改善内政之事实力举办，则第四条内所假拟当无其事，因此中国全权大臣如能承允第一条及第二条之旨，即可将第四条删去。

于是，中国全权大臣声称第一条及二条之宗旨相同，并允随后另行商定文辞办法。日本国全权大臣当即照允，将第四条删去。

以下所议系大纲第五条之事。

日本国全权大臣云：阅看中国全权大臣答复此条之文，即知两国全权大臣于此条宗旨所见尚属相符，惟所差者，只在照已开商埠及自开商埠之区别而已。今拟将其所差之处彼此融化，则有照前年所定《中日通商行船续约》将奉天、大东沟等处开为商埠之例，可照此成例，酌改字句。即将按照前例宗旨修改之拟款附件第四号、第五号交给中国全权大臣阅看。

中国全权大臣云：查在该拟改之条首段有由日、俄两国军队撤退之日起，在六个月内等语，按中国此次拟新开十六处商埠所有考查准备一切事宜，必需相当之时日，方能就绪，现定作六个月，或恐为时太促，因请将预定期限一节删去。

日本国全权大臣即允将由日、俄两国军队撤退之日起，在六个月以内之句，改为俟日、俄两国军队撤退后从速云云。

因前开拟改之条末段有在上开各地方订定外国人公共居住合定〔宜〕地界并一切章程，将来由中、日两国政府会商订定等语。

中国全权大臣声叙：开埠章程关系各国公共利益，不便由中、日两国会同商议，恐招他国挟疑之虑，是以拟请删去末段，仍照中国回答之文，由中国自定开埠章程。

日本国全权大臣申说：此段字句与关系奉天、大东沟等处新开商埠条约内所定事同一律。按此向例，亦无招他国挟疑之虑，仍主持留存此字句之意。

中国全权大臣声称：中国商埠办法向无定例，即如最近济南开埠系由中国自定章程。此次新开商埠至十六处之多，处处情形不同，不能以前年奉天、大东沟开埠之例相比，故须由中国自定章程。定章程时，可与日本驻京公使妥商，而在条约内仍须开明中国自行订立章程。因将拟改之条末段拟改如左：

由中国另订开埠详细章程。

日本国全权大臣云：中国如恐他国挟疑，拟在约款内将此末段删去，将开埠章程中国政府应与驻京日本国公使相商定夺之语，存记会议节录内。

中国全权大臣再拟一面在条约内将中国全权大臣所拟之末段数语载入，一面在会议节录内将日本国全权大臣所拟之语存记。两国全权大臣彼此辩驳，为时甚久，后议定：此拟末段数语，在约款不必开列，而将左开宗旨存记会议节录内：

开埠章程应由中国自定，但须与驻京日本国公使妥商。

并将载明条约之第五条字句确定如左：

中国政府应允，俟日、俄两国军队撤退后，从速将下开各地方中国自行开埠通商：

奉天省内之凤凰城、辽阳、新民屯、铁岭、通江子、法库门；吉林省内之长春、吉林省城、哈尔滨、宁古塔、珲春、三姓；黑龙江省内之齐齐哈尔、海拉尔、爱珲、满洲里。

中国全权大臣补行声明：唐侍郎绍仪于本月二十一日奉旨会同商议东三省事宜，即将谕旨交阅。

日本国全权大臣承允。

下次会议订于十二月二十八日下午三点钟开议。

下午五点四十五分钟议毕而散。

庆亲王、袁世凯、小村寿太郎、内田康哉。

附件第壹号

正约　此款重要，请提作正约。

第六款　中国政府将俄国按照日俄和约第五款及第六款业经向日本国允让之一切概行允诺。

按：此款增改如下：

中国政府将俄国按照日俄和约第五款及第六款业经向日本国允让之一切允让如下：

甲、中国政府允让将旅顺口、大连湾一带，凡借与俄国各地址，均移借与日本国接受。

乙、应将旅顺口岸上划地一段，作为各国贸易商埠，大连湾全口，均作通商口岸，由中国设关征税。所有居留借用界内日民与中华民争讼案件，应由中、日两国派员会同讯办。其中国在该界内一切公私产业，日本国均应切实推重。至金州城内暨旅大定界以北之隙地，仍归中国自行治理。

丙、中俄借地原约，系订二十五年为限，应将俄国已享之年限扣除，按现余之年限，计十八年接借。

丁、旅顺口内应作为中、日两国公同享用军港，另订实行公用章程。

戊、日本政府允认断不侵中国主此地之权利，并允不设总督、巡抚名目。

已、该界内所驻日本军队，非经中国允许，不得擅出界外。

庚、应参酌中俄借地原约厘订专约。

辛、中国政府允准将长春即宽城子达旅顺口之铁路暨业经订约许给俄国之附属利权，移交日本国接受。至中俄所订中国东省铁路公司原约所有中国应享之权利，仍应照旧，惟须另订中日两国实行、合办、管理、稽查各章程。其原约内所订全归中国及由中国收回各年限，应将俄人已享年限扣除，按所余年限计算。

壬、按日俄和约第八款，所有两国开议联络铁路约章，中国政府得派员同议核定。

另件　以下各款除应请删去四款外余请列归另件

第一款　按照日俄和约第三款，一俟日、俄两国军队由东三省撤退后，中国政府应立即在该地方布置行政机关，以期维持地方治理静谧。

按：此款侵涉本国内政，应请删去。

第二款　中国政府务须以在东三省地方确切实行良政，并妥实保护外国侨寓商民之命产为宗旨，应将东三省向来所施治政即行从事改善。

按：此款亦嫌侵涉，应请删去。

第三款　中国政府为妥行保全在东三省各地方阵亡之日本军队将士坟茔以及立有忠魂碑之地，务须竭力设法办理。

按：此款素为本国所痛惜，甚愿竭力办理，应许照列。

第四款　中国政府无论如何措词，非经日本国应允，不得将东三省地土让给别国或允其占领。

按：本国断不肯以地土让给别国，更不能允人占领，且此款损碍主权，应请删去。

第五款　中国政府按照中国已开商埠办法，应在东三省将下开各地方作为各外国人贸易工作以及侨寓之地：

奉天省内之凤凰城、辽阳、新民屯、铁岭、通江子、法库门；吉林省内之长春、吉林省城、哈尔滨、宁古塔、珲春、三姓；黑龙江省内之齐齐哈尔、海拉尔、爱珲、满洲里。

按：推广通商本为我政府所素愿，前曾恭奉大皇帝谕旨，分饬筹办，正与此款相合。但首行所载已开商埠已字，请改为自字，并由中国另订开埠详细章程。

第七款　中国政府允将由安东县至奉天省城、以及由奉天省城至新民屯所筑造之铁路仍由日本国政府接续经营，由长春至旅顺口之铁路将来展造至吉林省城一事，中国政府应不驳阻。

按：此款拟分别改列如下：

中国政府允将由安东县至奉天省城所筑造之行军铁路仍由日本国政府接续经营，改为专运各国工商货物。自此约画押之日起，以五年为限，届期一律拆去，或请一公估人估价，售与中国。其五年以内，所有中国官商货物由该路转运，应按照山海关内外铁路章程、价值给付，并准由中国政府运送兵丁、饷械，可按东省铁路章程办理。

由奉天省城至新民府所筑造行军轨路，应由两国政府派员公平议价，售与中国，另由中国改造铁路。此外各处军用轨路，应一律拆去。

由长春展造至吉林省一路，应由中国自行筹款筑造，如须贷借洋款，可先向日本政府贷借。

再，南满洲铁路业已工竣，所有前因造路运料暂筑至营口之枝路，应照日、俄原定合同知照拆去。

第八款　在鸭绿江沿岸之地，由韩国交界划分界限，其在划界以内之木植采伐权，中国政府允让给日本国。

按：沿江居民仰给木植糊口者不下数十万，本政府断不忍夺其生计，酌改如下：

中国政府允许设一合办木植公司，应行划定采伐地界。至地段广狭，年限多寡，暨公司如何设立，并一切合办章程，应另订详细合同，总期中日股东利权均摊。

第九款　中国政府允各国船只在辽河、鸭绿江、松花江以及各该支流任便驶行。

按：此款颇涉宽泛，保护、稽查，在在为难，酌改如下：

中国政府允各国船只在辽河、鸭绿江、松花江一带，凡经指定开设商埠地方，均可照内港行船章程办理。

第十款　中国政府允将奉天省沿海渔业权让日本臣民。

按：沿海贫民大半资渔业为生，政府尤不忍绝其生计，应请删去。

第十一款　满、韩交界陆路通商，彼此应按照相待最优国之例办理。

按：此款尚公允，应许照列。

拟增另件　中国政府拟请增入七款

第一款　中国政府为维持东方永远和平起见，应请日本国政府将现驻军队从速撤退。自日、俄定约之日起，除旅大租界外，于十二个月内一律全撤。至保护铁路兵队，应由中国政府查照中、俄两次条约，中国承认保护之责，并保护该铁路职事各人。所用兵队，由中国政府特选精锐，分段驻扎巡护，按每华里驻兵五名，以期周密。

第二款　中国政府为尊重主权起见，应请日本国政府将因变乱或军事所有日本官民强占、擅管中国各项公私权利、产业、地方均即退出交还。若系有意损坏、强取、擅用公私财产，应由两国委员会同查明，分别补还，以昭公允。

第三款　中国按应有完全主权，为地方治安起见，在日本军队尚未撤完之前，得以酌派军队，弹压地方，防剿土匪，惟两国军队有时逼近相遇，必由两国官员随时彼此知照，以免误会。

第四款　奉省附属铁路之矿产，无论已开、未开，均应妥订公允详细章程，以便彼此遵守。

第五款　所有奉省已开办商埠暨虽允开埠尚未开办各地方，其划定租界各办法，应由中国官员另行妥商厘定。

第六款　营口向驻之中国官，应立即饬令赴任视事，所有事权一如未经占据以前完全无缺。

第七款　日本国军官前代收奉天税捐等项，应即交还该地方官，以备地方善后之需。

附件第三号

日本国全权大臣所拟条款第一、第二两款合为一款，改订如左：

中国政府声明：按照日俄和约第三款，一俟日、俄两国军队由东三省撤退后，应立即在该撤退地方确切施行良政，并妥实保护外国侨寓商民之命产为宗旨，应将东三省庶政自行从速改善。

附件第五号

日本国〈全〉权大臣所拟条款第五款，拟改订如左：

中国政府应允，由日、俄两国军队撤退之日起，六个月以内，将下开各地方自行开埠通商：

奉天省内之凤凰城、辽阳、新民屯、铁岭、通江子、法库门；吉林省内之长春、吉林省城、哈尔滨、宁古塔、珲春、三姓；黑龙江省内之齐齐哈尔、海拉尔、爱珲、满洲里。

在上开各地方，订定外国人公共居住合宜地界并一切章程，将来由中、日两国政府会商订定。

中日全权大臣会议东三省事宜节录第三号　附附件一件

光绪三十一年十月二十八日，明治三十八年十一月二十四日，下午三点十五分开议。

入座人员：大清国全权大臣瞿尚书、袁总督，会议参赞官唐侍郎会办、邹右丞、杨参议、金检讨、曹主事；大日本国全权大臣小村大使、内田公使，会议参赞官山座局长、落合书记官、郑书记官、高尾书记生。

中国全权大臣庆亲王因病未到。

两国全权大臣将十月二十一日会议节录签名画押讫，各将原件收存。两国全权大臣按条续议。

日本国全权大臣就大纲第六条磋商，因中国全权大臣于此条文内拟欲将此条推展、删改凡有关借地及铁路各项事宜分开九端详晰订定一节，日本国全权大臣将此条按照原拟务须坚持到底缘由分晰详说，云：于日、俄议和时，由满洲撤兵，并承让借地，暨由长春至旅顺口铁路之三端，乃系日本以接续战争之危险作为孤注，争持邀求，而持此坚定主见，始得俄国允诺，而今关乎借地、铁路之事，由中国拟欲有所限制或抵制之议，断难承允，故中国全权大臣所拟之细目未便就议。又声叙关乎承让借地及铁路之事其首先应定之由满洲撤兵一节，当议和时，俄国将日本全权大臣拟欲商定之撤兵限期驳拒甚坚，第日本国谓此事不可，宁可接续战争，成见固在，争执不移，俄国方允商定，此议之实在情形。将日、俄议和时因撤兵之事两国全权大臣如何争驳缘由开出节录（附件第一号），交中国全权大臣察阅，并称：务希中国全权大臣体谅，以上所叙各情，按照原拟本条款允定。

中国全权大臣云：于本条款宗旨可照日本国全权大臣所拟允诺，惟在俄国经管借地、铁路时，因所订各章欠妥不全，以致争论纷生，现当将该借地及铁路移借日本国接受时，欲将此项各节以公正持平之旨妥行商定，期免滋生争端，此所以拟此细目之缘由也。并将所拟各端详晰解说，询日本国全权大臣所见如何。

日本国全权大臣云：中国全权大臣所拟各节，多半中俄条约内订有明文，自勿庸从新商定，其余均属此次新立之限制，故日本国于日俄议和时，以续行战争为孤注，方经俄国允让之事，应请中国全行照允外，其属枝节之事，实无可争论。至中国全权大臣谓因借地、铁路事宜，与俄所订欠妥不全，以致争论纷生，欲与日本国商定各端者，既于中国深信日本国公正持平，自勿须出此。倘或偶有须商之事，届时均可商酌办理。

彼此切磋尽议，为时良久。中国全权大臣允将所拟细目收回，请在日本国全权大臣所拟条款内添加下开一节：

日本国政府承允，按照中、俄两国所订借地及造路原约实力遵行。嗣后遇事，随时与中国政府会商订定。

日本全权大臣答云：日本国政府所见固然如是，似勿须明订，惟中国全权大臣既愿将此节添入，亦可应允。但须声明：嗣后俄国在满洲北方仍旧经营之铁路，须由中国确切措办，以期务令俄国按照中俄原约实力遵行，俄国设有违碍条约之举动，应由中国严责驳正为旨，并将此节存记会议节录内，以凭考证。

中国全权大臣应允声明：此节大纲第六条确行订定如左：

中国政府约定：俄国按照日俄和约第五款及第六条及允让日本国之一切概行允诺。

日本国政府承允：按照中俄两国所订借地及造路原约实力遵行。嗣后遇事，随时与中国政府会商厘定。

关乎本条款将下开一节存记会议节录内：

中国政府声明：俄国在满洲北方仍旧经营之铁路，须由中国确切措办，以期务令俄国按照中俄原约实力遵行。俄国设有违碍条约之举动，应由中国严责驳正为旨。

下次会晤定于十月二十九日下午三点钟开议。下午六点钟散会。

庆亲王、瞿鸿禨、袁世凯、小村寿太郎、内田康哉。

附件第一号

议定满洲撤兵并铁路守备兵专条始末。

西历本年八月九日，日、俄两国全权大臣始在美国波斯都毛斯地方会商议和约款，至是月二十九日业经将和约大纲议定，后再拟定妥所有详细条款，以便遵行。因查前经在议和草约第二款言明，日、俄两国应据续约所定，除旅大租权效力所及地方外，由满洲地方同时开办，全行撤兵等语，日本全权大臣即为商订此项续约起见，在同日会议提及草约，今将该草约开列于左：

大日本国全权大臣，大俄国全权大臣，为施行本日签印之和约第二款所订之事，商订专条，开列于左：

日、俄两国彼此允约，将屯驻满洲地方及满洲附近地方之两国军队分定下开三期，全数并同时一律撤退。

第一期，在和约批准后十日以内撤起，四个月以内撤完。

日本军队应向新民厅、奉天、抚顺、兴京、怀仁、楚山线内暨豆满江右岸撤退。

俄国军队应向伯都讷、桃赖昭、山河屯、额本索、珲春线内暨豆满江左岸撤退。

第二期，自第一期撤完之日起，四个月以内撤完。

日本军队应向牛家屯、大石桥、岫岩、凤凰城、安平河口线内撤退。

俄国军队应向胡拉尔古、齐齐哈尔、墨尔根、爱珲线内撤退。

第三期，自第二期撤完之日起，两个月以内撤完。

日本军队应向辽东租地境内暨韩国交界内撤退。

俄国军队应向俄国交界内撤退。

上开专条各款，一经和约批准，则此专条亦视为一律批准。俄全权大臣谓：撤兵一事，固属格外事宜，在军事技术上诸有为难之处。本大臣等未便言明意见，非俟转商驻在东省之武官后无由核实议定，今姑以本大臣意见言之，撤兵事宜，固宜将日、俄两军同时开办，并期将两军兵数每得平准为宗旨。但如何能得实行此宗旨，则惟顾铁路运兵之力并地方情形何如耳！故谓未便即此定议，必俟转商满洲军司令官而后可云云。日本全权大臣乃谓：所有详细条款，定为由两军司令官协定亦无妨，但其紧要宗旨必须在会议和约之时一同议定，载明续约，以凭核办。今俄全权大臣如以该草约为不可，则由俄国拟出一草约可也。俄全权大臣当即允诺。

日本全权大臣意又谓：保护满洲铁路事宜，并须彼此订明约款，以防藉口保护铁路之事在东省地方驻屯大兵，亦极属紧要，是以在同日会议，将铁路守备兵无论何故每一基罗迈当不得逾五名之议提及矣。俄国全权大臣乃谓：限定守备兵数为每一基罗迈当五名之事或似未妥，何则？若俟至永远回复太平情形，东三省地方全归宁静之日，则虽为是数，或无不可。时未至此，则五名之额诚恐或形不足。不若定为此时以前两国各得合宜办理之为优。日本全权大臣驳云：本大臣固自信是数必能保护铁路而有余，惟中国情形自不与各国相同，变生不测，或在所未免。此时若觉兵数不足，则由两国相商，临时酌添，亦未为晚。但将其大概兵数预由两国限定，以免另生枝节一事，尤属紧要，且协定之法并无甚难云云。于是俄全权大臣再提及，日、俄两国宜照路线长短，由两国相商，随时酌定守备兵数之议。日本全权大臣坚执不允，谓：守备兵数必须预在续约上核实商定。俄全权大臣遂将守备兵数商定在续约内载明之事允诺矣！

八月三十日以后，日本全权大臣屡经向俄全权大臣咨催赶速拟出撤兵草约，迟至九月二日，乃示及下开草约：

俄全权大臣所拟撤兵及护路兵草约

日、俄两国允约务须从速由满洲撤兵。

在前敌阵地屯驻之军队应尽先撤退。

在满洲地方留驻之日、俄两国军队，无论在何时，其兵数必须彼此大略相等。

日、俄两国政府为将各自铁路沿线并产业及运输事务妥为保护起见，预行存留留驻护路兵之权。此项护路兵之数，应视路线长短为准。彼此商允订定，其在每一基罗迈当兵数，必须彼此相等。

所有两国军队统将彼此应订撤兵办法，以及限期等各专条，须按照上开宗旨办理。

查该草约内未定撤兵限期，并未定守备兵数，是以日本全权大臣再拟一新草约，提示俄全权大臣如左：

日本全权大臣修改草约

第一款　日、俄两国政府一俟和约遵行，彼此立即并同时开办由满洲地方撒〔撤〕兵。自和约遵行之日起，十个月限期内，在满洲地方驻扎之日本军队应撤退至辽东半岛租地界内及韩国交界内，其俄国军队应撤退至俄国交界内。

第二款　日、俄两国军队应将在各前敌屯驻之兵尽先撤退。

第三款　日、俄两国为保护在满洲之各自铁路沿线起见，预行存留留驻护路兵之权。但此项护路兵之数，按每一基罗迈当不得逾五名。

第四款　在满洲之日、俄两国统将应按照前开宗旨，将撤兵事宜细目妥为商定。

俄全权大臣仍谓：俄定期撤兵实觉甚难，非考查实在情形后，未便即知若干日内能否照办，全行撤退，因愿其详细章程由满洲两国军司令官察核商定，今在和约内只约明从速撤兵可也。日本全权大臣驳云：议定限期撤兵一事，本国政府最所注重，必要在和约内核定限期，而其限期将以十个月为合宜云云。

俄全权大臣再述，俄国撤兵，只有一条铁路，并在东部悉比利地方，本无停宿多数军队之备等事，极言定期撤兵一事，俄国比日本更难等情。日本全权大臣乃告以俄国万难将十个月定为撤兵之期，则特允缓为十二个月之意。俄全权大臣尚答：此限期内亦未能言明果否全行撤退，故和约内未便约明此事。于是日本全权大臣再论撤兵事宜将约明期限尤为紧要之理，且谓：俄全权大臣果不能言明十二个月内全行撤兵事，不得已而允在和约内议定，准两国军司令官察核实在情形，从速撤兵，合宜办理外，约明限期，无论何故，不得逾十八月等事。至是俄全权大臣允诺矣！

前开限期定铁路守备兵数一项，俄全权大臣再谓：东三省情形何时能得太平，现在尚难逆睹，而其未归太平以前，欲得护铁路，期其安全，必须多兵守备，是以议和约款内未便限定其数，但宜由两国军司令官相商，照铁路长短，随时限定其数。如此办法，始于实际有益云云。日本全权大臣必不以为然，谓：守备兵数是否有若干足用，固视东省情形何如而后能定，是理或然。但预定每基罗迈当五名之数，则断不至或形不足。俄全权大臣答谓：守备兵只有五名之数，全行撤兵后，万一另生事变，又何以保护铁路得其安全乎？如至东省情形全归宁静之日，则是数或无不足，惟就现在情形而言，必欲预定此数，万难允诺。本大臣以为，定为由两国军司令官察核情形，随时商定必需之数可也。日本全权大臣极论其不可，倡言必须由两国全权大臣预定其数，因谓：俄国必不以五名之数为然，仍不得已而更增为十名尚可。日本全权大臣之意，在俄全权大臣允诺，及早了局，而俄全权大臣尚坚执不可，并谓：如以为有紧要，必欲预定兵数，则从多限定，其实在兵数，仍由两国军司令官察看东省情形而后酌定，而在和约内只载明以每一基罗迈当二十名为最多之数可也。日本全权大臣再驳云：如以每一基罗迈当二十名为最多之数，则守备兵数徒致太多，或恐于事未妥，断难允准。惟俄全权大臣以十名为少，则特允在和约内所定最多之数定为每基罗迈当十五名，而实在需用之数，则由两国军司令官察看东省情形，在该最多之数从少酌定。议至是，俄全权大臣仅肯允诺，而续定约款始得订立，其条款开列如左：

大日本、大俄两国政府允约，于前开和约遵行后，彼此立即并同时开办由满洲地方撤兵。自和约遵行后，十八个月限期内，两国军队，除辽东半岛租地外，应由满洲地方全行撤完。其撤兵时，由两国前敌撤起。在日、俄两国预行留存为保护两国满洲铁路得留驻护路兵之权。此项护路兵每一基罗迈当不得过十五名，但于此限定最多数目以内，日、俄两军统将参酌切实情形，将此项护路兵务须会商，从少限定。而在满洲之日、俄两军统将按照前开宗旨，将撤兵事宜细目妥商订定，务须从速，并无论如何，不得逾十八个月限期内，将兵一律撤完。须要办法，彼此商定施行。

中日全权大臣会议东三省事宜节录第四号　附附件一件

光绪三十一年十月二十九日，明治三十八年十一月二十五日，下午三点十分开议。

入座人员：大清国全权大臣瞿尚书、袁总督，会议参赞官唐侍郎会办、邹右丞、杨参议、金检讨、曹主事；大日本国全权大臣小村大使、内田公使，会议参赞官山座局长、落合书记官、郑书记官、高尾书记生。

中国全权大臣庆亲王因病未到。

两国全权大臣按条续议，将日本国全权大臣所议大纲第七条磋商。

日本全权大臣参酌中国全权大臣答复此条（节录第二号附件第一号）文内所开宗旨，将大纲内原拟之条删改，另拟一条（附件第一号及第二号），交中国全权大臣察阅，并将由安东县至奉天铁路务须按照由长春至旅顺口之铁路条约归日本国经营缘由详晰申明，并称：务望中国全权大臣即按照所拟条款即行允诺。

中国全权大臣将不能允照长春旅顺口铁路一律办理缘由详晰叙明，并称：至于答复文内允日本国经营此段铁路年限为五年一节，尚可酌展，惟此段铁路仍愿与长春旅顺口铁路分别订办，争持至再。

日本全权大臣云：既然如此，可于经理年限将此铁路与长春旅顺铁路示其区别，拟欲日本国经理此段铁路年限为二十五年。

中国全权大臣云：年限过多，碍难照允。

似此，两国全权大臣讨论至四小时之久，议〈未〉就绪，于是日本国全权大臣商及：本日停议，明日下午三点钟再行续议此条，若何？

中国全权大臣允之。

下午七点钟散会。

庆亲王、瞿鸿禨、袁世凯、小村寿太郎、内田康哉。

附件第二号

日本国全权大臣所拟条款第七条，拟改订如左：

中国政府允将由安东县至奉天省城以及由奉天省城至新民屯所筑造之铁路由日本国政府维持经管，按照由长春至旅顺口铁路一律办理。由长春至旅顺口之铁路将来展造至吉林省城一事，中国政府应不驳阻。

中日全权大臣会议东三省事宜节录第五号

光绪三十一年十月三十日，明治三十八年十一月二十六日，下午三点十七分开议。

入座人员：大清国全权大臣瞿尚书、袁总督，会议参赞官唐侍郎会办、邹右丞、杨参议、金检讨、曹主事；大日本国全权大臣小村大使、内田公使，会议参赞官山座局长、落合书记官、郑书记官、高尾书记生。

中国全权大臣庆亲王因病未到。

两国全权大臣仍续前议，将日本全权大臣所拟交大纲第七条磋商。

前次会晤，两国全权大臣所议未能合拢之安奉铁路由日本经营年限一节，中国全权大臣称：旋经本全权等商榷，现将所拟之五年期限允展为十年，如将此段铁路按照中国向来借款造路办法一律办理，仍可多展。

日本全权大臣将经管此路年限作为十年，则为期尚觉过促，未便承允缘由详晰申明，并称：前日会议时所拟二十五年期限再行退让，拟由此项条约签字画押之日起，以十五年为限，请中国全权大臣酌允其一，期将此节彼此磋商。良久，日本全权大臣声明：前拟两端办法乃系将此路所关系各情通盘筹计，勉力退让，即望中国全权大臣酌允其一，除此以外，再无办法。

中国全权大臣答称：此事关系甚大，酌允所拟一端，现难遽允。定下次会议时再复。

两国全权大臣商定次日即十一月初一日休息一日，于初二日下午三点开议。

下午七点五十五分散会。

庆亲王、瞿鸿禨、袁世凯、小村寿太郎、内田康哉。

中日全权大臣会议东三省事宜节录第六号

光绪三十一年十一月初二日，明治三十八年十一月二十八日，下午三点十二分开议。

入座人员：大清国全权大臣瞿尚书、袁总督，会议参赞官唐侍郎会办、邹右丞、杨参议、金检讨、曹主事；大日本国全权大臣小村大使、内田公使，会议参赞官山座局长、落合书记官、郑书记官、高尾书记生。

中国全权大臣庆亲王因病未到。

两国全权大臣接续前次会晤，将由安东县至奉天铁路事宜磋商。

中国全权大臣声称：因前次会晤时，日本国全权大臣所拟经理安奉铁路年限事宜，在中国全权大臣妥慎商议，期勉副日本国全权大臣所期望为旨，拟有末后退让办法：一、拟日本国经理此段铁路年期，自此路改良竣工之日后，以十五年为限。其改良竣工限期定为二年。俟十七年限满后，将现有建置各物件，令公正估价之人估价，售与中国。至该路改良办法，应由日本承办人员与中国特派人员妥实商定。所有办理该铁路事务，中国政府援照东省铁路章程办理。由该路运送中国兵丁、饷械，可按东省铁路章程办理。所有中国官商货物由该路转运，应按照山海关内外铁路章程、价值给付。倘此办法以为不妥，另有第二办法，即中、日两国各指定一公司，彼此酌备资本合办，设一安奉铁路公司，将现有行军铁路售给该公司。其改良工程由该公司商定。至于该公司经理铁路限期，可作二十五年。限满后，应由中国政府将该铁路按价收买。

日本国全权大臣云：前开第一端办法，于其大致尚可允诺。惟此段铁路目下正在运兵回国之时，未能立即动工改良。拟欲将改良工程竣工限期二年展作三年，或二年限期不必更改，另行订明，遇有必须情形，可续展一年。至于此段铁路运价一事，容俟会商接续两国铁路营业事务章程时再办。其由中国政府派员一节，可以删除。

以上各端，彼此磋商，两国全权大臣允将下开条款作定：

中国政府允将由安东县至奉天省城所筑造之行军铁路仍由日本国政府接续经营，改为转运各国工商货物。自此路改良竣工之日起（除因运兵回国耽延十二个月不计外，限以二年为改良竣工之期），以十五年为限。届期一律拆去，或请一他国公估人，按该路建置各物件估价，售与中国。未售以前，准中国政府运送兵丁、饷械，可按东省铁路章程办理。至该铁路改良办法，应由日本承办人员与中国特派人员妥实商议。所有办理该路事务，中国政府援照东省铁路合同，派员查察经理。至该路转运中国官商货物价值，应另订详章。

于是两国全权大臣将由奉天省城至新民屯铁路事宜磋商。

日本国全权大臣云：此段铁路拟欲按照安奉铁路一律办理。

中国全权大臣申明，因与英国公司所订合同内载，将山海关内外铁路展造，或造枝路，应归此路事业之内缘由，并称：辽河以西地方，就日、俄用兵情形，自必以局外之地而论。因有此项缘由，由奉天至新民屯铁路坚持须归中国自办之权。

日本国全权大臣详晰驳论中国全权大臣所称各节，均不足多虑，缘彼此反复辩驳后，由日本国全权大臣拟一不可再移之办法，云：由奉天省城至辽河之铁路归日本国经理，由辽河至新民屯之铁路归中国经理。至于在辽河应架铁桥，彼此合资架造，作为共用。

中国全权大臣答云：此项办法尚须妥细考察，于下次会晤再行答复。

下次会晤定于次日即十一月初三日下午三点钟开议。

庆亲王、瞿尚书〔鸿禨〕、袁世凯、小村寿太郎、内田康哉。

中日全权大臣会议东三省事宜节录第七号 附附件一件

光绪三十一年十一月初三日，明治三十八年十一月二十九日，下午三点钟十七分开议。

入座人员：大清国全权大臣瞿尚书、袁总督，会议参赞官唐侍郎会办、邹右丞、杨参议、金检讨、曹主事；大日本国全权大臣小村大使、内田公使，会议参赞官山座局长、落合书记官、郑书记官、高尾书记生。

中国全权大臣庆亲王因病未到。

两国全权大臣接续前次会议，磋商由奉天〈至〉新民屯铁路事宜。

中国全权大臣云：查光绪二十四年八月，中国政府与英国公司所订合同第三款内载，遇有筑造山海关内外铁路枝路或行展造时，应由该公司承办；又云：奉天省城系中国列祖陵寝所在，故由北京至奉天省城之铁路须由中国将此全线筑造经理，日本国全权大臣前次会晤时所交折衷办法，碍难允从。

日本国全权大臣云：中国全权大臣所称中国政府与英国公司所订合同只系放款一

事，与将由奉天至新民屯铁路在辽河划分筑造之事应毫无窒碍之处。况且因有一千八百九十九年英、俄合约所订，在中国政府允日本国全权大臣所拟折衷办法，更勿须犹豫；并详晰申明：至如奉天省城中国列祖陵寝，于此次战事，在日本国军队，自家作难，未遑顾及，始终保护，得以完全，即嗣后仍照此宗旨办理，则于日本国经理此段铁路，中国应勿须多虑。设若无此战事，中国不能联络由北京至奉天省城铁路一节，请中国全权大臣格外体念等语；并称：除所交折衷办法以外，实无商结此款妙法，因望中国全权大臣熟察。

因彼此意见难于合拢，日本国全权大臣云：容将此款在中国全权大臣详慎考查后再行磋商，拟先商以下条款。

中国全权大臣允之。

于是磋商由长春至吉林省城之铁路事宜。

日本国全权大臣云：此段铁路，系向在俄国筹策造筑经理，而移为日本国自行筑造经理者，盖因日、俄议和时，由长春至哈尔滨之铁路日本国允不邀索，即以筑造经理此段铁路作为相抵，经俄国承允。而揆诸各项情节，此段铁路必须作为由旅顺至长春铁路接展之线，所关殊深紧要，望中国允将此段铁路按照安奉铁路所订办法，一律归由日本国筑造经理。

中国全权大臣云：筑造铁路之事，中国尚未许之俄国，而吉林将军两次奏奉谕旨，业经定由中国自行筑造，并饬户部筹备款项，故碍难将此段铁路允让日本国筑造。惟顾念两国邦交，于答复大纲文内开列：倘或中国筑造此路借用洋款时，应先向日本国商借等语。日本国全权大臣申明不能应允此项办法之所以然，仍请中国全权大臣务须熟图另拟彼此相宜办法。

中国全权大臣云：在中国筑造此段铁路时，铁路上所需工程人员可聘用日本国人。至于所需物料，如日本物料较诸他国物料价值相同，则可由日本国购买。即拟以此为通融办法。

日本国全权大臣云：此项通融办法仍不能满意，拟彼此妥行斟酌，容下次会晤时再议。

中国全权大臣允之。

中国全权大臣云：由大石桥至营口铁路，按照中俄条约，系为筑造东省铁路载运材料，准俄国暂设，并订明一条，东省铁路工程完华，及其所定最多限期八年届满，即行拆去，因愿日本国亦应照此明文，将此段铁路拆去，以照原约。

日本国全权大臣云：东省铁路初次约内订有此条明文，但嗣后中、俄两国订定交还东三省约时，在中、俄两国匪独无拆去之意，却愿作为东省铁路之一枝仍旧存留之意，确有可推知之迹，而如拆去此段铁路之题目，实属不应现在议定之事。

中国全权大臣答称：在中国曾无将此段铁路存留之意，因此路通海，必须自造，但年限未到，随后再议亦可。

中国全权大臣云：愿日本国允按照日俄和约第八条，在日、俄两国为订定联络东三省铁路营业事务商订别约时，中国亦派员同时与议。

日本国全权大臣云：此事因与俄国有关之处，故在日本国独允尚不足为凭，可允将下开意见记入会议节录内。

中国全权大臣云：甚是。

俟日、俄将来商议联络铁路章程时，由日本先行知会中国，届时可将欲派员会议之意知会俄国，同时与议。

两国全权大臣磋商日本全权大臣所拟大纲第八条。

日本国全权大臣云：中国全权大臣答复文内所拟改之条，大致尚可应允。惟按照拟改之条，其树林地位尚欠明晰，愿将此节插入，以清界址。

中国全权大臣允之。彼此商拟后，允照下开作定：

中国政府允许设一中日本植公司，在鸭绿江右岸地方采伐木植。至该地段广狭、年限多寡，暨公司如何设立，并一切合办章程，应另订详细合同，总期中、日股东利益均摊。

两国全权大臣磋商大纲第九条。

日本国全权大臣云：本条内所开鸭绿江及辽河行船之权，按现既行条约，固属日本国臣民所享。现在欲商定者，著要在松花江，将此大纲交阅后，查据中俄《爱珲条约》，方悉松花江行船之权专许中、俄两国船只，他国船只不在允许之列。并询中国全权大臣：此项条约现在是否仍行遵守?

因中国全权大臣答称，该条约仍旧遵守，日本国全权大臣云：然则此条如与中国商定，似与中国有不便之处，应将此条撤回。

如松花江行船之件俄国无异议，则中国亦可商允。

中国全权大臣答称：允照办理，愿将此意存记会议节录内。

两国全权大臣磋商大纲第十条。

日本全权大臣申明拟议此条之所以然，并云：日本国臣民在韩国及辽东借地沿岸享有渔业权，如不将属奉省之海面亦得取渔之条预先明订，则日后必致渔户生事，纠葛迭生。欲将此事预为防范起见，望中国全权大臣照所拟之条允诺。

中国全权大臣答云：倘将此条渔业权允许日本国，则恐他各国按照均沾宗旨，向中国索别处渔业权时，中国无辞可拒，此条碍难承允。

日本国全权大臣申明各国理无按照均沾宗旨向中国索别处渔业权之所以然，并称：关乎此条，拟欲筹策中国免于为他各国所烦累之妥法，此条容俟筹有妥法，再行商酌。

中国全权大臣允之。

大纲第十一条，因中国全权大臣并无异议，即作为确定。

日本国全权大臣云：按照次序，自此应将中国全权大臣所交增添各款商议。惟日本全权大臣曾如第一次会议时预行声驳，拟有关于款目之增添条款，于是将所开增添条款附件第一号、第二号，交中国全权大臣，并云：拟由明日起，首先就中国全权所增添条款议起，然后再议日本国全权所增添条款。

中国全权大臣允之。

下次会议定于次日即十一月初四日下午三点开议。

下午六点二十五分散会。

庆亲王、瞿鸿禨、袁世凯、小村寿太郎、内田康哉。

附件第二号

日本国全权大臣所拟增添条款：

第一　中、日两国政府为图来往输运均臻兴旺便捷起见，妥订南满洲铁路接联营业章程，务须从速另订别约。

第二　中、日两国政府以保护在南满洲地方之铁路利益殊为紧要，所有关乎南满洲地方筑造铁路各节，须由中、日两国政府彼此预先商妥预定。

第三　中国政府允由旅顺口至烟台、由牛家屯至营口并在铁路沿线之日本电报事务，由日本经理，并允由营口至北京之中国电线杆上附加电线一条。

第四　南满洲铁路所需各项材料，以及护路兵队所需一切物件，应豁免一切税捐、厘金。

第五　中国政府为图振兴满洲地方之农商各业起见，应准满洲地方各项杂粮出口。

第六　中国政府允于正约及另件条约所商定之各项事宜，应向日本国按照最优之例相待。

中日全权大臣会议东三省事宜节录第八号　附附件一件

光绪三十一年十一月初四日，明治三十八年十一月三十日，下午三点十五分开议。

入座人员：大清国全权大臣瞿尚书、袁总督，会议参赞官唐侍郎会办、邹右丞、杨参议、金检讨、曹主事；大日本国全权大臣小村大使、内田公使，会议参赞官山座局长、落合书记官、郑书记官、高尾书记生。

中国全权大臣庆亲王因病未到。

两国全权大臣将中国全权大臣所拟增添条款第一条磋商。

中国全权大臣申说拟出此条缘由，并胪列第一端，减少撤兵限期之事，在中国全权大臣以为，日、俄两国军队均能于十二个月以内可以撤完，日、俄两国军队一日在东三省驻扎，中国官民一日不能相安，甚至驻兵弥久，恐多滋生事端之虑等节；并云：如能日本国先允减少撤兵期限，即欲据此缘由向俄国政府照达邀允。

日本全权大臣答云：于日、俄议和时，将两国撤兵最多限期商定作为十八个月，实系日本国执言接续战事之意，敢冒此危险，始得俄国允约。至若再行减少期限，万难作到。嗣后按照议和条款所订，在东三省之两国统将彼此商定撤兵限期时，在日本国统将查核实在情形以及铁路之转运程度认明，撤退俄国军队应需十八个月，实属必然，方予允定。查嗣后紧关切要之题目，不在能否减少撤兵限期，却在俄国能否遵约实行撤兵。而试尝此万难作到之举，欲改变日俄和约以及在东三省之两国统将业经妥定之限期，是于遵行日俄和约所订之事反多窒碍，殊堪可虑。

日本全权大臣将上开各节详晰申说后，并云：在日本国减少撤兵限期，核诸实际，尚不甚为难，惟似此改变已定约款之举动，断难作到。倘或在中国先与俄国相商，俄国果应允减少限期之议，由俄向日本有所商及，日本国即可与之相商。

中国全权大臣云：请日本国全权大臣备文声明，俄国果能承允减少撤兵限期，则亦于日本国应无异议缘由。

日本国全权大臣云：似此日本国开端改变和约条款之举动，实属遗人违约口实，是不可不畏而避之。

磋商本条第二端之事。

日本国全权大臣云：此节在酌量中国情形所系，并考诸日俄和约，但能与日本国地位不致扞格，愿副中国所期望。现拟有一办法，请中国全权大臣妥为酌核。将所拟之条附件第一号、第二号交中国全权大臣阅看。

中国全权大臣云：此一节实属中国上下所见佥同，最为注重之事，由中国视之为此次议约之主脑，而中国与俄国订约内保护东省铁路事宜，中国自担其责，其驻兵队无论也，即驻巡警队，亦未尝许之俄国。查外国兵之驻扎东三省实属危险，乃是祸变之所由生，自应由中国派出三师团切实保护，故日本先允撤此护路之兵，则向俄国一律照商，实绝无可拒之理，即望日本国全权大臣承允。

日本国全权大臣云：于日、俄议和时，俄欲分扎护路兵，不限兵数。在日本国执定接续战事之意，敢冒此危险，争执不移，方得允定每一基罗迈当以十五名为限。今欲改变此事，实无把握，且如前段所说，此系日俄和约内以及两国统将所确定，似此业经确定至再而欲遽行改变，究属不能尝试之事，惟日本国始终无永远驻留此项兵队之意，但能按照日俄和约，日本国不致有陷于不利之虑，即在此范围内申明日本国意见所在，原无不可，此所以另拟办法交阅者也。是日本国体察中国期望所在，认为定而不移之办法，务望中国全权大臣体谅以上各情，按照此拟条允定。

中国全权大臣云：撤去护路兵队一事，上自大皇帝，下至地方督抚、士民及寄寓外国华民，无不注意于此。故在日本国不允此事，上莫由复命于大皇帝，下不能副万民舆望，只有执持原拟之条耳！

日本国全权大臣云：中国全权大臣所论是属舍本求末之议。日本国舍国家命运为孤注，与俄用兵，其当议和也，执定接续战事之意，敢冒此危险，方得与俄商定限制护路兵数，中国在谈话之间欲收较胜之效，岂可得乎？中国全权大臣既称执持原拟之条，断无别法，则日本全权大臣亦云，断难应允。究其归终，岂非日、俄两国在东三省护路兵队永无撤退之一日乎？至于中国全权大臣称为日本先允，则当向俄国相商，使其将护路兵队撤去等语。查自中、俄两国订定交还东三省条约之后，俄乃半途违约，中国责之至再、至三，在俄国听之藐藐，究致日本国万不得已，舍国家命运，与俄干戈相见。而在中国藉掉舌之力，较日本国舍国家命运，供至重牺牲，而争得之成效，更胜一筹，可谓情理难容之事，愿中国全权大臣熟察之。设或日本国意欲在东三省永远驻兵，则限五年或十年撤兵，各护路兵队每一基罗迈当限为五十人或一百人，以此与俄国相商，俄则欣然承诺也，必矣！而保全东三省之谓安在哉？因望中国全权大臣无区区于一条款之末，顾念全局所系，熟察事势之所由，将我所拟之条详加酌核为盼。

中国全权大臣云：此条所关甚重，应如何商酌，未能立即定结，容下次会议。

下次会议定于次日即十一月初六日下午三点开议。下午六时五十分散会。

庆亲王、瞿鸿禨、袁世凯、小村寿太郎、内田康哉。

附件第二号

中国全权大臣所拟增入条款之第一款拟改如左：

俟届日本政府认明中国将在满洲地方之外国人命、产业以及各项事业均能保护完全时，日本国应与俄国同时将护路兵撤去。

清季外交史料卷一百九十三终

清季外交史料卷一百九十四

光绪三十一年十一月中

中日全权大臣会议东三省事宜节录第九号 附附件一件

光绪三十一年十一月初六日，明治三十一年十二月二日，下午三点十五分开议。

入座人员：大清国全权大臣瞿尚书、袁总督，会议参赞官唐侍郎会办、邹右丞、杨参议、金检讨、曹主事；大日本国全权大臣小村大使、内田公使，会议参赞官山座局长、落合书记官、郑书记官、高尾书记生。

中国全权大臣庆亲王因病未到。

两国全权大臣续议前次条款。以中国全权大臣所拟增添条款第一条后段，保护铁路兵事宜，未能拟定彼此相宜办法，约明容俟彼此妥相考究，再行商酌，次条接议。

日本国全权大臣云：中国全权大臣所拟增添条款第二条，须分为两段。其第一段，即系日本国军队因军务所必需在东三省地方占据、使用中国公私产业而言。此项中国公私产业，应俟届军务勿须占用时应即交还，固属当然，惟其撤兵未完以前，不得谓为军务完毕，勿须占用，故将中国全权大臣所拟之条商定。于是将此拟改之条（附件第一号、第二号）交中国全权大臣阅看。至第二段，即系中国国公私产业并非因军务所必需，被其损坏、占据、使用者，应行补还而言。向来每有此项事体，由中国政府随事照请办理，由日本国使馆或领事馆随即咨达本国该管官，请其竭力查办，均有案可查。即嗣后遇有此项事体，仍可照此办理，似不必另作会议题目。

中国全权大臣云：其第一段，可将文辞删改。至于第二段，因东三省官民无故被累，禀请恤救者颇多，均谓于此次两国议约时必能妥定恤救之法，属望甚切。在日本国全权大臣如以此条为勿须列入条款内，愿将原拟之条酌行删改，存记会议节录内。

彼此磋商后，将此条各允照下开字句作定：

日本国政府允，因军务上所必需，曾经在满洲地方占领或占用之中国公私各产业，在撤兵时，悉还中国官民接受。其属无须备用者，即在撤兵以前，亦可交还。

在会议节录内允照下开字句记存：

凡军用必需以外，所有日本臣民若有意损坏、取用中国官民各项产业，应由两国政府查明，秉公分别饬令补还。

下次会议定于次日即十一月初七日下午三点钟开议。

下午六点十分散会。

庆亲王、瞿鸿禨、袁世凯、小村寿太郎、内田康哉。

附件第二号

中国全权大臣所拟增入条款之第二款拟改如左：

日本国政府允，因军务上所必需，曾经在满洲地方占领或占用之中国公私各产业内，其属无须备用者，即在撤兵以前，亦可交还中国官民接受。

中日全权大臣会议东三省事宜节录第十号　附附件四件

光绪三十一年十一月初七日，明治三十八年十二月三日，下午三点七分开议。

入座人员：大清国全权大臣瞿尚书、袁总督，会议参赞官唐侍郎会办、邹右丞、杨参议、金检讨、曹主事；大日本国全权大臣小村大使、内田公使，会议参赞官山座局长、落合书记官、郑书记官、高尾书记生。

中国全权大臣庆亲王因病未到。

日本国全权大臣拟将中国全权大臣所拟交增添条款第三款磋商。

中国全权大臣云：因昨日商定之增添条款第二条内尚有不完全之处，拟欲另添一条。将所拟之条（附件第一号）交日本国全权大臣阅看。

日本国全权大臣答云：昨日业经商定之条，既属确定，并经转报本国政府，故碍难另行更改增减。

中国全权大臣云：增添条款一事，即在日本国大臣亦曾有之，此条不在应商之列，并望日本国全权大臣妥加考察，并非现在即欲商酌。

本日仍确商增添条款第三条。因磋商中国全权大臣所拟交之增添条款第三条。

日本国全权大臣申明：在日本国军队所占守界内，维持地方治安，自属日本国军队应尽之责。至于由占守地界将军队撤退完毕，应随即知会中国政府，在此撤出地方，中国可得遣派军队。因将按照此旨所拟改之条（附件第二号、第三号）交中国全权大臣阅看。

中国全权大臣云：所谓日、俄两国军队占守地址，可得而知乎？

日本国全权大臣允俟明日绘出地图讲明。

磋商中国全权大臣所拟交之增添条款第四条。

日本国全权大臣云：此条宗旨，在日前业经商定之大纲第六条末段所开可以概括之，似不必另列一条。

中国全权大臣云：附属铁路之矿产，颇有纠缠难清情节。至于关乎让给俄国之矿产，既可按照大纲第六条所订办理，惟因此外矿产尚无明定之章，在日本国全权大臣以为不宜另列一条，则可将此拟条宗旨存记会议节录内，庶免日后有所误会之处。

日本国全权大臣答云：此项事宜原可按照大纲第六条所订办理，但为矿产一事，为防日后误会起见，可照此相同之旨存记会议节录内，原无不可。

此条即作为商定，照此商定之旨开列如左：

奉天省附属铁路之矿产，无论已开、未开，均应妥订公允详细章程，以便彼此遵守。

两国全权大臣磋商中国全权大臣所拟增添条款第五条。

日本国全权大臣云：应划定商埠租界办法，既有现行条约可遵，并日前会议业经商定之大纲第五条列有明文，似不必另行商订。

中国全权大臣申明营口及安东县实在情形，为防日后误会起见，欲将此条特行商定。

日本国全权大臣云：划定营口及安东县租界事宜，因须由两国政府商定，似勿须另行列入约款订定，惟既在中国全权大臣欲将此旨特行存记会议节录内，原无不可。

中国全权大臣云：如将此旨存记会议节录内，欲较此拟条所开条文更当详密。存记其文辞，应随后拟开，可先磋商增添条款第六条。

日本国全权大臣允之，并声明：中国全权大臣所拟此条未能应允缘由，盖在撤完军队以前，核诸所关各项事宜，以营口之地于军务颇有切要关系，如有中国官员前往该处，改变一切制度等事，究难承允。惟总以勉副中国期望起见，另拟改一条，即可照此商酌。

因将所开拟改之条（附件第四号、第五号）交中国全权大臣阅看。

中国全权大臣询及日本国与俄议和时所订关乎撤兵以及交还地方吏治之事，日本国全权大臣为之详密解说。中国全权大臣云：按照此段解说，仍当将此条妥细考察，应如何答复之处，欲另日缓议。日本国全权大臣允之。

中国全权大臣以按照增添条款第五条之旨，应存记会议节录内文辞拟成，将该拟条（附件第六号）交日本国全权大臣阅看。其应如何商酌之处，商明容另日再议。

下次会议定于次日即十一月初八日下午三点钟开议。

下午六点五分散会。

庆亲王、瞿鸿禨、袁世凯、小村寿太郎、内田康哉。

附件第一号

中国全权大臣拟追加一条：

日本国政府允饬在满洲所有日本臣民，断不干预中国地方官吏全然自行治理之权，并切实尊重中国臣民公私产业权。

附件第三号

中国全权大臣所拟增入条款之第三款拟改如左：

日本国军队一经由东三省某地方撤退，日本国政府应随即将该地名知会中国政府。虽在日俄和约续加条款所订之撤兵限期以内，即如上段所开，一准知会，日本军队撤毕，则中国政府得在各该地方酌派军队，以维地方治安。

附件第五号

中国全权大臣所拟增入条款之第六款拟改如左：

营口向驻之中国官，虽在日本军队由该处撤退以前，如视该处情形但能通融迁就，务速饬令赴任视事。至其所关一切事宜，应由中、日两国政府会商订定。

附件第六号

第五款改入节录：

所有奉省之营口、安东县及他处商埠，经日本国臣民占取地段、房产，一俟撤兵后，应将原物完全交还中国，不得索价。至该等处应如何设立租界之处，当按照开埠条约办理。

中日全权大臣会议东三省事宜节录第十一号　附附件一件

光绪三十一年十一月初八日，明治三十八年十二月四日，下午三点八分开议。

入座人员：大清国全权大臣瞿尚书、袁总督，会议参赞官唐侍郎会办、邹右丞、杨参议、金检讨、曹主事；大日本国全权大臣小村大使、内田公使，会议参赞官山座局长、落合书记官、郑书记官、高尾书记生。

中国全权大臣庆亲王因病未到。

两国全权大臣磋商中国全权大臣所拟交之增添条款第七条。彼此允定此条不列入约款内，将下开声明之语存记会议节录内：

所有营口洋关所征税项，现归日本国正金银行收存，应俟届撤兵时交中国地方官查收。至于营口常关所征税项以及各地方捐款，原系充作地方公共各事之用，亦俟届撤兵时将收支开单交中国地方官备案。

两国全权大臣言明，将日本国全权大臣所拟交之增添条款磋商。由中国全权大臣按该增添各条开列所拟意见（附件第一号）交日本国全权大臣阅看。

其增添条款第一条，商订联络铁路营业事务，在中国全权大臣并无异议，即作为确定。其第二条，嗣后在南满洲地方筑造铁路一事，彼此磋商后，允定此条不列入约款内，将下开声明之语存记会议节录内：

中国政府为维持东省铁路利益起见，于未收回该铁路之前，允于该路附近不筑并行干路及有损于该路利益之枝路。

其增添条款第三条，经理电线一事。经两国全权大臣彼此商酌后，因尚有应查之处，允定本条容俟另日再商。

其增添条款第四条，铁路所需材料以及保护铁路兵队军需豁免税捐一事。因中国全权大臣拟商欲将保护铁路兵队军需一节删除，在日本国全权大臣欲将铁路所需材料免税一节作为确定，其保护铁路兵队军需免税一节，拟俟护路兵队之条商定后，再作确定。中国全权大臣允之。

其增添条款第五条，准杂粮出口一事。经两国全权大臣磋商后，允定此条删除。

其增添第六条商定如左：

中、日两国允，凡正约暨另件条约所载各款，遇事均以彼此相待最优之处施行。

日本国全权大臣云：自从开议以至本日，所有拟交之大纲共十一条，及增修条款共六条，中国全权大臣拟交之增添条款共七条，业经笼统议过一次。至于各条款内彼此未能合拢之条，欲由下次会议再行商酌。

中国全权大臣允之，并云：尚有前日即十一月初七日会议时另行拟交之增添一条未及商酌，特为叙明。

下次会议定于十一月初十日下午三点钟开议。

下午七点五分散会。

庆亲王、瞿鸿禨、袁世凯、小村寿太郎、内田康哉。

附件第一号

日本国全权大臣续加条款拟允拟改如左：

第一款　应允照列。

第二款　改如下：

日本国政府允，在东省铁路合同期限内，如在南满洲即辽河以东各地方修造铁路等事，预先向中国政府商准，以期维持铁路利益。

第三款　改如下：

中国允，由旅顺至烟台海底电线，在借地期限内，作为中、日暂行合办，日本专管旅顺之一端，中国专管烟台之一端，彼此各收报费，无庸划拨。其在南满洲沿铁路各电线照旧存留，但只可传递铁路关涉各事，不准收有费之商报。所有中国在庚子以前原有各官商电线产业，日本政府一律交还中国接管。中国并得以随时扩充电线及邮政利权。

第五款　应改如下：

中国政府为居住旅大借用界内华民民食起见，允满洲地方各杂粮得运入借用界内，以资接济，惟不得运出外洋。

第六款　中、日两国政府互允于正约及另件条约商定各事认真施行。

中日全权大臣会议东三省事宜节录第十二号

光绪三十一年十一月初十日，明治三十八年十二月初六日，下午三点十三分开议。

入座人员：大清国全权大臣瞿尚书、袁总督，会议参赞官唐侍郎会办、邹右丞、杨参议、金检讨、曹主事；大日本国全权大臣小村大使、内田公使，会议参赞官山座局长、落合书记官、郑书记官、高尾书记生。

中国全权大臣庆亲王因病未到。

两国全权大臣将自开议之日至前次会议彼此未议妥各条款磋商。复自大纲第一、第二两条文辞及办法议起，究竟商定将下开声明之语存记会议节录内：

中国全权大臣声明：自愿俟东三省日、俄两国撤兵后，即将撤兵地方按自治全权妥筹经理，以期治安，并按自治全权在东三省地方兴利除弊，认真整顿，使中外民商得安居乐业，同享中国政府妥实保护之益。至应如何整顿办法，悉由中国政府自行酌办。

两国全权大臣将大纲第七条内未经议妥之由长春至吉林省城造铁路权事宜确商。中国全权大臣云：此段铁路应归中国自办。倘有款项不敷情事，先向日本国商借。铁路所需料物，由日本国采购。至于铁路应用人员，可聘日本国人。

日本国全权大臣胪列此中种种情节，仍持此段铁路应归日本国建筑之议。

彼此意见未能合拢。

中国全权大臣云：此事容再妥酌，下次会议答复。

下次会议定于十一月十二日下午三点钟开议。

下午五点四十五分散会。

庆亲王、瞿鸿禨、袁世凯、小村寿太郎、内由康哉。

中日全权大臣会议东三省事宜节录第十三号　附附件二件

光绪三十一年十一月十二日，明治三十八年十二月初八日，下午三点三十分。

入座人员：大清国全权大臣瞿尚书、袁总督，会议参赞官唐侍郎会办、邹右丞、杨参议、金检讨、曹主事；大日本国全权大臣小村大使、内田公使，会议参赞官山座局长、落合书记官、郑书记官、高尾书记生。

中国全权大臣庆亲王因病未到。

两国全权大臣将十月二十七日、二十八日、二十九日、三十日会议节录第二号、第三号、第四号、第五号画押讫，各将原件收存。

接续前次会议，仍确商日本国全权大臣所交之大纲第七条内由长春至吉林省城造路权事宜。

中国全权大臣云：前次会议后，再行妥慎商酌，仍将前日所申明之意见详切拟添，愿就此拟条商定。即将所开拟条（附件第一号）交日本国全权大臣阅看。

日本国全权大臣云：查此拟条与日本国所期望相差太远，实难应允。惟此条彼此尚须考究，容另日再议。

中国全权大臣允之。

磋商大纲第七条关于由奉天省城至新民屯造路权事宜。

中国全权大臣云：此段铁路应归中国自办。但为便与日本国经管之铁路联络起见，在辽河以东之路可允聘用日本国工〈程〉师二名，此系让一步办法。

日本国全权大臣云：止此允让，日本国之期望尚不足以满意，仍请中国全权大臣再行熟察；并云：此系〔条〕愿作为缓议。

中国全权大臣允之。

日本国全权大臣所拟交之大纲第十条，两国全权大臣所见各议难即合拢，彼此言明作为缓议。

将中国全权大臣所拟交之增添条款第一条复行磋商。

中国全权大臣云：数日以来，迭经商酌，现拟有另条。即将所开另条（附件第二号）交日本国全权大臣阅看。

日本国全权大臣云：此条系牵连日、中、俄三国之事，只由日、中两国商订，尚不足以凭遵守。

中国全权大臣云：拟欲将此条列入条款，而将来俄国如不允此条，中国亦不能责备日本国实行此条等语，存记会议节录内。

日本国全权大臣云：此条撤兵限期以及保护铁路兵队事宜，业经两次与俄约订妥协，故非由俄国商及于我，日本国未可遽出更改之举。至护路兵队一事，总欲体谅中国所期望，能否觅出与俄国所约不致有何牵涉之办法，容妥细考察再议。

中国全权大臣允之。

将中国全权大臣所拟交之增添条款第三条复行磋商。

两国全权大臣反复磋商后，允定在日本国全权大臣日前所交之拟改条内会议节录第十号（附件第二、三号）添如下开一节，作为一条，列入约款内：

日本军队未撤地方，倘有土匪扰害闾阎，中国地方官亦得以派相当兵队前往剿捕，但不得进距日本驻兵界限二十华里以内。

又，关涉此条事宜，定将下开声明之语存记会议节录内：

中国地方官在未撤兵地方派兵剿匪，须先商酌日本驻扎武官，以免误会。

将中国全权大臣所拟交之增添条款第五条复行磋商。

两国全权大臣末后允同照下开文辞作为确定：

所有奉省已开办商埠之营口，暨虽允开埠尚未开办之安东、沈阳各地方，其划定日本租界之办法，应由中、日两国官员另行妥商厘定。

下次会议定于次日即十一月十三日下午三点钟开议。

下午七点十分散会。

庆亲王、瞿鸿禨、袁世凯、小村寿太郎、内田康哉。

附件第一号

由长春展造至吉林省城一路，应由中国自行筹款筑造。如须贷借洋款，可先向日本政府贷借。中国自造，亦可延用日本工程师，以资襄助。所需料物，如日本料价与中国及他国相较计数减少或相等，亦可向日本商家订购。

附件第二号

拟改请增第一款：

中国政府为维持东方永远和平起见，视日、俄两国所订十八个月撤兵之期为太缓，应请日本国政府将现驻军队设法减期撤退，愈速愈妙。

中国政府为保全主权、治安及担任保护铁路之责，所有东省铁路应由中国自行设法竭力保护。日本留驻护路兵队，未经中国允许，应请概行撤退，并将该铁路仍交中国保护。日本国政府声明，并非长久留设护路兵，并甚愿名数从少，但满洲地方现未布置妥协，为保护日本国人命、产业起见，暂留巡捕队若干名，专为保护长春至旅顺口铁路之用，毫不牵碍中国地方治理之权，亦不擅出铁路界限以外；并承允，俟满洲地方静谧后，所有外国人性命、产业中国自能保护，日本国立即与俄国同时将此项巡捕队一律撤去，至撤去之期，至迟不逾撤兵后十二个月。

中日全权大臣会议东三省事宜节录第十四号

光绪三十一年十一月十三日，明治三十八年十二月初九日，下午三点十二分开议。

入座人员：大清国全权大臣瞿尚书、袁总督，会议参赞官唐侍郎会办、邹右丞、杨参赞、金检讨、曹主事；大日本国全权大臣小村大使、内田公使，会议参赞官山座局长、落合书记官、郑书记官、高尾书记生。

中国全权大臣庆亲王因病未到。

两国全权大臣复议中国全权大臣所拟交之增添条款第六条。彼此磋商后，允定此条不列入约款内，只将下开声明之语存记会议节录内：

向驻营口之地方官，虽在日本军队由该处撤退以前，俟此约一定后，应由驻京日本公使会同外务部从速订立日期，俾使原有之中国地方官迅速赴任视事。至因该埠日本军队尚多，务须商同订立验疫防疫章程，以免传染。

两国全权大臣复议日本国全权大臣所拟交之续加条款第三条。彼此磋商后，日本国全权大臣将此条撤回。两国全权大臣允定将下开声明之语存记会议节录内：

嗣后凡有关于奉天省陆线及旅烟海线交接事件，可随时随事彼此商定办法。

两国全权大臣复议十一月初七日中国全权大臣所交续加条款。彼此磋商后，中国全权大臣将该条款撤回，并云：拟另拟声明节略，于下次会议时交阅。

下次会议定于十一月十四日下午三点开议。

下午六点二十二分散会。

庆亲王、瞿鸿禨、袁世凯、小村寿太郎、内田康哉。

中日全权大臣会议东三省事宜节录第十五号 附附件四件

光绪三十一年十一月十四日，明治三十八年十二月初十日，下午三点十五分开议。

入座人员：大清国全权大臣瞿尚书、袁总督，会议参赞官唐侍郎会办、邹右丞、杨参议、金检讨、曹主事；大日本国全权大臣小村大使、内田公使，会议参赞官山座局长、落合书记官、郑书记官、高尾书记生。

中国全权大臣庆亲王因病未到。

中国全权大臣将前次会晤商及另拟之声明节略（附件第一号）交日本全权大臣阅看。两国全权大臣商明，此件容另日再议。

日本国全权大臣云：自开议迄前次彼此未能合拢之各端题目内，将由长春至吉林省城铁路，由奉天省城至新民屯铁路，以及保护铁路兵队事宜三端核诸各项关涉情形，拟出另条，欲按此拟条商结；并申明：中国全权大臣如能将由长春至吉林省城铁路暨由奉天省城至新民屯铁路事宜照此拟条允定，则在日本国全权大臣可允照所拟保护铁路兵队办法允定，并允将奉省沿岸渔业权事宜撤回。即望中国全权大臣妥细考察，可否允定之处，俟日后（即十一月十六日）会晤时确复；并叙明：此次所拟合拢办法，实系将未经商定各端务臻商结起见，拟出此定而不移之条。除此以外，实别无良法。即将拟条（附件第二、第三、第四、第五、第六、第七号）交中国全权大臣阅看。

中国全权大臣云：按照所拟条款妥行酌核，可于下次会晤时作复。至于十一月十六日可否会议之处，即在前一日即十一月十五日傍晚时定准即当知会。

日本国全权大臣允之。

下午三点五十二分散会。

庆亲王、瞿鸿禨、袁世凯、小村寿太郎、内田康哉。

附件第一号

中国政府声明：中国与日本素敦友睦，此次日、俄不幸失和，系在中国疆土构兵，现日、俄既经修好，东三省已无战事，日本国待撤之兵队虽仍有占守通例，自不应仍旧施行，乃近日日本国臣民在奉天省时有干预中国地方官吏〈治〉暨损坏中国公私产业等情，日本国全权大臣亦视为非所应为，允将此声明各意转达日本国政府，迅速设法约束在奉天省之日本臣民，益加敦睦，勿致再有干预中国吏治暨损坏官民产业各事。

附件第三号

由长春至吉林省城铁路，作为中国政府事业办理。惟其造路一切，并所定限期内所有该铁路营业事宜，应委南满铁路公司经理。

附件第五号

由奉天省城至新民屯铁路，以辽河为划分之界，在河东应按照安奉铁路办法一律办理。至于辽河搭桥事宜，应由彼此合办。

附件第七号

日本国政府允，俟日本国军队全行撤完后，如在俄国政府按照中国所期望，允将护路兵队撤退，日本国政府亦可将护路兵队同时撤退。

中日全权大臣会议东三省事宜节录第十六号　附附件四件

光绪三十一年十一月十六日，明治三十八年十二月十二日，下午三点十八分开议。

入座人员：大清国全权大臣庆亲王、瞿尚书，会议参赞官袁总督、唐侍郎会办、邹右丞、杨参议、金检讨、曹主事；大日本国全权大臣小村大使、内田公使，会议参赞官山座局长、落合书记官、郑书记官、高尾书记生。

两国全权大臣续议前次未臻商妥之各端。

中国全权大臣作为答复日本国全权大臣所交拟条，再拟长春吉林铁路，奉天新民屯铁路，以及保护铁路兵队三端办法（附件第一号、第二号、第三号）交日本国全权大臣阅看。中国全权大臣并云：此次所拟办法以外，碍难再行退让。

日本国全权大臣答云：查此答复办法，较日前中国全权大臣拟交之条所差无几，亦有全然相同之处，核诸从前迭经申明缘由，在日本国政府实难承允。

于是两国全权大臣彼此考究，应如何将意见合拢，以期酌定办法。日本国全权大臣先就上开三端事宜内由长春至吉林省城铁路一节，总以顾全彼此主见为念，另拟可臻商结办法（附件第四号）交中国全权大臣阅看。

中国全权大臣云：此项酌商办法，当须斟酌。至于可否之处，容会晤时作复。

日本国全权大臣允之。

下次会晤定于次日即十一月十七日下午三点钟开议。

下午六点三十分散会。

庆亲王、瞿鸿禨、袁世凯、小村寿太郎、内田康哉。

附件第一号

由长春展造至吉林省城一路，应由中国自行筹款筑造。如须贷借洋款，即向日本政府贷借，并延用日本工程师，以资襄助。所需料物，亦可向日本商家订购。

附件第二号

由奉天省城至新民府日本所筑造行军路轨，应由两国政府派员公平议价，售与中国，另由中国改造铁路，允在辽河以东延用日本人二名，协助经理，以期接洽。此外各处军用轨路，应一律拆去。

附件第三号

拟改请增第一款：

中国政府为维持东方永远平和起见，视日、俄两国所订十八个月撤兵之期为太缓，应请日本国政府将现驻军队设法减期撤退，愈速愈妙。

中国政府为保全主权、治安暨担任保护铁路之责，所有东省铁路应由中国自行设法保护。日本留驻护路兵队，未经中国允许，应请概行撤退，并将该铁路仍交由中国保护。

日本国政府声明，并非长久留设护路兵，且甚愿名数从少，但满洲地方现未布置妥协，为保护日本国人命、产业起见，暂留巡捕队若干名，专为保护长春至旅顺口铁路之用，毫不牵碍中国地方治理之权，亦不擅出铁路界限以外。并承允，俟满洲地方静谧后，所有外国人性命、产业中国自能保护，日本国立即与俄国同时将此项巡捕队一律撤去。至撤去之期，至迟不逾撤兵后十二个月。

附件第四号

由长春至吉林省城铁路，作为中、日两国合办事业，其资本半数应由日本公司筹出。至于详细办法，容日后再行商订。

中日全权大臣会议东三省事宜节录第十七号　附附件一件

光绪三十一年十一月十七日，明治三十八年十二月十三日，下午三点十分开议。

入座人员：大清国全权大臣庆亲王、瞿尚书，会议参赞官袁总督、唐侍郎会办、邹右丞、杨参议、金检讨、曹主事；大日本国全权大臣小村大使、内田公使，会议参赞官山座局长、落合书记官、郑书记官、高尾书记生。

两国全权大臣接续前次会议，将未经商妥之各条磋商。关乎日本国全权大臣日前所交长春吉林铁路事宜拟条，中国全权大臣另拟答复酌商之条（附件第一号）交日本国全权大臣阅看。

彼此商酌后，日本国全权大臣云：此项拟条未能照允，此条尚须斟酌，宜另日再议。中国全权大臣允之。

两国全权大臣复议奉天新民屯铁路事宜。

因就数日以来彼此所见互异各端，应如何得以合拢办法，各相尽议，为时良久，第以根本宗旨未能符合，以致遽难商妥究竟。定明彼此再行熟察，容另日再议。

复议保护兵队事宜。

中国全权大臣云：日本国全权大臣云，日本国全权大臣日前所拟交之条并未定明撤退限期，仍不得谓为可能照允之办法，中国全权大臣复将十一月十二日会议时所交关乎此节拟条宗旨详晰申明，并云：望日本国全权大臣照允。

日本全权大反复申明：日前所交拟条，即系顾念日本国关于日、俄两国确定成约应占地位并勉副中国期望为旨，拟出末后无可再议之办法，如再责以此外妥商办法，实难允行，中国如照此条商定，是中、日两国向俄开商时，中国所占地步已甚牢固等语；并云：总望中国全权大臣照此允定。

彼此商酌，为时良久，各执意见，仍难合拢，于是订明再行妥酌，容下次再议。

下次会议定于后日即十一月十九日下午三点钟开议。

下午五点三十五分散会。

庆亲王、瞿尚书、袁世凯、小村寿太郎、内田康哉。

附件第一号

由长春至吉林省城铁路，由中国自行筑造。不敷之数，允向日本国贷借。其借款合同，按照中国山海关内外铁路局向中英公司借款合同办法。

中日全权大臣会议东三省事宜节录第十八号 附附件四件

光绪三十一年十一月十九日，明治三十八年十二月十五日，下午三点十二分开议。

入座人员：大清国全权大臣庆亲王、瞿尚书，会议参赞官袁总督、唐侍郎会办、邹右丞、杨参议、金检讨、曹主事；大日本国全权大臣小村大使、内田公使，会议参赞官山座局长、落合书记官、郑书记官、高尾书记生。

两国全权大臣接续前次会议，将长春吉林、奉天新民屯铁路，并护路兵队事宜磋商。中国全权大臣将此三端另拟三条（附件第一号、第二号、第三号）交日本国全权大臣阅看。

日本国全权大臣云：此三条内，护路兵队事宜，大致尚可应允，但须将首段中国政府声明之语内有损主权、有妨治安等字样删去。至于末段限制护路兵举动一节，系属勿须叙明并为欠妥之事，一并删去；并申明：于前两次会议时，曾经言明，欲商结此条，及撤回渔业权，即以中国全权大臣照日本国全权大臣所拟承允长春吉林及奉天新民屯铁路事宜作为抵换之意。而日本国全权大臣阅看中国全权大臣所交该两段铁路，核与日本国全权大臣所拟宗旨相背殊甚，故此条护路兵事宜，亦未能立即商结等语。请中国全权大臣回省。

中国全权大臣仍执限制护路兵举动必须订定之议，并云：如以为有碍体面，并有欠妥之处，不妨将此段由条约内删去，仍须列入会议节录内。至于长春吉林暨奉天新民屯两段铁路事宜，此次所拟大致实难再行退让。

彼此讨论为时良久，两国全权大臣所见仍难合拢，于是定明将前开各条彼此再行酌察，容下次再议。

下次会议定于十一月二十一日下午三点钟开议。

下午六点四十分散会。

庆亲王、瞿鸿禨、袁世凯、小村寿太郎、内田康哉。

附件第一号

拟列入会议节录：

由长春至吉林省城铁路，由中国自行筹款筑造。不敷之数，允向日本国贷借，约以半数为度。其借款办法，届时再商订详细合同。

附件第二号

拟列入会议节录：

由奉天省城至新民府日本国所筑造行军轨路，应由两国政府派员公平议价，售与中国，另由中国政府改造铁路，允在辽河以东，由该铁路局延用日本人，铁路参赞一员，帮办工程、车务各一员，以期与南满洲铁路联络。此外各处军用轨路，应一律拆去。

附件第三号之一

中国政府特为声明：极盼日、俄两国将现驻兵队急速撤退，并以日、俄在东三省所留护路兵有损主权、有妨治安，应请概行撤去。

日本国政府愿副中国期望，但须俄国政府亦允将护路兵撤退，或中、俄另有商订妥善办法，日本国政府允即一律照办。如满洲地方平靖，外国人命、产业中国均能保护周密，日本国亦可与俄国将护路兵同时撤退。再，此项护路兵专为巡护长春至旅顺铁路之用，未撤以前，不得牵碍中国地方治理之权，亦不得擅出沿铁路界限以外。

附件第三号之二

拟列入会议节录：

日本国可留长春至旅顺护路兵队，虽已载在本约条款，但中国视为尚未妥协完善，仍将抗议之意在会议节录内列入声明。

中日全权大臣会议东三省事宜节录第十九号　附附件七件

光绪三十一年十一月二十一日，明治三十八年十二月十七日，下午三点十六分开议。

入座人员：大清国全权大臣瞿尚书、袁总督，会议参赞官唐侍郎会办、邹右丞、杨参议、金检讨、曹主事；大日本国全权大臣小村大使、内田公使，会议参赞官山座局长、落合书记官、郑书记官、高尾书记生。

中国全权大臣庆亲王因病未到。

两国全权大臣接续前次会议时未臻商妥之各条确商。

日本国全权大臣云：长春吉林铁路事宜，按照前日以来两国全权大臣持定意见，另行拟出折衷办法。即将拟条（附件第一号、第二号）交中国全权大臣阅看，并云：此段铁路事宜，如能照此办法商允，当有关涉将来吉林省城一带地方造路，拟欲另行订明。即将所拟中国政府应行声明之语（附件第三号、第四号）一并交中国全权大臣阅看。

中国全权大臣云：拟条内有工程师应由日本国延聘等语，似乎工程师独能用日本人，不得并用华工程师之意。

日本国全权大臣答云：此段铁路工程师并非限定日本国人，中国工程师尽可招用。但按照关内外铁路局与中英公司所订合同，该铁路总工程师须用英国人，故长春吉林铁路总工程师亦须延用日本国人。

中国全权大臣将此段铁路事宜另行拟出办法交阅（附件第五号），并云：欲照此办法商定。至于工程师一节，即于此办法内载，仿照中国山海关内外铁路局与中英公司所订借款合同参酌商订等语明文，故总工程师延用日本国人一事，即可照此明文实行。至于日本国全权大臣臣所交办法内开以二十五年为分还完毕之期一节，可添入中国全权大臣所拟办法之后。

日本国全权大臣询及，按照关内外铁路局借款合同内订明以四十五年为还清之期，但订合同后，经过五年，中国政府无论何时可得按价加增或全款还清。如于长春吉林铁路借款，援照此项明文，则虽未届二十五年之期，中国政府可得随时还清，在中国全权大臣是否如此讲解？

中国全权大臣答云：既经订明以二十五年为分还完毕之期，在此期限未满以前，不应还清全款。

日本国全权大臣询及：中国全权大臣所拟办法内有不敷之数，允由日本国贷借，约以半数为度一节，如长春吉林铁路并无不敷之数，则借款之事即难照行，或不敷之数不多，则借款亦属甚少。

中国全权大臣答云：约以半数为度之语，即同约半数之意，不应如日本国全权大臣所询讲解。

至于关涉将来吉林省城一带地方造路应行声明之拟语，中国全权大臣云：未能允将此事声明，惟中国政府在该地方准与别国人造路之权，或与别国人合办造路，断无其事。因中国全权大臣按照上开申明，两国全权大臣允定将长春吉林铁路事宜照下开办法列入会议节录内：

由长春至吉林省城铁路，由中国自行筹款筑造。不敷之数，允向日本国贷借，约以半数为度。其借款办法，届时仿照中国山海关内外铁路局向中英公司借款合同参酌商订，以二十五年为分还完毕之期。

两国全权大臣将奉天新民屯铁路事宜磋商。

日本国全权大臣云：此条虽经妥细考察，除按照长春吉林铁路办法商定外，实无妥当办法，因请中国全权大臣或按照原拟办法允定，如或不然，即将此条由此项应议条款内提开，容日后再议，实无别法可办。

中国全权大臣云：此段铁路，中国政府视为至要，按照长春吉林铁路一律办理，实难允行。至于可否将此条由此次议约款内提开，嗣后另议之处，亦难遽行答允，容再妥细斟酌，下次会议再复，允否？

两国全权大臣磋商护路兵之事。

日本国全权大臣按照中国全权大臣所交答复拟条内（附件第三号之一）叙明中国全权大臣所期望之意，参酌删改，拟出两条，一系应列入约款，一系应列入会议节录（附件〈第六号〉、第七号、第八号、第九号），交中国全权大臣阅看。

中国全权大臣云：此拟条内其系列入约款之款，即可照此允定。于是此条作为确定。至于列入会议节录之条内在东三省之护路兵等字样，拟欲改作由长春、旅大借地界之护路兵等字样。日本国全权大臣允之。即照商允定列入会议节录内：

日本国全权大臣声明：驻留长春至旅大借地界内之护路兵队，在未撤以前，不至辄行牵碍中国地方治理之权，亦不擅出沿铁路界限以外。

又关乎护路兵事宜，日前由中国全权大臣所交为表明抗议之意，欲特行声明之条（会议节录第十八号附件第三号之一），彼此磋商。日本国全权大臣云：查此项议约所商定各条内以为不足满我意者，曷止一端？惟如将不满意之处逐条列入会议节录内，殊觉欠妥。而迭经会议方克臻于商定之条，以其有所不满意之处欲表明抗议之意，实与彼此和衷商结之旨相背，因请将此声明拟条撤回。

中国全权大臣云：在中国政府视此条为此项会议主脑。至于限定撤去护路兵一节，但能作到，期在必行，奈因日本国全权大臣执定不允，只得允照前开附件第六号、第七号，将此条商定。惟在中国全权大臣以此商定之条仍难视为妥协，因欲留他日再行会商地步耳！如将此声明之语驳拒，不容商定此条，实非易易。

日本国全权大臣云：中国全权大臣所见既如此，请将未为妥协或抗议等字样删去。

中国全权大臣云：欲照下开删改列入会议节录内。日本国全权大臣允之。

日本国所留长春至旅大借地界内之护路兵队虽已载在本约条款，但中国视为尚未完备，应将此意在会议节录内声明。

中国全权大臣欲将十一月十四日会议时所拟交之声明之语会议节录第十五号（附件第一号）榷商。日本国全权大臣将此条另行拟改，并云：如能照拟改之条允定，即可列入会议节录内。因将此拟改之条（附件第十号）交阅，中国全权大臣允之。即将该声明之语列左：

中国政府声明：中国与日本国素敦友睦，此次日、俄不幸失和，系在中国疆土构兵，现日、俄既经修好，在东三省已无战事，日本国待撤之兵队虽仍有占守通例，乃近日日本国臣民在奉天省时有干预中国地方官吏治暨损坏中国公私产业等情，其系并非军用必需，果有此项事件，在日本全权大臣亦视为非所应为，允将此声明各意转达日本政府，迅速设法，约束在奉天省之日本臣民，益加敦睦。其系并非军用必需者，勿致再有干预中国吏治暨损坏官民产业等事。

日本国全权大臣拟欲将俟届护路兵队事宜确定后，应行商定之护路兵队所需各物件豁免税厘之事（会议节录第十一号）妥为商定。中国全权大臣云：凡军需并非专指军械、子药而言，其军队应用之粮草、军衣等一切物件均属免税，似勿须专定专条。于是日本国全权大臣按照此意，将原经交阅之续加条款第四条内护路兵所需物料字样删去，即作为确定之条。

下次会议定于次日即十一月二十二日下午三点钟开议。

下午五点三十分散会。

庆亲王、瞿鸿禨、袁世凯、小村寿太郎、内田康哉。

附件第三〔二〕号

由长春至吉林省城铁路，由中国自行筑造，但工程师由日本国延聘。所需款项不敷之数，即约略总数之半，可向日本公司借贷，以二十五年为分还完毕之期。此外，借款合同均按照中国山海关内外铁路局向中英公司借款合同订办。

附件第四号

中国政府特自声明：在吉林省城一带地方，不将筑造铁路之权允许他国人，并不与他国人合办筑造铁路。

附件第五号

列入会议节录：

由长春至吉林省城铁路，由中国自行筹款筑造。不敷之数，允向日本国贷借，以半数为度。其借款办法，届时仿照中国山海关内外铁路局向中英公司借款合同参酌商订。

附件第七号

因中国政府声明，极盼日、俄两国将驻扎东三省军队暨护路兵队从速撤退，日本国政府愿副中国期望，如俄国允将护路兵撤退，或中、俄两国另有商订妥善办法，日本国政府允即一律照办。又如满洲地方平靖，外国人命、产业中国均能保护周密，日本国亦可与俄国护路兵同时撤退。

附件第八号之一①

日本国全权委员ハ满洲ニ于ケル铁道守备兵ハ其撤退以前ニ在リテ漫ニ清国ノ地方行政权テ牵碍ヤズヌ擅ニ铁道区域外ニ出デザルベキコトヲ声明ス

附件第八号之二②

日本国全权大臣声明：驻留满洲地方护路兵队，在未撤以前，不至辄行牵碍中国地方治理之权，亦不擅出沿铁路界限以外。

附件第十号

中国政府声明：中国与日本国素敦友睦，此次日、俄不幸失和，系在中国疆土构兵。现日、俄既经修好，在东三省亦无战事，日本国待撤之兵队虽仍有占守通例，乃近日日本国臣民在奉天省时有干预中国地方官吏治暨损坏中国公私产业等情，其系并非军用必需。果有此项事件，在日本全权大臣亦视为非所应为，允将此声明各意转达日本政府，迅速设法，约束在奉天省之日本臣民，益加敦睦。其系并非军用必需者，勿致再有干预中国吏治暨损坏官民产业等事。

中日全权大臣会议东三省事宜节录第二十号　附附件一件

光绪三十一年十一月二十二日，明治三十八年十二月十八日，下午三点二十分开议。

入座人员：大清国全权大臣瞿尚书、袁总督，会议参赞官唐侍郎会办、邹右丞、杨参议、金检讨、曹主事；大日本国全权大臣小村大使、内田公使，会议参赞官山座局长、落合书记官、郑书记官、高尾书记生。

中国全权大臣庆亲王因病未到。

两国全权大臣将前次会议悬未商定之奉天府新民屯铁路事宜确商。

中国全权大臣云：按照日前日本国全权大臣所交拟条之意妥细斟酌，拟出末后退让办法。即将所拟之条（附件第一号）交日本国全权大臣阅看。

日本国全权大臣云：此拟条前段即可照允。至于末段拆去行军铁路一节，除由安东县至奉天府、及由奉天府至新民屯两段以外，并无用车头行车之行军铁路。至于相距不

① 原书所附校对表中校对为“附件第八号”，“附件第八号之二”为此日文的翻译。

② 原书所附校对表中校对为“附件第九号”。

甚远之处所造轻便铁路，即系用人力推车而行。此项小铁路俟届撤兵时应一律拆去，自属必然，故此节勿须特行订定。至于电线一节，于日前会议时定明容日后再行妥商，故将奉天府新民屯之电线亦勿须特行订定，可将此一并删去。

中国全权大臣云：除由安东县至奉天府、及奉天府至新民屯两段以外之行军铁路，既于日本国政府意在必行拆去，即望将此节列入会议节录内。至于电线一节，在奉天府、新民屯两处必须从速通联电线，与联络铁路事宜所系均关紧要，故独至此线实愿现在商酌订明。

日本国全权大臣云：将由安东县至奉天府、及由奉天府至新民屯以外之行军铁路，俟届撤兵时一并拆去之意，列入会议节录内一节，即可承允。至于通联奉天府、新民屯电线一节，曾经由外务部照会日本国驻京大臣，转达本国政府查照办理，以期勉副中国政府所期望。倘小村全权大臣回国以后仍未能照中国政府所愿办到，即可赶速催办，故不必订明此事。于是中国全权大臣亦允将此段删去，究竟商明允照下开列入会议节录内：

由奉天省城至新民府日本国所筑造行军轨路，应由两国政府派员公平议价，售与中国，另由中国改为自造铁路，允在辽河以东，所需款项，向日本公司贷借一半之数，分十八年为借款还清之期。其借款办法，届时仿照中国山海关内外铁路局向中英公司借款合同参酌商订。此外各处军用轨路，俟届撤兵时应一律撤去。

两国全权大臣因将彼此所拟交之各条款悉行商酌订定，于是商酌条约款式及字句，彼此商酌许久，言明于下次会议再行确定，并定于次日即十一月二十三日下午三点钟开议。

下午五点三十分散会。

庆亲王、瞿鸿禨、袁世凯、小村寿太郎、内田康哉。

附件第一号

拟列入会议节录内：

由奉天省城至新民府日本国所筑造行军轨路，应由两国政府派员公平议价，售与中国，改为自造铁路，允在辽河以东，所需款项向日本公司贷借一半之数，分十八年为借款还清之期。其借款办法，届时仿照中国山海关内外铁路局向中英公司借款合同参酌商订。此外各处军用轨路应一律拆去。其奉新间日本军占取中国电线应从速交还，未交以前，由中国在该处电杆挂线通电。其余原有各线路，中国应即分别修复。

中日全权大臣会议东三省事宜节录第二十一号

光绪三十一年十一月二十三日，明治三十八年十二月十九日，下午三点钟二十二分开议。

入座人员：大清国全权大臣瞿尚书、袁世凯，会议参赞官唐侍郎会办、邹右丞、杨参议、金检讨、曹主事；大日本国全权大臣小村大使、内田公使，会议参赞官山座局长、落合书记官、郑书记官、高尾书记生。

中国全权大臣庆亲王因病未到。

两国全权大臣接续前次会议商酌改添正约暨附约款式字句，暨条款次序，一并商订。

两国全权大臣声明：将此次中、日两国议约会议节录全分两国政府应一律坚守秘密。两国全权大臣定明：议约事宜以本日会议作为完结，于十一月二十六日上午十一点钟备齐正约暨附约正本，彼此签名盖印。

下午五点散会。

庆亲王、瞿鸿禨、袁世凯、小村寿太郎、内田康哉。

中日全权大臣会议东三省事宜节录第二十二号

光绪三十一年十一月二十六日，明治三十八年十二月二十二日，上午十一点三十分开议。

入座人员：大清国全权大臣庆亲王、瞿尚书，会议参赞官袁总督、唐侍郎会办、邹右丞、杨参议、金检讨、曹主事；大日本国全权大臣小村大使、内田公使，会议参赞官山座局长、落合书记官、郑书记官、高尾书记生。

两国全权大臣于正约暨附约汉文、日本文各二本内签名盖印讫，彼此将汉文、日本文各一本收存。

两国全权大臣又将未经画押之本约会议节录各本画押讫，各将原件收存。

下午十二点三十分散会。

庆亲王、瞿鸿禨、袁世凯、小村寿太郎、内田康哉。

附录中日会议节录内存记条文

亮查：光绪三十一年，日、俄签订和约后，日本派全权大臣与我国全权大臣在北京会议东三省事宜，订定正约三条、附约十二条，于光绪三十一年十一月二十六日订立。当时双方提出之案，会议二十二次，即本史料卷一九三、卷一九四所载各议案是也。内有十七条存记会议录内，与正约性质不同，当然不能为条约上正当权利之主张，乃日本政府于民国二十一年一月十四日公布所谓明治三十八年中日密约十六条，除删去撤退护路兵一条外，复将并行线条内窜削于未收回该路之前七字，咨照英、美两国政府。惟此项会议录并非条约，而彼以密约名之，并未批准互换，而彼为有效之主张，诚外交之创举也。兹将全议节录内十七条列出，以便检查，藉资研讨。

一、开埠章程应由中国自定，但须与驻京日本国公使妥商。见节录第二号。

二、中国政府声明：俄国在满洲北方仍旧经营之铁路，须由中国确切措办，以期务令俄国按照中俄原约实力遵行。俄国设有违碍条约之举动，应由中国严责驳正为旨。见节录第三号。

三、俟日、俄将来商议联络铁路章程时，由日本先行知会中国，届时可将欲派员会议之意知会俄国，同时与议。见节录第七号。

四、如松花江行船之件俄国无异议，则中国亦可商允。同上。

五、凡军用必需以外，所有日本臣民若有意损坏、取用中国官民各项产业，应由两国政府查明，秉公分别饬令补还。见节录第九号。

六、奉天省附属铁路之矿产，无论已开、未开，均应妥订公允详细章程，以便彼此遵守。见节录第十号。

七、所有营口洋关所征税项，现归日本国正金银行收存，应俟届撤兵时交中国地方官查收。至于营口常关所征税项以及各地方捐款，原系充作地方公共各事之用，亦俟届撤兵时将收支开单交中国地方官备案。见节录第十一号。

八、中国政府为维持东省铁路利益起见，于未收回该铁路之前，允于该路附近不筑并行干路及有损于该路利益之枝路。同上。

九、中国全权大臣声明：自愿俟东三省日、俄两国撤兵后，即将撤兵地方按自治全权妥筹经理，以期治安，并按自治全权在东三省地方兴利除弊，认真整顿，使中外民商得安居乐业，同享中国政府妥实保护之益。至应如何整顿办法，悉由中国政府自行酌办。见节录第十二号。

十、中国地方官在未撤兵地方派兵剿匪，须先商酌日本驻扎武官，以免误会。见节录第十三号。

十一、向驻营口之地方官，虽在日本军队由该处撤退以前，俟此约一定后，应由驻京日本公使会同外务部从速订立日期，俾使原有之中国地方官迅速赴任视事。至因该埠日本军队尚多，务须商同订立验疫防疫章程，以免传染。见节录第十四号。

十二、嗣后凡有关于奉天省陆线及旅烟海线交接事件，可随时随事彼此商定办法。同上。

十三、由长春至吉林省城铁路，由中国自行筹款筑造，不敷之数，允向日本国贷借，约以半数为度。其借款办法，届时仿照中国山海关内外铁路局向中英公司借款合同，参酌商订，以二十五年为分还完毕之期。见节录第十九号。

十四、日本国全权大臣声明：驻留长春至旅大借地界内之护路兵队，在未撤以前，不至辄行牵碍中国地方治理之权，亦不擅出沿铁路界限以外。同上。

十五、日本国所留长春至旅大借地界内之护路兵队，虽已载在本约条款，但中国视为尚未完备，应将此意在会议节录内声明。同上。

十六、中国政府声明：中国与日本国素敦友睦，此次日、俄不幸失和，系在中国疆土构兵。现日、俄既经修好，在东三省已无战事，日本国待撤之兵队虽仍有占守通例，乃近日日本国臣民在奉天省时有干预中国地方官吏治及损坏中国公私产业等情，其系并非军用必需，果有此项事件，在日本全权大臣亦视为非所应为，允将此声明各意转达日本政府，迅速设法，约束在奉天省之日本臣民，益加敦睦。其系并非军事必需者，勿致再有干预中国吏治暨损坏官民产业等事。同上。

十七、由奉天省城至新民府日本国所筑造行军轨路，应由两国政府派员公平议价，售与中国，另由中国改为自造铁路，允在辽河以东，所需款项，向日本公司贷借一半之数，分十八年为借款还清之期。其借款办法，届时仿照中国山海关内外铁路局向中英公司借款合同，参酌商订。此外各处军用轨路，俟届撤兵时应一律撤去。见节录第二十号。

清季外交史料卷一百九十四终

清季外交史料卷一百九十五

光绪三十一年十一月下至十二月

署黑龙江将军程德全奏陈东省中俄交涉善后情形请饬核议厘订折

署理黑龙江将军程德全奏，为沥陈东省中俄交涉善后情形，请旨饬部及时核议厘订，藉图补救事。

窃维东三省兴修铁路后，凡路线所经之地，皆华、俄杂处之区，为近世互市一大变局，其情形本与通商口岸不同，迨庚子俄军入境，益复喧宾夺主。退兵之议未决，俄日之衅旋生，泯泯棼棼，以至今日。现在两邻和成，长春府南至旅顺之铁路归日经理，府以北铁路归俄经理，东三省地面仍交还中国。俄报刊布，中外咸知，信如斯说。铁路划分界限，旧约必多变更。所谓交还地面之言，亦恐毫无实际。故臣等前将筹拟铁路全局大概情形附片陈明，盖非此不能伸自立之权，而挽积重之势也。兹再谨为我皇太后、皇上缕晰陈之。

一、请设总办大臣。查东三省铁路原约系中、俄合股，由道胜银行承修，本名为东清铁路。朝廷未尝以地假俄，俄亦未尝假地于我也，是以特派大臣为总办，凡关涉铁路事宜，该公司禀承总办核定。公司所有图戳则标用汉文，旗帜亦绘龙形，深得《春秋》实与而名不与之议。自庚子乱后，铁路归俄武营经理，公司悉听营中指挥，竟置中国于局外，几于名实俱去矣！臣等前奏请于哈尔滨专设道员一缺，固为挽回利权，然不过办理吉、江两省交涉，而于公司仍难事事干预，且于日本经理之铁路不能过问。应请简派总办东三省铁路大臣一员，总揽铁路全局，遇事由其主持，以专责成。

一、稽查修路本利。原定铁路合同第十二条内载：自路成开车之日起，三十六年后，中国政府可以按计所用本银并因此路所欠债项及利息照数偿还。其公司所赚之利，除分给各股人外，如有赢余，应作为已归之本，在收回路价内扣除等语。铁路用款浩繁，本多弊混，若迟以岁月，愈多葛藤。恐三十六年后，中国虽欲取赎，无从著手。应请自开工之日起，至修路六年限满之日止，所有路工用过银钱数目，由总办大臣饬令银行造具销册存查。其限满以后，公司所得赢余，由银行按年册报总办，以为将来扣算归本地步。

一、商订关口捐税。原定铁路合同虽有运货应照各国通商税则，分别交纳进口、出口正税，则减三分之一交纳一条，而俄商则以未奉彼国示谕为词，不服查验，华商则又以俄人为护符，隐漏税款。将来如何分别洋商、华商征收出口、进口各税之处，应请查照原订合同，参酌各国通商办法，重订专约，藉塞漏卮。至铁路界内华人商务，悉由中国主持，仍按华例完纳捐税，俄人不得干预阻挠，以维利权。

一、商派俄国领事。公司系属商务，不应管理词讼。前总办铁路公司大臣许景澄因俄无交涉专员，是以许给总监工代办词讼职权，前吉林将军长顺、前署黑龙江将军萨保更订铁路交涉局章程，遂亦因之，皆系一时权宜之计。应商请俄国政府，特派领事官一员，驻扎哈尔滨，会同关道，专办华俄交涉词讼，公司一概不得干预。并参酌各国领事官办法，另定约章，即将前定章程声明作废，以免公司争执。

一、限定占用地亩。铁路历年展占吉、江两省地亩，每一火车站多者数万亩，少亦数千亩，皆非公司势所必需，不过以铁路为名，设肆招商，坐收地租之利。计自哈尔滨南抵长春各车站，廛闬扑地，已成确不可拔之基。中国之力既不能隳其成功，而俄又以压力行之，有不得不勉从其发价之请者，盖时势使之然也。此外，自哈尔滨东至绥芬河，北至满洲里，虽已埋桩指界，尚未一律修齐，曾经历任将军及臣等迭次力争，公司置若罔闻。惟地价尚未交由华官发给，犹可设法挽回。应由总办大臣核定，除各站经官发价之地毋庸置议外，其东路、北路，按照现有各车站大小，酌定占地多寡，只须铁路敷用，作为公司租界。其溢于定数以外之地，商定退还，并订明，嗣后无论何时，永远不再展占。

一、约定护路俄兵。俄国护守铁路之兵，势不能责令与前敌一律撤退，惟兵数须有限制，界限尤贵分明。先行明定章程，凡每车站护兵若干，不妨报知总办大臣稽核。如铁路界内潜藏华犯，由华官知会俄官协拿。其路界外警察缉捕，乃系中国专责，俄兵不得越俎，以免骚扰。

一、禁止俄商占地。光绪二十七年，铁路公司三次展拓哈尔滨总车站界，占地过多，经长顺争之逾年，始将沿江傅家甸一带索还，而在先已有俄商盖房生理者，阻固无及，逐又未能，从而置之非得已也。虽曰事出权宜，难保俄不援以为例，更难保各国商人不援俄以为例。将来换定新约时，应将嗣后俄人不得越铁路界外租占华地，违者有罚，特别声明，以免再生枝节。

一、另订行船约章。原约本有黑龙江、乌苏里河只准中国、俄国行船，各别外国不准由此江河行走一条，此指两国交界处共管之江河而言。今则商务开通，俄人更以铁路运料为名，凡中国界内江道，彼亦任意驶轮，无人阻遏，而原约又未议及收税，遂得藉口不服关卡盘查。应详细商订黑龙江、松花江行船约章，俾俄商咸就范围，而课税无虞隐漏。

一、盘查俄国匪类。铁路成后，四通八达，俄人出入于东三省无异户庭，而其国之无业游民因遂溷入华地，勾结不肖通事，偷窃、抢掠，无所不为，实为地方之害。应商明：嗣后俄人来华，须有俄官发给凭照，于入中国第一关卡，听候华官查验放行。倘不服盘查，或无凭照者，准华官拿交俄边界官或领事官，严究惩办，以遏乱萌。

一、索还备战各地。日、俄开衅之时，俄人每于扼要地方节节挖壕沟，砌炮台，添筑马路、车路，任意占毁民地。战事方殷，虽阻之不顾也。目下和局已定，所占旷野之地，尚无虑久假不归。所虑车站附近各区，昔日欲占而无词者，今必将据为已有。应先与订明：凡因战事占用之地，仍应归还地主，公司不得藉此接占，以恤民艰。

以上各节，均系吉、江两省中俄交涉必不可缓之图。其奉省铁路既归日本管理，交涉一切，当亦亟宜厘订。诚能乘此大局甫定，斟酌变通，与之更始，虽痛深创巨，往者已不可追，而亡羊补牢，及今犹未为晚，救敝起衰，系此一举。合无仰恳天恩，饬下外务部，通筹全局，照会日、俄政府及驻京公使，换订新约，庶几遇事得所遵循，主权利益不至尽为所持，则臣等幸甚！大局幸甚！谨奏。

光绪三十一年十一月二十日奉旨：留中。

德使穆默致外部钞送北京使馆界内章程函 附章程及规章

径启者：

近来本大臣屡次闻得人言，使馆东界内有华人违各国巡警章程，譬如华兵在界内驰马甚速，及华车、人力车等日落后行走均不点灯烛等事。本大臣因恐界外华人不知界内巡警章程，今特将各国在使馆界章程一分函送贵部，请转饬一体遵照，以免将来再有错误为荷。除将此章程一分已送巡警部外，相应函达，即请查照。

十一月二十三日

北京使馆洋界巡捕章程

一、各国卫队统带日后互商分定区域若干段，每段由本国巡捕兵稽查一切。

二、各国卫队统带应遵现定章程，各在本段设立保安局。

三、每三个月由卫队兵官轮派一人办理巡捕事宜。此项差使于第五、第六、第九节内详明。

四、巡捕兵之右膊上带有红色布圈，上写 P 字。值日之时，只许用木棍，步行，不许持枪。设该卫队统带因夜内有缉查责任，须令巡捕兵携带手枪，亦可照办。巡捕兵巡夜时，两人为一排。

五、巡捕兵查访犯罪之人暨违犯规条之人，届时须先查其人为如何人，或中或外，先将姓名、履历问清，然后拿获，再行申报。

六、设所拿之人为各国兵营中人，即交该本国军官核办。倘系别项外人，即送至各本国使馆。设为华人，即交值班之巡捕官，当速设法转交中国巡捕局办理。

七、巡捕兵使用军械，须遵各本国军律，不得随便佩带。凡巡捕兵，除因自卫外，不准擅自殴人。

八、卫队统带须将二十四点钟之内本段所出之事报告巡捕官，每月底汇报办事处。

十一月二十三日

北京使馆内巡捕道路规章

第一条　道路上凡一切有违号令、风化以及有害公众平安之举动，一律禁止。放烟火爆竹，尤为禁止。

第二条　使馆界内禁止开设赌局、鸦片烟馆、妓馆，又除各兵营内之酒馆外，不准开设酒铺。如遇此等情形，立由办事处饬令封闭，店主绝不得索赔。该管各员应恪守办事处所定各章行事。

第三条　使馆界内禁止乞丐。

第四条　《辛丑和约》因保护使馆所许城墙一段，不准华人经过其上。中国兵丁非经中国官预先知会办事处者，虽不带军器，亦不准经过使馆界内。惟遇中国官员赴各使馆拜往者，其随带之人，以及护送货币赴银行之兵丁，不在此例。

第五条　使馆界内道路一经修整后，凡中国车轮上带钉刺者，不准在界内行驶。重载大车，除所运物件为界内住户之用者外，均不准入界。

第六条　凡乘车、乘马者，应各循左手徐行，并不得在太近便道旁沟边行走。日落时，凡轿车、人力车均须点灯，乘马者务须缓行。

第七条　使馆界内不准溜〔遛〕走成群骡马。凡经过界内，应由马夫或牵或骑，至多以两马并行为率，并不准在沿街房屋之旁系留牲口，更不准留至数钟之久。

第八条　一切碎磁玻璃有伤行人者，均不准抛置路上。明沟内，无论坚质、流质之物，足以发秽气有碍卫生者，均不准抛入。

第九条　一切秽物不准置于专为抛置秽物地方以外。由四月一号至十月一号，早在七钟，由十月一号至四月一号，早在八钟，一切污秽泥土，由打扫夫运走。

各住户应将扫除之物装入木箱、铁桶，置于街旁，以待打扫夫倾取，但不得放在便道以及明沟之上。

第十条　凡担粪除秽之人，切须小心倾运，以防有害卫生，故其担运，夏日不得于晚间九钟以前，早晨七钟以后，各日早晨不得在八钟以后。

第十一条　一切货物材料，非经办事处特许，无论久暂，均不准放置街上。凡经特许，亦必无碍车行。夜间应点灯火。

凡有开沟挖坑之处，日则安设标记，夜则燃灯。

第十二条　一、禁止在街上挖地。二、禁止伤毁便道、沟渠、路灯、电杆以及公用之物。三、禁止盖造廊阶、石护栏侵占官道以及各种有碍行车之建筑。

第十三条　现定之章，由警察员弁监视奉行。有违抗者，移送各该国文武官。

第十四条　凡有违犯本章文武人员，应按法律或照各国所定章程罚款。凡有弁兵违犯者，应送交该国武官，按照本国军法、国法惩办。

中日会议东三省事宜正约　附附约

大清国大皇帝陛下，大日本国大皇帝陛下，均愿妥定光绪三十一年八月初七日，即明治三十八年九月初五日，日俄两国签定和约内所列共同关涉各项事宜。兹照上开宗旨，订立条约。为此，大清国大皇帝陛下简授钦差全权大臣·军机大臣·总理外务部事务·和硕庆亲王，简授钦差全权大臣·军机大臣·外务部尚书·会办大臣瞿鸿禨，简授钦差全权大臣·北洋大臣·太子少保·直隶总督袁世凯，大日本国大皇帝陛下简授特派全权大使·外务大臣·从三位·勋一等·男爵小村寿太郎，特命全权公使·从四位·勋二等内田康哉，为全权大臣，各将所奉全权文凭校阅，认明俱属妥善，会商订定各条款，开列于左：

第一款　中国政府将俄国按照《日俄和约》第五款及第六款允让日本国之一切概行允诺。

第二款　日本国政府承允按照中俄两国所订借地及造路原约实力遵行。嗣后遇事，随时与中国政府妥商厘定。

第三款　本条约由签字盖印之日起，即当施行，并由大清国大皇帝陛下、大日本国大皇帝陛下御笔批准。由本约盖印之日起，两个月以内，应从速将批准约本在北京互换。

为此，两国全权大臣缮备汉文、日本文各二本，即于此约内签名盖印，以昭信守。

大清国钦差全权大臣·军机大臣·总理外务部事务庆亲王押。

钦差全权大臣·军机大臣·外务部尚书·会办大臣瞿鸿禨押。

钦差全权大臣·北洋大臣·太子少保·直隶总督袁世凯押。

大日本国特派全权大使·外务大臣·从三位·勋一等·男爵小村寿太郎押。

特命全权公使·从四位·勋二等内田康哉押。

光绪三十一年十一月二十六日，明治三十八年十二月二十二日，立于北京。

附约

大清国、大日本国政府为在东三省地方彼此另有关涉事宜应行定明，以便遵守起见，商订各条款，开列于左：

第一款　中国政府应允，俟日、俄两国军队撤退后，从速将下开各地方中国自行开埠通商：

奉天省内之凤凰城、辽阳、新民屯、铁岭、通江子、法库门；

吉林省内之长春即宽城子、吉林省城、哈尔滨、宁古塔、珲春、三姓；

黑龙江省内之齐齐哈尔、海拉尔、爱珲、满洲里。

第二款　因中国政府声明，极盼日、俄两国将驻扎东三省军队暨护路兵队从速撤退，日本国政府愿副中国期望，如俄国允将护路兵撤退，或中、俄两国另有商订妥善办法，日本国政府允即一律照办。又，如满洲地方平靖，外国人命、产业中国均能保护周密，日本国亦可与俄国将护路兵同时撤退。

第三款　日本国军队一经由东三省某地方撤退，日本国政府应随即将该地名知会中国政府。虽在《日俄和约》续加条款所订之撤兵限期以内，即如上段所开，一准知会，日本军队撤毕，则中国政府可得在各该地方酌派军队，以维地方治安。日本军队未撤地方，倘有土匪扰害闾阎，中国地方官亦得以派相当兵队前往剿捕，但不得进距日本驻兵界限二十华里以内。

第四款　日本国政府允，因军务上所必需，曾经在满洲地方占领或占用之中国公私各产业，在撤兵时悉还中国官民接受。其属无须备用者，即在撤兵以前亦可交还。

第五款　中国政府为妥行保全东三省各地方阵亡之日本军队将兵坟茔以及立有忠魂碑之地，务须竭力设法办理。

第六款　中国政府允，将由安东县至奉天省城所筑造之行军铁路仍由日本国政府接续经管，改为转运各国工商货物。自此路改良竣工之日起，除因运兵回国耽延十二个月不计外，限以二年为改良竣工之期，以十五年为限，即至光绪四十九年止。届期，彼此公请一他国公估人，按该路建置各物件估价，售与中国。未售以前，准由中国政府运送兵丁、饷械，可按东省铁路章程办理。至该路改良办法，应由日本承办人员与中国特派人员妥实商议。所有办理该路事务，中国政府援照东省铁路合同，派员查察经理。至该路转运中国官商货物价值，应另订详章。

第七款　中、日两国政府为图来往输运均臻兴旺便捷起见，妥订南满洲铁路与中国各铁路接联营业章程，务须从速另订别约。

第八款　中国政府允，南满洲铁路所需各项材料，应豁免一切税捐、厘金。

第九款　所有奉省已开办商埠之营口，暨虽允开埠尚未开办之安东县、奉天府各地方，其划定日本租界之办法，应由中、日两国官员另行妥商厘定。

第十款　中国政府允许设一中日木植公司，在鸭绿江右岸地方采伐木植。至该地段广狭，年限多寡，暨公司如何设立，并一切合办章程，应另订详细合同，总期中、日股东利权均摊。

第十一款　满、韩交界陆路通商，彼此应按照相待最优国之例办理。

第十二款　中、日两国政府允，凡本日签名、盖印之正约暨附约所载各款，遇事均以彼此相待最优之处施行。

本约由本日签名、盖印之日起，即当施行，并本日签定之正约一经批准，本约亦视同一律批准。

为此，两国全权大臣各奉本国政府合宜委任，缮备汉文、日本文各二本，即于此约内签名盖印，以昭信守。

大清国钦差全权大臣·军机大臣·总理外务部事务庆亲王押。

钦差全权大臣·军机大臣·外务部尚书·会办大臣瞿鸿禨押。

钦差全权大臣·北洋大臣·太子少保·直隶总督袁世凯押。

大日本国特派全权大使·外务大臣·从三位·勋一等·男爵小村寿太郎印。

特命全权公使·从四位·勋二等内田康哉印。

光绪三十一年十一月二十六日，明治三十八年十二月二十二日，立于北京。

外部奏新设驻和专馆核定常年经费折

总理外务部庆亲王奕劻等奏，为新设驻和专馆核定常年经费事。

窃查，和兰向设分馆，归出使德国大臣兼充。经臣部议设专馆，驻扎海牙都城，就近考订保和会事宜，于本年十月二十日具奏，奉旨：三品衔候选知府陆征祥，著赏加四品卿衔，充出使和国大臣，兼办保和会事宜。钦此。钦遵在案。所有该馆常年经费，自当酌定数目，以便该使开支。查奥、义、比三国初设专馆，前经奏定，准岁支经费银四万两。该馆事同一律，臣等公同商酌，拟照奥、义、比三国使馆常年经费定额。如蒙俞允，即由臣部按期拨给，以资应用。其余一切报馆款项，并咨行该出使大臣，遵照奏定章程办理。谨奏。

光绪三十一年十二月初一日奉朱批：依议。

直督袁世凯等会奏胶州高密撤退德兵订立善后条款折　附撤兵条款暨工程卖契

直隶总督袁世凯、山东巡抚杨士骧奏，为商办胶州、高密两处撤退德国兵队情形，并将议定善后条款照录进呈事。

窃自光绪二十五年夏间，德人在山东省修造胶济铁路，因高密乡民聚众阻工，先后由青岛派兵赴胶、高两处驻扎，自行保护铁路。迨是年冬间，臣世凯署理山东抚篆，派员查办议结，驻胶德兵旋即撤回青岛。二十六年夏秋间，拳匪滋事，德人又派兵队分驻胶州，并于城北车站旁价购民地十四亩，修造兵房。二十九年秋间，又于兵房附近之沈家河续租民地七亩，安设水管，以便取汲，并经正任抚臣周馥商允照办。至高密所驻兵队，先在城内书院占住。二十七年秋间，又在城外古城地方议租民地九十余亩，修造兵房，曾经议定租地合同，以六个月为限，并由臣世凯迭次函电德都督沛禄，切实声明，限满即须撤兵退租。乃限期未满，臣世凯即奉命署理直隶总督，遂将全案移交前护抚臣胡廷干酌核办理。迨至二十八年夏间，高密兵房修成，德兵始由城内移驻。旋又商由古城至小王庄火车站修筑马路一道。维时六个月限期久已届满，迭经历任抚臣商令撤退，德人均藉词展缓，延宕至今。此德兵分驻胶、高之前后情形也。

臣士骧于本年正月间过天津时即与臣世凯晤商，以德兵久驻环界，核与议租胶澳专约不符，亟须商令撤退。惟德人派驻兵队，系于乡民阻工、拳匪滋事之时，以保护铁路藉口。现在地方平静，商令撤退，必须筹办铁路巡警自行保护之责，庶免别滋口实。臣士骧到任后，驰赴东路察看情形，晤商德督师孟，促其从速撤退兵队，一面商由臣世凯饬派北洋巡警官刘全富来东，挑练巡警。自环界外之丈岭起，至济南省城西关车站止，分段拨驻，按站稽查，严定章程，申明赏罚，务使沿路安静无事。行之数月，中外称便，行旅相安。师孟前来济南省城，亦盛称铁路巡警得力，足资保护。臣士骧复商令撤退胶、高兵队，师孟亦允转商。迨后正值京津商撤各国驻兵，胶、高所驻德兵亦遂同时拟撤。师孟旋派德员冯克来省，议订撤兵善后事宜，臣士骧面与会议。冯克以所议条款商改之处太多，未敢作主，折回青岛再商。旋又承准外务部咨令派员从速商订，遂于十月十五日，饬派调东之直隶候补道徐抚辰、留东袖〔补〕用知府李德顺、胶州直隶州知州余则达等，驰赴青岛，会同德员，仍遵照臣士骧上次改订条款草稿，依次磋商，共计商订撤兵善后事宜五款：

第一款，德员原拟胶州兵队一个月始行撤完，改为自条款画押之后，即时全行撤退。第二款，德员原议高、密兵队须俟六个月青岛兵房造竣，方能撤退，改为条款画押之后，首先撤退四分之一，两个月内，再撤四分之一，余存兵队，再限两个月内一律全撤，不再展限。第三款，德员原议派驻铁路巡警，必须预先知照，改为自条款画押之日起，不论胶、高德兵撤退与否，即将环界内铁路全归中国巡防保护，并于环界内各车站全行拨驻巡队，又于交界附近地方添设公所，亦拨驻巡队若干名，以资保护弹压。第四款，德员原议胶、高两处兵房，德人仍留自用，并由德人派人照管，听其商立学堂，改为胶、高两处兵房，全由中国购回，自行管业，留作地方公用，或立学堂。其造房原价四十九万六千三百八十八元之数，亦议定分年递减，共减去九万六千三百八十八元有奇，即以实价四十万银圆购回。第五款，德员原议即墨城外德人拟设兵房一所，以便偶有出操之兵在彼栖宿，改为德国如照约过调兵队，道经胶、高，当于两礼拜前预先知会，俾将余闲之处借住数日。至议在即墨另设兵房一节，应即删除，无庸置议。

以上五款，凡有关系中国主权之处，均经臣士骧先与冯克在省磋商大概办法，旋又饬由该员按照前议在青岛与师孟等屡议屡改，再四磋商，将环界内主权全行设法收回，撤兵限期均商令提前赶办，所有保护铁路、弹压地方一切事件，亦全归中国地方官会同巡警官妥筹办理。至胶、高两处兵房价值，虽一再议减，尚属便宜，然为数亦复不少。若不乘机购回，深虑德人借此巨款别生枝节，或以议租胶澳专约载明准其过调兵队藉口，随时由青岛拨兵自住，或故不肯售，昂价居奇，皆在意中。臣士骧会同臣世凯电商外务部，均极以购回为是。明知库款奇绌，既为消弭隐患，势不能不设法商购，以保主权。德员等此次会议亦甚平和，是以不及浃旬，即已次第就范。由该员等遵饬议缮条款草底，呈送前来，经臣士骧详加考核，与臣世凯会同外务部往返电商，核准定议，饬由该员等照缮华、德文各四分，于十月三十日，在青岛送交师孟，眼同签押。十一月初二日，赍回省城，呈由臣士骧签押讫，以华、德文各两分，派员赍送青岛，交师孟收存，再以华、德文各一分咨送外务部存案，一分留存东抚署中备查。

昨，据胶州直隶州余则达电禀：胶州德兵已于本月初八日一律撤竣，高密德兵同时亦已撤退四分之一，余仍依限匀撤。至两处兵房工程，均甚坚固整齐，约共三百余间，堪以留备地方公用暨添设学堂等用。胶州兵房于十二日交出，臣士骧已饬由地方官派员接收，妥为看管。高密兵房，须俟德兵依限撤竣，再行交接。所有环界内铁路巡警事宜，已饬巡警官刘全富于本月初五日安设妥贴，并饬会同地方官随时妥为保护弹压，务与环界外铁路巡警联络一气，并酌派熟悉交涉人员驰赴胶、高两处，会同妥商办理，务期敦笃邦交，慎固封守，庶足仰慰宸廑。除俟高密德兵依限撤完，届时另行奏报外，谨将议定撤兵善后条款照录，恭呈御览。恳请饬下外务部立案。谨奏。

光绪三十一年十二月初二日奉朱批：外务部知道。单二件并发。

谨将中德会订胶高撤兵善后条款缮单恭呈御览

大清国钦命署理山东巡抚部院提督军门杨，大德国钦命署理总督胶澳文武事宜大臣师，为订立条款事。

查前承大德国大皇帝允将胶、高所驻德兵撤退，藉以敦睦，兹经彼此公同商订善后各款如下：

第一款　胶州德国兵队，于此件画押之后，即时全行撤退。

第二款　高密德国兵队，于此件画押之后，即先撤退四分之一，于两个月内再撤四分之一，其余兵队，再限两个月内，以全力在青岛赶造兵房、马棚，以便限内全行撤退，愈速愈妙。如两个月内不能造竣，届时亦须全行撤退，不再展限。

第三款　自此件画押之日起，勿论胶、高德兵撤尽与否，即将环界内铁路全归中国地方官暨巡警官巡防保护，并由巡警官酌派巡队至多二百四十名，分站匀驻。一切事宜，均照环界外铁路巡警章程办理。又于胶州城附近地方设立巡警办事公所一处，派驻巡队至多一百名，以便轮流替换，为保护铁路、弹压地方之用。中国如在该地内派驻兵营、筹办兵法等事，仍照《胶澳条约》办理。

第四款　德国在胶、高地方所修各项工程，如兵房、马棚、操场、马路、水管等，暨以上各处所占地基所造房屋内外应附各件，共计原价银圆四十九万六千三百八十八元四角八分，内除拨还中国代付地租五千元，又将岁修等项二万一千三百八十八元四角八分作为分年递减，又格外通融议减七万元外，即以实价四十万银圆全行售归中国自行管业，另立契约。所有房价，自交胶州兵房之日起，两年内分四批交清。再，此项房屋由中国买回后，留为地方公用并添设学堂等用。

第五款　如遇德国照约派调兵队，道经胶、高，暂住数日，当于两礼拜前预先知会，俾将余闲之处借住，并不取值。

以上条款，照缮校对华、德文各四分，彼此语意相符，签定后，以华、德文各两分交大清山东巡抚部院衙门存案，华、德文各两分交大德总督胶澳文武事宜大臣衙门存案，以便查核，分别转行遵照办理。

光绪三十一年十一月初二日。西历一千九百五年十一月二十八日。

附录德国胶高撤兵订立工程卖契

大德钦命署理总督胶澳文武事宜大臣师，为立订卖契事。

伏查，光绪三十一年十一月初二日，即西历一千九百五年十一月二十八日，山东巡抚、胶澳总督会订《撤退胶、高兵队条款》第四内载：德国在胶、高地方所修各项工程，如兵房、马棚、操场、马路、水管等，暨以上各处所占地基所造房屋内外应附各件，共计以实价四十万银圆全行售归中国自行管业等语在案。兹者自应按约另立卖契，以昭信实。所有该房屋内外应附各件暨门窗等项均皆齐全，两处地基，坐落四至，详列另附之地图，自卖之后，即永归中国管业。

特此立契，签押存照。

光绪三十一年十月初二日。西历一千九百五年十一月二十八日。

外部奏中日议订条约请旨批准以备互换折

总理外务部庆亲王奕劻等奏，为缮呈《中日议订条约》，请旨批准用宝，以备互换事。

窃臣等奉命派充全权大臣，与日本国全权大使小村寿太郎、驻京全权公使内田康哉会议东三省事宜，订定正约三款、附约十二款，于本年十一月二十六日彼此盖印、签字，业经臣等缮具清单，恭呈御览。查正约第三款内开：由本约盖印之日起，两个月以内，应从速将批准约本在北京互换；又附约十二款内开：本日签定之正约一经批准，本约亦视同一律批准各等语。谨将正、附约本照缮中文、东文，分订二册，恭呈御览，并请将正约本批准，请用御宝，发交外务部祗领。俟日本批准约本寄到，即行互换。谨奏。

光绪三十一年十二月十五日。

署黑龙江将军程德全奏东事日迫亟宜全力经营折

黑龙江将军程德全奏，为东方时事日迫，亟宜全力经营，藉保危疆事。

窃臣上年与署吉林将军达桂会商经画吉、江边防，续又有联络蒙古之奏。彼时逆料俄人败后，我国东北一带亟宜早筹布置，乃目前俄人虽败，而满洲全境南北剖分，自顷俄约迁延，绝不稍存退让，比且遣人各处绘图、挖井，狡谋可想；而日人乘战胜余威，急于南境扩张势力，屡简重臣及其国最有名誉之学士、博士群来辽东切实调查，以主张其殖民政策。窃料一、二年后，日据其南，俄肆于北，主权所在，何堪设想？夫以俄人之事前规画也如彼，日人之战后经营也如此，而我以东三省一隅当之，微论其贫弱难恃也，即使不贫不弱，而以三省与两国争衡，虽至愚亦知其悬绝，况三省中尚有贫弱如吉、江者乎？譬守御，然俄、日之为守也，不惟扃固其城垣，密布其间谍，而不必于所守之外谋所以通糗粮，张声势，而我乃困守中央，音息断绝，城堞倾圮，戍兵寥落，以此御敌，安得不败？盖俄欲伸国势于辽东，日欲张权力于满韩，眼光所注，胥以全国之力殉之而不辞，此固列国并兼之长技也。我中国若誓以全力与之相搏，勿畏勿怯，倾各行省之力以注重东方，我之权力日进，则彼之权力必退，虽不能远慑威稜，而商埠既开，万邦鳞萃，彼亦安能关吾口而掣吾肘也？其区画整理之策，条理至繁，请先举其要者。

盖欲藩篱巩固，伏莽肃清，则每省非先练陆军一、二镇，万难撑拄危局，是练兵可或缓耶？又如工商发达，血脉贯通，则铁路实为枢纽。臣前奏兰爱铁路原欲直达奉天新民府，径接我国关外干路，是修路可或缓耶？至人民太稀，垦辟不易，则迁民实边宜急。牵制日、俄，藉挽法权，则自开商埠宜急。他若慎固封守，经营边事，则莫如办理吉、江边防。密探隐谋，先发制人，则莫如多派日、俄调查员。凡此数端，无一不待急筹，即无一不需巨款，而边陲坐困，仰屋嗟贫，苦筹焦思，实难为计。奉天虽荒田尽辟，然出入仍虑不敷，吉林则又逊之，江省则草昧初开，百事待举，虽臣到江后筹集巨款，然地方设治及创办新政何一不资应用？目前统算出入，此后极难支持。若非各省尽力筹助，万难济事。况东三省为国家根本，蒙古为尾闾。根本动摇，则全局瓦解。尾闾截断，则诸部风靡。诚恐东方有事，燕京必危，燕京既危，中原随之。此臣所为抚膺悼叹，北望涕零者也。尤幸此时俄则锐气方挫，内患未平，日则战事初息，财力告匮，若英、美、德、法又皆切望我之善自为谋，此真天畀我以图存之机会。若不及时急起直追，并力经营，以期保我疆圉，窃恐安危之机转瞬即逝，噬脐之痛后悔何穷？论者谓，各省赔款数巨期迫，恐无余力及此。不知师丹之役，法人捐及簪珥，俄、日之战，东人感及妇孺。方今世界各国竞以合群爱国为自存之谋，东省为我国苞桑，至计曾谓堂堂中国岂遂无公忠体国、保全大局者乎？伏恳密谕各省疆臣，晓以大义纶音，切挚感动，必多其筹助之款，拟请专办所陈六事，核议既定，先由部库垫办，以资急用。如此，则魄力既厚，百务自张，我东方政权、利权日益发达，庶克巩固基础，奠定边疆。东省幸甚！谨奏。

光绪三十一年十二月十六日。

直督袁世凯奏秦王岛口岸增设常关以杜绕越折

直隶总督袁世凯奏，为秦王岛口岸商务繁盛，现拟增设常关，以杜绕越事。

窃查，直隶抚宁县属之秦王岛口岸，自开埠以来，商务日繁，百货荟集。该处隆冬不封，每年津河冻后，商船皆由此出入，而又近接津榆铁路，转输便利，商旅皆出其途，实为北洋要埠。惟该处仅设洋关，未设常关，以致奸商意存趋避，绕越偷漏，实于常税厘捐均有亏损。兹据津海关道梁敦彦详称：转据津海关副税务司费妥玛函称，商人运进该口货物，往往不到新关完纳子口税，即将货物直达内地，希图绕越，免纳税厘。查秦王岛海关既为津关之副关，该关即可兼管本口钞关分卡之事，请查照出示，晓谕秦王岛华商，凡洋、土各货离埠入内地时，若非完纳新关子口税，即须照完钞关税项，不准绕越等情，具详前来。臣查，条约内载：凡有新关之地，不论设在何处，及沿海不论何处，均可设立常关，系属专条。秦王岛地属沿海，开埠有年，商务日臻进步，而新关之外未设常关，奸商任意避就，若非援约增设常关，实不足以重稽征而杜弊混。至秦王岛新关，本为津海之副关，则该口常关自应作为天津钞关之分口。现届封冻之际，正秦王岛税收畅旺之时，业经饬令津海关道会同税务司，按照向章，先行试办，以重税务。除咨外务部查照外，谨奏。

光绪三十一年十二月二十三日奉朱批：外务部、户部知道。

清季外交史料卷一百九十五终

清季外交史料卷一百九十六

光绪三十二年正月至四月

议约大臣张荫棠致外部在印度与费使会议情形电

上年十月初六日，肃上公函计达。冰案，十七日，费使由森罗来，约于十八日会议。是日申刻，先来私访，据称：前送来约稿已属妥洽，无可再商，请即画押。计已奉有大部训条，当答以此约尚未能彼此妥洽，极愿与贵大臣再商。费使又言：英政府已允删除第一款，其余各款，寇督已请英政府允准，照末次约稿办理。否则，当请英廷罢议。复答以此次接议，只能认贵大臣商办。至寇督如何办理，非我所知。我政府以第一款中英文义不同，以致彼此龃龉，久未能成议，是以暂行删去，使以下各款易于商订，并非放弃主权，亦非允将各款画押也。十八日酉刻，带同随员等前赴印外部会议，费使面称：今日只问画押与否，如仍不允，即以此时定局作为罢议。英政府已电萨使，转达大部查照。弟答：英政府既认接议，即明知此约稿未妥，所以续行商订，贵大臣自应遵照英政府训条，妥商办理。今贵大臣并未与我开议，仍以未经妥洽之约稿遽请画押，实属无此办法。非俟开议后两相认可不能允准。如果罢议，则系出自英廷，非由我国作罢也。费使言：既不画押，即以此时作罢。弟思费使所言各节，词意决绝，无可转圜，当将此系英廷自行罢议缘由详细向中、英在座议员宣布一过，均无异词，业经电达大部在案。旋奉电谕，以已电驻英张使，将此约并非由我作罢向英政府声明，尚无确复等因，敬谨聆悉。

伏思，现在既经罢议，惟藏案内赔款、开埠二事系为按期撤退英兵要款，自应从速筹办，免致再生枝节。查藏约第一期赔款，系在西正月一号，即华历十二月初七日，时日已迫。弟曾派韩税司窥探印外部意，并询在何处收款，据印外部邓鲁士称，伊不识弟为何如人，若备文前来，伊当转商政府等语。细察邓意，以约已罢议，无庸承认接待，故以不识为词。且英议约使臣既经罢议他往，又万不能以藏约应办事宜可以备文向其商办。其意在与藏直接，固属显而易见。盖收我款，即是明认主权。伊既不认接待，弟亦无从交付，是以于十四号公函请电有大臣泰筹办，届时饬令藏官随同交付。又电请照会萨使，以赔款我国以给达赖，俟其回藏妥交，均系暗寓不失主权之意，计邀洞鉴。近查班禅自大吉岭启行，英兵沿途随护，甚属周密，中途又为英员邀往喇合阅兵。又闻英人拟俟英储由印都他往后，请班禅仍往大吉岭小住。届时是否在该处密商事件，尚无确闻。昨奉鱼电，以班禅倘有擅行商定事件，中政府概不承认，已致萨使，转达印政府。具见大部荩筹，预为杜渐防微地步，曷胜钦佩！至此事，英人办理极为秘密，甚难窥测。自当随时密探电达。通乞代回堂宪为荷。

正月十三日

直督袁世凯咨外部奉新电线日本请暂立借用合同应由贵部催速交还文　附合同

为咨呈事。

据办理东三省电报总局道员黄开文详称：光绪三十二年正月十八日，奉札开：光绪三十二年正月十四日，准外务部咨，接收奉新电线一事，光绪三十二年正月初五日，准盛京将军电称，据电报局提调何牧厚启禀称，遵赴辽阳，见日员电线队长大佐刚三郎，据称，借线办法：一、贷与此一条线，我电局不能经管，仍归日本政府担任保护；二、交线时，由电杆通至电局，由中国自接此一段，我局可以护守；三、日本所用二线，如有断时，仍应要回通报等语，当经本部以此线系中立国产业，应由中国电局委员径行收回，不得称为借贷，函请日本内田使，转饬日员，迅即交还，另订办法。去后，兹准复称：奉新电线系俄军败退后由本国军队补修、占用，现我军未经撤退，仍须照用兵时一体办理。只因贵国政府亟需此线，是以允为通融借贷一条。至借贷办法第三，据我司令官电开，倘或我军队需用此线时，应先知会中国管报人员，将我军队通报机器装配等语。此节核与来函内开如有断时仍应要回通报等语不符，应请转饬黄观察，会同我国军官，仍按原拟办法接收、使用等因前来。查此事所有本部与日本内田使来往函件，已于上年十二月二十日钞咨贵大臣在案。兹准前因，相应再将来往函电等件钞送贵大臣酌核，转饬黄道，与日员商办，并电达盛京将军查照可也等因，到本大臣。准此，除咨盛京将军查照外，合行札道遵照，迅与日员妥商办理具复等因。计钞单。奉此，职道到奉以后，业将商办情形暨签字交线日期于正月二十一日先行电禀在案。查奉新电杆，职局原只一线，其余二线实系日军占用，后自行加添，与职局本不相涉。至其所云补修一节，亦属实情。兹既为其兵力所占，现议借还一条，若不暂与通融，恐以后转多棘手。当将此节情形禀明盛京军宪，由职道前赴辽阳，与日员临时电线队长·工兵大佐刚三郎于正月十九日立约签字，定二十一日交线，二十四日午后通报。谨将所立借约另折译呈备案。惟此路干线本系中立国产业，应请宪台咨明外务部，照会该国公使，查照中日新订附约第四款，早日交还，以便届时即将此次所立借约作废。除另详会办宪外，理合详复鉴核等情，到本大臣。据此，查新民至奉省电线一条，原系中国电局产业，前为日军占用，自应交还中国接受，今暂作为借用，系属一时通融办理，应由贵部照会日使，仍催从速交还，以重电政。除批饬黄道，俟交还时即将此借用合同作废外，相应咨呈贵部，谨请查核办理。

须至咨者。

正月十九日

中日暂立奉新电线借用合同

中国总办北京电局兼东三省电报事宜·候选道黄，日本临时电信队长·陆军大佐刚三郎，会议订立大日本政府将由奉天至新民府电线一条借与大清国政府之约，开定如左：

一、所借电线之保线费，系归日本政府担任。

二、所借之电线，由日本政府通信所至清国电报局，其接线工程以及保线费，皆归清国政府担任。

三、日本政府如有紧要之时，当通知清国当局者之后，将日本通信机插入所借之电线内。

右奉政府委任，在清国辽阳，彼此署名盖印，以为各项确实之证据。

中国总办北京电局兼东三省电报事宜·候选道黄开文。

日本临时电信队长·陆军大佐刚三郎。

光绪三十二年正月十九日。明治三十九年二月十二日。

谕各将军督抚切实保护外国人生命财产及各教堂

谕：从来敦笃邦交，端在讲信修睦。朝廷与东西各国通商立约，开诚布公，固已情谊交孚，毫无隔阂，各国亦均称欢洽，亲密有加，中外相安，实天下所共悉。乃闻近日以来讹言肆起，适偶有不虞之暴动，遂突生排外之谣传。市虎杯蛇，众情惶骇。推原其故，必由奸人播弄，匪徒煽惑，或思离间我交好，欲激怒我民心。诡计阴谋，莫可究诘，关系大局，良非浅鲜，不得不明白宣示，以释群疑。方今时局艰难，正赖列邦互相联络，庶几寰宇协和，岂有自启猜嫌、扰害治安之理？我君臣上下，惟当力戒因循，励精图治，以实心行实政，期于渐致富强。各处学生，尤当深明忠爱，争自濯磨，精修本业，学成待用，以储桢干之才。应遵照《奏定学堂禁令章程》，束身自爱，尤不得干预外交，妄生议论。总之，团体原宜固结，而断不可有仇视外洋之心，权利固当保全，而断不可有违背条约之举。若士大夫宗旨不明，愚民将何所倡导？一有匪人乘机滋事，必至贻害地方。经此次宣谕之后，著各省将军、督抚严饬该文武各官，认真防范，所有外国人命、财产及各教堂，均应一体切实保护，即遇不平之事，应候官为理论。如有造言生事，任意妄为者，必非安分守法之人，即著赶紧查拿，立行究办。倘或防护不力，致出重情，定将该地方官从重惩处，决不姑容。该将军、督抚等务即剀切晓示，随时约束，惩前毖后，防患未然，用副国家辑睦友邦、保安黎庶之至意。

二月十三日

铁路督办盛宣怀奏与英公司商废苏杭甬草合同折

督办铁路大臣盛宣怀奏，为据实复陈事。

窃臣承准军机大臣字寄光绪三十一年八月二十五日钦奉上谕：御史朱锡恩等奏，浙省自办铁路，请将旧订苏杭甬草合同速与撤废一折，浙江全省铁路，业经商部奏准，由绅民自办，所有前与英商订立苏杭甬草合同，著责成盛宣怀赶紧磋商，务期收回自办，毋得藉词延宕，并著聂缉槼会同妥速筹办，以重路政而保利权。原折著钞给阅看，将此谕令知之。钦此。跪诵之下，仰见圣主慎重路政、斟酌因时之至意，曷胜感悚！

臣查，苏杭甬铁路，系于光绪二十四年七月接准总理衙门来咨：以英窦使请准英商承修中国铁路开列五条之一，咨令酌照南北铁路章程，与英商妥订专章，咨报本衙门，奏明请旨遵行等因。其时，臣遵与英商议订草合同三条，电商总理衙门核定，并声明：所议俟会商抚臣，如于地方窒碍，尚须更正，随后再行会奏等语。此特参以活笔，预留后来操纵地步，分咨在案。逮光绪二十九年宁沪合同签押时，臣以此路逾时已久，责其应作废弃。面诘再三，英公司不允，复致函申说，彼虽强辩，然商废之说实已从此埋根。自奉谕旨饬令磋商，遵先函致英公司，约其会议。该公司复称：须请示驻京萨使。臣当即电请外务部，知会萨使，催令英商从速成议，迄无复音。去冬，复切实函告英公司，大致谓：苏杭甬铁路草合同，虽系奉总理衙门咨令商订，然声明，俟会商巡抚，如有地方窒碍，即行更正，仍俟订正约后会同入奏。现在商部已先奏准由绅民自办，必与地方大有窒碍，可无疑义。又第三款声明，英公司当从速派工程司测勘。现已七年，并未来议勘办。光绪二十九年四月，曾函致英公司声明，杭州铁路现有他商请办，势难久待，自此函订之日起，如六个月之内，再不勘路估价，则杭甬一路及浦信一路均作罢论，所有以前草合同一概作废。此函去后又逾两年，则草合同本应作废。现在总公司不日裁撤，特将遵旨自办缘由再行专函声明等语。去后，即据英公司复称：现奉驻京窦大臣来函，接准外务部来函，所论苏杭甬铁路，现归浙抚一手经理，不由贵大臣过问，辞意极为明晰等语。除将迭次往来函件钞咨外务部、商部、浙江巡抚备查外，臣查苏杭甬铁路草约原议，本应俟抚臣查无窒碍，再行会商入奏。该洋商虽经派人约略勘估，而勘估情形并无估单、图样呈报总公司，亦未来议办法。二十九年，因有华商李厚祐等禀办杭州拱辰桥至江干短路，臣曾函致英公司，限以六个月为期。衡情酌理，自可因其逾期置之不理，实非沪宁铁路经总公司与督抚臣会议正合同具奏，并经外务部核议复奏，奉旨依议，发给借票，照约开工者，所可同日而语。惟此案经总理衙门原给照会内称，中、英辑睦多年，自应言归于好，行令臣与英商妥定章程，彼时与英窦使如何发端，现在与英萨使又如何因应，皆非臣所得而知。并闻英窦使因臣前与争议福公司山西炼铁及矿务各端，几致决裂，经外务部调停而后定，不能无憾于臣，故于此案不欲臣再过问。总之，臣愚昧无能，数十年来，凡遇有艰危困苦之事，向不敢畏难苟安，谅可仰邀圣明洞鉴。将来此案如果英使到底狡执，一经外务部知会到臣，决不置身事外，仍必会同浙江抚臣切实辩难，以期结束而保利权。理合据实复陈，伏乞圣鉴。谨奏。

光绪三十二年二月二十六日奉朱批：外务部知道。

外部奏中英两国商议藏约请旨办理折 附正约附约暨英藏条约

总理外务部庆亲王奕劻等奏，为谨陈中、英两国商议藏约情形，并将拟改约稿缮单，进呈御览，请旨办理事。

窃查，光绪十六、十九两年，中国与英国两次订立印藏条约，藏人久未遵办。至二十九年间，英员带兵将入藏界，迭经臣部遵旨电饬驻藏大臣，带同藏员，赴边会议，藏人不听开导，致启衅端。三十年六月间，英兵行抵拉萨，达赖潜逃出境。七月二十八日，接据驻藏大臣有泰电奏，英员荣赫鹏与番众订约十条，当经臣等以西藏为我属地，应由中国督同番众与英立约，不应由英与番众径行立约，且约内尚有应行商改之处，电知该大臣，切勿画押。嗣经臣部奏请，颁给臣绍仪敕谕，派为议约全权大臣。于三十一年正月驰抵印度，与该外部专使费利夏迭次会议。该使须我认印藏新约，方允改订约款，旋商议约稿六条，当经电达臣部，酌核电复，逐层辩论。其第一款谓，英国国家允认中国为西藏之上国，尤关系紧要，迭经力争上国二字，彼仍不肯稍让。诚恐空与磋磨，于事无济，臣绍仪于九月间奉命回京，仍留参赞张荫棠在印接议。臣部复与英国驻京使臣萨道义切商，将约稿第一款删除，由该使臣电达英国政府允诺，惟条款仍须照允，不愿再改。旋据张荫棠电称：十月十八日，费利夏约往会晤，并不开议，遽请画押，否则罢论。该参赞坚持未许。臣等一面电致驻使臣张德彝，向该外部声明此约并非由我作罢论，一面仍与萨道义往复磋商，斟酌约稿，由该使臣转达政府。现据该使臣接其政府训条，将约稿稍有改易，即命该使臣在京与臣部商订。此先后商议藏约之大略情形也。

臣等伏维西藏与英属印度接壤，历年边界交涉争端屡起。朝廷两次订约，无非以睦邻之计为固圉之谋，乃因藏番梗阻，使英兵藉口。惟有设法维持，仍由中国与英国申明改订，为力争主权地步，而英人一意坚执，日久相持，几形决裂。近因英国新易政府，其宗旨在保守和平，不欲侵占邻境，是以仍饬该使臣萨道义在京续商。彼此既有意转圜，我当早图结束，以保主权。若听其径行与藏直接立约，深恐枝节横生，易滋事变。臣等拟就此次约款再与萨道义磋议酌改，如是不越范围，似即可会商订定。惟事关重要，非臣等所敢擅专，谨将末次拟稿及英使交来拟稿各一件缮具清单，恭呈御览，应如何办理之处，伏候谕旨遵行。谨奏。

光绪三十二年三月初一日奉朱批：著外务部妥为商订。

中英续订藏印条约

正约

案查，光绪十六年二月二十七日，及十九年十月二十八日，中国与英国所定两次藏印条约，其所载各款，西藏并未认为确实，亦未允切实遵办，英国政府惟有设法保卫该两约所享利权。旋于光绪三十年七月二十八日，在拉萨定立英藏条约十款。嗣于光绪三十年十月初五日，由印度总督代英国政府将该约批准，并将当日所声明之条款更订之文据附入。兹大清国大皇帝、大英国全境大皇帝兼五印度大皇帝因欲固存两国友睦，历久不渝，大清国大皇帝特派钦差全权大臣·外务部右侍郎唐绍仪，大英国大皇帝特派钦差驻扎中华便宜行事全权大臣·功赐佩带头等迈吉利宝星萨道义，各将所奉全权大臣便宜行事之敕谕互相较阅，俱属妥善，现议定各款，开列于后：

第一款　光绪三十年七月二十八日英藏所立之约暨其英文、汉文约本附入现立之约，作为附约，彼此允认切实遵守，并将更订批准之文据亦附入此约。如遇有应行设法之时，彼此随时设法将该约内各节切实办理。

第二款　英国国家允不占并藏境及不干涉西藏一切政治，中国国家亦应允不准他外国干涉藏境及其一切内治。

第三款　光绪三十年七月二十八日英藏所立之约第九款内之第四节所声明各项权利，除中国独能享受外，不许他国国家及他国人民享受，惟经与中国商定在该约第二款指明之各商埠，英国应得设电线通报印度境内之利益。

第四款　所有光绪十六、十九年中国与英国所定两次藏印条约，其所载各款，如与本约及附约无违背者，概应切实施行。

第五款　此约分缮英文、中文，业已细校相符，惟辩解之时，仍以英文为准。

第六款　此约须由两国大皇帝批准画押。自两国全权大臣画押之日起，限三个月，在伦敦互换。此约中文、英文各缮四分，共八分，两国全权大臣画押盖印为凭。

大清国钦差全权大臣·外务部右侍郎唐绍仪。

大英国钦差驻扎中华便宜行事全权大臣·功赐佩带头等迈吉利宝星萨道义。

光绪三十二年四月初四日，西历一千九百零六年四月二十七日，立于北京。

附约

光绪三十年七月二十八日，即西历一千九百零四年九月初七日，在拉萨定立英藏条约。

又印度总督代英国政府签字所声明之款，附于已经批准之光绪三十年七月二十八日，即西历一千九百零四年九月初七日所立英藏条约之内。

英藏条约

案查，光绪十六、十九年，中国与英国所定两次英藏条约，因其意义并切实施行均有疑难之处；又查，英藏历年和好，近因事故，情意未洽，今欲重修旧好，将所有疑难之事全行解定。兹大英国政府特派边务全权大臣荣赫鹏，与噶尔丹寺长罗生戛尔曾，暨噶布伦，并色拉、别蚌、噶尔丹三大寺之呼图克图，兼与西藏民教诸首领，代表西藏，议定条款，开列于后：

第一款　西藏应允遵照光绪十六年中英所立之约而行，亦允认该约第一款所定哲孟雄与西藏之边界，并允按此款建立界石。

第二款　西藏允定于江孜、噶大克及亚东即行开作通商之埠，以便英、藏商民任便往来贸易。所有光绪十九年中国与英国订立条约内，凡关涉亚东各款，亦应在江孜、噶大克一律施行。惟嗣后如英、藏彼此允改，则该三处应从改定章程办理。除在该处设立商埠外，西藏应允所有现行通道之贸易，一概不准有所阻滞。将来如商务兴旺，并允斟酌，另设通商之埠，亦按以上所述之章一律办理。

第三款　光绪十九年中英条约所有更改之处，应另行酌办。西藏允派掌权之员与英国政府所派之员会议，详细酌改。

第四款　西藏允定，除将来立定税则内之税课外，无论何项征收，概不得抽取。

第五款　西藏应允，所有自印度边界至江孜、噶大克各通道不得稍有阻碍，且应随时修理，以副贸易之用。并于亚东、江孜、噶大克及日后续设之商埠，各派藏员居住，英国亦派员监管各该处英国商务。如欲赍送公文、信函于藏官，或驻藏各华官，均责成商埠居住之各该藏员接收转送，复文、回信亦一律责成此员妥送。

第六款　因藏违约，英国派兵前往拉萨责问；又因英国边务大臣暨其随员、护兵等被侮、被攻，是以西藏允兑给英国政府英金五十万磅〔镑〕，合卢比银七百五十万元，以赔补兵费及无礼侮攻各情。此赔款应在英国政府随时所定之处，或于藏境内，或于英境大吉岭、扎拉白、古里等地面内清缴。每年西历正月初一日兑银十万卢比，七十五年缴清。应于何处收兑，英国政府预先知照。第一期应在西历一千九百零六年正月初一日照数兑交。

第七款　俟上所述之赔款照数缴清后，并第二、三、四、五等款内所称商埠切实开办三年后，英国政府于未办之先，仍于春丕驻兵暂守作质，至赔款清缴或商埠妥立三年后最晚之日为止。

第八款　西藏允将所有自印度边界至江孜、拉萨之炮台、山寨等一律削平，并将所有滞碍通道之武备全行撤去。

第九款　西藏允定以下五端，非英国政府先行照允，不能举办：一、西藏土地，无论何外国，皆不准有让卖、租典或前样出脱情事。二、西藏一切事宜，无论何外国，皆不准干涉。三、无论何外国，皆不许派员或派代理人进入藏境。四、无论何项铁路、道路、电线、矿产或别项利权，均不许各外国或隶各外国籍之民人享受。若允此项利权，则应将相抵之利权或相同之利权，一律给与英国政府享受。五、西藏各进款，或货物，或金银钱币等类，皆不许给与各外国或籍隶各外国之民抵押拨兑。

第十款　此约共缮五分，由商定之员在拉萨于光绪甲辰年七月二十八日，即西历一千九百零四年九月初七日画押、盖印为凭。

大英国边务大臣荣赫鹏印。达赖喇嘛印此印乃噶尔丹寺长所钤。噶布伦印。别蚌寺印。色拉寺印。噶尔丹寺印。西藏首领印。

英、藏各员现行声明，今日所立之约，以英文为凭。

大英国边务大臣荣赫鹏印。

达赖喇嘛印此印乃噶尔丹寺长所钤。

噶布伦印。

别蚌寺印。

色拉寺印。

噶尔丹寺印。

西藏首领印。

印度总督晻士尔签押。

此约西历一千九百零四年十一月十一日在印度新辣由印度总督当堂批准。

印度政府外部大臣费礼夏签押。

印度总督所声明之附款，于已经批准之光绪三十年七月二十八日，即西历一千九百零四年九月初七日所立英藏条约之内。光绪三十年七月二十八日，即西历一千九百零四年九月初七日，英国所派边务大臣荣赫鹏代英国政府，与噶尔丹寺长罗生戛尔曾，暨噶布伦并色押别蚌丹〔色拉、别蚌、噶尔丹〕三大寺之呼图克图，兼与西藏民教诸首领，代表西藏所立之约，现经印度总督批准，并惠允饬将该约第六款西藏应赔补英国入藏兵费，由原定七百五十万卢比，减为二百五十万卢比。又复声明：该约所定之赔款，初缴三年三期之后，英国所派占守春丕之兵可以撤退，惟该约第二款所立之商埠，西藏须按照第七款开妥三年，并须按照该约内各节，一一认真遵办。

印度总督晻士尔签押。

此款于西历一千九百零四年十一月十一日由印度总督当堂签押。

印度政府外部大臣费礼夏签押。

外部奏中英议订藏约条款请简派大臣画押折

总理外务部庆亲王奕劻等奏，为谨将中、英两国议订藏约条款缮单，恭呈钦定，并请简派全权大臣画押事。

窃臣等于光绪三十二年三月初一日具奏商议藏约情形缮呈所拟约稿请旨办理一折，奉朱批：著外务部妥为商订。钦此。钦遵。当经臣等以英国使臣萨道义交来拟稿与臣等末次拟稿详加酌核，其中改易之处语意轻重颇有关系，复由臣绍仪与该使臣萨道义磋商改订，旋经该使臣电达英国政府复允，拟即照此定议。臣等谨将中、英两国议订藏约条款，并附入此约之光绪三十年七月二十八日英藏所立条约，及印度更订批准之款，又声明照会各一件分缮清单，恭呈御览，伏候钦定，并请简派全权大臣画押。如蒙俞允，即由臣等谨拟全权敕谕，请用御宝，知照该大臣钦遵办理。谨恭折具陈，伏乞圣鉴。谨奏。

光绪三十二年四月初一日奉朱批：著派唐绍仪为全权大臣，即行画押。

修订法律大臣沈家本等奏请设立专条惩治伪造外国银币罪犯折

修订法律大臣·刑部左侍郎沈家本、右侍郎伍廷芳奏，为伪造外国银币，例无治罪明文，拟请设立专条，以资引用事。

窃惟银圆创自西班牙、墨西哥诸国，中国近亦铸造，各省流畅通行。惟利益所在，诈伪因之而生，是以私造变造之案层见迭出。上年财政处会同户部奏请严定私造银元、铜元、纸币治罪章程，经刑部议以按照私铸制钱例，从严治罪。凡私铸银元、铜元，伪造纸币，不论赃数、次数，但经铸成造就，为首及匠人，均拟斩监候，照章改为绞监候，秋审入于情实；为从发遣新疆，给官兵为奴；受雇及知情买使者，杖一百，徒三年；如铸造未成，畏罪中止者，为首及匠人发极边足四千里充军等因，奏准通行在案。是私造银元、铜元、纸币已有定章可循。惟是此项新章系专指私造中国银铜元、纸币而设，诚以银铜元、纸币为我国家财政所系，故拟罪独从其重。至于外国银元，中国虽一律通行，惟究以国宝不同，如有伪造，拟罪自宜略分轻重，以示区别。查各国法律，私铸一项，均以本国、外国分别治罪。如法国刑法，凡伪造、改造金银货币，处无期徒刑，伪造、改造外国货币，处有期徒刑。俄国刑法，凡私铸俄国钱币，无限公权全夺，罚作八年以上十年以下苦工，私铸外国钱币，无限公权全夺，罚作四年以上六年以下苦工。英国刑法，凡伪造货币，处终身徒刑，伪造外国货币，处五年至七年之徒刑，或二年以下之囚狱。日本改正刑法，以行使之目的，将货币、纸币伪造、变造者，处无期或五年以上之惩役，将国内流通之外国货币、纸币伪造、变造者，处三年以下之惩役。是俄、法、英、日各国治罪之轻重虽有不同，而私造外国货币，均较本国处刑为轻。现在中国银币盛行，而外国银元流通内地并无歧视，以致伪造外国银元人犯所在多有，现行律例并无治罪明文。与其就案斟酌，临事鲜有依据，何如定立专条，随时可资引用。臣等公同商酌，拟请嗣后凡伪造外国银元行使，无论赃数、次数多寡，为首及匠人，均于奏定私铸银币章程绞罪上减一等，拟以流三千里；其为从及私造未成之犯，各于流罪上减一等，问拟所得流徒罪名，仍照章收入习艺所工作。似此明定章程，庶立法宽严得中，而匪徒知所警戒矣！如蒙俞允，即由臣等通行内外问刑衙门，一体遵照。谨奏。

光绪三十二年四月初二日奉旨：依议。

鲁抚杨士骧等奏德兵全行撤退暨筹办善后情形折

山东巡抚杨士骧等奏，为密陈德兵全行撤退日期暨接收兵房筹办善后各情形事。

窃查，德国在胶州、高密两处所驻兵队，于上年十月间，经臣等派员驰赴青岛，与德员议订撤兵善后条款，分期撤退，并议将德人在胶、高两处所造兵房备价购回，于十一月初二日议定画押。当由臣等将商办情形会同奏陈，并声明，俟德兵依限撤完，届时另行奏报各在案。查自撤兵善后条款画押后，德人当即按照期限，先将胶州所驻德兵，于十一月初八日一律撤退。十二日，又由德员点交胶州所造兵房，当即派员接收。高密分驻德兵同时亦已撤退四分之一。本年正月初六日，两个月期限届满，又撤去四分之一。迨至三月初四日，臣士骧接准德员师孟电称：本月初间，第二次期限届满，即将高密余存兵队全行撤退，并派德员驰赴高密，点交兵房，请即派员接收等因。当由臣士骧电知臣世凯，会饬余则达等前往接收，并饬铁路局巡警官刘全富驰往该处，会同照料弹压。旋据余则达等禀称：高密余存兵队，已于本月初九日一律撤退。同日，并由德员将所造兵房，暨房屋内外应附各件，以及所修操厂、马路等项工程，连同原租地基，一并开单点交，由该员等查验相符，照单接收，并即遴派妥员，加拨兵役，妥为收管，仍饬地方官就近督同料理。胶州、高密境内所驻德国兵队，现已依限全行撤竣，禀请核奏前来。

臣等查，德国兵队分驻胶、高两处，先后已六七年，迭经历任抚臣商令撤退，德人辄以自行保护环界铁路藉词展延。然以外兵逼近县城，久戍内地，不但民心惶惑，商情阻滞，而且有碍自治主权。臣等于上年春间即创辨〔办〕环界外铁路巡警，冬间议订撤兵条款，又将环界内铁路警察亦一律争回自办。铁路公司屡以津贴巡兵饷项为请，臣士骧虽明知饷项奇绌，但款由伊助，即权不我操，始终不允。开办之初，即经详定规条，申明约束，并严饬巡警官督率兵弁，认真查缉，分段巡防；并于各站自设巡房数十所，俾资控驭。维时，高密德兵尚未全撤，偶一不慎，即恐别生枝节，特加派熟悉交涉人员驰往该处，会同地方官妥为料理，仍不时密派妥员，挨站抽查。在事人员均知守法奉公，自开办至今，此五阅月中，始终并未出有窃劫事案，铁路收储物料暨运存商货亦无损失，中外商旅络绎于途，咸称利便，甚谓较德兵护路尤为得力，德人无可藉口，遂亦依限撤兵。又胶州附近地方添设巡警公所一处，亦在适中之地，且距租界边境不远。巡察、保卫，击柝相闻。该处共驻巡兵数百名，足敷更番调派，且便往来巡查，与青滩一带戍兵远近联络，可资镇慑。惟环界左右逼近海口，外人日日垂涎，臣等有鉴于海州兵船窥伺，特在沂州之安东卫创设巡警数百名，自江苏界至青岛租界附近地方，一律妥为布置，饬由北洋调来熟悉交涉之武员管带，严密巡防，以杜觊觎。现据环界内附近各州县先后禀报，此次德兵撤退之后，适值清明节候，德兵前此驻扎界内，不准修墓，一旦照旧祭扫，百姓欢跃非常，地方均安谧无事，内地商务可冀渐有起色。德人遇有商办事件，现亦渐主和平。中外相安，商民乐业，堪以仰纾宸廑。

臣士骧去夏自往青岛密查动静，即以撤兵、改税为两大要端。曾一再面商驻青之大员师孟，颇韪臣议。现在改税一层办到，即为商港之远征。撤兵之事又成，益信主权之可守。惟德兵甫经撤退，惩前毖后，环界以内各州县地方应办善后事宜甚多，臣士骧仍当随时督饬各该地方官，察核情形，次第妥筹办理。毗连租界地段，时有华洋交涉、民教互控之案，亦须遇事持平办结，俾免别启猜嫌。环界内各州县员缺，将来遇有补署升调，拟仍酌用熟悉交涉人员，以资得力。至于铁路巡警，现已大具规模，臣等仍严饬巡警官刘全富认真稽察，实力举办，不得始勤终怠，致滋口实。况德人现虽依限撤退兵队，而扩张势力、垄断商利之心终难推测。东省交涉繁重，但凡遇有关系治权、利权之事，臣等谨当随时相机因应，妥慎防维，总期设法保守主权，维持商政，俾可内厚本计，外固邦交，藉副朝廷讲信修睦、固圉恤民至意。再，备价购回之胶、高两处兵房，现已派员收管。臣等前于商办撤兵折内曾经声明，留备添设学堂等用。此项兵房，工料坚实，规模闳整，将来拟即就此两处添设中小学堂各一所，兼授路矿工程等项实业，以广造就。容俟筹有开办经费，再饬学务处厘定章程，另行奏明办理。谨奏。

光绪三十二年四月初三日奉朱批：外务部知道。

镇江关道陶森甲呈外部据日商禀赴镇江运木筏电

阳电谨悉。前准驻沪日领闾敌罗函，据日商配利司禀，赴镇江设行，拟运木筏至年圩套等语。当查运镇洋旗木植，只准在金山新河卸泊。其年圩套，即鲇鱼套，定章不准停泊。上年日本及美商请在该处运卸木筏，均已驳复有案。日商事同一律，即经照案驳复。

四月初八日

浙抚张曾扬致外部拱宸桥开埠日要求专界未允无英领允认之据电

歌电敬悉。二十二年，拱宸桥开埠，日本要求专界，各国效尤，均未允许，故无英领允认之据。惟自开通商场六百余亩，英商租去共三百余亩，较美、法、义为多，由领事函照，领契注册，亦足为允认之据。英商在租界开行栈五家。此处将通铁路，市面不虞半〈途衰〉落。且船由沪来，先经拱宸，过省城，乃达江干，深入内地，不得不限制。如允英商，各国援例，更难应付。英使称，杭州利益，应与津、沪、广州相同。然彼处各国商行均在租界内，未有准越界开行之明文。务祈大部婉商力驳，仍请英使饬麦边行迁往拱宸桥，以符向章。现未定议，断不遽与阻碍。

四月十一日

外部致胡惟德俄派佛教人护送达赖断难允许电

文电悉。达赖世受国家恩命，俾持佛教，此次行程，沿途皆我辖境，已经中国派员妥为护送，无庸他国人干涉。俄派佛教人随行一节，断难允许。务向外部力阻，并电复。

四月十四日

刑部奏遵旨议复上海会审公堂刑章折

刑部奏，为遵旨速议具奏事。

光绪三十一年十二月十四日，军机处片交，本日奉旨：外务部呈递周馥电，据称，上海会审公堂拟变通刑章，以期华洋轻重略均等语，着刑部迅速议奏。钦此。钞电到部。查原电内称：上海会审公堂章程，如案内全系华人，归华官审判，毋庸领事干预。近十余年，凡经工部局会提之华人，领事派副领事于早堂陪审，会审交涉之案，何国原、被，即由何国派员。又华民犯罪，俟会审判定后，枷杖以下罪名由华员发落，徒罪以上归上海县办理。此向来办案大概情形也。本年奏定新章，变通笞杖罪，仿照外国罚金办法，如无力完纳，折为工作，谨当遵照办理。但中外情形不同，贫民不名一钱，无锾可罚，工艺厂尚未开办，无工可作。现时到案人犯拟分罪名为五等：一、交差带〔带差?〕取保，保后不再犯，即时省释。二、公堂暂押取保。三、交县发本地保甲管束。四、笞罪自十至五十，暂押公堂十日至五十日，仍准轻重量为增减。五、杖罪按数改为监禁。如杖一百，即监禁百日。情重者，量加。公堂向无牢狱，有押所可容男犯百人、女犯三十人。西人因犯人日多，别建牢以羁华犯，现监禁五百余人，颇有连枷镣铐等刑瘦〔瘐〕死者，不报华官，殊不成事。今欲自建一牢，约估需五十万金，常年经费十余万金。经费尚苦无著，此时监禁之犯不能不暂借西牢。应由谳员批明，非凶恶及疯病，不加刑具。一俟习艺工厂建成，再遵照奏定章程办理。至女犯，向押公堂。今拟女犯罪轻者，交亲族或的保管束。如拐带诳骗之案，订明管押日期，以十日至百日为限。又钱债案，原、被皆不跪审。惟刑名案向华官前跪审，但犯者尚未审实，已罹熬审之刑，殊觉不合。如近日黎黄氏，以官眷孀妇，诬为拐带，深堪悯恻。窃以为洋员陪审，无论何犯到堂，俱植立听审，俟罪名判定，饬其跪听判词，似较允当等因。电由外务部呈递，钦奉谕旨，著臣部迅速议奏。

臣等窃维上海华洋杂处，词讼繁多，凡缉捕、拘禁各事，办理稍或失宜，皆足以贻口实而滋流弊。其原订会审公堂章程，如案内系华人，归华官审判一条，固已划明权限。如果该公堂先事图维，创建牢狱，并设立习艺工厂，何致有妇女羁禁西牢之案？至中外刑章不同，彼宽此严，徒来外人残酷之讥，驯至外人之待华民更加残酷而不恤。如此次黎黄氏被诬管押西牢，盖积渐使然也。刑章为法权所系，亟宜酌量变通，俾轻重略均，庶足以剂其平而善其后。兹据该署督电称：笞杖改为罚金，惟贫民不名一钱，无锾可罚，工艺厂尚未开办，无工可作。现时到案人犯权分罪名为五等。臣等详加酌核，如带差取保省释，并公堂暂押取保，及交县管束，此三等，尚属周妥，应如所议办理。惟笞罪改押公堂、杖罪改为监禁二等，如按笞杖实数作为押禁日期，未免过重。查奏定章程，无力完纳罚金，折为作工，应罚金一两，折作工四日，以次递加，至十五两折作工六十日而止等因。今该公堂尚未开办罪犯习艺工厂，拟请代以押禁，自应按照原定折为作工日期，分别代以押禁，以昭平允而归划一。又所称：今欲自建一牢，经费尚苦无著，此时监禁之犯不能不暂借西牢，应由谳员批明，非凶犯及疯病，不加刑具等语，具见防维周挚。该谳员务须切实遵办，仍令赶紧设法创办习艺工厂，俾得教养有资，庶几迁善更易。该署督又称：女犯向押公堂，拟将罪轻者，交亲族或的保管束。如拐带诳骗之案，订明管押，押期以十日及百日为止等语，所拟尚属允协。仍令查照妇女赎罪新章，分别办理。至洋员陪审，无论何限〔犯〕到堂，俱植立听审，俟罪名判定，饬其跪听判词，亦系矜恤罪犯，免罹熬审之苦，尚属可行。惟既经准〈免〉长跪听审，则定案判词亦应免其跪听，以归一律。总之，上海为通商大埠，设立会审公堂，历有年所。无论华洋案件，总须持平办理。尤在委员得人，力能保固法权。至改良监狱及收犯习艺，尤为切要之图，未可恃有借禁西牢，苟且补苴，日久又滋轇轕，应令该署督迅速饬属兴办。俟狱舍及工厂告成，一律遵照奏定章程核办，以期整齐划一。如蒙俞允，臣部即行文该署督遵照办理。谨奏。

光绪三十二年四月二十五日奉旨：依议。

清季外交史料卷一百九十六终

清季外交史料卷一百九十七

光绪三十二年闰四月

沪道瑞澂致西班牙领事请查示改籍华人姓名函

启者：

昨准来函：入籍华民，据禀状签字为凭，注明入籍前构讼情事，概不禀请管理等语，一律注销，碍难照办等因到道。查华民准入西籍，美国续议条约第五款原有明文，然此指远在外洋，人地生疏，愿听西官保护而言。若华人既在中国，自有地方官保护，何必舍本国之地方官而转求别国之领事官保护？实于情理未洽，足见本道前文所谓求倚恃而妄干非分之人，并非苛论，乃贵总领事准其入籍，给照保护，究凭两国何项约章办理？曾否禀知贵国驻京大臣有案？现在经贵总领事给照保护之华民，共有几人？是何姓名？原籍何处以及入籍贵国年月日期？合行奉询，即祈贵总领事分别查明见示，以便核办为荷。

闰四月初三日

驻沪西班牙领事复沪道华人改籍须归西官管辖函

启者：

闰四月初三日，接展来函，以华民入籍日斯巴尼亚国，究凭两国何项约章？共有几人？是何姓名、籍贯并入籍年月日期？请查明见复核办等因。查华人入籍，本属无多，系按本国特立章程，假领事以权，任凭保护。别国人民，凡入籍者，弃置各该国一切权利，遵照本国章程办理，并听本国官员管辖。遍查中日条约，并无不准华人入籍一条，是以本正领事虽在中国，仍按本国定章也。即祈贵道查照是荷。

闰四月十五日

鄂督张之洞奏沥陈粤汉铁路借款事据实复奏折　附合同暨还款清单

湖广总督张之洞奏，为遵旨据实复奏事。

窃臣承准军机大臣字寄光绪三十一年十月二十八日奉上谕：御史黄昌年奏，路权至重，赎款难担，亟宜兴修，严杜干涉一折。借款修路，流弊滋多，应由三省集股兴修，以保权利，不准借用外债。该御史所奏五节，著张之洞据实复奏。原折著钞给阅看，将此谕令知之。钦此。跪诵之下，仰见圣主慎重路政、预防流弊之至意，曷胜感悚！

臣自奉旨责成收回粤汉铁路，与美国合兴公司议废合同，深知合兴根蒂深固，消息灵通，中国官场袒助者多，不易措手。顾念路权在人掌握，即巨害在我腹心，非决计收回，无从挽救，用是不敢避怨，不敢畏难，密电出使美国大臣梁诚，相机操纵，据理辩争。磋磨一载有余，其间波澜迭起，枝节横生，机甫转而旋翻议，垂成而忽变。臣仰奉宸谟，坚持定见。

局外旁观咸谓，中国已失之权，断无覆水重收之望。迨臣拒绝美商柏士即倍次要求之后，凡持以美接美之说，尤不便于臣之所为。谤讟繁兴，阻挠百出，必欲揽收此局而后已。幸赖圣明乾断主持于上，三省舆情固结于下；美政府知中国志坚意决，合兴理屈词穷；又以废约之名，改为赎约，仅属公司商务，事出和平，于国际邦交丝毫无可挑剔，合兴始就范围。本年八月间，赎约议成，实为袒美党意料所不及之事。坐失大利，衔恨次骨，既于赎路一端无从置喙，乃于借款一端造为去美来英之说，散布谣言，喧腾报纸，颠倒黑白，横肆诟病，其中情节，显然易见。湘省正绅早有见闻，言者不察，辄以上渎宸聪。既蒙天语垂询，谨就该御史所称五不可解者，敬为我皇太后、皇上陈之。

一、原奏所称：该督当自任废约之日，即应鼓舞三省绅民，早备赎款，以自立于不败之地，乃临事诪张，甘吞芳饵，辄行息借英金一百十万镑，径指国家饷项之膏捐作抵等语。

查倡议废约之始，臣即分电湘、粤官绅预筹的款。湘绅初议按亩酌抽谷捐，就盐加抽口捐；粤绅则议行彩票及出洋招股；湖北尤为贫窘，本省绅士仅议提各州县积谷宾兴，变价济用。总之，或拟议未定，或窒碍难行，或零琐无益，或迟缓难待，众论歧出，百计搜罗，皆无骤得巨款之策。署两广督臣岑春煊因于上年十一月十一日由梧州行次电臣：绅力断不足恃，官吏更无担此大宗之力，宜由三省合借洋款，按年分认摊还等语。湘绅张祖同、席汇湘等来鄂，与之筹商，亦深以岑春煊之说为然，以为舍此别无速化之术，可应急需。臣查，修造铁路，借用外债，环球多有，其利害只在合同权限。权限不清，则不论何国皆属有害；权限若清，则不论何国皆属无害。即如粤汉铁路，借用美款，扣多年久，且并令其包办工程，甚至矿务权利多所假借，遂至授人以柄，路权尽为债主所操，为害甚大。臣今所借英金一百十万镑，年息止四厘半，不折不扣，较上年户部订借汇丰镑款节省甚多，然并不以铁路作押，仅以三省自有之膏捐作保，于路矿一切权利丝毫不许干涉。此项借款，言明本利分十年摊还，计每年应还本利不过十余万镑。三省以七成分摊，湘、粤各摊三成，鄂摊一成。两湖指定赈粜米捐，岁可得七八十万两。粤省督臣岑春煊担任筹定的款备拨。并有粤境已成铁路行车余利，每年二三十万两，以之分年抵还借款本利，实已有盈无绌。况合同载明，五年后，中国如愿全数清还，亦可听便。但使有款可偿，毫无留难纠葛。其以膏捐作保者，向来借款必有保款。凡关财政，何一款非国家之饷项。不过因此乃近年新筹之款，且止属一端，于藩库款、关税款之垂为经制、厘金局之关涉通省者，名义轻重，迥不相侔。且膏捐为三省所共有，为外人所共知，虽加税免厘后，此捐仍可照收，故易于取信。然抵还既有实项，则保款仅属虚名。不独于八省统收之膏捐毫无牵涉，即于应归三省自用之膏捐亦略无妨碍。盖三省需饷无不紧迫，断不肯不另筹赎路专款而坐耗膏捐之理？该御史乃谓，自任废约之日，即应鼓舞三省商民，早备赎款，是竟不知七八百万金为数之巨，不知今日中国财用之困，并不知湖南民力之艰难，是则真不可解者也。窃考倡议废约至今日已两年矣！除湖北米捐拨充路工一款乃出臣意札行、湖南米捐拨充路工一款乃系臣电商湖南抚臣照办，此外三省议论，函电不啻数千万言矣！果已筹有一钱之实款乎？然则筹款果易易乎？

又原奏称：盛宣怀开报用费六百万美金元，准以广东所造之路，较外国造路价逾十倍。该督所借赎款较诸盛宣怀开报有盈无绌，岂竟无可核减耶？然报章所载，息借之款以七十万镑汇交美使梁诚，以四十万镑汇交鄂督，则此四十万镑岂尽三省开销之用？即非如是，亦应将赎款若干，用费若干，开列清单，上之商部、政府，方为正办，岂谓赎路自我为政，诸事不关朝廷乎等语。

查粤汉铁路收回自办，其与合兴公司交涉办法不外两端，一为废约，一为赎约。废约则应先请朝廷明降谕旨，宣布废约之缘由，一面由外务部照会美使，并行文驻美使臣，照会美外部；一面由三省延聘外国律师，派员赴美，备与合兴兴讼。讼而得直，则合同可废，应还合兴用款，须凭彼国法堂公断；讼而不直，则合兴约仍不得废，且须另给公司赔偿，其数不能悬揣。臣屡接驻美使臣梁诚函电，谓：美国富绅已重价收回比股一千二百股，美政府即视合兴为并无违背合同之处。设与兴讼，彼必左袒。苟如我不得直，非但须糜巨费，亦且有碍邦交等语。臣又屡接外务部来电，以美国驻京使臣柔克义迭次照会声称：美政府不允将合兴公司作废等语，体察情形，直言废约徒延时日，徒多繁费，而万不能行。因与使臣梁诚密商，定为赎约办法。赎约则彼售我购，议价须由售主允认。合兴本意不愿出售，迫于公论，始肯开价。据称：中国定欲索回股票，现已涨价，每股必须三百余金元，公司六千股，计需二百余万金元，代支造路费四百余万金元，特权矿权种种所值又数百万金元，加以余利小票四十余万金元，公司酬费二十五万金元，共计值一千数百万金元等语。经使臣梁诚再三指驳，递减至七百万金元，万万不肯再让。嗣后与摩根、路提、英格澜理论，始定六百七十五万金元，另给小票及售价议定未付以前五厘利息，此盖屡经驳减而后定为比较。其后，摩根于收款时，尚索交金元小票余利，驳以草约先经议定签字，不得再有异词，彼始无语。臣查，合兴售价虽昂，然中国收回种种权利所值岂止此数？过加驳诘，徒坚比股获利抗阻之心。凡事关国际，当持大体，不当惜小费。议价之初，湘绅龙湛霖、王先谦等公电致臣谓：我能将该公司提用小票，无论浮支、滥费，只要有帐〔账〕可开，一一承认，美廷当无异议；又谓：接顶自办，诚为善策，三省只求收回此路，即用款多，亦所不惜等语，均深明大体之言，与臣意见正同。盖事机之来，间不容发，若必斤斤计较，多方驳减，恐至今仍无成议，而时局纷纭，外谋奇幻，不知现在又成何变局，必致此约终不能收回矣！至一切付款，皆由出使大臣梁诚经手。计八月初九日付第一期款美金二百万元，加息一百二十九日，美金三万五千三百四十二元四角五分，西五月一号，应付借票息美金五万五千五百五十元，总共二百九万八百九十二元四角五分。九月十二日付末期款美金二百七十五万二百元，加息一百六十二日，美金六万一千三十二元零，另给律师美前外务部福士达津贴美金一万五千元，合兴公司总办惠惕尔酬资美金一万元，总共二百八十三万六千二百三十二元零。每次付款，均据驻美使臣梁诚来电，先后电达军机处、外务部、商部查照在案。该御史谓，应将赎款若干、用费若干，开列清单，上诸商部、政府，岂致枢廷、外、商各部之电文均不足为据耶？至第一期付款，系在英款未经借定以前，其时事机万紧，另向汉口汇丰银行暂行息借交付。迨英款借定后，因于合同订明，以七十万镑汇交驻美使臣梁诚，以四十万镑划付鄂省，拨还汇丰借款，亦经臣于八月十一日电达军机处、外务部、商部，云：向英国订借赎粤汉路款英金一百十万镑，今日同英领事面校华洋文合同，彼此签押，定于华九月初八日，全款交清，届时当即将合兴第二期款全数付讫，前电汇梁使第一期款，系向汇丰借，兹即于此次借款内拨还矣等语。所谓拨还者，即指此四十万镑而言。该御史以此四十万英镑未经汇美，遂故作疑词，曰岂尽三省开销之用，其意殆以此四十万镑为鄂省所干没矣！试思干没之款，有于合同内大书特书者乎？此等怪诞之谈，更无足深辩矣！

又原奏称：该督之权止于废约，至修路关系重大，为国家三省权利所关，非该督一人所能独揽，乃遍给湘绅关防，意存见好，实无事权，以为借债修路、箝制众口之伏线等语。

查上年十月间臣钦奉寄谕：粤汉铁路关系紧要，现在合兴公司正议废约，自应另筹接办。著张之洞悉心核议，妥筹办理等因。夫曰另筹接办，曰妥筹办理，则凡路事之始终，均在圣主委任责成之内，苟为臣愚思虑之所能及，安敢不遵旨悉心筹议？而该御史目为专揽。设臣但废约而不筹赎款，以致因无款悔议，或约竟不能废，而地亦不自购，竟多为洋公司所购，则言者又将以推诿误事，不能善其后责臣矣！至刊给湘绅关防一节，查本年二月间，据湘绅公呈前湖南抚臣端方及臣处，以粤汉铁路无论能否收回，亟须先行筹款，购买铁路地基，以保地权，拟请刊给关防等语。盖恐此路未能收回，故不得已为此筹款购地之策，此乃湘绅万不得已之苦衷。臣以湘绅既拟设局，必有主持局务之人，电询湘中拟举何人？旋准前抚臣端方电复：现湘绅拟以前刑部右侍郎龙湛霖、前国子监祭酒王先谦为总理，候补道张祖同、安徽候补道席汇湘为总办，三品荫生龙绍瑞为会办，翰林院编修汪槩、翰林院庶吉士谭延闿、前工科给事中冯锡仁、候选道孔宪教、前甘肃宁夏知府黄自元、吏部主事叶德辉为总议绅，祈分别挈衔，缮给咨札等语。因即会同湖南抚臣，核准照办。此项关防，经湘绅函催、电催、面催不下十余次，直至今年四月始行刊发。溯查自去年以来，湘绅于铁路一事，迭次电函、面陈一切，皆谓须专由臣处主持。臣谓必须会同湘抚办理，反复详说，湘绅因即遵办。在籍湘绅人数甚多，此可考而知者也！夫筹款购地，正恐废约难成，藉此稍资抵制，事为地方官应办之事。臣忝任湖广总督，湖南为臣兼辖省分，臣即无废约之责，关系两湖土地之事，岂能诿诸不问？咨札、照会，皆督抚会衔，何所见而目为专揽？该绅龙湛霖等素著乡望，为众公推出而任事，皆勉尽义务，并不支给薪水，何遂足以见好？该公司局设湘省，人由湘举，章由湘拟，何谓实无事权？其时赎路尚无眉目，何能遽计及借债修路？至借与不借，听之三省众情，何所用其箝制？且湘省果能筹款，即不须借债矣！何以责绅筹款，转为借债伏线？此等深文曲笔，诚思之不能得其解矣！

又原奏称：外务部以拒绝外债电知鄂督，该督乃谓湘绅亦主借债修路。夫湘绅果主借债也，当初何必力争废约，即有不肖湘绅，谅不过游宦湖北，承迎该督意旨，乘便攫利，不顾破坏大局，该督轻信属员蒙蔽之言等语。

查粤汉铁路共长二千数百里，在鄂境者不足三百里，在湘境者实长一千二百余里。衡州以上，且多山路。酌中估计，每路一里以一万五千两计之，湘省路工需款一千八百余万两，加以赎路本息之款与存美国金元小票本息之款，湘省分认七成之三，约需款五六百万两。本省招股应给之息尚未核算统计，已需二千数百万两。近年各省情形，皆有民穷财尽之虑。此项路工巨款，即分年劝募，不敢谓必有把握，则全路告成之日，实恐遥遥无期。假如借款修路，则五年之内全路刻期可成。路工早成，则车利早见。见利之后，招股一半，车利一半，期以十年，债款便可清偿。至借款之法，分年分起，陆续筹借，不主一国，但给利息，不令包办工程，不予别项权利，亦不以铁路作为抵押，则虽借外债，自无后弊。湘绅之代表人道员张祖同、席汇湘等来鄂时，臣曾与筹议及此，皆极以此说为然。臣通筹熟计，借款修路，若权限谨严，本非必不可办之事，盖深恐筹款不易，即能筹亦不能多。款少则工迟，工迟则利缓，无利则累深。故于借到赎路款后，即照会英领，布此一著，以备缓急。嗣因外务部来电，虑滋轇轕，臣于九月二十七日电复外务部谓，当力劝三省绅民自行筹款；二十九日，复电外务部，并电户部尚书张百熙称，粤汉铁路，决计筹款自办，不借外款等语，是修路借款久已作为罢论矣！该御史于时事茫然不知，于乡事亦茫然不知，忽于十月二十八日，事隔一月之后，追咎修路借款已罢之议，并追咎借款赎路之举，实属可怪！并诬及游宦湖北之湘员乘便攫利，破坏大局，不知赎路款皆使美大臣梁诚经手，鄂员、湘绅有何利之可攫也？湖南在籍吏部〈主事〉叶德辉于借款罢议之后来鄂，虑及款艰工迟，深惜借款不成之非计。该主事固非湖北之游宦属员也，谓铁路已收回为破坏大局，不知如何而后为保全大局也？

又原奏称：该督再订英债合约，明著香港政府，传闻尚有附约，暗许权利，又擅给英领照会，如云中国或需再行借款，先尽英国，机器、材料如向外洋购办，须先向英国商厂询问等语；又闻造路工程师，该督已许参用英、日，授人以隙等语。

查借款合同借自何人，自应著明何人之款。此项英金一百十万镑，实借自香港总督，何能言而不尽？向来各国银行经手借款，必有折扣，吃亏甚巨。且借定后，须由外务部一面照会外国驻京公使，一面咨照我出使大臣，外国公使方电告外国银行，始制造小票或数千张，或数万张，请我使臣每张盖印，始能出票招股，委曲繁重，付款总须在四五个月之后。此次赎路急需付现之款多至七八百万金，合兴批准至交银限期，促至七八日，寻常借款之法断不能行，外国银行断不能承办。适汉口总领事法磊斯前曾告知，香港现有存款，愿为介绍，取息必可较银行为轻，并云不须折扣，是以与之定议。其另给照会，系防将来自筹之款万一不敷，或须续借洋债，英既承借赎款在前，届时必将争揽。应先明定限制，无论借用何国之款，不得轻许丝毫权利，俾免后来者或有失算，此正为杜渐防微起见，何反谓暗许外人权利乎？查照会原文云：将来粤汉铁路修造之款，除中国自行筹集外，如须向外洋借款，当先尽英国询商。开价如与他国所开息扣比较相同，先尽英国银行承办。如他国所开息扣等项较英国所开公道便宜，仍由中国酌择公道便宜者另行筹借。如修造粤汉铁路需用机器、材料，除中国自有自造外，如向外洋购办，应先向英国商厂询问。开价仍与各国商厂开价比较相同，则先尽英厂承办。如他国所开货美价廉，仍由中国择宜订购。此外，湖北、湖南境内另有修造铁路之事，倘亦须向外洋借款，并可照上条修造粤汉铁路借款办法一律办理。至修造铁路需用之工程师，言明一半用借款国人，一半用日本国人，将路工分段承办，各办各事。凡铁路公司一切用人、择地、管路、行车等事，均由中国自任。工程师但管分内应办之事，余事皆不得干预等语。兹将原文钞送军机处、外务部、商部详加察阅，当可知臣慎防后患之苦衷。言者乃谓为密约，谓为暗许，不知照会词义皆系光明正大之言。当时曾经电商两广督臣岑春煊，旋即将照会分咨广东、湖南两省，海内皆知，何所谓密？至此照会专为借款修路而设，九月内将合同咨送外务部时，已经定议修路不借洋款，是照会之言业已作罢，故未再钞咨外务部。然电商粤省于前，咨行于后，何密之有？至铁路工程师，但言一半用借款国之人，一半用日本人，并未指定必用英国人。其明用日本人者，日本工程师修造省费，声价较廉，藉此既可与借款国人互相比较，且以杜把持专揽之弊，具有深意。今已告知英总领事，粤汉铁路全由中国自筹，不再借用洋款，该领事毫无异言。假使有暗许权利之事，彼国公使岂肯隐忍不言，有不向外务部饶舌者乎？正以此照会限制甚严，语意分明，声明除中国自行筹集外，如须向外国借款等语，既系筹款自修，彼自无可希冀。且虽借英款，亦仅有应得之利息，购料之余润，并无大宗权利之可图，故不致扰渎耳！不谓该御史乃欲藉此深加文致也。该御史又谓，臣欲揽者莫大之权，朘湘鄂之脂膏以供其虚縻浪掷，不知铁路之利在路成行车以后。若京汉、津榆已成之路，已经困极，而亨〔享〕坐收车利，方有权利之可言。若湘、粤、鄂三省之路，至速须十年以后方能告成。现在正以筹款为苦，湘省诸绅筹议年余，仅止略有规模，并无确实把握，而应付第一期赎路之息即在目前，屡接湘绅来电催办，语意甚形急迫；至粤省乃富饶之区，然近因筹款未妥，官绅决裂，大起波澜，现在情势汹汹，尚不知若何了局；鄂省则不过仰屋忧焦而已，是此三省官绅皆正在盘根错节、艰难困苦之时。该御史乃漫谓官此土者有莫大之权利耶？且湖南公事，凡向官办者，亦多有绅士协助。况由绅筹款之事，更系绅董经理，湘省大吏亦不过主持定议，专司考察督催。其购地、兴工、购料等事，全在大小绅董。其虚縻浪掷与否，责有所归。湘省抚臣以下且不经手其银钱，况远驻鄂省之督臣不知从何朘削？从何虚縻？即如现在鄂省设立三省粤汉铁路总局，札内言明各员俱不开支薪水、夫马。局员薪水尚不开支，从何有虚縻浪掷之款乎？似未免不近情理矣！

总之，废约必先赎路，赎路必先筹款。款过巨，期过急，则必须先借赎路之款。既借赎路之款，则此借款之国必思揽以后借款造路之权利。臣既知中国筹款之万难，则必预为将来万一借款之计，故趁此声明用人、购料一切权限，以杜流弊；犹恐专用一国人，万一有逾越权限之弊，于是指定分用两国人，以杜专揽之谋。盖局外者可以任意吹求，而局中者不能不层层虑到，以备赎路事成以后从长计议修路之法。如尚需借款，则有此照会，彼不能逾格要求。如不需借款，一切作为罢论，或借或否，听众情之从违，听朝廷之裁断，临时斟酌，进退裕如。今已定议修路不再借外款，外务部勘电至鄂，臣即以艳电复云：言明不借，并不为难，操纵在我，毫无轇轕。现在借款之说早已化去，风平浪静，毫无枝节。此时不过筹款为难耳！乃该御史不知艰难，不考事实，一味深文巧诋，执已罢之议，为诬诋之题，显然挟有成见，自在圣主昭鉴之中。至微臣办理此事之得失，上有朝廷明察，下有三省绅民暨天下人公论，固无庸臣之置辩矣！臣以衰朽庸才奉旨筹办废约，幸已将此路收回，稍纾忧愤，少减咎责。此后修路工程，除在鄂境者路长二百数十里，臣自当督饬官绅妥筹办理外，若粤省铁路应请责成两广督臣筹办，其湘省铁路事宜，若在籍湘绅有公呈函电恳请臣处主持者，臣当与湘省抚臣会商办理，若在籍湘绅无公呈函电至臣处者，即由湘抚臣办理。合并陈明。谨奏。

光绪三十二年闰四月十五日。

鄂督张之洞向香港政府借款赎回粤汉铁路合同

此合同系大清国太子少保·湖广总督张与大英国香港政府订立。张宫保钦奉特旨筹办收回粤汉铁路事宜。此项借款，顷奏奉中国皇上允准，为湖北、湖南、广东三省督抚现任、后任订立。查粤汉铁路一切事宜案件，均归张宫保办理。因需款项将前给美国公司代为修造之权利赎回，兹经张宫保商请英国国家借助其款，发给该美国公司买回股分，以完张宫保之专责，英国政府乃托令香港总督，允许照筹借助所需之款项，现订合同如左：

一、香港政府应允借与湖北、湖南、广东三省共一百一十万金镑。其交给办法声明于下第七条，至三省如何分派，拟认其确数，俟议定再行知会。

二、此项借款以十年为期，自光绪三十一年九月初八日起算。此项借款本银分作十期归还，每一年一期，每期一十一万金镑，以第一年尾即丙午年八月十九日为第一期。但自第五期本分还清之后，如三省欲将下余未还本银一时全还，只须六个月之先预为知会，方可将该本及至还日之应给利银同时交清，而自其本利全还之日后，此合同则作为废纸。

三、此项借款利息，系按每年百金镑四镑半合算，每半年按照随时下余未还本银核算利息一次。

四、所有归还本利数目、日期，均照本合同附开清单，随时在香港交其度支院使。金镑即照兑票若干镑数查收，或听香港政府于各期照当时镑价折合现银收兑其款。

五、此项借款以湖北、湖南、广东三省烟土之税捐作保，作为抵押。此项烟土税捐，总以此次借款本利尽先偿还。此款或全未还，或未还清，均不得再有用此项税捐借抵他款用时本利一切事宜。将来若再有订立，或专或兼，抵三省烟土之税捐之借款，总不得订明在此次借款之前，亦不得订明于此次借款平行办理，务必于合同内载明：所有付还本利等事，俱在此次借款之后办理。倘将来三省烟土之税捐不敷应付，湖广〈总〉督部堂可商明湖南、广东，核明系何省还款不敷，即由何省添拨他项税厘归还。此款倘仍不能应付各期本利，英国国家可请湖广〈总〉督部堂商明湘、粤，核明系何省还款不敷，即由何省另拨他项妥当税厘，归海关管理，以保此次借款。

六、此项借款，尚须交存汉口英总领事处金镑厘金票作保。此票银数合与此项借款本利总数相同。其上盖用湖广总督部堂关防，汉口税务司签字。倘每期应还借款本利届时在香港不交香港度支院使，即可将此票在于湖北、湖南、广东境内作为完厘之用。所有三省官员，有关此事者，即须一体饬知遵照。

七、此项借款订明：由香港政府，于西历本年十月六号，一面将英金四十万镑寄至汉口汇丰，转交张宫保名下收用；一面将英金七十万镑汇至纽约，交中国驻美钦差梁大臣查收。香港政府仍可托驻汉口英总领事随时请张宫保给予凭据，以见此次借款确系为以上所议诸事之用，即系确为买回粤汉铁路权利之用。

八、此次本合同画押之前，已由张宫保奏明，钦奉上谕允准。此次借款合同应即由外务部备文照会英国驻京大臣。

九、本合同内既提及广东烟土之税捐兼作保抵，此次借款经张宫保电商广东，已经两广总督复允，情愿将烟土之税捐作保，暨本合同干涉广东各条将来必无异辞。

十、此合同用华文、英文缮成六分，一交湖广总督衙门，一交两广总督衙门，一交湖南巡抚衙门，一交香港总督，一交驻京萨大臣，一交汉口英总领事存案。此合同将来倘有疑义，即以英文为证。

附还款清单

一千九百六年五月二十七日，即丙午年闰四月初五日：还息二万四千七百五十镑。

一千九百六年十一月二十七日，即丙午年十月十二日：还息二万四千七百五十镑。还本一十一万镑。

一千九百七年五月二十七日，即丁未年四月十六日：还息二万二千二百七十五镑。

一千九百七年十一月二十七日，即丁未年十月二十二日：还息二万二千二百七十五镑。还本一十一万镑。

一千九百八年五月二十七日，即戊申年四月二十八日：还息一万九千八百镑。

一千九百八年十一月二十七日，即戊申年十一月初四日：还息一万九千八百镑。还本一十一万镑。

一千九百九年五月二十七日，即己酉年四月初九日：还息一万七千三百二十五镑。

一千九百九年十一月二十七日，即己酉年十月十五日：还息一万七千三百二十五镑。还本一十一万镑。

一千九百十年五月二十七日，即庚戌年四月十九日：还息一万四千八百五十镑。

一千九百十年十一月二十七日，即庚戌年十二月二十六日：还息一万四千八百五十镑。还本一十一万镑。

一千九百十一年五月二十七日，即辛亥年四月二十九日：还息一万二千三百七十五镑。

一千九百十一年十一月二十七日，即辛亥年十月初七日：还息一万二千三百七十五镑。还本一十一万镑。

一千九百十二年五月二十七日，即壬子年四月十一日：还息九千九百镑。

一千九百十二年十一月二十七日，即壬子年十月十九日：还息九千九百镑。还本一十一万镑。

一千九百十三年五月二十七日，即癸丑年四月二十二日：还息七千四百二十五镑。

一千九百十三年十一月二十七日，即癸丑年十月三十日：还息七千四百二十五镑。还本一十一万镑。

一千九百十四年五月二十七日，即甲寅年五月初三日：还息四千九百五十镑。

一千九百十四年十一月二十七日，即甲寅年十月十一日：还息四千九百五十镑。还本一十一万镑。

一千九百十五年五月二十七日，即乙卯年四月十四日：还息二千四百七十五镑。

一千九百十五年十一月二十七日，即乙卯年十月二十一日：还息二千四百七十五镑。还本一十一万镑。

共利息二十七万二千二百五十英镑，共本一百一十万英镑，总共本利一百三十七万二千二百五十英镑。

光绪三十一年八月十一日，西历一千九百零五年九月初九日立。

沪道瑞澂致西班牙领事华人入西籍仍居本国自须遵守本国法律函

启者：

十五日，接展来函，以华人入籍，系按贵国特立章程办理，中日条约并无不准华人入籍一条等因。查中日条约虽无不准华人入籍，然亦无居住本国境内，舍本国地方官，而听他国官员保护之明文。按之《大清律例》，人户以籍为定，其变乱版籍者，有治罪专条，讵有轻弃本国之律法而遵从别国章程之理？且贵国即有特立章程，只能行之于本国，讵能行之于别国？盖贵国并未商由中国政府允准，本道衙门亦未奉到政府行知，万不能认可也。相应函复，即希贵国领事查照，仍望将已入籍者共有几人以及姓名、原籍、年月日期分别查明，开单见示，以凭核办为荷。

八月十九日

中法会订江西南昌教案善后合同　附外部致法使照会八件

为立合同事。

近因南昌滋事，杀毙法人，焚毁教堂、学堂一案，大法国、大清国政府均愿将此案公平议结，以期两国交谊益敦和好，已经商定，派委员会同查明办理。大法国钦差特派三等参赞官・世袭子爵・花翎・头品顶戴端贵，大清国外务部奏派直隶津海关道・花翎・二品顶戴梁敦彦，前往南昌，详细查明南昌县知县江召棠身故缘由。本年正月二十九日，南昌县知县江召棠到天主堂，与法教士王安之商议旧案，彼此意见不合，以致江令愤急自刎。乃因该令自刎之举传有毁谤法教士之讹言，以致出有二月初三日暴动之事。中国国家已自将有罪之人惩办。兹将外务部与驻京法国钦差议定各条开列于左，免致嗣后彼此或生异词：

第一条　应给被害教习五人家属抚恤银四万两，另给一万两作为后来新教习等川资经费之用。其款应以库平、库色兑交驻沪法国总领事收领。

第二条　新昌等旧案，及南昌新案，所有被毁教堂、学堂、养济院等处，及教内之人、房屋，并一切物件，总共赔偿银二十万两整，交由教堂提款偿补各案教内之人之损失，作为一律了结。

第三条 第二条所载库平、库色银二十万两，分为十次交付，每三个月为一期，每期二万两，交由法国主教，在九江收领。

第四条 所有被毁教堂各红契，应由地方官从速补给管业执照，并在南昌县城内借予教堂房屋一所，以待教士盖有房屋，即行迁移。

第五条 江西巡抚应行从速出示晓谕，其告示底稿已经外务部与法国驻京钦差会订。

以上五条，分缮华文、法文各四分，其一存外务部，一存驻京法使公署，一存江西巡抚衙门，一存九江天主堂。

大法钦差驻扎中国全权大臣・佩带荣光四等宝星巴押。

大清钦命大学士・外务部会办大臣那押。

协办大学士・外务部尚书大臣瞿押。

外务部左侍郎联押。

外务部右侍郎唐押。

西历一千九百零六年六月二十号。光绪三十二年闰四月二十九日。

附外部致法使南昌教案罪犯业已惩办并善后事宜照会 共八件

照会一

为照会事。

光绪三十二年三月二十二日，奉上谕：江西南昌教案，前经外务部奏派直隶津海关道梁敦彦前往确查，召见该员，详询此案情形，据奏各节，与胡廷干等电称情形既多不符，即该抚等迭次来电，亦复前后歧异，实属颟顸贻误。江西巡抚胡廷干著先行撤任。布政使周浩已有旨查办。按察使余肇康于重要刑案未能立即讯验，著先行交部议处。此案仍着外务部悉心妥办。钦此。是月二十九日，经吏部议复：江西按察使余肇康以降二级调用，公罪可否准其抵销等因具奏，奉旨：不准抵销。钦此。相应恭录，照会贵大臣查照可也。

须至照会者。

四月初七日

照会二

为照会事。

江西新昌案已拿到案之龚栋一名正法；龚耀廷一名革去武举，交地方官管束；在逃之龚春华、龚启明、龚炳藜三名拿获时讯明，照律办理；其余一概不再索拿。茌港案犯，早经奏定监禁，一概照办，不得开释。其余省外各案，一概不再索偿。将来拿获犯人审实，分别拘管三个月、六个月，开释了结。相应照会贵大臣查照可也。

须至照会者。

闰四月二十七日

照会三

为照会事。

江西南昌教案所有杀人放火正凶刘狗子、吴红眼睛、周之秀、任廷发、吴金生五名，拟就地正法，以昭炯戒。其为从情节较重之杨大盛、罗中秋、吴老五三名，均拟永远监禁；其余犯内之周正大、卢高财二名，均拟监禁十年；杨起堂、魏大水二名，均监禁五年；戴阿水、胡长生、衷才官、谢锡连、涂宜洲、胡中元六名，拟各监禁三年；谢袁洲、周得胜、彭炳生、吴友鹏四名，均拟罚作苦工二年；刘东林子一名，拟罚苦工一年；胡明应、罗声孜、李老三、熊荷子、郭毛头、万叶林、胡廷学七名，均拟罚作苦工半年，以示惩敬而期了结。此案未获之麻子、二草包、朱永源等三犯，俟获时严行审讯，按律惩办。相应照会贵大臣查照可也。

须至照会者。

闰四月二十七日

照会四

为照会事。

照得贵国政府素关怀裨益华民之善举，兹江西省愿助善举银两，以表歉忱，特议明：由该省拨银十万两，为在该省省城建造医院之用，将来由该省巡抚奏请，给予敕建字样，以示优异。此医院延用法国医士一名，无论何等华人，患病赴院就医者，一律施治。建院地址，宽横各以四十丈为限，由该省于省城外沿河一带觅取彼此合宜地方，送与医院，不另取值。此外另给银五千两，为法文学堂门内建造碑亭，追念被害法人。以上两款，共计十万五千两，分为十二次交付，每三个月为一期，交由驻沪法总领事查收。为此照会贵大臣，请烦查照可也。

须至照会者。

闰四月二十七日

照会五

为照会事。

江西南昌教案其防护未能得力员弁，自应量予处分，拟将城守营守备刘国梁、新建县把总严尚忠、右营外委吴廷贵拟以革职；左营外委李鸿元、陆军第一标第二营管带刘清太、队官魏定安均摘去顶戴；城守营云骑尉世职程云岫、项观榜均应罚俸一年；城内警察南局候补知县黄钟拟记大过三次，以示惩敬。相应照会贵大臣查照可也。

须至照会者。

闰四月二十七日

照会六

为照会事。

江西南昌教案此次救出男女各教士之员弁，查有右营营官洪占魁，工艺厂委员许德芬、陈夔，警察局分巡刘隆麟、程云鹏，分巡沈福衡，巡目熊家望、朱象臣，巡兵王清泉、邱正兴、胡献明、李寿安、朱文彬，并尤为出力之县差杜和、陈和等，均应分别奖赏，以示激劝。相应照会贵大臣查照可也。

须至照会者。

闰四月二十七日

照会七

为照会事。

查前江西南昌县知县江召棠自尽情形，与为国捐躯者不同，我政府后来断不准地方官及绅民等给予一切好处。特此照会贵大臣查照可也。

须至照会者。

闰四月二十七日

照会八

为照会事。

此次南昌教案业经本部与贵大臣商定，应由江西巡抚出示晓谕等因，相应照录告示底稿，照会贵大臣查照备案可也。

须至照会者。

闰四月二十七日

驻藏大臣有泰奏廓尔喀远道输诚遣使朝贡折

驻藏大臣有泰奏，为廓尔喀远道输诚，遣使朝贡，自阳布起程日期，恭折具陈事。

窃奴才于光绪三十一年九月初十日具奏，廓尔喀额尔德尼王呈进光绪十八年年班例贡一折，钦奏朱批：准其赴京呈进。钦此。当经奴才檄谕该国王钦遵办理，去后，兹据禀称：所有应进贡品业已敬备齐全，拣派正贡使噶箕一名沛热拔八哈都热更札多札且底热，副贯〔贡〕使噶箕一名萨尔达热噶哈新卡札噶且底热，及头目、字识、通役人等，恭赍赴京呈进，定期于本年六月初一日自阳布城起程，取道聂拉木行走等情禀报前来。

奴才查照向章，饬委卸任定日守备吴鼎元，率同通晓廓尔喀文字语言之教习、学生以及兵丁人等，驰赴聂拉木边界，迎护该贡使来藏，并札行前后藏粮员暨噶布伦等，将应用乌拉食物先期预备齐全，以备该贡使入境妥为供给，应付前进，毋稍迟误。该贡使抵藏，由奴才照例筵宴犒赏，以示怀柔，再行拣派妥员护送至川，并通饬台站文武一体迎护，妥为照料。拟俟该贡使到藏，将应办事宜料理就绪，由藏起程，另折奏闻。理合先行恭折具陈，伏乞圣鉴。谨奏。

光绪三十二年闰四月二十九日奉朱批：知道了。

清季外交史料卷一百九十七终

清季外交史料卷一百九十八

光绪三十二年五月至八月

直督袁世凯咨外部与日官议定鸭浑两江军用木植合同文　附合同

为咨呈事。

据奉天东边道张锡銮、留奉差委直隶候补道钱鑅禀称：窃自日、俄宣战以来，东边旧存木植皆为日人取作军用，总计数目不下一百余万件。鸭、浑两江上游漂泊正杂各字之木植，为日人攘夺者，尤不知凡几。而木商连年困苦，赔累不堪，以致三年来木排不敢下运，安东、东沟两处商务因之大受其影响。职道等前抵安东时，即与军政官高山、木材厂长小岛提议此事，彼时军政署、木材厂均已出有告示。本年上江放下之木，仍抽收一半作为军用，复于每木一件勒令商会认捐洋三角，职道等迭与据理磋商，费一月之力，舌敝唇焦，甫将定议。而辑安县之羊鱼头地方木把复暴动，与日人为难，势几决裂。经两次委员前往劝谕木把，幸已和平了结。现与高山、小岛定议，会衔出示，军用木植定为四十万连，以外不再多取。明年即无军用之木，此四十万连仍分别等次，予以价值。虽所定之价稍廉，然询之木商，尚不至过于吃亏。至加抽洋三角，亦商定减为二角。上江存木有一百数十万连之谱，约计三分取一，仍由职道等派员会同抽分，俾木商不至稍有屈抑。一俟江水稍涨，木排即可下行。所有职道等与日官议定东边木植办法，除分禀军宪外，理合钞录合同、告示底稿并木价表，禀请宪核等情到本大臣。据此，除分行外，相应咨呈贵部，谨请查照。

须至咨呈者。

五月初十日

附录中日议定鸭浑两江军用木植合同

大清国奉天东边兵备道张、东边税局总办钱，大日本国安东木材厂小岛，为订立合同事。今因大日本国军队在奉天需用木材，彼此商定：今年鸭、浑两江放下木植，抽收军用木四十万连，照木材厂所定价值给发。抽足之后，不再多取。明年亦无军用之木。如木排放完，所抽不足四十万连之数，亦由东边道张、税局总办钱承认，饬令木商购买补足四十万连之数，不得短少。为此订立合同二张，各执一张为据。

光绪三十二年五月初十日。明治三十九年六月　日①。

电政大臣袁世凯杨士琦致外部中日电约应由两国外交官提议电

中日电约，前经大部照明日使，派周道万鹏赴日会议。旋因日递信省仅提烟旅接线一事，复请照商日使，与奉韩接线两事并议。现迭据周道来电：日以奉省电信管理乃基础问题，满韩接线，现中国尚无此线，不允并议。即烟旅水线，亦欲由日自设，并在烟设局，收商报，用日文。藉口从前俄人乘乱强占办法，多所要求。始终坚执，势难迁就。周道已托词回国，暂不与议。查此项电务交涉，日人屡称关系国际问题，嗣后应仍由两国外交官提议为妥。谨请查照。

五月二十九日

外部咨杨枢日本现订渡航条件请向日外部声明文

为咨行事。

华人所遗旅大财产准其前往整理一事，二月廿二日接来咨并附函件，当经本部钞录原送条件，咨行南北洋大臣及两广、闽浙总督核办。兹准北洋大臣复称：查日本外务省所定此项渡航条件五款，自系专指旅顺及大连湾口内一港而言，其余大连湾作为通商口岸之地，及旅大以北隙地，均不在内。该件第一、第五两条，关东总督管辖地内字样未免界限不清。且中俄借地原约，俄官不得有总督、巡抚名目，而中日新约第二款，日本政府承允，按照中俄原约实力遵行。今该总督系属违约，此等名目，本国政府未便承认。至第二条具禀一节，日外务省原函既称，因兵事所遗财产，则当仓皇失措之时，又何暇详计数目、价值？恐具禀时难免有不符之处。且退去后，又难免有遗失之处。似应加叙调查之后，搬取之时，或有不符，查明确系已有物件，仍准经理搬取，如仍愿在该地者，准其照常营业等语。于日本政府尊重该处华民及各国人民财产之意益昭完备，请转行杨大臣，仍向日本外务省声明等因。查关东总督名目，与旅大原约不合，前经本部电达贵大臣，转向日本外务省商阻在案。兹准北洋大臣咨称前因，相应咨行贵大臣，查照以上各节，仍向外务省分别声明为要。

须至咨者。

五月二十九日

① 原文如此，似应为“三十一日”。

使日杨枢咨外部渡航条件已向日外部指驳文　附照会

为咨复事。

承准贵部咨行：指驳日本现定渡航条件，请向外务省分别声明等因，准此，当即照会日本外务省查照办理在案。现准照复前来，相应钞录原文，并附译文，咨呈贵部，谨请察照备案。

须至咨者。

六月初五日

附日本外务省照会

为照复事。

案据料理剩存产业之渡航条件一节，前准来文，敬悉一是。惟该渡航条件五款与来文之旨趣稍异，并非专指旅顺、大连湾内一处而言。凡属关东总督辖下各地方，如有剩存私有财产于彼者，均可照例办理。又该条内之第一号及第二号，所谓关东总督管辖区域者，如满洲地方有我国军宪所在之处，皆属该区域之内。该条件第二号，大概与贵大臣来文之意无异。是以凡有关系人等，若将切要事项详载一切，便可准其渡航前往。惟在彼营业居住，刻下尚难准行等因。应烦贵大臣查照为荷。至于关东总督名目一节，当容另行肃复可也。专此布复。

须至照会者。

六月初二日

外部商部奏议复华洋合办热河霍家地金矿合同折

总理外务部庆亲王奕劻、商部尚书载振奏，为遵旨会议具奏事。

光绪三十二年五月初六日，准军机处钞交热河都统廷杰奏，核明华洋合办霍家地等处金矿原订合同，并另议附约，以昭详慎一折，奉朱批：该部议奏。单并发。钦此。钦遵钞交到部。

查原奏内称：华商王绍林、洋商伊德等合办霍家地等处矿务一案，前据呈送合同，经前任都统松寿咨部在案。嗣准外务部咨开：该商等业经订立合同，应仍由热河都统奏明办理等因。查原订合同内所有集股、分利、招工、购地各事宜，虽经分项注明，与部章尚无违背，然语意究多含混，因将合同内语意含混之处分别摘出，饬该商等另议附约三条，以发明原订合同之所未备。业经遵饬议呈，以为存据。合将所议附约缮呈御览各等语。

臣等伏查，华洋商合办矿务，其原订合同必须详审，设令稍有含混，每致侵越权限，轇轕滋多。此案华商王绍林、洋商伊德请办霍家地等处矿务，经前都统色楞额奏经外务部议复：所有集股、分利、招工、购地各事宜，在在均关紧要，必须参酌合同，始能定议。嗣准前任都统松寿将原订合同咨送到部，复经外务部咨复，仍应由热河都统奏明办理，以符原案。兹据该都统奏称，饬将合同内语意含混之处另议附约三条，以发明原订合同之所未备。查附约第一条所开：如续招股银，须华洋各半，收取课银，由都统派员监收，矿工概用华人，占用民地，不得擅用压力；并第三条所开：无意中采有别种矿质，只准在批准界内开办各等语，皆为原订合同之所未详，防闲自较周密。惟第二条内开：原订合同所指六处矿地，除霍家地一处外，其余有城子山、王家杖子、五台山、白山、吐柴火栏子五处，如推广开办，须遵部章，禀请执照等语。

查王绍林禀称原案，只请开办霍家地暨城子山、王家杖子三处矿地。嗣经前任都统色楞额奏，该员照华洋合办之例，与洋商伊德签订合同，推广至五台山等三处，业经外务部核与原案不符，现在核订合同，自应仍照原案，准办霍家地等三处，此外不得预为指定矿地多处，致滋弊混。至霍家地一处，既经前任都统发给执照，准其开办。应由热河都统即将该矿占地详细里数，四至界限，绘图送部查核，饬令取具保单、照费，换领部照，以符定章。其城子山、王家杖子二处，将来如推广开办，应即一切遵照商部奏定矿章，呈候核准，由部颁领执照，再行开办，仍照热河都统原定附约，三年内如不开办，即作罢议，如有他商请办，该公司不得干预。又原合同第六条，所指各矿，必须由官发给执照，应改为呈明都统，咨请商部发给执照，方准开办。第七条，不得私将执照转卖他人一节，应照商部矿章，改为如欲将执照转授他商，应具禀商部，听候准驳，倘私相授受，一经商部觉察，即将矿照撤销，矿工入官。第八条，常年课银认交一千两，矿产出井之金按值百抽六，银按值百抽八，呈交课款，应改为矿产出井金、银，均按值百抽十完纳井口税，其出口之税仍遵海关税则照章交纳。查原订各节，虽系按照热河矿务专章办理，惟现定部章矿产出井税，金、银均值百抽十，自应改归一律。热河原议每年认交课银一千两，应予删除，先交之银并准抵完矿税。第十二条，日后如各国钦使与中国国家定立各项矿务新章，亦应援章办理，应改为日后中国国家定立各项矿务新章，该公司亦应遵照办理。第十七条，修造枝路，以便运销矿产，应照商部矿务章程，改为转运矿产，欲造小枝铁路，应查明相距水口是否在十里以内，与该处地方有无窒碍，禀候商部核夺。若程途在十里以外者，应另案办理。于第十七条后添叙一条，声明此项合同未经赅载各事，概照商部奏定矿务章程办理。以上各节，应请饬下热河都统，转饬该商等，遵将原订合同并此次附约重加厘订，咨部核定，再行画押，以重矿政。所有遵议华洋商合办热河霍家地等处矿务缘由，谨恭折具陈，伏乞圣鉴。再，专折系商部主稿，会同外务部办理，合并声明。谨奏。

光绪三十二年六月初五日奉旨：依议。

吕盛李三使致外部义领面递约稿已饬税司核校电

初六日，义领面递约稿十一条，并配送义文前来。海等即将历次电商钧处之加税、传教、莫啡鸦、国币、治外法权等五款照交。查义约前四条系新款：一、欲丝货出口兴旺，索开绍兴、无锡两处口岸。一、愿襄助中国详细考求养蚕之法，创立养蚕学堂，及设立局所代为经理。一、于未加税以前，改订苏杭铁路运货厘金，推广义商办茧税单期限。后七条为英美各约所有，均略变其词：一内地行轮，一治外法权，一华洋合股，一矿务，一国币，一优待利益，一修约期限及以义文为正义。计与我复者，国币、治外法权二条。现饬随办税司核校汉、洋文是否相符，海等再公同拟议，分别准驳详晰，专函寄呈钧核。

六月初七日

使日杨枢致外部日设关东都督府再四辩论坚执一词电

日政府现将关东总督改为关东都督府。查其官制，都督为亲任官，有总理地方行政并监督铁路公司之权，其下设民政、陆军两部。民政部内分庶务、警务、财务、土木四课及监狱，并将关东州分为三区，各设民政监狱署，定于东九月一日施行。陆军一部另订条例。似此与前次照复所谓战时暂设等语不符，殊深疑虑。枢屡拟往外部辩难，而大臣以暑假概不见客。直至今日，始与晤谈，诘以都督官制直与台湾官制无异，与前次照会命意不符。据复：此实系照旅大原约办理。查俄国前设之官，较总督尤崇。此次设立都督，既非总督，又归外务、陆军各大臣，参谋总长，教育总监节制，其权限于租界地内。至于南满铁路以外一切事宜，关涉外国者，由该国领事处理；关涉中国者，归华官处理，请贵国切勿误会等语。再四辩论，坚执一词。乞察核。余详函。

六月二十二日

盛京将军赵尔巽致外部日人强占辽阳等处煤矿请商日使阻止电

查中日条约会议节录第十节内载：附属铁路之矿产，无论已开、未开，均应妥订公允详细章程，以便彼此遵守等语。此项章程现未提议，而日人昨于辽阳大榆沟、张家沟、茨儿山、缸窑村、樊神堡等处煤矿勒令一律腾出，并将煤堆限二十日搬尽。又凤凰厅城北山煤矿前有日人私挖，业已禁止。现又强行开采，迭与该领事等磋商，据称，系奉政府之命，军用所需，并引东清铁路俄约第四条所称该铁路公司有开矿之权，其实该条内系准公司开采煤矿，并非不准他人采煤，且有所缴税项，不得禁他人在该处采煤税章一语，足见他人可以开采。且辽阳各矿，在烟台铁路三十里以外，今日人强行占据，显失情理之平，亦与约章未合。应请大部向日使诘阻，并请速议详章办法，仍声明，章程未定以前，日人不得阻华人采煤，亦不得径自行开做，以免滋生事端。仍乞卓裁示遵，详情容咨达。

六月二十三日

直督袁世凯等奏奉省筹办开埠拟于安东县大东沟设立海关以东边道兼充监督折

直隶总督袁世凯等奏，为奉省筹办开埠，拟先于安东县、大东沟设立海关并分卡，暨请以东边道兼充监督事。

窃查，奉省奉天府、安东县、大东沟三处，系于中美、中日商约内分别载明，应自行开埠通商。本年三四月间，迭据外务部电咨，以接准日使照请将该三处次第开埠，饬即按约议定办法等因到奉。兹查安东县、大东沟两处，均系滨海之区，开埠后即有各国商轮往来装载客货。迭据美总领事官撒门司催令定立关章，设关抽税，以符口岸行船之例。当即电达外务部，请饬总税务司赫德，遴派税司前来设关。准税务大臣电复：饬由总税司照办。拟俟税务司到奉，即于安东县设立海关，名曰安东关。其大东沟距安东仅数十里，未便设立一关，应由安东关附设分卡一所，归其兼辖。惟安东既已设关，照各省现行章程，向以该处实缺道员兼允监督。奉省东边道一缺，本兼管中江税务，前于议改奉省官制案内业经附片奏明，请援天津海关道之例，改为关道，专办交涉、商务等事，迄今尚未议复。现该处已通商设关，应请以东边道监督安东关，仍兼管中江税务，并应刊发关防，以资信守。应请饬下外务部，照会各国使臣与各省海关，一律遵办。除开埠章程俟与美、日各领事商定，并查明奉天府应否设关，另行核办外，谨奏。

光绪三十二年七月初十日奉朱批：外务部知道。

署闽督崇善致外部闽省脑务由官设局请与英使辩明电

庚电谨悉。闽省脑务，由官设局，非始自今日，前次官局聘用日本技师经理，因其侵权办事，擅派日人四出缉私，各国领事啧有烦言，是以上年议定辞退技师，收回自办。现复由官设局，专招华股煎脑发售，此系内政，与条约无干。查各国条约，既无洋商准在内地制造土货之条，官局自禁华民在内地私制樟脑，此为保护权利起见，尤与洋商无涉。且官局所制油脑听洋商任便订购，盘〔搬〕运出口，于商情毫无阻碍。如谓似此办理有与法约十四款所载联情结行包揽贸易情事相类，然该约系指商民而言。若出产货品为国家专卖，各国亦皆有之，未可藉此争执。现饬据该局交道议复，以股分既已招集，事已办有头绪，恳请钧部照复英使，与之辩明，俾免阻挠为幸。除将办法情形另文咨呈外，谨先电复。

七月十四日

吕盛李三使致外部义约拟略予通融请酌核电

昨日，与聂领事、威参赞会议商约。当将大部及津鄂电指驳各节逐款面告，聂谓：绍兴、无锡口岸，若不允开，实与该国丝商有碍。诘其有何妨碍，渠亦不能实指，但谓：英、美、日约均已允开口岸，义请何竟不行？未免意存歧视。哓辩良久，海等始终坚持。渠见不肯松劲，遂请两处或只开一处，且愿宽定限期。告以锡近苏，绍近甬，生意小，徒糜费。彼请由我另指一处开放亦可，海等均执不允。渠又历询以下各款办法，遂将应添应删之处备细告知，聂、威因羞成怒，谓：义国但有加税损处，所求益处一切无著，又无体面，不如照德国停议。海等尚欲开导，竟不待词毕，拂衣而去。当据贺、戴两税司面称：义商务无多，索开口岸无非欲稍占面子，倘丝毫不与通融，势必搁起，似宜妥为调停。

窃思德约中辍，列国观望不前，义再罢议，加税必成画饼。风闻奥、比诸国皆视义为从违，此番开议实为各约枢纽。权其轻重，似未便听其停止。口岸一层，前经电询苏抚，旋据函复：无锡现为火车起站，又有小轮码头，若按照自开商埠天生港成案办法，作为起下货物处所，尚无妨碍。据税务司初议，拟就苏抚原议办理。但义定欲照秦王岛办法，立公共租界，由我自管。嗣经税务司续商，拟就英约第八款列开安庆口岸允其先行开放。海等查，安庆本属必开之口岸，不过在先后之间，在彼稍有虚体面，在我实无所损。若可俯准，则义约可即定，他约可跟议，加税可望成立。蚕丝确宜认真考求，但我应自办。惟税司谓：义于蚕丝最为讲究，若只允其中国如须聘用蚕丝学教员，亦可向义商聘，给一照会，无庸入约，似无妨碍。罗马法律一语，税司谓：原属空言，因义国源出罗马，故要此体面。其实罗马系古律，为各国通行法律之祖。若留此一语，似无关紧要。此外运单期限，已允删除。其余字句增删磋磨，当易就范。贺税司又称：义国索加税、传教、莫啡鸦各款，曾询明义领，均可照办，惟传教款内略有增改云。海等复核该税司所拟各节，不为无见，公同参酌，若过事拒绝，势必决裂。是否照此与议？拟请迅予酌核电复。聂、威来函，已定候至本月二十六日，如无回信，彼定径电政府罢议。

七月二十二日

外部致胡惟德现择定满洲里绥芬河设税关希商俄外部电

东省铁路合同第十条载：中国应在铁路交界两处商设税关。现本部择定满州〔洲〕里、绥芬河两处，迭经告知璞使：此两处若不设关，于大连设关及牛庄收税均有关碍，自应南、北同时开办。如俄军未撤，凡军队需用之物可开单免税。璞云：中国照约设关，甚为合理，谅本国政府自无阻止之事，当再电催，即复等因。希向外部切实商催电复。

七月二十六日

鄂督张之洞致外部及袁吕盛伍义约窒碍极多祈裁酌电

沪养电、津养电均悉。查义约第一款，借丝业为词，索开无锡、绍兴口岸，万不可允。第二款，讲求蚕学，系我内政。果须选用外国蚕业专门教员，亦应由我自择，毋庸他国襄助，代我经理。第三款，蚕茧出口展限两年，洋商势必于他货单援例相要，漫无限制，断难照允。第四款，内港行轮一条，必须将悬挂义国旗帜一语删去。第五款，修改律例，应查照英约酌叙。罗马法律语，必应删去。第六款，应照刘注添叙，曾经呈控公堂，不予准理之案，与是款无涉一段。第七款，应于兴办矿业句下，改为故允俟此约签押后，由中国采取各国矿务章程，择其与中国相宜者，自行订定矿务章程云云。盖矿章早已订定，但候商部复奏即可颁行，不必更俟一年也。义国及在属地数语，必须删去。第八款，可照允。第九款，应照日约添叙，能节去通融二字尤善。第十款，应照刘学士及贺、戴注语改订，能各按本国文字为正最妥。查义国目光所注，全在特款，然特款关系路矿大局，窒碍极多，当日并未直许义国揽办。况浙路已奏归自办，矿务已订有专条，此款无论如何要索，断不可许。至为切要！祈外务部、袁慰帅暨三星使裁酌。

七月二十七日

塔尔巴哈台办事大臣安成致胡惟德唐古忒属哈户逃俄请商俄外部转饬送回电

据驼马处章京呈转赛布拉特哈萨千户长唐古忒报：伊属哈目副百户长玛札克带领毡

房壹百五十余户越逃俄国斋桑住牧，询据往追之哈萨伯克拜木、客拉二人回称，探有新派来新办司牙仔瞎子江达郎，在斋桑游牧路过言，中、俄两国上司颁谕店〔帖〕，哈萨克愿归中国者归中国，愿归俄国者归俄国，听其自便，俄属哈目窬依莫勒达遂以瞎子江达郎所言，诱令中属此起哈户逃往。查瞎子江达郎在布拉和福。现今中、俄开办司牙仔，该逃哈户内有被控案件一百余起，应如何办理之处，呈由该章京请示前来。

查咸丰十年中俄订约第八条内载：俄罗斯国人私往中国人家，或逃往中国内地，中国官员照会领事官〔领事官照会中国官员〕，行文查找送回；中国人在俄罗斯国内地或私住，或逃往，该地方官亦当照此办理等语。又第十条内载：所有越边逃人，一经接得照会，即设法查找，找获时，速交近处边界官员，并将逃人所有物件一并送回，其缘何逃走之处，由该国官员即行审办等语。因此，成去秋莅任，查有俄哈越居塔境甚多，随询据中俄局章京称：系历年陆续逃来，非惟俄官无文照会查找，而该章京迭次行文催令来收，前俄领事率多推诿。似此情形，非认真清理不可，遂即设局专办，并商俄索领事设法查收。伊尚深明大义，业已交回俄哈房一百六十余顶，余亦渐次可望清厘。惟现在中俄约定八月初一日开办司牙仔，曾经咨呈外务部备案。而中属被控哈户乘此开办时逃赴俄境住牧，无论俄国哈萨头目有无听信俄官布拉和福上项示谕诱令逃往情事，按以约章所载，俄国边界官员理应查找送回。况目今开办司牙仔，该逃哈内有被控案多起，人难传到，案从何商结？当饬中俄局章京行文移请俄领事，转电俄国七河省巡抚，速饬边界官员查找送回。现已数日，尚无起解消息，深恐急切不能收回，而中属有案哈户又复相与效尤，何以清积案而资管束？请商俄国外务部，电知七河巡抚并驻塔领事官，速饬边界官员，不准容留，限期悉将此起中属逃哈送交中国边界官员查收，以符约章。成督饬各员，婉与俄官磋商，冀渐就我范围。祈释廑忱，立候示复遵行。

八月初七日

吉林将军萨保致外部日兵在磐石县测绘并编门牌有东通延吉之势电

顷，据署磐石县知县姚景星禀称：查有日本队兵三百余名，拉运粮米四十余车，由奉天海龙府于七月十七日行抵县属官街地方，分住各烧铺，日事操演。询据声称，系安设粮台，测绘地图等语。当查此项队兵到境，虽尚无滋扰情事，惟不知究因何事？既未见该国照会，复未准奉省公文，乃竟任意出入，殊属有背约章。况无故驻队屯粮，适启民间疑忌。可否照章保护？禀请核示前来。

正在派查间，又据委办濛江荒务・候补同知魁福于途次禀称：该员道经官街，见该处驻有日本队兵二、三百人，问之，则曰画图。乃陆续由奉省转运粮饷，每日约有十车八车不等，现已屯积不少。询诸同店所住车户，则云，后来者尚络绎不绝。且沿街编号民房，其心叵测。闻前路已经渡江，周历夹皮沟、桦树林子一带。窥其目的，似有东通延吉之势等语。并据夹皮沟联庄会首·都司韩登举亦以日兵突至该处，虽无骚扰情事，居民难免惊惶等情，呈报来省。查《中日通商行船条约》第六款内，虽有日本臣民准听持照前往中国内地游历之文，惟须由领事发给护照。此次日兵到来，并未据该地方官声明验有执照，亦未准前途咨会，突如其来，居民安得不滋疑惧？且绘图并无成约，如系游历，又何须带此多兵，运积粮食，甚至编号民房？诚难保其必无别故。况日、俄两国早经订期撤兵，尤不应违约驻队屯粮。若不及时查明阻止，不惟驻吉俄人啧有烦言，深恐民间惊惶疑惧，别启衅端，于大局实有未便。除严饬各地方官妥为因应，将日兵举动随时具报外，务祈荩筹，向日使切实诘询，酌核办理，并希赐复。

八月十二日

使俄胡惟德致外部俄户部面允中国照约设关电

设关事，兼催户、商部。顷，据户部面称：中国照约设关，事属可行，现已定议等语。想外部日内必有复文。先闻。

八月十九日

使日杨枢咨外部日外部谓俄于关东设有总督现日本不愿改此制度文

窃照本大臣于本年七月十五日承准贵部电开：俄国于租借地内并无总督及副王名称等因，当即照会日本外务大臣，切实驳辩。顷，准外务大臣复开：案缘设置关东都督府之件，曾经林大臣照复在案。旋淮〔准〕中历七月十九日贵大臣公文复行照会前来，本大臣敬审一是。然俄国于该租借地方之行政长官，用洋语则称为极东副王，用汉语则称为关东总督。征诸俄政府公然发布之诸般法令及对于地方人民所发之谕示等项，均属昭彰可考。又租借地号为关东洲〔州〕一节，系于西历一千八百九十九年八月经俄国宣布敕令所定。其余如金州之治理及华人之犯案等件，于前次照复之内曾经剀切详陈所有原条约，其事实现已变更，毋庸再行申辩。总而言之，本件，我国政府于定此制度之初，业已熟思审处，详加考察，然后决定于兹，实无可更改之余地也。务祈查照，察谅为荷等因。相应译叙全文，咨呈贵部，谨请查照。

八月二十日

使日杨枢致外部已请日外部将决不于租借地外侵占分毫之说行文照复函

日本于东三省设置关东都督及租借地内一切事宜，迭奉钧部电饬指驳，遵即屡向日本外务大臣切实辩论，并用照会请即照驳议让，嗣接外务大臣节次复文，业经分别电函，并咨呈察照在案。枢于昨日又亲晤外务大臣，讽以日本与俄国开衅之时，即声明实因俄在中国东三省强横无理，愤然不平，遂致决裂，此为环球所共知。现贵国在东三省事事蹈俄人故辙，似与最初不平之意不甚相合。我国民智渐开，知贵国在东三省一切举动与俄人无异，未免大伤感情。我两国素敦睦谊，恐非所宜，仍希查照指驳各节切实让步，勿专顾目前，力维大局，以符原约而固邦交等语。外务大臣答谓：日本所以与俄国开衅之故，实以俄在东三省于租借地外著著进步，乃为不平。若于租借地内凡所设施早为各国所公认，当时日本人之在该地者亦悉受其范围，故日本现于租借地内一切布置万难退让。至于租借地界之外，决不丝毫过犯。又金州城由中国自治，断难从命。盖各国人之在该地者，苟有过犯，统归日本处治。即使中国竟在该地立一裁判所，日本即不过问，各国亦决不认可。敬希转陈贵国政府，幸勿以曾经默许俄国者对于日本故事驳诘，以全交谊等语。细译其意，恐非口舌所能争。究竟日本于租界地外有无侵占利益之处？急宜详细考查，事事预防，以保我未失之权利。枢已请外务大臣将日本决不于租借地外侵占分毫之说行文照复，认为凭信，彼亦允许。至接通海底电线及在东三省接收电报费一节，亦经再三辩驳，迄未得复。昨又催询，一俟复到，再行函陈。以上各节，均乞转回堂宪，是所敬祷！

八月二十五日

吕盛李三使致外部义约多方劝导或可就范电

鄂有电、津宥电均悉。口岸一层，鄂议：勿允；津谓：万不获已，可援日约长沙例照办。蚕学教员照会，鄂谓：用兼聘字样，较为活动；津谓：给照与入约无殊。罗马二语，鄂谓：尚有痕迹；津谓：尚属凌空。海等公同斟酌，安庆口岸当初议时，曾令税司驳斥，嗣义领援日约长沙成例为言，谓：义系小国，未免有意欺慢，难再拒绝，是以电请核夺。至教员照会，拟俟酌用活动语，再行电呈钧核，若能办到不入附件，似亦无甚窒碍。罗马法律语，既凌空，亦似无碍。以上各节，海等未敢擅定，应请大部主持，速核电示，俾定方针。再，以义文为正义句，现磋商以英文为主，尚未订定专条，迭经力驳，并多方劝导，或可就范，再行专达。义领近日催询回信，似不宜再缓。

八月二十七日

户部奏奉天安东大东沟开埠经费由奉省筹措俟开关征税归还片

户部片。

再，据直隶总督袁世凯等片奏，各省开埠经费向系请由户部核发，奉省现办奉天府、安东县、大东沟三埠，一切均照自行开埠办法，应由官先将所定租界内地亩价买归公，划定界址，再由各国商人租领建筑，设立行栈，安东县、大东沟两处均系海滩，尚须筑造泊岸码头，其三处租界内巡警、卫生暨平治道途、修筑公所各事宜，均应由我国自办，以保主权，所费实属不资，拟援照岳州、长沙旧案，奉天府、安东县两处，请发经费银每处各三十万两，至大东沟，虽属拟设分卡，而一切购建兴举各事亦复从同，拟请发经费银二十万两，俾得及早布置，以免贻误等因一片，光绪三十二年七月初十日奉朱批：户部知道。钦此。钦遵由军机处钞交到部。

臣等伏查，从前苏州、杭州在省会开埠，一切地价、建造、工用等项，苏州先后共请拨银约二十余万两，杭州共请拨银十万两，均系自行筹垫，开关后由官项归还。嗣光绪三十年三月据升任湖南巡抚赵尔巽奏，长沙开埠，请拨银三十万两。当经臣部会同外务部议复，以所需经费仍按照苏、杭开埠办法，由该抚自行筹措，俟开关后，于征收税款内陆续归还，并饬承办各员再行核实估计，大加删减，不得稍有虚糜等因，奏准行知遵照在案。今直隶总督臣袁世凯等以现办奉天府、安东县、大东沟三埠，请发奉天、安东两处经费银各三十万两，大东沟经费银二十万两等情具奏。查三处开埠之事，势难缓办。第近年物力艰难，疆臣皆所深悉，应即比照长沙开埠办法，由该省自行筹措，核实开办，俟开关后，于征收税款内陆续归还，以符成案。如蒙俞允，臣部即行文该督等遵照。至其开埠章程，应令随时咨报外务部、税务处核定，并札行税务司预筹办理。谨奏。

光绪三十二年八月三十日奉旨：依议。

中德续订通商行船条约

大清国大皇帝，大德国大皇帝兼布国大君主代大德意志帝国，愿将两国交谊永敦和睦，按照光绪二十七年七月二十五日，即西历一千九百零一年九月初七日，在北京会定议和条约内之第十一款第一节，俾彼此人民通商简易，为此立意定约，是以大清国大皇帝特派□□①，大德国大皇帝兼布国大君主特派□□，各将所奉全权文凭互相校阅，均

① 原文如此，下同。

属妥善，现将两国从前所立之通商行船条约会议增补各款，开列于左：

第一款　厘金

中国既与英、美、日、葡等国订约，有拟裁撤现行厘金名下抽捐之法，以抵增加进口、出口等税，惟须俟各国统为允准，方能举行，是以此事应由中国会同各国公订办法，故德国政府届时允愿与议，然中国总须妥保厘金抽捐之法切实统裁。

第二款　居住之权

凡中国已开及将来续开之通商口岸及商埠，皆准德国及归德国保护者任便往来、居住、经营、贸易、制造、工艺及他项照例准行之事，且可购买、租赁房地、行栈与别项产业，并在所买或所租之地建造房屋等类。

第三款　关栈

凡通商各埠，中国政府允定设法使商人较向来能多于关栈屯积货物，或拆包改装，或区分等类，或预备转运等事。

又特允，凡德国领事官请将某德人及归德国保护者之货栈给享关栈利益，惟应纳税项，按照海关所索，须有保卫之法，始准所请。

凡通商口岸，中国海关与该处领事公会商定关栈应有之章程及用栈应纳规费之则。其规费若干，按照屯何货物、该栈离关远近，并需时早晚、久暂衡情酌定。其通商各处，无论何国人之关栈，应准德人及归德国保护者一体享用。

第四款　矿务

中国政府深愿振兴本国矿务，因而招致外国资本，故允定于此约签押后一年期内，仿照德国及他国矿务条例，另行颁定新章，使于华民有利及不碍中国主权，而于招致外国资本无所阻窒，且待外国出资者，不使比较按他国通行章程有所不利。又中国政府允准德人及归德国保护者在中国土地开采矿产，并办理因此应需各项工程，并安置一切。

又矿业能生之利，不得因纳税项致有妨碍。除按照矿产所得净利应纳之税，及按照矿地面积大小应纳之税外，不得另索他税。

第五款　存票

所有存票，须自禀请者缴呈应领此票各纸据之日起，于二十一日期内，由中国海关发给此等存票，除子口半税不准抵用外，其余各海关应纳进口、出口各项货税，均准按照所载银数，一体抵用。如发给存票之洋货，自进口之日起，于三年期内，再运出口，则其存票应听凭该执票人向原发此票之海关银号按全数领取现银。

若查出请发存票专为图骗税项起见，请发之人必须罚银，照其图骗税数，不得逾五倍，或将货物充公。

第六款　保护商标

中国商标，如经驻华该德国领事署出有文据，载明此项商标业在中国公认，实系该呈请保护者独用之商标，则该商标允在德国一体享受保护，与德人商标毫无歧异。至于华商名姓、店号，亦允在德国保护，不使他人货物违例冒用，此项无须呈验文据。

德国商标，凡呈有德国领事署签押盖印之德国该管衙门文凭，内中证明此件商标业在德国注册者，均应在华享受保护，不准违例假用。又德人名姓、行号及其所用华字行号，此均允为保护，不使违例滥用，亦无须呈验文据。其德人货物向用特式之包裹，凡在华同行贸易中共认为该德商同类货物之记号者，则中国亦应援照一体保护。

以上各条利益，凡归德国保护者，亦得一体均沾。

俟中国立有商标注册局所，并颁有保护商标章程，届时德国与中国另订互保商标专约。惟此项专约未行之前，须照以上各节办理。

第七款　华人附股于外国事业

华人于他国事业或公司附入资本，向无是否合例之定论，而华人款项却有巨数附于其中，故中国现在允定将华人业经附入及将来附入之资本均认为合例。

凡同一公司，其大要者，系所有股友应守之本分，务须彼此悉皆相同。故遇华民附股于德国公司者，仅因得获附股之举，即应视为已允遵守公司专例及该公司自定章程，并愿按德国公堂解释该专例、章程办法之据。如中国股友或被控告，而其责任与德国股友并无或异，亦无轻重之别，则中国公堂即应饬令遵守此项专例、章程。其德民附股于中国公司者，应守之本分责任，亦与中国股友相同无异。以上各节，凡德国合资公司、有限无限合办公司、属地贸易公司、注册合伙共济公司、合资有限公司及他项兴业公司，均应准酌情形分别照办。

凡于此约未定以前业经公堂审讯断驳之案，不得援引是款。

第八款　通商口岸

凡他国据理为其人民以及船只索开通商口岸及各他处所，亦即作为开与德国人民及归德国保护者暨德国船只并永允开通。

第九款　宜昌水道

中国政府谂知宜昌至重庆一带水道宜通行整顿，以便轮船畅行，并深知整顿工费浩大，且关系四川、两湖百姓利益，故于未行整顿以前，应准轮船业主听候海关核准后，自行出资，安设拖拉过滩之件。其所安设之件，无论民船、轮船，均可任便听用，惟须遵照海关会同出资安设之人商定章程办理。其标示记号之台塔及指示水槽之标记，由海关酌度何地相宜备设。

如有整顿水道及利便船只往来切实可行之策，而并无妨害于地方百姓之处，且不费中国国家之款，中国政府允为不阻此策开办。

第十款　内港行轮

前于光绪二十四年，中国内港特准在通商口岸专为行驶内港注册之华、洋各项轮船行驶贸易，因是年六月初十日所定及八月续订章程，皆于施行之际，尚有未尽妥善之处，是以彼此另订内港行轮新章。

第十一款　改订国币

中国允愿从速备办一切，立定划一之国币，于中国全境，应作为合例之国币。凡华德人民及归德国保护者悉以之完纳各项税课，并付一切他项用款。

第十二款　转运米粮

按照咸丰十一年七月二十八日，即西历一千八百六十一年九月初二日所订《中德通商善后条约》第五款第三节，准德商载运米谷等粮，仿照载运铜钱办法，由中国某口运往别口。倘因某处恐有饥馑之事，中国政府可以颁行禁令，不准米谷等粮由该处载运出口，惟须自颁发示谕之日起，逾二十一日之后，方能遵照办理。其租定船只专为载运已购之米者，至迟于起禁之日到装米之埠，应再予限七天，准其装运。如禁运期内中国官府无论允准何项米谷等粮装载出口，特因此举应视该禁业已废弛，若欲再行禁止，须先于四十二天之前另行晓谕，方可照办。凡宣布禁令，并须声明，于此禁期之内，官府有无某项漕米、军米欲运出口。如有欲运之米，并须将数目若干声明，此米则不在禁止之列。而各海关必须将如此装运或起卸之漕米、军米详登册簿。中国政府且允设法防范，于禁期内除官府之漕米、军米外，不使他项之米转运出口。米谷等粮出口禁令及拟运漕米、军米数目，均须由中国政府颁发宣示。所定二十一日之期，应自该禁令登录《京报》之日起算。将来弛禁，亦应由政府宣示并登录《京报》。至米谷等粮，仍照向章不准运出外国。

第十三款　修约期限及优待利益

中、德两国从前所订条约各款，凡未经此次之约更改者，则应仍旧遵守。其咸丰十一年七月二十八日，即西历一千八百六十一年九月初二日，《中德和好通商行船条约》第四十款所允德国及德人并归德国保护者应享最优之利益，均仍照旧毫无更改。诚恐将来或有误会，故今特再声明。自此约施行之日起算，逾十年后，则中、德两国皆有索要修改之权，惟索修之国须于一年前通知彼国，以便证诸历年经验应行更改之处得以彼此会商妥修。但修改之约未行以前，仍以此约为定，如逾初次十年之期两国均无索改之举，则由此限满之日起算，再续行十年。以后每届十年期满，均照此类推。此次条约系用华、德两文书写，如字意有解释不同之处，应以德文作为正义。

第十四款　批准互换

此次商定条约应由两国御笔批准。自两国特派大臣签押之日起，于一年内，在北京互换。

此约经两国批准后，以三个月为期，应即施行。

现由两国特派大臣将此约之汉文、德文各二分签字盖印，以昭信守。

清季外交史料卷一百九十八终

清季外交史料卷一百九十九

光绪三十二年九月至十一月

驻奉日领萩原致赵尔巽辩论交涉权限请见复照会

为照会事。

本官任总领事，命驻在奉天，由于我皇帝陛下之委任状汉译文写已〔已写〕于本年六月二十八日，中五月初六日附第七号公文，供贵总督之阅览，则关于本官之职权，贵将军自已熟知。且七月初一日，中五月十一日以后照会内声明：各处军政署次第撤去。凡为两国交涉案件，由贵总督向本官及由本官向贵总督可发照会，自亦为贵总督所熟知之事。至于向交涉总局，以第七号公文关于此点，须为注意，亦次第有之。乃现准关东都督府落合陆军参谋长照称：交涉总局陶总办于去年九月二十七日对于前来奉天之都督府上田参谋发一照会，其照会内所称各事，另列一纸。查七月初旬即中五月中旬，当地军政署既已撤废，一切交涉事务专属于本官管理。陶总办为佣聘帝国臣民志熊军医之事，仍与前军政官池内少佐商订，遂佣聘该军医，本官亦所确知。又依于会回落合参谋长照会，贵总督于金州界海上有清国官宪使逮捕匪徒及救助民并商船三只为被日本水雷艇拐去一事，并不与本官交涉，却向关东都督府交涉，是陶总办及贵总督之行动，无视本官于帝国总领事所享有之职权，事体甚为重大。兹本官对于贵总督要求至充分之说明，为此段照会。请烦查照见复。

九月初五日，东历十月二十二日

和使欧登科致外部复州煤窑雷德补于日俄开仗失去财产请转令赔补照会

为照会事。

本署大臣接据驻烟台和兰国人雷德补禀称：光绪二十八年，奉天省复州三道湾五湖嘴煤窑原主将该窑卖与洋人。嗣俄国洋行蒙盛京官员发给接续开办执照，雷德补即为该窑总办，华人吴秋舫作为帮办。该总办并不另开薪水，即以所出之煤百分之五为薪金，计每煤一吨，合洋四元。日、俄开仗之时，该窑并未停止。惟光绪三十年三月二十三日，即日本兵辽东下岸之后，忽讹传复州华官欲拿该窑总、帮办。是日晚间，果然有多人带刀闯入吴秋舫帐房。幸晚间昏黑，吴秋舫设法乘船逃往三道沟。雷德补即便致函金州，请驾华船来收该窑机器及雷德补所有什物等件。二十五日，吴秋舫之伙友杨善卿、刘德岩来告，复州有华官五人带领兵众到窑，内有官一员带兵进入雷德补卧室，喝问吴秋舫何在？答以外出，而该官兵等即到处搜寻，随将门窗打坏，并将贵重物件及枪械等项一并持去。其首领前任城守尉高望梅饬将杨善卿、刘德岩二人捆绑去，并告雷德补，次日亦须带往复州。当时雷德补面告高望梅，本窑所失物件应著落在汝身上，高望梅不允，并告雷德补，有洋人不准开设煤窑之语。雷德补深恐晚间华兵谋害，其华友亦均以为险极，劝其逃避，遂于是夜走出该窑，跋山渡岭，艰险劳疲，万分困苦，始得至于普兰店，遂由普兰店再往瓦房店暂避。此后该窑生意及前此所出之煤均归华官管理矣！计先前所出之煤二万五千吨，应归雷德补者一千二百五十吨，合洋五千元，此款尽行失去。且雷德补自置衣服、器具、仪器、枪械等件，亦合洋三千元。总缘高望梅作出此事，致令毫无罪过之雷德补失去八千元之生产等情。本署大臣查，该窑生理与日、俄开仗之事毫无干涉，且中国政府亦经严守局外，而复州华官专擅若是，自应将雷德补所失之产惟复州各官是问。相应照会贵亲王查照，即请转行奉天将军，查明此事原委，即著当日非分妄为之各官员等赔补，是为至盼。俟奉天将军复文到日，即希见复可也。

九月初六日

粤督岑春煊咨外部桂边丘利岭系华地现植石碑法员已允了结文

为咨呈事。

案据太平思顺道庄道蕴宽禀称：窃查，平而第二号界碑植于哙兰村丘利岭之半山。光绪三十二年正月间，署道接谅山五画官阿嘉来文谓，此号界碑已经移动，请即派员前往，会同迁回原址，语甚迫切。查卷，上年经郑京卿与之交涉，当时曾派总翻译罗诚及武建管带夏德发两次前往，会同巴三画踏勘。京卿以交卸在迩，遂复以虽于界线稍出，并无妨碍，藉作宕局。濒行匆遽，亦未及与署道言。署道屡次到边巡视关隘，曾莅其地，植碑之处系在山腹，其石笨重，断非数人所能移动，因答以若欲迁植，必须有何年、何月、何日、何人及从何处移来之据，方可商办。旋据复称：年、月、日、人无从确指，但按图此碑自有应植之处，仍请派员云云。署道因与数四驳复，不得不电请宪示，以资威摄。旋奉宫保复电：该处界碑既非移动，未便迁植，即由庄道照复法官知照等因。署道遵即录文译送该五画查照，良久未复，意其默许也。三月初五日，阿五画亲自来龙。次日，提及此事，谓：不迁植，则界线不明。署道以遵奉大宪命令，势难曲从。磨商两小时，告以界线不明，尽可用两国文注明碑面，渠始转圜，允不迁植。当于三月初八日电陈，初因检京卿所存案件不能详悉，当派将弁学堂总稽查戴丞任、炮台总稽查王千总鸿钧、萧县丞宽携带测具，偕往该处，按图实测。并咨询村老，据称，该处委系越地，植碑则久已在此，无人移迁。核对旧图，植碑处应在丘师岭腹，其高度与现植之点略同，相去约半里许，其地有山沟一道，可为天然界线。查当日会勘之员系伍游击起祥，其法员则为法兰亭。伍游击早经物故，法员亦既归国，是以因何误植，非卷可查。所幸阿五画官人尚开朗，但将界线声明，即允照办。并饬知平而对汛二画萨斜查照，作为了结，签字复文在案。其注碑一节，现因阿嘉及萨斜次第回法，其中文宜归我刻，法文应归彼刊。此间雇到石工，不知镌字，是以迟之经月，但彼亦未再提，请纾宪注。谨附呈图式一纸，另录与法员来往函件及议注明碑文签字据一折，伏乞垂察等情到院。

据此，当经批示：仰洋务总局移明遵照，去后，兹据洋务总局呈复：光绪三十二年六月十四日，奉抚部院批，据署太平思顺道庄蕴宽禀，为谅山法五画阿嘉议迁哙兰界碑，遵电未准，现已办结，碑文添注字样从缓雇工会刊，禀备钧核。奉批：禀、折、图均悉。卷查光绪二十年中、法委员会同勘定中越边界档卷，内有清折一扣，载明所立界石号数，其西路第二条云：西第二号，浍兰村。下注云：立石在村对河山大路左。又查原绘广西中越界西路第一图，自第一号石至第三号石界线，自南而北，稍迤西，直而不曲，界石立在浍兰村之西大路之左，挨近水沟，与折载无异。核对该道禀、图，谓应植于丘师岭之说，似相吻合。惟当日两国会勘立石，最为认真，几于尺寸不让，何以不照原图植石？得毋别有深意。况现植之丘利岭旁有村庄田亩，久隶中国版图，既非后人移植于此，自应照现植不迁为是。既经该署道与法员再三磋商，允将界线声明，未便迁植，用两国文字刊注现植石碑，此时虽未雇工会刊，业经彼此签允移复，声明了结，想他日再无异议。仰候督部堂会核，咨明外务部可也。仰洋务局移明遵照，禀、折、图均发钞绘存，办毕仍缴等因。奉此，除钞绘备案，并移明遵照外，理合将奉发禀、折、图件具文呈缴察核等由，到本部堂。据此，除批示外，相应会同广西巡抚咨呈贵部，谨请查照施行。

九月初十日

户部咨外部准程德全咨请商俄员交还瑷珲城文　附咨

准署黑龙江将军咨称：署副都统鄂咨，俄人将瑷珲城基全数包入圈限，迭经与现驻北营之廓米萨尔等往返磋商，始将外层木桩撤去，内层尚未收回。应请照会俄总统，转饬迅将瑷属地方全数交还，以便丈放街基，修复城市暨官民房舍，俾资治理而奠边疆等因。相应照会，草图咨部等因前来。相应摘录原文并图片，呈请贵部查照办理。俟办结后，即知照本部备案可也。计钞单一纸。

九月十三日

黑龙江副都统鄂咨户部已商俄人将瑷珲城外层木桩撤去文

窃敝署副都统由省起程，沿途各站见俄人十五成群，携丈量绘图器具，到处埋立木桩树杪，山冈高悬旗号，土人询及，或称丈放地亩，或称绘勘铁道。六月十二日，行抵瑷珲城西八里之三家子屯。该屯住户三十余家，附近别无村落，因租民屋数椽为驻足办公之地。次日踏勘城址，长林丰草，满目荒凉，城内外插立木牌，大书俄国界字样，约计木牌四至，东西相距八里，南北十六里，将城基全数包入圈限，城东沿江一带，向系民船停泊码头，竖立船照一对，为预先占优地步。迭经与现驻北营之廓米萨尔多卜来都倭勒斯克，驻黑河之固毕尔那托尔浦第阿特往返磋商，谓：中国土地利权，应照光绪二十六年以前毫无损失。现拟兴修衙署，自辟商埠。俟奉到部定章程后，相度地势，画出一段，作为各国公共租界，决无先行自勘之理。前次格总统照会虽有北营之请，我将军不过允达政府，并未指定里数。据称，六七年之事，非数日所能定议，且坚以城东船坞为请，词意虽极温和，期于必得而后已。当告以国家疆土，谁肯以尺寸让人？到瑷以来，旬有余日，争论界址，舌敝唇焦，始将外层木桩撤去，另绘一图，地段缩小，内层尚未收回。应请照会俄总统，迅饬黑河固毕尔那托尔，转饬廓米萨尔，将瑷属地方全数交还，以便丈放街基，修复城市暨官民房舍，俾资治理而奠边疆。理合备文，咨呈核复施行等因。准此，除饬交涉总局向俄员商办外，相应照绘草图一分，据情咨行户部，鉴核施行。

八月十九日

盛京将军赵尔巽复萩原交涉事件由交涉局办理照会

为照复事。

本年九月初五日，准贵总领事照会内开：本官驻在云云等因。准此，查金州界海上缉捕匪徒商船为日本水雷艇带去一事，当时大岛男爵并华兵未由贵总领事来文索取，似为军政上之行动，故由本军督部堂直接要请索回。至陶道对于上田参谋面交商办各事节略，既未用正式照会，且金州隙地归复州管辖一事，前次贵总领事第六号公文声明管辖区域内，并未将金州地段列入。又请撤康平县兵队系属军政，请交还省城所占房屋乃从前已先向军政官提议之件。此次接续晤商，非军政已撤后另生之交涉事件可比。其雇用志熊军医一事，在池内少佐之推荐与陶道为个人交际，在陶道介绍于巡警总局，乃雇佣之事，并实与交涉无关。若认为无视贵总领事应享有之职权，或有误会之处。兹准贵总领事照会，嗣后关于交涉范围内之事，务当转饬交涉局，向贵总领事商办，并饬分别照会各国总领事。以后一切交涉各件，应遵照约章，以关道为外交官，即径由关道所办之交涉局照会各国总领事、领事官查照，以清权限。为此照复贵总领事，请烦查照。

须至照会者。

九月十三日

驻奉日领萩原致赵尔巽以后重大事件当向贵督交涉照会

十月二十二日中九月初五日，本总领事照会所称各事，于贵历九月十三日准贵总督照复，将本总领事所请说明之处分别解辨，颇得要领，本总领事具〔俱〕已知悉。至所称此后一切交涉事务向本官照会一节，既已说明，本官亦无所介意，惟照复末段所说按照条约，以关道为外交官，以后所有交涉各事，当由交涉局向各国总领事及领事照会云云。查我国与贵国所订条约，并无此语，则我总领事可与有总辖地方之权能及职守之官宪彼此交涉，自不待言。就奉天省而论，贵总督既当全省责任之地方长官，故总领事即可与贵总督来往交涉。至交涉局，不过分掌总督衙门事务之一部分。若关于总督管下全省所起之重大事件，及其他两国政府之交涉与其商办未经得当，此等重大事件自当与对地方有全责任之总督交涉，慎重自己之责任最为紧要，且亦理所当然。本总领事向来依此主意与贵总督交涉，以后凡有重大事件，当向贵总督交涉。此外寻常交涉事务，于大局无甚关系者，照前与交涉总局商办。为此备文照会贵总督，请烦查核见复为盼。

九月十五日，东历十一月一日

盛京将军赵尔巽复萩原总领事与道台同品应按约章办理照会

本年九月十五日，准贵总领事照开，东历云云等因。准此，查交涉事件，本军督部堂认为重大者，直接与各国总领事会晤，前次业经札饬交涉总局分别照会在案。至以关道为外交官，实本于以前与各国所订约章内各国总领事与道台同品一语，当时指明与何官同品，即为往来办事而定，故各省向由洋务局总办径与各国总领事、领事交涉。且据中日约章第六款，有两国新订约章应以中国与泰西务国现行约章为本之文，则中日约章所未及者，可查照各国约章所载明各节办理。如英、美、法、义等国条约均载明：该国所饬总领事与中国道台同品，副领事与中国知府同品。又查，同治年间，因美国领事西华授总领事之职，请与巡抚并行，当经总理衙门驳正，应与藩臬并行。即以后之《烟台条约》，与英国会商中外往来仪式节略，并分行照会各国查照，亦仅改各省督抚接见领事，行宾主之礼，其寻常事务仍照旧照会道台，由道台转申督抚，督抚札行道台，由道台照会领事，可省彼此径行文件。惟事关紧要，彼此可用照会往来。此皆有案可稽。现在各国均有驻奉之总领事，自应一律照约章办理，似未便忽分轩轾。敝国与贵国睦谊极敦，本军督部堂又与贵总领事友谊素厚，果属应直接商办之件，自无不可彼此照会。惟应饬交涉总局转行照会者，不得不遵约办理。要之，交涉总局所办各事，就总督衙门事务言之，虽为分掌之一部，就奉天全省交涉言之，实有总汇之职权，按诸约章，毫无不符。今贵总领事照会尚有误会之处。合行照复，为此照会贵总领事，请烦查照。

九月十七日

署黑龙江将军程德全咨外部准俄员称日本请撤四平街外交政府俄已允准文

为咨呈事。

光绪三十二年八月二十日，准俄驻江武廓米萨尔林答照会，内开：兹奉驻哈远东总统一千九百零六年九月十四日第一千二百七十七号条谕，一千九百零五年十月十七日，经日、俄两国全权总统满洲军队于四平街定议，除本地居民外，凡有由此军更赴彼军之人，非两军官宪互相情愿，不得容留。现因日政府请裁撤四平街外交政府一节，于一千九百零六年八月二十七日蒙俄国大皇帝批准，军机大臣定款如下：一、允如日政府所请。二、注明日人在俄军所据满洲北省无论轻重交涉与他国人一律，不属俄国官员管辖。遇有日人定罪之事，其罪人概归日政府核夺。现已遵照上意办理。续同日政府议妥，定于本年一千九百六年十月十五日裁撤四平街外交政府等因，钞录附送前来。理合具文咨呈大部，谨请鉴核施行。

九月十七日

署黑龙江将军程德全致外部札萨克图郡王向俄人称贷陈明挽救情形函

敬启者：

前因札萨克图郡王乌泰于七月初旬赴哈尔滨逗遛多日等情，业经咨呈钧处鉴核在案。德全逆料该郡王赴哈必有诡谋，遂密饬杜道学瀛、宋道小濂，就近探其作何举动。嗣据该道等禀称：该郡王系被铁路公司笼络而来，即在火车上居住，每日有俄兵数十人把守。又俄以武官二人轮替相陪，偶一他适，俄官亦必与偕行，监视甚严，无异拘禁。虽该道等往拜一次，该郡王答拜一次，该道等复备筵公请一次，凡三晤面而在座皆有俄员。诘其来哈何为，辄吞吐其词，不肯道其隐曲。维时，闻该郡王有向公司借款情事，苦无从悉其内容。适有长春商人管瑞亭者，该郡王旧好也，因事来哈，该道等遂以侦探委之。俄员以其系属商人，又知为该郡王故交，于其出入火车不甚加以防范。一再往晤，始得其详，据称：该郡王先曾借过铁路公司之债，嗣后陆续归还，现因需用，又向公司续借。公司邀其来哈面商，到则力请以旗界山林作抵。该郡王之意颇持两端。经德全函嘱杜、宋两道，会同奉天赵将军所派之于道驷兴，密将该郡王邀至吉林交涉局，晓以大义，动以祸福，谓：如有为难之事，尽可与各省将军相商，何必求助外人，自贻噬哜之悔等语。反复开譬，该郡王始幡然省悟，辞退公司，并深悔此行几堕俄人术中，因言：现有急需六万金，请先设法借给。该道等因事关大局，一面虚与委蛇，一面由于道驷兴禀商奉天将军。八月二十七日，于道并随该郡王来省，晤谈之际，仍以借款为词。窃思此次俄人谋占札萨克图旗界山林，所设网罗甚密，幸敝处调察迅速，得以破其狡谋。该郡王此来，虽据自陈不受俄饵，然车马仍系公司供给，并挟俄队以行，其绝俄是否诚心，尚难深信。正好因其向我称贷，使之就我范围，故不能不稍餍所求，以免此后再有反复。德全即日慨然应允，照数指拨，交该郡王于九月初一日携带回旗。去讫，于道禀赵将军之件，亦于是日接到电复，允其照办。此款日后仍由奉省拨还。合并声明。

九月二十三日

吉林将军副都统咨外部日人到处滋事私贩枪械文

窃照《中日通商行船条约》第六款内载：日本臣民准听持照前往中国内地各处游历、通商。执照由日本领事发给，由中国地方官盖印。经过地方官如饬交出执照，应随时呈验，无讹放行。所有雇用车船、人夫、牲口装运行李、货物不得拦阻。如查无执照，或有不法情事，就近送交领事官惩办，沿途只可拘禁，不可凌虐。执照自发给之日起，以华十三个月为限。若无执照进内地者，罚银不过三百两之数。惟在通商各口岸，有出外游玩，地不过华百里，期不过五日者，无庸请照等语。并迭准奉天军督部堂赵以日人依田正忠等赴吉游历，咨请照约保护等因，当经通饬遵照在案。兹据各属报称：日国官民人等近日络绎而来，其持有执照者，查验无讹，莫不照章保护、放行。然无照入境者实繁有徒，诘之，托言卖药为生，实系到处设赌，以致博负、凶殴等事层见迭出；且有违禁贩卖私枪者，诚恐售与匪徒，贻害地方；尤有呈验日员所发之照并未经中国官盖印者，亦与约章不符等情先后呈请，请转前来。本署将军、副都统查，中、日通商，原期彼此均获美利，若不严加防范，则良莠罔分，难免不法之徒乘隙生端，互相受害。

据报，日民人等入吉，半多未领执照，到处设赌滋事，以及私贩枪械，揆之约章，均属未合。应请转照驻京日钦使，速饬来吉日民人等，均须遵约请领执照，毋得私行过境，并严禁设赌滋事以及私贩枪械各情，俾重邦交而敦睦谊。除径行照会驻奉日领事，并咨会奉天军督查照，及饬属传令无照日民人等出境外，相应备文咨呈。为此合咨大部，谨请鉴核施行。

九月二十七日

驻藏帮办联豫奏报出关赴藏沿途察看情形折

驻藏帮办大臣联豫奏，为奴才出关赴藏，沿途察看一切情形，恭折具陈事。

窃奴才于光绪三十二年正月初九日奏请改走海道，三月初三日奉到朱批：仍著驰驿前进，并沿途察看一切情形，毋得藉词延宕。钦此。跪聆之下，惶悚莫名！遵即雇备乌拉，克日遄发。惟当军务旁午驮运纷驰之际，较之寻常，一时实难全备。至四月初五日，始行出关。十六日，行抵里塘，经过明正土司所辖地面，番民尚俱安堵。里塘一带，则逃亡未复，十室九空，且地瘠天寒，连岁荒旱，殊有困苦之象。其时桑披未克，民情疑惧，以致乌拉一切毫无头绪。奴才延居月余，万分急迫，再三设法，始于五月初二日勉强就道。初八行抵巴塘，该处土司经惩办后，夷民深知畏服，粮员吴锡珍尚能躬亲教稼，招抚流亡，以故近日夷民颇知耕植之利，田原日辟，安静如常。若趁此改土归流，其势甚顺，反不似里塘之涣散也。嗣由巴塘起行，过江卡、乍了，至察木多，均各安顺。惟民间异常穷困，生计为喇嘛占尽，其番官又从而剥蚀之，殊觉可悯。察木多地势虽小，然襟山带河，为四川、云南、青海等处入藏咽喉，最居形胜，是亦宜著意经营，固我边圉。第道途艰险，挽输殊费周章耳！至乍了番民素称强悍，此次则极为恭顺。推原其故，盖因桑披等攻克，天威震慑，该番民逖听风声，慄慄畏惧，是以相率输诚，无敢顽梗。继复前进，由硕板多，而拉里，而江达，遂抵前藏，一律恭顺。奴才每接见番官、头目人等，宣播朝廷威德，谕以大义，晓以谋生，靡不同声感戴。但民间竟日忧贫而不事生理，崇信喇嘛，痼疾已深，积久由来，殊难骤挽。此奴才沿途察看之实在情形也。

窃计察木多以内，经此番惩创后，声威所树，自可日久相安，无劳圣廑。藏中新约初定，将来一切均须布置。奴才甫经到任，容俟详细考察，再行缕晰上闻。奴才自维谫陋，深惧弗胜。外番与内地迥殊，今日与昔时亦异。惟有矢一片血诚，遇事与奴才有泰商榷办理，深求至当，以期仰答鸿慈于万一。所有遵〈旨〉沿途察看一切情形，理合复陈，伏乞圣鉴。谨奏。

光绪三十二年十月初八日。

日使林权助致外部日人未领护照在吉林滋事各节已行知驻满各领查照办理照会

准贵历十月初四日照称：据吉林署将军文称，近来日本人至吉林省各处游历者日多一日，其中有未领护照者，彼等大概托名卖药，到处开设赌场，致凶殴、打架等事层见迭出，甚至有私贩军器等事，殊属有碍于地方治安；其有呈验日官所给护照又未经中国官宪盖印者，希照约办理等因前来。本大臣已经阅悉。当即行知驻在满洲本国各领事及各关系官厅查照办理矣！相应照复贵王大臣查照可也。

十月初八日

塔尔巴哈台办事大臣安成致胡惟德请商俄外部饬领事送回逃哈电

哈户逃俄一事，经成两次由中俄局照会俄索领事按约查找送回，伊置不理，遂据情电请贵大臣暨外务部，转照俄外部与驻京俄使，转饬边界官员及驻塔俄索领事，循约办理在案。嗣奉贵大臣支电：俄外部初二照复，已电饬该管官员将逃哈速交中国，续有往者，一律办理等因，并外务部来电，词同前由。当将各电文札行中俄局，照会俄索领事，竟无只字回复。连日派员面与理论，答已电致该国阿拉牙〔木〕图、沃穆斯克各督抚，俟复再给回话。迁延日久，毫无信息。迨至阿拉牙〔木〕图巡抚亲到苇塘子，传谕中属逃哈，不准容留一户，该领事始来署面商交收逃哈事宜，并订合同五条，出令画押。细核条款，内载多系干预中国内政，当即驳回。该领事言：不允撤此五条，交收逃哈，总在明年方能办理。成坚持不为所撼。未几，渠又来署，出示所拟合同，删留两条，其文不按照两国约章，应将逃哈逐回中属，已商准参赞大臣，将此次回牧逃哈概不办罪。一、该涂店有禀控情事，必当确讯，秉公办理。二、该哈回牧后，倘有复逃俄界，驻塔领事官即文咨俄属各官员，严速协逐回牧。应如何惩办之处，领事官再不干预等语，商令彼此画押，会衔晓谕逃哈，自必赶快悉数搬回。成拟所订两条尚无关碍，若仍扭执不许，深虑该索领事暗中煽感，已逃者不能即回，未逃者相率前往，边界纷纷不靖，滋出衅端，任咎不起，故尔权为迁就，彼此画押盖印，各执一纸，并译成回文告示两分，派差持赴逃哈住牧处传播周知。其告示内原有限七日内概行搬回塔牧之语，稿先经俄索领事画诺，随送其盖印，竟将限期删去。迄今十余日，仍无交收消息。迭次派员询及，渠多任意支吾。看此前后情形，容留中属哈户不即查找送回，悉为该索领事一人把持。

伏维条约为中、俄两国办事铁案，加以俄公使、外部有电，俄巡抚当面有言，而该领事一并抹煞不遵，不识是何居心？如此背约狡展，塔属各种居民大为不服。成剀切开导，不至愤生别故。然非防微杜渐，未便漠置。特据实电达贵大臣，恳请照会俄外部，严饬驻塔索领事官，照约将中属逃哈一律限期查找送回，并电阿拉木图、沃穆斯克各督抚，派员驰至边界地方，协同驱逐，毋令容留耽延，以靖边圉而符条约。是所盼祷！至俄索领事办事不公，种种违约，能求贵大臣转商俄外部，将其调赴别处，边局幸甚！是否？仍乞钧裁示遵。长帅初五抵哈密，尚未启节。

十月十六日

盛京将军赵尔巽致外部日人强运黄草坪苇草韩人占大小柳坪请商日使勘界文

为咨呈事。

据安东商埠局呈称：查安东县界鸭绿江下游甜水沟地方，江心有涨滩一块，名曰黄草坪。于同治年间，有民人姜通云在该滩西南角栽种苇草，以当时未曾设官，不能呈报，旋被韩人占种。后此滩东北又有新淤，有王寿山者，于光绪十六年在东边道报领，以滩淤常有水淹，未能勘丈。至十九年，王寿山又邀同蔡泉山、弓铭等合二十五股，出钱栽种苇草。至二十二年，经东边道派员勘丈，计苇塘一万八千亩，给予照据，照章升课。二十三年二月，换给大照，承领数年无事。至二十七年，韩民以西南角所占之塘与新涨之滩毗连，起意侵占，不让王寿山等收割苇草，以致兴讼。其实二滩中间有小沟为界，曾经安东县于二十七年勘明，详复在案。嗣韩国外部先后照会驻韩许大臣，并附图说争论，此事未能决定。三十年，韩国复派金相鹤来勘此地，当时以战事未定，未与会勘。本年九月二十七日，有安民山地方马清禄及苇户李毓忠来局呈称：有日本人近藤政敬率领多人，于二十四、二十五等日，用船装去苇子五六百个，民等恐酿衅端，未敢与较。职道等往见日本冈部领事，嘱其禁止近藤，勿得强运苇草。旋准该领事复称：传问近藤，据云，于去年与韩人定立合同，经韩政府允许，并非妄自强运，现已嘱令近藤暂且停运，一面咨询韩国统监府，俟咨复到日，再行核办等因。职道查得黄草坪地势偏近鸭绿江右岸，论理论势，于我为长。然非会勘，不能明定界限。当经电禀宪台，请咨外部，转林公使，速电驻韩伊藤统监，派出韩国地方官，会同查勘，以分曲直。又黄草坪上游有淤出大、小柳坪沙地二段，大柳坪久为韩人所占，小柳坪于上年亦被韩民占去地数十亩。八月间，接奉宪札，饬令职道等督同安宽垦务局总办徐令芝、安东牛马税委员滕令椿，将此事速为清理。正在筹办间，适有黄草坪争割苇草之事。查大、小柳坪，其地势亦偏近鸭绿江右岸，亦非会勘不能画定界限。理合具文呈恳宪台察核，速咨外务部，转请日本林公使，速电驻韩伊藤统监，饬派韩国地方官到该地会同查勘，以分界限而清纠葛等情。据此，除批示外，相应咨呈贵部鉴核施行。

十月十八日

俄使璞科第致外部俄让关东半岛于日贵国政府有无异词请核复照会

为照会事。

兹查，日本驻扎森彼得堡出使大臣代日本政府与本国外务部相商，将俄国向中国租关东半岛原案，即一千八百九十八年三月北京和约，暨一千八百九十八年四月二十五日森彼得堡和约，及勘定关东交界条约各原案，交付日本政府各情。查中国政府于光绪三十一年十一月二十六日钦命商议东三省事宜全权大臣照会内开：中国政府允诺俄国将关东半岛租界一切事宜允让于日本国各情。因是，俄国政府无碍将此项案卷交付日本。惟订定此意之先，本国外务部嘱令本大臣，询问贵国政府有无异词。相应照会贵王大臣查核见复可也。

须至照会者。

十月二十五日

直督袁世凯奏与日员会订交收营口地面字据折

附条款另单附件暨咨文

直隶总督袁世凯等奏，为营口地面交还，谨将接收大概情形恭折具陈，仰祈圣鉴事。

窃照营口交还一案，前经臣世凯会同全权王大臣等与日本全权大臣议明：于中日条约订定后，向驻营口之地方官，在撤兵以前，由驻京日本使臣会同外务部订立日期，俾从速赴任视事等因。旋经外务部与日本使臣按照原议磋商，订定另单，咨由臣等转饬山海关道，驰赴营口，与日本所派之员，商办接收事宜，一面由臣世凯先在天津挑练巡警、卫生兵丁，并遴派员司率同前往，预为布置。兹据山海关道梁如浩遵照京议另单，与日员会订交收字据：

一、营口地方，于日军未撤以前，验疫、防疫等事，由地方官与日领事商订章程，俟日军撤后，由地方官主持自办。一、日官前允许中日合办公司开办营口自来水、电车、电灯三项，现中国地方官仍准该公司承办。原订一切章程呈部立案，并可由部增减更改。电话及屠兽场，由中国购回自办。日军原设之轻便小铁道，俟电车工竣，即行撤去。日官原办土木工程，凡关公益者，中国地方官允照即办。一、警察、卫生归中国管理，可兼用日本人充警察教习及医生，按照天津雇用洋员章程办理。一、日军政署判定讼案，中国地方官允不再为提审。一、海、钞两关归关道管理。税款暂储正金银行，俟中国官银行开设后，于两银行储存。

以上各条，均经电由外务部核明，与原单宗旨相符，饬于十月二十日会同日员签字，并立附件声明，自来水、电车、电灯公司将来添股，先让华商，一并签定。二十一日，经梁如浩督同地方文武各员，将营口地面全行接收管理，即将日本原设之军政署裁撤。所有该埠警察、卫生、工程等事，一律接管。其关税一项，亦经日员核明收支及余存数目，交该关道查收。呈请具奏前来。

臣等查，营口一埠，迭经俄、日两国军队先后占守，迄今已逾六年。今由日本交还中国，议办各事，尚不失我主权。接收之日，饬令升举龙旗，以扬国徽〔威〕，中外庆洽，商民欢呼，堪以上慰宸廑。除由臣等督饬地方文武，将一切善后事宜妥为筹办，并经电由外务部先行代奏，暨将签立字据附件咨呈外务部存案，所有接收营口情形，谨合词恭折具陈，伏乞圣鉴。谨奏。

光绪三十二年十一月初十日奉朱批：知道了。

谨将交收营口条款六条缮单恭呈御览

为营口地方由日本军政官交还华官管理，遵照日、清两国政府于华历本年九月北京所订另单四款办理，由两国政府特派妥员，在营口会同商议，所订条款如左：

一、按北京所订另单第一条载明：营口地方，于日本军队未撤以前，凡关验疫、防疫等事，由地方官与日本领事官商订章程等语。现今两国委员商定，暂时即按日本军政官所订章程办理。倘日后查有应行更改之处，即由地方官会同日本领事随时商改。俟日本军队撤后，即由中国地方官自行主持办理。

一、按北京所订另单第二条载明：凡于军政时代内所为，业经开办或已筹画而未经开办之公益事宜，应由地方官接办，或允归其承办等语。查日本军政官前已允许日、清合办股分公司，开办营口自来水、电气车、电气灯、电话四业。现经两国委员商定，自来水、电气车、电气灯可由该公司承办，但须将该公司原定一切章程呈送北京应管之部立案，倘该部检查此项章程有应行更改，或应添减之处，该公司允为遵照办理。自来水一业，添股之时，必须先尽华人。电话一业，乃中国电报局收回自办，即由该局与该公司彼此各派一员，会同查看该公司在营口已经制备所有电话产业，估价照购。倘彼此委员意见不同，应由该局与该公司随时公举一局外之公正人，由伊定夺，彼此遵守。屠兽场一事，应由卫生局接办。至如何估价购买，即照电报局承购电话方法办理。由营口至牛家屯之轻便小铁道，俟电气铁道工竣，即行撤去。凡关乎公益土木工程，出于寓居该埠中外商人之同意，由日本军政官开办或已筹画而未经开办者，中国地方官允照接办完工。

一、按北京所订另单第三条载明：警察及卫生事务，应归中国地方官管理，务期尽善，以保公共治安。为此兼用日本警察教习及医生。如有未尽妥洽之处，日本领事官可告知地方官，随时酌办等语。现经两国委员商定，雇用日本警察教习及医生，除薪水外，一切章程均按天津雇用日本警察教习及医生一律办理。倘日后警察、卫生办理有未尽妥洽之处，一经日本领事官函告，应由地方官随时酌办。

一、凡军政时代内所判断讼事案件，毋庸中国地方官再为提讯。所有判断案件并登记等一切文卷，应由军政官移交地方官存案。此项案卷另由军政官备缮一分，移存驻扎营口日本领事署。

一、按北京所订另单第四条载明：海、钞两关事务，应归海关道管理。清国政府将该两关进款暂储存于正金银行，将来户部银行分别开设之后，于两国银行储存等语。现经两国委员商定，税款于中国度支部银行未设以前，储存营口正金银行。如何办法，应由该管之地方官与正金银行彼此议定。

一、营口日本军政署，准定于明治三十九年十二月一日，即光绪三十二年十月十六日全行撤去。

光绪三十二年十月二十日。明治三十九年十二月五日。

大清国委员・奉锦山海关兵备道梁如浩押。

大日本帝国委员・公使馆一等书记官阿部守太郎押。

营口军政官・陆军步兵中佐与仓喜平押。

牛庄在勤领事官濑川浅之进押。

附录中日协订交收营口办法另单

一、营口地方，于日本军队未撤以前，凡关乎验疫、防疫等事，应由地方官与日本领事官商订章程。

一、凡于军政时代内所有业经开办或已筹画而未经开办之公益事宜，应由地方官接办，或允准其承办。

一、警察及卫生事务，应归中国地方官管理，务期尽善，以保公共治安。为之兼用日本警察教习及医生。如有未尽妥洽之处，日本领事官可告知地方官，随时酌办。

一、海、钞两关事务，应归海关道管理。清国政府将该两关进款暂储于正金银行，将来户部银行分别开设之后，于两银行储存。

附件

敬复者：

关于交还营口之件，中、日两国委员业于本年十二月五号互相画押。所定条款内其

第二条，营口自来水、电灯、电车股分公司事，因其中股分日商占多而华商未得其半数，似未相平，现接中国委员照会续订：凡以后该公司加添新股分时，应行先让华商等语，今将此件着令该公司遵行办理，特此照复。

明治三十九年十二月五日。

营口军政官与仓喜平。

公使馆一等书记官阿部守太郎。

在牛庄领事赖〔濑〕川浅之进。

北洋大臣袁世凯咨外部文

为咨呈事。

据山海关道梁如浩呈称：窃职道于本年十月十九日接奉宪台效电，内开：顷接外部电开：营口交收事，所拟增改之处，日员既固执不允，详核原议各条，与外部单开宗旨，尚属相符，即不再改，亦无妨碍。至此项合同系作为交收字据，不得名之为约。声明添股一节，应将附约二字改为附件。希即饬梁道照原议签字，以便从速接收等因。奉此，遵于二十日会同日员阿部守太郎等，将交还营口字据备具中、日文各二分，彼此签字互换。因是日日旗已升，白昼未便撤下，订明于二十一日早换升龙旗，交收地面，业经电禀在案。兹已一律接收清楚。惟查前奉宪台电饬，自来水公司以后添股，先行让华商承购，应立字据作为附件各节，职道遵与磋商，该日员允为照办，备具日文信函一分，签字送交前来，即作为附件。至电话一节，应请宪台咨明邮传部，转饬东三省电报总局，查照字据，妥为商购。屠兽场事，业经札饬卫生局关令查照字据，妥为商购。除将接收情形另文禀报，并钞录字据、附件，分呈奉天军督宪备案暨咨行外，理合将签字原据、附件并译件呈请宪台查核，俯赐咨送外务部存案，并另备钞本送呈宪辕备案等情到本大臣。据此，除批示外，相应将接收营口字据暨附件咨呈贵部，谨请查照存案。

须至咨呈者。

十一月十一日

外部咨张鸣岐广西官绅筹筑铁路勘路时须不背法使商允之案以免藉口文

为咨行事。

光绪三十二年九月二十七日，准法国巴使照称：现闻拟为兴筑广西各铁路之事，内与北海间有相关，现在正开会议，本大臣理应提议，前任毕钦使与总署于光绪二十四年四月十八、二十五等日所定条款，中国政府允许留为法国公司，或中法公司，修造由北海至南宁或由北海至他处之铁路权利，并光绪三十年六月初十日准复称：中国政府一俟该省商业发达之时，方可设华公司，与法公司会商一切等语。现且更易前约，非经本国政府允从，不可稍有改易之处，并希见复等因前来。

查由北海造至南宁铁路，及南宁展接铁路，由中、法两国商允，仍按照龙州铁路合同底本酌办，暨由北海起，不至南宁而至别处为止，将来若另造铁路，均与法国公司或中法公司承办各节，均于光绪二十四年四月间先后由总署照复法使允准。迨光绪三十年间，法使声明前说，亦由本部复以应俟将来该处商务兴旺时，由中国设立公司，再与法国公司商议，照复各在案。此次法使以更易前约为言，殆由本年七月商部具奏广西官绅筹筑本省铁路恳请立案折内，有先集股款□①千万元，设立广西全省有限公司等语，致有此请。此事业经迭次照允，断难改易。该有限公司如已设立，应由贵抚按照原议饬知，于查勘此段路线，务先预留地步，以期与法使迭次商允之案不相违背。除照复法使，并咨行邮传部存案外，相应钞录历次来往照会，咨行贵抚查照办理，并声复本部可也。

须至咨者。

十一月十一日

外部致日使日军据奉天千山台煤矿请速交还照会

为照会事。

本年十一月初一日，准奉天将军文称：案照职商王承尧承办奉天千山台煤矿被日军占据开采一案，据矿政调查局禀称，日人至今仍接续开采，应请照会驻奉日总领事，转饬停工等情。查中、日议订奉省条约第四款，凡占用之中国公私各产业，属于军务上无须备用者，有在撤兵以前亦可交还之文。现在日本军队虽未全撤，军政早已撤废，即不能援照军政时代得使用占领地公私产业之惯例仍事采运。且该商承办之矿，既属奏明奉旨允准之案，即属华商私有之产业，按之约章，实应在交还之列。至该商会〔曾〕添附少数俄股，前经大部咨驳，未便立案，不得与向由中、俄两国开采订有专章暨立有合同者相混，强认为中俄合办之矿，任意占据。若认为南满洲铁道附属之业，该矿实在铁道附近三十里之外，即日本一时误认该矿在三十里界线之内，亦不能侵夺原办华商开采之利权。倘日久不交，该商无故受损，实为扰害商务，应请照会日本驻京大臣，约期交还。再，尾明山、张家沟、大榆沟三矿不能混入南满洲铁路附属烟台矿业之内，请附案照会，划清界限等因前来。

① 原文如此。

查日人占据职商王承尧千山台煤矿，久未交还，致与中日协约相背。迭经本部照会内田大臣、阿部署大臣，并于本年八月十四日照会贵大臣，转达贵国政府，迅饬速将此项矿产交还各在案。迄今又两月余，未准见复。兹准前因，相应再行照会贵大臣，查照本部历次照会，转达贵国政府，转饬迅速交还，免致华商受累，并将尾明山等处矿产划清界限，勿再牵混。即希见复为盼。

十一月十一日

直督袁世凯等奏报日本交还营口关税余款折

直隶总督袁世凯、盛京将军兼奉天总督赵尔巽奏，为日本交还营口关税余款实存数目，恭折具陈，仰祈圣鉴事。

窃照营口交还，业经臣等将接收情形专折奏报在案。查上年中、日议订条约，经臣世凯会同全权王大臣等与日本全权大臣议明：营口洋关所征税项，现归日本国正金银行收存，俟届撤兵时，交中国地方官查收。至营口常关所代征税项以及各地方捐款，系充作地方公共各事之用，俟届撤兵时，将收支开单交中国地方官备案等因。兹据山海关道梁如浩禀：据日本办理交还营口事宜之员函送收支计算表，内开：自光绪三十年六月十四日起，至三十二年十月十五日截止，日军政署共收钞关常税、海关厘金并三成船钞银一百七十四万三千一百三十八两八钱二分二厘；共支用地方行政费银二百四十二万六千零三十两九钱二分七厘；计不敷银六十八万二千八百九十二两一钱五厘。又收洋关税款银一百八十九万六千二百九十五两七钱三分五厘。其军政署所支地方行政费，如经营工程、警察、卫生、教育、清理水道等项公益要需，除常税、厘金、三成船钞三项支完外，所有不敷银六十八万二千八百九十二两一钱五厘，已在洋关税款内支拨。除支计实存洋税银一百二十一万三千四百零三两六钱三分，经日员交由该关道查收，并经该关道遵照外务部与日本使臣议定办法，将前项余存税款暂在营口正金银行存储备拨，呈请奏咨立案前来。臣等复核无异，除将日员原函及收支计算表译录华文，分咨外务部、度支部、税务大臣备案外，谨合词恭折具陈，伏乞圣鉴。谨奏。

光绪三十二年十一月十七日奉朱批：该衙门知道。

清季外交史料卷一百九十九终

清季外交史料卷二百

光绪三十二年十二月

盛京将军赵尔巽致外部日本一国不得另划专界电

前日总领事来署闲谈，提及东省条约第九款，日本租界，宜另行划定，当即电询慰帅：是否应照新约另划专界，抑仍照中美、中日商约仅定各国公共租界？去后，顷准慰帅电开：沁电悉。查上年议约时，原以日人在安东等处买地甚多，漫无限制，故有划定租界办法另行妥商之约。至三处开办商埠，仍应照日、美原约，订定外国人公共居住地界，自不得于日本一国另划专界也。商埠地方悉听各国杂居，所有在界内管理工巡之权，自开之埠，工巡由中国自设，各国寄居该埠商人，均须遵守中国所设工巡章程，即无所谓专界。现我与日、美提议界章，自以原订商约为本，不必提及上年新约。倘日人借以相要，亦应辩明，勿任误会。统乞裁酌，电商外部核示等因。谨电闻。乞即核示。

十二月初一日

署黑龙江将军程德全奏江省创修铁路藉固边防折

署理黑龙江将军程德全奏，为江省创修铁路，藉维商务而固边防事。

窃江省僻处极边，为东北屏蔽，而黑龙江城尤居形胜。乃自东清铁路开通，不独险要全失，而商货之流通、官家之转运均仰息于人。一旦有故，则坐困一隅。上年两邻开衅，道路为之阻塞，文报稽迟，是其明证。至利权外溢，尤其小焉者也。臣日夜焦思，通盘筹画，非修铁路，别无抵制之方，亦别无振兴商务之计，是以臣前曾将伯都讷至新民府宜修铁路情形奏邀慈鉴在案。查呼兰、绥化为全省精华所萃，经理商务宜自此始。拟自哈尔滨江北马家船口，北向呼兰，曲达绥化，直接黑龙江城，修一干路，计长一千余里。再由对青山至呼兰，由昂昂溪车站至省城修二枝路，并由对青山枝路西逾东清铁路，过松花江，与伯都讷铁路相接，省城枝路东向以接干路。如此南北衔接一气，呼应自灵，商务之起色可翘足而待，即经营边防亦易措手矣！况东三省广开商埠，已奉明谕，当此两邻和议甫成，尤宜及时图维，以杜外人搀越。查吉林至长春铁路，业经奉旨允准兴修。江省铁路尤关紧要。拟请由荒价项下先提银一百万两作为股本，以便开办而资提倡；并仿照川汉、皖浙等处铁路章程，专招华商，藉保路权；并将变通通肯荒务所收官兵津贴、地价银应发商生息永作旗人津贴者，亦请移充修路之费。俟铁路告成，仍将应得余利分别津贴，以期经久。臣明知款巨工大，非仓猝所能奏功，然值此时艰，何可弃置不顾？惟有行之以渐，持之以恒，必期蒇事而后已。如蒙俞允，即请饬下商部，指定购办铁轨地方，以便派员往购。一面由臣妥筹办法，遴委熟悉路工之员，勘地、估价、庇材、鸠工刻期举办。其详细章程再行胪列奏闻。除咨商、户、工三部查照外，理合恭折具陈，伏乞圣鉴。谨奏。

光绪三十二年十二月初一日奉朱批：该部议奏。

署黑龙江将军程德全奏请设满洲里税关片

程德全片。

再，按铁路合同第十条所载，铁路入境之处，中国应设税关。前因东方大局未平，暂从缓议。刻下俄约将定，自不能再事迁延。本年六月间，接准外务部电询江省何处可以设关，亦以此事为目前急务。查有呼伦贝尔所属之满洲里地方与俄接壤，为铁路入中国第一冲区，又为中日会议条约新指商埠之地，若于此设关，尤为扼要。该处以附近火车站之故，人烟日密，交涉日繁。经臣于本年三月间先已派员前往设立交涉局一处，办理中外交涉，兼办地方巡警暨捕盗、清讼事宜，以为将来改设关税基础。除咨外务部查照外，谨附片陈明，伏乞圣鉴。谨奏。

光绪三十二年十二月初一日奉朱批：外务部知道。

外部致英使朱迩典英拟修新腾铁路与约不符照会

为照会事。

本年十二月初一日接准照复，以腾越铁路事，光绪二十八年二月间萨前大臣与本部往返文牍，来文并未提及，犹属难解。兹准复电：英政府凭仗光绪二十八年二月初七日照会，得有承造新街至腾越铁路之权。而承办此段较短之铁路，英政府不能视为足抵光绪二十四年三月间贵政府或法政府所指之法商修造劳开至云南府铁路之利益，嘱切实声明等因。查光绪二十三年《中缅条约》附款第十二条载明：答允将来审量在云南修造铁路与贸易有无裨益，如果修建，即允与缅甸铁路相接。是该处中国境内铁路，应由中国自行审量。迨光绪二十七年九月十九、十月二十六等日先后复萨前大臣照会，均一再守定此旨，并声明：法国铁路由越南边界修至云南，本为条约所准，与滇缅约意不同，缘两国交涉各有约章可据，固不能相提并论也。迨二十八年二月初三日，准萨前大臣照称：本国署理腾越烈领事不日将往云南府，与滇督面商铁路边界各事宜。滇缅铁路相接，为振兴商务之举。凡在滇省允给法商之利益，应一体允给英商，请照咨滇省云云。本部当以原照所称面商铁路边界各事宜，又称滇缅铁路相接，曰边界，曰相接，均系按照原约立论，故于是月初七日以据咨滇督照复，因烈领事既将与滇督面商，即不能不将来照达知滇督也。嗣于本年正月，准滇督文称：准英务领事照会，接烈领事来电，奉缅政府电，拟由新街达腾越修造一小铁路，以便商人运货，先派公司勘明可否能修，再议商办。当复以派员会勘，各勘各路，各出各费等语。是滇督与英领事所迭次议商者，亦均扼定约章铁路相接之一语，毫无剌谬。本年五月，滇督奏请修理腾越小铁路，筹款自办，奉旨允准。原期中国云南境内次第修建，以符与缅路相接之议。乃贵大臣来照以为英政府得有承造新街至腾越铁路之权，并引二十八年二月初七日之文为据，而以允给法商之利益相比例，实与中缅附约暨本部迭次照会之意不符。相应照会贵大臣查照，转达贵国政府可也。

十二月十一日

外部奏与中英公司订定九广铁路借款合同折　附合同暨表

总理外务部事务庆亲王奕劻等奏，为九广铁路借款兴修，与中英公司订定正合同，恭折具陈，仰祈圣鉴事。

查光绪二十四年间，总理衙门准英国使臣窦纳乐函请，准英商承修由广州省城至英租地九龙边界一段铁路，经总理衙门行令督办铁路大臣盛宣怀，与英商怡和洋行议办。旋于光绪二十五年二月间，彼此签定草合同五条，咨复备案：一、议定造路由广州府城至九龙，与签定之沪宁铁路草约章程同。二、将来订立正约，仍当与嗣后商定核准之沪宁铁路正约章程同。三、嗣后议定行车章程，与粤汉铁路相接。四、草合同签字后，从速测勘。五、草合同先行画押，俟会商督抚，如有地方窒碍之处，即行更正各等语。

上年英国使臣萨道义援据草约，迭次催请臣部议定正合同。经臣等于本年二月电知署理两广督臣岑春煊，以此项草约虽云仿照沪宁办法，而沪宁路长费巨，九广路短费少，情形不同。应查酌第二款，熟权利弊，派员与中英公司切实磋商，以符原议。嗣该署督以此路先与英公司会商，各归各办，英公司坚不允从。事关粤省利害，未敢过事迁就。应请旨饬下外务部侍郎唐绍仪，就近与英使妥商细酌，行粤遵办等情，电达臣部代奏。二月二十三日奉旨：岑春煊电悉。仍著该署督派员与英商妥核办理。钦此。钦遵在案。

至四月初间，准该署督将英公司代理人罗士、濮兰德先后到省会议原送约稿暨酌核之件钞咨前来，其酌改主意大致拟照津榆铁路办法。讵该公司代表人濮兰德以成议在先，于该署督所拟合同底稿迄不承认，由粤到京。复准英使照催臣部接议，当经臣等电致该署督，遴派洋务委员候补道龚心湛、候补直隶州知州胡铭槃来京顾问，以期接洽。即由臣绍仪率同龚道等与濮兰德在臣部会议十余次，逐款磋商，屡易其稿，始得就范。计订详细合同二十条：议借英金一百五十万磅〔镑〕，照虚数九四折，纳年息五厘，以本路作抵押，三十年为期。满十二年半后，按照列表分期还本。二十五年以前，如欲于表额外多还股本，每英金一百磅〔镑〕加还两磅〔镑〕半。中英公司代售此项股票，其股票填明价值若干磅〔镑〕，由中国驻英大臣与该公司商定。所有建路及一切工需，均由粤省总督督饬办理。其重要职司，应用称职之中国人充当。开工时，即于广州设立总局一所，总理造路、行车各事。由总督派中国总办一人管理，佐以英国总工程司及总管帐〔账〕各一人，均由总督核准。该公司办事出力，给予酬金三万五千磅〔镑〕，两期交付。其应得各项用钱暨酬劳资费，均包在内。并声明，此路确系中国产业，倘自本合同签字之日起，八个月并未兴工，即作废纸，所载权利均不得让给他国；中国亦不得另建一路，以夺本路利益各等语。

综核本合同，大旨系限于原订草合同，按照沪宁办法之成议，只可参酌津榆章程，设法挽回。扼要在用人、用款等事，均取决于总督，不至授外人以柄。并删除余利小票一款，以期保全主权、利权。迭经龚道等将商议情形随时电达岑春煊核复，始行定议。嗣据粤省绅商多方辩难，复与现任总督周馥往返电商，准该督复称：九广路约，收回主权、利权实较沪宁为优，是该督于此项合同亦无异议，拟即照此订定。谨缮具清单，恭呈御览。俟奉旨允准，再行签印，即由臣部咨行两广总督遵照办理，并照会英国驻京使臣，饬令该公司按照合同妥速开办。至由广州至厦门一段铁路，应由该省自行筹款建筑，业经奏明立案，自不得视为利益相同之路。合并声明。所有详订九广铁路正合同缘由，谨会同邮传部合词具陈，伏乞圣鉴。谨奏。

光绪三十二年十二月廿五日奉旨：依议。

谨将中英九广铁路借款合同开单恭呈御览

大清外务部与中英有限公司订立合同，为办理借款建筑由广州省城至英租地九龙边界之铁路。此合同系于光绪三十三年正月二十三日，即西历一千九百零七年三月七号，在北京订立。其议订合同之人，一系钦奉上谕简派之外务部，一系中英公司。因于光绪二十五年二月十七日，即西历一千八百九十九年三月二十八号，中国总理衙门特派督办铁路盛大臣，与兼代表汇丰银行之英商怡和洋行订立草合同，声明：光绪二十四年闰三月二十三日，即西历一千八百九十八年五月十三号，盛大臣与怡和洋行所签押之草合同，即作为建筑由广州至英租地九龙边界铁路之草合同，该草合同所载款目，即视将来签押、批准之沪宁铁路正合同内所载各条款，遇有可遵照之处，一体遵照办理。兹将议订条款如左：

第一款　中英公司允代中国国家出售借款股票英金一百五十万磅〔镑〕，按照以下所列条款办理：此项股票全数发售，与沪宁铁路股票无异，即以本铁路作为头次抵押以后不用头次二字。此项股票应作一次出售，其价值除照本条内以下所载办法外，言明照虚数九四折交纳即每英金百磅〔镑〕实交九十四磅〔镑〕。利息按虚数，常年五厘，自售票之日起，每年于西六月一号交付一次，西十二月一号交付一次。此项股票一俟本合同签字后，即行出售。倘签字后市面萧条，消〔销〕数濡滞，难以如数交付。两广总督、公司应听中国国家于八个月内另酌定一发售之期，则所售股票无论价值若干，公司除每百扣留六厘外，应尽数缴呈两广总督。譬如发售之价系一百零一，则两广总督即应得九十五，以此类推。此次借款，除第十六款所载办法外，以三十年为期，由本合同批准之日起。但按照以下所列条款，业经赎回或驻〔注〕销之股票，均不付给利息。每股票一张填明价值英金一百磅〔镑〕，或若干磅〔镑〕，由中国出使英国大臣与公司商定。如将来中国国家另派督办铁路大臣，则本合同所载两广总督以后简称总督之事权，责任均由督办大臣施行。

第二款　此项借款专作建路与工需及建路时付息之用，此路既为借款抵押，所有建路及一切工需，应按照本合同第六款所载，均由总督督饬办理。此路应以最俭之新法建造。铁路所需各项地亩由总督置备。凡于造路、行车一切利便之事，亦由总督饬办。该路先建单轨，无论何处，如为扩充商务应须预备双轨基础者，当即禀请总督核准，以备将来建造双轨地步。公司所交借款暨该款所生之息，倘于造路之时拨付借款利息后不敷工程之用，其不敷之数，或由中国国家自行筹备，或由公司代为续借。其续借款项之条目与利息情形，均视将来银市行情斟酌办理。路工告成后，出售股票之款如有盈余，应听中国国家主意，或按本合同所列办法赎回股票若干，或存于汇丰银行备付借款利息，或添办于铁路有益之事，随时由总督知照公司。凡建筑此路工程一切之事，均须格外慎重，以顺舆情。所有铁路重要职司，应用称职之中国人充当。至垫路土工以及中国人能办之工，可招中国人承办，由铁路总局核准。惟工程须照总工程司所定图说办理，听其指挥。逐段铁路或更改各路之详细图说暨估价单，均须由总工程司交铁路总办，转禀总督核定。

第三款　本合同既经声明以本路作为抵押，即须将本路所有地基、材料、车辆、房屋，与已购或后购之产业，以及路成后一切进项，作为抵押之合律实据。此款所载抵押各事，应按照英国经理股票人以他国铁路产业担保借款之通例办理。

第四款　现议定本合同签字后六个月内，公司应筹备详细测量轨道之费。如并须预备开工之费，亦应照筹。该款无论出自售卖股票，或系以本股票抵押，或自行筹垫，皆可。惟中国须按该款数目若干，将股票如数交给公司收执。倘自本合同批准之日起，八个月并未兴工，本合同即作为废纸。设或未能兴工系因遇有意外不测之事，其应予酌展限期之处，由总督与中英公司商定。此项借款，除存英国购办材料及定购各物并扣还垫款外，其余建筑何段之路需款若干，应由总工程司切实估计，缮具清单，交铁路总办，转呈总督核定后，饬将该款汇寄香港，存于汇丰银行，收入铁路工程帐〔账〕内，专办合同内所指铁路之用，由铁路总局暨总督查核每次汇款。至中国合纹银若干，应随时禀明总督。凡未经动用之款，应存放生息。其存英国之款，亦一律生息。至息银若干，应按常规计算。在英国陆续所用各款，以及汇交中国工程所用之款，均应按三个月为一次，汇报铁路总局，禀请总督核准签字，转咨外务部、度支部、邮传部存案。

第五款　债票应如何格式，当〈由〉总督或中国驻英公使，于签订本合同后，即与公司酌定。但日后在伦敦银市或别国银市，为畅消〔销〕路而适时宜起见，须将票式更改之处，除股票数目及中国国家责任不得擅动外，其余无关紧要之处，可由公司会商中国驻英公使，略为参改，以适市银之用。至如何参改之处，中英公司应立即报明总督，转达外务部核准。此项股票全用英文刊刻，并将总督姓名花押及其关防摹刊于上，以省其亲自签押之烦。惟中国驻英公使于股票发售之前须逐张盖印，并将其姓名花押摹刊于上，以示中国国家允准，并承认发售此项股票。该股票须编刊贯串号数，共需若干张，由公司监刊妥当，交中国驻英公使盖印后，由公司加签花押。所有股票刊刻、收存、发售各项费用，均由公司认付。

第六款　铁路开工时，总督即于广州设立总局一所，总理造路、行车各事。该局由总督派中国总办一人管理，佐以英国总工程司及总管帐〔账〕各一人，该两英人由公司荐举，并保能胜其职，由总督核准。倘该两英人办事总督以为不妥，可请公司将其撤退另举。如公司因故欲将伊等撤退，亦可禀商总督办理。彼等职司原为振兴中国国家及股东之利益，如有意见不合之处，应由总督与公司代表人和衷剖断。总工程司与总管帐〔账〕人之薪水，及与伊等所立之合同，均由公司酌拟，禀请总督核定。所有薪水等项，均由铁路总帐〔账〕内开支。凡关涉铁路专门重要职司，当雇用本门干练之西人充当，华人有能胜任者，亦一律雇用。各该人等，由铁路总办会商总工程司拟派，并定其职司，禀请总督核准。总帐〔账〕房处雇用西人，亦援照办理。所有各西人，如有行为不端，或材不称职者，即由铁路总办会商总工程司将其开除，禀候总督核准。至雇用西人合同款式，应按常规办理。所有造路、行车各项收支款目，均由总帐〔账〕房以中、英文并记。总帐〔账〕房职司稽核，清查帐〔账〕目，应将一切帐〔账〕目详报铁路总办，转呈总督查核，并报告公司。所有各项收支款目，总帐〔账〕房签字，由总办核准。至铁路工程人等，均由铁路总办会商总工程司选派，随时禀报总督查核。该总工程司之职任，系为按省俭之法办理造路及养路之事，并会商铁路总办监察各项事宜。凡于造路养路有益之事，总督有所指示，无论系面授，或由铁路总办转达，皆当敬谨遵办。

该铁路总局须设学堂一处，教授华人铁路事宜，由该局总办禀请总督核准办理。

第七款　本合同第三款所载抵押物产，系包括铁路、车辆、产业等项一并在内，即应按该款所载，将各该物产缮立一合律字据。但除中国国家以本铁路作为抵押外，特此声明，该路实系中国产业。凡沿路测量线内需用轨道、车站、修理厂、停车厂各地基，应按照工程司现绘或以后绘画之细图，禀请总督核准购买，悉照实价核算，由借款项下支给。其路基及各地契券，须毫无轇轕，随时注列铁路名下。所有在测绘线内所购之地亩单与地契，应由铁路总局遵奉总督之谕，寄交驻香港中英公司代理人注册存储，以作抵押之据。一俟将来借款还清，如本款下文所载，仍将一切地契缴还总督。凡地契存储中英公司充作借款抵押者，未经总督备文允准，则其地基无论如何，一概不得租批或售卖与人。惟中国国家倘不能照付股票本息，则此项地亩应照抵押之例办理。所购各项地亩，务须尽去一切轇轕以及各种窒碍。应有各色契据，均须按照华例备齐，交驻香港之公司代表人注册存储，按照本合同作为股票抵押。俟股票本利及各项欠款还清后，仍即缴还总督。倘股票本息中国国家不能照付，则公司即将契据按抵押之例办理。中国国家为保全抵押权利起见，于借款未清以前，所有一切轨道、财产，除公司视与股东利益无损，知照中国听其自便外，概不得转售让给与人，或有所损坏，致碍抵押之利益。又借款本利及一切欠款，未经付清之前，中国国家或总督除得公司函允外，不得将前项各产业再行抵押与中国人或外国人。在本合同期内，所有铁路及其附属各物暨所得进项，中国国家不得特立名目，令其纳税。惟现在中国所有税课，如地亩税以及日后中国国家创立各税，如印花税等项，中国商务概行征收者，则铁路暨铁路生意亦一律照准。

第八款　倘股票每半年之利息不能如期交付，或股本不能按后列之表清还，则全路及其附属物产抵押于代股东经理股票之中英公司者，应交该公司查律办理，以确保股东利益。一俟到期之本利暨各欠款清还，所有铁路及附属物产应完全无损，按本合同所载交还中国国家管理。倘中国国家因有意外之事未能如期交纳还款，总督亦可商请公司暂缓收路，一面与代表人和衷商办。

第九款　本公司于造路时办事出力，应给予酬金三万五千磅〔镑〕，一半于铁路工程及半时交付，但自开工后至迟不得过十八个月，一半于全工告竣时交付。公司及其经理人应得各项用钱，以及关于借款建路之出力人等应得酬劳资费，均包在此款之内。倘以后中国国家定夺建造接连本路之枝路，除由中国国家自行筹款外，如须借贷洋款，应先与中英公司商办，亦应照前项成数给予公司出力酬金。公司既得此项酬金，则凡建路、行车所需各项材料，总督可令公司代为监购，惟须照市价购买，总以价廉物美者为宜。倘英国料质、价值与他国所产者相同，则宜在英国购买。均须有发票验单，以便呈送总督查核。所有中国官厂、民厂所出材料，应尽先购用，以鼓励中国工艺，但料质、价值总以合宜为是。公司既得酬金，凡购买材料即不得收受用钱。一切买货折扣，均须悉数缴归造路项下。工竣后，缴归铁路项下。

第十款　造路行车以及凡与铁路相关之事，中国人与外国人均不得干预阻挠。又筑路行车以及铁路各项产业，中国国家应极力保护。一应铁路雇用中西人等，悉由地方官严加防卫。铁路应练养路巡警一队，其员弁以中国人充当。薪饷等项，概由筑路、养路项下开支。设或铁路须另请国家或省垣军队保护，一经铁路局声请，即当照派，惟兵饷等项应由国家或省垣发给。

第十一款　所有铁路进款及其余利，均随时交汇丰银行收入铁路项下，或长存，或短存，均按银行常规认给利息。所有造路、养路各费，均由进款及余利项下支付。如有盈余，则有用以付还借款本息。倘进款及余利于支付前项各费，暨备付常年五厘息款，与付表内所列到期股本外，仍有盈余，未经动支之款，听凭中国国家主意，由总督拨用。但路成开车贸易之后，倘有前项盈余，应将应付借款本息照数划出，于到期六个月前交存汇丰银行。设或铁路进项并无盈余足敷付还本息之款，应即按本合同第十四款另行筹备。

第十二款　本公司既为股东之经理人，此后凡遇总督与公司商议借款及由借款而起之事，公司即为股东之代表人，代任一切。本公司于路成后，仍须担承股东之寄托，而其应得第九款所言酬金，系为造路期内出力辛资，以后于借款效劳，即无所得，是以订明每年给予公司津贴英金一千磅〔镑〕，以作日后担承与出力之酬金，自借款之日起，至借款还清之日止。

第十三款　所有建造本路及行车所需各项材料，无论由外洋或各省运至工次，均照中国他条铁路一律免纳厘金。又此项借款股票以及息票暨铁路进项，中国国家概不征收税捐。

第十四款　造路期内应付股票利息，及公司预垫各款之利息，均由借款项下支付。凡造路期内未经拨用之借款转生之息，及由各段造成之路中国国家所得之进款，皆可凑付借款利息。如有不敷，即由借款项下拨付。铁路全工造竣后，股票利息，中国国家可由铁路进款，按西历六月一号及十二月一号，每半年交付一次。每次应付本利之款，及经理还款之汇丰银行应得之二毫五用钱每万磅〔镑〕得二十五磅〔镑〕，一并如数于还款届期十四日之前由总督酌定，或在香港，或在广州，以本地通用银币，按市价合成金磅〔镑〕，兑交汇丰银行。总督亦可于每次还款届期以前之六个月内，无论何日磅〔镑〕价合宜，即按是日价值汇兑，届期交付。此项借款本息，中国国家认允按期清还。无论何时，倘铁路进款及借款等不敷付还表内所列本息，总督即须设法筹补，如无法筹补，即须奏请设法以他款补足，以便于每次还款届期前至少十四日，将应还之款交付汇丰银行兑收。

第十五款　公司应得权利可移交后任或代理人。惟本公司系遵英国律例设立，除英国人，或中国人外，公司不得将本合同所载权利让给他国或他国之人。中国国家于本合同所载权利亦一律不得让给他国之人。又中国国家将来不另建一路，以夺本路利益。

第十六款　本借款按第一款所载，以三十年为期，自借款之日起，满十二年半后，按照后列表，分期将本交还代公司经理借款之汇丰银行，以十七年半还清。倘自借款之日起，满十二年半以后，中国国家欲将本按表额外多还若干，总督须于还期前至少六个月，将拟多赎股票若干函知公司代表人，以便按照常规预备一切。一俟中国国家将应交之款交到，即将股票照数赎回注销，缴呈总督查核。自借款之日起，十二年半以后，二十五年以前，期内如中国欲于表额外多还股本，则每英金一百磅〔镑〕须加还两磅〔镑〕半。然自二十五年以后，如欲于表额外多还，则无庸加值。惟亦须于还款前六个月知会公司办理。一俟借款全数还清，本合同即行作废，抵押亦即注销。

第十七款　筑路时未经动用之借款所生之息，应归入铁路总帐〔账〕项下，以期铁路尽受其益。倘公司于股票未售之先欲筹借垫款，以便兴工，该垫款利息不得过常年六厘，统于将来借款内扣还。

第十八款　倘将来由广州至九龙租地之边界铁路接至九龙本埠，其接轨办法，由两广总督与香港总督订立合同办理。

第十九款　本合同系遵奉光绪三十二年十二月二十五日上谕签押，由外务部备文照会英国驻北京公使。

第二十款　本合同缮写中、英文各五分，一分存外务部，一分存邮传部，一分存两广总督，一分存英国驻京公使，一分存中英公司。如有翻译文字可疑之处，以英文为准。

光绪三十三年正月二十三日即西历一千九百零七年三月七号，在北京签定。

外部印。

邮传部左侍郎兼署外务部右侍郎唐绍仪押。

中英公司代表人押。

九广铁路借款分年摊还本利数目表				
年	还利	还本	还本总数	未还之本
一	三万七千五百磅〔镑〕 三万七千五百磅〔镑〕			一百五十万磅〔镑〕
二	三万七千五百磅〔镑〕 三万七千五百磅〔镑〕			一百五十万磅〔镑〕
三	同			同
四	同			同
五	同			同
六	同			同
七	同			同

八	同			同
九	同			同
十	同			同
十一	同			同
十二	同			同
十三	同	四万六千五百磅〔镑〕	四万六千五百磅〔镑〕	一百四十五万三千五百磅〔镑〕
十四	三万六千三百三十七磅〔镑〕半 三万六千三百三十七磅〔镑〕半	八万五千五百磅〔镑〕	一十三万二十磅〔镑〕	一百三十六万八千磅〔镑〕
十五	三万四千二百磅〔镑〕 三万四千二百磅〔镑〕	八万五千五百磅〔镑〕	二十一万七千五百磅〔镑〕	一百二十八万二千五百磅〔镑〕
十六	三万二千零六十二磅〔镑〕半 三万二千零六十二磅〔镑〕半	八万五千五百磅〔镑〕	三十万零三千磅〔镑〕	一百十九万七千磅〔镑〕
十七	二万九千九百二十五磅〔镑〕 二万九千九百二十五磅〔镑〕	以下俱同	三十八万八千五百磅〔镑〕	一百十一万一千五百磅〔镑〕
十八	二万七千七百八十七磅〔镑〕半 二万七千七百八十七磅〔镑〕半		四十七万四千磅〔镑〕	一百零二万六千磅〔镑〕
十九	二万五千六百五十磅〔镑〕 二万五千六百五十磅〔镑〕		五十五万九千五百磅〔镑〕	九十四万零五百磅〔镑〕
二十	二万三千五百一十二磅〔镑〕半 二万三千五百一十二磅〔镑〕半		六十四万五千磅〔镑〕	八十五万五千磅〔镑〕
廿一	二万一千三百七十五磅〔镑〕 二万一千三百七十五磅〔镑〕		七十三万零五百磅〔镑〕	七十六万九千五百磅〔镑〕
廿二	一万九千二百三十七磅〔镑〕半 一万九千二百三十七磅〔镑〕半		八十一万六千磅〔镑〕	六十八万四千磅〔镑〕
廿三	一万七千一百磅〔镑〕 一万七千一百磅〔镑〕		九十万零一千五百磅〔镑〕	五十九万八千五百磅〔镑〕
廿四	一万四千九百六十二磅〔镑〕半 一万四千九百六十二磅〔镑〕半		九十八万七千磅〔镑〕	五十一万三千磅〔镑〕
廿五	一万二千八百二十五磅〔镑〕 一万二千八百二十五磅〔镑〕		一百零七万二千五百磅〔镑〕	四十二万七千五百磅〔镑〕

廿六	一万零六百八十七磅〔镑〕半 一万零六百八十七磅〔镑〕半		一百十五万八十磅〔镑〕	三十四万二千磅〔镑〕
廿七	八千五百五十磅〔镑〕 八千五百五十磅〔镑〕		一百二十四万三千五百磅〔镑〕	二十五万六千五百磅〔镑〕
廿八	六千四百一十二磅〔镑〕半 六千四百一十二磅〔镑〕半		一百三十二万九千磅〔镑〕	十七万一千磅〔镑〕
廿九	四千二百七十五磅〔镑〕 四千二百七十五磅〔镑〕		一百四十一万四千五百磅〔镑〕	八万五千五百磅〔镑〕
三十	二千一百三十七磅〔镑〕 二千一百三十七磅〔镑〕		一百五十万磅〔镑〕	完

九广铁路草合同

大清督办铁路总公司大臣盛，奉大清总理各国事务衙门咨，准与英商怡和洋行代自己，并代汇丰银行，共代中英有限公司，商订条款列左：

第一款　今议定造办铁路，由广东省之广州府城至英租地九龙，即与光绪二十四年闰三月二十三日，即西历一千八百九十八年五月十三号签定之沪宁铁路草约章程一样。

第二款　此合同第一款草约章程所有能遵照之处，将来订立正约，仍当与嗣后商定核准之沪宁铁路正约章程一样。

第三款　彼此允准，嗣后议订妥善互有利益行车章程，即系此路车辆与督办铁路总公司盛大臣与美国合兴公司或其代理人议造粤汉铁路车辆互相联接以及客货转车价目等事。

第四款　此合同签定之后，怡和洋行当从速代中英有限公司派工程司测勘第一款中所指之路，督办盛大臣一面知会地方官员，保护该公司派出之勘路工程司等人。

第五款　以上草合同，先由督办大臣画押。俟会同督部堂、抚部院，如有地方窒碍之处，即行更正。仍俟订正约时，即行会同入奏。

大清督办铁路总公司大臣·大理寺少堂盛。

英商怡和洋行。

光绪二十五年二月十七日。一千八百九十九年三月二十八号。

邮传部咨张之洞处置汉口日本租界办法文　附专约

为咨行事。

路政司案呈汉口日租界租用铁路地段一案，上年七月间，由前督办铁路大臣与日本阿部代使议定：该地三块系国家产业，减价出让，定价银每方二十五两。该路两条亦遵照每方价银二十五两给付，声明由督办大臣电饬铁路委员，迅将各该地、路会同日本领事丈量后，即交日领事收管；一面由日使电致该管领事遵办等情，由日使开送节略存案。当经前督办大臣电饬南路郑监督，会同日领事勘丈明确。乃日领事不照日使原议，除去应筑马路、沟渠各地六百六十五方三八七不交租价，经本部电饬郑监督按原议照收，嗣日领事仍不允照交，复由本部电饬声明阿部原议，饬遵办理。

本年七月间，又准外务部转据日使照称：光绪二十四年所订汉口租界章程第二条，载有道路、堤塘、沟渠公共所需之地，如有官街地，应免纳租价钱粮等语。京汉铁路系贵国政府之路，其所属之地自系官地无疑。本国租界应建道路、沟渠等公用地面之一部分，即该地段六百六十五方三八七，应遵租界章程第二条，不取租价，其余自应照前定每方二十五两给付等因，咨行核办前来。当经本部饬据京汉铁路局议复，以该铁路系借款营业，与国家寻常产业不同。路局地段皆购自民间，遇有官地，亦系估价租购。前汉口官立商业学堂，即系用价向路局租购，足见铁路之地非寻常官地可比。且该地本铁路价购自用，与寻常官街官地本为公用者判然不同。若不取租价，是何异路局出价购地以供租界公共之用，与章程本旨显相径庭。况地三段、路两条一律付价，既有日使说帖为凭，尤不应于事后欲改前议等情，咨复外务部，照会日使。去后，续准外务部咨，据日使照称：该路之为官有财产，无论何人莫不承认，该地段即为官地无疑。日本既为道路、沟渠等公用所需，自应无价给用等情前来。本部尚未核复。

查京汉铁路地段皆系借款购来，早经抵押与比公司，若他国租界公需即行无价取用，于路政受亏甚巨，且虑相沿成例，损失尤多，亦恐比人藉口。本部于此案业已竭力争持，再三驳拒。惟该地已在租界范围之内，势不能不听其租用。若相持不下，未必即能挽回。查汉口租界章程系订在京汉借款合同之后，京汉购买之地又在日本扩充租界以前，既经抵押与比公司，比公司亦不肯因此罢手。惟此事究因湖北牵涉而至为京汉铁路所不及料之事。查德租界兴修岔道，本有地基由湖北购买之例。现在此项地段既难一律取价，拟变通办法，将日租界内道路、沟渠需用地段六百六十五方三八七，照日本购价每方二十五两，共银一万六千六百三十四两六钱七分五厘，全数由湖北照价购买，再由贵督与日领事收用，庶与租界章程内官地之义相符，且免别开铁路地段不能取价之例，于外交、路政均有裨益。相应咨行贵督，查照办理，见复可也。

须至咨者。

十二月二十九日

日本扩张汉口租界专约

大清国汉口关道桑宝，及大日本帝国驻扎汉口领事水野幸吉，为扩张汉口大日本租界，而将关系永久租用土地事情议定左开各条款：

第一条　日本扩张新租界，系从旧有租界界线起，向北沿江得一百五十丈，其东界及西界则依旧有租界之界线而延长之。

第二条　日本新租界内，从前清国商人所开设之燮昌公司火柴工厂虽得仍旧在租界内营业，然当遵从日本租界规则，缴纳赋税，与日本臣民相等。日本政府之待遇该工厂，亦与日本臣民无异。至于将来之处置，则当准用现在处置美孚行油栈之法。

但此项规则乃系保护清国人之营业，将来燮昌公司火柴工厂，不论于名于实，若一旦脱离中国人之手，则中国官吏一切不得有干涉保护之权利。

第三条　此次决定扩张租界之事，当由湖广总督命汉口道台与日本领事会同派遣委员查定境界、建立界牌。

其他条项，当按照原定决定书施行处置之。

因以上决定扩张租界事，特撰汉文、日本文各二通，彼此互相签名，俟经两国上司承认盖印之后，用作证据。

大清国光绪三十二年十二月二十七日。大日本明治四十年二月九日。

大清国汉口海关道桑宝押。

大日本驻扎汉口领事水野幸吉押。

清季外交史料卷二百终

清季外交史料卷二百零一

光绪三十三年正月至二月

外部致赵尔巽大连湾设关事已与日使酌办电

阳电悉。大连湾设关事，日、俄未开战以前，曾由总税司与俄商议，酌照胶关办法，已具大略，因战事而寝议。此次迭催日使照会合同，由我设立税关，据照复：政府允仿照胶州设关之例，已札总税司，与日使酌议办法。惟查胶关派有税司，兼关道之职分、权柄，径接北洋大臣，并无另设监督。大连湾亦属租地，情事相同，俟议定再行奉达。

正月初九日

吉林将军达桂致外部日领谓内地不准杂居为违约请据理晤商电

昨准驻奉日总领事萩原电称：闻华官示禁居民，城内不租房于外人，与约不合，应请撤回，不允，即转告北京，鸣其违约等情。查各处开埠系专指商场界内而言，不能因该处通商遂泛及城厢内外。前准大部照会各国使臣声明：俟中国订有租建专章，方可开办等因。日商至吉，自应听候部章宣布，方可租建贸易。警局出示，亦只民间私租，恐酿交涉。至各国官商抵境者，无不饬员照章保护，代觅旅舍。中国本无内地杂居之例，如谓城内房屋曾准私租，即属违约，试问违背者果属何约何款？今已电复萩原驳阻，想日使必向钧部饶舌，应请接晤时据理驳阻，仍俟埠章定后再于埠内租建营业，以符原议。再，查自林使莅任，对待我国之方针一变为强硬手段，彼国舆论不甚谓然。近日长春领事多有非分之要求，均经据约驳斥。并闻。

正月十一日

吉林将军达桂致外部日领动引会议录究有几种请速寄电

迭准萩原来照，动引会议录及中日条约，多为现行约章所无者。究竟庚子以后与日本所订之约共有几种，请饬拣钞速寄，以凭办理。

正月二十五日

外部致达桂日员所引如为约章所无者电商本部电

有电悉。庚子后与日订约，只有商约及会议东三省事宜条约，此外日员所引如为约章所无者，可随时电商本部核复。

正月二十七日

外部致浙抚张曾扬日商在衢租栈买脑不准悬牌电

日商在衢州租栈买脑事，接准腊月敬电，已照复日使。兹日使复来照辩论，谓：该日商实系借栈存货，并非开设店铺。悬挂牌号，不过揭贴商名，便于辨认。此属外形上之细事，不得即目为开设行栈。浙抚对于日领又谓：租屋已及一个月以上，不得谓之暂租，未免强辩。又洋商入内地购土货，本有请领三联单及逢关纳税、遇卡抽厘两样办法。若无海关单照，即不准入内地购货，何所据而云然此事侵害日商条约上之权利？希再饬速将该处分注销等语。该日商租栈，如果仅为存货，并未在该处买卖货物，照约似难驳阻，惟仍应不准悬挂牌号。至有无联单，应于运货时在第一子口查验，分别办理。希查明电复。

正月二十八日

外部致英使朱迩典商务委员并非禁止英员与藏民直接交易希饬和平办事节略

昨准面称：驻藏张大臣所派江孜高委员遇事阻止英员与藏民直接交涉等情。正拟电询间，接准驻藏张大臣文称：英国驻京大臣所称江孜商务委员阻止英员与藏民直接交涉一节，已将大概情形先行电复。兹据高委员禀复内称：先于去年十月初五日，据江孜如琫、营官等禀称，华九月二十五日，即西十一月十一日，英邮局所用之藏人信差两名，一名浦，一名明佐，在喀拉地方之番民周本康敖儿家抢去小麦八十克，并向该民索草四十扪。同日又据如琫等禀称，华九月二十七日，即西十一月十三日，英员之马夫头目藏人名采因泥玛者，在附近江孜之龙布、西岗、杂野打拉等三处地方强勒民人供给柴草、粮食等物，为数甚巨。十月初四、初六两日，迭据如琫等禀称，英员处之藏人买办名斗娃江孜者，将番官代卑局所办之柴草各三驼、牛粪七驼概行抢去。委员即将此事知照英员，旋于初八日会同英员，将原、被告质讯，英员之马夫、买办等确有抢柴恫吓之事，经英员分别惩办在案。惟江孜商埠居民不过数家，既无铺户，又无经纪，所有采办粮米、柴草，若不托番官代办，只能向四处番民商量通融。乃英员处所用之番民一经派出搜罗柴草，即鱼肉蛮愚，无所不至。委员自到差以来，接有番民禀控英员之买办强买勒价之禀十四件之多。深恐番民无知，集怨日久，群起与英员买办为难，则势必酿成重案，故于去年十月初六日与英员筹商，所有英员应需粮草，或暂托番官试为代办，或由委员转饬代办，俾免意外之虞。即价钱一节，虽无实在市价，亦可会同番官及廓尔喀委员查明，公平估价，每七日查询一次，免致番民啧有烦言。此原系彼此通融办法，英员甚表同情，有中十月初七日，即西十一月二十二日复函为据。嗣仍不按时价发给，又向番官索取夫马，为遣派洋医赴四乡强迫番民种痘，经一再驳诘，始将医生撤回。委员于十月十九日函致英员，斥其收买粮草不照时价发给，任意破坏条约，当据实禀报上宪，电达外部，与贵国驻京大臣交涉。至该英员与委员所商之事并无冲突，不知因何忽禀印政府？实所不解。合将与该英员交涉各节据实缕禀等因。本大臣复加查核，该委员所禀各节均属实情，应请察照，并希照会英国驻京大臣，转复印度政府等因前来。查该大臣据禀咨行各节，是驻江孜商务委员实为顾全两国睦谊起见，并非禁止委员与藏民直接交易。尚希查照，电达印度政府，转饬在江孜英员，以后务要和平办事。是为至要！

正月二十八日

赵尔巽袁世凯致外部请与日使议订满韩陆路通商专章电

据东边道电称：韩商来货，向上中江税。日本拟跨鸭绿江造桥，联络安东京义铁路，应请另议中韩陆路通商条约。查中俄陆路商约货税三分减一，日本必援案要求。现安东开关在即，江桥未造，恐日商海上来货先在鸭江左岸韩国义州转载过江，托名铁路运来，希冀减税。刻与税务司巴伦商酌：韩约未定之先，如义州过江来货，有铁路凭单者，准三分减一；无者，照海关章程办理。巴税司已另函告赫总税司，恳速电请部示，以便遵照等情。查中日新约订明：满、韩交界陆路通商，彼此应按照相待最优国之例办理。所有该处货物，如确系由韩界陆路运来者，可援中、俄边界税例核办。如由海口运入者，应照海关进口税则征收，并由该关随时稽查，严杜托名影射。祈核饬总税司议明，转行遵照，并请大部一面与日使按照条约议订满韩陆路通商详细专章，以资遵守。

二月初一日

盛京将军赵尔巽致枢垣遵筹东三省应办事宜电

顷，钦奉寄谕，以东三省为根本重地，日、俄兵队已将尽撤，一切应办事宜饬即赶紧筹办，并饬认真缉捕土匪，切勿重征苛敛，力戒因循。倘或迟疑观望，致误事机，定惟该将军是问等因。钦此。仰见皇太后、皇上眷念陪都、力图整顿之至意，钦悚莫名！

伏念尔巽奉命莅东，在战事未停之际。嗣虽两国议和，而撤兵之期较远，辽东全境均在日人肘腋之下，军政官事事牵制，几于无从措手。尔巽外应强敌，内抚遗黎，草创经营，惟日不足，其一切规画全为今日撤兵地步。当时日人循俄旧辙，只准有巡队，不准练新军。尔巽曾与袁世凯密商，欲将北洋军队进扎省城，日人不允，是以出关各队仅驻于已经交还暨客军未至之地。省城办一陆军小学堂，时来干涉，其明征也。不知者乃谓外人并不干涉练兵，诚不知其何据？尔巽仍复练协巡营，练备补队，全按陆军章制办理；并令通省举办乡巡，寓兵于警，不但与征兵相合，且操练已有程度；所需新枪、快炮陆续添购，营房觅地建筑，无一不已预为筹备。一俟客军既撤，选用官长，更一名目，即可成军。只以时机未至，不露圭棱，免与撤兵大局有碍。至地方各新政，自以搜集人才、筹备款项为第一要义。尔巽甄访各省才俊，奏调奏留，络绎不绝；并设财政局，力剔中饱，涓滴归公，筹集巨款，而取于民者曾无丝毫之增加，实深以横敛苛政为戒。其余如工商各局厂，农商业各公司，皆已次第兴办。凡可力争先著保全权利之事，实未敢退让一步。

然以上皆未撤兵之际筹办之事。若日兵撤后，则非统筹大局，不足以图巩固而杜觊觎，是以将危迫情形密陈宸听。幸荷圣恩允准，派令载振、徐世昌周历三省，逐细调查。尔巽复将一切应办事宜缕陈于载振、徐世昌，想规画局情形必已上闻于黼座。近虽传闻四起，报纸喧腾，有东三省改设督抚、更易疆臣之说，人心自不无摇惑，而尔巽受恩深重，向以愚诚为皇太后、皇上所知，何敢以风闻无据之词致生观望？目前新旧各政正在悉力整饬，而尤以保全治安，扫除积匪，以免外人藉口为要著。非歼厥渠魁不足以遏乱萌，幸托圣慈福庇，已将巨匪九支手、韩香九、赵小偏等十余名于正月先后就获。该匪等稔恶最著，数载稽诛，近或谋在奉乘隙起事，或于吉、黑两省肆扰。幸复一旦扑灭，万口称快。他如金州租借地之盐务，各埠商场之租界，抚顺等处之矿产，亦复日有争辩，不稍弛懈。兹复仰承明谕，敢不钦遵赶办？

查东三省为两强力争之地，环球注视之区，实非全力图维，不足争存于危亡之际。

撮其最要，厥有数端：一、添练新军两镇。所有征兵、练军办法，尔巽已筹有端绪，即行具奏。其旧有防营亦宜归并整理，专责其剿办土匪。一、官制宜详慎更定。尔巽于去春曾经拟议奏闻，并与编制王大臣所议第一层办法大致相合。一、三省户口递少，应亟筹移民办法。拟将奉境暨吉、黑未垦之地规定经界，建筑土舍，招致近省耐寒民人携眷就垦。一、三省应设郡县之地赶即添设。尔巽于奉省已逐次筹办。一、蒙古为三省屏蔽，俄人垂涎已久，亟宜设法筹备。尔巽已具规画蒙古一折，不日奏闻。一、新民至法库门，再至辽源州，抵齐齐哈尔，应建一铁路，以联络蒙疆，收回权利。尔巽已派人探察日人口气，不致阻挠，并于正初派员往营口筹集商本。一、营口商市甚为大连所制，固由未经设关之故，而封冻亦其一端，拟于锦州境内另辟一不封冻口岸，以图补救，已密商税务司派洋员往勘。一、通省捐业经改办。统捐收于民者，较之各省甚轻，仍饬随市价减收，并将民间日用所需如柴、煤等类分别减免。一、日兵既撤之地，应添派新军出关，分要填扎，前已咨商陆军部在案。俟本省新军练成，即行撤回。

以上皆近所筹办之事，皆于撤兵先后陆续施行，仍当随时奏请圣训，并与军机处、各部、北洋大臣逐细筹商办理。尔巽渥蒙恩遇，在任一日，必竭一日之诚，尽一日之责，绝不稍存疑畏，致负初心。尚求仰释廑虑，不胜悚惶待命之至！请代奏。

二月初三日

驻藏大臣联豫奏详陈藏中情形及拟办事宜折　附清折

驻藏办事大臣联豫奏，为详陈藏中情形及拟办事宜，另折开呈，请旨遵行，恭折仰祈圣鉴事。

窃维西藏近日危险情形早在圣明洞鉴之中。俄人觊觎于北，暗中诱之以利；英人窥伺于西，近且胁之以兵；藏人则愚顽性成，罔知利害，亦且心怀疑贰，于急应速办之事虽再三晓谕，终多阻挠；奴才心实忧之。

夫时至今日，急起直追已嫌太晚，若再复因循，后患何堪设想？且西藏之地，南通云南，北连甘肃，东接四川，万一西藏不守，则甘肃、云南、四川俱属可危，而内外蒙古、长江一带亦俱可虑。奴才以一无才无识之人，处此梗顽不化之区，值此人才缺乏、库款拮据之际，日夜焦思，难安寝馈。计惟有先行练兵，以树声威而资震慑。其余新政，亦应分别次第，陆续举办。惟练兵则以筹饷为急务，而筹饷实较练兵为尤难。查巴塘以内，已蒙简放赵尔丰为川滇边务大臣，赵尔丰自必竭力经营。奴才拟自宁静山以西，由江卡以至前藏、后藏、定日、靖西等处，所有武员、粮员及所设制兵，应请一律裁撤。而沿塘之兵系为传递折奏、公文而设，刻下电线未通，邮局未立，此项兵丁似宜仍旧。其扼要处则仍留二三武弁，以管辖之。通年计算员弁工薪并各兵丁原营之饷，约可得银十余万两。又两驻藏大臣、文武官员及兵丁等向有商价一项，系由商上供给薪米之需，闻自乾隆年间奏定，历久遵行，然旧卷无存，无从详查，每年约银三四千两，拟将此项一并归公，作为兵饷。此外则实无款可筹，亦无陋规可提。奴才现拟先照新章练兵六千，以一千驻察木多，以三千驻前藏，以二千分驻靖西、后藏、江孜等处。有事则察木多之兵固可应调，即川滇边务大臣与川省之兵亦俱可以接应。再将番兵一并归我训练，则缓急可得万余人。他日若能另筹款项，再行扩充。此奴才拟练新兵之大略也。

惟关外道远且险，内地兵丁多不愿来，若尽用番民，又恐不足深恃。奴才再四思维，拟用汉人六成，用达木及三十九族之人四成，凡什长均以汉人充当，谅无他虑。然新章饷项，在内地则为优，在藏中则犹觉不足。道阻且长，诸物昂贵，似亦非略为变通不可。即以六千之数计之，每年十余万两，断不足用。况开办之始，建筑营房、添置器械及员弁兵丁之盘费等事，在在所费不赀。拟请旨饬下部臣会议，或由度支部，或由某省，先拨发银数十万两，以为兴办之资。容奴才再向番官熟商，若有可以劝筹之处，必当极力设法，以济时艰。如蒙俞允，奴才当赶紧与成都将军绰哈布、四川总督臣锡良咨商厘定，将详细办法再行陈奏。

凡事言之非艰，行之维艰。西藏番官性质执拗异常，往往札饬一事，迟至数月而不禀复，或藉口于达赖之未归，或托词于会议之未协，虽极力催询，置若罔闻。至于三大寺僧众，则尤为恃众藐玩，总谓佛法无边，外人决不足虑，其执迷已久，一时断难醒悟。要之，西藏之事不用压力，则一事均不能办，过用压力又恐启其外向之心。奴才惟有酌其缓急，权其轻重，不敢因循坐误，亦不敢卤莽图功。且奴才到任数月，极力体察番情。一切新政必须先从低处浅处下手，以引诱之，使之智慧渐开，然后次第兴办，方易为力。所有拟办之事五款，另折开呈御览。奴才辱受深恩，虽捐縻顶踵，不足以报。第藏中为难情形，非身历其境者不能周知。奴才智识浅陋，情形迂疏，且自入川以来，气体已形孱弱，到藏尤多疾病，深恐精神不到，智虑偶疏，以致误事。敢请我皇太后、皇上俯鉴愚衷，简放帮办大臣从速来藏，庶几和衷共济，遇事商酌，以期周妥。所有奴才详陈藏中情形及拟办事宜，另折开呈，请旨遵行各缘由，是否有当？理合恭折具陈，伏乞圣鉴。谨奏。

光绪三十三年二月初五日奉朱批：该部议奏。单并发。

谨将藏中拟办各事宜开列清折恭呈御览

一、裁粮员，改设理事官也。关外粮员原为沿途之制兵而设，奴才现拟裁去制兵，招练新军。其所有饷项，自应统归驻藏大臣派员收管，每月发给统协各官，按名给放。粮员无事，故请裁撤。然奴才详查察木多、拉里、前后藏等处，汉民日渐加增。从前遇有汉番涉讼之事，番官往往偏执，汉民受亏，全赖粮员为之争论，或可持平断结，是汉员于西藏一带已略有管理裁判之权，一旦裁撤，汉民转无所依归。即以前藏论，如打箭炉、里塘、巴塘、察木多等处之商人，虽各该处皆派有乡约头目驻此管辖，然遇有词讼，则仍归汉官审断，盖其心以汉官为我大皇帝所遣派，不欲受制于西藏之番官也。所以奴才拟请裁去粮员，而凡有粮员之处均改设理事官一员，专管地方词讼之事，保护汉民，仍由四川委派，其公费、津贴等项，容奴才与四川督臣详细商定，再行具奏。他日巡警渐推渐广，则凡有汉民居住之处皆可遍设，而理事一官，即可兼裁判之任。惟靖西关一缺，原奏以同知请补，兼该关监督，拟仍其旧，亦请改名为理事官，渐收地方管辖之权，及办理中外交涉之事。其饷项一节，即经改练新军，自无庸兼理。此奴才拟请裁粮员改设理事官之大略也。

再，前藏各粮员，往往请销之款不免浮冒。迨至建昌道核驳之后，该员已回川省，无力清缴者有之，疲玩不缴者有之，其数约在万两以上。并请旨饬下川督，转饬藩司认真追缴，以充藏中兴办诸事之费。自此次奉旨允准之后，所有饷项，自应另立妥章，既不经粮员散放，年清年款，报部核销，则永无浮冒亏累之弊。至山南、达木等处，汉人闻已不少，容奴才考查详确，应否添设汉官管理之处，随时再行奏闻，请旨遵行。

河南开封道致美领马墩商办鸡公山案请见复照会

为照会事。

查美瑙会牧师李立生与施道格在豫省信阳州鸡公山先后买地，朦税图利转售，致令并非同会教士暨洋商等纷纷擅建房屋等情一案，业经河南巡抚部院张委查明确，备文照会贵总领事，饬令退地撤屋，停止工作；并委敝道驰抵汉口，据约商办，期臻妥协。随于本年华正月十七及二十二等日往返叙晤，已陈大概。所有应议此案事宜约有三端，再为贵总领事缕晰言之。

一曰撤房。查中外各国条约，外国商民只准在通商口岸租地建置，不准在内地杂居。乃洋商等暨各会教士并不知会中国官长，亦不请领护照，擅赴未准通商之鸡公山，各据地基，纷纷建屋。设偶遭不测，则动滋口舌。推原其故，良由李、施两牧师将出名自置未载公产之地重价转售所致。因思该商人等既由李立生等招之使来，应由李立生等遣之使去。上年李立生等与敝局韩观察晤谈时谓，伊地内仅俄商巴诺夫房屋一所，若中国不允其在此，伊可退还地价，转令迁去，此事甚易等语，足证违约之非，彼亦难以自讳。查美瑙会应归贵总领事管辖，非他国领事所应干预。惟有烦请严饬该牧师李立生等，速将所得商人等地价按户退还，转令撤去房屋，以期共守约章，永敦睦谊。

二曰退地。查教士买地须于契内写明教堂公产字样，不准列传教士之名，原所以杜其自置私产情弊。光绪二十九年中美续订条约时亦曾载及教会准租房地，以备传教之用，可见租地非专为传教所用者，中国即不能承认。今李牧师等擅自出名在鸡公山购地建屋，契内又未明书作为公产，朦准印税，已属不合。其将地划分段落，复以重价售给洋商暨他会教士人等，各筑房舍，尤出情理之外。即教规中所谓不准贪婪之诫，亦相纰缪。于情，于理，于约章，于教规，既种种违背，自不能因系教士买地，仍准将契改作公产，致启违约之渐。况该牧师等所购山田辗转租卖，系为图利计，非为传教计。若谓期在行道，则李立生于信阳州城外本有教堂，不难扩充，何必再于距城七十里之偏僻深山别营栖止？施道格、柏仁慈等在汝阳确山等处设有传教施医之所，并非信阳教会中人，尤不应赴该山任意建置。至其分地转售，不特犯教规，益且逾权限。当其租卖时又不预先声明，影射朦蔽，显然毕露。因思和平了结，惟有声请转饬该牧师，速将自留分租之前项地亩悉数退还，由地方官追给原价，并饬各回原有教堂之区，照常传教，以便随时保护。总期遵守约章，保全名誉，庶几彼此相安。

三曰停工。查洋人在鸡公山营业，殊与约章不符。现奉河南抚院饬，经该地方官明张示谕，禁止建造，并严禁工匠不准再有赴雇之事。敝道奉委来汉，与贵总领事晤商两次，详述一是，已承允致李立生等信函，饬其转嘱停工，足征贵总领事深知该教士背约非理。敝道即函致江汉关道、南汝光道，分饬各该州县，再行出示严禁。至洋商之遵与不遵，全在教士之阻与不阻。盖地系教士所买，若其不允，则洋商何能造屋？想教士等必能恪遵，实力阻止矣！

以上所叙各节，均系遵照条约据理直陈。因谂贵总领事素著文明，为中外所共仰，相应备文照会，为此照会贵总领事，请烦查照文内事理，希即逐一见复，以期速结。幸弗迟滞，望切施行。

须至照会者。

二月初六日

驻汉美领马墩复开封道鸡公山案已公举英领与张督之洞商办照会

为照复事。

光绪三十三年二月初六日，准贵道照会，以西人欲用鸡公山作为避暑之处各等因一案，均经领悉。查此案已由驻汉各领事会议，公举英领事领袖〔领袖领事〕前与张宫保商办一切，如不能依限议结，即由各领事详请驻京各大臣径与贵国政府议办，是贵道于此件如有应商事宜，只与英领事接洽议办可也。至来文内第二端所载，李立生等应饬回各原有教堂之处一节，本总领事碍难照办，缘传教士可在中国内地随处设堂传教，并无限制，即本总领事允饬李立生等退还地段，若非被人指控，审讯明确，本总领事亦无饬令退地之权。其情节前与贵道面晤时已详哉言之矣！总之，鸡公山一案，倘英领与张宫保克难议结，而驻京大臣与贵国政府亦必有了结时也。兹准前因，相应备文照复贵道，请烦查照为盼。

须至照复者。

二月十四日

河南开封道致马墩牧师在鸡公山买地转售与约不符仍请撤退照会

为照会事。

查美瑙会牧师李立生等在豫境鸡公山买地，朦税图利转售，致令并非同会教士暨洋商等纷纷营建屋宇，核与约章、公理、教规、权限诸多不合，应令分别撤房、退地、停工，各回安业等情，前经一再晤商，并两次缕晰照会在案。兹于光绪三十三年二月十四日，准贵总领事照复内载：西人欲用鸡公山避暑，已由驻汉各领事公举英领袖领事与湖广张宫保商办，如有应商事宜，可与英领事接洽一节，窃以各国之推重英领事，似系期与鄂省议英教士买地之事，并非兼及美牧师在豫境所置之地。即各商人之赴该山营造，亦由美人卖地而起。既未向地方官预先声明，我中国即不能承认。查三十二年春季敝局接准贵署照会，亦仅谓：该牧师所置之地，多已转售该会，预为修造药房之用，拟即责令全数卖给会堂，改作公产，并无一字推及避暑情事。可见教士无置私产之例，已为贵总领事明察所及。而敝局之未允改作公产者，诚恐化私为公，显启违约之渐，是以迭经委查，并商令该牧师等退地，因其推诿宕延，旋即来汉商办。上年腊月间，英领事法君照会南汝光道文中早经言明，英人饶教士系买湖北界内之地，于美人李牧师等购地转租之事毫不知情，亦未干预，请于案内更正，以全名誉，并闻其日前照复鄂省公牍又有李牧师等办法是否与例相符，应由中、美人各官自行商办之法，是其并不干涉此事，已一再言之，故未便遽与英领事开议，此所以不能不仍请贵总领事核办者也。

来文又载，教士可在内地随处设堂传教，并无限制，至饬李立生等各回原有教堂之处，碍难照办一节，系指建堂行教者而言。然契内必须载明教堂公产字样，不准教士私自营业，条约、章程，斑斑可考。况豫省传教者并不乏人，建堂者不知凡几。即该牧师李立生等前在信阳、汝阳等处各建堂舍，地方官亦未曾驳阻。要知但可迁就，无不允从。奈李、施两教士购地租卖，是为图利计，非为传教计，自不能与建堂行教者相提并论。教会以名誉为先，按照条规，遇有违犯，即应请撤回国。今之欲令各归旧设堂舍，安分传道，原期和平办理，予以忏悔之门，庶不致为名教所讥，实敝道一片深心，愿垂听焉！

来文又载，即本领事允饬李立生退地，若非有人控告，审讯明确，亦无饬令退地之权一节。查李立生等于鸡公山地基朦买转卖，系经前信阳州龚牧禀揭，追发觉后，并蒙河南抚院委员查询的确，自与被控审明无异。即如上年美教士米勒耳因在信阳州铁路左近租买地亩不甚合例，由州禀奉批饬查明，曾经敝局照会贵总领事，饬令将地退出，追价给领。又三十一年俄国神甫辅祭萨维诺夫赴卫辉，藉名传教，契买稻田八十四亩，朦蔽印税后，亦经委员议令缴契作废，并无异言，且俱有案卷可查。由此观之，则李立生之应饬退地更不待言矣！总之，商埠与非商埠界限甚严，即内地教士之购地传教，与商购地图〔亩〕亦大有区别。新约有言曰：善施教，非义之利勿取，务绝贪婪，明训昭垂，宜如何谨遵共守。讵该牧师李立生等不知体会，辄于未经开通之鸡公山广置基地，辗转相售，致令商教人等纷至营造，获价日昂，是明明借传教之名，作图利之行，不特为约章所未许，公理所不容，即按诸教规亦违背宗旨。此中种种不合，前文已历历言之，若该牧师等以所论非是，不妨请其照钞往来公牍，登诸中西各报，质诸教会总堂，使环球明理之人、传教之士共见共闻，公相评论。理之所在，不待智者知之。敝道之所以计未出此者，是不愿扬人过恶，亦为顾全教会名誉起见。前聆清言，曾劝各国商人，不可擅造，故无美商在山建屋等语，具征贵总领事深知此事非理，不欲西人越乎范围之外，钦佩莫名！尚祈明申禁令，务使该牧师等翻然改悔，将地赶速退还，将房悉令迁去。好在当时未给商人建屋字据，嘱为迁撤，当无异词也。除细情已载前文不叙外，相应备文照会贵总领事，请烦查照前两次暨此次各文内事理，转饬各该牧师恪遵办理，俾仍不失为循循传教之士，以期彼此相安，永敦睦谊。企予望之是幸！并希迅赐见复施行。

须至照会者。

二月十七日

邮传部奏汴洛铁路工款不敷拟续借比款折

邮传部奏，为汴洛铁路工款不敷，拟续借比款，以应工需，恭折仰祈圣鉴事。

窃查，汴洛铁路原借比款，计法金二千五百万佛郎克，即英金一百万磅〔镑〕。其原订合同第二十款，有借款不敷营造路工或办理行车，可以准予比公司添借应凑之款，一切照此合同办理等语。兹据该路总工程司勒鲁华迭次禀请添款，并开具详细估单，内称：郑洛〔汴〕一路，计长二百三十二里，需用工款八百二十万佛郎克；郑洛一路，计长二百四十里，需用工款二千二百九十六万佛郎克；又找补工程，即上年雨水冲失各项材料，计需五十四万佛郎克，总共三千一百七十万佛郎克。至于付利、还本、汇亏等项，均不在内等语前来。当将单开各款详细复核，大致尚属实在。惟估单系预算约数，但于大纲无多出入，而随时增减及意外动支，均难悬揣。现计原借二千五百万佛郎克，按九扣实数，只二千二百五十万佛郎克。照单核计，实不敷九百二十万佛郎克；加以借款利息，由西历一千九百零四年起，至一千九百零九年止，计共六年，应需还息七百二十五万佛郎克；共不敷至一千六百四十五万佛郎克。至汇亏一项，则涨落无定；还本一层，则为时尚早，目前无庸预筹。正核办间，旋据比国借款公司代表人配唐来部声称：汴洛工款不敷，连同还息等项，应续借一千六百万佛郎克。该路存款将罄，只敷西四月之用，为时甚促，请按照合同办法续借款项。现比京已认先借八百万佛郎克，其余八百万佛郎克随后再行筹借等情。当经告以中国借款时价日有起色，上年沪宁铁路续借英款亦未按照合同九扣，当议定以九五五扣交付，事同一律，碍难照准。该代表人争执再三，允照九四计算，臣部尚未核准。查汴洛合同载有款项不敷，可由比公司按照原定合同拨款接济。兹允按九四交款，自系格外通融。惟事关借款，理应详晰奏明。除与该代表人极力磋商，再行核减，另订章程办理外，谨恭折具陈，伏乞圣鉴。再，臣部尚书张百熙现在因病出缺，是以未经列衔，合并声明。谨奏。

光绪三十三年二月十八日奉旨：依议。

鄂督张之洞致邮传部英商愿借款修路请由部借鄂还电

去腊，准贵部来函，并译录英商濮兰德暨贾斯霭原函一件，承询该商愿借款承修湖北等处铁路一事，其中究属如何情形，嘱即详细见复等因。查濮兰德前由汉口英领事介绍来见，欲借款与我修路，当经答之云：前奉有不准外省借用洋款之谕旨，此时断不能再奏，如经外务部及邮传部奏准借款，鄂省自愿借款，及早兴修等语。兹阅原函所述语气，大略尚属相符。

查川路自筹有款，湘路亦不便越俎代谋，只能在鄂言鄂。鄂省境内应修之路，粤汉一路则由江夏至岳州三百六十里，川汉一路，则由汉阳至荆州沙市约四百五十里，工大款巨，一时难以并兴，附股商民仍多观望。然非鄂境之路从中接通，则京汉与粤汉、川汉两路两端不能联合，于京汉干路终无大益。今濮商既愿我借款，如目前能借得一千万两之款，则鄂境之粤汉、川汉两路即可同时并举，工兴利见，入股自必踊跃。再行一面招股，一面陆续分期还清，似尚是权宜济用之一法。鄂路既通，则湘、蜀两路招股亦易，不日即可全路告成。粤汉、京汉，中国之大干路，联络一气，全局俱振。惟借款既奉有明旨，鄂省断不敢自行陈奏。蒿目巨工，徒深焦急。贵部总揽路政，筹赎京汉全路之议，宏规远虑，钦佩实深！京汉而外，自以粤汉、川汉为最长、最要之干线。窃拟一变通之策，贵部借英款以还比国路债，既已奉旨准行，拟请贵部即于筹赎京汉路借款总额内代为多借千万或一千五百万，表面仍作为贵部所借，内容实为鄂省境内粤汉、川汉两路借拨之用。鄂省只作借拨部款，认息分还。一切照外款办法，五年还利，五年之后本利并还，二十年还清。不过五年，即可腾出行车余利，接修荆沙，分接宜昌、襄阳两路。照此办法，路工既可速成，路权又不致属于外人，而与前旨不相违背。如贵部以为可行，应请就近与濮商妥商一切，但万勿明言鄂借。密速示知，鄂省当将转借部款情形及分期分还本息办法奏明办理。洞为南北干路大局起见，故筹拟此策。详细思之，实属有益无损。如谓窒碍难行，或别有善策，可以入奏邀准，亦请筹示。至感！倘必无通融借款之法，濮商所陈一节即作罢论。统祈裁酌电复。

二月十八日

湘抚岑春蓂致外部日商如抗缴认定之捐前许留船码头地段亦拟作废电

旧腊，复呈勘电，并钞送与英、日两领往来照会，谅邀钧鉴。今正派员与该领事等筹商，许将原定章程量为酌改，以期就范。彼谓：须禀奉公使准行，方能筹议。昨函告：已奉示，俟地方官承认长沙城内开行贸易之后，再论租地章程，并复请免收码头捐，似此坚执，断难迁就，惟有仍照钧示驳复。码头捐并令税司照旧抽收，以符定章。但不知近日公使至钧署饶舌否？如有答复，祈随时电示，用备因应。日商如将业已认定完纳数年之捐始终抗缴，前许留船码头地段亦拟作废，藉以抵制。敬闻！

二月二十一日

吉林将军达桂致外部自办吉长路日领并无异言电

昨，岛川日领来署，询商吉长铁路事宜，并将日清会议录送阅。彼意欲促我即与定议，会同敷设。当告以此路先许俄人修筑，前年九月本将军奏准自办。彼时已声明，将来不再让给他国。且吉省奏准在先，中、日会议在后。材料、股本均已备齐，此时合股，殊觉为难等语。彼亦别无异言。谨密陈，伏乞察核。

二月二十六日

直督袁世凯致外部铁奉两处护路兵请商令在路界内屯扎电

接赵将军电称：准日领事照称，现在满洲屯军全部退完，惟铁岭、奉天两处铁道守备队，因营房未成，尚在附属界外屯扎等语，除饬属查明，并妥为保护外，特闻云。查护路兵不撤出沿铁路界限以外，前年中、日议约时，经日本全权声明有案。现军队既撤，所留护路兵每一基罗迈当不过十五名，人数无多，易于安置，似未可因营房未成，竟在附属界外屯扎。日领此语，务宜留意。已电次帅查明情形，将铁、奉两处护路兵仍商令在路界内屯扎，以符成议。祈查照。

二月三十日

吉林将军达桂致外部日领拟在头道沟买地建房请据约驳斥电

顷，据长春府德颐电禀：日领事声称，南满铁路，在俄京定约日车站在头道沟地方，拟仿东清铁路公司章程，在该处买地建房，请为派员帮助等语。军署曾否接准部文，是否派员？请示遵办等情。查日人南满铁道利益，虽本于俄人东清之约，亦必得我政府认可。头道沟本不在线路以内，从前亦并未允俄公司安设车站。如该领事所言不虚，应请钧部据约驳斥，以保主权。

二月三十日

外部致赵尔巽日军撤退应按自治全权经理整顿电

东省日军撤退后，所有撤退地方应酌派军队填扎。又日军所占公私产业，撤兵时应悉还中国官民接受。希按中日附约第三款及第四款，体察情形，妥酌筹办。至撤兵后，应按自治全权经理整顿，亦经全权声明在前。统希荩筹，酌度办理，随时电达。

二月三十日

外部致赵尔巽护路兵警有无区别希密察电达电

日本在奉省设立警察派出所，已据咨照会日使饬阻。现在日兵均已撤退，据林使称：护路兵俟营房造齐即行迁入，现暂须分驻铁路界外，请勿误会等语。究竟护路警察与护路兵有无区别？所云护路警察署是否即系护路兵分驻处所？希密察电达。

二月三十日

清季外交史料卷二百零一终

清季外交史料卷二百零二

光绪三十三年三月至四月

盛京将军赵尔巽致外部日设护路警队请照会撤废电

三十电敬悉。日人设立警察派出所，系在奉天城内及小西边门外，奉天警察署，系为护路兵以外之警队特设，前次咨呈内曾分别声叙。日使所云，专就护路兵而言。应请钧部分两层照商：一、警察派出所应行撤废。二、沿铁路之护路警队约内并无明文，不得于护路兵外添设，且不得藉此特设警署，庶彼不致含糊答复。是所盼祷！

三月初一日

盛京将军赵尔巽致外部日军撤退已派队填扎电

三十两电敬悉。日军系陆续撤退，已随时派队填扎，尚足镇守。所有占用公私产业，早经密饬各署呈报，除交还外，已饬由交涉局汇开清单，据约照请交还。至于自治全权有碍者，惟日人设警察一事，亟宜电请撤废。奉省应开各商埠，未开办者惟凤凰城、辽阳州两处，业经先期预备。其吉、江应开各埠，亦已电商两省将军，次第筹备。

三月初二日

吉林将军达桂奏日人私售枪械济匪并俄军撤后情形折

吉林将军达桂奏，为日人违约，私售枪械，接济华匪，并俄军撤后关系情形，恭折密陈，仰祈圣鉴事。

窃惟日、俄两国各挟睥睨恣睢之志，注心目于辽东三省，固已历有年所。一旦主持和局，本非彼族之初心，亦以彼此互有牵制，出于势所不得不然。前年日俄议约告成，外交宗旨翻然一变。曩昔之迫我以力者，今将予我以术，用心愈深，设机愈险。近来私售枪械一事，尤为扰乱之发端。查俄军未撤以前，有俄兵在哈尔滨私售枪枝，接济匪类情事，当经照会俄官查禁在案。兹查，日本商人携大批枪枝，违约贩运入境，如中岛信三郎、石动品五郎及三井洋行等陆续破案者，先后已有数起。虽经迭次照会该国领事禁阻，而该领事反为开脱，往往掩饰其非。近日又有日商川上九辅等三人携带枪样五杆，拟赴蒙古一带售销，幸经吉新军访获。又有韩中海、鹤福龄等私向日商购运十三里枪三百杆，子母四十一箱，洋硝磺三千一百斤，亦经双城厅扣留。查贩运违禁货物，载在中日通商章程第二十五条。夫以彼国禁令之密，关口之严，法律之重，岂容任其明目张胆而来？其为出自当局政策，已无疑义。不日大开商埠，外来商贾势必纷纷麇集。彼既以保护之任责成中国，复以凶利之器暗结土匪，居心阴险，殊难探测。现在租界尚未划定，日人之旅居于此者无一正经商贾，非设赌局，即开妓馆，藉以为诱奸之具。谓非有意败坏我国警权，该领事近在咫尺，何能纵所欲为？况近闻长春迤南火车劫案屡有彼族在内，将来勾引内匪愈聚愈众，一旦乘间窃发，势将不可收拾。彼必借定乱之名，布告环球各国，而暗遂其攘夺之私，诸邻责言，将谓我真不足以自立，大局何堪设想？奴才目击时艰，痛心疾首，不禁绕室傍徨，莫安寝食。筹维再四，惟有恳请饬下外务部，照会驻京日使，实力查禁，或先行分告英、德各使，筹商永远安全之策，共维大局，庶不致堕其计中。

至于俄兵退后，大半移驻海参崴、乌苏里江左一带，汰弱征强，意犹不忘中土。奴才窃谓以退为进，本属行军妙用。此次俄队之撤，难保非欲取姑予，别有他图。庚子之役，可为前鉴。奴才处此时局，外交之变幻日繁，边事之筹防日亟，何敢谓议约早成，遂可相安无事？亦惟随时整饬边军，并联合奉、江两省将军，悉心布置，以图补救于万一。除将俄兵退后地方情形妥筹办法另折奏报，并饬各地方警局严密访查贩运私枪外，所有日人违约私售枪枝并俄军撤退关系缘由，理合恭折密陈，伏乞圣鉴。谨奏。

光绪三十三年三月初七日奉朱批：外务部酌核办理。

吉林将军达桂致外部日欲在头道沟东头设站请力争电

歌电悉。遵即饬据长春府德颐电禀：头道沟西头西北约二三华里之五里堡地方，正系俄路线经过处所，日人应在此处租地设踮最宜。若如所指头道沟东头，不但非俄原设轨道，且侵入我勘定商埠及吉长车站界内，于利权、商务大受亏损，亟应力争等情。祈察核磋商，并电复。

三月初七日

外部奏收回新奉添造吉长等铁路议订条款会同画押折

总理外务部庆亲王奕劻奏，为收回新奉、添造吉长等铁路，现与日本使臣订议条款，会同画押，恭折具陈，仰祈圣鉴事。

窃查，光绪三十一年十一月，中、日两国全权大臣会议节录，内载：由奉天省城至新民府日本所造行军轨路，应由两国政府派员公平议价，售与中国，另由中国改为自造铁路，允在辽河以东所需款项，向日本公司贷借一半之数，分十八年为借款还清之期。其借款办法，届时仿照中国山海关内外铁路局向中英公司借款合同，参酌商订。此外各处军用轨路，俟届撤兵时应一律撤去。又载：由长春府至吉林省城铁路，由中国自行筹款筑造。不敷之数，允向日本国贷借，约以半数为度。其借款办法，届时仿照山海关内外铁路局向中英公司借款合同，参酌商订，以二十五年为分还完毕之期各等语。

臣等复查，前年会议时，日本全权大臣小村寿太郎等请将日本所造新民府至奉天省城行军轨路归其接续经管，并请展造长春府至奉天省城铁路，谓已与俄国商明，于此事不加拦阻。当经全权大臣力争，将新奉铁路售归中国，改为自造。其辽河以东一段所需款项，向日本贷借半数。吉长铁路，应由中国自行筹款筑造，不敷亦向日本贷借半数。所有借款办法，仿照山海关内外铁路局借款合同，参酌商订，并分立还清年限，均经再四磋商，始行定议。年余以来，臣等以新奉铁路亟宜收回，屡次照会日本驻京使臣公平议售，迄未得复。现值日、俄两国均已撤兵，又向切实商催，该使臣林权助复称：政府之命，须将新奉辽河以东铁路及吉长铁路借款同时提议。旋据开列条款，拟订文凭，臣等与之迭次会晤，逐款商论。如第一款，收买新奉铁路，该使臣谓：日本所造行军轨路，适值日、俄战事，工费较平时加昂，索价日金三百三十二万圆。臣等驳令删减，定为一百六十六万圆。至第三款，增入铁路一切办事章程，应按照现在山海关内外铁路总局之办法办理。又吉长铁路局自筹之商股，及向南满洲铁路公司所借之款，均以该路产业及进款作保。又除所指之铁路外，如中国自行筹款建造他路，与南满洲铁路公司无所关涉。第六款，增入借款之实收价值，应照中国最近与他国借款公平酌定各等语。臣等以其于路政均有关系，迭与该使臣往复磋议，分别声明。其余各款，亦经按照全权大臣原议，并参酌山海关内外铁路借款合同，将一切办法妥为商定，共列七款。当经臣等于本年三月初三日开具清单，恭呈御览，即日缮写文凭，由臣那桐、臣瞿鸿禨、臣唐绍仪会同日本使臣林权助彼此画押讫。除由臣部咨行邮传部，将收回新奉铁路售价在津榆铁路局余利项下筹拨，并将应办事宜次第办理外，所有议订条款会同画押缘由，理合恭折具陈，伏乞圣鉴。谨奏。

光绪三十三年三月十一日。

直督袁世凯致外部复核日交木植合同大纲请示电

敝处复核日交木植大纲：

第一条拟改如下：一、划定鸭绿江右岸，自十九道沟起，至二十三沟止，距鸭江江面干流三十华里内为界，另由奉省派员勘划立标为界。界内木植，归中、日两国招集商股，设立公司，合办采伐事业。

第二条拟改如下：二、此项公司名为中日合办采伐木植股分有限公司，以便专办以上划定界内采伐之事。

第三条拟改如下：三、公司股本定为若干圆，由中、日两国商民各出半数。

第四条拟改如下：四、公司总事务所在安东设立，如将来拟设支事务所，应由公司禀请奉天督抚核定批准，方可设立。

第五条拟改如下：五、营业年限，拟按安奉铁路年限定以十七年为限。

第六条拟改如下：六、公司应设监督一员、理事长二员。监督则用中国人，由中国政府选派。理事长二员应于中、日股东内公举中、日人各一员，由监督认许充当。至其余董事等员，由监督督同理事长分别遴定。

第七条可照列。

第八条拟改如下：八、公司所有进款，除一切消耗开支外，所有余款，每年提出二成，报效中国国家。至提此项报效后，所有净利归中、日股东，按另议详细章程照股均摊。

第九条可照列。

第十条拟改如下：十、公司设立一切办法，应俟此大纲议定后，由两国先分派创设区员各一人，照此大纲宗旨，另议详细合同。所议合同须呈由中、日两国政府核定，方可施行。俟合同订定经理创设事件毕后，该委员即将所创设事宜移交监督、理事长接收办理。

第十一条拟改如下：十一、公司事业应用物件，除进出口正税照章完纳外，其余税厘一概豁免。至所办木植，应照中国向章完纳应有各项税课。

拟加二条：一、此项公司由中国政府允许设立，且采伐地段系在中国国境以内，应在中国政府监督之下，而受奉天督抚之节制，以现在及将来之中国商律并其他关于采伐木植之特别法令，公司均应遵守。一、公司采伐木植之地，须在划定地段内，分别先后，依地采伐，随时将业经采伐完毕之地呈报中国该管官吏立标，截止采伐。其采伐地段内如有人民私有之木，由中国地方官向人民商买，公司出价，公司不得强占云云。

拟即照此与议，是否有当？请速核示。

三月十三日

外部致达桂日使不愿变更头道沟车站希筹复电

阳电，当即照复日使，准复照称：此事经日、俄两国会勘研究，分划铁路，以期彼此联络，始行决定。日本新车站之位置，非头道沟不可，实属不能变更，务祈通融允准。地价当照付，由日领事与地方官公平议结等语。查吉长铁路业与日本订定合同，筹款自办，向日本贷借半数，奏准画押，另行钞咨在案。来电称，头道沟东头为我勘定商埠及吉长车栈界，兹日使复商让该处为南满洲北终点车栈，意决词婉，能否通融于该处东西头合勘，酌划界限，以期结束？希转饬查核情形，妥筹办法，并速电复。

三月十七日

塔尔巴哈台办事大臣安成致外部塔哈逃俄已陆续回牧电

去岁，塔哈误听谣诼，越界逃俄，曾经电请催交在案。今正因雪消冻解，复商索领事，派员同往斋桑、勒普森两处交收，以免日后别生枝节。顷于三月初旬，放哈委员禀报已陆续放归回牧，成复查无异。当饬赴孑现户长等好为安插，勿使一户失所。至此次收哈，甚赖两处办乌鸦仔认真速查，遂得蒇事。斋桑系乌拉斜冷柯，勒普森系三德满，可否由执事请彼政府量为超擢，以酬其劳？刻下地方清吉，交涉顺手，知关记注，特奉闻。

三月二十一日

前使英汪大燮咨民政部查报英伦及南洋群岛华侨情形文

为咨复事。

本年三月初二日，接准贵部咨称，中国人民侨居英国伦敦、南洋群岛等处，均须详具清册，报部立案，转饬各领事查照办理等因。准此，具征贵部关心民瘼，不遗在远，曷胜钦佩！兹将他国对待华民情形为贵部言之。

英伦三岛为英国本境，伦敦有流寓华民约百余人，利物浦有流寓华民四五百人。或小本营生，或洗衣为业，资本微薄，似商非商，而轮船佣工常川往来、停工暂住者，多时或一二千人，少则数百不等。英例，他国人入境，或指明有亲戚可倚，或有存金五镑以上足活一月，即准登岸，平日与本国人一体相待，如有诉讼或犯法情事，亦与本国人一律科治。近年华民以英政宽大，来者渐众，工党以其佣值较廉，虑夺生计，时有禁阻之意。本年利物浦工党历数华民之恶，诉诸公庭，意在禁止登岸，却未准行。此英人对待华人情形也。

其澳大利亚全洲及坎拿大、南非洲三处，英惟设总督遥领一切，准其设立政府自治，故有议院，有行政大臣，所有立法、行政各从其宜。澳洲幅员甚大，横直约四千里。当十年前，约有华人五万名。递年禁例有加，惟纽丝纶须纳身税百镑方准登岸，其余六省，前有纳税登岸之例，今已不准前往。现在澳者尚存二万八千余人。凡属有利可图之事，皆禁遏华民营业。至于木作仿造家具，须印图记，以遏销售。种菜佣工，亦须勒令自造精宇。生计日蹙，行将绝迹斯土。此澳洲对待华民情形也。

坎拿大全境与美国相仿，初有华民约十万人，近约在三万左右。自光绪十一年，人抽身税十镑，至光绪二十九年递加至百镑，归者日多，往者日少，又与美境相连，美佣值丰，相率潜行入美，岁岁被获枉死之人不可胜计。而初到圈入木屋，盖印指模，以及诬病原船拨回诸情，与美国大致相同。此坎拿大对待华人情形也。

南非自英特一战，由荷属改归英属，苛例变本加厉。原有华民五六千人，近尚存二千余人。前年订约招工，遂增矿工五万四五千人。华工、华民自当区为两事。华工麇聚矿所，劳筋苦骨，本无生发。矿主照约待工，计工牟利，原无相虐之意，而稽查经管之人重重剥削，几于每食不饱。英新政府不善所为，遂有停招之举。此系两国订约所办之事，有关国际，故英伦得持短长，约满遣归，计日可待。华民之流寓者，苛例有加无已。饮酒有禁，乘车有禁。西例以中衢为车道，两旁为人行道，黄种人只能与驴马同履车道，西人之行人行道者可以牵犬随行，不能与华民偕行，犯则禁罚。而注册、检验、印指诸端，今尚议而未行。此南非对待华民情形也。

斐洲设领，甫经两载，坎、澳两处尚未设领。上年本大臣曾派陈守贻范赴坎，黄守厚成赴澳，意在查察情形，略示抚辑，故知其大略如此。比年苛例加严，民不堪命，告哀之词函电相续，虽迭与彼外部争辩，终属无效。查各国通例，两国人之处置，当以条约为根据。如事为条约所不载，则甲国人往乙国者，得自以法律处置之，而为所欲为。今中国与他国所立条约，惟美国有互文云：中国人至美国，或经历，或常住，美亦按照相待最优国之利益，俾中国一体均沾。美国欲禁华工，必须别立禁约，他国则可以通例行之，而无辞可以为诘责之根据也。南洋各埠岛屿回环，其为英属者凡十余埠。其界东南与美属非〔菲〕律宾各岛，南与荷兰之爪哇各岛，北与越南、暹罗、缅甸相隔，或数日，或一二日程，轮帆船舶往来如织，五方杂处，暮楚朝秦，稽核最为繁难。华民侨居英属新嘉坡各岛者，约计一二十万人，各岛为英廷直接管辖之地，向沿英例，其遇华民亦较澳、非各属稍宽。惟赤体检疫，独施之华人，为十余年相沿之苛政。前经孙领事士鼎与彼抗辩，幸已渐除。华民之营业锡矿及种植者，得利较他埠为丰。香港近接粤省，水陆相连，侨民更难屈计，相待亦与坡等。往岁英女主御极六十年，华民赠送礼物，英主则署名答谢，上年香港遭遇风灾，英主则署名慰问，与待其本国人民无异。此坡、港各属对待华民情形也。

缅甸华侨亦约有数万。自光绪十九年前任薛大臣议在仰光设领，因甲午事起，延搁至今，不相闻问者十余年。侨民比他处团结力较优，对待亦无甚苛虐。印度华侨甚罕，南美英属之西印度亦不甚多，今年遭风颇受亏损，向为华官足迹所不到，隔膜尤甚。此华民流寓英属之大略也。

至于稽查报告，原系领事职所当为。但今惟新嘉坡、南非洲各设总领一人，槟榔屿以商人兼充副领一人，余皆阙如。按：美国于国外所设领署，凡七百所。日本于英伦三岛，其侨民不过百人，而设领四。其人民未离本国口岸，海关电报已到，故船舶抵岸，其中有无其国人民及其姓名、年岁、籍贯了如指掌，于其居留处所生死有报，婚嫁有报，往来有报，条理秩然，皆基于本国行政机关之便，而旁行斜上减笔拼音之字，用能顷刻数纸。本大臣前经美之金山总处，日侨不及千人，其领署列案凡九，皆薄册累累，手不停挥。问其所事，则半为商务，半为民事。华侨数倍日本，领署四人，几案无尘，相对茶话，固由其疏密之不同，抑亦措手难易有不可道里计者耶？今者海外蝇头几不可博，于是奇邪之说，激宕之行，所在皆是不清其源而欲流之不浊，不可得也。所望实事求是，本末兼赅，庶几出水火而登衽席，人心以安，风俗以正。除札饬外，相应咨复贵部查照施行。

须至咨者。

三月二十五日

谕陆征祥充保和会专使钱恂充出使和国大臣

上谕：陆征祥著充保和会专使大臣，钱恂著充出使和国大臣。

三月二十五日

度支部奏遵议广东筹借洋债由粤自行筹还办法折

度支部奏，为遵旨会议广东筹借洋债，由粤省自行筹还办法，恭折具陈，仰祈圣鉴事。

窃据两广总督臣岑春煊奏，因广东财政艰绌，拟借洋债，举办兴利各要政。钦奉上谕：著照所请，仍会同度支部，妥商由粤自行筹还办法。至所办兴利各事，著责成该督认真经理，任用各员务当慎加选择，随时稽查等因。钦此。臣等当即钦遵，会同筹商。查筹借洋款为地方兴利，自与借债以济一时之急者不同。且原奏内称：此次借款拟向各国洋商提议，务取还期稍宽，利息较薄，回扣较轻，而又不索抵押者，方与订借等语。

果能照办，自无流弊。现既奉旨允准，应由粤省自向洋商妥议，订立借款合同。惟款为粤省生利之用，粤借粤还，臣部既不于借款内稍有指拨，粤省亦不得藉还债为词，延挪有关部拨之项。至向各洋商订借若干，应钞录合同，随时报明臣部立案。臣春煊到粤后，即体察情形，就应办各事之缓急，定借款数目之多寡，总按原奏以千万两为度。所有本银、利息，原奏已声明于见利之后分年提还，其未见利以前，应还本息亦概由粤省自行筹付。至此次借款专为生利之用，凡非生利之事，无论何项要政，均不得指拨挪借，以重要款。以上办法，皆均著为定案，庶不致因时更易，遽隳前功。臣仍当钦遵谕旨，认真经理，任用各员慎加选择，随时稽查。总期款不虚糜，事归实际。所有臣等会议广东筹借洋款缘由，谨缮折具陈，伏乞圣鉴。谨奏。

光绪三十三年三月二十六日奉旨：知道了。

外部致赵尔巽日商私订开矿合同应切实谕禁电

养电悉。日商私订开矿合同，该地方官应切实谕禁，既由尊处饬局照会日领，声明不认，无庸再照日使。

三月二十七日

外部咨袁世凯改订青岛制成货物征税新章希查照文　附续立附件

为咨行事。

光绪三十三年三月十八日，接准税务大臣咨称：光绪三十三年三月初三日，据总税务司申称：青岛租地设关征税一事，前于光绪二十五年间与德国海大臣议定办法，嗣于光绪三十一年间复与德国穆大臣将原定章程改订，于是年九月十二、十一月初八等日分别函申外务部各在案。查设关之处系在德国租地之内，凡所订章程必经德国允认，方能照行，是以与海大臣订妥办法后，即由德员续定关章，在青岛晓示商民遵行。嗣与穆大臣改定办法，亦由德员在青岛一律出示谕令遵照，是所订各办法虽系关章，不啻为地方上之律例。随后三十一年在京所订办法，复在青岛续订章程之第四端有在德国租界以内制成货物之条，此条虽经奉行，而其中语义颇有未尽，以致税务司与德员讲解两歧。迨至三十二年底，复由德国葛署大臣带同青岛辅政司单维廉，会同总税务司，将此条悉心增改。两面商定后，缮呈德国政府，候示遵办。现由德国知照，以改订之条已由政府照允，请饬遵行。将原订办法之英文并译汉文，申请存查等语。青岛设关征税，所有光绪二十五年原议办法，及三十一年续订章程，均系总税务司会同德国大臣商妥后，申由总理衙门及贵部先后核定遵行。此次总税务司因续订章程第四端德租界内制成货物征税一条，语义颇有未尽，以致彼此讲解两歧，复会同德葛署使，将此条删除作废，另订办法。本处详核所订办法，有关交涉，应照录原译汉文，咨请贵部查核见复等因前来。本部查，会订青岛设关征税办法第二十条载，彼此认明所订试行之办法，可随时酌量修改在案。今总税务司以续订章程内第四端德租界内制成货物之条，彼此讲解两歧，由德国大臣会同总税务司将此条面商改订，自系酌量修改。复核此次另议新章之办法，尚可施行。除咨复税务大臣外，相应刷印改订青岛制成货物新章，咨行贵大臣查照可也。

须至咨者。

三月二十八日

青岛设关征税办法续立附件

一、兹因德政府允中国在胶州界内之青岛地方设关征税，是以现定本关应有发给内河行轮专照之权。凡有轮船，准其驶赴内港来往，一切规条，总应按光绪二十四年五月、七月前后所定之内港行轮章程，并光绪二十八年八月补续章程驶行，尤应按以后彼此订明之各项专章办理。

一、凡有轮船欲在内港行驶，无论华洋船只，该船主应持有本国所发之牌照，另具一函，附呈海关税务司处收存，换领关牌。此项关牌以一年为限，缴回海关注销，换领新牌。其牌费初次应纳关平银十两，厥后每年换领新牌纳费二两，并应每四个月纳钞一次。

一、此项轮船准在青岛水面随意行驶，或照章由青岛赴内地各处，并由该内地处驶回青岛，或由青岛驶赴内地，转过通商他口，至内地驶回青岛，并准报明内地关卡，逢关纳税，遇卡抽厘，即可在沿途此次所经贸易各埠上下客货。但非奉中国政府允准，不得由此不通商口岸之内地至彼不通商口岸之内地专行往来。若有此项所经贸易各埠驶至通商他口之船，该船主即须报关，按该口华洋各项章程办理。

一、此项轮船出入青岛时，该船主总须报关，请领各单，将出口、入口货物之舱口单呈验，并须声明欲往内地何处，归时亦须报明已到某处，仍须照例完纳税钞。至洋药一项及其余约禁货物，不准运入，亦不准运出。倘查该船有装运洋药及违禁货物情事，可将该货入官，并罚该船洋银五百元。若再犯，即将关牌撤销，亦不予以关牌上所有一切利益。

一、此项轮船总应代中国运送邮袋，不收运费。该关邮政司应办一切事宜或自行办理，或会同德国邮员议办，亦无不可。

一、凡有防范偷漏事宜，德国自可襄办。其巡缉洋药走私及别项违禁货物，尤应襄助办理。至邮政按章推广一切，德国允以格外相助，不加阻拦。

光绪三十一年三月初二日，总税务司赫德与德国驻京大臣穆默在京画押。

河南开封道致美领教士转卖鸡公山地请持平速结照会

为照会事。

上月二十八日，准贵总领事照复，以美教士李立生等在鸡公山购地分售一案，如以不应建屋居住，尽可控由驻华高等法堂讯断，否则不能勒令撤迁。且该教士等置买地基，经地方官查明税契。今商人等虽已建屋，而教士等并未给予卖契，必俟该商商明中国政府允许居住，始可领契受业等因，可见洋商建屋未经商准中国政府允许，即不能居住，亦不得受业。夫既不准居住受业，则擅往营造殊属显违公理，何以该教士李立生等竟允建屋？虽尚未立契，而私相授受，藉获重价，已为人所共见共闻。知前项地基本非教会所购，即原购为教堂公产，一经图利分售，亦应退业。况教士等买地时系属本身出名，既买而转卖，实私而又私，岂能以契经印税不论如何违背概从宽恕？至贵国之有驻华高等法堂，系为中外民人两造诉讼并审理美商互讦而设，非中政府控理之地。今此案系鄂、豫两省教务交涉，按照约章，理应就近声请贵总领事持平协议。所有一切办法，迭致文牍，言论已详。现在山上工作亦经禁令停歇。敝道之所以不惮烦琐，接续相商，以我中国素以柔远为怀，期在和衷办理。若商、教等谬执己见，擅往侨寓，则其违禁之行，例无保护之责。设与地方官及地方民人稍有龃龉，何能相安？即为商、教计，亦应劝令早自撤退，各回安业，以全名誉，俾我中、美邦交益敦亲睦。望贵总领事深思而详察之。合再备文商办，为此照会贵总领事，请烦查照先今文内事理，务令教士、商人等分别退地撤屋，一面仍订期妥商善后事宜，期可速结而清轇轕。立候赐复，幸勿迟滞，望切施行。

须至照会者。

四月初一日

日使林权助致外部高景贤被杀案请速结函　附日外部电

日前委派高尾翻译官面陈高景贤被杀一案，兹将本国外务大臣来电译出送上，即希贵中堂查阅，速行知奉天将军，和平了结，是为切盼！

四月初九日

附日本外务大臣致林公使电译文

日历本年四月初七日，住在旅顺之关东远洋渔业组合事务员华民高景贤为渔业公司总办黄家杰在盖平杀害一案，当经关东都督府行知驻扎奉天省总领事，转致赵将军，求以处分黄总办，又将高姓死尸并其仆人交都督府接收，又向高姓遗族赔偿各等语。去后，据赵将军答复，以杀害高景贤，乃系正当防御之理由，驳斥前开要求。嗣经彼此交涉，仍未结案。查帝国政府并非主张向关东都督府管辖地域以外华民归都督府保护，惟当经派遣总领事馆员前往该处调查，明知黄总办将高景贤故意诱出租界外谋杀情事，若置之不问，诚恐将来保护界内华民诸多碍难之处。本大臣即电训奉天总领事，仍以前开各要求反复交涉，迅速结案，为要等语。乃赵将军向黄总办应行之司法处置迄今未办，殊属不当。速即交涉中国政府，请电致奉天将军，允认我国要求，妥为办理为盼。

四月初九日

盛京将军赵尔巽致外部高景贤行凶案请从严抗拒函 附照会稿

前据奉天渔业公司总办黄家杰呈称：关东州水产组合，由华人高景贤勾串日人阿部野利恭、本间锭吉设立远洋渔业团，倡言括收黄、渤海及山东沿海一带鱼利，并擅出告示等情，当经照会日总领事查阻。旋据该守电称：高景贤与日人本间至盖局持枪行凶，当将高景贤杀死，将本间护送晋省，恳交日领事发落等情。因案情较重，即行派员前往详查情形。嗣据该守呈送高景贤行凶五响手枪一杆，子弹四粒，空弹筒一枚，佩刀一具，带枪证书一纸，伪造印示一张，并将本间锭吉护送到省，随即派员面询，嘱其自具始末，书沿途并未虐待，已送交日领事酌办。因正值黄花渔汛，暂饬黄守回省，听候查察，另派忠守骏接办渔业公司，复委专员会同盖平县令验视高景贤尸体，呈候核办，免致日人横生枝节。现迭据日总领事照称：高景贤为黄守所谋杀，宜速严处，并要求赔偿本间锭吉营业损害及渔业团损失，并厚恤高景贤遗族，至十数万之多。嗣又据照称：高景贤尸体交大石桥日本警署检验，均经先后照驳。一面饬交涉局连日与日总领事商议，声明：如彼不牵涉渔业团事，本间当时虽与高景贤同往，略有嫌疑，究未帮同行凶，或致失业，未始不可量予资助。至高景贤私造伪印，擅出示谕，显有犯罪确证，黄守当时将其杀死，即有应得处分。当由我据情核办，不能由彼藉词干涉。相持至今，稍有端绪，仍未议结。兹又据忠守骏电禀：日人连日带兵乘轮至我领海之鲅鱼圈设局，勒令各渔户领旗纳税，众情惶恐，抗阻不住，特先电咨钧部，要求日使禁阻。仍饬交涉局严诘日总领事，该渔业团举动是否都督府认许？据称，彼未深悉，允即电询答复。盖彼明知该渔业团此举之无理，不能代为包庇，亦无力承认阻止也。

查此案，黄守杀高景贤为一事，远洋渔业团勒收渔户捐费又属一事。此次交涉局与日总领事会议，先已严为分别，彼亦尚未牵混。倘日人始终相持，竟恃强散旗收费，拟一面惩处黄守，量赔本间，即为完结，不与续议；一面严诘该渔业团越界侵夺渔利，要求撤废，彼即横暴，谅亦无计可施。如两事界限稍混，彼既先有所恃，我终为其所制。况高景贤本系我国人民，且属应得重罪之犯，我自能秉公办理。前次日巡查妄杀杨遵三，系以外国人杀我无罪之民，至今尚未见彼加以相当处理，更有何以抵御？即就渔业团而论，系由关东洲〔州〕水产组合分设，依关东都督取缔规则，亦仅以租界地海面为限，何得擅出界外设局？当亦无理自圆其说。除将前次来往照会并渔业团示谕分别钞附，用特详陈此事颠末，务求钧部持定此旨，将前后两事划清，严与日使交涉，似易议结。否则，渔利既损，海权亦失，此后侵夺他种利益料必用此惯技，明要不遂，以威力胁之，几致无法相抗，束手无策，东省前途不可收拾。巽对于此种无理取闹之事，尤非协力严拒不可。是否之处，统候卓裁示遵。无任感祷！

四月初十日

照录致日本总领事照会

为照会事。

光绪三十三年二月十七日，据渔业公司总办黄守家杰呈称：有贵国人阿部〈野〉利恭、本间锭吉等在大连设立水产组合，及保护远洋渔业团，张示告白，经该公司派员查明，揭有所贴告示并告白各一纸，呈送到辕。查沿海渔业，本军督部堂前于去年春间委员设立渔业公司，置备巡船枪炮，定章保护。彼时阿部野利恭等创立清利公司名目，争散旗号，强收渔捐。我渔业公司正在诘阻间，适贵国西园寺总理来奉，大岛男爵之参谋官西川亦随同前来，出为排解，言明贵国军队未撤以前，鱼为日人所嗜，必期互相照料，藉供军需。本军督部堂念切邦交，当饬该公司与之商立契约，暂时互相保护，分收捐款；并声明，定于光绪三十三年黄花鱼汛期罢日回归，以后即专由我渔业公司照常保护，经该公司钞录契约，禀明在案。现在撤兵届期，无须供给军用，自应遵照前议，贵国人不能再立名目，干预渔事。乃阿部等竟设立公司，倡言保护；且查所张告示、告白，有括取黄、渤海及奉天、山东海陆一带渔利，或在山东空同岛，或赴熊岳海口，定必前往保护，并有多备轮船、快船，都督府添派官小火轮带领前往之语。似此情形，不但于去年原定之契约不符，且于两国之约章亦相违背。而告示、告白对于华民立言，并未商明我国，想亦贵总领事所不许。现距黄花鱼汛不远，若不速行禁阻，届时阿部等若带同船兵贸然而来，我渔业公司巡船员弁人等有保守海权之责，势必竭力抵御，深恐大启衅端。究竟阿部等此种行为曾否在贵国官署禀明有案，抑系彼等私自任意妄为？应请贵总领事速向贵国民政署询问明确，迅即示复，以凭核办。相应钞录告示、告白，一并照会贵总领事查照，见复施行。

须至照会者。

外部致胡惟德希向俄廷声明查禁洋商私运枪械电

近来各省匪徒勾串洋商，私运枪械，有害治安。迭经海关查扣，除由本部通行沿江海督抚并通照驻京各使查禁外，希向外部据约声明，转饬严禁各洋商私运，以保公安。并电复。

四月初十日

盛京将军赵尔巽致外部日在奉天设警署请商日使撤废电

日本在奉天设立警察派出所，迭经禁阻，未撤前已屡电钧部主持在案。近于西门外商埠界内铁路附近遍立木桩，文曰奉天铁路附属境地界标，占去埠界及民地九百余亩。即于该地北边建筑警署，且将车站、营业商店所贴中国门牌揭去，另换警署木牌。查条约并无许外人设立警察之条，仅有护路兵队，然亦载明不得辄行牵碍中国地方治理之权。至附属地，本来中俄铁路公司章程无何等指定之明文，惟第六条载有公司建造、经理、防护铁路必需之地，若系民地，按照时价付给等语。今日人视附属地为租界，于界外强占民人执有契据之产业，屡经交涉局据约力争，延宕不结。事关地方主权、国民财产，应请钧部主持，照会日使，电饬速停建筑，撤废警署。大局幸甚！

四月初十日

清季外交史料卷二百零二终

清季外交史料卷二百零三

光绪三十三年五月至六月

盛京将军赵尔巽致外部日迫收渔税屡议屡罢请由新任严诘函

日人带兵乘轮往鲅鱼圈一带迫收渔税一事，接奉元电，指示周详，莫名钦感！黄花鱼汛十二日告竣，日人十三日始去，名为奉命退出，实则满载而归。我渔业公司比较去年所收六万二千余元之数，合以无形之损失，今年受亏甚巨。已分饬查明，向之索偿。高案与此本系两事，巽前此去函，即详晰陈明。自前月至今，饬交涉局与日领事继续磋商，前后已十数次。初以谋杀为词，继以高景贤系我国人民且系有罪之犯未能十分干涉，则索偿十八万元，复经再四驳斥，逐渐减少，非赔本间一万元不可。而于去年日巡查杀杨尊三悬而未结一案，允给我五千元。黄家杰有应得处分，由我据情核办。彼杀杨尊三之巡查，愿令免官。彼此商办，甫有端绪，本可就此了结，旋据渔业公司忠守骏电禀：此次带兵乘轮强行收捐，本间实为戎首，是本间对于此事为不法，不应再给赔偿。即使认赔，而本间此次横暴之举动使我蒙其损失者甚大，不可不令彼先行认明不法，为将来索偿并要求日后永无此事之地步。前此划清界限，固所以防其藉口攘利之谋；后此要其声明，亦所以杜其援例争权之渐。凡此皆为我渔利海权计也。乃日领事于高景贤案虽无异词，于鲅鱼圈案丝毫不欲提及，且诬我分局员勇对彼亦有横暴举动，无情无理，至于此极。若将前案议结，而置后案于不问，则彼将利用其延宕手段，以施其得寸进尺之阴谋。巽有鉴于此，因是屡议屡罢。刻下受代期迫，至二十六日复令交涉局妥为商办，仍相持不下，不得不移交新任。至黄守家杰应有处分，由巽先行列折纠参，以示我绝无偏袒之意。此后高案应无所容其置喙。而鲅鱼圈一案，则可由新任严词诘责，庶我有可立足而彼亦无从藉口。鄙见所及，仍乞卓裁。临颖无任盼祷之至！

五月初四日

东督徐世昌奉抚唐绍仪致外部辽阳凤凰城两处请从缓开埠电

虞电敬悉。查辽阳、凤凰城两处，为日人血战所得之地，伊直视为战利品。居留日人及商务势甚众盛，他国人民无多。现如开此两埠，亦非难事。惟所占利益较多，在我无可抵制，恐他国有所藉口，似不如暂缓开办。应请大部先与俄使速议北满洲五处开埠办法，议定后同时宣布，较为妥洽。是否有当？祇乞钧裁。

五月初九日

使法刘式训致外部法日协约似有干涉我边务意电

法日协约已宣布，其正文曰：

法、日政府同愿尊崇中国之土地及自主暨各国商务、人民同等看待之宗旨，尤注重于两国管领地、保护地、占守地毗连之中国地方保守程序及和平之情事，因此约定互相倚助，在此项中国地方保全太平及治安，俾亚陆上两国目前局势及土地各得久持等语。

细译约文，似有干涉我边务之意。应否请法、日政府明白解释，抑或作为不知不认之处？乞钧裁。

五月初九日

徐世昌唐绍仪致外部江浙采木公司碍难停办电

庚电敬悉。查中日条约，合办木植公司系订明在鸭绿江，现江浙采木公司系在混江采伐，地方并不相同，该日使似未便藉口牵涉。至江浙采木公司，系赵将军任内批准，不借给资本，曾与萩原总领事辩难驳诘，碍难停办。谨此电复。

五月初十日

外部咨徐世昌和人雷得补索偿事请核办见复文

光绪三十三年五月初四日，准和希使面交照会，内称：上年九月初六日，曾将和人雷得补赔款事照会在案，旋准照复云：雷得补不能与和兰国驻京大臣直接交涉，因彼系受雇他国之人，应得赔款自有该窑东家代为办理。殊不知此意与本大臣等所见不合。雷得补所失财产均系自有，一则存煤一千二百五十吨，华官卖去；二则衣物等件，亦皆被抢，与雇用之东家似不相涉。本国政府特谕再行照请设法办理，务将雷得补所失八千元之财产如数赔偿。并准该使面称：和人处境甚苦，八千元之数亦不算巨。告以此案有许多轇轕在内，赔偿一层，决说不到。贵大臣既一再坚请，容将来照咨行东三省总督核办各等因。查此案于上年十月初八日准前盛京将军咨复：和人雷得补事，不便与和使直接交涉，应仍归俄使并案办理等语。本部当于上年十月十三日照复和使在案，并咨复前盛京将军：将复州煤窑由何人承办并前后案情就近派人确查酌办，以期归结等语。半载以来，曾否与日、俄商办，未准前将军咨复，兹又准该使照称前因，相应咨行贵督查照，酌量办理，并声复本部可也。

五月初十日

商约大臣盛宣怀致外部奉旨在沪续议商约仍会商袁张二督筹议电

十三日，钦奉电旨：吕海寰电奏悉。续议商约，即着盛宣怀在沪会商袁世凯、张之洞妥速筹议。钦此等因。伏查，辛丑年和议成后，宣怀奉命办理商约已越六年，各国以所议英、美、日、葡诸约未能多占便宜，加税实为中国大利，因是初挟奢愿而来者转生观望。本年三月，复奉谕旨：责成吕海寰及盛宣怀赶紧商订，俾早实行加税免厘之举。当经密陈大概情形，电请大部代奏，仰蒙圣鉴在案。兹吕大臣不日进京供职，复蒙天恩饬令宣怀在沪续议，闻命之下，益切悚惶！除钦遵照会各国外，一俟各该国续派使臣来沪，仍即会商袁、张二督臣，妥速筹议，并随时秉承外务部请旨办理，以慰圣廑。请代奏。

五月十五日

外部致俄使订定北满洲税关章程照会　二件　附章程

为照会事。

案查东省铁路合同，应由中国在于交界两处设立税关，现择定黑龙江省之满洲里、吉林省之绥芬河为设关处所。其货物经此铁路有须免税地方，并应如何征税办法，今中、俄两国政府议定试办章程四条，应行各备照会，互换存案。即自互换之日作为开办之期。所有北满洲税关试办章程开列如后，相应照会贵大臣，查照即希见复可也。

须至照会者。

五月二十六日

为照会事。

北满洲征税章程之第二条，于完纳子口税一事，因彼此讲解各异，以致未能议定。兹本部会商税务处，将章程之第二条末段解释如下：查中、俄拟订北满洲税关试办章程第二条载：其货物运出以上所指各地段及所定各界线以外，均属内地，应补足正税未完之三分之一作为子口税，方准按照运货入内地章程领照；在东三省界外复入关内各省之界，则应照税则所载正税之数，再行纳一半作为他省之子口税，方准领照前往，并免重征。无此照者，仍逢关纳税，遇卡抽厘云云。并声明：以上所解释之办法，仍系试办章程，如有应行增改，俟一年后再行相商厘定。以上办法，据副总税务司申称，业与贵大臣商允，相应照会贵大臣，查照即希见复可也。

须至照会者。

八月初一日

中俄北满洲税关章程

一、两国边界贸易在百里内均不纳税，原载在俄国陆路通商章程。而东省铁路合同订明，铁路交界处由中国设立税关。兹中国允准，所有货物由铁路运往交界百里内之各车站，暂行照条章不征税项。

一、铁路运货按三分减一纳税，应定界限，如哈尔滨由总车站四面各距十华里为界；铁路总会最要车站，如满洲里、札赉诺尔、海拉尔、札兰屯、富勒尔基、齐齐哈尔、阿什河、一面坡、海林、乜河、穆林、交界站、双城堡、老少沟、窑门、宽城子各站，四面各距五华里为界，除满洲里及交界站即绥芬河两站归入百里边界之例办理外，其余十四站即照商定界线以内为实行三分减一纳税之处。此外东省铁路各小车站，以四面各距三华里为限，亦同此办法。其货物运出以上所指各地段及所定各界线以外，均属内地，应补足正税，按照运货入内地章程办理。

一、铁路运货三分减一纳税，此系中俄特订之合同。中国允，除俄货外，各国之货经东省铁路运至中国，亦一体均沾。俄国允，所征之税，各货物按照陆路通商章程不免税者，即应定照海关所定税则三分减一征税。

一、所议条款系属大概，作为北满洲税关试办章程。如有应行增改及于中国税项不便应行变通更改之处，俟一年后再行相商厘定。至税关详细章程，与应划定界限，并指定小车站处所，即由两国会议员速行商定。

五月二十六日

俄使复外部北满设立税关已转知哈尔滨领事照会

为照复事。

光绪三十三年五月二十六日，接准照称：今中、俄两国政府议定北满洲设立税关试办章程四条，应行各备照会，互换存案。即自互换之日，作为开办之期。所有北满洲税关试办章程开列于后等因前来。本大臣相应声明，俄国政府允准，按照以上所列各条，于北满洲东省铁路在萨拜喀拉及东海滨两省交界处，现在设立中国税关。本大臣即将以上各条转知驻扎哈尔滨本国总领事官及东省铁路公司，遵照办理。相应照复贵王大臣查照可也。

须至照会者。

五月二十八日

鄂督张之洞致外部美商火油池划入日本租界电

删电悉。美商美孚火油池划入日本租界一事，曾面告美领事，并委员与之辩论：华外国租界内多有他境商人行栈，惟有照本国商人一律看待，便是公平。且此次日本展界一百五十丈，乃贵部所议定，并非由外省许给。如必不愿在日本界内，即可往下游自行觅地迁移。中国地方官只能帮同寻觅，如有无碍之地，可劝导地主卖给。倘因此拦阻中国与他国所给租界，则万万不能等语。美领事答云：当照所认各节传知美商。但此事现已归该国公使与外务部商办，渠亦不管矣！僅〔谨〕奉闻。

五月二十九日

外部咨南北洋大臣北满洲税关定期开关文

为咨行事。

查南满洲铁路尽处，按照合同，在大连湾设关，已由本部转饬总税务司，与日本公使议定征税办法，于本年五月二十一日开办在案。其北满洲，按照东三省铁路合同，应在交界两处设关，且沿铁路并应商订征税办法，迭经本部与俄使商议，订定北满洲税关试办章程四条，互换照会存案，并声明互换之日作为开办之期。兹彼此照会，已于本年五月二十八日互换。所有北满洲各税关，即应以是日为开关之始。除先电达外，相应钞录往来照会，并刷印北满洲税关章程，咨行贵大臣查照，转饬遵照办理可也。

须至咨者。

六月初一日

旨李家驹著充出使日本国大臣

奉旨：李家驹著充出使日本国大臣。

六月初三日

外部致和使准东督咨雷得补索偿事断难承认照会

为照会事。

光绪三十三年五月初四日，准贵大臣面交照会称：和人雷得补所失八千元之生产如数赔偿等因。本部当即咨行东三省总督、奉天巡抚酌核办理。去后，兹准复称：查自日、俄开仗，我国守局外中立，已为各国所共知。凡两交战国，官产、商产，我国均不认保护。既无保护之责，岂有赔偿之理？高万梅擅封复州煤窑，业经前将军奏参革职，并监禁候讯。而其所封之煤及物品等件，均经日本兵弁搜掠，变卖无遗。即其私产，亦为之一空。此事只能查高万梅产业变卖备抵，如无产可抵，应治高万梅之罪，而不能提及国家赔偿之事。况和人雷得补从未知会我国地方官，亦未领有我国护照，不过以一私人受雇于俄商，而向我国家索偿，似属无此公理。该和人所索赔偿，断难承认等因前来。查复州煤窑，高万梅擅封之后，旋经日军将该窑占去。中国守局外中立，既未便保护，自未便赔偿。况雷得补受雇于俄商，既未知照中国地方官，亦未领有中国护照，更未便索偿于中国。所请赔偿一节，自属碍难承认。相应照复贵大臣查照可也。

须至照会者。

六月初七日

闽督松寿咨外部商部建邵汀三矿废约请立案文

为咨呈事。

据福建农工商局司道详称：窃查，闽省建、邵、汀三府属矿产，先于光绪二十八年间奉前宪台许饬设矿务总局，奏明招致华裕、大东两公司，各集华洋商股，限三年内在三府属内觅地开采。当于是年十一月二十五日，即西历一千九百零二年十二月二十四号，经矿务局司道会同法领事及法商魏池等订立合同，声明：三年限满，未经该公司指定者，应准别项公司开采。其已指定者，予限一年，如未开工，亦准他项公司接办。旋由大东公司派矿师古河西治即顾尔夔勘定邵武金矿，于光绪三十年正月禀报到局，因请领开矿执照不遵部章缴纳照费，经商政局详奉前宪台李咨请外部、商部察照。旋奉外部、商部与法使议定：该公司应照光绪二十八年二月外务部定章付给照费。其一切税项，悉照合同办理。并按照合同，期限将满，准予展限二十四个月。如再逾限，将此合同作为废纸，不得再请展限。奉准外务部录案，经照会咨行查照在案。现计自光绪二十八年十一月二十五日，即西历一千九百零二年十二月二十四号立约之后，扣至三十一年十一月二十四日，即西历一千九百零五年十二月二十一号止，原约三年限满。又自三十一年十一月二十五日，即西历一千九百零七年十一月二十九号止，展限二十四个月届满，所有建、邵、汀三府属内该公司并未觅有矿地，即前次指定邵武金矿，迄今已历四载，亦未请照开工。综计原立合同正限、展限各期，均已届满，自应遵照大部与法使所议，即将大东、华裕两公司合同一律作废，不得再请展限，以符成议。以后应由华商联合本省公司自办，毋论何国，均不得要求请办，以保利权。相应查照，详请立案。伏乞宪台察核俯赐，分咨外部、商部查照立案，实为公便等情，到本部堂。据此，除详批示外，相应咨呈。为此，咨呈外务部、农工商部，谨请察照，立案施行。

须至咨呈者。

六月初七日

外部致柔克义教会租买公产须添载美国字样照会

为照会事。

准本月初一日照复，以本部上月二十九日照会误会林教士之意，并称：西正月间来函原未请列教士及奉教人之名于契内，实为通饬各省地方官，均按新约，于租契上填写该教会之国名，即系美国二字，并非专为淮安一处，因他省地方官亦有不填美国二字。江督似谓按约应写作本处教会公产字样，惟新约内并未载有本处二字。又江督欲按光绪二十一年之章照办，现在不能按照向章，请通咨各省，查照新商约办理，望即见复等因。查向章，教堂买地契内载明教堂公产字样，不准专列教士及奉教人之名。江督因林教士函请契载某国某人与公产二字语意大相矛盾，经即饬县驳复。本部是以有该督所称系照章办理之语，并无所谓误会。至来照请于契内载明美国字样，仍作为教堂公产，核与约章均尚相符，自应由本部通行各省，一体照办。惟契内添载美国二字，不过如来照所称书明何国教会取其分别清楚，并非与光绪二十一年章程有所违悖，不得谓为不能按照向章办理。即本处二字，亦载在该章程内，嗣后仍应照式填写，以免含混。除通咨各省查照约章办理外，相应照会贵大臣查照可也。

六月初十日

日俄满洲铁路条约　附草约暨附件

日本政府与俄国政府，按照一千九百零五年在朴资莫斯所订和约各条款，为联接日、俄在满洲之铁路事，决议商订专约，因此日本特简全权钦差大臣本野一郎，与俄国特简之外务大臣伊斯福士基，暂行互订专约如下：

第一条　日之南满铁路与俄之东清铁路联接之处，须在东清铁路宽城子车站界线上。南满铁路公司须从长春车站延长其路线，直达宽城子车站之尽端。其轨道之宽广，与该公司路线相同。东清铁道亦以等阔之轨道筑一铁道至宽城子车站，以联接南满铁道之线。东清铁道公司须自宽城车站月台延长其路线至于此站之尽端。其轨道之宽广，系一迈当五二四俄轨五英尺。南满铁路公司亦须以等阔之轨道筑一铁道，以与东清铁道所延长至长春车站之路线相联接。日、俄两国铁路所当联接之点应在何地，以及联接之方法，由两公司公同协定。

第二条　南满铁路与东清铁路，除联接路线外，须设法使乘客、货物得以直接交通以及其他应行布置之事，俾在车站尽端轨道宽广不同之处，使货物转运可以省时节费。各公司于其自己所有地上筑造之法，率由各便。

第三条　第一、第二两条所指定各节，由各公司自行承任，办理所有一切须经营之事，以尤速尤善。

第四条　凡属各铁路地段上之保全铁轨与夫运输之布置及他附属等事，由各公司自行担任。

第五条　南满铁路与东清铁道间之运输事业，均按照下列各条施行：南满铁路客车所载乘客、行李及物件，由日本轨道驶至俄国宽城子车站，东清铁道客车所载乘客、行李及他杂物，由俄之轨道驶至日本长春车站。南满铁路货车欲往东清一路者，当由其日本轨道来至宽城子车站，可即将货转运或交卸于俄国铁路。东清铁道货车欲前往南满之路者，其由俄国轨道来至长春车站，即将货交卸或转运于日本铁路。

第六条　两公司铁道联接后，其火车转运时刻表由两公司管理处协商妥定。

第七条　凡游历于两路线尽端之车站间者，须收集乘客费及装货费，自南而北者，依南满铁路价目，自北而南者，依东清铁路价目。两公司运输事业所得之费，其分配法率遵依两公司管理所特订之合同。

第八条　各公司均得任意互相享用联接路线之权利以及他项关于运输之件。

第九条　两铁路公司当协同组织行车事宜，俾行客货物往来便利，无所阻滞。并订立专章，以便开拓事业而保利益。

第十条　凡诸条款应于日后采用者，与行车事务、运输客货及行车信号等事，由两公司特议专章，并候两国政府之核准，然后施行。他如互用运输之机关，铁路职员之关系，以及公司收据联单之格式，随后由两公司另行妥定。

第十一条　自后两公司之管理情形，或他互相关系之事，不能如约，致有不和，当由两政府斟酌彼此情形，秉公解决。

明治四十年六月十三日，俄历一千九百零七年五月三十一日，作于圣彼得堡。

本野一郎押。

伊斯福士基押。

六月十七日

草约

当互订满洲铁道暂行条约签名盖印时，日、俄两国并认定，将关系宽城子车站及石牌岭、陶家屯煤矿诸问题即行商定，为有利益，故由日本特命全权公使法学博士本野一郎、俄国外务大臣伊斯福士基协定左开各条款：

第一条　宽城子车站及其附属物件，依理论应为日、俄之公共物，然为实际便宜起见，当将该车站及其附属物件归俄国专有。因是，俄国政府为日本国抛其宽城子车站及其附属物件之公共享有权利之故，而以俄币五十六万三百九十三卢布偿还日本国政府。

第二条　俄国政府于互订满洲铁路暂行条约签名盖印之后，应从速将本草约所黏附之地图中在二二、二三等号所示诸地点以南之一切铁道及一切附属物件，并将石牌岭及陶家屯之煤矿与其一切附属物件，均应照现在情形交与日本国政府。日、俄两国政府于暂行条约签名盖印后，即须从速向南满洲铁道公司及东清铁道公司彼此各将上开各铁道各附属物件及上开各煤矿交代事宜发给以应行遵办之训令。

第三条　日本国政府为在宽城子俄国车站与长春间当选定建筑长春日本车站之地方，因彼此约定，当建筑吉林铁道线路时，该铁道公司在长春车站境界以外，共通过宽城子俄国车站与长春街市间之重要道路与铁道交叉之点，日本国政府当许其建设陆桥，及可由铁道横过。

第四条　日、俄两国铁道公司彼此应缔结铁道上搭客载货之详细规则，当于暂行条约批准后，从速彼此商妥，决订两公司关系此事之委员、其会议之地方及日期，当以认为彼此最便利方法定之。

第五条　本日所缔结之条约，彼此约定，俟该条约附件上第三条所载日本临时车站建筑竣工之时，始实行之。

今欲有凭，由日本特命全权公使及俄国外部大臣签名盖印于本草约上。

明治四十年六月十三日，俄历一千九百零七年五月三十一日，在圣彼得堡作本草约两通。

本野一郎押。

伊斯福士基押。

六月十七日

附件

第一条　日本国政府与俄国政府为希望在两国诸铁道间开办搭客载货之直接交通，因是约定，当从速缔结特别条件。

第二条　日本特命全权公使本野一郎、俄外部大臣伊斯福士基彼此商定，在长春吉林间铁道未及敷设以前，预定该两铁路联络事宜，当采用暂行条约正文第五条之意，故彼此约定，该铁路敷设时，其由东清铁道自北方而向吉林及大连者，其旅客当在长春之日本车站换车，由吉林线及由南满铁道线向北方行者，其旅客亦当在长春之日本车站换车，因是，关系此事之两公司当缔结特别合同。

第三条　虽在本日签名盖印之暂行条约所指定诸工事未及竣成以前，为欲图满洲铁道联络之切实办法，故南满洲铁道公司当在宽城子俄国停车场附近建设临时车站，且因日本临时车站及宽城子俄国车站中间开行客车时，须载运乘客、行旅及转送其他物品与换载货物，故两公司宜各自为此等事情筹画一切应行布置之法。

明治四十年六月十三日，俄历一千九百零七年五月三十一日，在圣彼得堡作本附件两通。

本野一郎押。

伊斯福士基押。

六月十七日

驻韩总领事马廷亮致外部日韩订协约用人行政权归统监电

韩民近尚平静，现日、韩重订协约七条，大致用人行政权全归统监，谨电达。

六月十七日

美使柔克义致外部教堂公产系指教会坐落而言希分咨各省照会

为照会事。

本大臣照会贵亲王，以美国教会租买房屋地基不欲填写本处字样一事，来照云：本处教堂公产字样，系属旧章，奉行已四十年，各国均无异议；并云：二十九年商约内之各处处字，与二十一年章程内本处处字，语意并不相背，是以无庸更正等因。查此字样虽已行用多年，然与现所辩论者已不相涉。因一千九百零三年中美两国新商约系为末次订立，在未订该约以前所立之章程，如有与新商约不符之处，均应照末次条约办理。至云章程内之本处与商约之各处语意并不相背一节，以本大臣所视旧章之本处、商约之各处语意次序不惟不同，抑且各有所云。旧章系本处教堂公产，新约系美国教会准在中国各处租赁及永租房屋地基，作为该教会公产，并非云美国教会在各处所设立之分会，准其自行永租房地之意。按照贵亲王所视，是否与本大臣意见相同，或互有未悉之处，抑有混含之语，本大臣兹亦无庸辩驳本处二字，惟不能允用本处字样限制教会。若云美国某教会在某州县本处地方永租之公产字样，在本大臣则意无不可。贵亲王来照云本处教堂公产者，是指教会坐落之地方而言。既系贵亲王与本大臣均已明悉，深望亦应照准以上本大臣所请，希即分咨各省，转饬地方官遵照办理可也。

须至照会者。

六月十八日

东督徐世昌致外部安东铁路不能任日本驻兵电

日将石井在本溪河商造兵房，经该处交涉委员电禀，已饬令坚阻。此事前萩原来商，亦未允。查安东铁路条约订明，系专运工商货物，非东清铁路比，万不能任其驻兵。请照会日使，转饬阻止。

六月十九日

徐世昌唐绍仪致外部中韩边界未勘请饬马廷亮派员携图卷到奉电

韩王被胁让位，全境驿骚，其关系于东事者甚巨。中、韩边界未勘定，交涉必多。此间无案可稽，临事必无依据。拟请饬朝鲜总领事马道选择熟悉边情人员到奉，并携带界图，择钞要卷，俾得细询一切。是为至要。

六月二十日

专使陆征祥使和钱恂致外部请宣布立宪宗旨电

月前有三韩人来海牙，自称奉命赴保和会，会中并未接待，而嫌隙已起，遂召事变。会中众论、列国各报均谓，当今世界危机日迫，惟赶紧立宪，庶几可挽，语极谆切，意存劝谏。祥、恂备闻种种外论，不敢壅于上闻。我国固已钦奉懿旨预备立宪，明知此时程度未易实行，然立宪宗旨不妨再行确实宣布，以示决无更动。其一切条目自可从容酌议。如此，则列强起敬，邦基乃巩。祥、恂身列和会，见闻较切，诚迫电陈。谨请代奏。

六月二十一日

外部复柔克义美教会公产添永租字样可照允照会

为照复事。

准照称：旧章之本处，与商约之各处，语意次序不同，兹亦无庸辩驳，惟不能允用本处字样限制教会。若云美国某教会在某州县本处地方永租之公产字样，在本大臣则意无不可。希即分咨，转饬遵照等因。查本部前照内本处美国某教会公产一语，与来照所称美国某教会在某州县本处地方永租之公产语意并无出入，不过彼此文法不同，实则讲解仍是一样，本部可以照允。除再咨各省转饬遵照外，相应照复贵大臣查照可也。

须至照会者。

六月二十二日

徐世昌唐绍仪致枢垣日本外交狡猾敬陈愚忱电

本月十五日，承字寄奉上谕：有人奏，东三省办理交涉不得勉强迁就等语，著徐世昌、唐绍仪按照所陈各节查明办理。原片著钞给阅看。钦此。跪聆之下，钦悚莫名！窃惟臣等抵任以来，深见日本交涉之难，格外加劲慎重。前将军赵尔巽与日本领事萩原守一未结之件，近日屡经提议。如前因日本洋车违警，扣留九辆，经日本允认服从巡警管理权，故将该车发还。扣留盐斤一案，计盐一百九十五石二斗，声明俟协约议定后，允准补税，故先交还。此案于进口盐斤尚未允认，出口盐税亦未议定。其余如本溪煤矿，前将军本有合办之意，苟能操纵在我，仿照临城成案，尚无损碍。安奉铁路本不能援照东清铁路，沿线各矿何能任其擅自开采？渔业公司一案，互有曲直，亦无由官家赔偿之理。以上三端，近数日甫经开议，皆未就绪。至内地杂居、城内设日本警察及屠兽场、沿铁路驻兵、鸭绿江森林采伐权各案，并未提议，自不至迁就办结。即所议各案，皆由臣等与该领事辩论，并未专委驿巡道陶大均办理。提议几及一月，每日至三四时之久，亲与往复辩难，而所议无一办理者，实因日本外交狡猾图进不已，有非情理所能喻。如议有端绪，必当随时奏闻，以期仰慰宸廑。惟东省值困难之时，而日本尺寸必争，断断不已。臣等殚竭智虑，逐日磋商，尚无效力。若如原奏所谓数年来未经允许之事，一旦和平办理，日本固深喜之等语，臣等虽愚，当不至此。但此等案件深恐上廑圣虑，敬先将提议情形电奏，嗣后容再陆续奏陈，缕缕愚忱。谨乞代奏。

六月二十七日

东督徐世昌吉抚陈昭常咨外部傅常胜与俄商互欠款项请商俄使核办文　附字据

案查，接管卷内准大部咨开：本年四月初四日，接准俄璞使函称，光绪三十一年十二月二十日，吉林华商傅常胜向俄商阔罗列夫借银五十卢布，立有借据，言明情愿清还。百端耽延，不肯归还，限期已行推展。本国驻吉林委员迭次照请署吉林将军催还，该将军托故未催，并照称，若他项俄人不还傅常胜款项，傅常胜于此款亦不能归还各情。查该将军如此办法，显为包庇。傅常胜不肯偿还罗阔列夫之款，其他项俄人不还傅常胜款项，与罗阔列夫不相干涉，不得视为傅常胜拖欠合理之据。应请转饬吉林地方官，将此案再行查明，并责令傅常胜从速清还欠款等因前来，相应咨行贵将军，迅速查明办理，并见复可也等因。

前署吉林将军达寿未及咨复卸事，本大臣、本署巡抚到任接准移交卷。查此案系前准驻吉俄外部文官博果牙楞照请速饬华人傅常胜归偿俄人阔罗列夫羌贴，经前署将军达寿〈饬〉交涉总局差传傅常胜，讯据供称：伊欠俄人阔罗列夫之款分应归还，惟俄人米哈一勒一万诺维赤阿利别果夫前欠伊铺顺升公牛价羌帖四千三百张，又俄人谢尔结由利言诺维赤斯次堡尔斯基欠伊羌帖二千张，先后经前外部官刘巴并琅德赠断明归还，出给画押字据，拖欠数年，屡催未交，往返路费亏损甚多，以致所欠阔罗列夫羌帖无款抵偿。应请照催俄员，将俄人米哈一勒一万诺维赤阿利别果夫等共欠伊羌帖六千三百张如数追出，除抵还伊欠俄人阔罗列夫羌帖四千五百张外，尚余羌帖一千八百张给伊收领。并呈验前外部文官刘巴出给二月内由道胜银行交价文据，并琅德赠断明归还画押字据等情呈复。前署将军达桂以债权担保，届期自应饬交，如逾限不交，惟保人是问。前外部文官刘巴既出给二月限内由道胜银行交价文据，事已延至六年，犹未寄交。前外部琅德赠所给之文，至今犹未办给。而华人傅常胜所欠俄人之款，虽亦立有字据，又专指俄人欠伊之款，以了此债，彼此轇轕。若不设法追究，诚恐涉讼不休，无所底止。随即据情钞黏字据，照会俄外部查办在卷。现在俄领事索阔宁已经到任，迭饬与之磋商，拟饬傅常胜将欠俄人之款先行措偿，其俄人欠傅常胜之款，索阔宁亦允设法速为追缴，以昭平允。所有查办华俄商民欠款缘由，相应钞黏备文，咨呈大部，谨请鉴核，转照驻京俄公使核办施行。

须至咨者。

六月二十九日

照录前俄外部文官刘巴签押字据

出字据事。

农人米哈一勒一万诺维阿利别诺夫①欠下长春商号顺升公牛价羌帖四千三百张，言明应于两个月内，由本处道胜银行汇寄长春之分行。

俄一千九百零一年九月三十日，立于哈埠。

清季外交史料卷二百零三终

① 正文内为“米哈一勒一万诺维赤阿利别果夫”。

清季外交史料卷二百零四

光绪三十三年七月

徐世昌唐绍仪致外部安东铁路中日条约并无免税明文电

东电敬悉。安奉铁路日人逐日行车改良一事，未来商及，查亦未有开工举动。至免税一层，中日会议条约并无明文。第六款所言，系专指派员查察经理一节，应援照东省合同，恐未能包括免税在内。否则，此后办理一切，皆可藉口援照合同，直与东清铁路无异。将来商议改良之时必多窒碍，似应转饬总税司，于该铁道进口物料应纳税项若干暂行登记，并特为声明，俟该路改良合同经两国订定后，再作办法，预留地步，似与磋议有裨。是否之处，仍请钧部核定。

七月初四日

外部致刘式训杨枢日法协约内所称中国地面他国不应干预电

日法协约，现经本部照会驻京日、法两使，声明：约内所称之中国地面，中国自有保护和平、维持秩序之责。所有接近法国、日本领地之中国各地方，自应由中国自行确保秩序及和平。此系中国主权所在，他国不应干预等语。希查照。

七月初九日

外部致徐世昌唐绍仪日俄两使送来日俄协约希查照电　附协约

日俄协约，于六月初七日由两使译送来部，约共两条，大旨谓：防将来误会起见，各允认重视彼此现时疆域之完全，并两国曾与中国议订条约合同之各利权，均不违背平等取益宗旨；又各允认中国之自主，并其疆域之完全，及各国之在中国商工事业平等取益宗旨；并相约以各所有和平之法扶助、防护现在时局等语。希查核。

七月十一日

附日俄协约

第一款　大日本政府、大俄国政府各允认重视彼此现时领土之完全，并各国政府曾与中国议订之实行条约，及条约暨合同之各利权，并日、俄两国将契约所生之一切权利，但限于不违均等取益宗旨为度。又日、俄两国于明治三十八年九月五日，即俄历一千九百零五年八月二十三日光绪三十一年八月初七日签订和约及两国所订各专条内所载之各利权，须一律重视。

第二款　大日本政府、大俄国政府允认中国之自主，并其疆域之完全，及各国之在中国商工事业均等取益宗旨，并相约以各所有和平之法扶助、拥护现状之存续及前记主义之确立。

兹两国全权大臣各奉本国政府合宜委任，于此条款签名盖印，以昭信守。

日历明治四十四年七月三十日。

本野一郎。

俄历一千九百零七年七月十七日。

伊士华斯坦。

东督徐世昌咨外部韩民勾串日人侵占黄草坪苇塘一案请赐复文

为咨呈事。

案据安东商埠局呈称：窃查，前因韩民勾串日人近藤侵占黄草坪苇塘、强运苇草等情一案，迭次呈请前军督部堂赵，咨准外务部咨复，已于十月二十四日照会日本公使，电致驻韩统监，饬派韩员与中国地方官会同履勘在案，迄今已八越月之久，并未续奉饬知。今春因两造强运苇草，几酿交涉重案，虽经勉强息事，而苇户数人现尚羁押在县，久事拖累，亦殊堪悯。且转瞬即届秋成割苇之时，两造势必垂涎苇草，难免不复起衅端。是此段苇塘非先将界限会勘，分画清楚，无从定断。然勘分江界更非先请外部指定界限，亦实难于著手。前经职道呈蒙转咨，并未奉复。若再事迁延，深虞别滋枝节。惟有恳请宪台并核原案，酌摘要节，再行咨催外务部，转催日本驻京林公使，再电伊藤统监，速派韩员会勘；并请外务部将应定江界先期指示，俾会勘之员临时胸有成竹，则界限得以早分，众苇户亦得各安生业。所有黄草坪苇塘应勘分江界请咨催作速派员缘由，理合具文，呈请宪台查核，俯赐咨催，实为公便等情。据此，查韩民勾串日人近藤侵占黄草坪苇塘强运苇草等情，前据安东商埠局呈报前来，迭经前军督咨呈贵部，转请日本林公使，电致驻韩伊藤统监，饬派韩国地方官会同勘界等因在案。至今并未承准咨复。兹据该局呈称前情，除批示外，相应据情咨催。为此，咨呈贵部鉴核，查照办理，迅速赐复施行。

七月十二日

外部致徐世昌陈昭常日派员至间岛保护希相机布置电

日阿部代使照称：日政府训开：间岛为中国领土，抑为韩国领土，久未解决。该处韩民十万余，受马贼及无赖凌虐，拟即由统监派员至间岛保护，请速电该处华官，免生误会等因。该处界务，日政府亦谓未经解决，若不速筹会勘，此后办理交涉恐多轇轕。日员保护韩民所驻地界，总以各不侵越为要义。韩馆图卷到尚需时，希将吉省旧案详加稽核，并查照本部六月密函，迅即遴派妥员，前往布置，仍将日员在该处举动随时查察，相机因应。事关界务，统望荩筹，会商妥办，即电复。余函详。

七月十三日

徐世昌唐绍仪致外部日人强立间岛名目已派员筹办电

吉韩边界轇轕，昌等到东即经留意，旋派吴监督禄贞前往查勘，据报大概情形，并地图一纸另行钞呈。查日人所称间岛及延吉厅属和龙峪、光霁峪等地，在图们江北境，确系中国领土。从前韩民越界耕种，历经北洋大臣、吉林将军办理有案。即日人从前绘图，亦以图们江为中、韩分界。自日、俄战后，日人始蓄狡谋，以土门、图们译音相近，公然划入韩界。实则土门河发源长白山，为图们江之支流，岂得据与相混？夹皮沟属吉林府，距省城仅二百余里，与和龙峪、光霁峪相距约八百里，更属无从牵涉。日人强立间岛名目，又将夹皮沟混入间岛区域内，种种阴谋，欺我已甚。今阿使来文称，属中属韩，未经解决，亦知此地不能公然据为韩界，而伏此一著以为将来狡赖地步。若目下听其派员保护，彼谓我已承认，即已得所藉口，务希严行拒绝，俾息觊觎。现已派干员前往筹办，并饬延吉军队向前进扎，以资镇慑。只须图们江一带界务划清，则夹皮沟之事不烦言而解。希查核办理。无任企祷！

七月十八日

东督徐世昌致外部据朱家宝电延吉平静请商日使撤兵电

顷，接吉林巡抚朱电称：顷，晤岛川，探询延吉厅事，据云，已由伊藤侯派斋藤中佐，约带兵二十，于十二日到彼处保护韩民，渠初拟与东省督抚商允，再行派员，伊藤不听，渠现亦不管。宝言：现在彼处甚安静，何庸贵国派员保护？且韩民较多于中国民，决不能凌虐。岛川云：韩民虽多于中国民，然彼实畏惧中国民，故派员保护。特此电闻等语。查日本以该处韩民为中国凌虐，遂以保护为名，派兵前往。但该处甚属平静，韩民亦无在地方官控告之案。即有凌虐情事，亦应中国认保护之责，何得由日本派兵前往？名为保护，深恐别有觊觎。应请钧部诘问阿代使，嘱令将兵速行撤回，并告其已由我派员带队前往查看，如有应行保护之处，必当相机妥办也。统希钧核电复。

七月十八日

外部奏复陈筹议禁烟与各国商定办法折　附上谕暨英使照会

总理外务部庆亲王奕劻等奏，为复陈筹议禁烟，与各国商定办法事。

光绪三十二年十月初六日，准军机处钞交本日会议政务处奏筹拟禁烟章程折、单一件，奉旨：依议。钦此。钦遵到部。

查原奏清单第十条内开：洋药来自外洋，事关交涉，应由外务部与英国使臣妥商办法，总期洋药与土药逐年递减，届期同时禁绝。又印度洋药而外，尚有波斯、安南、南洋荷属输入中国者，亦属不少。如系有约之国，可商诸该国使臣，一体严禁。如系无约之国，可施行我国自治法权，严禁进口。并由各将军、都统、督抚等督饬所属暨税务司，于各该省水陆边界设法稽查，以杜走漏闯越。又查有吗啡，一名莫啡鸦，及刺入肌肤之吗啡针，其损体伤生，较之鸦片尤甚。应查照《中英续议通商行船条约》第十一款、《中美续议通商行船条约》第十六款，切实申明，分饬各税关，如查有不因医治使用贩运来华者，一概不准进口。并严禁中国铺户，无谕华人、洋人，均不准制炼吗啡及制造此项之针，以期弊绝风清等语。

当由臣部商拟办法六条：一、洋药分年递减，以五年内进口总数折中定额，自一千九百七年以后，年减一成，十年净尽。一、印度之嘎里古达为洋药总汇之地，由中国派员前往监视拍卖打包，得知发运洋药实数。一、土药税每担现已加抽至一百十五两，洋药力量倍于土药，而原有之厘税并征只一百十两，应照原定之税数加倍征收，以征为禁。一、香港为洋药熬膏之地，应由港督协助严禁，烟膏不得运入中国境内。一、租界内烟店、烟馆及各吸烟之所并各行店售卖烟具，其清查筹禁之法，照中国地方官办法一律办理。一、吗啡及吗啡针之害设法禁止，已载在中英、中美新约，惟须有约各国应允照行，方可举办。现拟即时举办，切实施行，缮具节略，面交英国驻京使臣，请其转达英国政府。

上年该使臣迭与臣等晤商，往来文牍，议定：第一节，印度洋药以运往各国之全数为限制，以印度出口五万一千箱之数为定额，按年递减五千一百箱，自一千九百零八年为实行之始，十年减尽；第二节，派员前往印度之嘎里古达监视拍卖打包，申明该员只查发运洋药实数，并不干预他权；第三节，洋药税厘征收加倍，以土药统捐及土药价值非一时所能调查明确，所有加征税厘之议稍缓续商；第四节，香港所熬之烟膏禁止运入中国境内，两国各行设法，自防在本境私入之弊，声明港膏禁止出口入华，并禁止烟膏由华入港之贸易；第五节，各口岸租界内禁止烟馆及吸烟处所，并不得售卖烟具，如华官在各项租界外实行照办，各该处工部局不俟华官之请，自行设法办理；第六节，禁止任便运入吗啡及吗啡针，一俟有约各国全允，即应照行。经英国政府应允，由该使臣照复臣部在案。

至洋药有从越南及南洋各岛运入者，经臣部照会法国、荷国驻京使臣，协助严禁。查澳门亦为洋药转运之地，又为洋药熬膏之区，并经臣部照会葡国驻京使臣，分别申禁各在案。惟波斯为无约之国，得可自行设法限制洋药进口，已由臣部咨行税务处，转饬总税务司筹拟办法。其吗啡及吗啡针禁止任便运华，本于光绪三十二年三月间通行照会各国，陆续准各该使臣照复，多已应允，只有日本尚未照复。计此事关系善举，谅亦无不赞成。此臣部与各国商议禁烟办法之情形也。

窃维禁烟一事，原属美举，各国本有同情。而印度为洋药所从出之区，经臣部与英国驻京使臣筹商，报告政府，即允为竭力相助，决议印度出口之洋药，自一千九百零八年正月起，为实行递减运数之期，是英国之有意协助禁烟，足征睦谊。惟曾经声明：试行三年，视中国于栽种及吸食实行减少，限满再行递减等语。是于减种土药一端，必须自行切实办理，并如何严禁烟馆之开设、烟具之售卖，务须认真查办，使吸食者日形减少，方可以对待外人。查西历一千九百零八年之正月，为中历三十三年之十二月，自彼时起，在印度之洋药业已减运来华。转瞬三年，即为限满。所有英国声明各节，全视中国之能否切实施行。机不可失，而事无可缓。臣等公同商酌，拟请饬下民政部、度支部速行会订稽核章程，通颁直省，责成各该督抚实力奉行。其府、厅、州、县，即以此为考成，不得玩误因循，空言搪塞，庶期沉痼可去而大害以除，足鼓国人振拔之新机，并足副各国赞成之美意。谨奏。

光绪三十三年七月十八日奉上谕：据外务部奏，筹议禁烟与各国商定办法，暨另筹抵补药税各折片。鸦片烟盛行以来，流毒异常惨烈。染斯疾者，破其财产，夭其寿命，习为偷惰，职业全废。即各直省吞烟自尽之案，岁计不知凡几。盗贼讼狱，因此滋繁。伤天地好生之心，殊堪悲悯。且令神州古国种类日弱，志气日颓，自强更复何望？近来官绅士庶多知悔悟，争相结社劝戒。即素嗜鸦片者，亦未尝不痛心疾首，自怨自艾。各国善士尚多倡设公会，劝禁贩买，广施药方，每以中国鸦片不除引为深憾，则身受其害者应如何淬厉奋发，力拔根株。前经降旨颁布禁烟章程，期以十年，使洋药与土药同时禁绝。现经英国政府允许分年减运，各友国亦多乐为协助文明之举，嘉慰良深。英国现已实行递减，相约试行三年，视中国栽种、吸食实行减少，限满再为推减。我若不如期查禁，转瞬三年，何以答友邦政府之美意？何以慰各国善士之苦心？此机一失，时不再来。若永远困于沉痼，势必无以为国。我君臣上下一念及此，能无愧悚难安，引为疚责？著民政部、度支部迅即会订稽核章程，严定考成，请旨颁行；一面责成各督抚，按照政务处奏定成案，督饬所属，切实举行，并体察该省情形，将减种减食实在办法先行奏闻，所有按年减少数目，每届年终，汇奏一次。其药税指抵各款，由度支部另行筹补，以备应付。事关国势强弱，民命寿夭，著内外臣工协力通筹，认真办理。无论如何为难，必期依限断绝，毋得稍涉因循，致干重咎。余依议。

附英使朱尔典复外部限制印土入口照会

为照会事。

照得贵国拟渐禁鸦片烟运华办法，光绪三十二年十月十四日由贵部列位大臣面交节略，当经本大臣转报本国政府，去后，现已会同印度政府详细斟酌，兹奉回咨，令将本国政府主见转为上达。

一、中国政府拟洋药应以十年禁绝，将洋药进口数目年减一成，庶期逐渐减除云云。今本国政府对此另拟一法，乃无须节制进口入华之数。本国政府允将由印度洋出口运往外国之鸦片总数限定，由一千九百零一年起，至〈一千〉九百零五年止，此五年内，核计鸦片出口总数折中定额为六万七千箱，其中入中国者为五万一千箱。今拟于三年内，每年于此入华之五万一千箱内减少十分之一。如此，则一千九百零八年出口额数限至六万一千九百箱，一千九百零九年限至五万六千八百箱，一千九百十年限至五万一千七百箱。若此三年之内中国果于栽种及吸食实行减少，则本国政府允认三年限满仍行照前减少。然限制运进土耳其、波斯及他国之鸦片之事，须由华政府另行商定，同时照办。

一、中国政府拟派员前往嘎里古达监视拍卖打包，使发运之洋药知有实数云云。本国政府亦无不可，惟应定明该员并无干预之权。

一、华政府谓洋药之力既厚，而所征之税实较土药为轻，拟以加一倍，每担征银二百二十两，并非计较税项可以多征，实无非以征为禁云云。查所拟将现行税厘倍收一节，本大臣奉准议商，总以洋药与土药均齐征收为宗旨。惟本国政府于酌定此节之前，尚有三端请教确实情形：甲、此项新定统捐乃每担百一五两，是否中国所有土药无不切实一律照收？乙、此项新定统捐较向来税捐是否加倍或增加殊多？丙、洋药价值与土药价值相较如何？查洋药实价一节，贵部若欲真知灼见，总不可忘却印烟运抵香港其价并非货品之原值，因有孟加拉统捐每担四百三十三两，或马勒瓦运费捐每担二百六十四两包括在内。至节略所称洋药倍于土药之语，印度政府不甚相信，盖闻得近年贵国种植土药之法颇有进境。

一、至香港所熬之膏，及贵国所拟禁止入华之办法，本大臣尚未接准详细情形，故此节仍应暂缓答复。

一、至各口岸租界内禁止烟馆，及稽查售卖土药烟具各铺之办法，本国政府意见：如华官在各项租界外实行照办，各该处工部局亦不俟华官之请，自行设法办理，且由本大臣札行有英界各口之领事官暨上海总领事，一律照办。然应陈明，有通达事理者深虑华官在各口岸所行办法仍欠切实，据称，烟馆封闭一举，不过将其变作出卖烟膏之肆，以后下等社会所吃之烟仍不少减。

一、禁止任便运入吗啡亚一事，一俟有约各国全行允诺，本国政府甚愿赞成也。

须至照会者。

七月初四日

东督徐世昌等奏通事王文渡勾串俄兵伤毙多命已饬正法片

徐世昌等片。

再，江省自外兵驻境以来，往往因不肖通事诈索不获，一言之顷，乃致戕人生命，毁人家室，非尽法严惩，何以雪沉冤而全善类？查有通事王文渡，上年随俄队道经兰西县唐栗泡地方，因队官瓦夫聂误诬该处团练为匪，该通事不乘时急为剖辩，竟敢藉势向练总杨德索俄银五百卢布，洎杨德许为张罗，该通事犹虑其设词诳已，竟向俄人指练为匪，以致俄兵开枪，将练勇击毙四名，复用刀砍伤十二名，前据该县禀报情形，当经杨德照会俄使、提督及铁路公司查办，去后，兹据试署安达厅通判翟文选购线派兵，会同哈埠交涉局，获犯解省，经交涉总局详讯，据供前情不讳，呈请核办前来。臣等查，王文渡特因诈财不遂，竟敢唆使俄兵伤毙练勇多命，实属贪很〔狠〕凶残，罪无可逭，经批饬，就地正法，以昭炯戒。除咨法部查照外，谨附片陈明，伏乞圣鉴。谨奏。

光绪三十二年七月二十日。

外部致俄使开矿伐木合同已电东督签字照会　附合同二件

为照复事。

本年七月初七日，接准来照以东省铁路煤矿合同，于增添一条内删去巡警管理华工一节，应另声明，矿厂必须指明地段云云，可照本部六月二十九日节略添入该合同之末条，并请将该合同各条核准，电咨东三省总督，转饬从速将展地、伐木、煤矿各项合同签名盖印等因。除本部将该合同各条核准，并电达东三省总督，将前项另行声明一节添入末条，连展地、伐木各合同速行签字盖印外，相应照复贵大臣查照可也。

须至照会者。

七月二十二日

吉林黑龙江两省东清铁路煤矿合同

第一条　中国东省铁路公司有在吉林、黑龙江两省议定界内勘挖煤矿之权。其开挖应在何处、应用何法，均由该铁路公司自择。惟勘矿之时，仍须会同华官前往，验明实在无碍，方准勘办。所谓碍者，系指离民居或坟墓远近而言。如有市场之处，所开矿口不得在二里以内。如不过十家之乡村，矿口相距不得在一里内。如有大坟地或森林，矿口相距不得在半里内。

第二条　铁路路线两旁三十华里内之煤矿，由公司勘办。但中国民人亦可享在该路两旁三十里内挖采煤斤之利益，只要于该公司已开煤矿无碍，该公司不得拦阻；或有他项洋人，或华洋合股，在三十里内挖煤，应商准华官及该公司，方能办理。其路线三十华里以外，与该公司无涉，无论华、洋人等勘挖煤矿准否，应由华官自主，该公司不得过问。欲在三十里外勘挖煤矿，仍须先禀准本省巡抚，方可施行，亦与各项华、洋人等无异。

第三条　铁路公司自开之煤，左近居民日用，不妨可至煤窑价买煤斤。惟各处情形不同，价值自难一律。某处何价，均应由哈尔滨铁路公司酌定，开单通示，一面知会哈尔滨交涉局，亦行通示华民。

第四条　如遇寻得煤苗之处，或房子三五所，或小块坟茔不过十坟之茔地，而其必须为应用，则铁路公司可向地主、房主商酌移房、移葬等事。价值，派交涉局员秉公商定妥办，随时禀明本省巡抚立案。

第五条　凡勘明某处实可开挖煤矿，应需地段若干，由公司会同交涉局员，向业主查看地势，公平议价，或租或买，即准开办。其勘采不用之地，应由该公司出资填平，交还原业主。该公司无地面业主之权，若有损伤树木及践毁禾苗之处，亦由该公司会同交涉局，向业主和平议价偿给。

第六条　煤矿应需木料，在购定界内者，由公司随意砍伐。如在界外民地，应与地主和平议价，按照与公司所定木植章程办理。其官地办法亦须按照木植章程办理。

第七条　开出之煤，每千斤铁路公司交纳吉、江两省平银一钱二分，每年分四季交纳。第一次俄三月底，第二次俄六月底，第三次俄九月底，第四次俄十二月底。又每座出煤窑洞每年交纳山课吉、江两省平银十七两六钱四分，此项山课俄六月底一次交清。

第八条　凡系官地，亦须会同华官勘明，划定界址，由公司议定租价，惟须比照垦荒，按等交纳，不得或过。

第九条　铁路公司与该处中国官家或华民有尚未商定事件，将来就地商议。不合之事，均归哈尔滨铁路交涉总局查核定办。

第十条　以上章程系专为铁路公司自开之矿而定。其华人自办之矿，无论新旧，无论何处，均仍照中国各章办理，铁路毫无干预。

第十一条　本合同应用华、俄文缮写二份，核对明白。如遇辩论，以华文为凭。

第十二条　公司所办各矿，由吉林及黑龙江交涉局派员驻厂，稽查出煤若干，会同该矿办事俄人登簿记数。委员住房由公司预备。该厂必须指定地段，或圈一围墙，围墙以内巡警不可拦入。倘有犯事华人逃匿矿界内，应随时由地方官知照厂员，派人协同中国巡警前往查拿。

华历光绪三十三年七月二十二日，俄历一千九百零七年八月十七日，立于哈尔滨。

中俄订立吉林木植合同

第一条　东省铁路公司在吉林省准有三处地段砍备各色木料：甲、石头河子相近，其地段图样黏附。乙、高岭子相近，其地段图样黏附。此二段系原领富郎克地一段，长八十五华里，截分为二。丙、一面坡附近，其地段宽广均不得过二十五华里，即六百二十五方华里。其图样一俟绘妥后，即行黏附本合同存证。

第二条　铁路公司应于砍备木植以前，及在指明地段内，拟备木料数目、种类知会铁路交涉总局，领取砍木票照，内应注明拟备木植种类、数目。此项票照，应俟铁路公司按照所开木植数目缴纳三成之一票费后，由华官即行照发。其余票费，于木植备齐后，按照票内所注实在木数，一律交清。

第三条　每年应于俄八月初一日发给铁路公司砍木票照，以一年为期。所有上届砍备木植票费，至时应结算交清。倘一年期满，实行砍备木植不及票照内所开数目三成之一，则预付票费应归中国官库，例不发还公司。倘铁路公司砍备木植过于票内所开之数，则所逾数目仍应核实，按照本合同定章交付票费。铁路公司如不按期交付票费，并有违背本合同无论各条之处，则应将已发票照作废，地段收回。如铁路公司照章付给票费及遵守本合同各条办理，则华官亦须仍循旧章，每年按以上定期换给新票。

第四条　指给公司之砍木段落界址，应由铁路公司自行出资，在当地划分清楚。铁路公司不得越界砍伐木植，华官不得在上开地段内另准他人砍木。如有他人擅自砍木，华官须竭力设法禁止。

第五条　铁路公司砍木地段靠近铁路之处，须留出通行车马道路。

第六条　铁路公司在上开领票砍木地段内，可自行设法布置砍伐林木等事，并可堆积木料，建设锯木等厂，搭盖住房，以及铺修运木枝路。公司应须任令华兵入界捕拿胡匪，华民围猎采参无稍阻碍。如在铁路砍木界内有可耕之地，仍由华官随意招民开垦，公司不得阻止。其当地居民可在上开地段内砍伐盖房木料并自用火柴，必须由住厂委员知照铁路公司，指明地段，酌定木植数目，给予特别执照，惟不得外卖。上开地段有草甸之处，铁路公司亦可牧放牲口，割取羊草，惟每铺特须缴华官库草价一戈比。

第七条　铁路公司按砍木票照砍备木植，如长一阿尔升，合营造尺二尺二寸，厚一韦尔学克，合营造尺一寸三分七厘五毫，应纳票费一戈比之四成，此仅指圆径十六俄寸、长十二俄尺之大木而言。如木长或圆径逾于上开尺寸，则票费应按每长一阿尔升、厚一韦尔学克，以半戈比核算。火柴每古磅应纳票费一卢布。道木每块应纳票费三个半戈比。大木圆径以小头计算，如在每俄寸六成之上，照全俄寸计算，如不及六成者，不算畸零。至长短，应按每俄尺足四成之一计算。以上所定票费数目，于本合同画押之日起，以五年为期。期满，则票费问题应再另议。如遇公司另向华官允准砍木之商人定购木植，公司仍按本条所订票费，在收木时交付。

第八条　华官应派委员常川驻扎上开林木地段，查验砍备木植，分别种类、尺寸、数目，会同俄员缮立簿据，以凭核算票费。

第九条　铁路公司所有岔道、堆木厂、机厂以及住房等占用官地，每华晌不分等第，按年付租俄洋三元，如系占用民地，应商允地主，按年偿给租价。

第十条　所有林木既全归华官府自行护养，铁路公司砍伐木植，不得有碍政府将来所颁护养通行章程办理。

第十一条　按照现在铁路情形，吉省共需各项木料，如火柴每年以二十万古磅、道木以八十万块、大木以二十万根为度。如日后铁路振兴并改良，一切应需木料过于上开之数，则华官亦可照允。

第十二条　铁路砍备木植，如愿将应用敷余之木植外卖，应按照中国通行税则缴纳税费。

第十三条　铁路公司自此次合同核定后，彼此均应遵守。凡从前所订合同并所发票照，全行作废。

第十四条　本合同应用华、俄文缮写二分，并附指明砍木地图，彼此盖印画押后，一分存吉林巡抚衙门，一分存东省铁路公司。遇有辩论，以华文为准。

华历光绪三十三年七月二十二日，俄历一千九百零七年八月十七日，立于哈尔滨。

清吉林会议专员·花翎·候补道杜学瀛押。

俄东省铁路公司总办·提督霍尔洼特押。

东省铁路公司总办之全权代办达聂尔押。

使俄胡惟德致外部海参崴赔款现经各部议准电

海参崴赔款，迭向外、户、商部切催，现经各部议准，筹拨二十五万卢布，作为被损华民恤款，他国不得援以为例，已专案入奏。闻此数系询明璞使酌定，德虽力商加增，彼终未允。

七月二十二日

外部奏译呈义国国书并恭拟答复国书折 附来往国书

总理外务部庆亲王奕劻奏，为译呈义国国书，并恭拟答复国书，分缮清单，仰祈圣鉴事。

窃臣部接准义国署使臣博尔济斯照称：现接政府来文，以本国大君主生女，附送御函一件，请代为呈递等因。臣等查，该国君主诞生一女，专函致告，自应赐书答复，以笃邦交。谨照译该国国书，并恭拟答复国书，分缮清单，进呈御览。伏候命下，即由臣部照缮，请用御宝，转寄该国外部代递。所有译呈义国国书缘由，理合恭折具陈，伏乞圣鉴。谨奏。

光绪三十三年七月二十二日奉朱批：知道了。

照译义国国书

大义国大君主致书于大清国大皇帝陛下：

朕与大皇帝友谊甚敦，夙称和好。今特将深堪嘉庆之事达知陛下，因朕之皇后于西历一千九百七年十一月十三日在罗马城宫内诞生皇女，特锡嘉名若完纳爱理萨贝达安德呢亚罗玛纳马利亚。朕深知皇太后、大皇帝于我皇家良深眷注，谅遇此事，同深欣悦，藉此再表朕钦慕和好之情。惟愿圣躬康强，国家兴盛升平。是所厚望！

恭拟答复国书

大清国大皇帝复书于大义国大君主：

接展来书，得悉大君主诞生一女，良深欣悦。朕钦奉慈禧皇太后懿旨，阅悉之余，同为欣慰，特备专书致贺。惟大君主鉴察焉！

使和钱恂奏和属华侨情形谨据闻见所及缕陈折

出使和国大臣钱恂奏，为和属华侨工商、学务情形，谨据闻见所及，恭折缕陈，仰祈圣鉴事。

窃臣于光绪三十二年遵外务部、学部、农工商部迭电，亲往和属爪哇全岛，考察工商、学务，业由前使臣陆征祥将所得情形报告各部。上年臣恭膺简命，擢任使事，于侨务尤切切关心。查华人侨徙，以南洋为最早。南洋属地，以和兰为最多。属岛百数，无岛不有华民。行政四区，每区镇以大官，而尤以爪哇一区为行政枢纽。综计全属侨民，以劳动食力者为最多，小本营生者次之，藉资立业者又次之。故谈侨状者，亦以工为首，商次之。若学务，则近甫萌芽者也。华工苦况，曾经升任使臣吕海寰奏陈有案。近来和政府迭改章程，意存体恤，而实惠未逮，侨工仍呼吁不休。臣在岛时所受面诉、禀诉已指不胜屈，而使馆所受官牍、私函言华工苦况者又百十件。若果如所诉，则诚有耳不忍闻、口不忍言之惨。此等华工，多由内地奸民诱卖出洋，带至英属新加坡，再行分送各埠。闽粤一带，呼为猪仔，言其相待无人理。前年臣道出新加坡时，适领事孙士鼎赎回猪仔数名，臣面加询问，知人言之实非无因。

查和属地方，日里等埠种植烟草，文岛等埠挖掘锡矿，需工繁多，全赖猪仔。愚民惑于出洋致富之说，更或不招自往。昔年一二黠者间亦因此起家，近来则但闻每岁数十万人出洋，而不闻归国，不闻立业，盖填沟壑者不知凡几。平情而论，西人固贱视华工，而华侨亦自残同种。凡锡、烟等业，皆和人为产主，而选华人之久居其地、善合彼意者为工头，为管理人，为包揽人。此等人媚人利己，无所不至，克减工食，增加苦力，诱赌诱借，逼成负债，诬捏罪名，送官惩虐，实堪痛恨！工约虽订有期限，而期内旷工必加以数倍之偿补。工满虽订明遣归，而藉词和例，或竟不代领出口凭照，坐是而华工遂终身陷溺矣！世界水恶土劣之地、雨淋日炙之工，白人体弱不能胜、棕人黑人智短不能胜者，莫不招用华人。华人被招，无不受虐。英、美皆然，和为尤甚者，皆此种人欺上凌下阶之厉也。上年七月，臣准外务部电开：和商在闽招工，经部驳斥未允，和使屡以为言，因乘机提议，邀其先允在和属设立领事，方可议及招工等因。臣即遵向彼政府进言，议设领事，彼固不遽允，亦未峻拒。盖领事非彼所愿设，而华工则彼所必需也。在先每提及设领，彼必以条约未有明文为言。查属地设领，诚须立有专条，不在通常条约之内。今招工条约万不可不订，乘此订约之便，加入设领一层，事本一贯。领不允设，即工不允招，此诚抚侨第一义。虽事非急遽可成，而政策固万不可易。此侨工之宜抚情形也。

华商营业于爪哇，实在和人未据该岛之先。种蔗、种稻，皆华人为之先导。向来贸易大宗，如糖，如米，如咖啡，如椰，均归华人掌握。近彼嫌利源外溢，遇事限制，如烟草，如典当，华人已不能过问。又华货进口，新例加税；瓜米出口，新例限数。彼行政之条例愈增，即我华人之生计愈拙。闽侨朴绌，不如粤侨之善于懋迁，故就表面而观，粤为稍胜，而内容则同一萧条。今后商务有日衰，无日盛，乃必然之势。且不特商务上见衰也。凡殷实侨商，无非体面侨官。溯和人初占爪岛时，仗华商本有之势力，以驱压爪民，择华商之豪者，畀以武职，随地设立，俾自辖华民，此今日马腰、甲必丹、雷珍兰等官所由起也。和人每夸此为格外优待之举，诚为他国所无。无如相沿既久，世袭者或徒思保产，新膺者或出自钻营。我之人格渐卑，彼之待遇亦渐减。臣尝亲至其办事处，见昔年侨牍尚多华洋交涉之件，近来则华人婚姻注册、华人进口后取结，以及和解小小争端而已。在一二不肖者，或且藉和官之势，以凌虐同侨，世甘侨官，诚不足惜。而若干爱国心殷者，每鉴于数十年前内地地方官欺勒归侨之往事，谈虎色变，不敢言归，甚或激于华侨之不蒙优待，而以愿隶和籍或日本籍之谈向臣饶舌。臣口谕笔答，谆谆规劝，不遗余力，而能否听从，殊未敢必。夫邦交、侨情须面面顾到。臣前年在岛劝设华商总会，意在以联络侨情，为敦笃邦交之作用。盖商会总、协理非现任侨官，即已具侨官资格之人，我所推举，即彼所信任，碍阻自鲜。幸蒙农工商部默谅电诺，于是有巴达维亚、泗水、三宝垅三总会之成立。厥后，梭罗、日惹二会继之。近知杳厘亦已有商会之设。非如领事之必须先定条例，成一种交涉事件而通情于政府，则较领事为易详易确。若善诱而利导之，其效自巨。昨年以来，商会禀陈事件经外务部、农工商部函咨臣处，拟议办法者，如商会章程之酌改，和官宝星之酌予，归侨护照之酌给，无非为恤侨联交起见。推诚相孚，侨感而交自巩，此侨商之宜抚情形也。

华侨世居南岛最久者已三百余年，不但中国文字非所习睹，即中国语言亦非所习用。和人又不轻许华侨习和文、和语，彼所通用者，以和文字母拼成之巫来由文及漳泉土音羼杂之巫来由语而已，间有广东潮嘉人谋食渡海，侨董延为蒙师。此辈识字无多，成效自鲜，光绪二十八、九年间，始知兴学延师。今外务部派充臣馆之一等书记官董鸿祎，曾于光绪三十年往司爪岛教育，课以汉文，导以爱国，于是华侨更知非通晓汉文无以通中国之情，非通晓汉文并无以增外人之重。适逢明诏重学，传播海外，侨情愈奋，日事推广。臣前年在岛时已有学堂四十余所，学生六千余人，尽以汉文为先。他岛亦闻风而继起。虽侨彼异地，课我汉文，不免有遭疑见忌之处。但使相安无扰，必可以维系祖国之爱忱，表扬文化于域外。臣又思侨学纵极扩充，而中学程度跂造为难，非归国就学不可。曾电致两江总督臣端方，商侨生内渡就学方法，经端方特设暨南学堂于金陵，以专教侨生，数年之后，必有大效。本年和人添筹岛款，为岛侨别谋教育之推广，虽和英文字宗旨不同，而知识加增，于侨民固有进益。又华侨风气既开，往往自备学费，选子弟出洋，赴英、和等国就学专门。虽程度未能画一，而志极可嘉。此等自费侨生，应由出使英、和大臣随时保护，而导以道德，任其择学，而勿苛以新例，则于育侨之中寓惠侨之意。此侨学之宜培情形也。

至华侨所呼吁最痛而望救最切者，又有三事：其一诉讼不平等，其二行路不平等，其三纳税不平等。据华侨迭禀称：和属于司法、行政上分设三种裁判所，有本邦人裁判所，则受和之诉讼，而欧美、日本人之诉讼附焉！有地方裁判所，有地方高等裁判所，则受土人、巫来由人之诉讼，而华人、回教人之讼诉附焉！此地方裁判分为两所，不过于案情轻重上示区别，亦各国通例，无足为怪。惟不准延辩护士，不配坐陪审官，不如本邦裁判所之一守新制令人折服；又官坐于上，原、被告蹲伏受讯，在华侨习见新制遂觉此为无理之举，耻辱之尤，不免心抱不平。且同一客国人，何以欧美、日本得与和人同等而华人乃与土人同等乎？又如欧美、日本人入境之始给予护照，厥后在境内商贩、游历无地不可，而华人则限以区域，域以外住一宿者有罚，域以外逾一步者有罚，非别请专照不可。此专照又非易得，坐是生无穷障碍。土人聚居之地，华人虽有专照不得径入。街衢清洁之地，华人虽有厚产不得居住。同一旅客，何以欧美、日本人所享利益华人多不获同沾乎？又按律输税，诚旅客所应遵守。欧美、日本人于所得税例纳百分之二，而华人所得税则纳百分之四。又如欧美、日本人车马无税，华人则车马有税。其他彼此厚薄之殊，不遑胪举。臣查，华侨所诉如此，则要求优待，免除不平，自不容缓。华人之往爪哇，不但先于各国，并先于和兰。和人莅爪，见华人生活程度与土人不相上下，嗜好风尚又大略相同，其以待土人待华人，势也，此地方裁判之所以统合也。迨各国商贾接踵继往，和人政策亦逐渐求备，本邦裁判法制自较地方裁判为善，同类相亲，又势也，此本邦裁判之所以附欧美而不附华人也。西人以人格之高卑判待遇之厚薄，而人格高卑准乎贫富，华侨固贫多而富少者也。又昔年侨民只身泛海者，非穷困无聊，即畏罪亡命，此等人莠多良少，防闲之严，半由自取。今则学堂兴，商会设，流品自别，正是要求优待、免除不平之机会。西例以岁纳国税多寡定人权之等差，华侨岁输巨税而人权不尊，确未足以服侨心。若与商定一数，凡岁输若干金以上者，享利与欧美人同；凡岁输若干金以下者，姑仍旧例。如此，则与和政无碍，而侨心亦靖。此意臣在岛时向商会剀议而商情亦以为可者也。至于所得税之倍于欧美人，原属不平。而在华侨，则但愿待遇之从优，而多金在所不惜，惟头鬃尾税等名目非所甘受。近和令亦有改去者矣！南洋和属，距和都三万里，其属地一切行政权全责彼督，而政府不为遥制，故岛政良否，政府不能尽知。既与磋商，亦非易事。臣忝膺使职，又曾目击侨状，胪缕以陈，非敢期旦夕之奏功，先以备刍荛之下采。可否请旨饬下部臣，归并设领案内，相机提议，以慰侨望之处？伏候谕旨遵行。所有和属华侨工商、学务情形，谨据闻见所及，缕陈缘由，理合恭折具陈，伏乞圣鉴。谨奏。

光绪三十三年七月二十二日。

外部致徐世昌唐绍仪请商日廷撤回间岛日兵电

有电悉。前准筱电，已于十九日照会日使撤回日兵，并于是日钞稿附入密函，计已达览。昨阿部代使照复：日政府训开：康熙五十一年，白头山分水岭界碑，自土门江以南，至豆满江之间，即韩国所称之间岛。前年中国向韩政府提议勘界，今未解决，是以豆满江为中、韩国境，韩尚未认。中国在争论之时，自设延吉厅，近在六七年，韩亦未认。并以该厅对于韩民行为曾经抗议，更自设间岛管理官，配置兵丁，以保护韩民。嗣该地为俄所占，俄兵退后，秩序大紊，匪贼横行，韩民来请保护，决派斋藤中佐前往。乃督抚谓地方平静，与事实相反。日人在该处被马贼虏杀且近十人，斋藤携带少数宪兵，专为保卫巡察，地方官勿生误会等因。查康熙年间穆克登碑文，有东为土门之说，并无分界字样。日政府意在侵越，诸多牵混。至谓韩在该处自设兵官，即指李范允而言。屡经本部照会韩使，并咨行驻韩许使，切商韩廷，将李范允撤回有案。该处亦并未被俄人占据。来函所附吴禄贞图说，载明十处界碑，极为清晰。尊处饬将界碑严守，所办甚是。本部当照函电，参考成案，再行切实辩驳。此次日人率兵越界，中国并未允许。彼已强行拦入，殊属无理。若仅恃笔舌争衡，不筹实在办法，势必枝节横生，漫无结束。前此本部迭次函致许使，往商韩外部，派员会勘，以中、俄战事中止。现在日政府提及此语，拟仍商由日政府转致统监，先将兵队撤回，一面各派委员前往勘办，以期各守各界。希迅即会商吉抚，妥为筹议。至该处日人有无被马贼虏杀情事，并希严饬查拿，实力保护，免致藉口。即电复。

七月二十六日

清季外交史料卷二百零四终

清季外交史料卷二百零五

光绪三十三年八月

使俄胡惟德致外部崴埠赔款俄未允偿电

三十日电悉。崴埠赔款，前向外部迭次切商，彼谓：须与德、法等所损一律办理，始终未允赔偿。此次恤款专给华商，在彼已属例外。当再磋商续电。

八月初二日

外部致日代使阿部东省延长关外路线系便利我国交通与南满铁路无涉照会

为照会事。

本年七月初五日，接准照称：闻关外铁路有由新民屯敷设新线往北延长之说，其办法如何？又闻东三省总督有借外债之说，是否为造路之用？本代理公使曾请详查，并声明：敷设与南满洲铁路并行之路，或侵害该路利益之支路，断虽〔难〕承认等因。当经本部咨行东三省总督、奉天巡抚查照核复，兹准复称：东三省拟借外债，将来是否作为造路之用，系为中国内政所关。至铁路如何敷设，现在尚未定议。惟延长关外路线，为我国国内交通便利起见，与南满洲铁路毫不相涉，既非于该路附近另设并行之干线，亦非侵害该路利益之支线。请照复日本国驻京大臣，毋庸过虑等情前来。相应照复贵代理大臣查照可也。

须至照会者。

八月初三日

徐世昌唐绍仪致外部商定安奉铁路不改路线及沿路矿业办法五款电

安东至奉天轻便铁路，日人在该路线沿路占据及擅挖各种矿山十余处，其最注重者为金钢宝石矿产。自昌等到奉后，检查次珊移交未结各案，次第与日总领事逐件磋议。如公私房产，及南满洲铁路，以及开埠各事，均载在中日约内，无论如何强横，尚有条约可争，是以先摘重要问题与其交涉。查阅日本各报，均载安奉铁路应绕吉林或辽阳之说，关东州所产盐斤，应大加整顿等语。乃三个月以来，会议不下数十次，盐事毫无头绪，只可暂时搁下。现商定安奉铁路不改路线及沿路煤、铁、锡、铅四类矿业办法五款，开列于后，即希钧核：

一、日本总领事特为声明，现在安东奉天间之轻便铁道，将来改良，筑修宽轨。至于现有之路线，约计稍有更改，并不另作他线。

二、现在日本人在该路线一带占据及勘采之各矿，日本总领事允一律禁绝，听候遵照第三条批示办理。

三、在该路线附近之煤、铁、锡、铅等矿，俟经彼此派员勘验后，以为可合办者，应预先将所指定何处，由该商人等禀请东三省总督及奉天巡抚核定批准，请旨施行。至应如何办法，可仿照临城合办合同办理。

四、如将来奉天省境内允许他商开采煤矿事业，较直隶临城合同办法，其利益优者，嗣后在此路线所能批准合办之煤矿，亦可禀准援照办理。其铁、锡、铅三种矿业所有合办之事，一切抽纳税厘、报效等项，应遵照以后农工商部奏定章程办理。

五、将来在奉天省境内允许他商开采铁、锡、铅三种矿业等矿，除遵照部章抽纳税厘、报效外，若许有他项利益，将来在此路线所能批准华商与日本人所设之公司合办以上三种矿业者，该处合办公司亦可禀准援照办理。

八月初四日

鲁抚杨士骧奏改订山东五处矿务合同折 附合同暨函稿

山东巡抚杨士骧奏，为改订山东五处矿务合同，遵奉外务部函电，速即妥订，现经德员签押，谨照录进呈，并陈先后办理情形，恭折仰祈圣鉴事。

窃查，东省五处矿务，前经东省京官以损失利权太大，拟请设法补救等词联衔具奏，恭奉谕旨饬查在案。臣奉旨后，遵即督饬矿政局员，与华德采矿公司德员磋议累月，始将已失利权设法挽回。当经改订合同，咨由外务部、商部核复到东，饬局会同德员签字画押。兹已订换事竣，谨将先后商订情形为我皇太后、皇上密陈之。

查自议订胶澳条约以后，德人即在东省设立华德煤矿公司，勘办相距铁路附近三十里内矿产，侵损本省矿利已多。光绪二十五年春间，又有德商于三十里矿务之外另立华德采矿贸易公司，呈请勘办沂州、沂水、诸城、潍县、烟台五处矿务，禀由德国驻京使臣与总理衙门商办此事。总理衙门以所占地段太广，核与定章不符，初次未经核准。复经德使拟送矿章十四条，总理衙门旋即酌量改订，仅以先准开办一处暨同时开办五处，彼此断断辩论，迄未定议。而于矿界之大小，主权之得失，则概未议及也。二十六年夏间，拳匪构祸，遂即悬搁未议。二十七年秋间，德使又派驻烟领事连梓来省接商，经抚臣张人骏商由外务部饬派道员杨晟来东，酌照原议续订矿章二十一条，电由外务部核准。嗣因抽税、报效两项专章一时不能议妥，全章遂亦未及签押，移交后任抚臣周馥接办，磋商多次，仍未就绪。此五处矿务原案之大概情形也。

臣到任后，详核原案，始知德人前在总理衙门所指五处矿界约计共有十二万方里之多，而又处处援照三十里矿章办理，所损本省矿政权利甚大。今欲设法补救，首在声明只是商务，不是交涉，先将前两次所订矿章草底作废，改令遵照商部奏定通行矿章办理，仅与商订合同，勿庸另订专章，俾与华商办矿一律，是为全案紧要关键，而又注重收缩矿界、认缴矿税两大端，藉以挽回利权。舍此别无办法。爰于三十三年春间，督饬矿政局道员朱钟琪、李德顺等，与该公司德员贝哈格另行妥议合同八条，第一要义即重在明定矿界，只准于五处内择定开矿地亩七小块，每小块不得逾三十方里，合计亦只有二百一十方中里，较诸原指矿界约收小五百七十余倍；又将该公司名目改为华德采矿公司，声明系按照寻常商务办法，与胶济铁路附近三十里内之矿务载在胶澳条约者迥不相同，并与交涉无干；而又明定办矿限期、完税规则，并须分招华股，添设华总办，以期华德合办，遇事平权；其余一切事宜，悉令遵守通行矿务章程办理，仍归矿政局随时查核，处处防损取益，似已挽回利权不少。磋磨兼旬之久，始获勉就范围。当经臣照钞合同底稿，咨商外务部、商部、升任北洋大臣·直隶督臣袁世凯，先后核复到东。贝哈格亦将所议合同函商柏灵总公司，旋即因事他去，未及签押。迨后复准商部函称：所订各条详细周妥，应即照准。旋于本年六月又准外务部电称：此项合同现经详加查核，均属可行，应俟该公司代理人到东时，饬局画押盖印，并由臣处奏明办理各等因。该公司代理人郭思曼旋即来东签字，复经臣督同局员逐条详加删订，并声明以华文为主，遂于七月十四日分缮华、德文合同各二分，彼此签字画押，五处矿务全案随即就此办结。

伏查，德人呈请勘办五处矿产，原指矿界几及东省沿海三分之一，而所索利权亦与三十里内矿务相埒。论者谓其蓄意甚深，似非仅在办矿一端，不为无因。今幸仰托朝廷威信，设法补救，改订合同，俾获挽回损失利权，仍与寻常商务无异。即使将来集资勘办，自可饬照通行矿章办理。既不至别酿重要交涉，亦尚可维持本省矿权，藉以仰慰宸廑。除分咨军机处、外务部、农工商部查照外，所有改订山东五处矿务合同谨照缮清单，恭呈御览，理合恭折密陈，伏乞圣鉴训示。再，此项合同系照录签押原本，未便更改，故与陈奏语气稍有未符，合并声明。谨奏。

光绪三十三年八月初五日奉朱批：该衙门知道。单并发。

谨将议订华德山东采矿公司合同缮单恭呈御览

大清国前总办山东矿政局候补道朱、大清国总办山东矿政局兼矿务议员候补道萧、大清国会办山东矿政局前候补道李、大德国办理山东华德采矿公司代表郭思曼，为订立合同事。案据华德采矿公司呈请勘办山东五处矿务，曾经外务部允准，先行查勘在案。兹准外务部咨开，以据该公司禀请续议前来，现奉山东巡抚部院杨札，委矿政局与该公司议订合同如下：

第一条　该公司招集华、德股本，即系华、德公共商务，现在勘办五处矿产，只应按照寻常商务办法，与胶济铁路附近三十里内之矿务载在胶澳条约者迥不相同，并与国家交涉无干。至该公司应办之事，系仅限于开矿一端。此次合同所载各条约，均不得推及别项商务。

第二条　外务部前允该公司于原指五处地段内查勘矿产，原议每处以十个月为限，今逾限已久。据该公司禀称，实未探竣。现特格外通融，准自此项合同签押之日起，再酌予加展探矿期限两年，由矿政局详请抚院，咨明外务部、农工商部立案。俟呈请开办时，再请农工商部核发开矿执照。未发执照以前，不得擅行开采矿产。如两年限满仍未呈请开办，即将该公司查勘矿产之权全行停止，其地统归中国办理。至两年限内，倘有华商，在原指五处，凡非公司恰正查勘之地段以内，呈请勘采矿产，则先知照该公司，于两个月内呈复。如该公司必用此地开采，即应划定矿界，依限办理。倘逾两个月定限，该公司并未呈复，或呈明不愿开采，则此块矿地即归华商领照承办，该公司不得干预。至原指地段内，凡有华商已经勘办及暂时停工尚未全行废弃之矿，应仍归华商办理，该公司允认概不过问，亦不搅扰其事。倘该公司于华矿有所询问，矿政局允为查明知照。

第三条　该公司原指五处地段，系为探矿而设，是以占界甚大。今为办事和平迅速起见，于两年探矿期限内，准该公司于原指探矿地段共择定开矿地亩七块，依限呈请开办。每块矿地界限，不得逾三十方华里，其地须彼此连属，长处不得逾阔处四倍。该公司于呈请开办之时，须绘具矿地详细图说，候矿政局派员会同地方官查明果无违碍情形，再行详请抚院转咨农工商部，核发开矿执照。领照后，应按照部定章程第二十四条，限六个月内开矿，仍以修砌井洞、盖造房厂等事作为开办实据，不得仅以呈报开办日期空言搪塞。倘逾限仍未开办，即将执照注销作废。至矿地四址界限，应于地面周围立石为志。该公司在地底采矿，深处不立限制，其四旁不得挖过地面界址直垂之线。如界外有华商指办矿地，与该公司矿地相距较近者，亦应各将界址划明，以免争执。该公司无论因何原故，如欲将指办矿地转售他商接办，应首尽华人，次尽德人。届时仍应禀由矿政局呈候抚院核明批准，咨请农工商部另换执照，不得私相授受，隐匿不报。

第四条　矿政局总理山东全省矿政，该公司遇有应办公事，应禀明矿政局查核定夺。该公司已办之各项工程，矿政局可随时派员稽查。惟派员之时，须预先知照该公司，以期接洽。如遇有租地、赁房、招工、购料等事，合同应先禀请矿政局，饬派委员，或饬地方官派人，帮同照料，妥为商办，总期办事简便公平，庶于公司及地方公共利益两无妨碍。至该公司探矿、采矿应需地亩，现经彼此订明，只可租用，不得购买。从前已购之地，该公司亦允一律改为租用。其业经划定矿地，如该公司一时尚无布置，仍准地主照常耕作。该公司租用地亩，应各就本地情形，妥议租价，彼此无稍抑勒。应于开矿以前，先付一年租价，由矿政局委员眼同交与地主查收。倘系荒山、河滩，查无业主之地，即系中国国家公产，应照民地一律议租，呈缴矿政局照收。如有庙社、坟茔不便迁让，以及妨损农田水利各项公益善举实有关系违碍之处，地主决意不愿出租，应仍听其自便，该公司不得强行租用。再，如朝廷所属祠庙、行宫、园厂等项之下，暨逼近城垒，以及防守各要害之处，均不准呈请租地办矿。除此以外，该公司租用地亩，该地主即应公平议租，不得藉词推托。如该公司于矿界附近河道，欲立引水机台取用河水，应预先禀请矿政局，派员会同查勘，酌核办理，总以无碍农田水利为主。该公司如在内地欲租栈房，暂存办矿料物，亦应禀请矿政局，查照条约，酌核办理。

第五条　该公司创设公司缘由，并招集股分章程，应呈送矿政局，详请抚院，咨报外务部、农工商部，存案备查。如有违背条约、妨碍公法之处，中国政府应有饬令更改之权。即如该公司在所指地段内只准开矿，不准制造，亦系遵照条约之一端。如该公司拟在商埠暨指定办矿界内设立分局或分公司，应预先禀报矿政局查考。所有出售该公司新旧股票，华、德人均可购买。所享利益，华、德一律，无稍轩轾。共招股本若干，随时赴矿政局报明。将来华股集至十万马克，即应设华总办一员，入公司办事。凡遇稽查，华股应享一切利益等事，均与德总办平权。倘华总办遇事故意阻难，准该公司禀请矿政局查核更换。如德总办办事不能和平，确有不合理法实据，亦准华总办据实禀揭。凡公司一切事件，总须彼此互商，持平办理，均不得无端争执。又凡该公司所用各洋人，均须请领矿政局凭单，以便遇有查问，随时呈验。此项洋人若欲他往游历，均应照约请领护照。

第六条　该公司凡领开矿执照在十方华里以内者，须缴照费库平银一百两。如在十方华里以外，则每多一方里加费十两，以三十方里为限。其占用地亩已照发公平租价，则该地应纳钱粮仍归业主自行完纳。惟所出矿产应纳两税：一系出口税，即按照税关章程完纳；一系出井税，暂照光绪三十年二月初一日商部奏定矿务暂行章程所载税则完纳。俟矿产出井后，即由该公司核计逐日出井实数，照则计税，按公司每年结帐〔账〕

时汇呈矿政局核收。将来另订矿务新章，内中所载完税名目，定则轻重，如中外遵行，该公司亦应一律改照新章办理。如新章所载税则比较现行章程从减，矿政局允将该公司溢付之款抵作下次付税之用。又该公司装运矿产出口，既已分完出井、出口两税，沿途即可免抽厘金。惟该公司必须将逐日出井暨装运出口之各项矿产，随时按照实数，列表登记。并各造详细数目清册一分，按年呈送矿政局核明，转详抚院，咨送农工商部，以备查考。并可由矿政局随时派员赴该公司矿厂，稽查出井矿产暨应纳矿税各实在数目。凡与矿产出井、运销及与税务确有关系之各项正副帐〔账〕册，委员均可随时调查。

第七条　该公司开采矿产，如挖掘井峒、抽引泉水等事，总以不伤附近民田、房屋、水井为主。若因公司大意粗心，致伤以上所指各物，定当按照该处情形认赔。倘遇有意外不测之事，致伤人命及物件，均应从优抚恤赔偿。凡开矿之处，均须就近设立病院一所，以便华人在工患病及受伤者前往医治调养。所有在院因病、因伤费用，概由公司备给。若竟因伤病身死，公司须出资恤其家属。

第八条　该公司办理诸事，首以此次签字合同为准。凡此合同有关采矿各事而未及详载者，于矿务新章尚未颁发以前，均应遵照光绪三十年二月初一日商部奏定矿务暂行章程办理。俟将来颁发矿务新章，除此项合同所载仍应遵守外，其余各事，该公司即应统遵新章照办。自经此项合同签押之后，所有从前议而未定之各项矿章草底，应即全行作废。

以上八条，系用华文，共缮两分，彼此签押作据。另译德文，核对条款，语意相符。设使华、德两文彼此解释或有歧异之处，则应以华文之义为主。此次所议各条，公司允愿恪实遵守。

山东抚院亦允办理诸事永以和平友睦为宗旨，俾使矿务日有起色，而华德人民互受裨益。此项合同，现经外务部、农工商部允准，俟彼此签字后，即可施行。

大清国山东巡抚部院杨，准前总办山东矿政局候补道朱代押。

总办山东矿政局兼矿务议员候补道萧押。

会办山东矿政局前候补道李押。

大德国办理山东华德采矿公司代表郭思曼押。

大清国光绪三十三年七月十四日。

山东交涉局致华德采矿公司代表郭思曼函

径启者：

查五处矿务，当贵公司初请勘办之时，于地利情形未能全悉，故绅民不免惊疑。现已考察有年，各处矿产实在有无，自能洞览。况现经杨抚帅格外通融，允择矿地七块，则与其泛言五处无从著手，敝意不如仅择一二处，专力攻采，所得为多。昨阁下深以此说为然，惟以非办矿之人且于地图名目不甚熟悉，不便在济定局，允俟回至柏灵，与总公司各股友提议此事。鄙人等当禀知杨抚帅，亦以为然。即望阁下回国，早日商定，应酌留何处，速为电知，敝局当代宣布，以祛绅民疑虑，于贵公司采矿前途实有裨益也。

华德采矿公司代表郭思曼复函

敬复者：

顷奉来函，读悉一是。承示酌留矿地，专力攻采，不必泛言五处一节，敝人回国，自当与总公司各股友首先提议此事，以副雅嘱。彼时准定酌留何处，余俱作罢，必有详细电函奉闻，以便贵局宣布。先此奉复。

外部致杨枢派员会勘延吉界希商日外部撤兵电

吉林延吉厅属之和龙峪、光霁峪一带地方，日人指为间岛。近据东省督抚电称：日人以保护越垦韩民为词，派斋藤中佐，统带日兵及朝鲜巡兵约三百人，马百余匹，驻扎六儿沟，尚有兵队陆续渡江，日运军械，并预备建造房屋等情。迭经本部照会阿部代使，据复：该处只有日本宪兵三十名，韩巡检二十名，不过为保护韩民、护卫日官起见，无烦过虑。查该处系中国领土，越垦韩民应由我自行保护，日本不应越界驻兵。无论其屯兵多少，均不得借词侵越。希即切告外部，转电统监，饬令全数撤退，各守各界，以免争端而杜效尤。至撤兵，必须勘界，界务不清，诸多轇輵。吉韩向以图们江为天然界限，和龙、光霁二峪皆在图们江北，茂山以东，其为中国领土，自无疑义。惟茂山以西之江源，光绪十三年彼此派员勘界勘而未定。三十年春间，驻韩许大臣向韩廷提议，韩亦情愿会勘，内田前使以日俄战事请从缓议。昨本部与阿部重提勘界，该代使允转告日政府。该省现拟俟日本派有专员，即派督办吉林边务·前邮传部右丞陈昭常为勘界大员，练兵处监督吴禄贞为帮办。本部现又照会该代使，希一并转商外部，迅转饬先行撤兵，并派员会同勘界。商办情形，随时电复为要。

八月十二日

外部奏请颁给赴英日德等国考察宪政大臣国书折

总理外务部事务庆亲王奕劻等奏，为遣使考察宪政，照案请颁给国书事。

光绪三十三年八月初二日奉旨：汪大燮著充出使英国考察宪政大臣，达寿著充出使日本国考察宪政大臣，于式枚著充出使德国考察宪政大臣。钦此。当经臣部钦遵，照会各该国驻京大臣，转达政府在案。臣等查，上年钦派大臣分赴东西洋各国考察政治，并谕令赍递国书，经臣部遵照，办理有案。现当朝廷注重宪政，复派该大臣等赴日本、英、德等国详为考察，事关重要，责任攸专，自应颁发国书，以昭郑重。谨拟备国书各一道，分别缮具清单，恭呈御览。伏候命下，即由臣部分缮清汉文，请用御宝，发交该大臣等祇领，恭赍呈递。理合恭折具陈，伏乞圣鉴。谨奏。

光绪三十三年八月十六日奉朱批：知道了。

英驻俄使尼高逊致俄外部限制考查格致人入藏照会 附条款暨附款

大英国驻俄头等全权钦使尼高逊，为照会事。

照得西藏条款已于今日画押，故本钦使特将下开宣布之文奉告贵大臣：凡与英政府有所关系者，英政府甚愿自本照会之日始，三年期内，若未与俄政府先行商定后，不许各等考查格致之人入藏，惟俄政府亦须照此办理。今英政府拟将此议照会中国政府，以期使之于该限期内遵守同等之义务，俄政府亦必自愿照此办理。一俟三年期满，英政府必再以考查格致之人入藏事宜与俄政府相商可也。

须至照会者。

八月十八日

附英俄协定西藏条款

英、俄两政府均明认中国在西藏有上国之主权，英国因其土地位置之故，是以保全西藏外交之情况得以如故，实于英之特利有所关系，兹将商定各款开列于左：

第一款　立约之两国均允尊重西藏之领土，并不干预西藏内政。

第二款　英、俄两国因欲尊〔遵〕守中国为西藏上国之宗旨，故允除由中国政府相商外，不与西藏商议事宜。一千九百零六年四月二十七日中英条约所议准之一千九百零四年九月七日英藏条约第五款内载之英国商务代理人可与藏官直接交涉一节，不得因有此款，以致废除。至一千九百零六年该中英条约第一款所载诸事，亦不得因此有所更易。兹特声明：英、俄佛教人民倘实为宗教事宜，可与达赖喇嘛及西藏佛教之代表人直接交涉。凡有与英、俄两政府相关者，两政府亦不许此项交涉有损现订之条款。

第三款　英、俄两政府彼此允愿不派代表人前赴拉萨。

第四款　立约之两国均不允代本国或代本国人民索取西藏之铁路、道路、电线、矿务等项利权。

第五款　英、俄两政府又允，西藏之税项，无论是否物业、钱银，均不得作为英、俄两国或英、俄人民之质。

附英俄协定西藏条约附款

附入一千九百零四年九月七日批准之英藏条约之印度总督画押之宣言书，内开：一俟二百五十万卢布赔款分三次每年照数交付后，则英兵立即撤退城备山谷。惟该约第一款所载之通商市场，须已实行开通三年，藏官亦曾照一千九百零四年该约各款切实办理等因。今英国再将此宣言书加以批准。兹特声明：倘有他项原因，英兵不能按该宣言书之限期撤退城备山谷，则英、俄两政府须将对付此事之意彼此互换。

大英国驻俄头等全权钦使尼高逊画押。

大俄国钦命外部大臣伊斯福士基画押。

一千九百零七年八月十八日俄历三十一日，订于圣彼得堡。

七月十六日

俄外部复尼高逊允认限制考查格致人入藏照会

大俄国钦命外部大臣伊斯福士基，为照复事。

本大臣接准贵钦使本日照会，兹特照复。凡与俄政府有所关系者，俄政府甚愿自本照复之日始，三年期内，若未与英政府先行商定后，不许各考查格致之人入藏。俄政府亦拟将此议照会中国政府，以期使之于限期内遵守同等之义务。兹特声明：一俟三年期满，英、俄两政府必再以考查格致之人入藏事宜彼此相商也。

须至照复者。

八月十八日

外部咨袁世凯中日会订大连设关征税办法暨试办章程文

附章程办法申文暨税务处来往咨文等

为咨行事。

大连设关征税一事，前准日本林使来照，以政府允照胶州关办法，请饬总税务司会商，经本部咨由税务处，转饬总税司，与日本林使会议办法在案。嗣准税务处将总税务司与日本林使会订大连设关征税办法、并副件、暨洋文签字合同咨送到部，复加查核，有应更正声明各条，复经咨复税务处，转饬总税务司遵照办理，去后，兹准复称：据总税务司申称，已先向日本林使声明，应俟此合同试办期满时，再行会议更正等因前来。除将大连关开办日期续行知照外，相应钞录来往咨文，并刷印大连设关征税办法，咨行贵大臣查照可也。

须至咨者。

八月二十三日①

大连海关试办章程

第一条　由外国进口之洋货及外国物料进口后制成各货，如运赴中国内地者，应完纳进口税。

洋货由中国口岸进口，倘再运赴中国内地，如无持有已完税之凭据，应完纳进口税。

洋货由中国口岸，倘再运赴中国内地，如无持有完税之凭据，应完纳进口税。

洋货由中国口岸进口，只在租借地内销用。若复由租借地内装运出口，该出口处海关应将原收税项仍行还付该货主领收，惟须呈有由原出口处海关发给已完税之凭据。

第二条　土货由中国口岸进口，倘再运赴中国内地，如无持有已完税之凭据，应征进口半税。

谨按：此条无字，嗣经税务司查复，实系衍文，详见下税务处咨。

第三条　土货由中国口岸进口，如无持有已完税之凭据，先将应征正税暂存本关。倘或查有偷漏情弊，将该货及暂存银项一并罚充入官。

第四条　土货由陆路运进租借地内，再装运出口者，应完纳出口税。

第五条　凡租借地内所产各物，及用租借地内所产物及由外国运来之物料制成各货，若由本口岸装运出口，如持有由日本官署发给之凭据，即不征出口税。

第六条　凡由中国内地或由中国口岸进口之各物料，如制成货物再出口者，或按原物料完纳税项，或按制成货品完纳税项，均可随该商所愿办理。

第七条　洋货在中国口岸已完进口税项，土货在中国口岸已完出口税项者，再由本口岸装运出口，不征收出口税。

第八条　由内地进口货物，及出口运往内地货物，除征收进口、出口各项税外，尚缴内地执照税。

第九条　凡鸦片烟，无论由海路，或由陆路，运进租借地内，应立即呈报海关。

第十条　洋药由本口岸运赴中国内地，应完纳进口税并厘金。惟洋药或土药由中国口岸进口，如持有已完税之凭据，或贴有户部印花者，不征出口税，并不征厘金。

第十一条　鸦片烟由本口岸运赴中国内地，无论有税或无税，皆须到关呈报，由关发给准单，并盖戳后，方可运往。

第十二条　土药由中国内地及由中国口岸进口，如无持有已完税之凭据，及无贴有

① 原刊目录标为“二十二日”。

户部印花者，应按统税完纳。

第十三条　凡兵械、弹药、爆发物及制兵械等物所用各料进口，如未经海关允准，不得起卸上岸。

第十四条　凡兵械、弹药、爆发物及制兵械等物所用各料，如无持有由清国官署发给之护照，不准出口运赴中国内地及运赴中国口岸。

第十五条　以上二条所定规则，凡兵械、弹药及爆发物，除供日本陆海军及警察官署应用外，概行禁止。

第十六条　凡船只进口，该船长或代理人应将该船牌、领事官报单及舱口单立即呈报海关，并将该船名、国籍及货物起运之地与运往之地记号、番号、件数、量数、吨数，于报单内一并详细注明。该船长或代理人必须在该单内自行署名。该进口货物若径赴中国内地，除将在关东租借地内销用之货缮具总单外，另将运赴中国内地之货分缮详细清单，呈报海关，以便易于查验。该舱口单呈报后，如有谬误之处，于二十四点钟之内，务要改正。

第十七条　进口货物或运赴中国内地，或运赴租借地内，该货主应即报明，并将该船名、国籍及货物起运之地、出产之地、制造之地记号、番号、名目、件数、量数及价值一并缮单，来关呈报。

第十八条　凡船只结关，该船长或代理人必须将该船舱口单，按照进口舱口单规则，自行署名，呈报海关。惟须于请领准单以前两点钟，即应将出口舱口单呈报。

第十九条　出口货物，须缮具出口报单，呈请海关查验。俟海关验讫，领取验单，持赴官银号，如数完纳税银，由该银号发给号收，再赴海关请领下货准单。

第二十条　海关准单，须俟领取验单完纳各项税银后，方能发给。

第二十一条　凡商人领照下货，如因船载已满，复行退回者，须将该货再赴海关码头验明，俟发给退关单后，方准起回上栈。

第二十二条　凡转船之货，必先赴海关报明，俟海关允准，方可转装。如未经允准，私自转装者，将该货罚充入官，并将船长议罚。

谨按：此条嗣经续添凡转船之货，须与舱口单相符，且原货不得分拆零散，违则禁止转载等语，详见下税务处咨。

第二十三条　洋货进口征税章程，须按照光绪二十八年所改订之税则。土货进口或出口征税章程，则即按照中国向日所订通商税则。

第二十四条　如经海关税司查验，有应议罚或应罚充入官货物，倘该商等不服，或有控诉等情，其查办之法，应按西历一千八百六十八年五月三十一日北京协定查办罚金及充官之意酌核办理。

第二十五条　大连湾海关，除礼拜日及照常封关日期外，自早九点钟开关，至晚四点钟闭关。验货厂每日办公，自早八点钟起，至晚四点钟止。

第二十六条　商人如欲在早六点钟以前，晚六点钟以后，或礼拜日及放假日期装卸货物，必经海关允准，发给准单，交纳规费，方可照办。准单规费开列于后：

早六钟以前，收关平银十两。晚六钟至十二钟，收关平银十两。礼拜日成天，收关平银二十两。礼拜日半天，收关平银十两。放假日成天，收关平银二十两。放假日半天，收关平银十两。

第二十七条　商人无论因何项公事，欲详报海关者，皆须呈请税务司查照。

附则

第二十八条　本章程内所称中国内地，即指关东租借地界限以外中国之地域。

大连设关征税办法

一、大连所设海关，应于各税务司中拣日本国人派充。该关税务司倘有应行更调，则由总税务司与日本国驻京大臣定明另派。

一、该关所用各项洋员，原宜选派日本人。惟或因未能预料，仓猝缺出，更调不及，或因别国人地相需，必须调往大连海关，未便悬缺久待，即可调派别国之人暂行委用。

一、该关税务司如应更调，总税务司亦应先行知会旅大租界办事大臣。

一、该关与日本国官员暨日本商民等文函往来，均用日本文。他国商民寓居大连者，均准用汉文，或英文，以便交易。

一、凡有货物由海路运进大连口岸，均不征完进口税饷。若货物由旅大租界内运赴中国内地，即由大连海关照约征收进口税。惟各货若未领有大连海关准单，不准运出旅大租界以外。该处驻扎日本国官员，现允酌定防范之法，以助该关严杜弊端。

一、凡中国土货由内地运进日本国租界内，若再装船运往他处，即由大连海关照约征收出口正税。惟旅大租界内所产之土货，并界内土产及由海路运来之物料制成各货，其出口时，无庸纳出口税饷。至中国内地各物运入旅大租界内制成各货，其征税章程，应照现在胶州德租界内情形相同之制成货物办法办理。

一、中国土货由中国通商口岸运进大连，若留于旅大租界内不再运出者，无庸完税。若过界运往内地，即须按照条约税则，在大连完纳税饷。

一、中国货物在大连完纳出口正税，报运他口，准领完税凭据，俟进通商他口，将凭据赴关呈验，即照现行条约税则完纳进口半税。

一、凡日本及各国洋货在通商口岸已完进口正税，复欲装船报运大连者，准照约章办法办理，即系准赴关请将所完之进口正税发给存票。该货运进大连，若不出旅大租界，即不征税。如再出口运往外洋，亦不征出口税饷。

一、凡中国土货由通商口岸运进大连，若呈有在原口完过出口正税之凭据后，装船运往外洋，即无庸完纳出口正税。

一、所有收支船钞暨泊船规费一切事宜，大连海关无庸经理。

一、大连海关征收税饷，即照现时通商各口之税则办理。

一、日本国允，日本国租界内大连地方指定处所，足为中国建立海关暨盖造各员住屋之需。其置价或租费，须在该处公同酌议订办。

一、所有偕同听审暨帮同料理案件一切事宜，日本允不派海关人员充当。

一、凡在日本国租界内，欲领运货进出内地之准单者，只须赴大连海关请领。其通商口岸监督关道所有之职分权柄，大连海关均与一律无异。

一、所有出入内地之子口税，应由大连海关按照现行之条约税则征收，即进出口正税之半。

一、稽查走私偷漏暨违犯关章等事之办法，嗣后酌核另订。惟所有掌握查讯之大权，自归日本国所设之衙署。

一、嗣后大连湾商务扩充，其情形或致改变，彼此认明此次所订为试行之办法，若遇有窒碍之处，可随时酌量修改，以期美善。

光绪三十三年四月十九日，日本国驻京大臣林权助、总税务司赫德订于北京。

大连设关征税办法副件

一、兹因日本国政府允中国在旅大租界内之大连地方设关征税，是以现定本关应有发给内河行轮专照之权。凡有轮船准其驶赴内港来往一切规条，总应按光绪二十四年五月、七月前后所定之内港行轮章程，并光绪二十九年八月续补章程驶行，尤应按以后彼此订明之各项专章办理。

一、凡有轮船欲在内港行驶，无论华、洋船只，该船主应持有本国所发之牌照，另具一函，附呈海关税务司处收存，换领关牌。此项关牌一年为限，缴回海关注销，换领新牌。其牌费，初次应纳关平银十两，厥后每年换领新牌纳费二两，并应每四个月纳钞一次。

一、此项轮船准照章行驶，由大连赴内地各处，并由该内地各处驶回大连，或由大连驶赴内地，转过通商他口至内地，驶回大连，并准报明内地关卡，逢关纳税，遇卡抽厘，即可在沿途此次所经贸易上下客货。但非奉中国政府允准，不得由此不通商口岸之内地至彼不通商口岸之内地专行往来。若有此项所经贸易各埠驶至通商他口之船，该船主即须报关，按该口华洋各项章程办理。

一、此项轮船出入大连时，该船主总须报关，请领各单，将出口、入口货物之舱口单呈验，并须声明欲往内地何处，归时亦须报明已到某处，仍须照例完纳税钞。至洋药一项，及其余约禁货物，不准运入，亦不准运出。倘查该船有装运洋药及违禁货物情事，可将该货入官，并罚该船洋银五百元。若再犯，即将关牌撤销，亦不予以关牌上所有一切利益。凡有防范偷漏事宜，日本国自可襄办。其巡缉洋药走私及别项违禁货物，尤应襄助办理。

一、此项轮船应代中国运送邮袋，不收运费。至中国邮政信袋经过日本租地时应如何办理，可由两国邮局该管官随时会议合宜办法，以期两无窒碍。

一、此次所拟内河行轮章程，系专指中国内港而言，与日本租地内各港无涉。

光绪三十三年四月十九日，日本国驻京大臣林权助、总税务司赫德订于北京。

中日会订设关征税修改办法

大清国政府、大日本国政府因业经会订中国应在大连设立海关，兹派总税务司赫德、日本国驻京大臣林权助公同协议各节，由总税务司、日本大臣彼此商允后列之逐一要领，作为示谕大连海关现行试办章程之总纲，即系：一、会订大连设关征税办法；一、续立会订大连设关征税办法副件内港行轮办法。又互相允许试办，俟期逾一年，即至明年春间，再行另议，以便谙悉该处一切情形及事体如何，即将现时所定以上两端撤销，另议一会订设关征税修改办法，并附晓谕一件。此修改办法，应由日本驻京大臣会同总税务司商订。其晓谕一件，应由租界内日本官员会同大连税务司商订。又互相允许，应由租界内日本官员设法删除由日本租界地入中国内地一切偷漏走私各弊，并中国官员防范由中国内地入日本租界一切偷漏走私各弊，应由日本官员协助为理。又互相允许应设铁路妥善办法，或在大连首站，或在附近境界所择定之车站及瓦房店即他处〔即瓦房店及他处〕，将沿铁路往来所运各货及时由大连关稽查，并应设有征纳各项税饷试办章程。现经协议妥洽，彼此画押，以昭信守。

光绪三十三年四月十九日。

总税务司赫德。

日本国驻京大臣林权助。

附总税务司呈外部日员拟加大连试办章程府令申文

府令第二十四号，关东都督·男爵大岛通晓事：

照得兹在明治四十年府令第三十八号关东州租界海关暂行章程内续行添改如左，为此示仰尔各色人等知悉，切切特谕！

明治四十年七月三十一日。

计开：

第二条之一　凡将租界内生产之物，或将租界内生产物制造之物品，拟运内地时，须缴输入税。但依输送者之选择，得不缴输入税之时，其货物与清国所产货物同办。

第二十六条之一　于大连应缴海关银算率，须照牛庄行市定之。

税务处咨呈外部文　其一

为咨呈事。

光绪三十三年四月十九日，据总税务司申称：案查，大连湾设关一事，前奉札饬，由总税务司查照胶州办法，与日本林大臣妥议，随时达知等因。当将胶州现行办法与林大臣会商，据复以日本政府愿照从前办法办理，惟其中有须略为增改，俾与地方不同之情势相符，亦经照改，转由日本政府答复允办，缮立合同，定期签押。以上各情，均经总税务司呈明有案。兹由日本大臣会同总税务司，于本日公同签押，以昭信守。此次所订各节，业经声明试办一年，俟明春酌量更订。至该处设关办事一切详细办法，须俟税务司到彼筹度妥协，再行详定。如蒙允准，拟于一百八十八结之首作为开办之期，其间即可调派关员前往，以便预为布置一切，届期开关。除将签押之正本合同呈请转咨外务部存案，并照录一分呈交备查外，理合备文申请施行。再，签押正件系属英文，与胶州签押之合同大同小异。兹特另译汉文两分，一并录呈，分别备案等因。查大连湾设关，前准贵部以日本林使愿照胶州设关之例，咨由本处札行总税务司，遵即与日使妥议在案。旋据总税务司申称：日本政府愿照胶州从前办法办理等语，复经本处咨呈查照亦在案。兹据总税务司将议定各条款申送前来，本处详加查核，内有与胶州从前办法不甚相符之处，逐条签出。是否允协，应请由贵部核办。至此项条款，总税务司并未将该合同先期呈候，转请核示，遽行签字，似有未协。除将札复总税务司原文钞附外，相应将送到洋文正本合同一分，并译汉文一分，黏连签出各条，咨呈贵部查核声复可也。

四月二十三日

外部咨复税务处文　其二

为咨复事。

光绪三十三年四月二十三日，准咨称：大连湾设关一事，据总税务司申称，日本愿照胶州从前办法，经与林大臣会商，略有更改，由日本政府答复允办，缮立合同，兹已公同签押，以昭信守。此次所订各节，经声明试办一年，俟明春酌量更订。至该关详细办法，须俟税务司到彼筹度，再行详定。如蒙允准，拟于一百八十八结之首作为开办之期，其间即调派关员前往，布置一切。应将签押之正本合同呈请外务部存案，并照录一分备查，复另译汉文两分，一并录呈等情。兹本处详加查核，内有与胶州从前办法不甚相符之处，逐条签出。是否允协，应由贵部核办。至此项条款，总税务司并未将该合同先期呈候，转请核示，遽行签字，似有未协。除将札复总税务司原文钞附外，应将洋文正合同一分，黏连签出各条，咨请查核声复等因，并将洋、汉文合同各一分暨钞札附送前来。本部查，大连湾设关，日本只允照胶州设关初次办法，经总税务司与日本林使会商，议订设关征税办法并副件示谕。现由总税务司会同日本林使将合同签押，自可作为试办章程，应即定于一百八十八结之首，即光绪三十三年五月二十一日，为大连关开办之期。惟查该合同所载关东州租界名目，与中、俄所订专条不符，应改为旅大租界。又中俄会订条约第四款载，所定限内，在俄国所租之地，俄官不得有总督、巡抚名目，此次合同内所载关东州都督应改为旅大租界办事大臣。又合同第二条载，该关所用各项员役，原宜选派日本国人，仍应将员役二字照胶州章程改为洋员。以上各项，应由总税务司先向日本林使声明，俟一年后会议修改之时，再行更正。其余各条，虽字句稍异，尚无关出入。即胶州章程有民船征税一条，此系常关办法，自与大连有别，未经列入，俱可照准。再，副件内第七条为胶州章程所无，如何添入大连邮政办法，如何与胶州不同，当由总税务司详细声复。相应咨复贵大臣查照，转饬总税务司遵照办理可也。

须至咨者。

四月二十七日

税务处咨复外部文 其三

为咨复事。

大连设关征税办法，应行更正并声明各节，本年四月二十七日，接准来咨，当经札行总税务司遵照办理，去后，兹据复称：查此事自去岁十二月间奉札后，即与日本林大臣迭次妥商，并随时声明。其初，即以现行之无税区地办法向之关议，屡经磋商，旋因日本政府不愿照行，遂议仍照胶州从前全界免征办法办理。惟因旅大租界与胶州情势间有不同之处，是以不能不将原件条款略为增损，以期适用。至外务部所指合同汉文内应改各字样，并如何添入，如何不同各处，查汉文非正件，只系备阅之译文，所书之关东州关东都督等，系日本所用之字样，与租地之界限暨界内之办法似属全无干涉。惟既奉前因，倘再议备汉文，自应设法避去。又第二条将各项字样改为员役，系因胶州原件内洋员二字之讲解，系指欧洲人，此英文既不得另词书写，则汉文亦须照改，然原件之用意则未曾改。又第三条将该关洋员如应更调，总税务司亦应先行知会胶州巡抚等字样，改写该关税务司如应更调，总税务司亦先行知会关东都督，并将原有之件惟在关华人不在此例一语删去，因原文浑言洋员，故有华人为对待之语，此次则有税务司，则华人云云一语与上文语气即不连贯，故删之，并非不用华人之意。又胶州原件第十三条征收洋、土药税厘转件，系因德国欲将界内所销洋、土药税厘之款请关征收，今日本在旅大租界内既不征收，税则此条即属无用。其出界之洋、土药仍系照洋货通例，出界时照则征纳，故将第十四条改作第十三条，是则次序更改之故也。又胶州原件第十六条，系将民船暨民船所装之货物向来征税等事归税务司管理，惟日本租地向无民船征税之事，是以将全条删去。至民船所运之货征税一事，若有民船装货进大连口出租界，或自内地入租界出大连口，则照第六、七等条通例，一体报关征纳。又第十五条其通商口岸监督关道所有之身分、权柄，大连关均与无异字样，与原件第十七条之字样相同。事关入出地之单照，必须预为言明。该关所发之单照，并办理此项一切事宜，与各口关道监督所办者效力相等，方与关务无碍。又胶州原件续立第五、六等条之邮政办法，此次将两条改并一条，系因日本不允他人在彼办理邮政事宜。关由中国地方运送邮件经过租界以赴中国他处，新订之第六条足以包括中国邮政此项应行各事，与胶州之办法大同小异。又续添第七条，不过言明，凡在中国内港所行各事，与租地内港无涉。以上改写各字样，暨添入之条，及不同之处，与大连关税实事无关出入。除先向日本林大臣声明外，应俟此合同试办期满时查看情形，再行会议更正。现奉前因，理合备文申复鉴查等因前来。相应咨呈贵部查照可也。

须至咨者。

税务处咨呈外部文　其四

为咨呈事。

光绪三十三年七月初七日，据副总税务司申称：大连关试行章程一事，据该关税务司于六月二十二日申称：接据旅大租界民政长官来文，拟将试行章程第二款内添入，凡将租界内生产之物或将租界内生产物制造之物品，拟运内地时，须缴输入税，但依输送者之选择，得不缴输入税之时，其货物与清国所产货物同办字样；第二十六条内添入，于大连应缴海关银算率，须照牛庄行市定之字样，请即核议见复。当复以所拟租界内生产物并其物制成之物品办法一条，似属稍涉含浑。因思商人运货入内地，或按洋商例，抑照土货例完税，悉由该商自择，并非任凭商便，或完进口税，或免税也云云。至关平银照牛庄行市算率一节，会晤时，已告以现在大连海关即系照此办法办理，此条似可不必添入等因，呈报前来。又于六月二十九日，据该税务司申称：接准旅大租界民政长官文称，前次移送所拟试行章程添入之二条，业经奉旅大办事大臣批准，并未删改，作为府令第四十二号，已登官报，将次宣布等情，并将汉文、日本文钞送前来。副总税务司查，此事尚未奉札知有案。除将该府令第四十二号汉文、日本文钞录送呈外，理合据情申请鉴核等语。

本处查，大连关试行章程，前系该关税务司拟订，申由总税务司转申核办。当经本处以章程内所列之第二条有应行更正之处，第四、第二十二两条有应行添改之处，逐条指出，札行总税务司，转饬遵办在案。至遵办情形，现在该关税务司尚未具复。复据副总税务司申请前因，本处详加查核。所有旅大租界日本民政长官请于章程内添入之二条，除关平银照牛庄行市算率一条，本系如此办理，应即照允外，其租界生产物及将租界内生产物制成之物运入内地办法一条，实属碍难照办。缘此项货物来自租界，应比照洋货，完纳正、半各税，不能照中国所产货物同办。且该关征税章程亦仅载有，中国内地各物运入租界内制成各货，照现在胶州德租界内情形相同之制成货物办法办理，其非用中国内地运往各物制成者，自不得援此为例。依输送者之选择，缴纳输入各税，可否由贵部照会日本驻京大臣，转商旅大办事大臣，将此条办法注销，免与该关榷务有碍。并嗣后如该处租界民政长官于该关试行章程见有或应酌改之处，务先与该关税务司商妥，俟该关税务司妥商转报，由本处核定，饬令知照后，再行登报宣布，庶于彼此事务均有裨益。相应咨呈贵部查照，希即酌核办理。再，该关试行章程，前因未尽妥洽，酌令更改，尚未录送存案。现既事关交涉，应即照录一分，及札总税务司更正各条原文，并此次副总税务司钞送日本府令第四十二号汉文，一并咨呈备查可也。

须至咨呈者。

七月初六日

税务处咨呈外部文　其五

为咨呈事。

大连关试行章程，业于本月十八日照录，随案咨呈贵部备查，并声明：该章程内所立之第二条有应行更正之处，第四、第二十二两条有应行添改之处，经本处逐条指出，札行总税务司，转饬该关税务司，分别遵办等因在案。兹据副总税务司申称：奉札，当经札饬该关税务司遵照办理，去后，嗣据复称：试行章程汉文第二条之无字，查明实系笔误多写，现已更正。至两条内饬添之处，已经照知旅大办事大臣，接准民政长官复称，货物转船一节，已定允照添入第二十二条之内。惟土货由内地运进租借地内，由大连关征收半税，以补在彼未完过之税厘一条，碍难照允。因思征收内地税厘，在海关职守之外等语，为此具详，并将第二十二条允添之一节，所宣布之府令日本文钞录呈阅。又接据申称：所有宣布以上第二十二条允添一节之府令已登官报各等因，将日本文府令钞录附呈，申请核办前来。查该章程内应行更正添改各条，除第二、第二十二两条业据分别更正添改，应即归入原案存查外，至第四条声明土货未完内地税厘出口补完半税一节，原为维持内地税厘起见。兹据转由副总税务司申称：在海关职守之外，碍难照允，自无庸另为提议。惟嗣后奉省内地税厘必须由内地关卡认真稽征，方不致有走漏之弊。除分咨东三省总督、奉天巡抚，转饬内地各关卡，务宜设法严防，以顾饷源而杜偷漏外，相应咨呈贵部查照，并照译日本府令，一并咨送备查可也。

须至咨呈者。

八月二十日

附录日本府令大连湾海关试办章程

第二十二条　应加一行如左：

凡转船之货，须与舱口单相符，且原货不得分拆零散，违则禁止转载。

徐世昌唐绍仪致外部复州五湖嘴煤窑案既经商妥应准续开函

敬启者：

复州五湖嘴煤窑一案，前经俄以封禁拆毁，索赔至五十万罗〔卢〕布之巨。事固由于轻举妄为之高万梅，然该窑所存并无如此之多，即所存煤斤亦即为日兵掠去。高万梅看管三年之久，无法可了。此次俄商呈请遵章续开，经交涉司陶大均饬员磋商数月之久，始尚坚索偿费，继又添请别矿。嗣后答复乃请了结前案，求准开采等词。惟当时华俄合同曾经咨明大部，后又承准指驳五条，及改正后又经咨明在案。第此案关于日、俄两国之交涉，中间又插入和国公使索取补偿，枝节横生，最后又有以瓦房店煤矿为索偿地步，磋商颇非易事。现在该案既经商妥，自应准其续行开采，以清重案。除另文咨呈外，合再详陈，敬备察核。

八月二十八日

清季外交史料卷二百零五终

清季外交史料卷二百零六

光绪三十三年九月

东督徐世昌咨外部铁路界内俄使请勿驻兵一节恐匪势复燃同受其害文

为咨呈事。

前承准大部电开：据俄璞使照称，本年七月间，有中国兵队至吉林横道河子车站填驻铁路界内。十六日，该兵队于石头河子轻便小道处与胡匪冲突，复回驻横道河子，砍杀铁路工人数名。二十七日，在吉林一面坡之车站有中国兵寻觅华巡捕，于街间开枪。中国兵队在东省铁路地界内违理举动，扰及居民、工人，界内俄人亦有难保生命之虑，应请转饬满洲地方官，不得于铁路所占之地界内填驻华兵队等语。查华兵入铁路界内一事，尚待辩论。惟此次中国兵队砍杀铁路工人，俄使来照以扰及居民及俄人为言，亟应由我先行惩办，以免藉口。希即迅派知兵大员前往，查明严办等因。

承准此，当经札派巡警道司法科佥事陈友璋，带同俄文翻译白相臣，前往吉林横道子河〔横道河子〕、一面坡等处查访，去后，兹据该委员查明：横道河子砍杀铁路工人一节，查东三省各军翼长张镇勋此次奉札剿匪，系由吉林省以抵宁古塔，因东山以内匪势猖獗，先进横道河子，暂驻中国街内，分布各军进剿。本年七月十五日晚，进扎石头河子，借驻俄站。十六日，督军分剿龙爪沟积匪，歼渠扫穴，险苦备尝，生擒各匪，均经询明，军前正法，而张镇旋即驻扎于此，分队搜山，除暴安良，办理极为妥慎，既未回驻横道河子，亦无我国军队砍杀铁路工人数名情事。访问华俄军民人等，众论佥同。此查明横道河子一案之实在情形也。

至所称一面坡车站有中国兵寻觅华巡捕于街间开枪一节，查此事原因，缘有吉林阿勒楚额旗兵统领达禄海奉张镇檄调助剿，暂驻一面坡地方。因该军追剿不力，复有滋扰商民买物不给钱文情事，经张镇查知，严加申斥，于七月二十七日，札令仍回原防。不料尚未成行，于二十八日午后，有一面坡交涉分局护勇什长王金贵、勇丁刘万福，与阿勒楚额军西丹常全因奸挟嫌，口角争殴。阿军人众势盛，王金贵情急抵御，在街用身带手枪将常全砍伤身死，王金贵等逃回本局。该军兵队多人追至，不知何人放枪，其势汹汹，守索凶枪凶犯，分局委员亦被批颊，旋将王金贵、刘万福二人索去。又因与商人王维庆有嫌被拿，旋即释放。该凶犯等经达统领呈送张翼长行营。因案关人命，即经该镇解交滨江关道，转发该管地方官长寿县，照例勘验，研讯确情，秉公拟议详办。业将先后大概情形，由该道呈报吉林省有案。现在凶犯业已照例拟罪，该军统领达禄海平日剿匪则畏葸无能，此次又不能约束兵丁，业经张镇另案禀请严参，以肃军纪。是此案为兵勇一时争殴，猝不及防，业已分别惩治办理，似无不合，然与该处铁路工人及界内俄人尚无妨碍。此又查明一面坡一案之实在情形也。

至吉林东山一带，本为盗贼渊薮，屡次绑票勒赎，焚烧抢掠，民间久不聊生。即铁路界内俄国官兵车站人等，亦未敢轻撄其锋。此次张镇奉札剿匪，直捣贼巢，斩获甚众，足寒匪胆。且张镇自到石头河子防次以来，与俄国车站官长人等交际上极为欢洽慎密。如铁路之防军提督等时相往还，异常敦睦。凡遇我军开赴各站入山剿匪，皆备火车相助，不取票资，兼能随用随应，得力于此者甚多。即受伤士卒，亦允送俄人医院，代为疗治，情意颇为殷殷。凡在铁路界内华、俄人民，深恐张镇事竣撤兵，无人保护，时来询问。此又查访张镇与华、俄人民相处之实在情形也。

总之，此次剿匪能以保靖地方，中外推重悦服。良者则赖之，莠者则诋毁之。闻有铁路以内之料厂工头人等，俄人则有接济胡匪连珠快枪，护〔获〕利甚厚，华人则有接济粮米衣物，沾润亦丰。此次猝将胡匪击败，失却极大利益，深为怨恨，不免散布流言，妄登报纸，事难尽如人意，到处皆同。俄使来照，或恐有所误听，当此办匪得力之时，倘如来照所言，于铁路所占之地界内不得填驻我华兵队，则匪势复燃，深虑华、俄人民日后同遭其害，而胡匪亦无从剿办矣等情，呈复前来。据此，相应咨呈大部，鉴核施行。

九月初七日

外部致日代使阿部关外铁路敷设新线距离南满干路总不减于欧美惯例照会

为照会事。

本月初六日，接准来照，以关外铁路往法库门方面迤北延长，与南满洲铁路并行，有害利益。本问题关中国政府之责任，仅照东省督抚一己之意见，帝国政府最为遗憾等因。查此事前准贵代理大臣七月初五日来照，经本部咨行该省督抚核复时，并行知邮传部查照，旋准该部复称：本部综理路政，所有各路路线，自当急筹扩充，以期推广完全自有之利益。就关内外一路而论，应行添造接展之路线甚多。将来如有筑造，拟即照光绪二十四年八月二十五日与华英公司所订合同第三条办理。盖展筑铁路，乃为增益本路营业进款起见，凡系不合宜之附近并线，断无敷设以妨害自己利益之理。若如所虑，该路附近另设并行干线，是不独损南满洲铁路公司之利益，且有碍关内外铁路之利益，皆非本部所乐闻。现在本部计画，如将来关外铁路敷设新线之时，其附近南满洲干路之距离，总不减于欧美各国现有铁路两线间距离之数之通行惯例，以期彼此无碍等因前来。查邮传部所称以上各节，与东省督抚等意见相同，均与中、日会议所载不相违背。兹准前因，相应照复贵代理大臣查照，即烦转达贵国政府可也。

须至照会者。

九月十一日

汉冶萍督办盛宣怀奏商办汉冶萍煤矿渐著成效亟应扩充股本合并公司折

汉冶萍铁厂督办大臣盛宣怀奏，为商办汉冶萍煤铁厂矿渐著成效，亟宜扩充股本，合并公司，以期推广而垂久远，恭折仰祈圣鉴事。

窃维湖北汉阳铁厂前因官费难筹，经前督臣张之洞于光绪二十二年五月遵奉谕旨，招商承办，奏明饬将湖北铁厂归盛宣怀招集商股经理，并胪列商办章程，恭呈御览；并经户部复奏，招商承办，即为商局派用商董司事一切事宜，应由盛宣怀督率商人，妥为经理等语。光绪二十二年六月十二日，钦奉朱批：依议。钦此。臣谬膺艰巨，劝集商股。当时煤矿未成，化铁甚少，外状颠危，人情观望。尚赖轮、电两局各华商及通商银行、访〔纺〕织公司各华商力顾大局，陆续凑入股分银二百万两，以立根本。臣不自量力，一身肩任。初谓筹款数百万即足办理，实不知需本之巨，有如今日之深入重地者，盖东亚创局素未经见。而由煤炼焦，由焦炼铁，由铁炼钢，机炉名目繁多，工夫层累曲折，如盲觅针，茫无头绪。及至事已入手，欲罢不能，惟有躬冒奇险，精思锐进，艰危困苦，绝不瞻顾，期于必成。于是重息借贷，百计腾挪，开辟萍乡煤矿，以济冶铁之需，添造新式机炉，以精炼钢之法。铁路、轮船、码头、栈驳，处处钩连，无一可缺。借贷利息，愈久愈增。

查自光绪二十二年五月奉饬招商接办起，截至三十三年八月为止，铁厂已用商本银一千二十万余两，煤矿轮驳已用商本银七百四十余万两，其中老商股票由二百万两加股，共成五百万元，合银三百五十余万两；商息填给股票银七十九万五十两，公债票银五十万两；预支矿价、铁价、轨价，约合银三百余万两；其余外债商欠将及一千万两。抵押居多，息重期促，辗转换票，时有尾大不掉之虞。亟须招集实股，填还借本，而厂矿员董估计扩充工程尚须续添资本数百万，方能尽力猛进，广收外利。盱衡全局，昼夜焦劳。所有从前危迫情形，历年以来亦已屡渎圣聪矣！尚幸耐忍坚持，督饬煤矿总办张赞宸、林志熙、铁厂总办李维格、铁矿总办王锡绶等并力经营，后路则并饬杨学沂、卢洪昶、王勋、顾润章、金忠赞各员董筹款接济，矿司、工司并无不奋勉用命。已将萍煤大槽开通，炼焦定可合用，汉厂炼钢炉改良，其质纯净，足与英、德第一等纯钢媲美。兹值各省兴筑铁路，经邮传部通行各省，一律购用所需钢铁，年盛一年，以免巨资外溢，实已确有把握。臣去秋由汉而萍，验收汉阳新钢厂，履勘萍乡大煤槽，风声所播，商情踊跃，沪、汉等处华商拟议加集巨股，大举合办。先是臣已函商前督臣张之洞，力筹保守之策，拟将汉冶萍煤铁合成一大公司，新旧股分招足银元二千万元，一面拨还华洋债款，一面扩充炼铁。复与督臣赵尔巽面商办法，均以商办，已见实效，自应循照成案，以期保全中国厂矿，挽回中国权利。然揆度商情，非将厂矿合并不能放手扩充，尤非悉照张之洞原奏招商承办各章程，钦遵商律合股公司各办法赴部注册，不足以坚通国商民之信。

查该厂矿奉旨商办之日，在商部未立之前，以股分犹未充足，注册一事，因循至今。此次所拟厂矿并筹，优待老商，联合新股，使海内外有志之士晓然于股分公司创始之初，虽属共担其险，收效以后，尚能同享其成。由此推行，华商或能激于大信，乐于谋始。并仿照各国广设各种制造商厂，养民善政，强国要图，莫先于此。伏读上年谕旨，注重农工商矿，不惜爵赏，以劝来者。此项钢铁厂煤铁矿，尤为实业中第一实业，所用资本何止千万，所用人工何止数千名？今已告成，实为国计民生无穷之利赖，尤非张之洞开办铁政之远见宏规不及此。查原奏内称：福建船政及津沪制造局开办经费各数百万两，皆无收回之日。铁厂改归商办，用过官本五百数十万两，概由商局承认，陆续分年抽还，即按厂中每出生铁一吨抽银一两，即将官本数百万抽足还清，以后仍行永远按吨照抽，以为该商局报效之款。议定俟获佳煤矿加炉后，每年出铁约十余万吨，即每年可缴官款约十余万两，岁月虽宽，涓滴有著等语，并经户部复奏：应令该督责成盛宣怀督率商人加工精制，必使所出钢铁与外洋无异，庶销路畅而利权可保，自归商办以后，每年出铁若干，归还官本若干，亦应分年造具收支清册报部等因。钦奉朱批：依议。钦此。当经取具各商董承认甘结咨部，并照案陆续预缴银一百万两。从前煤焦不继，生铁炉尚未改良，时停时辍，出铁无多。现在两炉每日出铁二百吨，不致停辍。今冬，第三炉告成，每日共可出铁五百吨。来年，第四炉告成，每日共可出铁八百吨。届时每年即可缴还银二十四五万两。

总之，商本逾足，炼铁愈多，缴还官本愈速，实可操券，以符原奏。向来外洋大厂亦必几经磨折困苦而后成，是在上下一心，再接再厉，始终坚忍，以持之示信于商，藏富于民，内塞漏卮，外杜觊觎，则现拟合并扩充办法似无疑义，惟兹事繁重，言易行难。新商虽有发起之机，所议全行清还债欠须加股银一千五百万元之巨，恐亦非旦夕所能招足，必须奏准注册后，方能妥筹办理。自应遵照钦颁商律，即由股分公司创办人具呈注册，以期按款循序而进。兹饬创办总董郎中李维格等九人查明原案，遵律具呈，由臣咨明农工商部，照例注册。仍俟续招股分齐全，股东会成立后，老商、新商另举董事，再行咨部立案。除钞录原奏各件咨部注册外，谨将铁厂、煤矿全图二本恭呈御览。所有遵照商办铁厂、煤铁矿原案，现筹合并扩充办理情形，谨会同湖广督臣赵尔巽，合词恭折具陈。是否有当？伏乞圣鉴训示。谨奏。

光绪三十三年九月十二日。

汉冶萍督办盛宣怀奏众股商请改督办为总理片

盛宣怀片。

再，制铁关系军政、路政，与寻常开矿轻重缓急不同。日本制铁厂立有长官，欧美钢铁大厂商本商办，而其厂主皆能与国家直接言事，所以重铁政而裨自强也。臣自光绪二十二年，经督臣张之洞奏准，钦遵谕旨，督商经理，曾刊有督办湖北铁厂事务关防，行用有年。现在煤矿告成，添集商股，合并公司，众股商援照各省商办铁路总理名称，拟请销去督办字样，仍推臣为总理。臣虽衰病，亟求脱卸，免贻丛脞，惟负荷官本数百万、商资千数百万之重，成效甫睹，大局未定，何敢希图安逸，遽行推诿，以重愆尤？仍当率同新旧商董，厘定章程，切实经理。一俟实在股分如数收齐，经手债欠全行清楚，将如何扩充持久办法布置完备，不致半途蹉跌，即当推让贤能，将来总理一席，自应遵照张之洞原奏，有股众商公推，湖广总督奏派。但改督办名目，仍重总理责成。目前各省商智初开，易生波折。如粤汉商路，不患股分不至，而患事权不一，意见纷歧，致稽收效。该厂矿倘亦因此不能进步，尤属可惜。臣与前督臣张之洞、现任督臣赵尔巽悉心会商，嗣后该厂矿总理应由股商公举二三员，仍由湖广总督查明向来办事有效、名实兼孚、可期胜任者，择定一员，咨明农工商部，奏请钦派。至督办现经众股商请改为总理，自应将原用督办湖北铁厂事务关防缴销。惟该厂矿所制钢铁实为军政、路政要需，事关重大，拟请饬部另铸铜质总理汉冶萍煤铁厂矿公司事务关防，颁发开用，以便奏咨而垂久远。臣等为保全成局起见，是否有当？谨附片陈明，伏乞圣鉴训示。谨奏。

光绪三十三年九十二日。

汉冶萍督办盛宣怀奏拟派李维格充汉冶萍公司协理片

盛宣怀片。

再，汉冶萍厂矿事务繁重，用人为第一要端。臣十余年来所分任尤为得力者，铁厂则有候选郎中李维格，煤矿则有湖北候补道张赞宸，驻沪总公司则有候选道杨学沂之三人，皆沉毅精卓，各擅所长。去年张赞宸积劳殂谢，士论惜之。嗣后三处厂矿合为一局，按照近来商务办法，总理之外，必需协理或一员，或二员，尚在未定。将来股分齐集，应由股商会投筒公举，目下似应先行选派，以资臂助。查郎中李维格本属老商创办总董，现充铁厂总办。新钢厂布置井井，皆该郎中一人之力。此次沪汉新商就议合股，虽成否未定，而李维格实为商情所推重，以之充当汉冶萍厂矿公司协理，必能胜任。臣面商张之洞、赵尔巽，意见相同。除咨明农工商部察核外，理合附片陈明，伏乞圣鉴。谨奏。

光绪三十三年九月十二日。

外部奏苏杭甬铁路历年商论情形及现议借款办法折　附上谕

总理外务部事务庆亲王奕劻等奏，为详陈苏杭甬铁路历年商论情形，现与英公司磋议借款办法，请旨遵行，恭折仰祈圣鉴事。

窃光绪二十四年英使窦纳乐函请总理衙门，准英商承修中国铁路五条：一由天津至镇江；二由河南、山西两省至长江；三由九龙至广州；四由浦口至信阳；五由苏州至杭州，或展至宁波。经总理衙门分别行知督办铁路大臣盛宣怀，与英商怡和洋行议办，旋于是年九月间议订苏杭甬铁路草合同四条：一、订立草约章程，与沪宁铁路章程一样。二、将来订正约，仍与嗣后商定核准之沪宁正约一样。三、从速测勘。四、如有地方窒碍之处，即行更正。俟订正约，即会同入奏。钞录咨复在案。三十一年七月，商部具奏，浙江绅士筹办全省铁路，并请派员总理，先行立案，奉旨允准。又是年八月，御史朱锡恩奏请将苏杭甬草合同速与撤废，奉上谕：著责成盛宣怀赶紧磋商，务期收回自办，并着聂缉椝会同妥速筹办等因。钦此。适英使萨道义亦即照会臣部，请派员与怡和洋行代理人商订正约。旋准盛宣怀电称：遵旨与英商磋商收回苏杭甬铁路自办，据银公司函复，此路草约前经允许签押，钞呈使署，如今会议，须候公使回示。请速催英使，电饬银公司速来议废。复经臣部照会英使，转饬银公司会议。该使照复以该路应照草合同第二款派员议商。前奉廷寄磋商收回苏杭甬铁路自办，朝廷必不知议订各节。若派盛宣怀与议，迥非所愿。是年九月奉旨：苏杭甬铁路收回自办，业经谕令聂缉椝会同盛宣怀妥速筹备，著即移交张曾扬遵照办理。钦此。三十二年正月，准张曾扬电称：银公司拟派工程司续勘苏杭甬路，且偕英领事来杭争辩，拒不与议。是年二月，盛宣怀以英公司不允作废，据实复奏，奉朱批：外务部知道。钦此。嗣后，英使迭次照会臣部，或谓浙抚纵令绅商抵制，故作难题；或谓浙省绅民无理之举动，颇有险碍；或谓中政府如仍袖手坐视，深恐两国纠葛，华、英利益均受巨亏。虽经臣部照复，由浙抚接议，而彼总谓，浙抚无照办之意，不如在京议商。逮八月间，英使朱迩典接任后，复屡来臣部面询办法，并开送节略，谓：商部原奏与该草合同直行相悖，难向英政府解释。且疑中国有爽信之意。日久不结，实令彼此猜嫌等语。再三商榷，始允俟九广路约订定，再为接议。此臣部历年与英使商办之大概情形也。

臣等查，苏杭甬铁路，为英使奉其政府之命请准英商承修五路之一，既经总理衙门照会允准，该国政府坚守前约，势难概行作废。至此段路线浙省居多，苏省仅由苏州至嘉兴府界一段，前经浙、苏两省京官先后呈由商部奏准自办，系为自保利权之计。年余以来，集股颇称踊跃，勘办已有规模，在事各绅商艰苦经营，不遗余力，民情亦大可见。臣部因应外交，参酌舆论，自应竭力维持，勉筹两全之策。迭经与英使往复辩难，该使执定前案，屡催商订正约，并请转饬绅商停办。臣等复以谕旨自当懔遵，舆情不可不顺，以本省之人造本省之路，政府未便禁阻。英使则谓，本省办路原属合例，惟苏杭甬一路成据具在，断难失信，坚请切实照办，臣等迄未允许。迨九广路约议成，催商更为迫切。如仍不与商，诚恐相持日久，口实愈滋，于事益难就范。虽经该省绅商等来电，仍主废约，谓：集股已有成数，无庸再借外款。究之此事系属国际交涉，臣等熟权利害，势不能不兼筹并顾，以副朝廷慎重邦交之意，惟有仍本自办主义，与英公司开议，力争主权。本年七月间，臣部右侍郎汪大燮与银公司商议稍有端倪，英使亦愿饬该公司让步，不再执定与沪宁章程办法一律。现臣大燮将奉命赴英，复由署侍郎臣敦彦与该公司接议，拟分办路、借款为两事。路由中国自造，除华商原有股本尽数备用不使稍有亏损外，约仍需款英金一百五十万磅〔镑〕，即向英公司筹借，另指的款为抵押，使公司不能藉口干预路务。其有关利权、事权之处，仍当切实磋磨，一俟商议就绪，即与订立合同，奏明遵办。至一切造路事宜，或官督商办，或官商合办，再由臣等会同邮传部妥商办理。所有苏杭甬铁路历年商论情形及现议借款办法，是否有当？理合恭折具陈，伏乞圣鉴训示。谨奏。

光绪三十三年九月十四日军机大臣字寄外务部、邮传部、两江总督、江苏巡抚、浙江巡抚，奉上谕：据外务部奏陈苏杭甬铁路历年商论情形，现与英公司磋议借款办法一折，外交首重大信，订约权在朝廷。苏杭甬一路前经总理衙门允许英人承修，嗣后立有草约在案。三十一年间，商部据浙省绅士呈请自办，曾饬盛宣怀等妥筹收回，原为曲体舆情起见。乃磋商数年，迄无成议，而浙江所集股款亦不敷尚巨，势难克期竣工。英人迭次执言，自未可一味拒绝，尽弃前议，致贻口实，另生枝节。现经外务部侍郎汪大燮等与英人议明，将借款暨造路分为两事，权自我操，较原议已多补救。著外务部即派员按此妥为议定详细章程，务期利我民商，慎防流弊；兼商令英公司仍许江浙绅商分购股票，用示体恤。其原有办路人员，由邮传部查明，分别奏派差务，以资熟手。并著两江总督、浙江、江苏巡抚督率筹办，提拨借款，迅速造成，一面剀切开导该省绅士，务须仰体时艰，共维大局，勿得始终固执，强行争持，以昭大信而全邦交。

江浙铁路公司咨呈江督端方路工已成无须借款文

为咨呈事。

窃查，苏杭甬草议，系二十四年英商银公司与盛大臣所假定议，载从速办理。延误至二十九年四月，从速不速，盛乃有再限六个月，不办亦不复，草议一概作废之函。该商既接盛函，不退，计闰至九月限满，不办亦不复，是逾限系彼自误，作废系彼默许。三十二年，浙路、苏路先后收回，蒙商部奏奉谕旨商办。今十四日，军机处所奉之谕旨与两公司所奉之谕旨相左，且与外部之原奏亦不符。至谓磋议数年，迄无成说。三十二年正月，盛大臣奏请力任，草议可以作废，并有决不置身事外之语。甫阅年余，奏案具在。即盛大臣无力任废议之奏，亦应责成原手清理。英使碍于不办亦不复作废之函，初撇盛而就浙抚，旋撇浙抚而就外务部。汪大燮等悍然抹煞真情，背一二年新奉之谕旨，以徇英使之要求，破商办之成局，上欺朝廷，中欺部案，下欺商民，中外腾笑。王大臣或兼领繁要，或甫经管部，一时未能察及其非，而外交不可问，商办不可为矣！苏省南线龙华莘庄一带，材料均已行车，不日接至浙境。浙路江干湖墅搭客、载货已三阅月，路则筑至海宁，地已购至嘉兴。方幸苏沪同轨不远，即谓杭沪全段告成，亦无不可。杭渡江越绍兴至宁波之路线，今年二月以后，业已派工程司测勘。入秋且详加复勘，即可购地施工。如此已办已成之路，一旦全仿津镇借款，津镇或以借款为保全，苏杭甬正以不借款为保全。自闻此耗，远近股东函电诘问，人心惶骇，商市动摇。江浙人民奉旨商办，奉旨附股营业，而实兼义务，冀勉为朝廷保一隅之路权，夫亦何负呈部章程核定不收洋股，今外务部迫令借款，性质不可，名义亦不可。苏沪接浙境一百里，已集股三百万，即续集三百万，以谋扩充。浙路全省占三千万，先缴头批六分之一，五百万，现正提前续缴二批之五百万，合苏浙现有之款，视外务部之饬借之一百五十万镑过无不及。两省股东认定次第缴齐，期以十年，全省告成。其为无须借款，较然明白。夫借款之害，不必远征埃、印，但视该商沪宁办法，已令人动色而大戒。昔盛大臣有言，今日路属何国，即他日地属何国。明知故犯，引虎进狼。东南人士知与不知，无不集矢于该大臣，不谓复有汪大燮等踵其后也。商办奉旨，王言不可反汗，办法岂有变通？外务部谓：商令英公司许江浙商民入股，倒客为主。止许令附股四字，足使热诚爱国之商民解体矣！外务部又谓，原有办路人员，查明分别奏派。总、协等于路政本无所知，徒迫于外界之激刺，复感商部之提倡，汲汲自顾主权，大半枵腹从事。今外务部视吾苏浙办路各员一若人人皆汪大燮等，以路为利窟，特以奏派慰抚之，可耻孰甚！商部前据两省推举公呈，奏奉谕旨，特派总、协理等，皆固辞不获，始任之。今复由邮传部查明奏派，岂前此商部所奏奉谕旨特派者为不足据？直俟外款输入始汲汲焉为此郑重分明之举，是以借款为未足，并用人之权亦阴授以执持之柄也。外、邮二部又令各派代表进京，总、协理等材本庸下，既受股东之诘难，无从掬方寸以相明，又为部臣所劫持，将以遵谕旨而获谴。夫士大夫至于凛遵谕旨，而所办之事将为所罪之，因初不审立宪何义，谘议何为，即使代表到京，亦断不敢违从前之谕旨。外务部之主持借款，曰仰体时艰也。总、协理之遵旨商办，力拒借款，亦正为仰体时艰，且恐愈仿借而时愈艰也。苏浙多不逞之徒，已重烦贵部堂之荩虑，汪大燮等若犹虑此曹之无所藉口而必别予以可摇之柄，窃为大局危之。夫人民不能离土地而独立，贵部堂任疆寄之重，欲保人民，必先保土地，是即无士绅众庶之呼吁，亦必为被发缨冠之救。况岌岌不可终日，其情态有如目前所云哉？相应咨呈贵部堂，电咨浙苏抚院，联衔将草议可废之理，路工已成，路款已足，无须仿借之情电达，且具折以闻。为苏浙请命，然岂第为苏浙请命而已？洸洸长江，永涵海泽。除先电陈大略并咨呈苏浙抚院外，理合咨呈，敬请迅予鉴核施行。

须至咨呈者。

九月十八日

使日李家驹致外部晤林董云延吉界务暂以日俄战前为定请布置电

十三日电悉。钞件收到，驹于十六日递国书毕，即偕杨使往晤林，切询，据云，前情已电统监，转饬斋藤，静候办理。惟据彼报告，则谓：该处韩民所云不纳租税及向不应差之地，华官间亦责令纳税、应差，故日官出而禁止。林又云：华官所禀报日官举动，恐未免有过当之词，既承谆嘱，可再电统监，切实申禁。应请中国政府亦申诫华官，均于未定界务之前，各遵本国政府训令，不得妄动。而凡关于租税、应差等事，皆照旧办理。所谓照旧者，系指日俄战前李范允所有地位而言。俟界勘定，自可解决。现已将全案证据寄与阿部，中国有何证据可与阿部辩论，俟阿部复到，如有轇轕之处，再行派员会勘各等语。窃惟未定界务之先，两国各守向来界限，不相侵越，静候勘界，自属正办，惟所称以日俄战前李范允所有地位为定，此语关系甚重。查李越界滋扰，曾经照会韩国，将李撤回有案，在我断难承认。至彼云已将案据寄阿部备议，应请大部及早布置，以备会商。余容有闻再达。

九月十八日

闽学生会呈外部日僧干涉内政请据约令其撤回电

中、日无传教条约，日僧竟在闽布教。长乐县莠民恃教占妻霸产，经县讯究，日僧竟挺身袒护，且私在兴化、崇安设堂，藉端干涉内政。恳据约力争，令其撤回，复限定额，恐彼谓为默许，贻祸无穷。

九月二十二日

外部致徐世昌朱家宝伊藤统监既严戒斋藤勿出范围希约束该处文武电

驻韩马总领电称：晤统监，据云，前因韩民受虐，故派斋藤带宪兵五十名，韩巡二十名，往间岛保护，并无侵略意，乃该处地方官报告政府多有误会。两国均有军队在满洲，若因此冲突，实非统监所愿，特续派员前往，严戒斋藤，切勿出于范围。至划界事宜，由彼此政府办理。请将此意详告政府，饬地方官幸勿误会。今早复派员申说等语。伊藤统监既一再陈说，并有派员严戒斋藤勿出范围之语。除由本部电复马总领，婉达统监，转饬斋藤，先行退出和龙峪，听候彼此和衷商办外，即希尊处密饬该处文武，严明约束，以期相安。

九月二十三日

外部致驻韩领事马廷亮本国向无间岛名目电

廿一日电悉。吉韩界务，伊藤统监迭次申说，深念旧交，中国政府实佩盛意，应即代为道谢。查斋藤越驻地方，系名和龙峪，在大图们江北岸。本国向无间岛名目，该处寄居韩民，自当严饬地方官妥为保护，望婉达统监，转饬斋藤先行退出和龙峪，听候彼此和衷商办，益纫睦谊。并由本部电饬该处文武，严明约束，以期相安。

二十三日

奉天安东县士民呈外部王化成扰害地方请严惩禀

敬禀者：

窃维中国治外法权近日力求收回，朝廷设法部，修新律，固所以存国体，亦为吾民保治安也。乃不图安东一隅入于日本势力范围，即内政亦为其干预，黑暗情形，有不可言语形容者。试考原因，非尽归外人之强权，实皆我奸民王化成一人甘为彼伥有以致之。王化成即王雨人，直隶人，流寓安东，素行无赖，曾夤缘拜为东边张道门生。前年日、俄开衅，王化成投入日军队，为顾问官。日人初用民车，给价甚丰。自王化成入日军队后，即自设一草料公司于日军所过之地，不许民车往来者携带草料，高抬价值，勒售于民，必将所得车价尽出以售。犹复不足，则扣其骡马为质，数日之外不得赎回。间有抗违者，辄用洋油焚毙。如此数人，民车畏如虎狼，迫于威力，终无如何。战衅既平，日人设市场于安东，王化成即勾串前署安东县高钦户房经书王景芳，强将民地遍订〔钉〕日本调查桩子，诈取民财，贿而后免，得赃至十余万之多，而朋分之。又安东民人孙锦堂富有苇塘，王化成率数日人前往抢取苇子，孙诉于东边道张道，令其将人拘送来道，孙从之。王化成遂嗾日人，声称抢取之际，失洋万三千圆，必责孙为赔偿，于是反将孙系之狱，至今未释，其苇子仍为王化成与日本领事等所得，此尤不平之至也。从前赵留守在奉，王化成尚有顾忌。近更冒称知府，为市场巡警总办，自行札委高令门丁为其委员，而且擅理词讼，动用非刑，时有致死者。不独市场以内施其权力，即地方有事亦往往强出干涉。如禁赌、禁烟各事，王化成皆为招致市场，加其捐项，为之保护。是地方多悬一禁令，即为王化成与日本领事等多开一利源。民情怨毒，已非一日。前经赵留守密札东边张道，商之日本领事，谓将王化成交出，密拿解省，尽法惩办。讵张道以师生之情，始终袒之，而日本领事冈部君亦不顾全邦交，署中书记野口尤为助虐，皆与王化成朋比为奸。安东地处边远，受此荼毒，无可告诉。王化成内恃奥援，外倚敌国，所畏者赵留守又复量移鄂督，故敢肆无忌惮，至于此极。此蠹一日不去，安东士民一日不能安枕。惟有冒死以陈，务求俯念时艰，垂拯民命，先与日本公使交涉，据约以争。如上海为通商最早之埠，其会审之员必有大吏慎选委用，行之已久，各国均无异言，岂安东独不能守此条约而可任一奸民王化成擅作威福耶？必求争回市场自治，而将王化成仍照前军宪赵办法密拿，解省严惩，庶免幸逃法纲，以伸国法而救生命。大局幸甚！

九月二十五日

东督徐世昌致外部程光第勾通日人觊觎矿产电

顷，据吉林朱中丞来电称：顷，日领岛川来署，交到伊外务大臣来电，云：兹接前途报告，清国官宪对中野次郎与清国人程光第在间岛天宝山合同开掘银矿事，命其中止，有即使借用暴力亦必遂行其命令而后已之势。查清国在所属核定之地方，对日本人与清国权利者订立合同而后著手之事业，为欲命其中止而用暴力，肆其所为，未免甚不的当。此种问题，应俟境界决定后而后解决，故对中野已著令该管命其惟可维持现状，勿为急剧之扩张，而在清国亦不可有擅用暴力之事务，即对巡抚妥为注意可也等语。拟备文照复，文曰：查程光第前因办理天宝山银矿亏蚀官项，于光绪三十一年冬间奏参在案，嗣虽设法弥补，开复原官，而并无札其续办矿务之明文，是程光第已无开矿之权利，昭然明甚。本部院到任之初，程光第虽曾禀请续办天宝山银矿，当经面斥不准，继以其违谕私开，故特札饬封禁。旋据程光第禀称，天宝山各矿硐早被水淹，并未招工采凿。现即前赴安东县与东益昌号华商李瑁城暨日商中野二郎等商退矿师等语，声复前来。是该矿之现状，及程光第之自行退出，不由暴力，情形甚悉。至于中野并未调查程光第有无办矿之权限，辄与订立合同，按之法律上契约之性质，应行取消。且此合同之内容如何，程光第迭次来禀，从无一字涉及，亦未呈由本部院批准，更应无准。据以上种种理由，应请贵领事转电贵外务大臣，谕令中野停止开采，离去天宝山，方为妥协办法云云。案查，程光第系候选通判，自光绪十七年已承办天宝山银矿，于三十一年冬因亏蚀官项奏参。嗣虽缴款开复，未命续办。晚初到任，渠请试办，当以其言辞闪烁，又无详细章程，严斥不准。旋吴寿卿自延回省，述及程倅在彼私采，当即札饬胡殿甲，查明封禁。旋得程倅禀复，以矿硐被淹，未蒙宪台批准，未敢开采为辞。禀尾有前赴安东与日商中野等商退矿师之语，亦未涉及订立合同一字。并据胡殿甲复称，亲赴天宝山勘验，尚未招工采掘。有工人八名看守昔年损坏机器。日人三名，一名杉村，包矿师帮手，程倅约来探验矿苗，一名桥本，一名达谷，系随同杉村之人。当即遵札饬将此色人等一齐辞退，程倅已允遵办，此刻实无兴工情事。既未开办，似无所用其封禁。该处离吉强军铜佛寺驻队相近，如迫径作，声息较灵，不仿〔妨〕随时封禁云云。综核各节，天宝山银矿现在虽未开采，而程光第勾通日人，觊觎矿产，难免不私订合同，凭藉外援，牵制内政，此等丧心病狂之人亟应尽法严办，以免彼族藉口。其日人一面如何应付，祈转电外部，妥筹禁阻，电示为盼。

九月二十八日

清季外交史料卷二百零六终

清季外交史料卷二百零七

光绪三十三年十月

督办闽粤农工路矿张振勋咨外部华商自办广澳铁路拟订章程请奏明立案文 附清折

督办闽粤农工路矿大臣张振勋，为咨呈事。

案查，广澳铁路原订中、葡两商合办。虽立有合同，久未能集股开办。迨林德远故后，经职商林炳华等继承其志，商诸葡商伯多禄，据称，不愿办理，中国地界让与华商自办等语。即经该商等禀请前澳门葡督允许，给有致前驻京葡使一函，故公举代表股商唐绍业等于光绪三十三年九月赴京投递，守候注销合同办理。本大臣并给以公文，咨呈钧部在案。讵值驻京葡使新旧交替，事未接洽。虽经外务部迭次据情照会，未准照复，至今尚无成议。本大臣忝司路务，岂忍坐视垂成，不图竭力斡旋，以冀挽回利益？现值澳门新督莅止，本大臣即亲往商榷，声明此路一成，不但有益于华商，且可振兴澳界。旋准新葡督罗答以在前所议注销合同一节，我政府虽知其事，恐华商无殷实股东，不能担任，故未给以实在允许文凭，致延时日，今贵大臣既出为担承，有权办理，本督部堂实为欣悦，当允许驻〔注〕销旧时合同，由贵大臣承办建筑该路等语，另给有文凭一角，内注条款六则，并允先行电致驻京葡国使臣知照，一面嘱派代表人赴京赍投文凭，接洽办理。本大臣查，前次赴京代表股东职商唐绍业已经身故，现就股东中选举分发江西试用知县沈殿磐、同知职衔谢维显赍文并附呈章程清折一扣，呈请钧部鉴核，俯赐咨请外务部，照会葡国使臣查照，注销旧时合同，准将广澳铁路中国地界归华商自行兴筑办理。一俟注销约定，即请钧部将此次所呈章程核订，奏明立案，颁给关防，俾此路早日兴工，感激无既。

须至咨者。

计呈章程清折一扣。十月初二日

谨将改归华商自办广澳铁路章程开具清折呈请鉴核

第一条，定名目。本公司承办此铁路，系由广州省城对河芳村之下筑起，建立车站，越顺德之陈村、大良、容奇，新会之古镇、江门，香山之小榄、石岐，至前山、澳门分界止，计华程约三百六十里，名为商办广澳铁路有限公司。

第二条，推督理。此铁路工程浩大，用人、行事，一切须赖有声望素孚之人主持督理，始能保顾大局。今凭众议公推张太仆弼士为督办，诸务悉听其规画，凡事应与之确商。其认股多数之股友，俟奉大部批准承办之后，查明实在公正，或举为总理、协理、总董、董事各执事，届时再当公议，商请督办，分咨立案，以专责成而一事权。

第三条，招华股。此广澳铁路约长一百四十余英里，约估需银一千五百万元，分作一百五十万股，每股计本银十元，以香港银为准。本公司股分总簿一本，编列号数，盖用公司关防，分别存根执照。凡附股者，须将姓名、籍贯、住址详细填注总簿及股票上。认股注册之时，每股先收挂号定银四大元，其余六大元，再递，按六个月缴清，或一次交足，任听股东之便，总计每股收足股本银十元正。凡领簿招股绅董，内地自领簿之日算起，以三个月为限，即将存根簿交回公司，查对认股者已经认定股分若干，将执照及定银送交银行或银号收存，取该银号收条为凭。所有股分银两，统归香港某银号、广州某银号分收分存，以备支用。其股票则俟股银交足，凭银行、银号收条，到本公司换给股票息折，按年息定议六厘。至派息时，凭折收息。交股银时，以每次收银之日，如每月十五日以后，截归下月初一日起算，如十五日以前，则截归本月十六日起算，以昭平允。

第四条，防流弊。此项铁路股票息折只准转售、抵押于华人。其转售时，应先报明公司，由公司更名注册，方能作准。如有私自转售、抵押者，公司只准其凭折付息，不认为正股东，于公司用人、行事概不干预，以杜轇轕。

第五条，选员司。公司用人极为紧要，所有司帐〔账〕、司事人等，由多数股友及招股最多之公正绅商保举，仍归督办暨协理量才器使，酌给薪工，按月支发，不得挂借移挪。如有浮冒、亏空等弊，由总、协理会商于督办辞退，另选妥人承充。其经手原人如有亏空银项，或与人通同作弊等事，至〔致〕公司亏损者，一经察出，仍向原保之人追赔。其应用外洋工程师及机器师等，亦须选择技术精良、恪守公司规例者，另立合同，订明权限。惟所订合同先须呈请大部核准，然后照行。设洋员有不守本分、滋生事端及虐待华工等事，查明确据，即行撤换，不得徇隐。

第六条，分职任。此次铁路工程浩大，总、协理各员，一俟招股开办时再行派充，以重事权；或另由公司选择各大股东及招股最多之殷实绅商为总、协办，其次为总董、董事。所有支款、用人、行事概归督办及总、协理主持分派。惟是和衷乃能共济，集思所以广益，事无大小，仍须协力同心，彼此商妥，方可举行。一切购用工料，动关巨款，尤须众议妥善，以免糜费。

第七条，购地亩。凡铁轨所经之处，并桥梁、码头、货仓、机厂、车站一切为路工应用地段，如系官荒，由公司指明，地方官丈量，比照附近赋则升科；如系民业，执有印契或粮串为凭，查照未制铁路以前民间买卖时价，酌中核定，由公司插标价购，或业主欲将地价入股者，听业主之便。如遇坟茔、庐舍，尚可绕越者，自宜设法绕越。倘地属要需，万难绕越，自应商令迁让，仿照津榆、芦汉、粤汉等路现行章程，除地价外，另给屋资迁费，不得藉风水为名把持阻挠。如有地痞串同胥吏谣惑鼓煽，阻碍大工，应由公司随时咨请地方官从严究办，以遏刁风。

第八条，定年限。查外洋各国商办铁路章程，均定有期限，七十五年，或六十年，或五十年不等。此条广澳铁路，前于光绪三十年已经立案，准以五十年为期。如大部能准本公司加订十年，共六十年为期。如不能加，即照前订合同，以五十年期限为准，亦可。如期满后，国家欲收回官办，准予本公司照旧办理，以二十五年为期。至期满时，后仍不欲收回，亦照第二期办理，以昭公允。

第九条，请保护。铁路工程，中国尚少专家。举凡勘估、兴筑，一切关系至要，不得不暂聘洋员，以资襄助。仍随时察访中国著名工程师，并遣派学生出洋习工程、行车等事。一俟接替有人，即专为华人经理。目下兴办之初，洋人往来内地，民智未开，动多疑阻，应请地方官剀切出示，晓谕其沿途地方文武各官，一律照请保护，庶免别滋事端，以期安靖。

第十条，正线路。各国建造铁路均有限制。如甲公司造一路，其线由东而西，或由南而北，乙公司不能又造一路，与甲公司所造之路线相并而行，搀夺利权。本公司奏请建造此项轨路，其左右两面各十英里以内，他人或别公司不得筑造平行同线之铁路，以免两受亏损。

第十一条，设巡役。铁路地方辽远，弹压、稽查均关紧要，自应分设巡丁，以资保护。拟请准由公司酌度情形，自行招募，所有口粮、号衣、旗帜并应购用枪械、子药，只由公司自购，不领官款，以资防卫。其招募勇丁名额，及购备枪械若干，另行呈请大部及地方官立案。巡丁如有不安本分，滋生事端，轻则斥革，重则送交地方官惩治。

第十二条，设电线。此次铁路沿途应用电线德律风，应请大部核准公司自建。惟准铁路之用，不准代人传电收费。

第十三条，便航运。本公司应用机器、材料、月需薪水银两及工师、匠役往来，均须随时驳运。若附商船，恐稽时日而误要工。拟由公司自备小轮船、驳船、扒船数艘，照章请发船牌照，以便查验放行。所运材料、机器进口关税，现章奏免在案。其内地厘金应否邀免，俟开办时再当咨商两广总督部堂，酌核办理。

第十四条，重要公。铁路一举，现为便民并资卫国。此路曾由商款商办，应查照各国情形，订明期限。如未归官以前，遇有军务、赈务，自应尽先载运公家兵丁、饷械、粮石等件，其车费悉照半价给发。此外，平时无论何项官员、差役往来坐位，运脚仍照章收价，以杜藉端龃龉。凡违禁物件，本公司概不载运。

第十五条，设总董。本公司拟设总董十三位。此总董乃有议事之权。督办、总理、董事、司事人等，乃有行事之权。其余无论大小、股份多少，均有献议之权。而该总董每位自已名下应有集股五千股，该股本银五万元，方为合格。此次总董由众股东公举，每年一次，俟该全路造成行车之后，再行另议年期。该总董若已设定十三位之外，倘公举过额者，则由掣签以定去留，而免向隅。

邮传部奏接收新奉铁路及增改工程筹拨款项折

邮传部奏，为接收新奉铁路及增改工程，先后筹拨款项，恭折仰祈圣鉴事。

窃查，奉天至新民屯铁路，前由日本筑造。光绪三十一年十一月，中、日全权大臣会议，由中国备价收回。本年三月间，外务部与日本使臣订立合同，奏明该路售价日金一百六十六万元，由京奉铁路余利项下提付日金一百六十六万元，于三月十二日交日本使臣林权助收讫。一面派京奉铁路总办道员周长龄等办理接收事宜，于四月二十一日按照日使交来清单，将全路约一百二十里暨车辆、材料、器具点验清讫。自是，关内外全线由京师直达奉天，两京同轨，悉庆荡平，当由臣部奏请，将该路定名京奉，仍饬周长龄兼管在案。

查该路绾毂要冲，于军事、实业诸端关系至为切要。今既收回自办，亟应改良尽善，以期便利转输。该路当日筑造时，本为行军而设。工程既不合宜，材料亦多窳劣。其铁轨距离较京新旧线尚狭一尺二寸，彼此车辆不能联接，必须展宽轨道，方便交通。而辽河木桥长约一千九百余尺，尤须改造铁桥，以免危险。其余工程材料，急需添改处尚多。察看全路情形，几须全行改筑。经饬总工程司等切实估计，约需银元一百九十余万元。臣等详加复核，均属实在要需，自应预行筹备，仍饬分期领用，撙节开支。惟臣部现无存款，该路所需一百九十余万元，除辽河以东工款，照外务部所订接收该路合同，应向日本筹借一半，现议借银元四十万元外，自余一百五十余万元，拟即由京奉余利项下分年拨付，以资挹注而重路工。综计全路增改工程，约明年夏秋可以完竣。现就原路急加修理，业于五月十九由京至奉全路通车，一面赶办增改工程，庶克日程工，藉副朝廷兴业便民之至意。所有接收新奉铁路及增改工程完后筹拨款项缘由，谨恭折具陈，伏乞圣鉴。谨奏。

光绪三十三年十月初四日奉旨：知道了。

鄂督赵尔巽致外部日本在租界外买地拟即赎回电

顷，闻日本在租界外私买地段，拟从后面添修马路，当饬关道查系何人出售，据复称：地为铁路局所售，现因日人地价未清，尚未成交等语。查铁路卖地，自应预先移知关道查考。倘在租界以内，犹为中国主权所不及。今界外地段，并不知照地方官，岂能私相授受？幸地价未交，应请饬令将租界外各地除出退回，鄂省情愿照备原价承买，自筑马路，以保主权。事关大局，务乞严切饬遵，毋令含混，致生枝节。至恳！

十月初八日

外部致日使林权助吉长铁路派员会勘俟日本工程师派定知照本部照会

前准阿部代办大臣照称：吉长铁路派员会勘一事，现派定南满洲铁路会社技师岛竹次郎会同履勘。贵国所派陈西林、曲尾信太郎两工程师何时可至吉长地方，与岛技师会同勘查？将预定时日，先行示知等因。当经本部咨行邮传部，去后，兹准复称：前次派出两工程师，现在曲尾因重修新奉路工不能暂离，陈工程司在京张铁路经手事繁，亦难预定时日，自应另行派员，以免延误。兹改派罗工程师国瑞会同岛技师前往履勘。日间即由上海来京，俟到京时，无论何日，均可起程。如日本工程师已定有日期，可先期知照本部，饬该工程师届期会齐前往。至此次两国所派工程师系专为勘路之事，将来造路总工程师仍由中国选派日本人充当，以符协约第二款中国自办吉长铁路，及第三款乙条中国于借款期内应将吉长铁路经理妥善、丁条借款期内总工程师应用日本人等语等因前来。查吉长铁路，经邮传部另派工程师罗国瑞会同履勘，相应照会贵大臣查照。俟日本工程师定有日期，即希知照本部，以便转行邮传部，饬知该工程师前往可也。

十月十一日

徐世昌唐绍仪致外部拟与保龄公司订立建筑新法铁路协定节略函 附节略及草合同

密。肃者：三省百端待理，非地方交通便利，实难措手。前拟从新民府，经法库门，由洮南府以达齐齐哈尔展筑铁路，实为必不可缓之举。世昌前曾奏明，仰蒙俞允。复与钧部筹商，意见相同，赞成此举，无任纫佩。查此路前经邮传部、商部会复前署黑龙江程德全折内曾奏明允准在案。现在筹议办法粗有端绪，谨为钧部分晰陈之。

查新齐一路，道里绵长，若同时并举，不但需款繁多，且恐外人横生阻力。今拟分三段展修：由新民至法库门为一段，由法库门至洮南为一段，由洮南至齐齐哈尔为一段，并不另立名称，即作为京奉铁路展修之路。盖路为京奉所展修，其关系不在东省，外人当无所藉口也。其第一段路工，现已饬保龄公司亲往履勘。保龄公司者，英国最著名之工程家，历包南非洲各大工，最有名誉、最有信实之公司也。一切做法皆与关内外铁路一律。所有工程，即由该公司包做。盖如桥梁、涵洞等类，如损坏例须赔修，一经包做，则损害由其自任，不至偷减。至所开工价，以英里统计之，似与各铁路较为核实。然使做法稍有未合，关系甚巨，必有精通路工之员监视，乃为周密，故拟请詹道天佑时时监视，如有与合同不符之处，随时指明，令其改作。即詹道未能常川监工，亦必有詹道派出精于路工之代表人随同督察，必以合法为度。如果处处合宜，俟第一段路工告成，再议展修第二段，此时尚未与议及。其完工先订为两时期，缘如明春开工，则可于十八个月修竣；若迟至夏秋，则严寒时候较长，须二十四个月竣事。此路系京奉展修之线，且第一段尚在辽西境内，与日人毫无干涉，彼倘强聒，即请钧部据此驳诘。我固有词可措，彼当无所藉口。第二、第三两段，暂不宣布。兹将与该公司所订之草合同钞呈钧览。此系未定之件，并希酌裁后迅速赐复。如以为可，即当决议开工，克期集事，一面即行奏咨立案，不胜盼切。至此路议办后，即拟筹借外债，以为修筑之费。既为京奉接展之路，自应向中英公司借款。按照路款若干，与之筹借，拟不以该路作抵，即由东三省筹还。容俟详细研究，商定办法，再行奉达。即希赐复，统希秘密，暂勿宣泄为祷。

十月十五日

再，密肃者：兹钞呈与该公司商议节略三件，即请鉴定。前二件已彼此签字，作为草稿合同。后一件系保龄公司约计估单，其需款多寡办法，只视为该公司所呈条陈。将来如造此路，大约不出此数目。合并陈明。

附东三省总督与保龄公司订立建筑新法铁路草合同节略

东三省总督及奉天巡抚函称：因欲修筑自新民府至齐齐哈尔铁路，特嘱保龄公司承修。现拟先修新法一段，订立草稿合同。如将来中国财政或因他故无所窒碍，及东三省督抚视第一段工程美善，再商筑第二段，自法库门至洮南府，然后再筑第三段，自洮南府至齐齐哈尔。所有一切工程及价值，应按第一段办法。现亦商定，如将与第二、三两段，价值不得过六千五百磅〔镑〕。现亦商定，所议以上各情，无论何项私人及公众，不得宣布。

附保灵〔龄〕公司呈东督徐世昌奉抚唐绍仪展修京奉铁路节略

敬禀者：

尊意欲筑全路由新民府至齐齐哈尔，惟工程分作三段，今将造价列后：

全路造价，照关外京奉铁路造法，约英金三百万磅〔镑〕。

第一段，由新民府至法库门，至少需英金五十万磅〔镑〕，如下：

五十五英里，造价英金三十五万七千五百磅〔镑〕。

地价，照大凌河至汉府价值，每英里七百零二两，共五十五英里，合三万八千六百十两，每两三先令，约英金六千磅〔镑〕。

车房、机器厂，英金一万一千五百磅〔镑〕。

照京奉铁路办法，所有公费及造路员司费用等，英金二万五千磅〔镑〕。

如遇此段工程完竣时，下余各段应需之款未能一时筹备，此款可以接修，以免耽延时日，英金十万磅〔镑〕。

共英金五十万磅〔镑〕。

西历一千九百零七年十一月六号。

附新民府至法库门铁路工程合同

东三省总督暨奉天巡抚因欲展筑京奉铁路，拟由新民府筑至法库门，现议定嘱保龄公司承修，及允将此段铁路工程按上等工程筑造。

一、此路轨道宽窄及一切工程做法，应按照关外之京奉铁路承修。

二、此路所用车路、车站、石料、石渣各地段，应由东三省督抚购备。

三、此路系京奉铁路之枝路，所有与京奉总局交涉事件，应从优相待。如用码头卸运材料，及至新民府运脚特别价目，以暨〔及〕应由分路取石料、石渣、沙土等事，准其运用，不得拦阻。

四、所有由外洋运来进口铁路所需材料，概免征税饷、厘金等项。

五、所有应定何时及何样开工，及需用车辆若干，应由中国所派之顾问工程司与保龄公司商定办法。但倘有意外延搁及阻碍情节，非保龄公司力量所能及者，应不计算。

六、此路应需款项，须早设法筹备，俾免拖延时日。

七、因宜早日兴工，现议定保龄公司立刻前往详细勘路。

八、此路一切桥梁，应按照关外之京奉铁路之格式、轻重做法。

九、此路一切工程，及行车、人弁、驻所、车站、月台、岔道、旗号、电报、德律风，及一切完全行车之需用各件，保龄公司因化〔花〕费两万磅〔镑〕。至于保龄公司按照里数修筑铁路应得之利益，亦算在内。该等工程应如何做法，任听顾问工程司作定。

十、东三省督抚拟派道员詹天佑充当此路之顾问工程司。

十一、此路一切做法及各样图说，应凭该顾问工程司作定。

十二、此路兴工之日起，应由詹顾问或其代表人常川稽查。所修之工程如查有不按所定格式及图说者，立刻知照保龄公司，令其更改。

十三、保龄公司允，承修自新民府至法库门之铁路，均按上等工程做法，以致完全美善。及除修正路外，应加一成岔路、过车路及取石料石渣之分路，统计每英路一里需英金六千五百磅〔镑〕。在伦敦发给第一批，俟铁路修有一半，方付第二批，俟政府接收后，再付第三批。

十四、此路车辆应由东三省督抚购备，俾须预备开工之用。

十五、此路约十八个月或二十个月完工，应看定何时开工，再定交工日期。

十六、意外不测各事，均不能施行于承修日期。

十七、现在所定者系草合同，俟邮传部核定及奉旨批准后，再定详细合同。

徐世昌唐绍仪致枢垣外部请简马廷亮为安东道电

日本在东边交涉事件最关紧要，世昌前在京时已面陈一切。现在察看情形，事机日紧。安奉铁路意在改线；明春开冻，于鸭绿江岸又将筑桥径渡，必至侵入境内；安东占地至今未撤；森林问题久未解决。窥其用意，一面从间岛发端，一面经营安东鸭绿江一带，以期联络一片，是安东一埠，当交涉之要冲。现署任钱道实难胜任，本任张道锡銮现署奉天度支司使，一时未能饬令回任，而奉省亦别无堪胜此缺人员。查有驻韩总领事马廷亮，熟悉外交，与日人颇为接洽，可冀应付得宜。或简或署，务恳钧处、大部曲予成全，庶于边事有裨。再，前派署民政司司使张元奇前往安东一带考查，嗣又派员赴临江等处密探形势，藉觇日人举动，知关廑注，并以附陈。

十月十八日

外部奏复陈苏杭甬铁路借款磋商为难情形折

总理外务部庆亲王奕劻等奏，为复陈江浙官绅请拒苏杭甬铁路借款磋商为难情形，恭折仰祈圣鉴事。

窃苏杭甬铁路，臣部与英使历年商论情形，暨现与英公司磋议借款办法，业经臣等于本年九月十四日具奏，钦奉上谕一道，由军机大臣字寄臣部暨江浙督抚等，复由臣部恭录谕旨，钞录原奏，并加叙案情，函电各该督抚，布告各绅商，各在案。嗣于九月二十七、二十九，十月初四、十五等日，先后准军机处钞交翰林院侍讲学士朱福诜等奏请保全浙路；御史徐定超奏浙路办有成效，忽借英债，请筹补救；都察院代奏朱福诜等请拒绝铁路借款；徐定超奏铁路借款，人心惊疑，请派大员察看情形，妥筹办法；御史孙培元奏苏杭甬铁路借款，舆情未洽，请筹变通办法，并请简重臣，劝谕江浙商民，各折片，均奉旨：外务部知道。钦此。钦遵前来。

查该学士等原奏，其大意无非谓，苏杭甬铁路草合同经盛宣怀于光绪二十九年四月函致英公司，限六个月，不办作废，英公司不答，即属默认，外务部尽可据复英使。此次议借英款，全省生命、财产寄托外人，国民利权随路而失。务祈收回成命，不借外款。必不得已，或由国家担借担还，不必定以铁路为言，或请海牙平和会公议。若仍许江浙绅商分购股票，是反客为主，各国皆将援例各等语。臣部复迭据江浙两省绅商来电，大致相同。

臣等窃维该路草合同虽系由盛宣怀与英商议订，实发端于二十四年，前英使窦纳乐奉彼政府之命，请准其修筑铁路，为缓急相助之计，乃情事中变，辗转棘手，英人责我以有意失和，几至决裂。又援比国承修卢汉铁路，坚请利益均沾。万不得已，始改以苏杭甬等铁路五条归英公司承办。并经英使与总理衙门往返照会，斟酌字句，切实允定，以为言归于好之据。是此案根据，实关系两国国家交涉。此路于光绪二十四年七月间经盛宣怀电奏九广、浦信、苏杭三路与干路衔接，由总公司办理，实有益无损。其由苏而杭至宁波之路，并已与浙抚议妥在案。经前总理衙门会同矿务铁路总局，于光绪二十四年十一月间具奏通筹铁路办法折内声明：苏、浙等省近干要枝，均由盛宣怀承办，应请旨饬下该大臣督饬，先尽各国定有成议各要路妥速办竣等语。复于二十五年三月间，议复徐琪奏请停办杭宁铁路折内声叙：英使请办五路之缘起，杭宁一路，已有定议在先，势难中止等语，均经奉旨：依议。钦遵在案。

迨至三十一年七月，因浙省绅商请立全省公司，经商部奏准。未及匝月，驻京英使即来文，照请臣部派员与议正约。嗣经御史朱锡恩奏请将苏杭甬草合同撤废，奉旨：派盛宣怀磋商，收回自办，并著浙抚会同筹办等因。相持数月，迄未有成。盛宣怀旋于三十二年二月复奏内称：二十九年沪宁合同签押时，以此路逾时已久，责其应作废弃，面诘再三，英公司不允。复致函申说，彼虽强辩，然商废之说实已从此埋根等语。夫曰不允，曰强辩，是英公司何曾默认？至盛宣怀逾限作废之函，彼时并未咨送臣部，该公司即未作答复，臣等亦无从知悉。直至三十一年二月，盛宣怀始将函稿咨送前来。其时，该公司致盛宣怀复函有此草约前经贵政府允许签押，曾钞送使署备案。今会议之前，必须候公使回示等语，是该公司亦无会议废约之权。英使且迭次来照，坚执成言，请饬两省公司停工，不认自理之案。此后或照催，或面诘，直谓中国政府爽失大信，有意与英为难。盛宣怀与英商议废，既未得人承认，英使在京催诘，始终未稍松劲，何能指为业经废约之定案？历经臣等设法因应，几已智尽能索，实有不能再事延宕之势，因派汪大燮复与英公司改商借款办法。磋商至再，始办到不以路作抵，并不以英人管理路务，自造自管。英公司既并无干预之权，江浙两公司亦何至有损失之虑？

查两国交涉，与寻常商务议订合同情形迥殊。当时既欲议废，自应索取凭函，方能作准。若在我先有允许照会，而在彼后无废撤明文，遂欲指为默认，勾销前案，直自欺耳！何能强人必从？况盛宣怀函稿到部，已在英使迫催之后。虽经臣部迭与口辩，而诘责之言业已愈逼愈紧，则改商办法，正所以收回事权，借款自造，亦与外人承办迥乎不同。路权仍自我操，何得谓反客为主？他国初无此等交涉，又何从无端援例？至海牙平和会章程，必先由两造认可，方准诉请公断。无论英不允行，亦岂有人方坐我失信而我犹得以一面之词取直于公断者？如能将此款移用他处，臣等早已筹及。迭派员与英人磋商，亦未允许。且体察情形，即或勉强就范，国家必受亏更巨。臣等统筹全局，惟期补救一分即受一分之益，无所用其回护，更不敢畏避嫌怨。在江浙绅商，意在自办，亦无非保守权利，维持路政之深心。朱福诜等交章披陈，亦无非体察乡情，隐虑利权之旁落。不知两国交涉，既有成议在前，路权我操，何至贻患于后？况近者英使迭来诘问，谓：英政府之意，苏杭甬借款合同务与津镇铁路合同同时签字，若再掩延，英政府决不应允；又谓：所拟借款各条，退让已至极点，与中国主权毫无妨碍；并谓：二十四年草合同之办法，及他国在华修造铁路之情事，与此次大相径庭，英国独以好意相待，处处出以和平，而中国反不体量，拒我特甚，似不愿英以和平相待。词意决绝，切请从速妥结。又于本月初六日来有照会，称：中国政府如此柔懦，轻听浙绅强硬之求，与英国国体有所损碍，中国政府应负其责任，且关我两政府交谊之处，甚属危险等语。又据驻英使臣李经方本月十七日电称：英外部面递节略，苏杭甬路事，英政府责望实行。中国于业经应允者反复延搁，议院攻击甚力，务期设法速办等语。

彼国之力催订约既若此，两省商民之坚拒借款又若彼，中外争持，势甚急迫。现在既无确切作废之凭证足以应付外人，而延宕愈久，诚恐枝节愈多。倘江浙绅民始终误会，一倡百和，激成事端，适足与人攘夺之柄。彼所谓政府柔懦，绅民强硬，损彼国体，邦交危险，并责我以业经应允者反复延搁，如此情形，决非口舌所能抵御，尤非推诿所能了局。江浙两省绅商不乏识时明理之人，亦应关怀大局。该学士等自更洞悉时势，当能灼见外情。方今列强环伺，络绎联盟，中国势处孤危，即能谨守约章，讲信修睦，犹恐不足以自保，矧敢轻弃成议，自启纷扰。庚子之乱，足为殷鉴。臣等职在外交，不得不加意慎重，万一酿成意外，臣等何能当此重咎？又岂江浙两省所能独安？现业经臣部电致江浙两省，公举数人，来京咨询路事。当俟到京后，相与开诚布公，集思广益。但有可以维持之法，臣等仍当竭力斡旋，以仰副朝廷体念绅商眷顾东南之至意。所有复陈江浙官绅请拒苏杭甬铁路借款磋商为难情形，理合披沥具陈，伏乞圣鉴。谨奏。

光绪三十三年十月二十四日奉旨：知道了。

东督徐世昌致外部日在延吉明攘司法暗攘领土电

顷，接吉林朱中丞电称：十五日，延吉厅陶丞彬自额木索来电，禀称：九月二十九日，附近六道沟地方华民黄明廷被韩民金汉国、千光谡、李成海等击毙一案，其千、李二犯已获，金犯被日本宪兵带去，讯系金犯起意谋杀。随向日官索交，乃日官筱田来署声称，援中韩条约第五款，转索千、李二犯。当以延地非通商口岸，韩民讼案向归华官裁判，并未奉到适用中韩条约明文，以相驳诘。筱田理穷，声言此案必请政府谈判，而去等因。昨日领事来署，交到伊驻京林使电开：韩民在条约上应不受清国之裁判管辖。今斋藤中佐来电云，在间岛统监府之附近村野有韩人将清国人杀害，我日本官宪已捕得加害者二名，其余二人因由清国官宪捕得，我日本官宪向清国官宪请将该犯送交，据云，此事非请示政府，不能擅为送交。查向来成例，无论如何，该地方既驻有我国官宪，自应按照条约，将罪犯追交于我国官宪，此当然之义。望贵巡抚急派委员至该地方，如此办理可也云云。窃思此事关系司法主权，并且牵连领土主权。日人处心深狡，明攘司法，暗攘领土。查中韩条约第五款内开：韩国民人在中国者，如有犯法之事，韩国领事官按照韩国律例审办。是彼之所援以为口实者，实则有种种不同。原约第二款内开：两国可于通商口岸设立领事官。现延地既非通商口岸，又无韩国领事官驻扎，此不能适用条约者一。韩民在延系为越垦而来，几同土著，与寻常商民迥异。原约第十二款内开：边民已经越垦者，听其安业，俾保性命、财产。曩此项韩民有特别之性质，故约文另款提明，其不能适用条约第五款者二。日官斋藤率兵越界，擅派官吏，未经中国承认，而所派之官又为行政官之性质，更何能间接以适用中韩条约乎？以上各理由，俱可持为辩论之资等语。所论似颇正当。能否据此照复？即请钧裁。

十月二十四日

徐世昌唐绍仪致外部关外延长路线不能因日人干涉停止电

顷，奉本月二十日来咨，关外延长路线，据日使照会，此事前于七月二十三日所发呈复钧部咨文内称：延长关外路线，为我国交通便利起见，与南满洲铁路毫不干涉，既非于该路附近另设并行之干线，亦非侵害该路利益之枝线，该使不必过虑等语，此意想钧部当以为然。惟前于本月十三日曾肃密函，拟展筑新法铁路事，申明宜从速定议。至今未奉复示。窃思展筑此路，系为交通三省、渐收主权起见，断不能因日人无理干涉，遽行停止。务望钧部力持，迅复，以凭遵办。

十月二十五日

东督徐世昌致外部天宝山案分为三段立论日人不允电

天宝山开矿一案，前曾电达。顷，又得朱中丞有电云：日领照会〈贵〉大臣以此事分为三段立论：一为天宝山所属问题，二为中野、程光第合同契约问题，三为现状维持。论其第一、第二两问题，以天宝山在间岛地内，间岛之属清属韩既未决定，则不能以清国之法律确定该契约之无效。至第三段之现状维持，亦即以境界所属不明，契约非全无效，只有维持现状之一法。至现状如何之处，已接中野电称：自十二月一日，即中历十月二十六日，由该地起程来吉，俟更向中野详询，再及于现状事，此皆本官与贵交涉局会办唐家桢氏面谈者。正拟电申外务大臣时，突接韩国会宁来电，内称：十月二十一日，清兵入天宝山，命日本人退去，欲占领该山，请妥为保护云云，事实与否，虽属可疑，然亦不能置之。乃先使林领事官补直求见贵巡抚。兹接该领事官补报称：贵巡抚认此事实，并言明此系中央政府之命令。又本日再奉外务大臣电开：十月二十一日，陈昭常氏派兵数十名于天宝山，对中野之工夫命其解散，中止其工事，并令日本人即日退去各等因。按天宝山问题，当初本官对贵巡抚切言，在交涉未了之间，毋用暴力之事，在贵巡抚亦言明决不出是。乃不意口舌未干，而今日竟接贵国敢为此等暴行之警电，殊深遗憾！此等暴行，恐至为燎原之导火线。本官自有间岛问题以来，即向贵巡抚努力切言，唤起注意。想贵总督、贵巡抚阁下任在贵国祖宗发祥之地，其任重责大，诚非他省督抚之〈比〉，必能达观大势，笃念邦交，以全此重大之责任而无疑。敢请切速设法办理，专派急使，发下制止在天宝山之命令可也云云。本日又接日领力疾来署面交伊外务大臣来电，内开：十月二十一日，陈昭常派华兵十六名至天宝山，为永久占领之目的，饬令华工散去，并命日本人退去。二十二日，华官以兵力封闭试掘行动，且禁搬运矿物，又将一切器具加专派卫兵，严行看守，又将所用华工及一切华人饬令于二十三日全行退去，且禁断内外往来。日本人之拟至天宝山者，即持铳禁其通行等语。日领复切哓哓，谓：贵国官此等举动，日本人万不能忍受。抱定维持现状主义，坚请饬令该处官吏毋庸以暴力禁阻。且言：明〔昨〕夜已电林公使，向中国政府交涉。当告：令封禁天宝山银矿，实系本部院之命令。至于用暴力之事，前已再三禁止该处官吏。兹据贵领事嘱为禁阻，自当顾念邦交，即速电告延吉和平办理。惟贵国人之在天宝山者，亦当停止开采，庶可相安无事。日领首肯而去等语。已电朱抚，界务未定，只可出以和平，并告陈京堂保留，勿致决裂。用特电达，请钧裁酌示。

十月二十八日

清季外交史料卷二百零七终

清季外交史料卷二百零八

光绪三十三年十一月

东督徐世昌致外部斋藤自认无行政权今公然越分请设法撤去电

顷，得陈京堂等胥电：本月初十日夜间，有韩警兵三十人陆续来六道沟驻扎。数日来，遍布广告，日夜巡逻，颇有实行警务之事。其所出广告，大书警务课，则为斋藤所属无疑。经该处派事务员传到为首三四人，其所持名片，自书有总巡李在庚、巡弁元炳喜等字样。彼虽称由该国派来，而在此自必受命于斋藤。昭常等现以口舌争辩，未便径用强力迫其退出。且闻彼尚续有巡警长官及地方官吏来我延吉地方组织行政机关之说。如此荒谬无理，万难稍让，以遗后患。恳请两帅将此情形电达政府，速与力争，务令撤去该警兵，以阻其得寸进尺之谋。前蒙转示伊藤与斋藤电文及答马总领事问语，斋藤在此无行政权，彼已自认。今竟公然越分，日谋进步，实属无赖。万望两帅及政府竭力设法，撤去斋藤，以免后患。不胜盼祷！再，天宝山私运矿砂一节，已经前函陈明。兹查日人尚在山中招聚工人，另辟新洞开采。不期从前日已委员将该山管事之中国人传到、讯明、收押，昨又派员前往解散工役，切密查办等语。此事如日本组织行政机关，实为不合。彼不待界务解决，屡阻我已有之行政权，而彼则日进不已。务请速商日使，能撤去斋藤最妙。已电告陈京堂，勿施暴行，以免藉口。请钧裁核办。

十一月初一日

徐世昌唐绍仪致外部间岛交涉当速解决各国公论尚在勿使布置完全电

间岛问题，前得陈、吴来电，业经转达。昌等细译林使电文及面递节略，所请答复二事，与甲午以前对付韩国手段同出一辙。我虽极力坚持，彼则有意延缓，而暗中经营，进步极速。持之过蹙，小有冲突，即启兴端。稍一放松，则土地将非我有，损失国体，莫此为甚！陈、吴所带军队为数无多，饷薄兵单，不足应付。即添拨劲兵，仍属于事无济。再四筹维办法，必以从速交涉为主。请即照会林使，将日人所谓我恃强国欺负韩人一层，急行拒驳。试问延吉设厅以来，韩人相安无事，未闻韩国有所争执，今忽捏造间岛之名，谬谓延吉地方非我疆域，究竟有何证据？务令切实指出，以凭驳辩。如不获已，亦可援照公举第三国公正人出为评判之意。昌此次过哈，宴各国领事，美、法皆言，间岛在泰西地图均属中国，惟日本图则阑入韩境，实于公理不合，如引西图为证，而举海牙会裁判，日本当无异词。即彼用强权，我仍可折以公理。且言：天宝山矿质，经各国化验，乃最好之矿，切不可退让等语。由此可知，公论尚在，我更不可放手。务恳早为主持，从速解决。否则空文往复，各执一词，我虽言论不屈，彼已布置完全，非计之得。即请钧裁，示复。

十一月初五日

徐世昌唐绍仪致外部日韩暗扰延吉应付为难电

顷，接陈督办、吴帮办等来函，摘要呈鉴，其文如下：

日人举动，外观虽稍和平，手段实极阴狡。牢笼韩民，力图进步，诚如尊谕。昭常等初到时，本拟不与斋藤往还，而斋藤来拜，不能不一接见。自后，日日以华、韩人民口角细故来函纠缠。所称我兵民欺虐韩民事件，悉心考查，大都无据之谬说。想彼随时报告统监，亦当如是。其意欲多捏造华、韩不睦之事，方足证明保护韩民之非无故，而派出所庶可长设，正以伸张其权力。前蒙转示外务部电文，伊藤答马总领，未允撤去斋藤，有虐待韩民尚日有所闻之语，则斋藤之嗾使一进会无端生事，广布浮词，其用意盖可知也。昭常等于其无故要求，力为谢却，语以地方行政有厅丞约束，兵丁有统领，无烦局外人代为过虑。现在虽稍觉安静，然彼报告统监如何捏词，无从禁止，是可忧也。

电谕有云：若能设法除去金海龙，解散彼之隐谋较易措手。查斋藤既倚金海龙为其爪牙，又已自认为其书记课员，其保护之必力，非得有实据，徒凭访闻究办，转令有所藉口。现令各派办处于金海龙举动多方搜求，已稍稍得有确据。其最可恶者，于本月初四、五、六等日公然在霁霞、雾晴、月朗各社传集本地乡民，指称总乡约元德胜诈取民财。韩民元德胜系由我厅丞派充总乡约，其人忠厚老成，不附和一进会，故为所忌。倡言我兵民恃势搔扰，逼各处韩民捏词诬告。有不附和者，则辱骂之。其在月朗社时，有二韩民因传未到，即夜至其家，加以掌责。此事众目共睹，已由该处派办处传到被责韩民，录有供词。拟俟凭证确实，即行密拿到案。昨已知照斋藤，令其不必干预。虽能否拿获，尚未可知，但能逐其出境，亦可为地方除害，而稍令斋藤敛迹也。

至韩民之感情，并非皆真心向日，其能知恩感德而愿易华装者亦正不少。不过韩人性极柔弱，当斋藤初来，未免疑中国无保护之力，而又迫于日人及一进会之势，非强被胁从，则多存观望。自昭常等到此，民情大为感动。嗣经两次示谕，韩民颇为欢慰，虽尚不敢明与一进会为难，而来我派办处及厅署禀告，欲求见昭常等，泣诉苦衷，并隐告日人及一进会之举动者，已不乏人，是韩民非无天良，惟视感化之术何如耳！昭常等现时对于日人既不能以威力阻止其进行，惟有一面维持主权，一面要结韩人。因令派办处各员，于巡视时，凡遇韩民，务必善为劝导，详细解说。近来日人虽百计牢笼，已不大见进步。即先之归附者，除一进会外，亦渐解体。是以欲与斋藤争衡，当以要结韩人为要务。彼之一进会，即为牢笼韩人之爪牙。我之派办处，亦即为收服韩人之机关。我则正正堂堂，彼则为鬼为蜮。胜负之机，当可决也。然要结之法固不一端，而奖励之事似尤不可稍缓。彼金海龙等甘为日人驱使，亦由日人以不足重之禄位诱之故耳！可否颁发空白功牌二百张，准昭常以后查韩民实能化导地方及为我国效力者，酌赏给六品以下功牌，便宜填给，随时呈报，使之光耀乡里，而待遇亦特异于常人。如此奖励，谅不仅身受者心悦诚服，而甘为我用者必多矣！

十一日，斋藤来谒，出所录昭常等前出告示，内摘多条，加以标识，意欲藉此大开谈判，以增进其势力。首提出图门江①一带地方，为我国家根本重地，边圉要冲数句，谓：图门江北应否属清属韩，两国政府正在交涉，不应遽为此决断之语，务请更改。当答以图门江北为清、韩天然国界，有两国历史及旧时志书、图说可证，各国无不周知。日俄战争以前，贵国之满韩地图、地志及韩国之国图亦皆以图门江为界，历历可考，数百年来从未更变。即清、韩之屡次勘界，亦在图门江源一带，于此地向无异议。至今日之交涉，乃贵国无端生事，非国界真有不明也。督抚之奏派我等来此，原为保护地方，清理疆界，何得因有交涉而先自弃其地？从前督办、帮办吉林边务大臣所出告示，皆有如是之语，贵国及韩国并无异议，何至今日独有未当？况今日既生交涉，则我等负此边务责任，对于人民，措词更不可稍涉含混。斋藤又谓：曩时非韩国不争此土，乃为贵国之权力所屈。今既起界务交涉，则不得自信太过，仍以更改为是。又答以图门江北之地，国初以来，并无韩民。光绪年间，我朝廷因韩民生计窘迫，以优遇邻邦之心，乃允其越江耕种，纳我大租，何尝凌虐以权力？至李范允等之作乱，我以兵力征服，乃为保护地方治安，又何得谓屈于权力？至此地之为我国疆土，贵国、韩国亦皆信之，我何独不能自信也？斋藤又云：我之以善意劝告，无非望彼此为和平之交际，似不宜为此过分之语。复答以君之美意，我所深感，然断不能因彼此私交而乱国家之疆土，我有土地，我自认之，何谓过分？况无论我出示之过分与否，皆非贵中佐所得干预。君之此来，我政府并未承认。即据我外务部转示伊藤统监之电，亦仅谓贵中佐有保护韩民之责。界务之事，非君权力所及，似无烦多此要求。斋藤又询：贵督办等所出告示，系己意，抑系督抚及政府之意？复答以督抚奏派我等办理此地边务，我等即督抚之代表，亦即政府之

① 前文和后文又作“图们江”。

代表，我等所言，即与政府所言无异。且此告示已呈督抚，转达政府交涉可也。斋藤语塞，情知再提他条，亦不能得争胜之结果，始无言而退。

至若天宝山银矿之事，程倅现时究在何处，尚未访知。惟山中突有日人数辈盘据未去。本月初八日，有日人吉见圆藏运矿砂五大车，私载出境，在稽查处地方经该处派办委员拿获，将其车辆、矿砂扣留，专弁来报，当饬令放车留矿，非有昭常等公文，不得擅自发给。逾日，斋藤亲来面称：吉见所运者乃日人中野之矿砂，极力要求放行。当答以督抚所封禁者，为程倅违例私采之矿山。此时扣留者，亦扣留程倅已封禁之矿砂。日人之为自运，抑代程倅私运，皆在所不问。斋藤又云：该矿封禁之后，实未开采。此时所运者，乃未封禁时所存之物。复答云：即为前所存留，既已封禁，即不能私自贩运。斋藤再三恳求，代为谢过，乃答之曰：姑念贵中佐私交，令将所存者报明数目，予以护照，准此次尽数运出。若以后再查有私运事件，不但扣留，定必照章处罚。翌日，斋藤来函，谓：尚存四十吨，当即如数填写护照。自此之后，日人当亦稍知儆戒。斯时虽姑允所请，令其尽行运出，亦除绝根株之一法。想以后日人或不至更萌开采之妄念也等语。

谨闻！

十一月初六日

外部致林权助京奉建桥无损南满请饬公司派员会勘照会

为照会事。

案查，京奉铁路须展至沈阳城根，拟建天桥，穿过南满洲干路一节，本年十月初四日，接准阿部代理大臣照称：接展京奉铁路，不特与南满洲铁路为抵触，且奉省情形日形发达，中国谅必不〔不必〕定以接展京奉铁路为至要等因。当经本部咨复邮传部，去后，兹准咨称：现在沈阳车站距城过远，本部为利便商民起见，故拟造桥，直达城根，以图往来便利。设非有天桥为之连属，则此二英里半之地，商旅跋涉转折维艰，客货之进城、出城者将为之裹足。就本路而论，将来该处城外如何扩充，总必以路线直抵城根，方为正当办法。若必听其咫尺隔绝，即在南满洲公司易地以观，亦当深觉其不便。况本路之建天桥，于京奉大有关系，而于南满洲路线绝不相妨，并无所谓抵触。且查造桥之处，并非在日本车站，实拟于相距数里处所造桥斜行，径抵沈阳。如此则与南满洲更无抵触之理。又该路轨道一切车辆，原可任听跨越往来，不能阻其交通之便。阿部代理大臣照会又称：如有一切设施苟无窒碍，必以好意帮助。此后如有应商之事，日本政府必以好意协商，期于改良至善等语。此次本部拟建天桥，全为奉省及关内外商民便利起见。其原有车站一切仍旧，于南满洲路线实无少损。若以两国交谊而言，兹事应在好意帮助之列。如以法律而论，则造桥原系主权范围内之事。阿部代理大臣或未深察此中情形，应请将上开各节切实照复，以便早日派员会勘建桥地方等情前来。查该路接展至沈阳城根，拟建天桥，为之连属，原系为便利商民起见。造桥之处既与日本车站相距数里，其原有车站一概仍旧，自于南满洲路线毫无抵触。相应照会贵大臣，饬知南满洲铁路公司，以便由邮传部派员会勘。并希见复为要。

须至照会者。

十一月初七日

东督徐世昌咨外部接展关外铁路系我内政外人不得干预请据理力争文

为咨呈事。

光绪三十三年十月二十三日，承准贵部咨开：案查，关内外铁路接展〈至〉法库门以北一事，前准来咨暨邮传部咨复，当经先后照会日本阿部代使，去后，现准该使复称：关外铁路延长显与南满洲铁路并行，且有害该路利益。按照日清交涉会议录所载，日本政府不能承认，业已照会声明在案。旋准照复，将邮传部对此事之意见开示。查邮传部所称各节，未免模糊。如谓：关外铁路接展修造与南满洲铁路相距里数，按之欧美各国二路相距路里通例，相差甚远云云。该部所称与东三省督意见相同，实与北京会议录无所违背等语。查邮传部所称云云，督抚果与同意，是则督抚之所见亦未免失当。日本政府于邮传部所称云云，自不能满意。总之，若以关外铁路接展至法库门以北，显与南满洲并行，有害该路利益，日本政府断不承认等因前来。相应将邮传部原咨一并钞录咨行，查核声复等因。承准此，并于十月二十九日准邮传部咨同前因。

查该铁路如何敷设，现虽尚未议定，然既经邮传声明，将来敷设时，其附近南满洲干路之距离，总不减于欧美各国现有铁路两线间距离之数之通行惯例，则非与南满洲铁路并行有害该路利益之线可知。中、日接收新奉铁路条款第三条第二款载明：除吉长铁路接展支路外，如中国自行建造他路，与南满洲铁路公司无所关涉等语，是建造该路实与南满洲铁路毫无关涉，应请日本政府不必过虑。总之，接展关内外铁路系我中国内政，决无外人干预之理，自应据理力争，以清权限。除咨复邮传部查照外，相应咨呈贵部查核，即请据理照复日使可也。

须至咨呈者。

十一月初八日

邮传部奏派员会勘吉长铁路估计工需以便兴筑折

邮传部奏，为派员会勘吉长铁路，估计工需，以便议借兴筑，恭折仰祈圣鉴事。

光绪三十三年三月初三日，中日协定条款内开：中国政府自办吉林省城至长春府铁路，将所需款项之半数向南满洲铁路公司筹借；又派令中国工程司会同日本工程司履勘该路，以凭估计该路需款；完华后，应于六个月内，与公司订立借款各等语。经外务部奏准，由臣部将应办事宜次第筹画办理在案。事关借款筑路，亟应按照原约派员履勘，以期早日接修。兹查有美国铁路毕业生候选道罗国瑞，熟谙工程，堪以派令会勘，当即饬令会同日本所派铁路技师谷真谅测勘该路线，开列详细工程估单复核。伏思此段路线关系吉、奉两省交通。前年中、日两国全权大臣会议时，日本业经提议展造，再四力争，始改为中国自行筹款筑造，如有不敷，则由日本贷借十成之五。是将来借款数目之多寡，一视乎此次勘估工款之若何。苟能于路工少糜一分，即中国少担一分之外债。臣等务当责成该道核实估勘，毋得稍有浮滥。仍俟核定用款数目后，再由臣部咨行外务部，照商日本使臣，按照协约订定借款合同。并查照光绪二十八年户部原奏自行筹款办法，请旨遵行。所有派员会勘吉长铁路估计工需议借兴筑缘由，理合恭折具陈，伏乞圣鉴。谨奏。

光绪三十三年十一月十八日奉旨：依议。

外部致李经方请英国劝日本闭歇南满铁路境外电局电

中国屡商日本，将日本在南满洲铁路境外电局闭歇，并按照中俄电约议订。讵日本不理，俄又来照声明：如南满洲电约不能与北满洲一律，则前订电约限一年作废等语。似此，不特有损中国主权，且有碍大东公司利益。如能由英国在东京出力，劝令日本将境外电局闭歇，速与中国订约，庶俄不致藉口。希就近向英外部密商，不必备文。并电复。

十一月二十日

徐世昌朱家宝致外部延吉厅并无钟城间岛之名恳与日使驳论电

钟城间岛事，昨已详陈。顷，陈都护电云：续查养正学堂，在光济峪附近之三道骨牌，离厅街不过九十里，向无钟城间岛之名。因韩钟城府在图们江对岸，日人特创此名，欲掩其地为韩所有，与指延吉为间岛同一伎俩，必须先为辩明。否则，不啻自认，务恳先与日使驳论。金海龙乃我越垦韩民，即住三道骨牌，为一进会头目。所有广告谣言，皆其一人所为，日人恃为爪牙，力加袒护。原拟拘禁，因碍日人中止。玄〔元〕德胜与金不两立，我未拘金，日乃拘玄〔元〕。昨与斋藤力争，遂乘机要求各款，是我和平而彼专用强力。所有紧要之区，彼已设宪兵者，皆遍设巡警。虽厅街为我警局所在，彼亦派兵警驻扎，后患未已。若听其藉词推宕，适中其谋。此非撤退斋藤不可。华民越垦韩界，现无其事。甑山在小白山东，石乙水绕其北，红丹水绕其南，距小白不及百里。近石乙处另有四方岭，土人或统名曰甑山。日人所称北甑山，向无此名，或指四方岭而言。查图们江源出红丹，两国原以此水分界，其间有通行之路，路北为华，南为韩。十三年勘界，韩员狡赖，欲以石乙水定界，已多退让，幸而中止。然石乙源亦出小白山东，去红丹不远。日使所称土门江源，仍据勘界时韩人所争之红土山，乃此津发源。于今审视碑所立地之东方，水流极细，数十里即合于石乙，不足称图们江源，亦无土门河之名。红土山在碑东约七十里，北甑山或即指此，亦未可知。如以甑山为准，则与甑山最近者实为红丹，与今审视碑地相去甚远，殊不相涉。总为日人捏名蒙混，不足为据。现有查勘图说，容转呈等语。特此奉达。

十一月二十日

外部奏请颁给驻扎各国属地总领事委任敕谕折

总理外务部庆亲王奕劻等奏，为拟请颁给总领事委任敕谕，以重事权，恭折仰祈圣鉴事。

窃查，向章，出使大臣派遣总领事官驻扎各国属地，由臣部缮具文凭，发交该员收执，历经办理在案。近年迭准出使英国大臣文称：英国于各国派遣领事官时，须有本国君主委任敕书，方能请英君御笔准敕，执为信据等语。光绪三十年，臣部奏派直隶候补道刘玉麟充驻扎南斐洲总领事官，曾经奏请颁给委任敕谕，奉旨允准，钦遵在案。近年各国属地侨寓华民人数日众，总领事一官，保护侨民，关系甚重，办理商务，责任宜专。现计英国新嘉坡、美国旧金山、小吕宋、日本横滨、韩国京城，均系总领事。本年十一月初一日，臣部附奏墨、古两分馆请仍照旧例，以总领事兼充参赞，代办使事。以上各员，应请援照南斐洲总领事成案，一律颁给委任敕谕，俾专责成而符体制。臣等谨恭拟敕谕，分别缮单，进呈御览。伏候命下，即由臣部缮写清汉文字，请用御宝，发交该总领事等祇领，以昭信守。所有拟请颁给委任敕谕缘由，理合恭折具陈，伏乞圣鉴。谨奏。

光绪三十三年十一月二十一日奉朱批：依议。

徐世昌朱家宝致外部天宝山矿案日领蛮横无理请告日使撤换函　附呈文照会暨函稿共十一件

天宝山矿务一案情形，迭经电达，想业蒙鉴及矣！昌于十一月初七日到吉，现正电邀吴禄贞来省，面询一切，当再妥为布置。惟查日本驻吉领事岛川毅三郎到吉后，为达馨帅所骄纵，种种无理。此次昌来吉林，彼托病不出，并唆使俄领亦勿出迎。幸俄领未接伊函，业经出城相迓，得以彼此接洽。岛川则尚未见面，交涉事件无从晤谈，已出情理之外。乃因天宝山事于初三日来一照会，限五日内答复。是日适宝得期丧之电，因候昌来吉商酌，逾期四日。该领事竟指我照会为无效，并欲电告彼国政府，以此为我政府放弃天宝山权利之铁证，将施其自由行动，蛮横无理，莫此为甚。且于十一日照会中提及天宝山问题，即关于间岛问题，为两国间之韩境问题，尤当慎重其事，甲午之役，是其殷鉴等语。其词不仅恫吓，实已大伤感情。况敢为越分之言词，即无非有心之挑剔。又查九月间因拿获日本人在内地开赌各犯，由交涉局照会，送交该领事核办。该领事藉词我兵中途虐待，来文内有将请其政府于吉林各署置日本人监督之语。局员因其词太轻侮，致函往辩，其复函更加强横。日内又将此事录送彼此照会，照请昌等核办前来。昨已摘要电达钧部在案。

查该领事无理取闹，形诸公牍，非止一次。其申请派人监督一语，虽系信口谰言，然中西各报纸业经传播，并闻东报曾辩其诬，盖此等公牍侮辱国体，本为全球所骇怪，是以东报不得不亟亟辩明，而不知该领事之实有其事也。昌等明知交涉正在棘手，不得不出以和平，惟既与国体有伤，似不能置之不顾。现将关于天宝山事近数日来往照会并交涉局函照一并抄呈鉴核。以该领事权力范围甚小，原不至酿成重大问题。又交涉局未结之案，据该领事照请饬办者，不过四件，殊不难了结，何至蛮横如此？如此后更施非理，实虑难以应付。即至小之交涉，亦无了结之期，于彼且无益处。若能由钧部转告林使，或请其撤换，或另有完善之办法，以臻周洽。盖岛川骄气已深，加以事事争持，感情必日坏一日，如久居于此，必生枝节。统候钧裁核办为幸。至此间交涉，昌等仍当饬局员妥为因应，请纾台廑。

十一月二十七日

敬再〔再，敬〕肃者：

正封函间，岛川已派副领事林久治郎来谒，昌虽未与谈及公事，而自三次照复后，该领事已稍有转圜之意。特先奉闻。如嗣后果能转圜，再当随时电达。

十一月二十七日

附吉林新军统领德亮呈文

为呈送事。

窃据职军左营驻扎逊札保站后哨哨官荣亮呈称：窃于八月初二日，有日人三名，带华力三名，均是南方口音，来至逊札保站设赌。职闻知，带兵弹压，该日人不服，职力加禁止，该日人即行持刀行凶，将伊同伴之日人周身打伤，意在刁赖。遂至防所，声称如不令伊设赌，即勒令与伊雇车，要兵护送，车价又分文不给。职查验伊之护照，人名系吉村新太。及问该日人，一名滕井义，即吉村新太别名，一名徐翠，一名康福山，姓名又与照不符。又见日人吉村新太右鬓有疤痣一块。查前奉札文：严缉日人谷清，右鬓有疤痣，带湖南人一名，冒称日人，名安田，湖北人一名，冒称日人，名桃原宗界，共三名，带华力三名，在奉招匪开赌，并有强奸妇女、潜谋不轨情事，应即拿办，转饬各队，一体严缉，务获究办等因，札饬到防。职查该日人在站设赌滋事，即应照约送办。况右鬓有疤痣，又恐系日人谷清，因将日人三名看留在防。伊带中国人三名，即由店逃走无迹。随派什长屈得胜，带兵压〔押〕送滋事日人三名，马一匹，刀一把，并行李衣服、葛拉瞒赌具等物，一并呈送，经左营管带德胜阿转送前来。据此，查询日人三名，一为吉富辉松，即前称徐翠，一为下川与三郎，即前称康福山，皆无执照。惟吉村新太，即滕井义一名，虽有护照一纸，内载明确系令伊考查商务，而该日人竟藉此为护符，在逊驿设赌滋事。一经防营禁止，又恃强不服，自行将同伴打伤，意在刁赖，实属有违约章。况查其右鬓，果疤痣俨然，难保非谷清变名冒充。例应遵照通商条约第六款，将该日人等送交就近日本领事官办理。乃查该日人吉村新太鬓有疤痣，恐内有别情，合亟将日人吉富辉松、下川与三郎与吉村新太三名、护照一纸、玉转盘赌具二块、赌牌子一捆、马一匹、刀一把并行李衣服、葛拉瞒等物，仍派原哨官荣亮一并解送宪辕讯办，藉昭核实，以凭转交日本驻吉领事官惩办。职已严饬该哨官沿途只可拘禁，不可凌虐，勿得稍违约章，致贻彼族口实。除分呈全省营务处及伯都讷副都统衙门查照外，理合备文呈送。为此，合呈宪台鉴核，饬收转送，示复施行。

八月初九日

吉林交涉局致日领岛川照会　其一

为照会事。

华历八月十九日，奉东三省军督部堂徐、吉林巡抚部院朱发下吉新军统领德亮转据逊札保站哨官荣亮呈报，日人藤井义等三名至站设赌，不服查禁，追验护照，所注姓名又不相符，应即送请核办等情转交到局。当查该日人，一名吉富辉松，一名下川与三郎，一名藤井义，验其护照，乃是吉村新太，可见吉富辉松等并无护照，假借他人之名，前往内地设赌，实属有违成约，妨害公安。相应将该吉富辉松等三名，连同赌具，一并送请贵领事查收究办，见复施行。

八月十九日

驻吉日领岛川致吉林交涉局照会　其二

为照复事。

照准贵历八月十九日辛字第八十号照会，内开：日本人吉富辉松外二名公然开赌，及假冒吉村新太名义之护照，移请处分事件等因。准此，遂将各人通行讯问，审知彼等皆系哈尔滨居留民，而吉富辉松因欲与原一水会面，滕井义亦因欲与吉村新太会面，下川与三郎则系卖药行商，故皆于九月七日宿于五家站。其时同宿有一榆树县警务巡官李瑞庆，与伊等恳切，因劝诱伊等谓：现在哈尔滨已许可游戏业之事，尔等若在此地营业，某当代为尽力，俾无官宪之妨害。故伊等遂一面托其向官宪运动，一面造作游戏事业应用器具。然因未谙匠法，故不能制作如意，且因清国官宪亦未曾许可，于是中止此事。拟定九月十一日由该地出发，然欲雇用马车，均无有应之者。遂于十二日，滕井义至该地吉新军左营后哨，托其代雇马车，因未持带护照，不准所请。乃一行归寓，即冒照非法，胆敢借用吉村新太之护照，当场提供。与哨官荣某会晤片时，斯时该哨官注视滕井义之面，曰：汝系奉化县或通化县杀人之犯，须速供认，竟敢不法制缚，或施手拷，或吊或打，种种暴虐，无所不至，甚至将吉富辉松、下川与三郎二名亦由宿所缚至，暴行虐行，迫以供认杀人之事。然此为无根之事，故虽被其迫害，亦无从供认。是日午后四时，派清兵七八名护送伊等赴伯都讷。至翌十三日午后五时，入伯都讷市中，时清兵鼓吹该地人民谓，此乃日本人，犯杀人之罪者，宜观之。故该人民或恶言相加，或吐唾毁辱，种种欺侮，莫可名状。是日午后，送交于伯都讷营官。至十四日，移交于伯都讷统领。十五日，押在伯都讷。十六日，再遣清兵送还起事之五家站官宪。十八日，滞在五家站。十九日，由五家站起程，途中计六泊，至二十六日始送交本领事馆等因。

查本案假冒吉村新太护照之事，实属不法，虽应移请伊等管辖官厅之哈尔滨总领事馆，照案处分。而赌博与游戏业，决非同一性质之事，固不必论。且此事乃依李瑞庆之劝诱，惟欲受清国官宪之许可，而为游戏业而已，并未至于赌博。即所移交之证据品虽称为赌盘，其实不外一试造之游戏业器具，一见自明。况有因无匠术，不能如意造作，遂为中止之形迹，故不能按照赌博之罪惩办。独是贵国官宪不惟置彼等于赌博之名下，为不法之制缚，且附以杀人罪之重大罪恶，殴打虐待。现如吉富辉松、下川与三郎尚存创伤之痕迹，即观吉富金丝眼镜破坏之现象，可推知当时之暴行而有余矣！试问贵国官宪对于日本臣民于何等权能为如是之迫害？苟彼有赌博或杀人犯之嫌疑，宜依正当手续，送交五家站日本管辖领事馆，乃无故往返递解，结局仍送交管辖外之本领事馆，似此实侵害日本人之权力，非同小可，不法行为，应请将该哨官荣某照法重办。至若将来贵国官宪若再为此等不法之事，本领事当对我政府申请在本领事管辖区域内之贵国各官署设置日本人监督之事，并以此事向贵国政府要求实行，希为注意。为此照复总理查照，并请将荣哨官照法处分。是否之处？尚望速复。

明治四年九月二十八日

吉林交涉局致日领岛川函 其三

径启者：

昨接贵领事第六十一号公文内称：吉富辉松等假冒护照，公开赌博等情，备悉一是。惟所称申请贵政府向我国要求于我官衙设置监督一节，此事关系重大，有未可轻言者。从来国家对于国内土地设置官吏，为固有之主权，不容他国干涉。此为万国所公认，而亦贵领事所熟闻。况两国为唇齿之邦，友谊素称亲密，今无端而作此诧异之语，未免有伤彼此感情。设敝国亦因此而意存畛域，将来交涉事件必至转行棘手。贤明如贵领事，当不以斯言为河汉。特将原文送回，请另将原案应言之事查明照复，再为秉公办理可也。荣哨官有无虐待一节，已移知该统领查办矣！

八月二十六日

驻吉日领致吉林交涉局函 其四

拜复接到贵历八月二十六日函称：第六十一号照会文中所云，申请本国政府要求贵国政府在贵国官衙设置日本人监督一节，语多不顺，以为国内设官，乃在国家固有之主权，不容他国之干涉，并叙及日、清两国为唇齿之邦，友谊亲密，今作此诧异之言，有害彼此感情，故将原文送回云云。拜读之下，敬悉一切。诚如来示所云，国家于国内有设置官衙之权，不容他国之干涉，实无疑义。然此国家究指何等国家言？如贵国者，该当此等国家乎？试问就吉林之两国交涉事件论之，如四月中第六号照会，吉林巡警总局第六局长带同多数之拔剑巡捕，侵入本邦人屋内，为暴行之事，岂所谓在国家应有之警察乎？本官为欲戒其将来，故要求处罚该局长之事，迄今已五阅月，尚未赐一片之照复。如贵总局者，岂亦谓在国家应有之交涉乎？今海牙万国和平会议，以贵国无文明的法律，列贵国于第三等国。倘将以上事实发表于该会，恐世界列国当不知以贵国列第几等国矣！以此推之，则应受他国干涉之国家之事宜自明矣！贵官以设置监督之语有害两国感情，不知贵官对于拔剑警官处分之照会，及六月二十五日第三十号、七月二十六日第四十一号照会山本常吉重伤致死之件，均皆数阅月，尚不复一片之回答。如此等事者，亦得称为顾念邦交，以诚意任事者乎？抑或贵官以此为无害邦交，无害感情乎？责人者，不如先自省也。今本官则与此等无诚意之交涉局为对手，我居留民则受乱暴警察之保护，而我游历者又欲使之不得不受残虐地方官之保护者，本官遇此等事，安得不于我领事馆管辖区域内谋所以保全我帝国臣民生命财产之安固乎？请贵官易地以思，当亦以除设置日本人之监督，以防其残虐，抑其乱暴，督励其无诚意之外，必无他策。此本官为全自己之职责，所以不得已而敢为此轻言也。本官决以设置监督为无害贵国之体面，无干涉贵国之内政，无害贵国之感情者。然使本官敢于照会文中明言及此者，其责固在贵官，贵官亦负此责也。再，贵官当外交之局，熟知外交之礼仪，今送回本官之照会一事，在外交上含带如何重大之事，当已素所详知。然既敢为此事者，愈令人认为有设置监督之必要。以上情节，即希注意，并依此理由，不改半字，再将原文送回。伏惟查照。

东督吉抚致日领岛川照会　其一

为照复事。

本月初三日，接准贵领事照会，内开：天宝山银矿要求恢复原状等因。准此，查天宝山一案，本大臣、本部院已于十月初三、二十一、二十九等日照会中反复说明在案。今阅来文，贵领事尚不免有误解之处。用特为贵领事为最后之说明。想贵领事公平素著，必能洞悉法理，不致再有无益之辩论矣！查天宝山向为我延吉厅管辖之地，其矿即为我国之国有物。今我民人程光第未经我国家许可，擅与人订立契约，从事开采，即与窃盗国有物无异，故我国家得以相当之办法，禁止其不法之行为，是以派人封禁该矿而保守之。此为我国家对我人民之处置，为我国之内政，于国际上本无关系。盖既欲禁止其不法，即应有相当之处置，本无所谓暴力，亦无所谓不稳当也。今贵领事来文，屡言维持现状，并欲恢复其原状，不知如前所说明，程光第既为不法之行为，则从不法行为所生之因，决无正当之理。故中野之契约，非独无效力，实为不当之利得，我国家断无维持之方法。公理所在，无待辩论。总之，两国交涉事件必须以公理为衡，庶免酿无益之纷争。想贵领事顾全大局，必能体谅此旨，以转告贵国政府也。

须至照会者。

十一月十一日

东督吉抚致日领岛川照会　其二

为照复事。

本月十一日，接准贵领事第九号照会，内开：贵国兵侵入天宝山，已电本国政府，采自由之行动等因。准此，查天宝山一案，本大臣、本部院已于十一日之照复为最后确实之说明，谅蒙贵领事所洞悉。今阅来文，近于无理之恫吓。想贵领事之责任，在于调和贵我两国利害之冲突，以期两国邦交永固，商务日益发达。贵领事自应遇事按理和平相商，庶几可泯彼此之意见而敦亲睦。今贵领事于天宝山一案强词夺理，而置本大臣、本部院十月初三、二十一、二十九等日照会之说明于不顾，至出强迫之词，以相恫吓，本大臣、本部院实不胜抱憾！今对于第九号贵照会按条驳复，务请详加阅察，勿再为无益之言。是所深幸！

如所称：贵兵侵入天宝山，妨碍中野开矿事业，速为撤退等语。查天宝山向为我延吉厅管辖之地，其矿为我国之国有物产。今我民人窃取国有物，擅与人从事开采，我国家以必要之处置，禁止其不法行为，则从不法之行为所生之不当利得，自应一律消灭，无所谓侵入，亦无所谓妨碍，更无所用撤退也。

又如所称：诺否？请于五日见复。若逾期不复，本官认贵督抚无办事之诚意，当申请本国政府采临机拥护我权利之手段。今已逾期四日，尚未见何等之答复，则可见贵督抚已当然容认我操临机手段等语。查天宝山一案，本大臣、本部院对于贵领事已迭次照会，说明理由，贵领事非独毫无了解，反欲强词夺理。本大臣、本部院与贵领事办此等交涉，既不能省无益之辩论，安得不详细斟酌，以期剖解无误，何能于此短少时间决定而答复乎？则贵领事要求于五日内回答，不免为强迫不当之要求，本大臣、本部院无从应许。至贵国政府采临机拥护我权利之手段一节，尤甚诧异！天宝山即为我国之土地，则贵国政府于该处毫无权利之可主张，既无权利，贵国政府将何所用其拥护？

又如所称：从不复中可见贵国政府自行放弃关于天宝山之权利，本官已电达本国政府，此后关于天宝山之处分，采自由之行动等语。查天宝山我国有确实之权利，贵领事已认之甚明。然则贵领事即欲电达贵国政府，而贵国政府想亦无从施行其自由行动之手段也。

须至照复者。

十一月十三日

驻吉日领岛川致东督吉抚函　其三

启者：

清历十月二十九日，接到贵国关于天宝山银矿事照会，敬悉一切。按本官曾于西历十一月十八日，以第六号信照会贵官宪，谓：贵官宪命中野二郎停止天宝山开采银矿一事，为不稳当之行动，祈贵官宪速将该命令取消，不得不维持现状。乃接贵官宪清历十月二十一日照会，似于敝政府主张维持现状之意未尽了解。又本官于西历十一月十八日，会见贵巡抚派来之交涉局会办唐家桢，曾将天宝山银矿之事不得不维持现状之处分为三段，详细说明。十九日，更以第七号信照会贵总督及贵巡抚，对于天宝山银矿事件，曾宣言不用暴力，而贵国官吏之在间岛者辄用兵力，以禁止中野之工事。本官因兹事之非，正式照会贵国，要求速派官吏制止兹事。乃接贵官宪清历十月二十九日之照会，单谓：该银矿之封禁，虽由督抚之命令，然先曾谆谆谕知，不得使用暴力。今据称，已电知延吉官吏和平办理，惟中野亦宜停止其采掘工事。于本官第七号信中关于天宝山之银矿不可不维持现状理由，缕缕数千言，仅以不遽回答一语了之，此外更无何等之反驳。贵督笃念邦交，常遵正理，以办交涉，为本官所深信，胡对于今事，于敝政府之所主张及详细之理由毫不顾虑，敢示以顾左右而言他之态度？甚为遗憾！贵官宪之真意果在何处，令人不得不疑。凡遇友邦重大交涉，当局者必先明白其事理。一旦两国之主张者有所冲突，当互相研究其论议正理所归，则遵以和平商办。此理想早为贵总督及贵巡抚所深知。今天宝山银矿采掘事件，本官在先未尝不本此精神，以明条理而重交涉。乃贵督抚对于兹事未尝议论讨究，虽明知该地官吏不待交涉终了，遽禁止中野采掘工事，为不稳当，乃仅制止暴行而不使复其原状，且单令中野停止工事，则贵官宪果有诚意以办交涉乎，抑无诚意以办交涉乎？令人更不能不疑。如果无诚意，则本官不得已报告敝政府，拥护于该地我认为正当之权利起见，不得不断然采临机之处置。然贵督抚笃念邦交，通达事理，如此之事必非贵督抚之真意，为本官所素悉。今又照会贵官宪，祈先撤天宝山之清兵，并祈许该银矿之复其原状，然后再研究条理，决定维持现状之是非可也。该银矿恢复原状一事，许可与否，祈五日内速赐回信。如五日内无回信，则本官认贵督抚无办事之诚意，当申请本国政府采临机拥护我权利之手段。特此照会，伏希审查。

明治四十年十二月七日

驻吉日领岛川致东督吉抚照会　其四

为照复事。

照得贵国兵侵入天宝山，妨碍中野二郎之采矿事业，速为撤退。诺否，请五日内回答。若逾限不答，本官认贵总督、贵巡抚无办事之诚意，当申请本国政府采临机拥护我权利之手段等因，于十二月七日，以第八号公文照会在案。今已逾期四日，而并不见有何等之回答，已可见贵总督、贵巡抚对于天宝山当然容认我采临机拥护我权利之手段，故无回答，是即贵国政府已自行放弃关于天宝山之权利。本官已将此旨通报本国政府，并已电请本国政府，此后关于天宝山之处分，我政府当采自由行动也。

须至照会者。

驻吉日领岛川致东督吉抚照会　其五

为照复事。

贵历十一月十二日，接准贵历十一日之照复，虽屡述关于天宝山之事，然本官已于十二月七日第八号公文中声明，请于五日内见复，今之照复为期限后之照复，已失照复之效力，本官无转达本国政府之必要。总之，关于天宝山事，当基昨日第十号照会之主义，贵国政府已放弃该矿山之权利，此后我帝国政府当执自由行动，是为最后之铁证。以后关于该矿山发生如何之事件，均当遵据此铁证，请预为接洽。天宝山问题，即关联于间岛问题，间岛问题，即为两国间之韩境问题。从来韩境问题，日、清两国尤当慎重其事，甲午之役，是其殷鉴也。本官与贵总督、贵巡抚有恳切之谊，用将心中所感附记于上，以为两阁下之参考。

须至照复者。

东督吉抚致驻吉日领岛川照会　其六

为照复事。

本月十二日，接准第十一号照会，内开：贵历十一日之照复虽缕述关于天宝山之事，然今之照复为期限后之照复，已失照复之效力，本官无转达本国政府之必要等因。本大臣、本部院阅悉之下，不胜骇异！查贵领事第八号照会末段，有诺否请于五日内回答一节，本大臣、本部院已于昨日之照会中据正当之理由驳明在案。今来文中谓，我十一日之照复为期限后之照复，已失照复之效力，不知贵领事据何等之理由，敢定此无理之铁案？想贵领事能驻在本国，与本大臣、本部院办理交涉者，为两国国家条约之结果，是以贵领事对于本大臣、本部院所能主张其权利者，为条约所规定之事，次则或为国际法所容许，或据国际惯例。舍此而外，贵领事无绝对主张之权力。贵领事既为文明国之领事官，此理必能知悉。试问贵领事要求五日内回答之说，两国条约中有此规定乎？国际法上有此文字乎？又有此等惯例乎？本大臣、本部院与贵领事系办理两国交涉，不能违背公理，而应贵领事之要求，明矣！且五日回答之要求，乃从天宝山案发生，如本大臣、本部院十一日、十三日两照会之说明，贵国政府于该处毫无权之可主张，则从此案发生之请求，更可不论。来文又提及甲午之事，查甲午之事，因两国失和，始有战争。今本大臣、本部院与贵领事所办之事，则据两国和好以后之条约，贵领事何故忽出此言？即论韩境问题，亦系两国政府辩论之事，贵领事对于本大臣、本部院有此辩论之权乎？想贵领事近在病中，脑力必已受伤，是以为此等无理之言。本大臣、本部院此次之说明，实为贵领事无理纷争之铁案，因与贵领事交情素称敦睦，再将正当之理由详细驳复，务望贵领事平心推想，勿再施此等无理之言。是所深盼！若贵领事仍不体谅，尚欲以非国际上之言语相加，本大臣、本部院不得已而拒绝贵领事之照会，以省此无谓之举动。请烦查照为荷。

须至照会者。

十一月十五日

徐世昌朱家宝致外部天宝山矿案颇有转圜并延吉添办巡警电

岛川在吉无理，业经电达，并录照复函件寄呈，经三次驳复，颇有转圜。昨派副领事来谒，即遣员往答，顺与驳论，渠亦自知理屈。据云，天宝山事，此间缓议，并恳将前欲派日人督监华官之照会自行撤回。嗣后当可稍知敛戢，藉纾台廑。因念此事得手，仍在陈都护先往封禁，盖认定为延吉厅地，我固有主权，彼虽强词，终难自由行动。现在专以拖宕为进步，而目我布置为不法，广布谣言，淆混黑白。界务一时既难决议，我之布置仍不可稍懈。否则，比于放弃，彼曹任意侵越。前欲添办巡警，拟由延吉厅扩张。延吉为我土地，巡警乃应办之事，似可泯此痕迹，暗加维持。用先密陈。俟筹定后再奏闻。

十一月二十九日

东督徐世昌致枢垣报巡视吉江情形拟切实筹画电

世昌于二十六日自吉林启程，二十九日回奉。此次在江省旬日，吉省二十日，过哈尔滨停留一日。所有应办各事，与程抚、朱抚筹商一切，稍有端绪，已分别奏陈。现在三省情形，以筹办边务最为要紧。江省边界与俄国直接，彼已步步经营，我则毫无布置。吉省边界则介在俄、韩之间，蜂蜜山一带，距省甚远，照应难周。延吉一带，韩民越垦者甚多，现正筹御，颇为棘手。濛江以下，与奉属通化、临江接壤，亦皆有韩民，必须预为防范。又哈尔滨、长春两处，皆是交涉要地。俄、日两国注意经营，互相觊觎。我若稍一退让，全局皆形岌岌。现惟竭力筹画，需款甚巨，下手极难。谨当随时详筹奏闻。三省今年雪较大，明岁丰收可卜，足慰宸廑。谨请代奏。

十一月三十日

清季外交史料卷二百零八终

清季外交史料卷二百零九

光绪三十三年十二月

外部等会奏津镇铁路改为津浦与德英两公司改定借款合同折

总理外务部事务庆亲王奕劻、直隶总督袁世凯、湖广总督张之洞奏，为津镇铁路改为津浦，借款兴修，与德、英两公司改定合同，恭折仰祈圣鉴事。

窃本年二月十六日准军机处交片称：军机大臣面奉谕旨，都察院代递直隶、江苏、山东三省京官以津镇铁路筹款自行建筑呈请代奏一折，著袁世凯、张之洞妥商办理。钦此。钦遵照录原奏，钞交到臣。当经臣等往返筹商，将大概办法于四月十七日合词电奏，并请派梁敦彦会同筹议，相机与德、英商论，奉旨允准在案。

查天津至镇江铁路，经总理衙门会同矿路局，于光绪二十四年十月间奏准，特派大员，自立公司，向英、德两国银行商订借款，督饬妥办。旋由督办铁路大臣与英、德两国银行订立借款草合同三十五条，于光绪二十五年四月十三日具奏，奉旨：依议。钦此。草合同内载：由天津至峄县为北段，由峄县至镇江为南段，共长一千八百余里；约借英金七百四十万磅〔镑〕，合市价五千六十余万两；九扣交付，周年五厘起息，以五十年为期；借款未清还以前，造路及行车一切事宜由该银行代为调度经理；每段设立总局一处，所设各总局派华、洋员共五人，又派委银行代办一员、洋总办一员、总工程司一员；所有出入款项归总局管理；每年所余款项，先提十分之二，归银行等作为酬劳，次提十分之一，作为公积，交两银行存储各等语。当经总理衙门恭录谕旨，照会英、德两国使臣，查照立案。迨光绪二十八年七月间，外务部奏请特派督办大臣与德、英银行议订津镇铁路正合同，奉朱批：着派袁世凯为督办大臣。钦此。臣世凯遵即札委唐绍仪、梁如浩，会同德、英银行所派洋员，议订一切。旋因德员柯达士呈送北段合同底稿，载借款英金八百万磅〔镑〕，核与原议不符；又以德使添索接造枝路二道，一由德州至正定，一由兖州至开封，为原议所无；且因南北两段不能同时合议，以致旋议旋辍，虽经陆续磋商，迄难就范。此历年筹办津镇铁路借款大概情形也。

该三省京官以英、德使臣催订正约甚急，联衔呈请准由绅商筹款建筑，情辞迫切，自系为保全商民生计起见。惟此项草合同业经奏奉谕旨允准，断难议废。且准外务部电称：德、英两使迭次来署催询路事，谓成约具在，磋商已有进步，乃遽改易办法，实于两国邦交大有妨碍，特代本国政府诘问等语。似此据约力争，诚非空言所能抵御，只能相机设法改正。臣敦彦奉命会同筹议，遵即与德华银行代表柯达士、中英公司代表濮兰德竭力磋磨。臣之洞、臣世凯随时与臣敦彦电商机宜。五月内柯达士复亲至武昌，催促订约，经臣之洞与之详商两次，手书要义十五条付之，力言断不能逾此范围。臣敦彦与该公司等争持五越月，会晤数十次，始与议定将借款、办路分为二事，另指的款作押，给以现利，抵换将来二成余利及购料行用，使两公司不能藉口干预路权。此项的款只作担保之用，并非实在动拨。将来还本还利，仍取给于铁路进款。惟既指款作押，自以筹定的款为最要关键。当由外务部与三省督抚等往复电商，经各该省允认常年抵款：直隶省厘税一百二十万两，山东省厘税一百六十万两，江宁厘税九十万两，江苏省厘税十万两，合计银三百八十万两，约符借款抵押之数。该银行等均无异说。臣等复以津镇路约既不日可成，所有胶澳条约第二端第一款所载各路线应均包括在内，一并归入津镇官路办理，由外务部照会德国使臣，旋准该使臣复到节略，内称：德国政府愿津镇路约画押后即行开议：甲、德国允：一、由胶澳至沂州府一段仍作为津镇支路，归入官路。二、由济南府往山东界之一道包入津镇官路。乙、中国允，由德州至正定府，及由兖州府或干路中之他处过济宁州至开封府两支路，于十五年内，由中国自行筹办。倘用洋款，须向德华公司商借等语。是德使于从前所争造各枝路亦大有让步，自可照此定议。现由臣敦彦与该银行等改订借款合同二十四条：名为中国国家天津浦口铁路五厘利息借款；系英金五百万磅〔镑〕；以三十年为期；十年后全数清还，每百磅〔镑〕加还二磅〔镑〕半，二十年后无须加价；初次债票三百万磅〔镑〕，虚数九三折，纳于初次售票时，提留二十万磅〔镑〕，以代余利；所造之路仍分南、北段，约二千一百七十里；勘量路线由督办大臣核办；约计四年造竣；于合同画押后，不得延至六个月外；建造工程以及管理一切之权，全归中国国家办理；聘用德、英两总工程司；合同由督办大臣自行独订。

臣之洞、臣世凯逐条核订，窃以该合同内所载办法确能于造路、借款划分两事，不特主权、利权均无损失，于原订之草合同多所补救；即凡兴工、用人、购料以及提款、还款各事宜，均操之在己，毫不授人以柄，较之他项路约，实为周密。复经臣等将此项合同转商之外务部王大臣详细校阅，亦意见相同，均无异议。谨缮具合同清单，恭呈御览。俟奉旨允准，再行签印，即由臣等知照外务部，照会英、德两国使臣，饬令该银行等按照合同妥速办理，并一面由外务部分别行知度支部、邮传部暨各该省督抚等查照。至一切枝路办法，仍由外务部按照德使前送节略，与该使妥为定议，俾臻完善。所有改定津浦铁路正合同缘由，谨合词恭折具陈，伏乞圣鉴训示。谨奏。

光绪三十三年十二月初十日奉旨：依议。

外部等会奏津浦借款合同业经画押请派员督办折　附合同

总理外务部事务庆亲王奕劻、尚书梁敦彦、直隶总督袁世凯、湖广总督张之洞奏，为借款建造津浦路合同业经画押，请简派大员督办，恭折仰祈圣鉴事。

光绪三十三年十二月初十日，准军机处交片称：本日大学士张之洞等奏，津镇铁路改为津浦，借款兴修，与德、英两公司改定合同一折，奉旨：依议。钦此。钦遵前来。当经外务部遵照办理，缮写华、英文合同各五分，知照德华银行代表柯达士、华中铁路有限公司代表濮兰德，即于是日齐集外务部，由臣敦彦将该合同会同签字盖印，彼此互换讫。臣等伏查，此项铁路连亘三省，道远工巨，所有勘量路线、延聘总工程司、分段设局各事宜，头绪繁多，责任甚重，亟宜特派督办大臣，按照合同内开各节，会同三省督抚等次第经理，以重路务而一事权。是否有当？伏候圣裁。再，此折系外务部主稿，会同邮传部具奏，合并声明。谨奏。

光绪三十三年十二月十八日奉上谕：尚书吕海寰派充督办津浦铁路大臣，并着直隶、江苏、山东督抚会同办理。

天津浦口铁路借款合同

此合同系光绪三十三年十二月初十日，即西历一千九百零八年正月十三日，在北京订立。其订立合同之人，一系署外务部右侍郎梁敦彦，已奉旨允准订立合同，一系上海德华银行及伦敦华中铁路有限公司此后名为公司。兹议订条款如左：

第一款　中国国家准银行等办五厘利息金磅〔镑〕借款，数目系英金五百万磅〔镑〕。此借款系光绪三十三年十二月初十日订定，名为中国国家天津浦口铁路五厘利息借款。

第二款　此借款指明系为建造官铁路之资本。其路由天津或附近天津接运津榆官铁路，经过德州、济南府，至附近山东南界之峄县，此后条款均称天津浦口铁路北段。由峄县再至附近扬子江南京对岸之浦口，此后条款均称天津浦口铁路南段。此二段共长约一千八十五启罗迈当，当合中国约二千一百七十里。其勘量路线，可由督办大臣核办。

第三款　所备之资本，专为建造铁路、购办地段、车辆及一切应配物料并经营行车。又于造路期内付还借款利息，均在其内。其建造工程，自实在开工之日起，估计约需四年造竣。其开工日期，于此合同画押后，不得延至六个月外。该公司亦于此期内预备五十万磅〔镑〕，知会督办大臣，听其或在欧洲或在中国提用，作为银行等代垫第一期出售债票进款。此五十万磅〔镑〕全数，或经实在提用之数，并其利息，均由第一期出售债票进款扣除。其利息常年不得过六厘。

第四款　此借款利息，按虚数常年五厘，由中国国家交付，或由借款进项，或由别款交付。嗣后先由该铁路进款交付，次由中国国家以为合宜之别项进款交付。每半年，按照此合同附表数目、日期，于十四日前，交付一次。

第五款　此借款除后开之第六款详载外，以三十年为期。自订定借款之日起，至第十一年起还本，每年应付还银数，由该铁路进项或由中国国家以为合宜之别项进款交付。每半年，按照此合同附表数目、日期，于十四日前，交付银行等一次。

第六款　由订定借款之日起，至第十年后，无论何时，若中国国家欲将借款全数清还，或欲先还合同附表所载未到期之数若干，均可照办。至第二十年内，照债票上数目加价二磅〔镑〕半，即系每一百磅〔镑〕债票一张还一百零二磅〔镑〕半。第二十年后，无须加价，惟每次预还若干，中国国家应于六个月之前，用公文知会公司。其预还之数，照借款招帖内载拈阄日期，多加拈阄次数。

第七款　德华银行、汇丰银行既经德、英两公司派为经理借款代表，其每年应还本利，除第四款详载外，照此合同附表数目、日期，由督办大臣或在上海，或在天津，以上海或天津纹银交付该银行，足敷在泰西交还金磅〔镑〕。其磅〔镑〕价与该银行同日订定，又可于还本利期前六个月内，无论何时，皆可随便订定。此所还之本利，可以交付金磅〔镑〕。若中国国家遇有金磅〔镑〕实在存在欧洲，欲提用交还本利，亦可用金付还。但不得为此故，由中国汇去。每年付还借款之本利，德华银行、汇丰银行于每百两计收用银二钱五分，作为经理费用。

第八款　此借款本利，中国国家承认全还。若铁路进项及、或借款进款不敷全还本利之数，督办大臣奏明由中国国家设法以别项款项补足，按期交付银行，清还本利。

第九款　此借款以下列之款作保：

直隶省厘税：每年关平银一百二十万两。

山东省厘税：每年关平银一百六十万两。

江宁厘金局厘税：每年关平银九十万两。

江苏省淮安关厘税：每年关平银十万两。

以上厘税不得牵连他项进款。若本利照常交付，不得干预各该省之厘税。倘若到期本利欠付，除展缓公道时日外，即应于各该省厘金及合宜税项内拨足上开数目，交与海关办理，以保执债票人之利权。嗣后若再有抵该三省之厘税，总以此次借款本银利息尽先偿还。此借款或全未还或未还清之先，倘有用该三省厘税借抵他款用付本利一切事宜，不得订明在此次借款之前，亦不得订明与此借款平行办理，并总不得令此借款以该三省厘税逐年抵还之质保有所窒碍减色。将来若再订立抵以上所言该三省厘税之借款，务于合同内载明，所有应付还本利等事，俱在此次借款之后办理等语。此借款未还清以先，不得将此铁路及其收款抵押他款。此借款未还清以前，倘遇中国国家议定修改海关税则，减免厘税，现在议明：不得因此借款系厘税抵押而阻止修改减免税厘，但若拟将此次所指厘税减免，则应先向银行等商明，务于新增洋税内如数拨足，补抵借款。

第十款　此借款全数准银行等印发债票，其数目由银行等酌定，其式样由银行等商同督办大臣或中国驻德、〈驻〉英出使大臣酌定。债票或用中、英文，或用中、德文刊雕，均随其便。督办大臣签字之名及其关防均摹刻于上，以省其亲自画押之烦。惟中国驻德或驻英出使大臣于债票发售之前，须逐张盖印，并其签字之名摹仿于上，以示中国国家允准及承认发售此项债票。该公司驻伦敦或柏林代表人亦在债票上签押，作为发售债票经理人。倘在借款发出之债票或遗失，或被窃，或经焚毁，银行等随即知会督办大臣或中国驻德、驻英出使大臣，由该大臣饬知银行等在新闻纸上刊登告白，声明已失之票不能凭以取银，并设法按各该国例章办理。倘所失之票已过银行等限期仍未觅回，督办大臣或中国驻德、驻英出使大臣照原数重发副票，加盖印信，交该银行等收领。所有一切费用，均由银行自备。

第十一款　所有此借款之债票、息票以及收付各款，在借款期内不纳中国各样厘税。

第十二款　所有借款招帖，以及付利还本一切详细办法，未经本合同详载者，由银行等会商中国驻柏林或伦敦出使大臣酌定。俟此合同签字后，即准银行等出此借款招帖，中国国家饬知驻柏林或伦敦出使大臣，遇有应会同办理之事，与银行等协同酌办，并将此借款招帖签字。

第十三款　此借款分两次或数次出售债票。俟此合同签字后，将头次债票三百万磅〔镑〕之数从速出售，不得延过十二个月外。其价值系按照虚数，九三折即每百磅〔镑〕实交九十三磅〔镑〕，交付中国国家。其第二次及后次出售债票之期，总以不误建造铁路工程为准。其数目由督办大臣酌定。其价值将来系按照售出之实数交付中国国家。银行等于每百分扣留用银五分半即每一百磅〔镑〕债票扣留用银五磅〔镑〕半。银行等在欧洲及在中国招人购买，中国人与欧洲人一律照章办理。若中国国家定购，自应尽先照给，但须于未发出借款招帖之前定购。

第十四款　借款进项，或在中国，或在英国，或在德国，交付德华银行暨汇丰银行收存，归入天津浦口官铁路项下。至交付此款，系按照购票章程内所载购票人交付银两之日期办理。其在伦敦、在柏林所存之铁路款项，按常年四厘给发利息。在中国所存之铁路款项，或作来往，或作定期存放，其利息嗣后酌定。借款进项暨生发之利息，除造路期内交付借款利息并经手用银外，银行等将此款存放，听候督办大臣提用。督办大臣提用款项若过二万磅〔镑〕之数，应于用款前十日知照银行等。借款进项，按照建造铁路工程所需，随时提用。由铁路总办或其代办出支取凭单，向汇丰银行暨德华银行支取，并须将所提用之款另单声明缘由及给发工程所需之价值。

在中国所需款项开支费用，可由总办自定，向汇丰银行暨德华银行汇至上海。所汇之款存放该银行，听候为铁路事提用。铁路账目用中、英文字登记，按照妥善新法办理，并佐以收支单为据。于造路期内，该账目并收支凭单随时任由银行等自给薪水雇用之稽查账目人查看。该稽查账目人之职，专为公司查察此项借款是否按照本合同第三款所载提用、开支，并为公司查明按照第十八款内载铁路总局每月所购外洋材料账目而已。该查账人可与铁路总局商订验看账目日期，以便办理上开职事。铁路总局每年年终结账后，将铁路支收账目及行车进款用中、英文刊印，以便任人取阅。

第十五款　设若建造铁路时借款进项并生发之利息，除付借款利息外，不敷修造铁路以及装配所需，其不敷之数先由中国款项提付，以免延误建造工程。如仍有不敷之数，则向银行等续借洋款。其利息并条款，仍照现时之合同办理。其价值则照此次借款之第二次及后次出售债票订定。若铁路造成后，铁路项下尚有存款，将此未用之款移入后详第二十一款内载借款利息公积项下，以备中国国家拨还此合同承认应还之款。

第十六款　此借款出售债票招贴〔帖〕未发之先，如有关系大局或银市格外之事，致中国国家现在市面之债票价值有碍，以致此次借款未能按章办理，银行等准展期缓办。惟所展之期，由立此合同之日起，不得过十八个月。若在限内第一次债票仍未售出，将此合同作废。所有第三款内载银行等付过之款并其利息，由中国国家付还，但概不给别项酬金。

第十七款　此铁路建造工程以及管理一切之权，全归中国国家办理。建造南、北段工程之时，中国国家选用公司认可之德、英总工程司各一人。若银行等以所选之总工程司为不合宜，须将其不合之缘由声明。此两总工程司须听命于总办或其代办。所有绘图、造路各事，须遵照总局之意办理。其平日行为须敬重督办大臣与总办。其聘用该两总工程师合同，由督办大臣自行独订。至铁路上派用专门人员、分派各该员应办各事以及辞退各该员，总办或其代办与该段总工程司商酌办理。遇有彼此意见不合，禀请督办大臣判断，判定后，彼此均不得异言。工程造竣后，中国国家即将南、北两段合为一官办铁路，派一总工程司料理，此总工程司在借款期内须用欧洲人，但不须与银行等商酌。

第十八款　此铁路南、北两段，于造路期内，德华银行暨华中铁路有限公司作为此铁路经理购买须由外洋运来各材料、机器、什物之人。所有购买此项紧要材料，由总办招人投票。若所购之材料货物系购由外洋者，该经理须以铁路最合宜之价购买。按照原买实价，每百两加用银五两。惟定购材料及支取费用，非经总办核准，不能照行。德华银行暨华中铁路有限公司既得上文所详之用银，自应各在其段内代为监购铁路所需建造、装配各外洋材料。此等材料须在于公共市场择价值最廉而质料最佳者购买。若材料运至中国，有与原单不符者，铁路总局有权退收。德、英所制货物，若质料及价值与他国所制者相同，南、北段应先尽由德、英购买。铁路总局如欲在中国或在外国招他人经理购买各项外洋材料，以为更觉合宜者，可以有权照办。惟用银仍照上文所详给该经理人。所有买货单及验单，均呈总办查核。所有各项回用、扣头，均归还入铁路项下。所有该经理人购买各材料，须有制造厂原卖单并验单为据。该经理人除得上文所详用银外，不再给用银。惟遇有雇用工程顾问人员，总局须由铁路项下提给薪水。中国材料及经在中国制造之货物，若质料价值与德、英或他外洋材料相同，自应先尽购买，以鼓励中国工艺。购买中国材料，不给用银。全路造竣后，铁路总局若为南、北段内购买外洋材料，应先尽向德华银行暨华中铁路有限公司经理购买。其办法、章程，嗣后彼此商酌办理。

第十九款　本合同内所言之铁路，将来或以为有益，或以为必需建造枝路，由中国国家以中国款项自行修造。如须用外国资本，则先尽公司商办。

第二十款　遵奉上谕订立之草合同内载提余利十分之二给银行等，作担任酬劳，今免提给余利，改由头次发售此借款债票项内提留二十万磅〔镑〕给银行等，以代之。其提留之法，按照借款招贴〔帖〕所登买票人交付银数、日期照摊，核算办理。所有此借款后次发售债票或续办借款，不再给予抵换余利之款。

第二十一款　历年除付借款本利外，铁路总局将本年铁路净进款盈余足敷交付来年到期借款利息之数，在天津或在上海存放银行等。所存放之款，按照市面情形，给发最优之利息。

第二十二款　德华银行暨华中铁路有限公司可将本合同应有之权利及责任全行或分别交与他德国公司或他英国公司接办，或再交代理人代办。其接办、代办应商请督办大臣核准。

第二十三款　本合同系遵光绪三十三年十二月初十日上谕签定，已由外务部用公文照会英、德驻北京出使大臣。

第二十四款　本合同缮写华、英文各五分，中国国家存三分，银行等存二分。如有翻译文字可疑之处，以英文为准。

光绪三十三年十二月初十日，西历一千九百零八年正月十三日，在北京签定。

外部致英使朱迩典山西与福公司议订赎回开矿制铁转运各合同照会　附合同

为照会事。

本年十二月十八日，据山西商务局总办·湖南试用道刘笃敬等呈称：晋省矿务由晋商与福公司商人罗沙第订立合同，旋于光绪二十四年复由商务局绅商与福公司改订借款章程二十条，嗣于三十一年经盛大臣续立合同四条，至今轇轕多年，案悬不结。现经丁臬司会同商务局员绅并全省代表各员在京开议多次，彼此退让，订定赎回自办合同十二条，缮具正合同两分，请批准施行，并援案盖用关防等因前来。查山西矿务既经该省商务局员绅与福公司订定赎回自办合同，所有光绪二十四年议定山西开矿制铁以及转运各色矿产章程二十条，暨三十一年续定山西熔化厂并合办山西铁矿合同四条，自应一律注销作废。除由本部将此项赎回自办合同批准，盖用本部印信，以资信守外，相应钞录原汉文合同，照送贵大臣查照存案，并见复可也。

须至照会者。

十二月十八日

山西商务局与福公司议定赎回开矿制铁转运合同

山西商务局与福公司于光绪二十四年议定山西开矿制铁以及转运各色矿产章程二十条，嗣于光绪三十一年经铁路大臣盛与福公司商订续合同四条，今既有此轇轕，以致不得遵守前后所定之合同，山西按察司丁现奉谕旨，来京会商，调停此件，以了结所有关于章程合同之事。兹将彼此议定之款均开列于下：

一、现在山西商务局与福公司商议，商务局愿晋省备款，将所有与福公司所定开矿制铁转运正续各章程合同议定赎回作废。既经会议之后，福公司因体谅晋省甚愿自办本省矿务之至意，按其详细情形，应允晋省将前后所议定开矿制铁转运正续各章程合同由晋省赎回自办，以敦友谊而维和平。

一、赎款计行平化宝银二百七十五万两，由山西商务局担任，按期交清。

一、此项赎款数目系晋省所担任，交与福公司收纳，认为赔偿福公司原订合同内应索之款并各项所损失之利益。至福公司在他省另有经营，与晋省毫无干涉。

一、此项赎款准于光绪三十四年正月二十日先交一半，计行平化宝银一百三十七万五千两。其余之款，分三期摊还：光绪三十五年四月初一日，为第一批，计行平化宝银四十五万八千三百三十三两；三十六年四月初一日，为第二批，计行平化宝银四十五万八千三百三十三两；三十七年四月初一日，为第三批，计行平化宝银四十五万八千三百三十四两。

一、赎款按行平化宝银核算，不折不扣。其由晋至京汇费等项并先行借垫款项利息，均归晋省承认。

一、此案原由商务局禀奉山西巡抚批准，复经前总理衙门奏准，现既由晋省备款赎回，此项合同作废，应请外务部咨照山西巡抚，督饬商务局按期交款，不准稍有拖欠。

一、晋省矿务既系收回自办，福公司将所有开矿制铁转运正续各章程合同之权一概退回。晋省决无借洋款之意。惟此次福公司既将所有利益退回，将来晋省矿务制铁转运等事，万一有筹借外款之事，由晋省通告福公司，果其处处较廉，再行筹议。否则，另借各无异言。

一、从此合同签字日起，三月之内，福公司应将在平定州所有厂房一切交出，与所有机器等物一并交与山西商务局。其开列于原定合同所定之五处，福公司将其已购之产一概退还，不得再执为业。

一、福公司所聘用之人，无论工程师，或他项员役，因此而失其事业，以致不得营生，向福公司要求赔款者，福公司自行担任。

一、此项赎款由商务局先行筹借，由晋省亩捐的款项下每年尽数拨用。缘矿产系晋省公共产业，亩捐亦系晋省公共办理公益之款，是以应使此款赎回本省之矿产，惟在未将此项续款还清以前，不得将此亩捐稍为更改，或减免其数。如亩捐不敷此用，则晋省之大吏须随时提用他款，以补不足。

一、原合同议定之章程二十条既为前总理衙门批准，今了结此事之合同亦为外务部所批准，并为大英国使臣应允，以俾彼此保其本国之人遵守一切。

一、现将此合同以华、英文缮具两分，各执一分为凭。

山西商务局押。

福公司梁押。

大清光绪三十三年十二月十七日。

徐世昌唐绍仪致外部日拟于安东修桥过江使京义安奉相接于我商务界务均有关碍请酌核电 附原呈

顷，据东边道钱鑅呈称：日人拟于安东对江韩界新义州修筑铁桥过江，使京义铁路与安奉铁路相接，实于商税有碍，请咨核阻止等情。查鸭绿江为中、韩界线，中国本有管领该江一半之权，日本岂能不先商我政府擅议建筑铁桥？且该江为天然界线，若一许筑桥，则交通与陆路无异，不独商务、税则大有关碍，窃恐于界务问题将来亦多影响。现在日人虽未彰明宣布，应请大部注意预筹防范。世昌、绍仪拟俟其一露端倪，即行实力禁阻。即至万不得已时，亦只能许以轮船渡送火车为最后之让步。好在鸭绿江固我有主权，安奉铁路改良又照约须由我派员会议，所据之理甚长，彼之狡谋当不得逞。至驻扎护路兵队一节，前已咨请照禁。购买用地一节，现距改良竣工之期不过十余月，似应查照会议，请大部酌核施行。原禀钞呈，并乞鉴察。

十二月十八日

附东边道钱鑅原呈

为呈请事。

窃查，光绪三十一年十一月，中、日两国在北京会订东三省条约第六款载：安东县至奉省所筑造之行军铁路，除运兵回国耽延十二个月不计外，限以二年为改良竣工之期。改良办法，应由日本承办人员与中国特派人员妥实商议等因。自订约迄今，已届两年，再缓一年，即为改良峻工之期。其应如何改良？此时应先提议，早为预备。盖自日本修筑此路，当时专为行军起见。日本在安东七道沟下蒲草隈地方购置沿江平地四五千亩，又在安东县沿山前后购用山地一二千亩，此后发价无多，当时人民不能不应。其所用由安东直向西北经过凤凰城、草河口、连山关、本溪湖等地方路线所经并车站盖屋之地，均系占用民产，并未给价。职道乘车往来经行各处，当地人民叩求商给地价，当经面谕：此路因军用所造，未为定准，须俟改良勘定路线占地多少，自应照时作价。现日本在韩界所筑京义铁路早经告成，闻其曾开议会，欲于安东对江新义州修筑铁桥过江，与安东铁路相接。其所迟迟未定者，以安东铁路搭载人货无多，以所入供所出每月须亏一二千元。设如改良，须穴大岭三道，费亦不资。其议会如何计画，事甚秘密，外人难晓。但以表面而论，此刻正应一与提议，问其如何办法。设改良，即应拣派专员，妥实商议。若一时不办，则现时线路车站所占之地，或给价，或作暂借，不能任意占用，须与定一章程，以为限制。

再，鸭绿江修造铁桥，于铁路固属便利，于我国商务、税务却有关碍。其所距桥基，在日本新市场与新义州对岸。建桥后，则下江所进海船不能上驶。其离我市场有三四里之遥，货物须用小船驳载，多费辛力。上江下驶木排，设遇江流湍急，人力难施，难保无碰损桥梁责令赔修之事。此于商务有碍者也。修桥后，则过江之货须作陆路计算。中俄陆路通商条约税项三分免一，日本必将援例要请。又新义州下游四十里韩境有一龙岩浦，亦为商贾荟萃之区。设有日商从海上运来之货在龙岩浦下载，再从火车由铁桥过江，作为陆路来货，绕越取巧，意中之事。此于税务有碍者也。以铁路论，两岸可衔接一气，事属应办。以两国界限论，即不允修桥，亦属有词可措。英、法隔海七十里，法人曾创议欲在海底穿铁路以通往来，而英人不许。倘如改良铁路，此桥应修与否，应另作一案提议。如必须修桥，或作活桥，虽经费较多，实于华商有益。又查现时凤凰城日本尚驻守备队百余名，为独立守备队，其意为保守铁路起见。东清铁路日、俄皆有守兵，安奉铁路条约未经议及，亦应一与提议，归我国派兵照应。职道愚昧之见，是否有当？理合呈请宪台察核，咨请外务部鉴核施行。

须至呈者。

税务处札总税司东省开埠免重征专照章程文　附章程

为札行事。

案查，洋、土各货运往东三省新开各埠一事，前经总税务司拟就试办章程，申由本处核定，当经本处照录原件，咨行外务部，照会驻京各国大臣，转饬遵办。去后，兹准复称：此项章程，除已由本部照送各国驻京大臣，转饬遵办外，咨复查照等因前来。相应札行总税务司查照可也。

须至札者。

十二月二十四日

附东三省开埠免重征专照章程

一、凡洋货在天津、牛庄、安东、大连等关已完进口正税，及土货已完复进口半税，除运往内地，或领子口单，或逢关纳税、过卡抽厘，任听商便，照向章办理外，倘有改运东三省内新开各埠者，无论如何载运，准即一律发给专照，俾免重征。其专照照章盖用各项戳记，限四个月缴销。至每次请领专照之报单内应将前往何埠，并若不将货已到埠之据于限内缴回本关，愿缴半税三倍等字样注明，画押为凭。并准另立相等之长年保结存关，以免每次立结之烦。其洋商之结，应请由领事等官盖印，华商即由税务司盖印。若无长年保结者，即以每次画押之报单为据。其保结、报单等式样，应由海关订定。

一、凡领专照赴新开各埠之货，应与单货相符，方为合例。倘有不符情事，即视为非专照之货。除由原开按全货数目罚缴半税三倍外，又将到埠不符之货由埠罚充入官。

吉林地方自治会呈外部请争间岛并附呈中韩国界历史地图文 附历史一册

窃自五、六月间横生间岛问题，凡我国朝野上下莫不欲搜罗证据，以为力争张本。近据职会会员府经历衔文元等关心时局，调查此事，爰将康熙年间中韩划界界碑所在之处，并立有华、夏、金、汤、固、河、山、带、砺、长十字界碑，又将光绪十二年与朝鲜分界所立之界碑原图，兼参以《吉林通志》《满州源流考》二书之所载，汇成《中韩国界历史志》一册，足证间岛之地确为中国疆土，毫无可疑。当经职会同人详细披阅，该地图与历史源源本本，条目井然，均有成案可稽，实可引为铁证。尚乞据此力争，以期保存国土，而慰黎庶殷望。大局幸甚！所有请争间岛并呈《中韩国界历史地图》各缘由，理合呈送，禀请批示，虔请钧安，伏乞垂鉴。附呈地图一轴，《中韩国界历史志》一册。

十二月二十五日

附录中韩国界历史志

绪言

查吉林烟集冈，南与韩国以图们江为界，即土人所谓高丽江，此中、韩三百年来之天然界限也。我朝定鼎，仁被藩封。每至三年冬季，官督商民载货渡图们江互市，名曰开换。首先会宁，次及钟城、稳城、庆源。市毕，仍以长江为界，各守封禁，不准私越疆界。每年春秋，恐有韩民偷越我境，必由边城派员调查。此定例也。至同治八、九年间，天桥韩邦岁谷不登，饿莩载道，该国饥难流氓相率窜入我国封域南冈一带，乞食求生，自是来者日多。至光绪七年，知府李金镛禀请在南冈设通商局，以惠韩民。经前将军铭安、督办边防事宜吴大澂奏免开换之例，准将该国流民查明户籍，分归珲春及敦化县管辖，因置通商局，在南冈和龙峪设通商总局一所，并在钟城对岸之光霁峪、庆源对岸之西北江附设分局各一所，归北洋管理。当因开禁通商，韩民遂得纷纷来我属境，负贩贸易，络绎不绝，日久相沿，侨寓韩民遂私相垦田。十年，该通商局督理秦煐因所收税额不敷薪饷，禀将图们江北岸和龙峪、岭南、嘎雅河口迤西、长坡迤东沿江一带，除旧居我国人民之外，所有闲荒尽招韩民开垦纳租，而通商局实为越垦局矣！嗣因韩王恳请刷还流民，咨由礼部转奏，准予限一年，由该国地方官设法收回。复因限期已满，该国仍不将流民刷还，反纵其过江侵占。经前将军希元咨由总理贾元桂、通商局督理秦煐赴韩国会宁府，会同该勘界使李重夏、京外主事赵昌植，分勘国界，当以图们江为中华天然国界，久经公认，其图们江下游不问可知。惟上游非出一源，正支各流分歧，必以源远流长、水势深阔为正源。合议既定，遂同往上溯图们江发源之处，以定两国界限。该韩使李重夏已经认可，同上溯勘图们江源。及行至西豆水与图们江汇流处，我国协领德玉等查勘西豆水势较他水之流深阔且长，即以西豆水为图们江上游正源，而定中韩国界。乃李重夏声称，西豆水源出该国内境吉州，距入图们江处尚五百里许，惧政府咎责，坚不承认。既又磋商数日，复公同上溯绘勘西豆水及红丹水、半截江三源流，再行划定图们江源。尔时韩官复称，长白山南胭脂山麓之下有中韩分石碑一座，当诣勘验，其文曰：康熙五十一年，大清乌拉总管穆克登奉旨查边，至此审视，西为鸭绿，东为图们，故于分水岭上勒碑为记。笔贴式苏尔昌，通译官尔哥等语。验毕，回西豆水河口，会商数日，旋至该国茂山府合议。经半月之久，该韩使李重夏执意狡展，坚以立碑之胭脂峰为据。我国协领德玉等以西豆水发源既在该国境内，不能以此水为界，因以三汲泡发源之红丹水为图们江正源，庶公理持平而国界可定。而李重夏复以立碑之处为词，经德玉等再四据理争辩，以碑文有东为图们江、西为鸭绿江之语足为铁证。现在胭脂峰立碑处相去两江之源甚远，名实不符，势必该国官民久蓄侵占疆界之谋，不无私移界碑之事。不然，曷立碑处较碑文绝不侔耶？而李重夏仍不承认私移界碑之事，又指半截江为图们江正源，我国协领德玉等亦未敢擅与协定，遂绘具图说，呈报前将军希元存案。该韩使亦回禀该国政府。

嗣因总理衙门奏明复勘，十三年续经前将军希元派候补同知方朗至烟集冈，同前次勘界珲春协领德玉、通商越垦局督理秦煐，复与韩之勘界使李重夏重勘两国界限。当即明定以石乙水为图们江正源，遂在红丹水口造碑十座，照国初中韩分界牌制，在各牌原立处仿原刻文字换立石碑，以垂永久。查原有界牌由朴水入图们江汇流处长字界牌起，讫长白山东南小白山顶华字界牌止，共界牌十座，文为华、夏、金、汤、固、河、山、带、砺、长等十字。其计里数，以珲春城为起算点，西南到图们江一百八十里，到图们江、朴水汇流处长字界牌三百三十里；西距砺字界牌三十一里，到图们江、西豆水汇流处砺字界牌三百六十一里；西距带字界牌三十六里，到石乙及红丹三水汇流处带字界牌四百十三里；西距山字界牌二十三里，到长坡浮桥南岸山字界牌四百二十六里；西距河字界牌八十八里，到石乙、红土二水汇流处河字界牌五百二十四里；西距固字界牌四十二里，到石乙水河源固字界牌五百四十六里；西距汤字界牌十二里，到黄花松甸子尽处沟口汤字界牌五百五十八里；西距金字界牌五里，到黄花松甸子头道沟口金字界牌五百六十三里；西距夏字界牌二十二里，到小白山东麓口夏字界牌五百八十五里；西距华字界牌十五里，到长白山东南小白山顶华字界牌六百里。以上原有界牌之图们江南为韩国界，故此次碑文仍用华、夏、金、汤、固、河、山、带、砺、长字样，俟镌毕，仍立原处。去后，方朗回，禀明前将军希元，绘具图说，于同年十一月具奏，奉谕旨钦遵，并咨照韩国遵办在案。先是越垦局之起源，在光绪十一年间，附通商局内。至是年，遂专设越垦局，以招徕韩民开垦荒地；并出示晓谕，均须先缴荒价，按晌丈放，限年升科；又限定该韩民应即薙发易服，入吾版籍；且派人下乡带薙发人与韩民薙发，只一次未终行后，秦煐参撤。十四年，遂派鸟枪营佐领额尔德克接充该局督理，经半载亦撤参。同年又委候选知县张鸿熙接办。

迨十六年，前任将军奏请将韩之流民垦地准一律领照纳租，仍归各本处地方官管辖，由总理衙门议奏折内称：查原奏内称，朝鲜流民占垦吉林边地，光绪七年经前任将军铭安、督办边防事宜吴大澂奏将该流民查明户籍，分归珲春及敦化县管辖。嗣因朝鲜国王恳请刷还流民，咨由礼部转奏，经该将军等复准，予限一年，由该国地方官设法悉数收回。复因限期已满，该国仍不将流民刷还，反纵其过江侵占。经前任将军希元咨由总理衙门奏准，派员会勘，乃该国始误以豆满、图们为两江，继误指内地海兰河为分界之江，终误以松花江发源之黄花松沟子，有土堆如门，附会土门之义，执以强辩。仍由总理衙门奏明复勘，续经希元派员勘明石乙水为图们江正源，议于此水分界，绘具图说，于十三年十一月奏奉谕旨，钦遵咨照该国王遵办在案。乃该国王不加详考，遽信勘界使李重夏偏执之词，坚请以红丹水立界，龃龉难合。然未便以勘界之故，遂置越垦为缓图。现朝鲜茂山府对岸迤东之光霁峪、六道沟、十八崴子等地方，韩民越垦，约有数千，地约数万晌。此处既有图们江天然界限，自可勿庸再勘。该国迁延至今，断难将流民刷还。亟应祗遵前奉谕旨，饬令领照纳租，归我版籍。先行派员清丈，编甲升科，以期边民相安等语。臣等查，吉林朝鲜界务，前经两次会勘，所未能即定者，特茂山以上直接三汲泡二百余里之图们江发源处耳！至茂山以下图们江巨流，乃天然界限。江南岸为该国咸境道属之茂山、会宁、钟城、庆元、庆兴六府地方，江北岸吉林之敦化县及珲春地方，该国勘界使亦无异说。韩民越垦多年，庐墓相望，一旦尽令刷还，数千人失业无依，不特实情可矜，急切亦无办法。若听其以异籍之民日久占住，主客不分，殊非久计。且近年该处垦民迭以韩官越界征租，种种苛扰，赴告控诉，经北洋大臣李鸿章咨臣衙门有案。诚如原奏所云，韩员剥削民生之苦，流民服我赋税之轻，是其心悦诚服，安土重迁，已可概见。现在江源界址既难克日划清，则无须勘办，处所似宜及时抚绥，以慰流氓归附之心。臣等与李鸿章往复函商，意见相同。拟请饬下该将军遴选贤员，将清丈升科各事宜妥为经理，因俗施教，务令相安，毋任操切滋事。所有领照纳租、归各地方官管辖一切详细章程，应由该将军体查情形，奏明试办各等因。是年，又派候补知府叶联甲接办。十七年，又派候选知县王昌炽充通商局督理，知县程国钧充招垦局总理。十八年，又派田正镛充越垦局督理，而通商局自此虽有若无矣！二十二年，又派候补知县胡承恩接办，后该员调署敦化县事。二十三年，又派张维梯接办。同年冬，又派候选知县曲作寅接办。二十五年，又派候选知县秋福豫接办。二十六年，遭俄乱，该员回吉，招垦局遂废。二十八年，改招垦局为延吉厅，改通商越垦局，设分防经历厅，通商越垦局亦遂废。今其房尚存，仅有二三人看房而已。以上为中韩分界先定以红丹水、次以石乙水为图们江正源之历史，及我国近年以来屡次派员经理烟集冈一带通商招垦，并管辖韩民之实在情形也。

条目山脉水源只择要撮录，余观图自明。

一、图们江源西与鸭绿江源止隔一岭，亦曰分水岭，在长白山迤南山麓之分水岭东麓，即《通典》所谓源出靺鞨白山者也。凡二源，北曰下石乙水，南曰石乙水。东流会于碧桃花甸南，合东北流，左岸为朝鲜界。又东北经红土山，红土河自北来入之，又东经长山岭南，长山岭河自西北来入之。又东北大箕沟河自西北来入之。又东北折东南，经长坡岭南外七道沟河自北入焉。又东北受枇杷沟河，又东北外五道沟河自西北入焉。又东西受石洞沟河。又东北外四道沟河自北来注之。又东北经高丽崴之东南折流入金沙沟河自东入焉。又南折而东北受杉松背河。又东北经和龙峪，达呼哩沟河自北来入之。又东北石门沟河自北入焉。又东北经光霁峪，马平岭河自西北来入之。又北经小钟城崴有二水合流自西入焉。又北经丰都镇折而东十三道嘎雅河自北来注之。又东经大高丽岭南，大通河自北来注之。又东北经空同山，南北受凉水泉河。又东受乾河，又东受太平沟河。又东经密瞻站，密瞻河自东北来入之。又东而南受老河身河，又南受阴阳河。又南经西步江，珲春河自东北来入之。又南北岸界朝鲜，东受小河三，又东南东受运花泡河。又东南经玉泉洞，南折而北，经五颗树，复折东南，流经云台山，圈儿河自北来入之。又南经土字界牌，复南至图们江口入于海。

一、大秫秸垛岭为长白山支脉，西南蜿蜒，接长山岭，距长白山二百余里，东麓为海兰河发源处。又东北相续接哈尔巴岭，过宁古塔而入三姓界。

一、三汲泡系三大水潭，方圆约各一二十里不等。外更有一小潭，距长白山九十里，到小白山三十里。

一、红丹水亦曰红丹河，发源于三汲泡，在长白山正南偏东，距长白山九十里。

一、石乙水发源于长白山迤南小白山东北麓分水岭，距三汲泡三十里，下流合半截江，与红丹水汇流。

一、半截江亦曰半截河，发源于红土山，东北接长山岭，再东北为哈尔巴岭，在长白山东北，相距约百三十里。

一、西豆水之源有二：一为支流，在小白山南蒲团山发源，距长白山百八十里；一为源流，在小白山南韩国内境之吉州黄沙岭，亦曰鹤顶岭，距长白山约有五百余里。

一、海兰河亦曰骇浪河，即二道沟河，发源于大秫秸垛岭东麓，岭高百四十六丈，距长白山三百余里，东与嘎雅河汇流入图们江。

一、黄花松沟子水出于长白山西北，距长白山约七十余里，下流约三十里许即入乱石塘中（石塘方十余里）①，由石塘出而西北入娘娘库水汇流松花江。

结论

按：图们江，满语译言为万字江，言其江流曲湾如古之卍字形也，是江实发源于长白迤南之分水岭东麓及又南之三汲泡，其下为红丹、石乙二水，迨汇流北经下游，会西豆水，为图们江巨流。此中、韩天然界限，实三百年来中、韩所共认而无异词者也。前经两次会勘，所未能即定者，特茂山以上直接三汲泡二百余里之图们江发源之处，未经确定红丹、石乙二水何为图们江之正源耳。然据康熙五十一年碑文西为鸭绿、东为图们之铁证，及光绪十三年复勘明定以石乙水为图们江正源重立界碑之事实，则中、韩国界本毫无疑义。今界碑虽被移去，然而立碑之处遗址犹历历存在，不无可查。况西冈韩民久经入我版籍，归我官吏管辖，成案具在。纵遭兵燹，卷册遗失，然俄人退兵之日，所有一切事宜仍交我地方官经理，不交韩人，则是自三汲泡下石乙水以北为我南冈版图，即俄人亦认为中国之领土也明矣！今日本据韩人谬说，竟以黄花松沟子水下流入乱石塘中并未发现，遂误称此水从地中东行，穿长白山岭及大秫秸垛岭东坡穿出，为延吉厅之海兰河。按地理学家言，水性就下，故发源出于山，而下流则汇归江海，断无既经发现之水复能下穿多数山岭经二百余里而又穿出之理，此易辨也。因海兰河为图们江支流，即狡称为图们江之正源，而转海兰之音为豆满，竟以海兰河南一带为间岛，逞其强硬手段，实逼处此以行殖民政策矣！

再，附图系得自光绪十二年勘界之时随珲春协领德玉绘图委员骁骑校尉廉君荣之手。谨就其原图所绘，并参以《吉林通志》《满洲源流考》所载，搜集于此，从新照绘，以资考证。

① 括号为原书所有。

东督徐世昌吉抚朱家宝奏吉省现办边务情形折

东三省总督徐世昌、吉林巡抚朱家宝等奏，为敬陈现办吉省边务情形，恭折仰祈圣鉴事。

窃查，本年八月间，曾因吉省延吉厅地方边务吃紧，派令副都统衔·现署珲春副都统陈昭常为督办，陆军协都统衔·正参领吴禄贞为帮办，并将该处当时情形奏明在案。嗣该员等陆续抵该处，体察情势，随时禀报，并由臣等随事与枢臣、部臣筹商办法，一面督饬妥为布置。数月以来，略有头绪，请为朝廷缕晰陈之。

查延吉厅设治为时虽尚不久，然长白山为我圣朝发祥之地，史册昭然。此山现在厅治境中，其为国家版图，自无疑义，向归珲春协领管辖，光绪十一年始设招垦分局，十三年旋于和龙峪设通商总局，于光霁峪设立分局，兼理越垦事宜。盖从前韩国系我藩属，壤地相接，居民往来，本可不分畛域。而所以设此局者，一则使韩民有自由贸易之权，一则使韩民有安居忘归之乐。其所以为韩民谋利益者，实无微不至。近数年中时局变迁，边情亦因而小异。然越垦之民久已相安，从前韩民既不愿照韩国之请一律刷还，此时我自不能因系韩国之民稍存歧视。该员等到后，即经奉宣朝廷德意，并恐其受我官民欺压，于韩民众集之区皆设一派办处，派委事务员，在彼稽查弹压，订立办事章程，俾其遵守。韩民初尚不免为谣言所惑，疑怀二心，近见我处实行保护，处置和平，已无不鼓舞欢欣。日内竟有多数学生自请薙发改装、愿归约束之事。韩民之感情如此，则我之所以筹保护者更不容缓。该厅设立未久，一切治民之政多未举行。现拟竭力筹画，先从清理户口、扩张警察下手，继之以兴学、劝农诸政。该厅既多越垦之民，户籍断难稍混。为我民者，皆得服我政教。清查既得要领，自不虑其怀疑。巡警本为保卫地方要政，该厅原设巡警多不谙警察学问，且地宽人少，分布难周，亟应责成该厅认真办理。至于兴学、劝农，则尤为三省边地最要之事。旧有吉强军一营在彼驻扎，现经遵照陆军部章程，逐渐改编巡防队。惟人数太少，遇有剿捕等事尚恐不敷调遣，亦当徐加整顿，俾臻完密。以上所陈，皆现在筹办延吉厅之边务实在情形也。

至该厅所属之天宝山一带矿产、森林最为丰美。该处曾经前将军派委程光第开办银矿，嗣以货本亏折，将该员参革查究，有案可稽。是该员早已离差，与此矿毫不相涉。乃该员因办过此矿，知其有利可图，竟行私订合同，招工开采。经陈昭常等到彼查出实据，特将该矿封禁。现该员业已畏罪潜逃，正在饬拿惩办。臣等伏念吉省沿边矿山林立，徒以官家办理，不甚经意，遂致若辈从而生心。如不及早自图，必有指为放弃权利者，实不啻授人以刃。惟有一面严行禁止，一面设法经营。此又因与边务大有关系而不得不预为防范者也。

总之，现在筹办边务，不过保守权利，整顿地方。至于越垦之民，本与流氓无异，但使地方诸事措置得宜，则吾民安而越垦之民亦无不俱安，权利之不至损害，更可不言而喻。从前该厅以地面太大，经费不充，布置未能周密。现有陈昭常等在彼事事考察，督饬该厅整顿一切，或可渐图治理。臣等有保守疆土、绥辑人民之责，无论事机若何艰难，惟当并力图维，随机策应，以期仰副我朝廷慎重边圉之至意。所有现办吉省边务各情形，理合恭折具陈。是否有当？伏乞皇太后、皇上圣鉴。谨奏。

光绪三十三年十二月二十六日。

清季外交史料卷二百零九终

清季外交史料卷二百一十

光绪三十四年正月

粤督张人骏致外部辰丸私运军火应按约充公电

顷，据水师巡弁李炎山等由澳门电禀：日商船第二辰丸装有枪二千余支，码四万，初四日巳刻到九洲洋中国海面卸货，经会商拱北关员见证上船查验，并无中国军火护照，该船主无可置辩，已将船械暂扣，请示办理前来。查洋商私载军火及一切违禁货物，既经拿获，按约应将船货入官，系照通商条约第三款并统共章程办理，历经总署咨行有案，自应按照遵办。迭饬将船货一并带回黄埔，以凭照章充公按办〔罚办充公〕。谨先电闻，并请照知日使。

正月初六日

日使林权助致外部辰丸被粤扣留奉令抗议希饬速放照会

为照会事。

据驻广东本国领事电称：本国商船第二辰丸装载货物，由本国开往澳门，于本月五日，即华历正月初四日上午抵该口附近。适是日海面浪大，潮水不顺，未能进口，不得已在九洲洋方面东经一百十三度三十八分二十秒、北纬二十二度九分四十五秒地点暂为下锚，等待潮水浪顺。至下午，忽见中国炮舰四只驶来近处，有广东水师吴参将及其余官员来船，告云此处系中国之领海，并禁止一切交通，上岸而去。讵至次日上午，吴参将等带领执军器之水兵二十多名复来该船，告示：奉广东总督之命，将船拖至黄埔等语，并不听船长陈辩，撤去船尾所挂之帝国旗，代以中国国旗，且由各舰添派水兵多名，纷入机器房，作为种种放纵行动。后该船受许多困难，仅至虎门之对岸斜西地方停泊，仍被华官拘留不放等情。又据该领事转据第二辰丸船长声称：该船并未在中国领水卸货，其所装载虽多为军械，而系运澳之物，曾经由该口葡官允准有案。驻广东该国总领事亦认此事，且所载之货运至何地，预先表明，可知该船确非在中国领海私走〔走私〕者。查第二辰丸下锚地点是否在中国领海内，如重行精测，自可显然。惟假定该处实属中国领海，本国船只遇有风浪尽可躲避寄碇，不应阻碍。今贵国炮舰忽将商船第二辰丸拖去拘留，显系违约。若其撤去本国国旗，尤为狂暴。至执军械之水兵闯入船舱窃去货物一事，举动野蛮，令人骇异。兹本大臣基于本国政府之电训，对于贵国官宪之暴戾不法提出抗议，并望贵国政府迅即电饬该地方官，速放该船，交还国旗，严罚所有非法之官员，并陈谢此案办理不善之意，以儆效尤。是为切要！

须至照会者。

正月十三日

外部致张人骏辰丸事日使提出抗议请由粤商结电

真电悉。顷，准日本林使照称：据驻广东领事电，日本国商船第二辰丸装载货物，由本国开往澳门，于华历正月初四日上午抵该口附近，被华官拘留等情，本大臣将本国政府电训，提出抗议，请即电饬该地方官速放该船，交还国旗，严罚非法之官员，并陈谢此案办理不善之意等因。本部查该使所称经纬分杪，与来电不符。究竟尊处所测是否精确难移，并有何人见证，来电所称贿银百元及加贿千元有无确实凭证，能使彼无可抵赖，果否撤其国旗？请迅饬确切查明，速行电复。此案既经日使交涉，本部又势难遥度，仍由尊处就近与该领事据理商结，较为周妥，并将办理情形电知本部为要。

正月十四日

粤督张人骏复外部日船确运军火请会讯后定夺电

现据日领照称：日商船第二辰丸载运军火，有澳门葡官准照，并经彼国神户税关水上警察所特许。其停泊中国领海，为一时风浪或待潮，并无不合，请将该船释放，并欲处罚员弁等语。查正月初四日并无风波，日船在中国水面停泊，自早十点至晚六点，经八点钟之久，是日下午二点海潮最高，何不趁此时起碇赴澳，竟在该处预备起卸。并由关员及缉捕轮船巡弁上该日船询明船主，确运有军火，将行起卸，直认不讳，始将该船扣留，自应照关章会讯，分别办理。查同治十三年五月，虽有英轮由新加坡领有坡督准状，至海南洋面私贩，由本省巡船拿获，到省充公一案，事同一律。敝处以海关监督之权，饬税司照关章会讯，秉公分别查明办理，最为和平正当。总之，该船应否释放，或应充公，非会同查讯后不能决断。应请钧部照请日使，转饬广州日领遵办。盼电复。

正月十六日

粤督张人骏致外部辰丸事请商日使照章会讯电

十四日电敬悉。咸电谅达。查据日商轮第二辰丸在中国水面停泊，载有军火，预备起卸，当时由拱北关洋员会同缉捕轮船管驾、巡弁等测明，确在经东一百一十三度三十七分三十秒，纬北二十二度八分十秒。由吴游击敬荣援引国际公法，与该商船船主辩论，又指经纬度证解系中国领海，该船主无词，始有邀该游击到船上卧房行贿请释之事，现有关员等在场见证。是巡弁、关员等所测定之经纬度数已为该船主承认无疑，乃始则行贿，继则加贿，终且愿听将船货带入虎门斜西河面，不仅洋关员之证可凭也。至该商船籍旗，因巡弁在该船上与船主援约据理相辩论之际，忽有澳门派来葡国兵船，势将恃强干涉，不得已商之船主暂换龙旗，以免葡船干预，横生枝节，系为一时对待葡兵起见，并无别意。葡船驶去，立将龙旗收回。该商船现在斜西停泊，并无阻其不挂国旗。前经札饬粤关税司，按海关会讯章程办理。总之，该船应否充公，或释放，非会同日领查讯不能决断。查同治十三年，拿获英船在海南走私，中国蓬洲巡轮曾发炮击其柁桅，拘带到省会讯，断令充公，英国并无异议。比较情节，此次对待日商船实更和平，且不遽照条约即将货船充公，仍照关章会讯，分别判断，尤为正当办法，日人何能独异？本日派魏道瀚、温道宗尧往晤日领商办，据日领面称：此案如经会讯，即系欲将该船充公，渠奉彼政府索放该船，未饬准照关章会讯，无权另允办法等语。查日领恐经讯明，该船不免充公，强词抵制，意图含混恫吓，似宜坚持会讯办法，免堕狡计。现在两粤盗匪充斥，接济匪械多由外洋转运。此案倘被狡脱，日后商轮畅运军火势必不敢查缉，为患无穷。除已电驻日李使与日外部据理交涉外，务请钧部妥商日使，转饬日领，照章会讯。切盼电复。

正月十七日

葡使致外部华船在葡领海捕获日船祈饬速放照会

为照会事。

现知有中国海关兵船于本月初六日在葡领海面喀罗湾捕获日本轮船二辰丸一艘，迫令同至广州口岸。查该船系装载枪支，运卸澳门。该船被拿，有违葡国所领沿海权，并有碍葡国主权，阻害澳门商务。本署大臣甚为驳斥。想此事仅系因中国兵船管带官才短不明职守，因该轮船不应在葡国所领海面捕拿，本署大臣定望贵爵迅速转饬，即刻释放，以便该船随便前往所拟往之处为荷。

正月十七日

税务大臣咨外部据拱北关电捕获私运枪械日轮文

正月初九日，据总税务司送呈拱北关税务司英文电报一通，译称：昨有人投报，云：有日本轮船载军火，值洋六万元，于年假期内，在高佬湾之东中国海面界内卸入华船，以葡国巡捕小轮拖带而去。其军火系交澳门两家华店收纳，将以分散偷运入内地等语。得报后，本税司即命扦手六人驾龙睛关轮驶往东和卡守候，饬令待军火全卸入华船即将该船查拿。若不得已，亦可将巡捕小轮拖缆斩断，拿该华船拖往马溜洲候办，并诫以若非被击，不得放枪。初四日，本税司果见巡捕小轮拖一华船，向中国海界内之轮船而驶，知所报不虚。因往见葡督中军，据云：军火之来，曾蒙葡督所准。本税司告知：如在中国海界之内卸载，所发关轮必须干预等语。是晚夜半，龙睛管驾回报，谓：粤督亦得消息，派员协同九龙关验货人员，坐驾兵轮，于是日下午五钟巡到，悬旗求助，关轮应邀而往，与兵轮管驾验货，随宪委登轮，告知船主，谓其船欲在中国海面起卸违禁物，是故被拿。船主答云，军火是葡国官物，惟并未拒捕。于是龙睛关轮扦手二人过船看管，兵轮泊于其傍，特遣龙睛回关报信。本税司复饬龙睛于次日再往，听候督委差遣。查该轮被拿时，军火尚未实行起卸，惟卸货机器业已设备，巡捕小轮与华船亦经驶近，预备卸载矣！该轮名曰大造丸。第所载枪支有二千四百杆，轮货均将解往粤城等因。相应照译原电，咨呈贵部查照可也。

正月十九日

粤督张人骏致外部日船在中国海面被获非葡领电

十七日电祗悉。前获日商轮二辰丸，据拱北关税司及宝璧巡船管驾吴敬荣会同测量，确在中国九洲洋海面，距澳门甚远。该处为洋关缉私轮船巡缉界内，葡使称为葡领海面，实属强词，应请大部坚持驳拒，候讯明分别办理。是所至祷！

正月十九日

外部奏译呈巴西国国书并恭拟答复国书折　附来往国书

总理外务部事务庆亲王奕劻等奏，为译呈巴西国国书，并恭拟答复国书，分缮清单，仰祈圣鉴事。

窃臣部接准巴西国外务部文称：西历一千九百零七年十一月十五号，为敝国新任总统阿芳素披那被举莅任之期，谨将本国总统致贵国大皇帝玺书，请为代奏等因。臣等查，巴西国总统莅任，专书致告，自应赐书答复，以笃邦交。谨照译该国国书，并恭拟答复国书，分缮清单，进呈御览。伏候命下，即由臣部照缮，请用御宝，转寄该国外部代递。所有臣等译呈巴西国国书并恭拟答复国书缘由，理合恭折具陈，伏乞圣鉴。谨奏。

光绪三十四年正月二十日。

照译巴西国国书

大巴西国大总统致书于大清国大皇帝陛下：

前敝国大总统佛西顾德保拉富忒格西罗佛宪政之期已满，阿芳素披那经国民投票公举，在国会前承受总统美洲巴西共和政府行政之权，用亟敬请皇太后、大皇帝务望深信阿芳素披那自兹以往，竭力维持中国、巴西两国邦交，俾益亲睦，专此敬祝圣躬万福，国泰民安！

恭拟答复巴西国国书

大清国大皇帝复书于大巴西国大总统：

接展来书，得悉大总统被举莅任，快慰良深！朕钦奉慈禧皇太后懿旨，阅悉之余，同深欣悦！从此两国邦交益臻辑睦，特备专书致贺，惟大总统鉴察焉！

黑抚程德全致外部俄请于头道沟设商埠已驳拒电

昨俄领事来见，手持一图，谓接璞使电，以商埠一事，姚都护推诿，应由省商办，遂指图中所绘百十一号灯照之地，可向北退二百沙绳等语。当答以姚都护屡与古思敏提议，璞公使所谓互换利益，如有窒碍，可另给一段两层，均置不理，专索我城基有主之地，且谓灯照以北，华政府已允拨给，副都统何得阻止？昨接姚函谓，答以政府仅饬令商办，至径许拨给之语，实未奉到巡抚来文，此该俄员谓姚推诿之所由来也。又江东六十四屯旗人现仍流离，今反在江西人烟辐辏之地令我商民迁让，实属碍难，并非推诿。该领事又云：然则巡抚亦推诿乎？答以璞使由外部议定，姚与俄边界官商办，盖以彼此商民如何互有利益，非他处可以悬断。若贵领事可给华商相当利益，并六十四屯如何交还，与全商办，亦无不可。渠云：利益我亦不能悬定。若六十四屯，璞使早饬不由领事干预。且该事应由两国政府另议，不应归入商埠案内议及。全复答以此语出自贵领事，则可若本署抚及姚都护乃中国官员，若于俄所不应索之商埠惟命是从，于我本有之六十四屯反置之不顾，想贵国边疆大臣亦不能如此办事。渠语塞，惟始终以就地图而论，总在头道沟南拨地才好。全亦始终援头道沟以北，系前驻省之林答所索仍就此拨地相抵抗。渠始慨然，曰：古思敏何必如此？然我必将以上情节转达公使，再行商量。查核情形，明系古思敏不得逞志于瑷珲，始改由领事在省要求。经全此番驳拒，始知古思敏理屈。若承钧部主持，当可就绪。除电达姚都护外，特此奉闻。

正月二十四日

外部致张人骏税司赫德条议处置捕获日船办法电

二十六日电谅已收悉。二辰丸案，顷，准赫总税务司节略，内称：一、该船非海关所缉获。二、所有出入澳门洋旗船只，拱北关全无牵涉。三、该船系被地方官缉获。四、洋旗船只非遇灾险，不准驶往不通商口岸。五、洋旗船只必须经过中国海面，于经过时，因候潮涨落及天气不和以及另有他故，或须停泊。六、无论何船，如此停泊，中国官员有权上船查系所为何事。七、惟如此上船详查，中国官员必须认明实在情形。八、即如澳门系属外国口岸，该处报进报出各船往往在尽附澳门口外停泊，确系实情。所有如此停泊之船，无论何官上船，必须认该船有必须停泊之故，并系照例应停。九、又澳门既居洋界地位，则澳门前列之海面即为通行之海，并非中国之水面。十、以二辰丸而论，有运往澳门之货，此货无论何物，及如何由船起运澳岸，所挂之日本国旗，及指运之澳门洋界，均得保护所运物品。拱北关于起运上岸时，丝毫不得干涉。十一、此次货物系属军火，全无异言，已自承认，惟指明澳门官宪只准领有执照之商户贩运军火，以防弊端。十二、该船在口外停泊，并不足为启人疑惑上船缉获之实据。且该船所装之军火既属例应载运，中国官员亦无扣船动货之权。十三、此案所获之船货既在尽附洋界口外，将次遵照此口之章，并奉有巡捕保护起货，则无论南洋澳门一带贩运军火如何启人猜疑，总不足为缉获此船之实据。十四、日本官员视中国此举毫无根据，现所查悉之各情事，皆足表明日本未为失当。十五、至会审一节，非经两面允认不可，而日本已声明不允。十六、纵或会审，亦不能更动现所知悉之情事，而此情事实不足为应行缉获或扣留之佐证。十七、似此例章与情事，均足辅助彼面，谅日人自将要索放还扣留之船，且大约亦索扣留之赔偿费，况有撤旗之情事，更至不易了结之地位。并称：此事最妙由外务部与日本大臣和洽商订一妥善办法，如果和平商办，并认此次误扣之咎，则释还船只，并鸣炮敬日旗，或赔偿业主，亦非有伤体面。此事至易至省，则在立即如此办理，为要等语。查此案业经本部与日使迭次辩驳，日使以该轮并未违章，坚持甚力。兹准赫总税务司所论各节，亦足为此案之参考。特以电达，希查照，一并电复。

正月二十九日

考察商务大臣杨士琦奏考察南洋华侨商业情形折

考察商务大臣杨士琦奏，为考察南洋华侨商业情形，恭折仰祈圣鉴事。

窃臣奉命前往南洋考察商务，于上年九月二十日乘海圻、海容两兵舰，由上海放洋，历经美属之飞猎滨、法属之西贡、暹罗之曼谷都城、和属爪哇之巴达维亚、三宝垄、泗水、日惹、梭罗及附近之大小霹雳等埠，所有考察大概情形，业经电奏在案。

伏查，南洋各埠，为神州之外府，瀛海之隩区。唐宋以来，始通中国，航舶互市，琛赆偕来。昔人所谓海外杂国，东南际天地，数以万计，时候风潮入贡者也。自西人航海东来，逐渐占据，始则通商建埠，久而屯戍设官，豆剖瓜分，夷为领土。昔之蛮酋、岛长，仅有存者，而中国海疆多事，亦萌芽于此。然地当赤道，炎瘴最深，西人以水土不宜，居留甚少。土人则性情犷野，呰窳偷生。惟我国闽粤之人，生长南纪，耐劳冒险，所到之地，类能剪除榛莽，手辟利源，其流寓久者已数百年，拥资巨者或数千万，而衣冠礼俗仍守华风，廛市规模犹同内地，敦本思源之念，诚有足多者。臣舟车所至，广布皇仁，博咨民隐。举凡工商消长之原，物产盈虚之故，与夫疆域、户口、政令、风俗之宜，谨就考察所及，为我皇太后、皇上陈之。

飞猎滨群岛，大小千余，以小吕宋为最巨。其地西连闽粤，北枕台澎，距香港、厦门均不过二千余里。土产以烟、糖、麻、米为大宗，转售行销，皆操自华人之手。贸易则闽商最盛，粤商次之。商会、学堂、医院、银行，规模具备。惟商税既重，工禁又严，来者日形减少。前此华侨不下十余万人，现在统计，户口不满四万，而市面亦因之减色。美官绅渐知非策，始议设法招徕。本年正月间，在该埠特开赛会。凡华人来埠者，一律优免进口税。名为赛会，意在招商。臣晤美督时，亦彼此推诚商榷，以期互收利益。业经函知臣部，酌复办理。

西贡为越南沿海巨埠，上通澜沧江，内连南圻各省，水陆辐辏，商货流通。华侨约五六万人，其散处各省者共二十余万。距海口十二里，有巨市，曰堤岸，系华人贸易旧街，尤为富商所萃。土沃宜稻，播种于田，不烦耘耨，故产米之富甲于海南，运销出口者岁约一千二百余万石。未经垦辟者尚多。碾米公司九家，而华商居其七。米市利权，几尽归掌握。惟人心涣散，因省县之异，分为五帮：曰闽帮、广帮、潮帮、琼帮、客帮，各立公所，互分畛域。经臣邀集各帮，劝令联络一气，迅设商会、学堂，并助法币二千，为之提倡。该商等咸感激乐从，不久可期成立。

暹罗为南洋大国，北接滇徼，东西介越南、缅甸之间。越蹶于法，缅剪于英，独暹罗尚能自立。近岁采用西法，外交、内政均极讲求，惟民贫财殚，于海陆军备尚未能扩充整顿。其都城曰曼谷，居湄南河下游，民物殷阜，产米丰贱，埒于越南。象牙、犀角、玳瑁、燕窝，尤称珍品。全国华侨约三百万人，气谊团结，过于西贡。暹政府间岁课华民身税一次，恃为入款大宗，此外尚无苛待情事。现闽、粤各商正在筹设商会，复经臣手札劝谕，商情益形鼓舞。俟订定章程后，即呈报臣部，奏明立案。

爪哇全岛大于和兰本国四倍，分为二十三府，环海而治。西部五府，以巴达维亚为都会。中部九府，以三宝垄为都会。东部九府，以泗水为都会。日惹、梭罗则为内地著名都会。其地在赤道以南，与澳洲相近，气候炎燠，土脉膏腴，物产最富。东部以糖业为大宗，西部以米业为大宗，濒海则擅鱼盐，近山则饶林矿。华侨散居全岛，约六七万人。和官选其才者为马腰、甲必丹等官，专理华民事务。各埠现已设立商会七处，学堂四十余所，颇能讲明大义，爱戴君亲，民气最为纯朴。惟和官税重政苛，事事箝制华人，不以平等相待。

汶岛属苏门答腊，在爪哇之西北。地富锡矿，矿工五万余人，均系粤籍华工。入境后，即受和人束缚，食以粗粝，居以茅茨。臣道经该岛，停轮抚慰，并派员往视附近锡场，华工数百人环求拯拔，情殊可悯，亟宜设法保护，以卫民生。

暹罗之西南海岸，有地如股，斗入海中，内多巫来由部落，昔属暹罗，称为地股，今归英人保护，统名曰海门属部。地股之极南，有岛曰新加坡，幅员甚小，农产亦稀。自英人开埠后，免税以广招徕，由此商舶云集，百货汇输，遂为海南第一巨埠。华侨二十余万人，工商而外，擅陂沼园林之利。商会成立最早，势力甚雄。英官颇假以事权，而海外各商会亦以此为枢纽。学堂四所，课程规则悉遵学部定章，宗旨纯正。英人法令较为宽简，商民尚得自由，惟五方杂处，良莠不齐，奸宄之萌，尚难尽绝。

地股之西岸，有岛曰槟榔屿，商务亚于新加坡，而农产过之。果品、海产尤为出口大宗。华侨二十余万人，自商会成立以来，公订规条，自相约束。游惰者资之回籍，贫窭者教以营生。英官颁行新例，有不便商民者，商会得援律驳阻，故华人权限以此埠为最宽。中华学校一所，为前太仆寺卿张振勋等所设，经臣部奏明立案，蒙恩赏给扁额一方，《图书集成》一部，宸翰褒题，规模遂为各校冠。从前商人子弟肄业英校者仅以律师、医士起家，今则讲求政学，研究中文，商智渐形发达。

由槟榔屿东渡海峡，登大陆，逾山南行，而至大小霹雳，亦海门属部之一。四山皆矿，产锡最饶。华人来此往往以赤手致富。所产之锡，岁值九千余万元，由槟榔屿出口，运销东西洋。近岁锡价低贱，年甚一年，业此者颇多折阅。若矿业一停，则华工二十万人皆虞失所，而新、槟两埠商务亦视此为盛衰，关系至为巨要。

以上所历，皆系通都大埠，华侨荟萃之区。商务以新加坡、槟榔屿为最繁，物产以小吕宋、爪哇、西贡、暹罗为最富。而经营垦辟，全恃华人，故志南洋者辄谓，西人虽握其政权，而华人实擅其利柄。其中不乏开敏通达、豪杰有志之士，徒以悬隔海外，不睹中国礼乐衣冠之盛者，几数百年忠爱之忱末由自达。此次蒙朝廷特派专使抚慰，商民以为奇荣。使车所至，阛市阗溢，家设香案，户悬国徽，结彩张灯，恭迎恩命。臣每抵一埠，即赴商会、学堂、公所等处演说，敬谨宣布皇太后、皇上德意，万众圆听，额手高呼，欢声雷动，外人旁睹亦为改容。观民心爱戴之深，可知圣化涵濡之远。所到各学堂，均酌给奖赏，以资鼓励。总期为朝廷多布一分膏泽，即为侨氓多添一分感情。除奖励、保护等事宜另折奏明办理外，所有考察南洋华侨商业情形，理合恭折具陈，伏乞圣鉴。谨奏。

光绪三十四年正月二十九日奉旨：知道了。

使日李家驹致外部辰丸事日外部不允会讯电

二辰丸私运军火一案，迭准粤督电嘱，商请饬知日领，照章会讯，当与外务官磋商两次，未肯照办。顷，因林董销假，始得会晤。林出意见书相示，大致分别三款：一、该船所载军火确系运往澳门，领有神户税关及澳门进口准单，决非私运。二、该船停泊之处属葡国领海，经葡国声明。三、华官谓该船长承认起卸，并无凭据。末附案语，略谓：清国主持之说，全属无理，乃妄用兵舰拘船，甚为不合。加之撤换船旗，尤属侮辱。惟从速将船释放，赔偿损失，惩办华官。否则，迁延愈久，责任愈重，恐有意外之嫌。务请贵公使将此意见电达政府，顾念邦交，照此迅结等语。驹当据粤电各节逐层斥驳，并谓彼之意见专持一面偏词，而置事实于不顾，甚至以我所举事实为无据，自非照章会讯不可。若不肯会讯，即系情虚。且此案本应就地讯结，不得遽涉国际。当将要领提出，依序说明：一、该船停处是否中国领海，自有中、葡两国约章可据，不能由日本武断。二、该船长承认起卸，对证自明。三、既在中国海面卸货，而无承购凭照，即应照章扣留候讯。至彼谓决非私运各情，尽可申辩，然不得谓华官扣留之不法也。以上情节，一经证明，曲直自见。至撤换船旗是否侮辱，自有法律可援，现暂不必牵及。此驳斥之大略也。驹查，彼国议院近以对清外交不振，攻诋当局甚力，彼等以不安于位为虑，故近来反竟用强硬手段以谢国民。观于此，必不肯会讯，径向北京交涉，并有遣舰赴粤夺还该船之说。其欲肆强权，已可概见。应如何应付之处，祈核夺示遵。

正月二十九日

粤督张人骏致外部日运枪械确系济匪倘先放船便无质证电

二十八日电敬悉。日商所运军火，虽有澳政厅准照，日税关给凭，输出于日，输入于澳，对于彼不为私，在中国海面停泊起卸，对于我即为私，已将此说照驳日领在案。且前项枪支，查明实系澳门广和店华人谭璧理等购以济匪。葡领来文亦经声明，该枪并非澳官所购。况辰丸吃水深，不能到澳埠。约章、关章、经纬、海界、通商各埠、海线深浅，应该船主所稔知，是其由日起已蓄意由中国海面卸货，图利济匪，毫无疑义。且汽笛鸣而葡军即出，盘艇旋来，非预备接卸，有意在中国水面运送违禁军火而何？当时将其原船连货带回，系由巡弁商允船主，曾经船上华、日两国搭客哗责，该船主无词，始听九龙税司雇到引水英人带入虎门内斜西河面，实与强拿有别。至暂易龙旗，系为抵制葡兵轮不测举动，前电已陈，不赘。此案关系重要，全仗钧部维持。骏拟照关章会讯，原期导入和平，转圜较易。裴税司云云，骏原有此意，徒以日领一味坚持，无可通融，是以相持至今。尊示拟将日轮先行释放，只扣军火，再议办法，自应通融办理。请钧部照会日使，转饬日领遵照，并乞电复。但日人狡诈，不知大体。该船释后，恃无质证，又肆要求，亦恐意中之事。仍祈钧部预杜其谋。

正月三十日

粤督张人骏致外部先释日船日领不肯具结不许起械电

二辰丸案，遵钧部勘电，拟将日轮先行具保释放，只扣军火，再议办法。舱物委魏道瀚、温道宗尧向驻粤日领商办，告以准部示云云。彼仍坚执奉伊外部训令，只索放船，并所要求亦不通融，不特未允由船主结存海关待查，所运军火亦不允起存，且谓：当日该船停泊之处系属葡界。经魏道瀚等面折以当辰丸停泊处，我国海关缉私权所及，向来澳关贩运烟膏出口在该处装载，轮船必须中国拱北关核给准单。关权所至，即我国领海铁证。况葡人驻澳，本无领海，界址并未查定，何有葡领之说？日领虽无词，而仍持前说。似此实无可与商，全仗钧部维持，商明日使，转饬日领，始能就范。是此案耽延时日，实彼无理坚持所致，不能以拖累该船久停咎我。此意应否向日使婉切声明？祈酌之。又本日魏道等晤英领，据询及该船所载太古行煤斤如何著落？当告以部示办法，日领尚未首肯，太古煤斤应向日领交涉。英领深以此办法为和平对待，在我占理已足，日使不应再有违言，渠见日领，当以为劝等语。并以附陈。本案曲直，实已大白，尚求钧部切商日使坚持为祷。

二月初二日

日使林权助与那中堂等会商二辰丸案语录

二月初二日午后三点，日本公使林权助偕翻译高尾亨至那宅会晤，那中堂、袁宫保、联大人、梁大人接见。

告以昨日送去照会，谅已阅悉，所说请第三国人公断一节，因贵大臣既不肯会讯，又不愿派人彼此会查，本部欲和平速了此案，以副贵大臣之意，方拟提出公断一法，未知贵大臣可能同意否？

林云：照会已经阅悉。公断一层，能允与否，当请示政府后再说。惟我想该轮既得澳门准单运送军火，并无不合，似无须公断。粤督来电所举各证，请给我一看。

答以来电甚多，只当大略摘录。当将论据大略一一说明。

林云：粤督所举各证，我意俱不足为证。论该轮装煤赴港，却有合同，装枪赴澳，亦有准单。鸦片必须向海关请特别准照，系载在条约，军火既无明文，不能相提并论。惟拱北关电称，一千八百九十年该处海关曾奉理船厅通谕，如有船只在此处起卸货物当即拘获一节，是否指不论何种货物而言？其不准起货处所，有无一定范围？

答以该税司复电系专指此次二辰丸停泊之处而言，此外并无言及，本部不能即答，容再查明奉复。

林云：公断一层，我意我们政府不能答应。假使中、日两国请英提督公断，该处海面究系属何国领辖，不能不一并查及，则葡国亦不能不使之干预，贵国可能愿意？

答以公断是专断此案，领水是另一件事，不能使葡国干预同断。且葡国所主张者全属无据，曾有照会来部声明，我们已经驳复。

林云：我意现只有请将该船释放，并陈撤下国旗之非是。

答以若将该轮先行释放，再行查明核办，本部格外通融，亦尚可商量。惟撤旗一节，查系海关扦手所撤，扦手则谓奉兵船官员之命而行，尚须待查。

彼此议论，拟出办法三款：一、先将第二辰丸释放，另行具结候查。二、军火先行扣存，俟查明后另行核办。三、下旗一节，俟查明究系何人错误，酌量办理，以表歉忱。

林阅后云：具结释放是决办不到，扣存军火亦不能允。下旗一事，该兵船管带须担其责任，不必问系何人所下。我当请示政府后再说。总之，无故扣留该船，显系违约。扣船应由海关，不能用水师。且该轮白日停泊，并无潜运躲避形迹，不必拘拿。

答云：你说你的理，粤督说他的理，我们无从遥断，故拟请人公断，你又不肯答应。以上办法，是通融到极处了，还请贵大臣考量考量。

林又云：该处海关前所发之通谕，我意总是疑惑。若如所谕，尚可为此案之证据。惟我想若是如此，于澳门交通大有不便。请贵部将下开各端再行详查，以为后日之参考：一、不准起卸货物有何界限？二、是否不论何货均不准起卸？三、大船不准在该处停泊，当向何处停泊？

又云：我意此案了结后，应由贵国与葡国商一澳门发给准单章程，以杜后患。日本亦当商一军火出口章程，以维持中国之治安。

正议论间，林接由使馆送来一电，阅毕，云：今已得政府回训，不允公断办法；并云：我国外务大臣曾对贵国公使言明，此事即宜速了，不然日本当行相当之手段，曾否将此语电达贵部？

答以已接电，惟我们答应如此办法，已是通融之至，只是贵国不肯答应。

林云：我当即电政府，请贵大臣再行考量。

临行又云：我想，军火一层，有一相当办法，使承办商人不至大吃亏，而使贵国可以放心云云，遂辞去。

二月初二日

粤督张人骏致外部条复赫税司论日船事祈核示电

二十九日、初一日两电均悉。二辰丸案，照赫税司所论各节，当传粤关税司来署，询以何与前议坚持会讯办法迥不相侔？该税司详加参核，据称，此案原议办法并无不合，赫税司事出遥揣，于细情或未尽悉。随由该税司逐条签复：一、二、三、四等项，无关出入。五、辰丸向往来日本、香港，此次为英商太古行订运煤斤合同载明，非遇不得已危险，不得驶往他处，乃经过香港，并不入口，就该船吃水之深，断不能驶入澳门，以之互证，所称该船因候潮之故，泊于澳门尽限中国水面之说为不确。六、七无异。八、当巡弁、关员上辰丸查察，所称该船因运来军火，在其处私图起卸，为等候澳门派船来接，计枪支九十四箱，枪弹四万粒，与该船主所认称者相符，其停泊为有违条约。九、中国虽允与澳门画界，未允前列海面为公海，且与葡原订章程声明，未划界前，悉须仍旧，是澳门前列之海定系中国海面，实为粤省辖权所及。十、当时因见中国水面所悬挂日旗之船将次与华人驳艇相接起军火之事，故行干预查讯。凡由澳运出之熟烟膏在澳门尽界外之水面运入美国邮船之时，必须先由葡馆向拱北税关请给准照，是即运入澳门违禁军火在澳门尽限外水面转驳，亦应请给关照方合。该船无中国护照，运送违禁军火，扣留似不为过。十一、所言澳门官员只准领所〔有〕执照之商户贩运军火，此等办法系启军火易于输入中国辖境、伤害治安。香港政府有见及此，特禁军火运澳。日、葡两国乃反其所为，天下文明之国闻之，当为痛骇。粤官欲照海关会讯章程办理，系为欲将现案之实情宣布环球起见。十二、按中国律例，凡在本国水面起运军火，如无海关护照，即属犯例，粤官理应当众查讯。若不许中国在辖境内查缉军火，无异束缚中国不能尽其手足之烈，禁止伤害仁慈之事。果尔，则无论何国皆可运入枪械济匪。两广地方尚未平靖，此等举动不特碍中国，并碍日、葡两国，且恐不久即将牵动天下各国和平之局。十三、该辰丸系因未领中国护照、欲在中国水面起卸违禁货物之故被拿，按照中日条约第五款，即系私贩，例应拿获，带到广州讯查。十四、已于八节言之。十五、会讯一节，非经两面允认不可。此说诚是，惟会讯章程有言，凡扣留船货，限自接函之时，以五日为期，倘至第六日领事官尚未来文咨请公同查核，该船货即可入官。必须公同查核之后，方能辩驳。十六、参看第十五节之解说。十七、查会讯章程施行已久，本为公平，当众查核，以便结案，是以粤省于此案亦欲照办，日领若允照办，该船即使已应入官，而两国意见各异，亦可于六日限内具保释放，将全案移归北京交涉。由此言之，辰丸扣留日久，全因驻粤日领不肯照办之故，中国可不任咎各等语。

拱北关税司亦以此案扣留辰丸，并无不合，不应太为迁就，其他意见略与粤海关税司相同。释船、扣械一节，昨派魏道等向日领商办，情形已详东电。现在该船究竟应否起出军火，或饬令出具保结，方能释放，抑无须具保，先行释放？驻粤日领已无可言，全仗钧部酌核，明示遵办。即望电复。

二月初三日

清季外交史料卷二百一十终

清季外交史料卷二百十一

光绪三十四年二月上

外部致张人骏李家驹辰丸停泊之所系中国领海电

初二、二十日电计达、悉。辰丸案，葡使照称：喀罗湾岛海面系属葡领等语，粤督东电谓：该船停泊之所，为中国海关缉私船所及，日领无词以对。查喀罗湾即过路湾之转音，本系中国土地。道光季年，葡人私占西隅之地，中国迄未认为葡属。按照粤省来图，绘入葡占界内者也。地段甚小，即以十三年约文言之，其所称现时情形不得改变一节，亦仅指过路湾西角一隅而言。日船系在过路湾迤东扣住，据海关洋图，距葡占迤西之地相隔太远，其为中国领海无疑。除照驳葡使外，希查照。

二月初三日

外部致张人骏辰丸案换旗与扣船分别办理电 附照会

辰丸船案，东电所拟将船释放、仍扣存军火各节，现正与日使竭力磋磨。至换旗一事，准艳电称，以此举为巡弁认其误，未尝不可等语，日使亦以换旗为耻辱，词意坚肆，必应分作两截办理，方少纠缠。本部现将此事钞出备文道歉，文如下云云，并希尊处将办事失当员弁量为惩戒，冀可先了此节。希查照办理，即电复。

二月初三日

附外部致日使道歉换旗照会

第二辰丸撤换国旗一事，迭准贵大臣来照抗议。此事据粤督来电，该巡弁等因日船所运军火未有中国护照，停泊中国海面，预备起卸，以致生出误会，致将旗章暂时改换。本爵大臣殊为可惜，深抱不安，业经电致粤督，即将办事失当之员弁加以惩戒，以表歉忱。除私运军火一案另行照复外，相应先行照会贵大臣查照，转达贵国政府可也。

粤督张人骏致外部日船运械济匪若交涉失败则约章成废纸电　二件

辰丸事，应付将穷，两粤治匪益难著手。自西南盗案，西邻责言，英舰横来，捕权几失。钦防匪炽，蔓草将滋。加以各属报劫，殆无虚日。查粤中盗匪专恃枪械，得械则张，失械则伏。寻常毛瑟、拗兰短枪值仅数元，购来资盗、资匪，动值十余元、数十元不等，利市十倍。奸商设肆，倚澳门以为薮。自改章整顿缉捕以来，特于私运私贩军火一节悬重赏，立严法，通饬文武尽力查缉。前查香港英督来督署晤谈，优礼敦言，与相晋接，幸得商允由港严禁军火运澳。即法人于查匪搜械亦竭力相助，即如驱逐孙汶、按章交犯等事，是其明证。数月以来，所属各江劫掳之案虽未尽绝，已减少十之六七。钦防一带，前往缉获军火两船以后，匪事渐就敉平。年内各处报纸遂有由东洋购济匪械之说。现在案经缉获，确系居澳华商私贩。征诸已事，证以探闻，显系遁饰。日本与国，理应秉公办理，乃出其强权，甘作野蛮举动。国势强弱异形，骏虽忧愤填膺，际此主忧臣辱之时，释彼船、惩员弁、鸣炮谢过各节，一纸文书，均即办到，原非难事，但此案失败，则条约、关章均成废纸。查缉济匪军火之令立须收回，即不收回，亦同虚设，粤事诚不知所以善其后。此案于无可设法之中，应如何维持转圜，全仗钧部主持。无任盼祷！

二月初四日

初一日电敬悉。冬电两道谅达。二辰丸案，迭证以华洋官商论列之言，皆无不合。赫税司所持异议，不知何所见云。然日人强词夺理，直欲破坏我条约、关章，钳制我治内清匪之法。以利害所关，历上钧部电，已按实在情事痛切言之。迭据报称，孙逆本有五路起事之谣，惠、潮、肇庆、钦、廉，在广省实居其三，盖以香、澳外附，政令不及，水陆交通，匪党倚为购械运济之地。今英人已于香港严禁购械，并断其由港运澳转济之谋，匪党始不得不专以澳为根据地，另图往东洋购运，避香港，往达澳门。证以本案，探报之言，实已信而有征。查澳门水浅地僻，商务不旺，几同村落，恃娼寮、赌馆为命脉。娼赌之薮，盗匪之窟，小者为劫贼之逋逃，大者即为匪党之外府。该处除制熟烟膏出口外，别无出产。平时只有来往广州、香港轮渡数艘，及小轮出入捕鱼，拖船小船麇集，附泊内地，尤良少莠多，向无外海大轮到澳，与香港情形迥不相同。即以澳门属葡领地而论，只指澳门方围数十里而言。四面原皆中国地界，先时每年尚需纳租于我，本属租界，后因粤官漫不经心，致被任意占据，俨然视为属地，然于领海权，初无所有也。又误于金登干分界之说，彼始占及十字门水面。然界址究未划定，且经声明，未定界前，仍照旧址。广东官商士民现在仍不明认。即令澳门鸦片膏出口，搬上商轮，亦须拱北关核给凭照，况枪枝枪码进口乎？若因此案遂并九洲洋面，认为彼界，将广州所属水口东扼香港，西扼澳门，中国反无领海矣！矧该处入急水门口将二百里，两岸有沙田民业，实系内港，并非外海，何公海之可言？又查澳门葡兵不及二百人，卖枪之店皆是华人。华官订购枪械，向在香港与澳门，华商从无交易。此二千余枪，四万余码，非贩以济匪而何？查察两粤匪情，澳门接济匪械之路不断，盗匪必无清日，揭竿蜂起，仓猝可成。虽有善者，不知其可。且本案失败，我国从此于各国商轮私运军火无敢过问，国权浸失，桀黠生心，滋蔓将及于沿海各省，如大局何？忧虑所及，难容缄默，全仗钧部苦心毅力，设法维持。两粤幸甚！

二月初四日

外务部邮传部会奏苏杭甬铁路改苏为沪与中英公司订立借款合同折 附合同

外务部、邮传部奏，为苏杭甬铁路改苏为沪，与中英公司订立借款合同，恭折具陈，仰祈圣鉴事。

窃苏杭甬铁路，于上年七月间，由外务部右侍郎汪大燮与中英公司商订正约未就。复由署侍郎臣敦彦与该公司接议，拟分办路、借款为两事。路由中国自造，除华商原有股本尽数备用外，仍需款英金一百五十万磅〔镑〕，向英公使筹借，另指的款作抵，俟商议就绪，即与订立合同。至造路办法，再会同邮传部妥商办理等情。业经外务部于九月十四日具奏历年与英使商论情形及磋议借款办法折内详晰陈明，当奉谕旨：着外务部即派员按此妥为议定详细章程，务期利我民商，慎防流弊等因。钦此。钦遵在案。嗣因江浙两省绅商于此项路事原委未能洞悉，兼之津浦铁路借款亦未定议，致未暇同时并举。迨十二月间，津浦合同奏准画押后，即酌派外务部右丞胡惟德、右参议高而谦等，按照津浦合同底稿，并参以江浙两省现时情势，暨该省督抚等迭次来电，另与中英公司代表濮兰德逐节磋商，复争执至月余之久，始行定议。臣等详加酌核，所订合同二十四条，名为中国国家沪杭甬铁路五厘利息借款，数目系英金一百五十万磅〔镑〕，按九三折扣交纳，常年五厘利息，以三十年为期；若所收此路进项不足，则由关内外铁路余利项下拨付；凡提用款项，均由邮传部或其所派之人经理；此铁路建造工程以及管理一切之权，全归中国国家；该公司代购外洋材料、机器，以三万五千磅〔镑〕作为酬劳，一切用银均包在内；选用英总工程司一人，该总工程司须听命于总办各等语。名为铁路借款，而凡属铁路内之事实与该公司均毫无干涉，尚无流弊之可虞。

臣等伏查，苏杭甬草约第二款曾言明，将来订立正约，与沪宁正约一样，而沪宁正约所载，若铁路产业作抵，洋员管理账目，虚数九扣，所得余利以五分之一归银公司各节，路权、利权诸多损失，不无遗憾。江浙两省思患预防，殆有鉴于前车，且由上海至嘉兴一段路工业将告成，若再由苏州路线兴修，则沪嘉一路几成虚设。现经该右丞等次第磋磨，不用本省押款，不须洋员查账，总工程司由我自选，余利用银，均先包尽。路线起点亦改定系由上海或附近上海，俾与沪宁铁路一气衔接。凡系两省人民所注意之处，罔不审慎推求，期于就范。谨缮具合同清单，恭呈御览。俟奉旨允准，再行签押盖印，即由外务部照会英国使臣，饬令该公司按照合同妥速办理。除路归商办，由商民承领部拨存款另片奏明外，所有订定沪杭甬铁路借款正合同缘由，谨合词恭折具陈，伏乞圣鉴。谨奏。

光绪三十四年二月初四日奉朱批：依议。

沪杭甬铁路借款合同

此合同系光绪三十四年二月初四日，即西历一千九百零八年三月六号，在北京订立。其订立合同之人，一系外务部与邮传部，已奉旨允准订立合同，一系中英公司下文即称为公司。兹议订条款如左：

第一款　中国国家准公司办五厘利息金磅〔镑〕借款，数目系英金一百五十万磅〔镑〕。此借款自出售债票之日起算，名为中国国家沪杭甬铁路五厘利息借款。

第二款　此借款指明系为建造沪杭甬铁路之资本下文即称为此路。此路系由上海或附近上海接连沪宁铁路，至杭州、宁波两城。此路线须由上海经过枫泾镇、嘉兴府湖墅、杭州府江干至宁波。惟此路有数段工程经中国国家允准，已由本处地方建筑，将来勘量路线须由邮传部核定。

第三款　中国国家担保，此次所备之资本，专为建造此路，连购办车辆及一切应配物料，并造路期内经营行车在内。其购买地段及造路期内付还借款利息，均不得提用。此项借款应由中国国家另行筹备。此路自本合同签押之日起，三年造竣。公司于此合同画押后六个月期内知会邮传部，已代预备一十万磅〔镑〕，听候提用，作为出售债票第一次进款，或存欧洲，或汇至中国，均听该部命令。此一十万磅〔镑〕全数，或无论实垫若干，并其利息，均由出售债票进款内扣除，其利息不得过常年六厘。

第四款　此借款利息，自出售债票之日起算，按虚数，常年五厘，每半年交付一次；造路期内由中国国家自行筹备；嗣后先由所收此路进款交付；倘若不足，则由关内外铁路新奉至辽河以东一段不在其内余利项下拨付；如仍不足，可由中国国家以视为合宜之别项进款交付；以出售债票之日按西历计算，每半年交付一次，按照此合同附表数目于十四日前交款。

第五款　此借款以三十年为期。除后开之第六款详载办法外，自借款之日起，十年后，即按年还本，由所收此路进项交付；倘若不足，则由关内外铁路新奉至辽河以东一段不在内余利项下拨付；如仍不足，可由中国国家以视为合宜之别项进款交付；以出售债票之日按西历计算，每半年交付一次，照此合同附表数目于十四日前交付汇丰银行。

第六款　由借款之日起，十年后，无论何时，若中国国家欲将合同附表所载未到期之借款全数清还，或欲还无论若干，均可照办。惟在第二十年以前，须照债票上数目加价二磅〔镑〕半，即系每一百磅〔镑〕债票一张还一百零二磅〔镑〕半。第二十年后，无须加价。惟每次预还若干若逾于附表原列之数，则中国国家应于六个月之前用公文知会公司，将此数照借款招帖内载拈阄日期多加拈阄次数。

第七款　汇丰银行既经中英公司派为经理借款代表，其第四款、第五款所载每半年应还本利，须照此合同附表数目，由邮传部或其所派之人按该两款所定日期，于十四日前，在上海，以上海纹银交付该银行，足敷在伦敦交还金磅〔镑〕。其磅〔镑〕价与该银行订定，然亦可于还本利期前六个月内，无论何时，皆可向银行订定。若中国国家遇有金款实在存在欧洲，并非由中国为此汇去者，欲用以付还本利，亦可用金款交付。每年付还借款本利，邮传部按每百磅〔镑〕给与汇丰银行五先令用银，作为经理费用。

第八款　此借款本利，中国国家承认全还。若所收此路进款并关内外铁路新奉至辽河以东一段不在其内余利不敷全还本利之数，邮传部奏明由中国国家设法以别项款补足，按期交付银行，清还本利。

第九款　此借款以关内外铁路新奉至辽河以东一段不在其内余利作保。此项余利内先提付光绪二十四年八月二十五日西历一千八百九十八年十月十号所订借款合同内载应还本利之数，次即用以付还此次借款本利。除付还光绪二十四年八月二十五日西历一千八百九十八年十月十号借款本利外，须俟提出若干，拨存汇丰银行，足敷此次借款下期付还半年本利之用，始准将此项余利提作他用。

第十款　此借款全数准公司印发债票，其数目由公司酌定，其式样由公司商同邮传部或其所委之人或中国驻英出使大臣酌定。债票用中、英文刊雕。邮传部所派之人所签之押及其关防均摹刻于其上，以省其逐张亲自画押之烦。惟中国驻英出使大臣于债票发售之前，须逐张盖印，并将其所签之押摹刊于其上，以示中国国家允准及承认发售此项债票。该公司驻伦敦代表人亦在债票上签押，作为发售债票经理人。如债票遗失或被损坏，即按照原数补发，惟须先由失票人向公司或中国驻英出使大臣证明立案，并须由公司向失票人取具切实担保。凡补发债票之费，均由请补发票者付给。如中国国家或、及公司因补发债票受损，请发票者须按照保结即行赔补。

第十一款　所有此借款之债票、息票以及收付各款，在借款期内不纳中国各样厘税。

第十二款　所有借款招帖以及付利还本一切详细办法，未经本合同详载者，由公司会商中国驻伦敦出使大臣酌定。俟此合同签字后，即准公司出此借款招帖。中国国家饬知驻伦敦出使大臣，遇有应会同办理之事，与公司协同酌办，并将此借款招帖签字。

第十三款　此借款作一次出售债票。俟此合同签字后，从速出售，不得延过十二个月外。其价值系按照虚数九三折即每百磅〔镑〕实交九十三磅〔镑〕交付中国国家。此项债票由公司在英国及在中国招人购买，中国与欧洲人一律办理。若中国国家定购，自应尽先照给，但须于未发出借款招帖之前定购。

第十四款　借款进项，或在中国，或在伦敦，交付汇丰银行，归入邮传部存款项下。至交付此款，系按照购票章程内所载购票人交付银数日期办理。其在伦敦所存之款，按常年四厘给发利息。在中国所存之款，按照该银行之息率给息。或作来往，或作定期，嗣后酌定。银行将借款所进净数暨生发之利息存放，听候邮传部或其所派之人提用。凡提用款项若过二万磅〔镑〕之数，应于用款前十日知照银行。借款进项，按照建造铁路工程所需随时提用，由邮传部或其所派之人出支取凭单，向汇丰银行支取，并须将所提用之款另单声明缘由及给发工程所需之价值。在中国所需款项开支费用，可由邮传部自定，饬向汇丰银行由伦敦汇至上海。所汇之款存放该银行，听候为铁路事提用。每年年终结账后，邮传部将铁路收支账目及行车进款用中、英文刊印，以便任人取阅。

第十五款　设若建造铁路时，借款所进净数并生发之利息不敷造至完备以及装配所需，其不敷之数先由中国可提之款提付，以免延误建造工程；如仍有不敷之处，则向公司续借洋款，其利息并条款仍照现时之合同办理。公司由售出债票之实价内扣留五厘半售票费用即每百磅〔镑〕扣留五磅〔镑〕十先令，其余尽数交与中国国家。若铁路造成后借款项下尚有余存，此项未用之款听候邮传部提用，或用以付还此借款之利息，或用以装配此路，或用以建造并装配于此路有益之枝路，均可。

第十六款　此借款出售债票招帖，未经刊发之先，如有关系政治或银市意外之事，中国国家现在市面之债票价值因之有碍，以致此次借款未能按章办理，准公司展期缓办。惟所展之期，由立此合同之日起，不得过十八个月。若在限内债票仍未售完，即将此合同作废。所有按照第三款内载公司所垫之款并其利息，由中国国家付还，但概不给别项补费酬金。

第十七款　此铁路建造工程以及管理一切之权，全归中国国家办理。建造工程之时，邮传部或令此路总办选派英总工程司一人，此人须素有名望之工程专家，或在英国选择，或在中国铁路之工程人员选择。该总工程司须听命于总办或总办他往所派之代办，其平日行为须敬重总办。其聘用该总工程师合同条款，由邮传部或令此路总办订定。至铁路上派用专门人员、分派各该员应办各事以及辞退各该员，应由总办或总办他往时所派之代办与总工程司商酌办理。遇有彼此意见不合，由邮传部判断，判定后，彼此均不得异言。工程造竣后，中国国家用一总工程司料理。此总工程司在借款期内须为英国籍之人。

第十八款　造路期内，公司作为此铁路经理购买须由外洋运来各材料、机器、什物之人。所有购买此项紧要材料，由总办招人投票。若所购之材料货物系来自外洋者，无论或投票，或定单，该经理人须以铁路最相宜之价购买。惟定购材料及支取费用，非经总办核准，不能照行。造路期内，公司既为此路经理之人，应得三万五千磅〔镑〕作为酬劳。此路造成一半时，付给一半，惟自签押之日起，不得逾十八个月之期。其余一半，俟全路告竣即行付给。按照此借款，公司及其经理人所有应当代此路尽力各事，如建造此路、装配此路所办各种物件，应得一切用银，均包括此项酬费之内。倘按照第十五款续办借款，仍应按续借之数目，比照上列办法，另给公司用银，以为料理造路一切酬费。公司既得此项用银，自应代为监购铁路所需建造、装配各外洋材料。此等材料，须在于公共市场择其价值最廉、质料佳善、合用者购买。英国所制货物，若质料及价值与他国所制者相同，应先尽由英国购买。总办如欲在中国或在外国招他人经理购买各项外洋材料，以为更觉合宜者，可以有权照办。惟用银仍照上文所详，包用给该经理人。所有买货单及验单，均呈总办查核。所有各项回用扣头，均归还入铁路项下。所有该经理人购买各材料，须有制造厂原卖单并验单为据。该经理人除得上文所详用银，不再给用银。惟遇有雇用工程顾问人员备代顾问，或在外洋考验材料之时，邮传部或其所委之人，须由铁路项下提给薪水。中国货物及经在中国制造之材料，若质料、价值与英国或他国材料相同，自应先尽购买，以鼓励中国工艺。购买中国材料货物不给用银。全路造竣后，借款未还清之前，如购买外洋材料，应先尽向公司经理购买。其办法、章程，嗣后彼此商酌办理。

第十九款　本合同内所言之铁路，将来或以为有益，或以为必需，建造枝路，由中国国家以中国款项自行修造。如须用外国资本，则先尽公司商办。

第二十款　按照光绪二十四年九月初一日西历一千八百九十八年十月十五日订立之草合同，内载：提余利十分之二给公司作担任酬劳，今免提给余利，改由发售此借款债票项内提留六万七千五百磅〔镑〕给公司，以代之。其提留之法，按照借款招帖所登买票人交付银数、日期照摊核算办理。如续办借款，即不再给抵换余利之款。

第二十一款　每年除付借款本利外，邮传部将本年所收铁路净进款盈余足敷交付来年到期借款利息之数，在上海存放汇丰银行。所存放之款，按照市面情形，随时与银行商定利息。

第二十二款　公司可将本合同应有之权利及责任，全行或分别交与他英国公司，或总办，或代理人接办，或再转交代办。其接办、代办，均须邮传部核准。

第二十三款　本合同系遵光绪三十四年二月初四日上谕签定，已由外务部用公文照会英国驻北京出使大臣。

第二十四款　本合同缮写华、英文各三分，中国国家存二分，公司存一分。如有翻译文字可疑之处，以英文为准。

外务部右丞胡惟德押。

邮传部铁路总局局长·候补五品京堂梁士诒押。

云南临安开广道·前外务部右参议高而谦押。

中英公司代表人濮兰德押。

光绪三十四年二月初四日。西历一千九百零八年三月六号。

日使林权助致外部扣船一案送呈译文请答复节略

日昨委派阿部参赞面交贵宫保扣船一案日文节略，兹将译文送呈，即希查阅为荷。附节略译汉文。

二月初四日

关于日本第二辰丸轮船被中国广东水师拿获一事，于日历明治四十一年三月四日，准中国政府提议如左：

一、先将第二辰丸释放，另行具结候查。

二、军火先行扣存，俟调查明后另行核办。

三、下旗一节，俟查明究系何人错误，酌量办理，并表歉忱。

以上各节，帝国政府鉴于事理，断难承允。乃帝国政府仍主张如左：

该轮据赴澳门，白昼公然鸣哨行走，缘其吃水稍深，驰至该口附近海面下碇，并报知澳门，乃广东水师误为在中国境内私走〔走私〕者，不理船主人力辩，并未向日本官宪先行商洽，突来拿获，且撤国旗，派令持军械之水兵多名强行看管拖去，其为与战时拿获无异。

查该轮停泊之处即使系中国领海，广东水师之行为实近海盗，其横暴不法，非区区言词所能掩饰也。若其撤去日本国旗，侮辱已极，是以帝国政府前向中国政府要求左开各事：

一、即将第二辰丸及所载货物尽行释放。

二、侮辱日本国旗一事，中国政府须依适当之方法，向帝国政府表明歉意。

三、中国政府应严罚所有关系不法拿获第二辰丸之中国官员。

四、中国政府应赔偿为不法拿获第二辰丸所生之损失。

以上所要求，鉴于广东水师之横暴情事，至为正当。中国政府现已略认其行为不是，而尝试弥缝，帝国政府殊多遗憾。帝国政府顾念国家之威严及保护臣民之义务，并查明实在情形，不得已提出正当之要求，乃中国政府难于匡正所属官员之非法，逡巡不进，帝国政府甚深诧异！

中国政府所言第二辰丸停泊之处系中国领海，即使果有确据，亦未可任听广东水师擅行拿获，并侮辱日本国旗。该轮所载军械等件，本系公然运澳者，广东水师只能向之警告监视，不许其在中国境内起卸。倘该轮不遵，实行起货，则中国可为适当之措置。今该轮曾无起卸情事，正在准备运澳时，突被持兵器之兵员强行拿获，并侮辱国旗。广东水师之无礼、不法已极，不待言也。况该轮停泊之处，葡国官宪言明确系葡国领海。因思其所属何国，中葡两国尚未议定。要之，该处即使属于中国，帝国政府不以广东水师之行动为是，乃依然主张其行动尤为不法。如以上所叙，因此所议此事中、葡两国未划定界址以前暂为悬案一节，未能照允，并碍难久待也。

中国政府又谓：第二辰丸货物中有煤炭，本应运至香港，交英商太古洋行者，合同订明，非遇万不得已之事，不得驶往他处，可见该轮赴澳不过托名，实则希图在中国领海内私卸等语。然运煤一事，是否立有此等合同，无庸查询。即使果有此事，其实行不实行，只太古洋行有论议之权，当与中国政府无涉。

查该轮往澳，先期禀明日、葡官宪，领有准运军火执照，并白昼公然鸣哨驶走，其非私运可证也。至所载军火，日本商人只有运澳之责，起卸后是否归于土匪之手，固非其所知。如中国虑及此事，自当另有适当之方，惟不得侵害日本国旗及船只，如广东水师也。并如欲防范外国军火私运，希望帝国政府相助，则中国自行实力办理，一面商请帝国政府，谊重邦交，谅必不辞协助矣！

以上所开，事理极为明白，无庸候查。帝国政府只望中国政府断乎反省，迅速表明应允帝国政府所要求之意。如仍不允，帝国政府为尊重国家之威严及保护臣民之义务，不得已，不可不下适当之手段，用特先行声明。即望中国政府熟思之，并克日明确答复。是所盼切！

二月初四日

邮传部奏拟订新奉吉长铁路借款续约折 附续约合同暨条款

邮传部奏，为拟订新奉、吉长铁路借款续约，缮单恭折具陈，仰祈圣鉴事。

光绪三十三年三月初三日，外务部与日使订立新奉及吉长铁路协约，内称：应由两国订立各该铁路借款合同等语。现新奉铁路业于去年收回，吉长路线亦经勘毕，因欲更改协约，须由两国政府作主，故先与日使重订续约，以便两国铁路委员按此商订详细合同。当经派员与议，先订定大纲七条。新奉系借日币三十二万圆，吉长系借日币二百一十五万圆，年息五厘，折扣九三。协约原定新奉辽河以东之日本总工程司，现订只派工程司，删去总字，仍归京奉铁路总办及总工程司节制。原订之日本账房，现订无庸派委。吉长之日本总工程司，现订由中国选择，日本账房，重订由南满洲铁路公司选择，均归中国委派等语。臣复加细核，所议似较周密，当经商明外务部核准，饬由铁路总局局长梁士诒签押，并由外务部与日使彼此照会，允认施行。谨缮具借款续约清单，恭呈御览。至借款详细合同，再由臣部委员与南满洲铁路公司订定，以便迅速兴工。所有拟订新奉、吉长铁路借款续约缘由，谨恭折具陈，伏乞皇上圣鉴。谨奏。

光绪三十四年二月初五日军机大臣钦奉谕旨：邮传部奏变通铁路免价减价办法拟订章程折、单各一件，又奏拟订新奉、吉长铁路借款续约折、单各一件，均依议。

中日新奉吉长铁路借款续约

中、日两国政府，按照光绪三十三年三月初三日，即明治四十年四月十五日，所订新奉及吉长铁路协约第四款，应由两国订立各该铁路借款合同以前，两国政府拟除该协约所订事项外，再订续约。兹后列两员各奉委任，协定如左：

第一款　中国政府按照新奉及吉长铁路协约下文即称协约第一款及第二款，允将京奉铁路辽河以东路所需款项之半数，即日本货币三十二万圆，及吉长铁路所需款项之半数，即日本货币二百十五万圆，向南满洲铁路公司筹借。

第二款　借款利息常年付息五厘。

第三款　借款实收价值，按照协约第六款，每百按九三扣付。

第四款　中国政府按照协约第三款，在借款期内，京奉铁路辽河以东路之总工程司应用日本人，则开办伊始，可即以现在京奉铁路所用之日本工程司充之。其事权仍照现在办法，归京奉铁路总办与总工程司管辖。倘将来有时须更换该工程司，应按协约与南满洲铁路公司商明派定。其事权仍照上开办法一律。

第五款　中国政府因京奉铁路辽河以东路之账目难以分开，日本国政府可允诺，在该路司账人不另派日本人。又日本国政府照允中国政府，按该段借款总数算出按年应还本息数额，再算出按月应还本息若干，以此按月应还本息数额抵作为辽河以东路之余利，于每日初一日，由中国政府存放南满洲铁路公司指定在中国之日本国银行，以为届期付还本息之用。将来届期如何付还本息，及银行给回存款息率若干，俟订立借约细目合同，另行商定。又中国政府允将京奉铁路全线之月底账目大纲及年底决算账目之英文征信册，按年送交南满洲铁路公司阅看。

第六款　吉长铁路总工程司及司账人，均按协约第三款应用日本人。其任用法：总工程司应由中国政府选择干练人材，商明南满洲铁路公司后，由中国政府派委；司账人由南满洲铁路公司选举，商明中国政府后，由中国政府派委。倘将来有时须更换该总工程司及司账人，应按协约商明南满洲铁路公司，亦按上开办法派委。

第七款　关于借款细目合同，应遵照协约及本续约，南满洲铁路公司与中国邮传部委员另行商订。

本续约应由各本国政府允认施行。

邮传部铁路总局局长梁士诒，日本使馆一等书记官阿部守太郎，光绪三十四年十月十九日，在北京订立。

中日新奉铁路借款细目合同

中国邮传部以后条约称邮传部所派后列委员，与南满洲铁道株式会社以后条约称会社所派后列委员，按照中、日两国政府于光绪三十三年三月初三日，即明治四十年四月十五日所订之新奉及吉长铁路协约，又按光绪三十四年十月十九日，即明治四十一年十一月十二日所订之续约以后条款称续约，关于新奉铁路辽河以东线借款之细目，订立合同，其要条开列于左：

第一条　照续约第一条，会社允借修筑新奉铁路辽河以东线所需半数之款，日本货币三十二万元，每百元按九三扣付，在日本东京交与驻日本中国公使，中国公使即将合同所附之甲式凭据交付会社。

第二条　此合同成立之后，以照会日本驻北京公使之日起，于一个月之内，将以上所订之借款，即照中国所订日期，全数一次交清。中国政府所订收款日期，必在收款之十日以前知照会社。

第三条　借款以十八年为期。其本全数均分三十六次还清。由借款交清与中国之日起，按阳历半年，照附表交付。其已还之本，即于交还之日停止利息。

第四条　借款利息，由借款交付与中国之日起算，按阳历每半年，照附表交付一次。

第五条　京奉铁路总办，届期须将应还借款之本息给付大连或日本东京之会社，即照附表届期所还之本息，按合同所附之乙式及丙式凭据，交付京奉铁路总办。

第六条　按照续约第五条，将每年应还之本息按①月划出之额数，核成行平化宝银两，放于横滨正金银行天津支店。

前段所言存款，应由该银行天津支店，按照时时所出之利息，告白付利与京奉铁路。

前二段所载各事，在该银行营业限期内，即照办理。

倘遇该银行营业限满，再展限期时，亦续行照办。

倘该银行不展限期，即由会社另指一银行代为照前办理。

第七条　凡此合同内开于付利还本之事，尚有未载明之事宜，在中国铁路总局以后条款称总局可与会社随时协商办理。

第八条　此合同须由两国政府允准，然后施行。

第九条　此合同签押之后，由总局局长将合同细目禀请奏准，明奉上谕，由中国外务部照会驻北京日本公使。

第十条　此合同于本息全数还清后，即行作废。

第十一条　此合同正本缮写中、日文各四分，于中国外务部及总局、驻北京日本公使及会社各存一分。

第十二条　此合同字句如有解释争议之处，须由总局及会社各举局外人一名，出为调处人。如调处人商议不决，再由两调处人共举一局外人，充调处长。倘遇两调处人于

① 原书校勘记认为“接月”系“按月”之误，实际上原文本身就是“按月”。

选举之意见不合时，即就各选举之一人，用掣签法选定一人，此三人会议判断，以多数为准，彼此遵守，不得异言。

日本交付奉天新民屯铁路并机头车辆物件材料条款

山海关铁路总局总办·二品顶戴·候选道周长龄，南满洲铁路公司理事久保由政周，各奉委任，兹商定交付奉天新民屯之铁路并机头、车辆、物件、材料条款如左：

列名人互相确认各承本国政府之委任，按照左开条款，将奉天、新民屯之间铁路及附近物件并轮车、材料等，照数付交中国铁路局查收。为此，订立合同中文、日文各二分。署名后，彼此各存一分为据。

第一条　应交中国政府之物件，仍照另单目次开列交付。

第二条　交付日期，定为明治四十年六月一日，即光绪三十三年四月二十一日为始。所收之款并行车一切事宜，统归中国铁路局管理。如在未交付以前，仍归南满洲铁路公司收款。

第三条　现在该路内执事并使用人等，由满洲铁路公司自交路之日起，至七日为限，系属暂为借用，俟中国铁路局派委员司人等再行替换。至该七日所需薪费等项，由南满洲铁路公司支给，以便交代而申友谊。

第四条　现将该路职员并使用人名单一张交付中国委员，倘中国铁路局意欲聘佣续用，南满洲铁路公司应从本人自愿。

第五条　该路交付之后，如未改筑铁路期内行车一事，于彼此派员议妥，以便连络。

第六条　第一条交付物件之外，于未改筑铁路期内，预备修理车辆、轨道、物件必须应用者，照南满洲铁路公司另单所开物件，赠与中国铁路局，但就其所在之地交付。

第七条　前条所开物件之外，倘中国铁路局应需要件，与南满洲铁路公司无碍，以公平价值让给。

第八条　第一条所定应交轮车材料之外，于未改筑铁路期内，中国铁路局如有急需之物，南满洲铁路公司无甚妨碍，以公平借费贷与。

第九条　于未改筑铁路之期内，中国铁路局需用之煤并水，南满洲铁路公司无甚妨碍，以公平价值应付。

第十条　该路交付之后，如在该路搬运南满洲铁路公司不在应交各物产，由新民屯运往南满洲铁路者，中国铁路局不取运费，并照料一切。如该公司职员及使用人并家属、家具等亦同。以六个月为期，逾限不在此例。

第十一条　除已开各条事项外，倘以后若有要事，彼此临时会同商定。

光绪三十三年四月十六日。明治四十年五月二十七日。

总税司赫德呈外部辰丸案请商日使以便结案函

日本二辰丸船案，奉到本月初四日钧函，并录送两广督宪电文一纸，实深感谢！详阅电文所列各节，甚为详细，不胜钦佩！总税务司于此案诚如电内所云，事出遥揣，于细情或未尽悉。惟所论虽为有理，然似凭情形可疑而著此论断，窃恐不足折服彼造之心。伏思日本船只由本国口岸开往葡属之澳门，并非不应为之事。由日本装载军火运送葡国，亦非不应为之事。船身甚大，水浅不能进口，停于口外，亦属常情。且至被拿以前，该船并无何项举动。现该船被获，若未经日本官员认系罪有应得，则此面即不能竟行充公。至所论会讯一节，原系善法，惟系因两造各执一词，可由会讯判断。今闻日本官员并不认该船有违犯章程之事，是彼面不允会讯，则谈判亦无由可开。以上所陈各节，实非有袒护该船之意，乃系深愿中国对于此事按照案内有无犯章实情和平商办，俾不致与友邦出有难以了结之案情。此则总税务司前拟各节之本意。事关交涉，不若由贵部向日本驻京大臣面谈此案各项情形，以便得一彼此可以允认之结案办法为祷。

再，此案详情前已交于署总税务司裴式楷查明，以资设法办理。合并声明。

二月初五日

外部致林权助辰丸案仍请照章会审秉公商结节略

广东扣留第二辰丸一案，光绪三十四年二月初三日，接准节略，要求办法四端，均已阅悉。除误换旗章一节业经另行照会道歉，并电粤将失当之官弁惩戒外，兹将广东水师在中国领海扣留船械系属照约办理，并无不合之处，开陈于左：

查粤东盗匪充斥，水陆屡见劫案，为中外商旅之累，加以钦、廉等处余孽未清，探原其故，实因外洋接济军器，致匪势益觉蔓延。中国官吏既有保护中外商旅、维持地方安宁之责，在领域境内自有查缉私运违禁货物之权，各国均表同情。此次该轮私运军火，在中国领海希图起卸，该项军火已查明委系澳门华商广和店谭璧理等购以济匪，并非澳门官用，于中国治安大有关系。该船主又自认将在该处起卸，及准备一切安置卸货机器。关员及水师上船时见货舱已开，并有箱只一件在舱面上，是该轮未领中国护照，希图起卸，即属私贩，按照中日条约第五款，例应扣留。此广东水师会同关员将该轮留查，系属职务上不得已之举，应行声明者，一也。该轮既已被扣，自不能不驶回广州讯查，以定办法，并非既〔即〕行充公。按照海关章程，商请会讯，洵属和平公允。关章载明：如被告不遵船货入官，必公司〔同〕查核之后，方能驳辩等语。海关会讯章程为各国所共认共守者，此次粤省商请会讯，贵国领事不肯照办，强索释放，是无异诉讼只许甲造申述，不准乙造陈说，而欲强行定案，实非公平办法。是该案迁延日久，系日本领事不肯照章会讯所致，自无议及赔偿之理。此应行声明者，二也。该轮只于英国太古洋行订立合同装煤至香港，载明非遇万不得已之事，不得驶往他处，并未订有运械合同。即使领有澳厅准单，亦只能直运赴澳门。乃该轮经过香港，并未入口，就该轮吃水之深，断不能驶入澳门。若非私运，自应预先通知中国海关，请在中国领海内起卸护照，断不能擅自停泊，着手起卸。既被粤省扣留，如有正当理由，会讯后，自有相当之处置，断无只以一面之词要求释放之理。此应行声明者，三也。九洲洋面该轮停泊之所，曾经中国海关布告不准在该处停泊起卸之处，据税务司贺璧理面称：当时布告案卷悉存该处海关，事隔多年，难以记忆，惟过路湾一带海面确为中国海关时常巡缉之处，葡官并无异言等语，更足证该处海面实为中国之领水。凡货物不领关单，尚不能在通商口岸以外起卸，军火为违禁之物，尤当扣留查办。此应行声明者，四也。

总之，中国政府对于此案始终以和平速了为宗旨，惟于事实上有不能不会同查明之情形，乃贵国政府既不愿照章会讯，复不愿请人公断，本部重念邦交，前开办法系属格外通融，除下旗一节业经照办外，其先将该轮释放，另行具结，及军火先行扣存，俟查明后另行核办两节，实为和平公允办法。此二节商定一面彼此派员查明情形，秉公商结，尚希贵大臣转达贵国政府，顾念两国邦交，照允见复。是为至盼！

二月初五日

清季外交史料卷二百十一终

清季外交史料卷二百十二

光绪三十四年二月下

粤督张人骏致外部录呈代日船驳运军火船户梁亚池等供词电

昨，据水师巡弁等觅出，当日在澳门受雇，由葡巡船拖往过路湾迤东，向二辰丸驳载军火之盘艇，名梁就利，送由粤海关庆税司取供。兹由该税司取具梁就利盘艇船户梁亚池、冯亚一等摹印供词，并由该税司签押、录呈前来。据梁亚池供称：小的艇名梁就利，正月初四日，有不知姓名葡人七名雇往澳洲附近沙滩，土名沙利。该葡人身穿号衣，与巡兵相同。小的之艇系用葡国小轮船拖往，附泊于该处停泊之日本轮船，约有半点钟之久。闻系雇来驳运军火往澳门。尚未接载，旋由葡轮拖开。据冯亚一供称：系梁亚池伙伴。该艇附泊于辰丸，辰丸轮上起货钩即挂起一箱正拟卸至该艇，旋因该艇系于辰丸之缆绾忽断，该艇即流至辰丸船尾，致未接载。余供与梁亚池略同。又据复讯梁亚池等因供该艇此次受葡人雇往接载军火，未领有拱北关准单，曾向葡人问明，葡人说无须请领。驳艇向该处接载货物不领拱北关照，是乃第一次各等语。现在该驳艇暨船户人等仍留粤关，以备质证。用特录陈钧部察核。

二月初七日

外部致张人骏日使节略是否相符希妥筹速复电

辰丸案，迭次与日使辩论，并将来电及拱北关所引证据择要驳复。顷，又据日使面递节略，内称：

一、二辰丸停泊之处，属中、属葡，相争未定，按中葡约，自局外观之，该处属葡领水，业经照会在案。贵政府谓，过路湾一带，中国海关巡缉所及，葡无异言，为中国领水之证。葡官则谓，拱北关原为查缉鸦片而设，澳门政厅承诺在湾仔岛西名加勃利太葩脱附近，即葡领水内检查。该岛附近处应认为葡领，有千八九年三月澳门政厅在该处扣留沙船一案，千九一年十二月拱北税司报告有该船在葡领水加勃利太葩脱岛被扣之语，均足为证。该岛附近处，即过路湾之东，为此次辰丸停泊处，葡官虽允中国海关在该处巡缉，不能即目为中国领水。至所称千八九年中国海关曾经布告往来船只，如在该处起卸，即可拘获一节，甚为可疑。以葡官所称及该关之权力言之，该关未必能擅专发如此布告。

二、该辰丸停泊处属中属葡，日本亦不为此案之主脑。所论据者，辰丸既得澳政厅准单及日官凭单，公载军火赴澳，因当时潮势于近澳吃水相近之处，在过路湾东约二迈余停泊，白昼鸣汽，报知澳门，即由该处港务局派小轮及领水人前往，是该轮所装之军火运澳交纳买主，并未在中国领水起卸。即有预备起卸情节，是为预备至澳后起卸，并非在中国领水内私运私贩。该船船主业已声明，该项军火系向澳运送，证以前次证据，实无可疑。广东水师不顾该声明及证据，逞威强行将该轮拖去，且将日本国旗卸下，似此举动，殊属无可回护。该船及货，中国终无可以扣留之权力，故日本政府前已向贵政府要求四端，最为妥当办法，并声明不必会讯等因，经本大臣详述在案。无论中政府如何辩论，终不足以辩护，所以请贵政府速允照办要求之四端也。至卸旗一节，粤督称系属巡弁等之误会。贵部仅电粤将办事失当之员弁惩戒，如此办法，日本亦不能满意。侮辱国旗，自有常例陈谢。应请辰丸释放后，中国兵舰对于该轮所升之日本国旗鸣炮若干响，以表谢意。至下旗暨当时拘获辰丸之指挥官最担责任，应将各官加以相当处分，并通知日本，为要等语。

该使此次节略所有引葡官前案、税司报告情事，是否相符？彼所论据各节若仍以前言相诘难，终不足以箝其口，尊处有无切实案据足资驳辩之处？希再详细查考，妥筹速复，以备因应。至鱼电所称英提所议足证公论。惟会讯、公断两节，屡商林使，均未照允，现要求愈力，未知能容局外调停否？仍应内外合商办法，以免久延。

二月初八日

外部致葡使日船系在中国领海被获澳门不应发给执照照会

为照会事。

光绪三十四年正月二十七日，准照称：辰丸轮，在北纬道二十二度八分十秒、英国中经东经道一百十三度三十八分十秒两道相交处被获，距喀罗岛两迈半远，系葡国所属领海，距中国最近之地有三迈半有余之远，有碍本国属地，无羁留商务之权。若粤督有疑私运，应与澳督直达。惟因无事之故，两总督向未直达。该船已有澳政府之引水人，该引水人奉澳督命令，坐澳政府小船前往，足见该船前往澳门，并领有澳准运执照，请将该船并所载货物释放等因。此案日船二辰丸私运违禁军火，预备起卸，当被中国巡弁、关员将船扣住。查该船被扣地方，确系中国领海，前经照会声明，应与葡国毫无干涉。现在中国海面严禁济匪军械，各国均表同意。此项被扣军火，据澳员声称，并非澳官所用，而粤省访查，系在澳华商订购，接济匪徒。该澳官辄发执照，殊属不应。此次中国官弁在中国领海实有巡缉禁货之权，其于他国商务并无妨碍。相应照复贵大臣查照可也。

须至照会者。

二月初八日

外部致使俄萨荫图辰丸在中国海停卸军火希与彼邦人士谈及并转驻欧美各使电

日本商轮辰丸私运枪械，在澳门中国海面九洲洋停卸。粤水师同关员会查，见货舱已开卸，货机已装，已起一箱，船主自认在该处卸军火。粤督以未领华关准单，擅在华海卸军火，与关章及中日五款不符，当即按照关章，先行扣留，照会日领会讯，日领不肯会讯，只请释放。粤督以有违条约、关章，坚持会讯。查该轮只有与英订运煤赴港合同，并无装载军火合同，乃过港不入，藉口赴澳门，在华海准备起卸。该项军火查系澳华商广和店谭壁理购以济匪，并非澳门官用，事关治安，故暂扣查究，并非即行充公。日使照会来部要求船货即放、惩罚官吏、陈谢撤旗、赔偿损失四端，除粤省扣船时误将日旗暂行撤换一节，已由本部照会日使陈谢，并电粤将下旗之员惩戒外，船货拟公请现在粤省之英水提穆尔就近公断，日使坚执不允。现已通融，允将该船具结先放，军火暂留查办，仍无允意。此案日船无论如何，究系违章私运。会讯、公断，均系秉公和平办法。日船如果理直，何以不肯照办？本部重念邦交，始终以和平速了为宗旨。正在磋商未定，近闻日已将此案传告各国，彼中官绅、各驻使谈及此事，希将原委申明，以免误会。公论如何，随时电复，并照转英、法、德、比、荷、意、奥、美各使照办。

二月初九日

粤督张人骏致外部辰丸军火系澳门华商广和店所购电

二辰丸案，据华洋各报所载，该轮船主报告神户辰马商会书略云：本船于正月初四午前十一时到该处，鸣汽笛数次。午后二时半，始有从澳门来之广和店伙，即收货之主人，乘小汽船并带驳船来，正将驶近本船停泊，忽有中国炮舰四只围绕本船，仅许该店伙得上本舰，此外即不许近。是时中国炮船管带来船云：此船虽有澳门葡官执照，若系停泊澳门领海，当无异言，今既停泊中国领海，则不可不服从中国之命令云。但本船以澳门领海区域极狭小，且水线太浅，其深处不过二寻，故本船虽应照海关上停泊于澳门投锚地，而澳门货主来函则言明当在中国海面。本船满载吃水当在二十三尺以上，现在投锚地方吃水四寻，自此处可接近于陆地。若必使本船投锚于水深二寻之澳门领海，万办不到等语。查该船主报告书，华洋各报均多登载，大致相同。现就报告各节而论，则此次军火确系澳门华商广和店所购。该店伙用轮拖带驳艇驶附辰丸，实为起卸军火确据。且声明货主函致该轮，言明当在中国海面，尤为欲在华界起卸军火铁证。至二辰丸查系十二月二十七日由神户开行，计程不过五日，应可抵香港，且经太古洋行与该船订有合同运煤赴港卸载，乃该轮历七日之久，路经香港并不入口卸煤，而绕出澳门外之中国海面逗留，足见该轮徘徊觅地，欲在沿海私卸军火，毫无疑义。此事关系甚重，华洋报所载船主报告书特录呈钧核，乞参酌维持为叩。

二月初十日

外部致张人骏粤商会干预辰丸案希饬属查办电

上年十一月二十日，钦奉谕旨：严饬京外各衙门，如有好事之徒，借端干预，纠集煽惑，必宜从严禁办等因，想已通行晓谕。乃此次辰丸案出，复有粤商陈基建等贸然纷电枢部，并有大部不明海线，遽徇其请，海权、领土断送外人，本会自保财命，合筹对付等语，一昧〔味〕喧嚣，全无法纪。查该商屡次来电，均系任意谤讪。若不严加惩儆，不特该商气焰益张，商民滋惑，并恐外人因其恣扰，枝节更多。务希饬属切实查办为要。

二月初十日

日使林权助致外部扣留辰丸提议赔偿损害请照允照会

中国扣留第二辰丸轮船一案，帝国政府因顾念两国友谊，酌量中国政府困难实情，兹提议条件如左，如中国政府即时照允，帝国政府可允将此案和平议结：

一、中国政府对撤换国旗一事应派兵舰升炮，以表歉忱。乃解放第二辰丸时，令其兵舰近现在该轮停泊之处升炮，并先期知照日本国领事阅视实行。

撤换国旗一事，帝国政府必要求中国将此案应担其责之兵舰管驾官等从严加罚。其办法，帝国政府应任中国政府自行秉公办理。

二、中国政府应即时将第二辰丸放行，不得立有条件。

三、第二辰丸拟运澳门之军火，知为中国官宪所挂念，帝国政府可竭力不令其再运该埠。惟中国政府应备价收买此项军火，订价日本金二万一千四百元。

四、中国政府应声明，俟查核扣留第二辰丸实情，将应担其责之官员自行处置。

五、中国政府应将此案为扣留第二辰丸所生之损害赔偿帝国政府。俟查明后，即行告知其数，应核实算定。

此外，帝国政府将下开一事告明中国政府，乃日本政府对中国政府私运军火办法，将来可不辞取相当协助，与此案不相牵连矣！只望中国政府速允上开条件照办，俾得早日和平完结。是为切盼！

明治四十一年三月十二日，即光绪三十四年二月十一日

鲁抚胡廷干咨外部胶济铁路接修小清河叉路拨款归垫已批准文

为咨呈事。

光绪三十年十二月二十九日，据农工商务局详称：案查，前蒙抚院札饬，以准外务部咨，胶济铁路公司请接修小清河叉路二里有余，应由商务局筹款自造，交该公司承办，并与订定一切，庶于商务、原章两无窒碍等因。正在议办间，复据公司函催前来。查胶济铁路原定章程内载明，不准擅行另造枝路。此次该公司所请接修叉路一段，虽与原章不符，惟为商务便利起见，自不能不设法变通。而自东关车站起，至小清河南岸止，直路虽只二里之谱，若连湾路算计长六里左右。自造约需工料五万余金，又不值招商集股，且恐意见参差，兹由商务局筹给资本银二万八百八十三两，交该公司一手经理，作为代办，仍不失自主权利。本司道现与该公司总办锡贝德等彼此议订代修及租回条款，缮就华文、德文合同各一纸，呈请宪台鉴夺，咨候外务部核准，行令遵办；并恳饬下筹款局拨给胶平银二万八百八十三两归垫，实为公便等情到本署院。据此，除批准照办外，相应咨明，为此咨呈贵部，谨请查明办理施行。

须至咨呈者。

二月十二日

粤督张人骏致外部日舰果来夺船可听其所为不可先行释船电

辰丸案，下旗一节，此时业已道歉，将来结案仍可声炮致礼，应另为结束提出不计外，现在专办者为扣船一事，彼此各有凭证，各执一理，自非会讯不能分别是非，非第三国公断不能判定曲直。我请会讯，请公断，原为彼此争执必求一是起见。讯断后，曲在我，曲在彼，皆未可知，并非强以所难，先以日人为不合，日如理直证确，何惮而不会讯、不公断？乃日人不肯会讯，不允公断，即具结释船，留械俟查，亦不允许。其恃强无理，实为环球所罕闻。报载兵舰来华之说，难保必无。兵舰果来，我仍以礼相待。广州为各国通商口岸，彼未得各国之允许，谅亦不能遽启兵端。揣其伎俩，不过以兵力

胁我释放船械而已。论者谓，兵至释船，有伤国体，不如先自释放，可全邦交。此未之深思也。盖兵至而释放，与先自释放，其伤国体一也，而利害得失大有区别。未会讯，未公断，未具结，徒以慑彼恫喝之虚声，遽将船械先释，则此事之错我先自认，各国必从而非笑，日人必益肆要求索赔偿、索惩弁，得步进步，我不能再置一词。英之煤，他国之货，皆将责于我。窃恐释船之后，要索愈多，决非一释所能了事。至于以后军火无权再缉，领海且属之葡人，后患之大，尤不可思议。此先自释船之说也。中日强弱悬殊，人所共知，若彼以兵舰之力恃强要挟，我允释船，是出于不得已，并非情愿，亦非理亏，不过强弱不敌，迫于压力，各国固能谅我，或且代抱不平。释船之后，在我仍可不作为结案，将此事曲直布告各国，非我所认可。除释船外，此外各节，以及预防后患之处我仍有权力争。此兵至释船之说也。总之，由前之说，系我先认错；由后之说，系我出于不得已，则各国尚有公论。二说之利害得失，孰轻孰重，何去何从，蒸电恐未详尽，用再缕陈，敬求钧部指示。

二月十二日

外部致林权助辰丸案贵政府愿和平办结足征顾念邦交节略

光绪三十四年二月十一日，准贵大臣面交节略，本部已经阅悉。辰丸一案，贵国政府愿和平办结，与本部意见相同；并允此案办结后，嗣后中国严禁私运军火办法，贵国政府亦当设法相助等因，足征贵国政府顾念邦交，实深感纫。兹将答复各节开列于左：

一、误换国旗一节，业经本部于光绪三十四年二月初四日照会道歉，并电粤督将办理失当之员惩戒在案。自当由粤督酌予以应得之处分。至贵大臣节略内称，释放辰丸时，令兵舰近现在该轮停泊之处升炮，并先知照日本领事等因，既系通例，中国政府自可照允。

二、中国政府允将辰丸即行释放。

三、粤省此次扣留原为防止军火运入内地起见，日本政府既知此事为中国官宪所挂念，允将该项军火不再运往澳门，欲以日金二万一千四百元由中国自行收买，自当电知粤督，先将军火起卸，按照此价购买。

四、中国官吏为自保治安起见，致在本国领海内发生此次交涉，应由本政府查明此案实在情形，如有误会失当之官吏，由中国政府酌量核办。

五、第二辰丸损失之处，亦可允给实数，不得逾多。惟贵国政府既未查明，应由粤督酌核情形，与驻粤日本领事另行商定。

查中国近来匪徒不靖，实有私行接济军火情事。迭经本部照商各国，严禁入口，治安所关，各国均表同意。贵国与中国密迩邻交，关系尤切。禁止私运军火，贵国政府既允设法协助，即须妥商认真严禁，以保公安而昭睦谊。用特声明，尚希贵大臣转达贵国政府查照见复为荷。

二月十三日

粤督张人骏致外部辰丸案粤绅来函颇具条理呈请采择电

顷，接粤绅邓华熙、梁诚、杨晟、易学清、吴应扬、关以镛、钟锡璜、卢维庆、张璧封、黎国廉、苏元瑞、许应镕等一百八十九人联函，以辰丸案，日人并不遵关章会讯，惟索释船谢过，虽属国际交涉，绅等未敢妄干，惟念此事关系重大，徇日则各国效尤，我国禁令不行于境内，将来与葡办理澳门划界事，葡以此为领海之案证，侵我国权，绅等近顾身家，远维全局，不能缄默。查日人所恃，不外一谓领有日、葡执照，二谓该船非海关缉获，三谓候潮入口并未起卸，四谓擅下国旗数端，握要则在不肯明认缉获地为中国领海。查中国领海海图，自有定界。据公法家言海权，不一其说。然于领海，尽限外若干里，始有公海。该处为珠江西口，属香山县，是内港，非外洋，业经测明经纬。凡各国商船在该处上落货物，必须先向拱北关请给准单，在中国海关缉私船范围之内，故当葡舰带驳艇前往起卸，巡轮弁等有权驱逐，葡人不能异议。指明经纬度与辰丸船主查看，该船主亦不能狡辩。称系候潮入澳，是已默认该处系中国领海，不应运送违禁之军火，故以候潮抵塞。即有日、葡执照，无中国护照，我国自应有海关行其缉私之权。且辰丸吃水深，澳门口当潮涨时亦不能驶入，岂非有意在中国该处海面运送军火？况该船往来香港、日本，此次为英商太古行订运煤斤，合同注明非遇不得已之危险，不得他往，乃有入港起货，先行弋往九洲洋面，尤不得谓非私运。澳门葡兵不过二百人，澳商所运军火如是之多，非以销流内地，接济匪盗而何？至擅下日旗，亦不得不尔。当日马蛟仔所带拖驳船载有兵士，均带军装，志在挑衅，日船改悬龙旗，始不敢逞，是此举系属保护，并非侮辱。所陈各节，但执定领海主义，其余不难解决。若虑日逞强，权将本案提出，由各国公断，不宜迁就各等语。持论颇具条理，特据转陈，以备钧部采择。

二月十三日

粤督张人骏致外部中国如价买辰丸军火则不能赔偿及惩官电

十一日电敬悉。尊处现已与日使商议将来查禁私运军火办法，并将现扣军火由中国备价购回，自系万不得已之举。但必先与订明：此系中国笃念邦交，格外通融办法，不能因此认作误拿，解脱私运之罪，不能另索赔偿，不能惩究扣船员弁，以后日本不得再运军火私往澳门。凡军火由日船运入中国境内，必有驻日钦差或中国官许可之凭据，方准运入起卸。如再违禁私运，仍照约章缉拿，充公罚办，明立专条，永远遵守。如彼允一一照行，始可许以价买。否则，仍与坚持，未可迁就。至英人调停，虽未可尽恃。然广东商务，英为最盛，如果匪械不绝，匪党横行，于英人商务实大有妨碍，我虽欲尽保护之职而不可得，此意似不妨明示英使，俾知此事利害，与彼实有关系。又英使谓拘留太骤一节，既云太骤，即非不应拘留可知。查辰丸系于正月初四日驶至九洲洋中国内港，停泊八点之久，葡船拖带驳艇已来两次，时将昏暮，深恐其乘夜深私卸，中国员弁不能再候，势不得不上日船。次日葡船复来，执持军械，势将强夺，故不得不下旗抵御，将日船扣留，似不得谓之太骤。若再迟延，即缓不及事。英使未明此中底细，故有是言。请再详细转告为叩。

二月十三日

粤督张人骏致外部辰丸案日人屈于公论已渐和平乞坚持电

昨电谅达。顷，接东洋密函电云：船主报告仅云澳门水浅，不能前驶，并无中领及公海之说。前开图议未发表，报论分三问题，即领海、私运、国旗三项。初甚重领海，因葡认公海，遂专重国旗，而引澳门免状、神户证书以证非私运。各报初极威迫，谓要求不遂，继之以战。后见我坚持，西报亦多公允，暴论渐平。《朝日》《国民》二报，谓两国关系甚大，未可以此失和。大隈亦以林董各报为非。总之，我有真实证据，即可据理力争。而私运最重，尤不能放松。理直，即公海亦可无妨。国旗乃照例问题，请西人调停亦妙等语。就其所言，是日人屈于公论，已渐就和平。谨以密陈，用备参考，仍乞始终坚持。大局幸甚！

二月十四日

外部致张人骏日船案领海与禁运均可办到宜速商结电

文、元、覃等电均悉。辰丸案，本部与日使商定办法，尊处即行照办，自可和平完结。查辰丸停泊之处确系中国领海，已于致日使条件内声明，自与葡界并无牵涉，断不虑其籍〔藉〕口侵占。至事后查禁私运军火，日使既允设法协助，与商订章程，认真严禁，亦不虑再生后患。尊处迭次来电，所虑以上两层，现在均可办到，足宽荩念而免群疑。至此案发自粤省，能否妥结，原非本部专负责任，何难照尊议坚持拖延？惟各处消息紧迫，倘因内外推宕，另生意外枝节，恐将牵动全局。近日迭接驻德、法、俄、比、荷各使电称，博采外间议论，体察此事情形，皆以和平速结为请。南洋大臣一再函电，亦同此意。本部审度时势，不得不赶紧商结。大局所关，想执事自能稔悉也。

二月十四日

日使林权助致外部日船案贵部所允办法日政府并无异言照会 二件

第二辰丸被扣一案，本月十三日，本使面交贵大臣等节略一件。十五日，接准贵部答复节略，内称，本使节略内所开五项之条件均行承诺，惟赔偿损害之额应由广东总督与日本领事商定等因。当即转达于帝国政府，兹奉复电，并无异议，并称：此案之和平商结，实为满足等语。特以达知于贵国政府，本使不胜欣幸之至。贵部节略第四项载有致在本国领海内发生此次交涉一语，按第二辰丸前停泊之地点决定其是否属于贵国领海，殊非我交涉之目的，前已预为声明。此次之和平商结，与该领海问题并无关系，且帝国政府并不认须于此际决定该领海问题。特并声明。即希查照可也。

二月十五日

关于扣留第二辰丸轮一事，日历本月十三日，本大臣晤那、袁二大臣，面交节略在案。嗣本月十五日，接阅贵部答复节略，知贵政府将本大臣节略所开五事尽行照允，惟提议赔款数额应由粤督与日本领事另行商定，当经请示本国，去后，现奉政府复电称：所报各节蔑有异议，自可照允，此事得和平商订，甚为满意等语。本大臣以之转达贵政府，亦深欣幸。再，贵部节略第四有致本国领海内发生此次交涉一句，查断定二辰丸原泊之处系属中国领海与否，非我交涉之目的，早经声明。此次和平商订，实与领海问题无涉。本国政府之所关系，不以此时断定此问题之争论为紧要。相应一并声明。

二月十五日

粤督张人骏致外部请与日使订章严禁私运军火电

十四日电谅达。辰丸一案，钧部顾全邦交，以速结为准，自是正办。辰丸泊处既认明系我国领海，嗣后再有此等运载军火之船，在该处即附近一切中国领海，私图起卸违禁物件，自可照约切实办理，毋虑再生枝节。惟中日条约所订，本不应运送军火，妨我治安。关章会讯行之数十年，各国已经公认。日本恃其强权，均遭废堕。其事后查禁军火设法协助一节，以前事推求后事，似尚在可恃不可恃之间。拟请由钧部与日使明定专章，通行遵守，则此案失败尚可为补牢未晚之计，全仗钧部主持。

二月十六日

外部致张人骏辰丸案办结情形请晓谕绅民电

铣电悉。辰丸案，日使辩论，终持该轮所载军械等件，本系先期禀明日、葡官，领有执照，公然运澳者，广东水师只能向之警告监视，不许其在中国境内起卸。倘该轮不遵实行起货，则中国可为适当之措置。今该轮曾无实行起卸情事，运澳时突被拿获，并侮辱国旗，实为不法无理。至此次军火是否归于土匪之手，固非所知。如中国虑及此事，自当另有适当之方法，惟不得侵害日本国旗及船只等语。本部虽迭经驳论，惟尊处迭次来电亦云：该轮尚未实行起卸，至军火济匪，虽有可疑，究无确据，按之法理，自不能遽行扣留。下旗一层，来电称，恐有决裂，显犯公法云云。此乃战时公法，何能适用于平时？至称悬挂龙旗，为保全该轮客货，原船可任便驶回等语，更为不得要领，何能遽以驳辩？总之，办理交涉须有无可指摘之理，方能立于不败之地。此案实由当初失之太骤，操切从事，致本系正当之办法，转为他人所藉口，使我情理虽足，不能适用法律。设尊处平心审度，当以何法结束？本部以本案之论据未足，不得不为毖后之计，故先商允善后办法，始与定结本案条件，审情度理，具有苦心，不特为维持和平计也。粤中士民不察，集合鼓噪，甚有罢市暴动之说，殊为诧异！遇事献替，固亦士民之责，惟当审查一事与政府所以如此办理之原委，不应故为反对，藉词生事。希将此案情节与所以办结之故剀切晓谕，以免误会为要。

二月十八日

外部致葡使请商澳门政厅嗣后勿给军火执照照会

按照通商条约第三款，内载：凡有违禁之物品，如火药、大小子弹、炮位、大小鸟枪并一切军器等类，不准贩运进、出口等语。诚以贩运军火关系非浅，设有接济匪徒情事，于国内治安、各国商业均受影响。该约明立专条，原为防微杜渐，各国均表同意。查澳门一埠，接近广东，中国奸商以转贩军火为名，时有影射，向澳门政厅领取执照，由他国私运军火，转贩中国内地济匪。迭经粤督查悉，只以澳门政厅可发给执照，致办理诸多为难。此次日本辰丸私载军火，查系澳门华商广和店谭碧理请领澳厅执照，希图接济匪徒，业经本部于光绪三十四年二月初八日照会在案。现在中国内地匪徒时有蠢动，广东钦、廉等处余孽未靖，西江劫案时出，现正整顿巡防，稍有头绪。中国官吏有维持国内治安、保卫各国商民之责，若不绝私运军火接济之源，何以收切实严缉之效？英国于香港出入军火已允严切查禁，并不准军火运往澳门。贵国与中国睦谊素敦，自当顾念中国查禁军火之意，与通商条约第三款所规定，禁止私运军火，设法协助。相应照会贵署大臣，转达贵国政府，饬令澳门政厅：嗣后除澳官用军火由驻粤领事先期照会粤督查照，转饬海关查验，准其经由中国海面运往澳门外，此外不论何国商人向澳门政厅请领贩运军火执照，一概不得给发。其有奸商私购军火运往中国各处者，亦请澳门政厅设法协查，以维公安。如有在中国境内被官缉获，即须按照条约，一律充公。即希查照见复为要。

二月十九日

沪道梁如浩呈外部抵制日货查无其事已遵谕妥为消弭电

电谕敬悉。此事先准日领德律风所传警告，当即据询粤中同乡，据言，沪上未闻有此举动。职道详述此事利害关系，令其随时劝谕告诫，免召责言。兹奉明谕，尤为剀切，遵再传布同乡，妥为消弭。至广告一事，据报馆中人云：无人属登，亦无刊印之事，可释宪廑。现已函嘱：以后新闻亦勿宜登载，以重交涉。此事关系大局，职道自当密切防范，相机办理，不敢稍涉大意。余俟续陈。

二月二十日

外部奏议复使德孙宝琦沥陈外交事宜折

总理外务部事务庆亲王奕劻等奏，为遵旨议复，恭折仰祈圣鉴事。

窃臣部于光绪三十四年正月三十日准军机处钞交出使德国大臣孙宝琦沥陈外交事宜一折，奉朱批：外务部议奏。钦此。

查原奏四条，首列推广驻使。据称：驻使为国家之代表，即为国家之侦探，非广布耳目，不足谍其真情。中国与各小国无甚猜嫌，派使驻扎，必皆欢迎，倾忱相告。请查明欧、美、亚三洲有约之国，速即派使，无约之国，次第订约等语。查中国在各国已有十馆，其有约之国，除日、葡及秘、古、墨国由驻法、美使臣兼使外，若欧洲之丹麦、瑞典、那威，美洲之巴西，非洲之刚果，均经订约，因与各该国交涉无多，故未派使。近今环球列国情势既随时而变迁，交际亦随宜而应付。如其于商务有益，或于情势相关，多结友邦，未始非联络之计。上年臣部以暹罗同处亚洲，华商甚众，宜与通好，正在筹商，又以美洲之哥伦比亚利用华侨殖民为便，该国亦愿与中国订约，业经提议外，欧美诸国无约者或宜订约，有约者或宜派使，应由臣部酌度情形，随时奏明办理。

又原奏内称：各大国宜改设头等公使，中国为东方大国，国体攸关，请筹议酌改等语。查各国通例，头等公使代表君主，一切朝会典礼，如宫内延宴、君主答拜等事，待遇独为优异。各大国每互相遣派，原为国际平行。一经彼此商改，其品位既属相当，则对待必须同等。且在我恐多窒碍，改派大使，经费须增，不过体制较崇，于使事无多实益。缘公法，头等与二等礼节虽殊，其办事之权仍与品级无涉。臣等悉心筹酌，揆诸现在情形，应暂从缓议。

又原奏预储外交人才一条：请招考阁、部、院各员，挑取四十人，分赴英、法、德、美四国，专令研究外交，学习语文，期以六年，兼通两国语文，学成以备器使等语。近来交涉事繁，需才孔急。该大臣请于京曹内慎选通才，分派欧美诸大国，专精于外交一途，其收效宏而程功较易，应请准如所奏，由各部院中遴选学有根底、才识明敏之员，择尤酌派。至应如何考验、如何分派以及酌定名额、筹拨学费、试验成绩各事宜，容由臣部续行妥商，奏请举办。

至请厘定外交官公服条内声称：采取各国服制，参酌颁定专为出洋外交官之公服等语。在该大臣之意，自系以使臣在外，与各国人士交际往来，虑因服色悬殊，致生隔阂起见。查各国衣服，虽大致无甚差异，而俗尚各有所宜，其外交官沿用之公服，仍循其本国礼服所规定。中国冠服自有定章，若专为外交人员参酌厘定，强与各国从同，其用意固属权宜，于本制究嫌歧出。所请改定之处，应勿庸议。

所有遵议缘由，理合恭折复陈，伏乞圣鉴。谨奏。

光绪三十四年二月二十日奉旨：依议。

粤督张人骏致外部检验辰丸军火数目似有分运电

辰丸所订军火事，由税司会同李镇、魏道等向该船查起点验，内四十箱，均记有号数，次第错杂，最多且数为二百号，是四十箱外，尚有一百六十箱，每箱廿四枝，系千八八四年式九响毛瑟，共九百六十枝，均新枪，每枝估值三元四仙，共值二千九百十八元四角；又五十箱无号数，每箱十枝，系千八七一式单响毛瑟，共五百枝，均旧枪，内有三枝配件不全，每枝估值三元四仙，共值一千五百二十元；又四箱亦无号数，每箱十枝，系文褥士十三响马枪加刀，尚余四十四，系新枪，每枝估值二十元，共值八百元；另四十箱，每箱码一千粒，内有三十四箱系天津制造局制，余六箱系欧制，均旧式，计失少六十一粒，实共三万九千九百三十九粒，每千码估值二十三元七角五仙，共值九百五十元；统计值番银六千一百八十八元四角，系由礼和洋行会同税务司估计。遍查并无马枪合用之码，购枪断无不配码之理。其枪码以及九响毛瑟尚有一百六十箱，定系另起分运。现本案议结，日人复允协助禁运军火入华，应否照请日使，转致彼国，询明是批军火承售之商，究竟此项马枪码子分运交付何处，以便设法查起。祈钧裁。

二月二十三日

外部致林权助商议查禁军火办法六条照会

二月十九日接准照称：日本大藏大臣业已通饬各税关，嗣后由日本运往澳门之军火，除有澳门政厅准单外，并经证明该项军火运澳后实不至有私运入中国各处情事者，不准许可出口等语。查日本政府此次通饬，全系体谅中国政府及该省地方官挂念有军火接济匪徒等情之意。经此次通饬，实际上已与禁止军火运往澳门无异。于此见日本政府于中国政府所顾虑之处全表同意等因。查此次贵国政府通饬各税关查禁军火私运澳门，并体谅中国政府禁止军火入口之意，实深感纫。惟澳门接近中国内地，若准军火入澳，则私运中国内地之虑在所不免。兹际中国各处伏莽蠢动，广东钦、廉等地余孽未清，西江防务整顿方有头绪，若不绝军火私进之源，何以收严缉密防之效？英政府前已允香港军火不准运往澳门，其属澳门官运者，亦由英领先行知照粤督，然后运澳。凡此格外严禁之举，无非顾念友邦之谊。贵国与中国密迩邻交，关念尤切。迭次接准贵大臣节略，皆允俟辰丸案了结后，即行商议禁止私运军火办法，认真办理。现在辰丸案业已全照贵国政府之主张和平商结，贵国政府又明言中国政府所顾虑之处全表同意，自应将运往澳门之军火，除澳门官用之外，一概禁止出口，以符贵国政府实际禁止军火运往澳门之意，庶与英政府所允之办法不至有异，于中国治安关系匪浅。兹拟禁止私运军火办法六款，即希贵大臣查照，转达贵国政府，通饬施行，实纫交谊。并希见复。

一、凡中国军营局所订购枪弹、炮件，一切爆烈品下均统称军火，须由各该省详报陆军部核准，由该省督抚、将军发给护照，始准向日本官厂或商店订购。如查无中国督抚、将军印发护照者，无论官厂、商店，均不得擅与订卖。

一、凡请领护照订购之军火，须由各该省将名色、件数、由某处入口、运抵某处电达陆军部，再行分别行知各该关监督、税务司，验明无误，方准起卸。其先运作样军火，须订购之营局等处行知该关监督，请领准运护照，俟货到口，凭照报关，查验后，方准起卸。

一、日本军火运往澳门者，除系澳门政厅官运得准其出口，一面由驻粤日本领事知照两广总督查照外，无论何国人，如向日本购运军火往澳门者，日本税关当禁其出口。

一、日本商轮载运军火，无论往何处，不得在中国海面为中国巡洋舰或海关巡船巡缉所到之处起卸，及换船拨运等事。违即按约将船、货扣留，分别充公。

一、凡日本军火出口，运往接近中国内地或毗连中国内地各处，须先将该项军火名色、件数通知中国政府，如中国政府以为不能准运之时，得商请日本政府，阻止出口。

一、日本商轮载有军火，无论运往何处，如需在中国海面为中国巡洋舰或海关巡船巡缉所到之处暂时停泊，该巡洋舰、巡船均得上该轮查询，如认为不能在该海面停泊之时，除遇万不得已不能开行外，得命令该轮于若干时内开出该海面。如该轮抗不遵照，得由中国官行相当之处置。

二月二十四日

清季外交史料卷二百十二终

清季外交史料卷二百十三

光绪三十四年三月

农工商部侍郎杨士琦奏遵核暹罗订约通使事宜折

农工商部侍郎杨士琦奏，为遵旨酌核暹罗订约通使事宜，恭折具陈，仰祈圣鉴事。

窃臣前准都察院咨称：光绪三十三年八月十九日，本院代奏陈发檀条陈一件，奉旨：着都察院咨行外务部暨杨士琦酌核办理。钦此。恭录咨行钦遵等因前来。查原呈内称：暹罗一国，土地二十余万方里，人口数百万。自宣布独立以来，法律、政治、教育、军备及农工商著著进步。顾其国，上有贵族，下有奴隶，而无与国同休戚之中等人民，故识者皆知彼不足以图强，徒为英、法各国所利用。彼所谓中等人民者，即我国旅居彼国之商民。全国商民、全国商业，皆在吾民之掌握。以彼物产之丰富，供我人民之懋迁，此实中国天然之殖民地。近者东西各国皆有驻暹使臣，故商业日见进步。吾民则既无国家保护之力，又无社会公共之心，羁旅海外，自谋生活，与政府绝无关系，种种邪说得乘间入之，于国民、商业前途，所关甚巨。拟请特谕外务部及出使大臣杨士琦，考察旅暹商民情形，是否能仿各国派驻暹出使大臣或领事，以维商务而善邻交等语。

臣维暹罗立国南徼，互市之利始自隋唐，流寓之人多系闽粤，梯航通道，久被华风，系我朝属国。近岁锐意图强，俨然独立，与各国订约通商，冠盖四出，西人咸目为东方比利时国，不以弱小而轻之。其全国户口不满千万，而华侨乃三百万人。人数之众，过于爪哇；商业之盛，过于西贡。惟我国尚未派有使臣、领事为之保护，势孤气馁，外人未免相轻。臣在暹时，商民等环诉吁求，殷殷仰望。窃以世界大势，趋重商战，因国际贸易之交通发达，而国际之交涉由是而生，故两国通商，即互有缔结条约、派遣使臣之权利，初不以大小强弱为殊。况暹罗近居东亚，地接滇南，屡以缅越界务与英、法相交涉，尤隐系中国边防。固圉保商，均关紧要。该生所呈各节，似属可行，拟请饬下外务部酌核情形，相机办理，以示朝廷惠保商民、怀柔远人之至意。所有遵旨酌核暹罗订约通使缘由，理合恭折具陈，伏乞圣鉴。谨奏。

光绪三十四年三月初四日奉旨：外务部知道。

农工商部侍郎杨士琦奏请设西贡河内爪哇领事片

杨士琦片。

再，东西各国重视商务，凡商民之在外国者，必设领事以保护之，视为通例。所以旅居乐业，商务日益扩张。南洋各埠，华侨数百万人，商力夙称雄富，喁喁内响〔向〕，久盼抚绥。除英属之新加坡、槟榔屿，美属之小吕宋已设有中国领事外，若法属之越南、荷属之爪哇等埠，皆商务最盛、侨民最众之区，卒以未设领事，受外人之欺凌剥削，赴诉无门，殊为可悯。此次臣在各该埠，商民等沥禀苛待情形，环求设领保护，情词恳切。查乙酉、丙戌条约，法人本允我在越南之海防、河内等处设立领事，嗣以滇桂之事商明缓办，迄今廿余年，法人并不照约优待，税敛奇重，苛例日新，视我华人几同鱼肉。该埠商会、学堂至今未立，未始非积威所厌，团体不能遽成。默察情形，设领一层，似难再缓。查西贡为南圻海口，近接闽粤，商货灌输，全越菁华实萃于此。拟请设领事一员，驻扎西贡，兼辖柬埔寨及南圻各省。海防为北圻海口，内连滇桂，水陆交通。近自滇越铁路告成，边防尤关紧要。拟请设领事一员，驻扎海防，兼辖河内及北圻各省。如此，则形势联络，声息灵通，于大局所裨甚巨。爪哇为南洋巨岛，荷兰恃以立国。华人垦辟此土已数百年。荷人以我未设领事，任情苛待，佣工则视同牛马，商贾则算及鸡豚。甚至行动、居住皆有限制，不得自由，稍一违章，即受拘罚。其为马腰、甲必丹者，但奉行荷官命令。不肖者且欺凌同类，为虎作伥。华人积困之余，亟谋自治。比岁，各商会、学堂次第设立，风气渐开。荷人猜忌益深，力图抵抗。近广设学堂，俾华人习荷语，创行新例，以土官辖华人，意在箝轭吾民，驱归彼籍，其政策至为阴狠。若有领事从旁阻挠，或尚可挽回利权，维系人心。查南洋一带，荷兰属地最多，拟请设总领事一员，驻扎爪哇。此外若苏门答腊、婆罗洲、西里伯等埠，或酌设副领事，或归总领事兼辖，均俟体察情形，酌核办理。臣亦知西人性情坚韧，虑我设领事挠彼政权，提议之时多方推宕，然越南、爪哇等埠，各国早经设有领事，岂能显有异同？苟不惮笔舌之繁，力与磋磨，或能就范。驻法使臣刘式训、驻荷使臣陆征祥，均能实心办事。如由外务部知照各该使臣，就近与法、荷政府认真商办，必能得力。臣为维持商务、保护侨民起见，理合附片具陈，伏乞圣鉴。谨奏。

光绪三十四年三月初四日奉旨：著照所请。外务部知道。

粤督张人骏致外部抵制日货事已出示严禁电

初二日电祇悉。抵制日货之事，前月十五、六间因辰丸案及日本东文各报极力辱我政府，粤民颇多愤激，经骏通饬各属，实力解散，并经出示劝谕严禁；复又传到商会人等面为开导，现时省会等处已无集众聚会、演说等事。惟闻南洋华侨及住居香港、日本各华人，有提倡不买日货之说，亦经饬令商会和平答复，俾免滋事。至粤省商民现议倡兴工艺，实与抵制日货无涉，官无禁止之理。除由骏随时觉察，倘再有聚会、演说强人不买日货之事，自当设法禁止，以免外人藉口。

三月初四日

东督徐世昌致外部天宝山等案与日使相机因应函

顷，奉二月二十六日台函，并钞寄日使来往照会，具赖大力主持，悉心筹画，藉以顾全边事，维持邦交。捧诵之余，莫名佩仰！

天宝山系我国疆域，历经辩析，洵无疑义。此次韩国援引之白山碑文，乃我国领土之确据，经大部据理折冲，以矛陷盾，彼族无可藉辞。此后界务问题，当较易于得手。延吉既在我国主权之下，管辖之权自应属我。越垦韩民杂居已久，有如归化，固亦与寻常外国人民不同。大部照复日使谓，俟十三年会勘成案续商之后，自可和平了结，洵属折衷至当。近据陈都护、吴参领电称，日人于我国之裁判权虽未明认，然近来华人与韩人、韩人与韩人之诉讼咸送交我地方官审判，其赴我国控告者，概不干预，是固已默示承认矣！持之以渐，彼族虽狡，当亦可就我范围也。至所称头道沟附近华官拘禁韩民，以及豆满江右韩民牛车为中国官吏拿押各节，该地方官吏既有地方之责任，自应执行其管辖之权，乃其职务所在，并无不合。且当兹交涉方殷，各官吏亦咸知慎重边务，体恤侨氓，苟非韩人紊乱秩序，扰害治安，必不至妄行逮捕之事。容俟函询详情，再行布达。一进会之苛待韩民，前已缕陈钧听。近更有统监府派出所属之韩国巡检在六道沟一带勒索韩民，已被勒索者三家，勒索未遂者六家。对于韩民非刑拷掠，尤极苛酷。以中国领土之内而竟有如此举动，妨害睦谊，侵损主权，莫此为甚。至日人派驻所建立标木，经我地方官悉行拔去，此系为谨守疆土、杜绝觊觎起见。日人照会动辄以维持现状为词，乃彼于现状之外另立木桩，擅改地名，是其实际行为固亦与所言相戾。前奉钧电，已转达陈、吴二君，并嘱其文牍往还不必太形激烈，以免口实，必能相机因应，仰慰荩廑。续派兵丁一节，查延吉旧有吉林分防、马步各营，现已遵照陆军部新章改编巡防队。延吉一带盗氛充斥，剿捕重要，必须汰弱留强，方能得力。前次吉林各队皆系旧编，兵数每营减少一半，仅二百余人。兵额大减，不敷分布，不得不酌量调往，以符原数，是不过抽调换防，裁汰老弱，募补新兵，并非添队可比。其调换前往之队间或携带军械，亦偶有护送粮饷者，是以吉省照会日领谓，系护粮兵丁。来示谓，此等事件，如能不用照会，更为不著痕迹，洵于外情洞若观火。已函致经帅朱家宝字经田，随时察酌办理。至延吉民事警兵，前承钧嘱，从缓派往。现亦仅将本地巡警选换教练，酌量改良，以为弹压地方之用，并未多派。来函及钞折二分已钞录寄交陈、吴二君，嘱其详加察度，一一函复。仍希大部随时与日使妥为因应，并发摅硕画，随时指示，以便遵行。边事幸甚！大局幸甚！

三月初九日

东督徐世昌咨外部日占金州隙地请照约索还自行治理文

为咨呈事。

据奉天交涉司巡警道呈称：案奉宪台批，据渔业公司尽先外委宋懋思禀请照约索还余地一案，奉批禀悉。所请索还余地、办理巡警各节，自系为绥靖地面起见。惟据称，去岁曾呈经交涉局批示索地一事，已由该局派员往勘，现时正在磋商，究应如何办法，应否派员前往办理巡警，仰巡警道会同交涉司酌核情形，妥议呈复，以凭核夺等因。奉此，本司查，此案于去年六月间，据宋懋思禀称前情，当因此处余地被日人占据，屡经复州知州以日人在该处分划两区，设立区长，征收钱粮，及拔去原立界碑，暨占去凤鸣各岛情事等情，禀报前来。经前交涉司派员前往查勘。查中、俄分界之时，俄人将金州界地划出东西长约九十余里，宽一二十里不等，作为隙地，立有界碑，大者三十一块，小者八块，被日人拔毁，仅存大者十二，小者四处。至划出隙地内之一百七十五屯，日人划分为两区，每区设立区长，征收钱粮。海面上之凤鸣、西中、交流、鹿坨、平岛等五岛，亦均被日人占收钱粮等情。迭经前交涉局照会日总领事及关东都督府参谋，请彼此派员会勘，修立界碑。嗣准日领复以奉伊国政府训令，时在严冬，不便，且该处尚有兵队驻扎，俟撤兵后实行等语。迨经该处兵队撤去后，复又先后照会日领，请如约往勘，而后终未一复。故当时宋懋思来禀，仅札饬复州查明核办。嗣因该州谕传宋懋思等外出，未能查办呈复前来，遂即中止。现在若派员径往该处办理巡警，在我虽照条约办理，在日人未必能答应。将来不特多口舌之争，且恐酿极大交涉。本司道等辗转思维，与其贻悔于后，不若审慎于前。查光绪二十四年所订中俄条约第五款内载明：隙地内一切吏治全归中国官。今日人收我隙地钱粮，占我地段，已属违背约章，应先与日人将隙地一案赶为了结，争回主权。将来在该处设立巡警，照约系我应有之权，庶权操在我，彼则无可藉口，而我亦无患阻挠也。应请转咨外务部，将此案赶向日使提议，以照约修勘界碑为名，彼此派员往该处会勘明确，修立界碑。界限既清，则治理权不争而自得矣！至该处隙地，向由金州厅管辖，现在应否仍令金州厅赴任治理，抑或照前军督宪原议，划归复州抚治，以专责成之处，并请核夺示遵。所有奉饬会议缘由，理合会衔呈复，请俯赐咨部核办等因。据此，除批示既据复称，未便骤在该处办理巡警，自应先以划清界限、修立界碑为入手办法，除咨行外务部与日本公使照约严切交涉外，仰仍照会日领派员会勘，务期如约将隙地一案先行议结。一面催饬复州查复，再定办法。至金州厅应否赴任治理之处，即由该司察看地面收回及撤兵后情形，核复饬遵可也。此缴外，相应咨请贵部，请烦查照施行。

须至咨者。

三月十三日

奉天省各商埠租地简章

第一条　奉省各埠有已经官家收买地段者，有未经收买者。至于所有各国商人居住合宜地界，在各埠拟照津沪三联租地契办法，道契易名为司契，所有章程悉仿行之。

第二条　奉天设立全省会丈租地局，即由交涉局派出委员驻局办事，专司奉天租地、各国人选择地段，会同丈勘及插标、绘图以及验立契据等事，外埠由地方官会同交涉委员酌核办理。无论奉天及外埠租地之事，均应用司契，在会丈租地局挂号。

第三条　在奉天全省各埠，各国商人与华民租地，或永远租，或论年租，价目随时可与华人订定，各国商人亦不得用强硬租。华民与商人订定价目后，须禀明领事官查无违碍，在奉天照会会丈租地局派员会勘，在外埠则由地方官暨交涉委员会勘以后，调查粮册，单地相符，并无盗卖及轇轕不清情事，呈明交涉司，并纳司契费，由交涉司立契。如有单地不符，查明后再行立契。地面上如有房产，临时酌议。

第四条　民间自与洋商订租，价目不限，惟不得先行抵借。俟丈明立契后，方可交付银两，以杜轇轕。

第五条　租地内如有侵占官地，须令原主缴价升科，以及有商令原主迁坟等事，非会丈局所能专主，须禀明交涉司衙门核办。

第六条　奉天、安东两处已经官家收买之地，或永远租，或年租，由官家建筑街道，是以应在该处预先留存。

第七条　租地之各国商人先指定地亩，由会丈局查勘后，将该价知照领事衙门，派员公同丈明，到局填写司契。俟契价、税契、地丁正项交清后，将司契盖印，给发为凭。

第八条　奉天官家收买地段，计分三等：上等每亩定永租租价二百五十两。中地每亩定永租租价二百两。下地每亩定永租租价一百五十两。原分上、中、下三等，以五十两递减，而地势尚有高低繁简之分，再于各等中分上、中、下，以二十两为递减。譬如二百五十两为上等之上，二百三十两为上等之中，二百一十两为上等之下。余可类推。此系现时价值，将来地方兴旺，地价日涨，应随时按照公平办法商议加价。

第九条　另定年租之法，每亩每年缴纳租价四十元，地丁、税课等项在内。租五年者，一次交足，按八折算，共缴每亩一百六十元；租十年者，一次交足，按六折算，共缴每亩二百四十元，均先交后用。限满，如欲续租，再行酌议。如不续租，该地面上所建房屋应由租地人拆屋还地。

第十条　租地每人至少以十亩为限，至多以二十亩为限。如须设立公司以及大事业者，准其多租，但须先行报明。

第十一条　司契一张，毋论多少，纳费四两。

第十二条　所有永租契立定后，须照纳奏定章程税契办法每两税五分三厘。纳清后，即将契纸盖印发给。

第十三条　勘丈民地，应按照地价大小，每两八厘计费，由原主承缴，分派地保、坊长等。倘或契未成立，别有事故，如数退还。

第十四条　在奉天各埠，各国商人租地，无论官地、民地，每亩按年应纳地丁正税银二两。此项由商人于每年中历二月底先交本管领事官，转送交涉司。

第十五条　各国商人无论租住官地、民地，亦应帮同各公益之事。应摊之项，按照商人产业多少比例分派，可与各国领事官先行商议公派。

第十六条　管业之人或以其地转租别人，均应报明本管领事，照会到司换契，以期契上姓名、年月均归实在。地价毋庸重纳，只须交纳换契费一次，其费不得逾原租价银百分之七。

光绪三十四年三月十四日。

按：奉天省城开埠，系根据与日、美两国立约时声明，自行开放。奉天省城商埠，其界址在小西边门外，择地一万余亩，立标圈定，公家收买界内地亩，以备外国商人租赁、建筑之用。迨光绪三十四年春间，经交涉司使陶大均援照沪津三联印契办法订此章程，先行照会应与商定之美、日两国领事，并照会驻奉各国领事查照。嗣因宣统元年将第十二条税契银两改定每两收银一钱，各领事照录此章，呈请驻京公使核示为定。现时仍照此章程办理。

使法刘式训致外部辰丸案法京舆论为日本操持电

日本辰丸私运军火一事，法国舆论以日本恃强，颇有微词，惟劝我隐忍速结。奉十六日钧电，知已和平商结，深佩大部笃念邦交、顾全大局之至意。查此事风潮紧急时，法国银市以日本不惮寻衅为财力充足之据，又逆料战事结束可十倍取偿于中国，因此旬日间日本国债票异常腾涨，迨此案商结，仍复落回原价，此尤不可思议之因果也。第查此案争执之时，各报所登，或云在澳门水面，或云虐待日船水手，或云澳门官用军火，凡此皆系日本消息。迨奉钧电及粤督详电，则案已将结，不便剖辩，致生枝节。嗣后如遇此等案件，务望将据理力争各节随时分电各驻使，以便及时向官绅陈说，或出资令报馆辩白，于大局裨益匪浅。若发一长电，由俄京转电各馆，电费亦可节省数倍。今为内外连贯、有裨外交起见，是否可行？乞裁夺。

三月十八日

津浦铁路大臣孙宝琦等咨鲁抚杨士骧德筑山东铁路如何办理希查复文

为咨会事。

准外务部咨开：本年三月十七日，准德雷使照称：光绪三十三年十二月二十一日，及光绪三十四年正月初四日，两奉照会，当经转达本国政府，兹奉札委，令声明如下：一、两照会内中国政府既允许于宣统十四年，即西历一千九百二十二年以内，由德州至正定府，及由兖州府或津浦干路中之他处过济宁州至开封府，造成两段支路，如须借用洋款，允与德华公司商办，并用德国工程司，是以德国政府声明，所有胶澳条约第二端第一款内所载由胶州至沂州府及往山东西界造铁路之权，情愿让与中国政府，并允此两条铁路由中国政府修造，归入津浦官路办理，惟自胶州至沂州府一段铁路，似尚须斟酌，其与干路接连处，舍胶州而就高密，是否为宜？二、惟须特意声明：由胶州至沂州府之铁路，总须由中国尽西一千九百一十五年正月初一日造成，为中国官路，并如须借用洋款，须与德华公司商定，并用德国工程司，方可照让此路之权。三、按胶澳条约第二端第四款，由胶州至沂州府，及由济南至山东西界两段铁路两旁相距三十里内，允准德商开挖煤斤等项之权，虽此两段铁路归为中国官路，然此权自系仍旧施行不移。以上所提三端，希示复允准等因前来。查德使所称各节，除第三端应由本部另行核复外，其第一、第二两端应如何办理之处，相应咨行，查核见复等因，到本大臣。准此，除分别咨行外，合亟咨明贵大臣，请烦查照可也。

须至咨者。

三月二十日

科布多办事大臣锡恒奏布伦托海拟设委员以资佐理折

科布多办事大臣锡恒奏，为布伦托海拟设委员，以资佐理，恭折仰祈圣鉴事。

窃查，布伦托海地居四达之冲，为科、塔、新、阿四属中扼要关键，北与阿尔泰大营成辅车之势，南达新疆绥来、奇台各县为唇齿之依，东通军台大路，关乌、科半壁之防，西通济木乃、恰勒奇荄等处，无可守之险，且遥与中、俄交界之萨乌尔岭对峙。一旦有事，敌人在所必争，故从前诸边臣咸议于此筑城设官，以资控扼。长庚筹拟阿尔泰山防守事宜原奏亦谓，该处为额尔济斯河大臣驻所，应宜重后路之防。今既建治于哈喇通古，则该处势难再任空虚。但目前巨款难筹，未能骤添大枝军队。况其地距俄较近，亦未便稍涉矜张，惟有妥慎图维，徐加布置。奴才上年复陈阿尔泰情形并酌拟办法折内，曾经声请，于可兴实业之处，先派委员设局经理，俟可以建省设官时，再请改设郡县，业经会议政务处复准在案。除已由奴才酌派标军轮驻巡防外，拟于该处添设委员一员，凡有可兴之实业及一切分防营务，均由该委员随时禀办。月支薪水银三十两，心红银十二两。并额设司书生、通译各一名，护兵六名，口分饷银悉照哈巴河防营章程办理。计常年共需银九百九十六两，遇闰加增银八十三两，拟暂由部发常年经费内挪用。俟一二年后，统计出入各款是否敷用，再行据实奏明办理，俾昭核实。该处旧有屯田局一所，略加修葺，足资办公，毋庸另盖公署，以节饷项。屯田事务，即责成该委员兼办，并察看该处土宜，斟酌损益，总期地利辟而实业兴，疆圉固而度支省，以符圣主廑念边防之至意。谨奏。

光绪三十四年三月二十六日奉朱批：该衙门知道。

黑抚程德全奏改订东省铁路公司购地伐木合同折　附合同三件

黑龙江巡抚程德全奏，为改订东省铁路公司购地伐木合同，业经画押用印，恭折仰祈圣鉴事。

窃查，华俄道胜银行承办东省铁路，应需地亩、木植因未定有专章，该公司任意专用砍伐。光绪二十九、三十两年，前办铁路交涉开复直隶委用道周冕与该公司擅立合同，所有铁路附近地亩，共允给二十万晌，木植则陆路允给长六百里，宽六十里，其中本多无木之处，名虽与木，实与以地；水路则共给二段：一段系呼兰、诺敏两河，各至水源为止，长三百余里，宽一百余里；一段系浓浓、权林两河，各至水源为止，长百六七十里，宽七十里，于我土地物产多所攘夺，而呼兰河一段尤为我民生计所关。适臣德全与前署将军达桂先后到任，知权利不可轻弃，照会铁路公司，合同未经将军用印，即作废另议，时值日、俄战事方殷，俄人恃强凌轹，屡议未协。三十一年秋间，日、俄战结，臣德全以江省关系重要，奏派现护呼伦贝尔副都统・存记道宋小濂赴都，备外务部议约顾问，并将周冕前后情形奏陈在案。当经宋小濂随同外务部先将两项合同提议，会商数次，未能遽结。三十二年七月，经外务部指派宋小濂赴哈尔滨，与铁路公司总办霍尔洼特就近会议。该总办坚欲就原合同商改，不肯作废。经臣德全屡饬宋小濂据理力争，始将前合同搁置，重新提议。计自是年七月至上年七月，经岁磋磨，会议至二三十次。该总办以前合同视为已得权利，多方狡执。宋小濂殚竭心力，舌敝唇焦，乃将购地合同议定签押，送呈省署用印。伐木合同亦同时议妥，只以地段尚未指明，未即签押。盖铁路公司以前定合同地段甚宽，注意在呼兰、诺敏两河，必欲达其目的。该二河处江省腹地，大宗特产均出其间，且木植为人民生计所关，断难允许。其呼兰一河，贯穿呼兰、绥化、余庆、兰西二府两县，为商民交通要道。前年俄人在彼伐木，已有栏梗不准华商通运之举。若将此河拨给公司，势将据我形胜，扼我咽喉，不仅揽我权利已也。宋小濂心知其故，无论公司如何要挟，始终坚持未允。该公司见事难如愿，置而不议者两月。

适宋小濂经臣等奏明护理呼伦贝尔副都统，亟须赴任。臣等以事关重要，未便遽易生手，仍责成该道一手了结。该道禀派向随会议之铁路交涉局提调・候补同知・直隶州知州张寿增在哈代议，数月以来，心口交瘁，幸得磋商就绪。不惟呼兰、诺敏、浓浓等河毫未拨给，而地段亦减缩十分之九。现已将伐木合同地段议定签印，综计购地一案，前合同允给二十万晌，此次改定十二万六千晌，减去七万余晌。前合同官地每晌定价五卢布，此次议加为八卢布。计铁路占用江省官地不下八万晌，增出地价二十三万余卢布。且订明永不再展，以杜后来觊觎。并于车站附近留出华商便利足用地段，又拨留交涉局华官厅基址，使路界以内主权不至尽失。伐木一案，前合同陆路自庆吉斯汉至雅克什共十一车站，长六百里，宽六十里，此次分为二段，各长三十里，宽十里，较前合同长减十分之九，宽减十分之八有奇。水路则前合同呼兰、诺敏两河长三百余里，宽一百余里，权林、浓浓二河长一百六七十里，宽七十余里，此次仅指权林一河，长五十里，宽三十五里，较前合同长共减四百余里，宽共减百数十里。复于各地段内派驻委员，以便稽查。并专条声明，将来国家订有护养林木章程，公司亦须遵守。其两合同底稿，由我先定。虽用华、俄文缮写，遇有辩论，以华文为准。是皆前合同已失之权利力为挽回者也。

伏念黑龙江交涉多在铁路，而铁路交涉以购地、伐木两合同为最要。合京外之力，经四年之久，宋小濂两次赴外务部请示机宜，卒能就我范围，和平了结。其间层累曲折，几历困难，非具有定见毅力，未易臻此。臣等将所定合同与前合同比较详核，并参以历次所呈会议节略，均属实在情形。除将合同另缮副本，并摘钞会议卷宗节略暨前合同，咨送外务部查核外，理合恭折具陈，伏乞圣鉴。谨奏。

光绪三十四年三月十六日奉朱批：著照所请。该部知道。

黑龙江铁路公司购地合同

黑龙江会议专员・存记道宋，会同东省铁路公司总办・提督霍，总办之全权代办达，商定购买黑龙江省铁路应用地亩章程各条如左：

第一条　自此次合同定后，彼此永远遵守。铁路公司应需地亩，均在此次合同之内，永不再展。

第二条　黑龙江省铁路所用地亩，西自满州〔洲〕里迤西铁路入中国境起，东至哈尔滨松花江北岸石当止，共需地十二万六千华晌。各站及路线分数应若干晌，另附细表分清后，由公司挖壕为界。其地亩缴价后，即为公司产业，遵照原建铁路合同办理。

第三条　铁路公司需用民地，除从前已发价者不计外，其未发价者，应分三等地价如左：

甲、熟地：

石当即背江子，每华晌俄洋六十元。

对青山、齐齐哈尔、富勒尔基，每华晌俄洋四十元。

烟土屯、库库勒，每华晌俄洋三十三元。

乙、合用荒地：

石当，每华晌俄洋二十五元。

对青山、齐齐哈尔、富勒尔基，每华晌俄洋二十元。

烟土屯、库库勒，每华晌俄洋十五元。

丙、有水荒地：

石当，每华晌俄洋十三元。

对青山、齐齐哈尔、富勒尔基、烟土屯、库库勒，每华晌俄洋十元。

第四条　铁路公司所用官地，允愿缴价，惟不分等第，每华晌均估价俄洋八元。公地亦一律办理。所有一切地价，丈竣缴清。

第五条　铁路大小各站，应会同华官查看地势，于分界时，在车站相近地方，竭力设法，为华商留出足用便利地段。此项由华官商自行经理。

第六条　铁路各大站，如满洲里、海拉尔、齐齐哈尔、安达、对青山五处，均在站房邻近处所留出建造华官厅相当之地，并于沿道各车站留出铁路交涉分局地段。此二项应归华官自行经理，无庸公司给价，惟不得有碍公众治安。

第七条　铁路各站界内原有庐墓、村庄、城市，应遵照原建铁路合同第二条，皆须设法绕越。其有已经发价并退还地亩，均由此次地价扣抵。如其地为铁路所必需，难以绕越，所有迁让之房、园、井、树、坟墓，均由公司按照现在情形从优给价，以便迁移建造。

第八条　滨河铁路之线，凡遇通船只河道修桥跨越，均须与华官会同查看，不得有碍行船。并此次占地界内，有缺少沙石灰水之处，及防范大水冲刷铁路情形，均可随时商明华官府，会勘核准后，方可购用，惟此等地系专指上项工程实用为数无多而言。

第九条　铁路公司所用官地、民地内林木，应另给价。遇有矿产，须另议办法，均不在此次合同之内。

第十条　铁路公司占地界内所有房产，自本合同画押之日起，允准原业主照旧居住三年。如遇公司必需之时，仍应迁让，公司应发价值，仍照本合同第七条办理。

第十一条　东省铁路公司会同经手华官，各派丈地委员，查看地势，将应需地亩按表内各站晌数丈量清楚，划分界线，绘就地图，并附各站地数表，送由华官转呈抚台一分存案。至各站地数，无论已未发价，应查核清楚，不能越此次所定总数。各民户领价清单，亦应查照前案公平办理。

第十二条　铁路公司续行发给民户地价时，应知照华官，即行派员会同办理。其发价文据及各地图，均由华官盖用关防，以昭信守。

第十三条　自此合同定后，从前铁路交涉局总办·道员周冕与铁路公司所定地亩合同，即行作废。

第十四条　本合同用华、俄文字缮写两分，彼此盖印画押后，一分存黑龙江巡抚衙门，一分存东省铁路公司。遇有辩论，以华文为主。

黑龙江会议专员·花翎·存记道宋小濂押。

东省铁路公司总办霍尔洼特押。

东省铁路公司总办之全权代办达聂尔押。

华历光绪三十三年七月二十二日，俄历一千九百零七年八月十七日，立于哈尔滨。

黑龙江铁路公司伐木合同

黑龙江会议专员·花翎·存记道宋小濂，会同东省铁路公司总办·提督霍尔洼特，商定铁路公司在黑龙江省指明地段内砍备应用木植材料章程各条如左:

第一条　东省铁路公司在黑省准有三处地段，砍备各色木料:

甲、第三百八十四号岔道相近火燎沟地方，其地段长不过三十华里，宽不过十华里。

乙、巴林车站相近皮络以地方，其地段长不过三十华里，宽不过十华里。

丙、沿权林河由该河汇入松花江之河口起，自下流往上，计长五十华里，宽由河岸往右二十华里，往左十五华里。

以上三处地段，自绘妥地图后，应将当地界线详细划定。

第二条　铁路公司应于砍备木植以前，及时在指明地段内拟备木料数目、种类，知会铁路交涉总局，领取砍木票照，内应俟铁路公司按照所开木植数目缴纳三成之一票费后，由华官即行照发。其余票费，于木植备齐后，按照票内所注实在木数，一律交清。

第三条　每年应于俄八月初一日发给铁路公司砍木票照，以一年为期。所有上届砍备木植票费，至时应结算交清。倘一年期满，实行砍备木植不及票照内所开数目三成之一，则预付票费应归中国官库，例不发还公司。倘铁路公司砍备木植过于票内所开之数，则所逾数目仍应核实按照本合同定章交付票费。铁路公司如不按期交付票费，并有违背本合同无论何条之处，则应将已发照票作废，地段收回。如铁路公司照章付给票费，及遵守本合同各条办理，则华官亦须仍循旧章，每年按以上定期换给新票。

第四条　指给公司之砍木段落界址，应由铁路公司自行出资在当地划分清楚。铁路公司不得越界砍伐木植，华官亦不得在上开地段内另准他人砍木。如有他人擅自砍木，华官须竭力设法禁止。

第五条　铁路公司砍木地段靠近铁路之处，须留通行车马道路。

第六条　铁路公司在上开领票砍木地段内，可自行设法布置砍伐林木等事，并可堆积木料，建设锯木等厂，搭盖住房，以及铺修运木枝路。公司应须任令华兵入界捕拿胡匪。华民围猎、采参，无稍阻碍。如在铁路砍木界内有可耕之地，仍由华官随意招民开垦，公司不得阻止。其当地居民可在上开地段内砍伐盖房木料并自用火柴，必须由住厂委员知照铁路公司，指明地段，酌定木植数目，给予特别执照，惟不得外卖。上开地段有草甸之处，铁路公司亦可牧放牲口，并割取羊草，惟每铺特须缴华官库草价一戈比。

第七条　铁路公司按砍木票照砍备木植，如每长一阿尔升，合营造尺二尺二寸，厚一韦尔学克，合营造尺一寸三分七厘五毫，应纳票费一戈比之四成。此仅指圆径十六俄寸、长十二俄尺之大木而言。如木长或圆径过于上开尺寸，则票费应按每长一阿尔升，厚一韦尔学克，以半戈比核算。火柴每磅每〔应〕纳票费一卢布。道木每块应纳票费三个半戈比。大木圆径以小头计算，如在每俄寸六成之上，照全俄寸计算。如不及六成者，不算畸零。至长短，应按每俄尺足四成之一计算。以上所定票费、数目，于本合同画押之日起，以五年为期。期满，则票费问题应再另议。如遇公司另向由华官允准砍木之商人定购应用木植，公司仍按本条所定票费，在收木时交付。

第八条　华官应派委员常川驻扎上开林木地段，查验砍备木植，分别种类、尺寸、数目，会同俄员缮立簿据，以凭核算票费。

第九条　铁路公司所有岔道、堆木厂、机厂以及住房等等占用官地，每华晌不分等第，按年付租价俄洋三元。如系占用民地，应商允地主，按年偿给租价。

第十条　所有林木既全归华官府自行护养，铁路公司砍伐木植不得有碍政府将来所颁护养通行章程办理。

第十一条　按照现在铁路情形，江省共需用各项木料，如火柴每年以二十万古磅、道木以八十万块、大木以二十万根为度。如日后铁路振兴并改良一切，应需木料过于上开之数，则华官亦可照允。

第十二条　铁路砍备木植，如愿将应用敷余之木植外卖，应按照中国通行税则缴纳租费。

第十三条　铁路公司自此次合同核定后，彼此均应遵守。凡从前所订合同并所发票照，全行作废。

第十四条　本合同应用华、俄文缮写二分，并附指明砍木地图，彼此盖印画押后，一分存黑龙江巡抚衙门，一分存东省铁路公司。遇有辩论，以华文为准。

华历光绪二〔三〕十四年三月初五日，俄历一千九百零八年三月二十三日，立于哈尔滨。

黑龙江会议专员・花翎・存记道宋小濂。

东省铁路公司总办・提督霍尔洼特。

本合同第十一条内火柴二十万古磅，应改为一十万古磅。道木八十万块，应改为三十万块。大木二十万根，应改为十万根。合并注明。

黑龙江会议专员・花翎・存记道宋小濂。

东省铁路公司总办・提督霍尔洼特。

黑龙江省铁路公司订立伐木原合同

兹于光绪三十年正月二十日，俄历一千九百零四年二月二十二日，黑龙江铁路交涉总局总办・湖南候补道周冕，与东省铁路公司总办霍尔洼特，会于哈尔滨，按照光绪二十二年七月二十五日，俄历一千八百九十六年九月初二日，及光绪二十四年五月十八日，俄历一千八百九十八年六月二十四日，中俄所订建修满州〔洲〕干路及南枝路合同，会商订立铁路公司在黑龙江省指明地段砍伐木植材料合同各条如左：

第一条　东省铁路公司在以下所指地段树木内，只有砍备各项木植材料之权：

甲、陆路自庆其斯汉站至雅克山站铁路两旁各三十五华里各树林。

乙、水路在呼兰河内之纳敏河东岸至大呼兰河西岸中间一带树林，其界限自此二岔河各至水源为止。

丙、水路在松花江之北岸权林河至浓浓河中间一带树林，其界限自此二岔河各至水源为止。

第二条　铁路公司按在以上所指地段内砍备木植材料，运至铁路核算价值，以每百分之八认缴黑龙江省将军衙门官库票费。除铁路公司外，凡附近农民亦得砍伐自用木料。惟如有人欲在第一条所指地段内另外砍售，须与铁路公司商允，方可砍伐。至江省所属别处树林地方，铁路公司亦可砍伐木植材料，但须按照地方官颁给各项人等通行章程砍伐。其票费仍照运至铁路木价核算，值百抽八认缴。

第三条　以上所指第一条地段界内树林，铁路公司亦可允给商民砍伐，惟须由铁路公司按运至铁路核算价值，以每百分之八认缴黑龙江省将军衙门官库票费。

第四条　以上第一条所指地段界内树林，其如何砍伐，铁路公司可自行设法布置，惟须多雇江省本地人工作。

第五条　凡值百抽八票费，铁路公司应按所雇把头包砍各项木料合同定价，或系铁路公司自行砍备之木料，应将一切费用照账统核认缴。至别项人等在第一条指明地段界内所砍木料价值，亦照铁路自砍之木料一律核算。

第六条　所有票费，铁路公司应于每年俄历四月初一日及十月初一日两期缴付。

第七条　此项合同用华、俄、法三体文字缮写两分，彼此各执一分存案。以后如有辩论，以法文为准。

大清光绪三十年正月二十日，大俄一千九百零四年二月二十日。

奏办黑龙江铁路交涉总办·前湖南候补道周冕押。

大清东省铁路总办霍尔洼特押。

大清东省铁路总办之交涉全权代办达聂尔押。

大清东省铁路交涉全权帮办依万年克押。

翻译官朱尧佐押。

华文与俄文、法文核对无讹。

东督徐世昌致外部李范允等在珲春招兵已严禁函

顷接简持陈昭常字电云：日本于延吉厅增兵设官事，林使既不承认，复蒙外部诘问阻止，昭常等当可设法抵制。惟就各处探访报告及日人举动观之，似非无其事者。现又派妥员切实密探矣！近日韩国义兵在其本国与日兵及一进会冲突斗杀，时有所闻。昭常前在珲时，韩逃官李范允在俄界遣员来署，并携有俄官介绍书，自称为义兵之首，欲索还前所缴在珲署之枪械，并求假道攻日。昭常以有违公法，却之。兹据珲属巡警及该分防队报告，东沟一带有李范允派遣之头目数人，欲在其地之寄居各韩民家，招义兵三十人。有日密探者，已为其党所获，闻业有数十名云。昭常等恐其聚众难散，或扰害我地方治安，且虑别有交涉，已饬巡警将其头目三人驱逐出境，未聚者严行禁阻，已聚者力为解散。复由延吉挑选警兵十名，前往助其严查，或尚不至酿成事端。俟得续报，再行奉闻。再，探得斋藤、铃木早抵韩京，会议后，铃木回六道沟，斋藤即往北京运动，其意极为诡谲。可否电知外部，预筹抵制？伏祈核夺。昭常、禄贞谨肃等语。谨请钧部裁示为荷。

三月二十七日

葡使柏致外部澳门禁运军火事已转本国照会　附节略

为照复事。

前接贵爵二月十九日照称，因澳门军火一事，本署大臣现已转达本国政府查照，相应先行奉复。

须至照复者。

三月二十八日

澳门禁运军火办法节略

一、凡枪弹、炮械，一切爆裂药子，除系澳门官用，应由葡驻粤领事先期照会粤督查照，转饬海关查验，准其经由中国海面运往澳门外，此外无论洋商、华商，如向澳门政厅请领运贩军火热照，一概不得发给。

一、从前由澳门政厅已发执照贩运至澳之军火，应由澳门政厅将现在实存数目开送中国政府。如有运出澳门时，应先将运数及往何处、买卖人姓名知照中国政府查照。

一、如有奸商私运军火至澳门，或私运出澳至中国各内地者，应请澳门政厅设法协查严禁。

外部奏与各国议允定期禁止贩运莫啡鸦办法折

总理外务部事务庆亲王奕劻等奏，为与各国议允定期禁止贩运莫啡鸦办法，恭折仰祈圣鉴事。

窃查，莫啡鸦一物，来自外洋，系鸦片所炼之精，原为西医药料所需。而华民每用莫啡鸦药针刺入饥〔肌〕肤，以抵烟瘾，其损体伤生，为害更烈于鸦片。当光绪二十八年中英续议商约，即与订明禁止莫啡鸦贩运来华，载在约内第十一款。嗣中美续议商约，亦于第十六款订明此节，并禁及刺入肌肤之莫啡鸦药针。惟照该各商约，须有约各国均已应允，方能施行。若待各国商约续议齐全，尚需时日，而此项莫啡鸦近年进口日多，流毒日广。臣部因与各国提议，先行一律应允禁止。旋奉朝廷特颁禁烟之令，此事尤应从速举办，以免贻害滋深。经迭次照会各国驻京使臣，据各使先后照复，均无不允从之意。臣部遂于本年九月初四日通行照会各使：拟定自西历一千九百零九年正月一号，即中历本年十二月初十日起，所有莫啡鸦及刺莫啡鸦之药针，概行禁止运进中国各口，并声明其为医药所必需者，另照所拟办法办理。凡有外国医生欲运莫啡鸦进口，应在本国领事署具立切结，声明实为自用，或为某医院专用。凡有外国药铺欲运莫啡鸦进口，亦在本国领事署具立切结，声明非有外国医生药单，不得出售。即有药单，亦仅以些须小数出售。该领事署将切结并运进确数知照中国海关，俟海关发出专单，方准将货起岸。倘查有不遵照所拟具结者，以后即永远不准其再运。至进口应纳税则，即减至照值百抽五完纳。如进口未领专单，由海关将货充公。若有于一千九百零九年正月一号以前在外国已落船之货，由中国海关按程途远近酌定期限，限内仍准进口。其应纳进口税，亦仍照现行税则，不在减少之例。又中国允许禁止中国铺户制造莫啡鸦及药针，各国亦允许禁止各国商民在中国境内制造莫啡鸦及药针等语。此项照会所拟各办法，系按照中英商约第十一款而更加详细。至莫啡鸦进口税，前于光绪二十八年与各国续修进口税则订定每重英平一两，征税银三两，原意在藉重征以为禁止。惟体察近年情形，征税过重，偷漏转多。兹既只准医药需用，此外概不准进口，自可减轻税则，照百货例一律值百抽五，以示平允而免偷漏。现在各使均已复文照允，应即届期施行禁令。除已由臣部咨税务处，饬总税务司将海关应办事宜妥筹办理外，应请旨饬下民政部、步军统领、顺天府尹暨各省督抚严行稽查，一律示禁，不准贩运、制造，以期永除民害。所有与各国议允定期禁止贩运莫啡鸦缘由，理合恭折具陈，伏乞圣鉴。谨奏。

光绪三十四年三月二十八日奉朱批：知道了。

清季外交史料卷二百十三终